여러분의 합격을 응원하는
해커스경찰의 특별 혜택!

FREE 경찰학 특강

해커스경찰(police.Hackers.com) 접속 후 로그인 ▶ 상단의 [무료강좌 → 경찰 무료강의] 클릭하여 이용

해커스경찰 온라인 단과강의 20% 할인쿠폰

68DEACBE3A2DDE5B

해커스경찰(police.Hackers.com) 접속 후 로그인 ▶ 상단의 [내강의실] 클릭 ▶
[쿠폰/포인트] 클릭 ▶ 쿠폰번호 입력 후 이용

* 등록 후 7일간 사용 가능(ID당 1회에 한해 등록 가능)

경찰 합격예측 온라인 모의고사 응시권 + 해설강의 수강권

4F69A8C8E864F54R

해커스경찰(police.Hackers.com) 접속 후 로그인 ▶ 상단의 [내강의실] 클릭 ▶
[쿠폰/포인트] 클릭 ▶ 쿠폰번호 입력 후 이용

* ID당 1회에 한해 등록 가능

쿠폰 이용 관련 문의 **1588-4055**

단기 합격을 위한 해커스경찰 커리큘럼

입문
탄탄한 기본기와 핵심 개념 완성!

누구나 이해하기 쉬운 개념 설명과 풍부한 예시로 부담없이 쌩기초 다지기

TIP 베이스가 있다면 **기본** 단계부터!

▼

기본+심화
필수 개념 학습으로 이론 완성!

반드시 알아야 할 기본 개념과 문제풀이 전략을 학습하고
심화 개념 학습으로 고득점을 위한 응용력 다지기

▼

기출+예상 문제풀이
문제풀이로 집중 학습하고 실력 업그레이드!

기출문제의 유형과 출제 의도를 이해하고 최신 출제 경향을 반영한
예상문제를 풀어보며 본인의 취약영역을 파악 및 보완하기

▼

동형모의고사
동형모의고사로 실전력 강화!

실제 시험과 같은 형태의 실전모의고사를 풀어보며 실전감각 극대화

▼

마무리
시험 직전 실전 시뮬레이션!

각 과목별 시험에 출제되는 내용들을 최종 점검하며 실전 완성

PASS

* 커리큘럼 및 세부 일정은 상이할 수 있으며, 자세한 사항은 해커스경찰 사이트에서 확인하세요.

단계별 교재 확인 및 수강신청은 여기서!

police.Hackers.com

**2026년 1차 시험 대비
최신개정판**

해커스경찰
킹재규
경찰학
핵심 SUBNOTE

개정 5판 1쇄 발행 2025년 9월 11일

지은이	김재규 편저
펴낸곳	해커스패스
펴낸이	해커스경찰 출판팀
주소	서울특별시 강남구 강남대로 428 해커스경찰
고객센터	1588-4055
교재 관련 문의	gosi@hackerspass.com
	해커스경찰 사이트(police.Hackers.com) 교재 Q&A 게시판
	카카오톡 채널 [해커스경찰]
학원 강의 및 동영상강의	police.Hackers.com
ISBN	979-11-7404-466-2 (13350)
Serial Number	05-01-01

저작권자 ⓒ 2025, 김재규
이 책의 모든 내용, 이미지, 디자인, 편집 형태는 저작권법에 의해 보호받고 있습니다.
서면에 의한 저자와 출판사의 허락 없이 내용의 일부 혹은 전부를 인용, 발췌하거나 복제, 배포할 수 없습니다.

**경찰공무원 1위,
해커스경찰 police.Hackers.com**

해커스경찰

· 정확한 성적 분석으로 약점 극복이 가능한 **경찰 합격예측 온라인 모의고사**(교재 내 응시권 및 해설강의 수강권 수록)
· 해커스 스타강사의 **경찰학 무료 특강**
· **해커스경찰 학원 및 인강**(교재 내 인강 할인쿠폰 수록)

한경비즈니스 2024 한국품질만족도 교육(온·오프라인 경찰학원) 부문 1위

해커스경찰

킹재규 경찰학

핵심 SUBNOTE

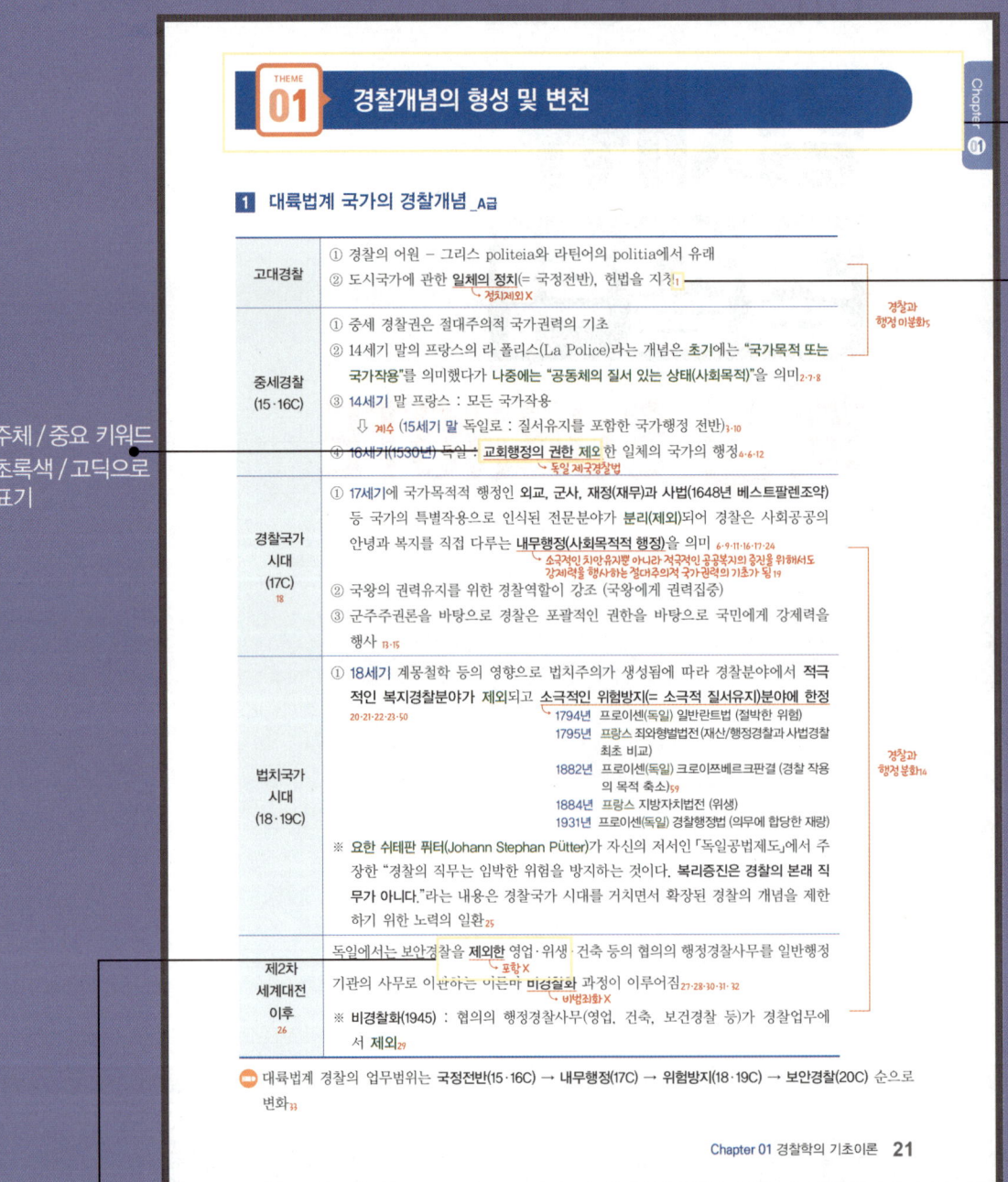

[23개년 총알기출 OX]

동일한 목차

THEME 01 경찰개념의 형성 및 변천

1 대륙법계 국가의 경찰개념 _A급

1-1 고대경찰

01 ☐☐☐☐ 06·10·23 채용, 09·14 승진, 08·18 간부
고대에서의 경찰개념은 라틴어의 Politia에서 유래한 것으로, 도시국가의 국가작용 가운데 정치를 제외한 일체의 영역을 의미하였다. (O|X)

1-2 중세경찰

02 ☐☐☐☐ 06 채용, 09 승진, 08 간부
14세기 말의 프랑스 경찰개념은 국가목적 또는 국가작용을 의미했다. (O|X)

03 ☐☐☐☐ 10 승진, 13 간부, 20 경채
14세기 말 독일의 경찰개념이 프랑스에 계수되어 양호한 질서를 포함한 국가행정 전반을 포괄하는 의미로 사용되었다. (O|X)

04 ☐☐☐☐ 04 채용, 08 승진, 08·11 간부, 21 경채
16세기 말 독일에서는 교회행정을 포함한 일체의 국가행정을 의미했다. (O|X)

05 ☐☐☐☐ 10 승진
중세국가 시대에는 경찰과 행정이 분화되었다. (O|X)

06 ☐☐☐☐ 06 채용, 08 간부
16세기 독일 제국경찰법은 외교, 군사, 재정, 사법을 제외한 내무행정 전반을 의미하였다. (O|X)

실전 오답포인트 학습 확인

정답과 해설

01. (X) 고대에서의 경찰개념은 라틴어의 Politia(Politeia X)에서 유래한 것으로, 고대에서의 경찰개념은 도시국가에 관한 일체의 정치(정치를 제외 X), 특히 헌법을 지칭했다.
02. (O) 국가목적 작용과 사회목적 작용을 구분해야 한다.
03. (X) 15세기 말 프랑스의 경찰개념이 독일에 계수되어 양호한 질서를 포함(경찰이 국가의 평온한 질서 있는 상태를 의미)한 국가행정 전반을 포괄하는 의미로 사용되었다.
04. (X) 16세기(1530년) 독일 제국경찰법에서는 교회의 제후가 가지는 교회행정의 권한을 제외한 일체의 국가행정을 의미(polizei)했다.
05. (X) 중세국가 시대에는 경찰과 행정이 분화되지 않은 상태였고, 17세기(16세기 X) 경찰국가시대부터 경찰과 행정이 분화되기 시작했다.
06. (X) 16세기 독일 제국경찰법은 교회행정을 제외한 일체의 국가행정을 경찰개념화 하였고, 경찰개념이 외교, 군사, 재정, 사법을 제외한 내무행정 전반을 의미하게 된 것은 17세기 경찰국가시대였다.

예상 오답포인트 학습 확인

Chapter 01 경찰과 경찰학 **17**

김재규 경찰학
핵심서브노트

「경찰학 핵심 서브노트」를 꾸준히 사랑해 주신
수험생 여러분께 진심으로 감사드립니다.
여러분의 성원 덕분에 본 교재는 출간 이후 베스트셀러로
자리매김할 수 있었으며, 이번에도 새로운 개정 내용과 최신 출제
경향을 반영하여 개정판을 선보이게 되었습니다.
경찰학은 방대한 범위를 다루는 과목이지만, 수험생 여러분이 보다
체계적이고 효율적으로 학습할 수 있도록 핵심을 정리하는 데
힘써 왔습니다. 이번 개정판 또한 치열한 연구와 고민의 결과물로,
여러분의 합격에 든든한 동반자가 되기를 바랍니다.
앞으로도 수험생 여러분과 함께 호흡하며, 한 걸음 더 나아간
교재로 보답할 수 있도록 최선을 다하겠습니다.

2025년 9월
경찰학 박사 김재규

경찰학 핵심서브노트

CONTENTS

PART 1 경찰학의 기초이론(30% 내외)

Chapter 01 경찰과 경찰학

THEME 1 경찰개념의 형성 및 변천 ... 4
1. 대륙법계 국가의 경찰개념 ... 4
2. 소극적 위험방지에 한정한 관련 법률과 판결 ... 5
3. 대륙법계와 영미법계 경찰의 비교 ... 6
4. 주요 외국 판결 ... 6

THEME 2 경찰의 개념 구분 ... 7
1. 형식적 의미의 경찰과 실질적 의미의 경찰 ... 7
2. 경찰개념의 분류 기준과 내용 ... 8
3. (권한과 책임소재에 따른) 국가경찰과 자치경찰의 장·단점 ... 9

THEME 3 경찰의 임무 및 위험 ... 10
1. 경찰의 임무 ... 10
2. 경찰의 기본적인 임무 ... 10
3. 위험 ... 12
4. 경찰활동의 기초 ... 13

THEME 4 경찰의 관할 ... 14
1. 사물관할 ... 14
2. 인적관할 ... 14
3. 지역관할 ... 15
4. 「외교관계에 관한 비엔나협약」과 「영사관계에 관한 비엔나협약」 ... 16

THEME 5 경찰활동의 기본이념 ... 17

THEME 6 경찰행정의 특수성 ... 18

Chapter 02 범죄와 지역사회 경찰활동

THEME 1 범죄의 개념 ... 20
1. 범죄의 개념 ... 20
2. 범죄원인을 구성하는 기본요소 ... 21

THEME 2 범죄원인론(개인적 수준의 범죄원인) ... 22
1. 고전주의와 실증주의(개인적 원인) ... 22
2. 고전주의와 실증주의 범죄학의 대표적 학자 ... 22

THEME 3 범죄원인론(사회적 수준의 범죄원인) ... 23
1. 사회구조원인 ... 23
2. 사회과정원인 ... 24

THEME 4 범죄통제(예방) ... 26
1. 범죄통제 방법의 변천 ... 26
2. 다양한 범죄의 통제(예방) 활동 ... 26

THEME 5 범죄통제(예방)이론 ... 27
1. 범죄 통제(예방)이론의 특징 및 비판 ... 28
2. 상황적 범죄예방이론 의의 ... 28
3. 상황적 범죄예방이론의 종류 ... 29
4. 상황적 범죄예방이론에 대한 비판 ... 29
5. 환경범죄이론 ... 30

THEME 6 지역사회 경찰활동 ... 32
1. 전통적 경찰활동과 지역사회 경찰활동의 비교 ... 32
2. 지역사회 경찰활동 내용 ... 33
3. 집합효율성이론, 깨진유리창이론, 무관용경찰활동 ... 35

THEME 7 외국의 범죄예방활동 ... 36
1. 미국 ... 36
2. 영국 ... 36
3. 순찰 ... 37

Chapter 03 경찰과 윤리

THEME 1 경찰활동의 기준 39
1. 사회계약설 ································· 39
2. 사회계약설로부터 도출되는 경찰활동의 기준 ····· 40

THEME 2 전문직업화와 바람직한 경찰의 역할모델 42
1. 전문직업화(August Vollmer) ················ 42
2. 범죄와 싸우는 경찰 모델 ···················· 43
3. 치안서비스 제공자로서의 경찰 모델 ············ 43

THEME 3 경찰의 일탈 44
1. 작은호의 ································· 44
2. 미끄러지기 쉬운 경사로 이론 ················· 44

THEME 4 경찰부패 45
1. 「부패방지 및 국민권익위원회의 설치와 운영에 관한 법률」상 부패개념(§2) ···························· 45
2. 부패의 유형(하이덴하이머의 분류) ············ 45
3. 하이덴하이머(A. J. Heidenheimer)의 부정부패 개념 정의 및 분류(부패가 일어나는 영역에 따른 정의) ············ 45
4. 경찰부패의 원인가설 ························ 46
5. 내부고발(whistle blowing) ··················· 47
6. 용어정리 ································· 47

THEME 5 경찰의 문화 48
1. 냉소주의의 문제와 극복 ····················· 48
2. 냉소주의와 회의주의 차이 ··················· 48

THEME 6 경찰윤리강령 49
1. 제정과정 ································· 49
2. 경찰헌장(1991년 제정) ······················ 49
3. 경찰윤리강령의 대내외적 기능 ················ 49
4. 윤리강령의 문제점 ························· 50

THEME 7 부정청탁 및 금품등 수수의 금지에 관한 법률(청탁금지법) 51
1. 청탁금지법 정의(§2) ························ 51
2. 부정청탁 규율 대상(제5조) ·················· 52
3. 부정청탁에 따른 직무수행 금지 및 신고의무 ····· 52
4. 금품 등 수수의 금지 ························ 53
5. 외부강의등의 사례금 수수 제한(§10) ·········· 55
6. 금품수수 및 외부강의 관련 위반시 제재(§22, 23) ··· 56
7. 위반시 제재(§22·23) 이사공 1·2·3 ············ 56
8. 신고 및 신고처리와 교육 ····················· 57

THEME 8 경찰청 공무원 행동강령(경찰청 훈령) 59

THEME 9 공직자의 이해충돌 방지법(이해충돌방지법) 65
1. 개관 ····································· 65
2. 신고·제출 의무 ···························· 67
3. 제한·금지행위 ···························· 69

THEME 10 경찰의 적극행정과 소극행정 72
1. 적극행정 근거규정 ························· 72
2. 「적극행정 운영규정(대통령령)」상 적극행정의 판단기준 ····· 73
3. 적극행정의 대상·범위 및 유형 ················ 73
4. 「경찰청 적극행정 면책제도 운영규정(훈령)」상 적극행정 ····· 74
5. 소극행정(적극행정 운영규정) ················· 76

경찰학 핵심서브노트

CONTENTS

PART 2 한국경찰의 역사와 비교경찰(5% 내외)

Chapter 01 한국경찰의 역사

THEME 1 갑오개혁부터 일제강점기 경찰 79
1. 갑오개혁과 한국경찰의 창설 ················ 79
2. 광무개혁에 따른 경부경찰체제의 출범과 좌절········ 79
3. 한국경찰권의 상실과정 ··················· 80
4. 갑오개혁부터 일제강점기 이전 경찰의 특징········ 80
5. 유길준의 서유견문 ······················· 81
6. 일제 강점기의 경찰 ······················· 81

THEME 2 대한민국 임시정부 경찰 82
1. 상해시기(1919~1932) ···················· 82
2. 이동 시기 ······························ 82
3. 중경시기(1940~1945) ···················· 83
4. 임시정부시대 경찰기구 총알정리 ············ 83
5. 임시정부경찰 주요 인물 ··················· 83

THEME 3 미군정하(1945~1948)의 경찰 창설과 경찰개혁 84

THEME 4 정부수립 이후 경찰 85
1. 1948년 정부수립과 건국경찰의 조직 ········· 85
2. 보도연맹사건과 안종삼 서장 ··············· 85
3. 6·25전쟁 중 주요 전투 ··················· 86
4. 전투상황 관련 인물 ······················ 86

THEME 5 6·25전쟁이후 1991년 경찰법 제정까지의 주요 경찰 연혁 87

THEME 6 한국경찰사에 길이 빛날 경찰의 표상 88

Chapter 02 비교경찰

THEME 1 영국경찰 93
1. 영국경찰의 역사 ························· 93
2. 영국의 경찰조직(잉글랜드와 웨일즈 경찰) ····· 95
3. 영국의 범죄수사구조 ····················· 98

THEME 2 미국경찰 99
1. 미국경찰의 역사 ························· 99
2. 미국의 경찰조직 ························ 101
3. 미국의 범죄수사구조 ···················· 104

THEME 3 독일경찰 105
1. 독일의 경찰조직 ························ 105
2. 독일의 범죄수사구조 ···················· 107

THEME 4 프랑스 경찰 108
1. 프랑스경찰의 역사 ······················ 108
2. 프랑스 경찰조직 ························ 109
3. 프랑스 범죄수사구조 ···················· 110

THEME 5 일본경찰 111
1. 일본경찰의 역사 ························ 111
2. 일본의 경찰조직 ························ 112
3. 일본의 범죄수사구조 ···················· 115

THEME 6 각국의 범죄수사 구조 총알정리 116

경찰학 핵심서브노트

CONTENTS

PART 3 경찰행정학(15% 내외)

Chapter 01 경찰관리

THEME 1 경찰조직관리 119
1. 이상적 관료제 모형의 특성 – 베버(M. Weber) ········ 119
2. 관료제의 역기능 – 머턴(Robert K. Merton) ········ 119
3. 조직편성의 원리 ········ 120

THEME 2 엽관주의와 실적주의 123
1. 엽관주의 ········ 123
2. 실적주의 ········ 124

THEME 3 계급제와 직위분류제(공직의 분류) 125

THEME 4 경찰직업공무원제도 126

THEME 5 사기관리 127
1. 동기부여이론 ········ 127
2. 매슬로우(Maslow)의 욕구단계이론 ········ 127
3. 앨더퍼(Alderfer)의 ERG이론 ········ 128
4. 데이비드 맥클랜드(David McClelland)의 성취동기이론, 허즈버그(Herzberg)의 동기위생 이원론 ········ 128
5. 아지리스(C. Argyris)의 성숙·미성숙 이론 ········ 128
6. McGregor의 XY이론 ········ 129
7. 브룸(Vroom)의 기대이론과 아담스(Adams)의 공정성이론(과정이론) ········ 129
8. 포터&롤러(Porter & Lawler)의 업적만족이론 ········ 129

THEME 6 경찰예산 130
1. 예산의 성질별 구분 ········ 130
2. 예산의 성립과정을 중심으로 한 구분 ········ 130
3. 예산제도 ········ 131

THEME 7 「국가재정법」상 예산과정 132
1. 예산의 편성 ········ 132
2. 예산의 심의·의결 ········ 133
3. 예산의 집행 ········ 134
4. 예산의 결산 ········ 136

THEME 8 장비관리 137
1. 경찰장비관리의 목표 ········ 137
2. 무기관리(경찰장비관리규칙) ········ 137
3. 차량관리(경찰장비관리규칙) ········ 140

THEME 9 보안관리 141
1. 서 론 ········ 141
2. 보안의 원칙 ········ 141
3. 보안업무규정(대통령령)상 비밀 ········ 142
4. 문서보안 ········ 143
5. 시설보안(보안업무규정 §34, 동시행규칙 §54) ········ 146

THEME 10 문서관리(행정업무의 운영 및 혁신에 관한 규정 (대통령령) 147
1. 용어의 정의(§3) ········ 147
2. 공문서의 종류(§4) ········ 147
3. 문서의 성립 및 효력 발생(§6) ········ 148
4. 문서 작성의 일반원칙(§7) ········ 148

Chapter 02 경찰홍보 및 통제

THEME 1 경찰홍보 150
1. 홍보유형 ········ 150
2. 소극적·적극적 홍보전략 ········ 151
3. 보도관련 용어 ········ 151

THEME 2 언론보도와 피해 구제(언론중재 및 피해구제 등에 관한 법률) 152
1. 정정보도청구 및 반론보도청구 등 ········ 152
2. 언론중재위원회(§7) ········ 153
3. 언론등에 의한 피해구제의 원칙과 조정 및 중재 ········ 154

THEME 3 경찰에 대한 통제 156
1. 경찰통제의 필요성 ········ 156
2. 경찰통제의 기본요소 ········ 156

CONTENTS

| THEME 4 경찰통제의 유형 | 157 |

1. 경찰의 통제유형 ·· 157
2. 대륙법계와 영미법계의 경찰통제의 방법 ············· 158
3. 부패방지 및 국민권익위원회의 설치와 운영에 관한 법률 ······ 158

| THEME 5 경찰 감찰 규칙(경찰청 훈령) | 160 |

| THEME 6 경찰청 감사 규칙(경찰청 훈령) | 164 |

| THEME 7 국가인권위원회법 및 동법 시행령 등 | 165 |

| THEME 8 경찰 인권보호 규칙(경찰청 훈령) | 166 |

| THEME 9 정책결정모델 | 171 |

| THEME 10 경찰제도개혁 | 173 |

1. 목표에 의한 관리(MBO) ···································· 173
2. 총체적 품질관리(Total Quality Management.TQM) ········· 173
3. 귤릭&어윅(Gulick&Urwick)의 최고 경찰관리자가 수행해야 하는 7가지 기능(POSDCoRB) ······························· 173

PART 4 경찰행정법(35% 내외)

Chapter 01 경찰법의 법원

| THEME 1 경찰법의 법원 | 176 |

1. 성문법원 ·· 177
2. 불문법원 ·· 178

| THEME 2 법규명령 | 179 |

1. 특징 ·· 179
2. 법규명령 위임한계 관련 판례 ····························· 180
3. 법률과 법규명령의 효력발생시기 ······················· 180

| THEME 3 행정규칙 | 181 |

| THEME 4 훈령 | 184 |

| THEME 5 직무명령 | 185 |

Chapter 02 경찰조직법

| THEME 1 국가경찰과 자치경찰의 조직 및 운영에 관한 법률 (국자법) | 187 |

| THEME 2 국가경찰위원회(국자법) | 188 |

1. 설치 및 위원 ·· 188
2. 운영 등(국가경찰위원회 규정) ··························· 189
3. 심의·의결 사항(§10) ··· 189

| THEME 3 경찰청장 | 190 |

1. 경찰청장(§14) ·· 190
2. 비상사태 등 전국적 치안유지를 위한 경찰청장의 지휘·명령(§32) ··· 191

| THEME 4 국가수사본부장 | 192 |

1. 국가수사본부장(§16) ·· 192

| THEME 5 | 시·도자치경찰위원회(국자법) | 193 |

1. 설치 및 위원 구성 ·· 193
2. 위원의 자격요건 및 회의 운영 ················· 194

| THEME 6 | 시·도경찰청장, 경찰서장(국자법) | 197 |

1. 시·도경찰청장(§28) ···································· 197
2. 경찰서장(§30) ··· 197
3. 지구대, 파출소 및 출장소 ························· 198
4. 보칙(국자법) ·· 198

| THEME 7 | 행정관청의 권한 대리 | 199 |

1. 의의 ·· 199
2. 임의대리와 법정대리 ·································· 199
3. 협의의 법정대리와 지정대리 ····················· 199
4. 복대리 ·· 200

| THEME 8 | 행정관청의 권한 위임 | 201 |

1. 권한의 위임 ··· 201
2. 내부위임(대결·위임전결·전결) ···················· 201
3. 행정권한의 위임 및 위탁에 관한 규정(대통령령) ···· 204

Chapter 03 경찰공무원과 법

| THEME 1 | 경찰공무원의 분류 | 206 |

1. 계급과 경과 ··· 206
2. 수사경과(수사경찰 인사운영규칙) ·············· 207

| THEME 2 | 경찰공무원관계의 발생 | 208 |

1. 임용권자(경찰공무원법 §7) ························ 208
2. 임용권의 위임(경찰공무원 임용령§4) ········ 209
3. 경찰공무원의 임용(경찰공무원 임용령) ···· 210
4. 임용결격사유 ··· 211
5. 신규채용(경찰공무원법) ······························ 212
6. 채용후보자 명부 등(경찰공무원법§12) ···· 213
7. 시보임용(경찰공무원법 §13) ······················ 215
8. 임용심사위원회(경찰공무원 임용령§20의2, 동시행규칙 §9) ···· 216
9. 경찰공무원 인사위원회(경찰공무원 임용령) ···· 216

| THEME 3 | 경찰공무원관계의 변경 | 218 |

1. 승진(경찰공무원법) ····································· 218
2. 근무성적평정(경찰공무원 승진임용 규정) ···· 220
3. 승진심사위원회(경찰공무원 승진임용규정§15 ~ 18) ···· 221
4. 전보(경찰공무원 임용령) ···························· 222
5. 휴직(국가공무원법 §71) ····························· 223
6. 직위해제(국가공무원법 §73의3) ················ 224

| THEME 4 | 경찰공무원관계의 소멸 | 226 |

1. 당연퇴직(경찰공무원법) ······························ 226
2. 정년퇴직(경찰공무원법 §30) ······················ 226
3. 직권면직(경찰공무원법 §28) ······················ 227

| THEME 5 | 경찰공무원의 권리 | 228 |

1. 신분상 권리 ··· 228
2. 재산상 권리 ··· 229

| THEME 6 | 경찰공무원의 의무 | 230 |

1. 일반의무(국가공무원법) ······························ 230
2. 직무상 의무(국가공무원법) ························ 231
3. 직무상 의무(경찰공무원법) ························ 232
4. 경찰공무원 복무규정(대통령령) ················· 233
5. 신분상 의무(국가공무원법) ························ 234
6. 신분상 의무(정치운동금지의무(국가공무원법)와 정치관여금지 의무(경찰공무원법)) ···· 235
7. 공직자윤리법 ··· 236

| THEME 7 | 징계 | 238 |

1. 징계의 의의 및 징계사유(국가공무원법) ···· 238
2. 징계의 종류 및 효과(국가공무원법 §79,80) ···· 239
3. 징계절차(경찰공무원 징계령) ····················· 240
4. 징계위원회 ··· 246
5. 정상참작 사유(경찰공무원 징계령 세부시행규칙(경찰청 예규)) ··· 249
6. 징계 구제(국가공무원법) ···························· 250
7. 징계벌과 형사벌 ·· 250

| THEME 8 | 경찰공무원의 권익보장제도 | 252 |

1. 교부 및 고충 처리(국가공무원법) ············· 252
2. 경찰공무원 고충심사위원회(공무원고충처리규정 §3의2) ···· 253
3. 소청 ·· 254

CONTENTS

Chapter 04 경찰작용법 일반론

THEME 1 수권조항 — 258
1. 수권조항의 유형 — 258
2. 개괄적 수권조항의 인정 여부 — 258

THEME 2 경찰권발동의 한계 — 259
1. 조리상의 한계 — 259
2. 조리상 한계이탈의 효과 — 259
3. 경찰비례의 원칙(과잉금지의 원칙) — 260
4. 경찰책임의 원칙 — 261

THEME 3 경찰개입청구권 — 263
1. 띠톱판결과 경찰개입청구권 — 263
2. 반사적 이익과 반사적 이익의 보호이익화 — 264
3. 경찰재량 — 265

THEME 4 행정행위 — 266
1. 명령적 행정행위 — 267
2. 형성적 행정행위 — 272
3. 준법률적 행정행위 — 272
4. 행정행위 효력 — 273
5. 불가쟁력과 불가변력 — 273
6. 행정행위 하자 — 274

THEME 5 행정의 법 원칙(행정의 일반원칙) — 278
1. 법치행정의 원칙 — 278
2. 평등의 원칙 — 279
3. 비례의 원칙 — 280
4. 성실의무 및 권한남용금지의 원칙 — 280
5. 신뢰보호의 원칙 — 281
6. 부당결부금지의 원칙 — 282

THEME 6 행정(경찰)처분(행정기본법) — 283

THEME 7 행정조사(행정조사기본법) — 287

THEME 8 공공기관의 정보공개에 관한 법률 — 290
1. 정보공개의 절차 총알정리 — 290
2. 정의(§2) — 290
3. 청구권자 등 — 291
4. 정보공개 여부결정 — 292
5. 비공개 대상정보 및 부분공개 — 293
6. 정보공개심의회와 정보공개위원회 — 294
7. 불복구제절차 — 295

THEME 9 개인정보 보호법 — 296

THEME 10 경찰(행정)상 실효성(의무이행) 확보수단 — 299
1. 경찰상 강제집행 — 300
2. 경찰상 즉시강제(행정기본법) — 302
3. 경찰벌(행정벌) — 304

THEME 11 질서위반행위규제법 — 306

THEME 12 경찰(행정)작용에 대한 구제 — 309
1. 사전적 구제제도(행정절차법) — 309
2. 사후적 구제제도(국가배상법·행정심판법·행정소송법) — 316

Chapter 05 경찰관 직무집행법

THEME 1 목적 및 직무의 범위 — 329
1. 목적(§1) — 329
2. 직무의 범위(§2) — 329
3. 「경찰관 직무집행법」상 즉시강제 수단 — 329

THEME 2 불심검문(§3) — 330

THEME 3 보호조치(§4) — 333

THEME 4 위험발생의 방지(§5) — 336

THEME 5 범죄의 예방과 제지(§6) — 338

THEME 6 위험방지를 위한 출입(§7) — 340

THEME 7 직무수행상의 사실확인 및 출석요구(§8) — 342

THEME 8 정보의 수집 등(§8의2) — 343
1. 경찰관의 정보수집 및 처리 등에 관한 규정(대통령령) — 343

THEME 9 경찰장비의 사용 — 345
1. 「경찰관 직무집행법」상 경찰장비(§10) — 347
2. 「위해성 경찰장비의 사용기준 등에 관한 규정」상 경찰장비 (대통령령) — 348

THEME 10 경찰장구의 사용 — 349
1. 「경찰관 직무집행법」상 경찰장구의 사용(§10의2) — 349
2. 「위해성 경찰장비의 사용기준 등에 관한 규정」상 경찰장구의 사용 — 349

CONTENTS

THEME 11 　분사기 등의 사용　350
1. 「경찰관 직무집행법」상 분사기 및 최루탄 사용(§10의3) …… 350
2. 「위해성 경찰장비의 사용기준 등에 관한 규정」상 가스발사총 등 사용제한(§12) ………………………………… 350

THEME 12 　무기의 사용　351
1. 「경찰관 직무집행법」상 무기의 사용(§10의4) …………… 351
2. 「위해성 경찰장비의 사용기준 등에 관한 규정」상 무기사용(§9,10) ………………………………………………… 352

THEME 13 　경찰착용기록장치의 사용　353
1. 「경찰관 직무집행법」상 경찰착용기록장치의 사용(§10의5) … 353
2. 「경찰관 직무집행법」상 경찰착용기록장치의 사용 고지 등 (§10의6) ……………………………………………… 355
3. 「경찰관 직무집행법」상 영상음성기록정보 관리체계의 구축·운영(§10의7) ……………………………………… 355

THEME 14 　위해성 경찰장비의 사용기준 등에 관한 규정　357

THEME 15 　경찰 물리력 행사의 기준과 방법에 관한 규칙(경찰청 예규)　358
1. 목적(1.1) ……………………………………………… 358
2. 경찰 물리력 사용 시 유의사항(1.4) ………………… 358
3. 대상자 행위와 경찰 물리력 사용의 정도 ………… 359
4. 물리력의 종류 ……………………………………… 360
5. 분사기 사용 한계 및 유의사항(규칙 3.7.2. 다목) ……… 360

THEME 16 　손실보상　361
1. 경찰관 직무집행법(§11의2) ………………………… 362
2. 「경찰관 직무집행법 시행령」상 손실보상 관련 규정 ……… 363
3. 손실보상심의위원회(경찰관 직무집행법 시행령) ……… 365

THEME 17 　범인검거 등 공로자 보상　366
1. 경찰관 직무집행법(§11의3) ………………………… 367
2. 범인검거 등 공로자 보상에 관한 규정 …………… 368

THEME 18 　소송지원 및 형의 감면　369

THEME 19 　경찰관 직무집행법 기타 규정　369

THEME 20 　「경찰관 직무집행법」개정 연혁에 따른 주요내용　370

PART 5 분야별 경찰활동(15% 내외)

Chapter 01 생활안전경찰

THEME 1 　지역경찰　373
1. 「지역경찰의 조직 및 운영에 관한 규칙」상 관련 내용 ………… 373
2. 경찰기관 상시근무 공무원의 근무시간 등에 관한 규칙 ……… 374
3. 지역경찰의 직무(지역경찰의 조직 및 운영에 관한 규칙 §5~8) … 374
4. 지역경찰 근무의 종류(§22~28) …………………… 375
5. 치안센터(지역경찰의 조직 및 운영에 관한 규칙) ……… 376
6. 112 신고 …………………………………………… 377

THEME 2 　경범죄 처벌법　382
1. 성격 및 특징 ……………………………………… 382
2. 종류(§3) …………………………………………… 382
3. 경범죄 처벌법 관련 판례 ………………………… 382
4. 범칙자와 통고처분 ……………………………… 383
5. 범칙금의 납부 및 즉결심판 청구(§8~§9) ………… 383
6. 즉결심판에 관한 절차법 ………………………… 384

THEME 3 　풍속영업의 규제에 관한 법률　385
1. 풍속영업의 범위 ………………………………… 385
2. 풍속영업자의 준수(금지) 사항 및 처벌 ………… 385
3. 풍속영업규제에 관련된 판례 …………………… 386

THEME 4 　성매매알선 등 행위의 처벌에 관한 법률　387
1. 용어의 정의(§2) …………………………………… 387
2. 내용 ……………………………………………… 387
3. 판례 ……………………………………………… 388

THEME 5 　총포·도검·화약류 등의 안전관리에 관한 법률　389
1. 용어 정리(§2) ……………………………………… 389
2. 소지 ……………………………………………… 389
3. 결격사유 ………………………………………… 390
4. 「총포·도검·화약류 등의 안전관리에 관한 법률」주요 내용 … 390

THEME 6 경비업(경비업법)	391

1. 종류(§2 제1호) ·· 391
2. 집단민원 현장(§2 제5호) ······························ 391
3. 경비업법 주요내용 ··· 392
4. 결격사유(§10) ··· 393

THEME 7 유실물법	394

THEME 8 소년경찰	395

1. 소년법 주요내용 ··· 395
2. 소년형사절차의 특례 ······································ 395

THEME 9 청소년 보호법	396

1. 청소년 유해업소(§2) ······································ 396
2. 「청소년 보호법」 관련 판례 ··························· 396
3. 청소년 보호법상 출입 및 통행 제한 ········· 397
4. 청소년유해행위와 위반자에 대한 처벌(§30, §55~58) ········ 397

THEME 10 아동·청소년의 성보호에 관한 법률	398

1. 위반행위 및 미수처벌 ···································· 398
2. 성매매와 아동·청소년의 성을 사는 행위의 비교 ········ 399
3. 특례규정 등 ·· 400
4. 아동·청소년대상 디지털 성범죄의 수사특례 ········ 401
5. 「아동·청소년의 성보호에 관한 법률」 관련 판례 ········ 403

THEME 11 「실종아동등의 보호 및 지원에 관한 법률」과 「실종아동등 및 가출인 업무처리 규칙」	404

1. 실종아동등의 보호 및 지원에 관한 법률 (§2) ········ 404
2. 실종아동등 및 가출인 업무처리 규칙(§2) ········ 404
3. 「실종아동등 및 가출인 업무처리 규칙」상 정보시스템 운영(규칙 §6) ········ 405
4. 실종아동등 프로파일링 시스템 주요 내용(규칙 §7) ········ 405
5. 신고의무자(실종아동등의 보호 및 지원에 관한 법률) ········ 406
6. 수색 또는 수사의 실시 등(실종아동등의 보호 및 지원에 관한 법률 §9) ········ 406
7. 신고에 대한 조치(실종아동등 및 가출인 업무처리 규칙) ········ 407

Chapter 02 수사경찰

THEME 1 가정폭력범죄의 처벌 등에 관한 특례법	409

1. 가정폭력범죄의 개념 ······································ 409
2. 「가정폭력범죄의 처벌 등에 관한 특례법」상 가정폭력 신고처리 절차 ········ 410

THEME 2 아동학대범죄의 처벌 등에 관한 특례법	413

1. 아동학대범죄의 개념 ······································ 413
2. 「아동학대범죄의 처벌 등에 관한 특례법」상 아동학대 신고처리 절차 ········ 414

THEME 3 스토킹범죄의 처벌 등에 관한 법률	417

THEME 4 성폭력범죄의 처벌 등에 관한 특례법	422

1. 내용 ·· 422
2. 신상정보 등록 ··· 425

THEME 5 특정중대범죄 피의자 등 신상정보 공개에 관한 법률	426

THEME 6 범죄피해자 보호법	428

THEME 7 마약류사범 수사	431

1. 마약의 개념 ··· 431
2. 마약류의 분류 ··· 431
3. 향정신성의약품 ··· 432

Chapter 03 경비경찰

THEME 1 경비경찰 대상·특징 — 434
1. 경비경찰의 특징 — 434
2. 경비경찰의 한계 — 434

THEME 2 경비경찰의 조직 및 수단 — 435
1. 조직운영의 원리 — 435
2. 경비경찰의 수단 — 435

THEME 3 행사안전경비(혼잡경비) — 437
1. 의의 — 437
2. 부대의 편성과 배치 — 437
3. 군중정리의 원칙 — 437
4. 행사안전경비 활동 근거 및 내용 — 438

THEME 4 선거경비 — 439
1. 선거경비의 의의 및 기본원칙 — 439
2. 선거기간 및 선거운동(공직선거법) — 439
3. 신변보호 — 439
4. 투표소 경비(공직선거법) — 440
5. 개표소 경비(3선 개념) — 440

THEME 5 집회·시위의 관리 — 441
1. 다중범죄의 의의 — 441
2. 다중범죄의 특징 — 441
3. 다중범죄의 정책적 치료법(정책적 해결) — 441
4. 진압의 원칙(물리적 해결) — 442

THEME 6 재난 및 안전관리 기본법 — 443
1. 주요내용 — 443
2. 재난관리체계 — 444
3. 경찰통제선 — 444
4. 위험경보의 발령 및 위험구역 설정 — 445

THEME 7 경찰작전(통합방위법) — 446
1. 통합방위기구 — 446
2. 통합방위사태 — 446
3. 통합방위작전(§15) — 447
4. 국가중요시설 경비(§21) — 447

THEME 8 경찰비상업무규칙 — 448
1. 용어정의(§2) — 448
2. 근무방침과 비상등급 등 — 449
3. 비상근무 발령 및 해제 — 450
4. 근무요령(§7) — 450
5. 비상근무의 종류별 정황(§4③[별표1]) — 451

THEME 9 대테러 업무 — 452
1. 각국의 대테러 조직 — 452
2. 경찰특공대 — 452
3. 테러취약시설 중 다중이용건축물등의 분류와 지도·점검(테러취약시설 안전활동에 관한 규칙§9,22) — 453

THEME 10 경호경비 — 455
1. 경호의 의의 — 455
2. 경호의 대상 — 455
3. 경호의 4대 원칙 — 456
4. 행사장 경호 — 456

THEME 11 청원경찰 — 457
1. 직무 및 한계(청원경찰법) — 457
2. 청원경찰의 배치순서 — 457
3. 청원경찰법 및 청원경찰법 시행령 — 458

CONTENTS

Chapter 04 교통경찰

THEME 1 도로 461
1. 도로의 정의 461
2. 관련 판례 461

THEME 2 도로교통법상 용어 정의(도로교통법 제2조) 462

THEME 3 자전거등 466
1. 통행방법 특례(§13의2) 466
2. 준수사항(§50) 466
3. 개인형 이동장치(PM)(도로교통법) 467
4. 자전거와 개인형이동장치(PM)의 범칙금 467

THEME 4 차마의 통행방법 468
1. 정차 및 주차의 금지, 서행, 앞지르기 금지 468
2. 차마의 통행방법 관련 판례 469

THEME 5 긴급자동차 470
1. 긴급자동차의 종류 470
2. 긴급자동차의 우선과 특례 471

THEME 6 어린이통학버스 및 어린이통학용 자동차 472

THEME 7 어린이·노인 및 장애인 보호구역의 지정 및 관리에 관한 규칙 473
1. 보호구역의 지정 및 조치 473
2. 어린이보호구역 및 노인 및 장애인 보호구역 안에서 법규위반 가중처벌 473

THEME 8 음주운전 및 난폭운전 474
1 술에 취한 상태에서의 운전 금지(§44) 474
2. 음주운전 처벌 기준(§148의2) 474
3. 위험운전치사상죄(특가법§5의11) 475
4. 난폭운전 475
5. 음주운전과 죄수관계 475
6. 음주운전방지장치 476
7. 음주운전 관련 판례 477

THEME 9 운전면허 480
1. 운전면허 구분(§80) 480
2. 운전면허 결격사유(§82) 481
3. 연습운전면허(§81) 482
4. 국제운전면허증(§96~98) 482
5. 임시운전증명서(§91) 483
6. 운전면허증의 갱신과 정기적성검사(§87) 483
7. 운전면허 관련 판례 483

THEME 10 운전면허 행정처분결과에 따른 결격대상자 및 결격기간(§82) 484

THEME 11 운전면허 행정처분 485
1. 적용범위 485
2. 사고에 따른 벌점기준 485
3. 음주운전으로 운전면허 취소처분 또는 정지처분을 받은 경우 감경 등 486
4. 통고처분 486
5. 통고처분 관련 판례 486
6. 교통안전교육 487

THEME 12 「교통사고처리 특례법」 제3조 제2항의 처벌특례 12개 항목 488
1. 교통사고 처리시스템 488

THEME 13 교통관련 판례 489
1. 운전 489
2. 무면허 운전 489
3. 주의의무 490
4. 「교통사고처리 특례법」 관련 491
5. 보행자 보호 491
6. 도주 492
7. 신고·조치의무 492
8. 인과관계 493
9. 교통사고 판례 494

CONTENTS

경찰학 핵심서브노트

Chapter 05 정보경찰

THEME 1   정보의 특징   496
1. 첩보와 정보의 차이 ·· 496
2. 정보가치에 대한 평가요소(정보의 질적 요건) ················ 496

THEME 2   정보의 분류   497
1. 정보분류의 기준 ··· 497
2. 분석형태에 따른 분류(켄트) ································· 497
3. 출처에 따른 분류 ·· 498
4. 사용목적(대상)에 따른 분류 ································ 498

THEME 3   정보의 순환   499
1. 정보의 순환과정 개관 ·· 499
2. 정보의 요구 ·· 500
3. 첩보의 수집 ·· 501
4. 정보의 생산 ·· 502

THEME 4   정보경찰의 업무(활동)   503
1. 정보보고서의 종류 ··· 503
2. 정보보고서 작성시 판단을 나타내는 용어 ··················· 503
3. 신원조사(보안업무규정 §36,37) ······························ 503

THEME 5   집회 및 시위에 관한 법률   504
1. 용어의 정리(§2) ·· 504
2. 집회·시위 방해금지 ·· 506
3. 특정인 참가 및 출입 ··· 506
4. 집회·시위 신고 및 처리절차 ································· 507
5. 이의신청(§9) ··· 508
6. 철회신고 및 중복된 신고처리 ································ 509
7. 집회·시위 금지 ··· 510
8. 집회·시위 제한 ··· 512
9. 질서유지선 ·· 513
10. 보완·금지 통고서 송달(시행령 §3, 7) ······················· 513
11. 집시법상 처벌규정 ·· 513
12. 집회 또는 시위 해산(§20) ··································· 514
13. 해산절차(동법 시행령 §17) ································· 514

Chapter 06 안보경찰

THEME 1   방첩활동   517
1. 방첩의 기본원칙 ··· 517
2. 방첩의 수단 ·· 517
3. 방첩의 대상 ·· 518

THEME 2   보안수사   519
1. 국가보안법의 특징 ··· 519
2. 국가보안법 내용 ··· 521

THEME 3   보안관찰(보안관찰법)   524
1. 보안관찰의 의의 및 특성 ····································· 524
2. 보안관찰 해당범죄 ··· 524
3. 보안관찰 처분 ·· 525
4. 보안관찰 처분 절차 ·· 526
5. 보안관찰처분심의위원회 ···································· 527
6. 신고사항 ··· 527

THEME 4   남북교류협력(남북교류협력에 관한 법률)   528

THEME 5   북한이탈주민의 보호(북한이탈주민의 보호 및 정착지원에 관한 법률)   529
1. 용어의 정리(§2) ·· 529
2. 주요내용 ··· 529

Chapter 07 외사경찰

THEME 1 다문화 사회 533
1. 다문화사회 접근유형 ··· 533

THEME 2 국적법 534

THEME 3 외국인의 입국과 출국(출입국관리법) 535
1. 외국인의 입국 ··· 535
2. 외국인의 입국금지 사유(출입국관리법 §11①) ········· 536
3. 입국 시 생체정보의 제공 등(출입국관리법 §12의2) ··· 536
4. 외국인의 상륙 종류와 기간(출입국관리법 §14~16의2) ··· 537
5. 외국인의 출국정지(출입국관리법) ························· 537
6. 내국인의 출국금지(출입국관리법) ························· 538

THEME 4 여권(여권법) 539
1. 주요내용 ·· 539
2. 여행경보제도 ·· 540

THEME 5 외국인의 체류(출입국관리법) 541
1. 개설 ·· 541
2. 외국인의 장기체류 자격(출입국관리법 시행령 별표 1의2) ··· 542
3. 외국인의 강제퇴거(출입국관리법) ························· 543
4. 외국인 등록 (출입국관리법) ································ 544

THEME 6 국제형사경찰기구(인터폴, ICPO) 545
1. 주요내용 ·· 545
2. 회원국 간 협조의 기본원칙3712 ·························· 546
3. 국제수배서의 종류(경찰청 국제공조수사 매뉴얼) ······ 547

THEME 7 국제형사사법공조(법) 548

THEME 8 범죄인 인도법 550
1. 조약과의 관계 ··· 550
2. 범죄인 인도의 원칙 ·· 550
3. 「범죄인 인도법」상 인도거절사유 ························· 551
4. 범죄인 인도의 절차 ·· 552

THEME 9 주한미군지위협정(SOFA) 553
1. 인적 적용 범위 ·· 553
2. 형사재판권 분장 ·· 553
3. SOFA 손해배상 등 ·· 553

THEME 10 외국인 등 관련범죄에 관한 특칙(경찰수사규칙, 범죄수사규칙) 554
1. 경찰수사규칙 ·· 554
2. 범죄수사규칙 ·· 555

부록 경찰청과 그 소속기관 직제 557

PART 1

경찰학의 기초이론

CHAPTER 01
경찰과 경찰학

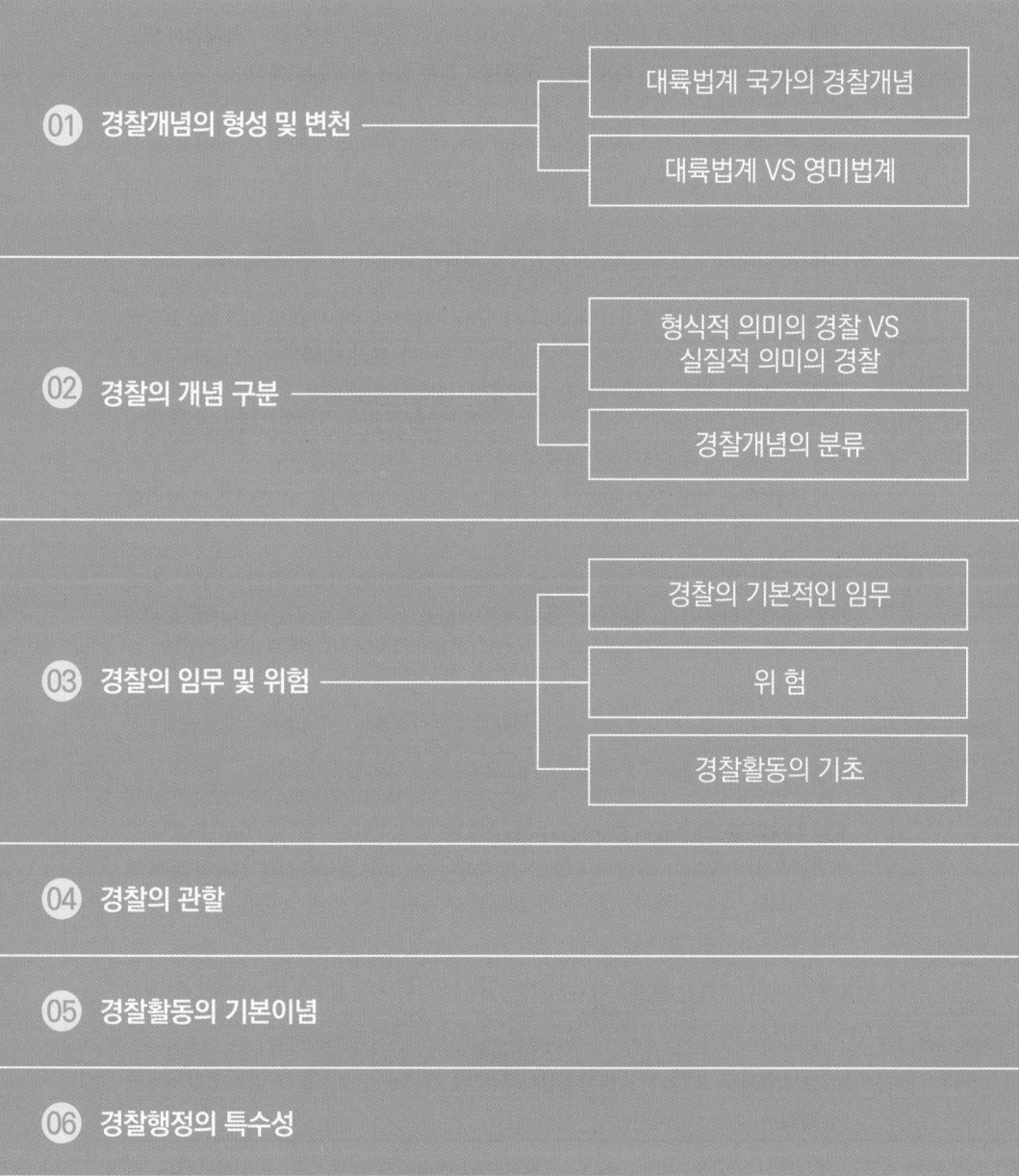

THEME 01 경찰개념의 형성 및 변천

1 대륙법계 국가의 경찰개념 _A급

고대경찰	① 경찰의 어원 – 그리스 politeia와 라틴어의 politia에서 유래 ② 도시국가에 관한 **일체의 정치**(= 국정전반), 헌법을 지칭1 　└→ 정치제외 X	경찰과 행정 미분화7
중세경찰 (15·16C)	① 중세 경찰권은 절대주의적 국가권력의 기초 ② 14세기 말의 프랑스의 라 폴리스(La Police)라는 개념은 초기에는 **"국가목적 또는 국가작용"**를 의미했다가 나중에는 **"공동체의 질서 있는 상태(사회목적)"**를 의미2·9·10 ③ 15세기 말 프랑스의 경찰개념이 **독일**에 계수되어 양호한 질서를 포함(경찰이 국가의 평온한 질서 있는 상태를 의미)한 국가행정 전반을 포괄하는 의미로 사용한 독일에서는 뷔르츠부르크 주교령(1476년)과 뉘른베르크법(1492년)에 경찰개념이 처음 등장3·4 ④ 16세기(1530년) 독일 : **교회행정의 권한을 제외**한 일체의 국가의 행정4·5·6 　　　　　　　　　└→ 독일제국경찰법	
경찰국가 시대 (17C) 16	① 17세기에 국가목적적 행정인 **외교(외무), 군사, 재정(재무)**과 사법(1648년 베스트팔렌 조약) 등 국가의 특별작용으로 인식된 전문분야가 분리(제외)되어 경찰은 사회공공의 안녕과 복지를 직접 다루는 **내무행정(사회목적적 행정)**을 의미8·16·17·24 　└→ 소극적인 치안유지뿐 아니라 적극적인 공공복지의 증진을 위해서도 강제력을 행사하는 절대주의적 국가권력의 기초가 됨17 ② 국왕의 권력유지를 위한 경찰역할이 강조 (국왕에게 권력집중)54 ③ 군주주권론을 바탕으로 경찰은 포괄적인 권한을 바탕으로 국민에게 강제력을 행사11·13	
법치국가 시대 (18·19C)	① 18세기 계몽철학 등의 영향으로 법치주의가 생성됨에 따라 경찰분야에서 **적극적인 복지경찰분야가 제외**되고 **소극적인 위험방지(= 소극적 질서유지)분야에 한정**18·19·20·21·47 　　　　　　　　　　　　　　└→ 1794년 프로이센(독일) 일반란트법 (절박한 위험) 　　　　　　　　　　　　　　　1795년 프랑스 죄와형벌법전 (재산/행정경찰과 사법경찰 최초 비교) 　　　　　　　　　　　　　　　1882년 프로이센(독일) 크로이쯔베르크판결 (경찰 작용의 목적 축소)57 　　　　　　　　　　　　　　　1884년 프랑스 지방자치법전 (위생) 　　　　　　　　　　　　　　　1931년 프로이센(독일) 경찰행정법 (의무에 합당한 재량) ※ 요한 쉬테판 퓌터(Johann Stephan Pütter)가 자신의 저서인「독일공법제도」에서 주장한 **"경찰의 직무는 임박한 위험을 방지하는 것이다. 복리증진은 경찰의 본래 직무가 아니다."**라는 내용은 경찰국가 시대를 거치면서 확장된 경찰의 개념을 제한하기 위한 노력의 일환23	경찰과 행정 분화12
제2차 세계대전 이후 24	독일에서는 보안경찰을 **제외**한 영업·위생·건축 등의 협의의 행정경찰사무를 일반행정 기관의 사무로 이관하는 이른바 **비경찰화** 과정이 이루어짐25·26·28·29·30 　　　　└→ 포함 X　　　　　　　　　　　　　　└→ 비범죄화 X ※ **비경찰화(1945)** : 협의의 행정경찰사무(영업, 건축, 보건경찰 등)가 경찰업무에서 **제외**27	

🔶 대륙법계 경찰의 업무범위는 **국정전반**(15·16C) → **내무행정**(사회목적적 행정, 17C) → **위험방지**(18·19C) → **보안경찰**(20C) 순으로 변화31

4　PART 1　경찰학의 기초이론

📌 대륙법계 경찰개념의 변천과정 48

제외 내용	시대 / 개념
	(고대) 모든 국가작용
교회행정 제외	16C (중세) 국정전반
외교, 군사, 재정, 사법 제외 └ 국가목적	17C (경찰국가) 내무행정
적극적 복지경찰 제외	18·19C (법치국가) 소극적위험방지
비경찰화 (협의의 행정경찰)	20C (2차 세계대전 이후) 공공의 안녕과 질서유지

2 소극적 위험방지에 한정한 관련 법률과 판결 _A급 44·46

독일	프로이센 일반란트법 (1794) 45	경찰관청은 공공의 평온, 안녕 및 질서를 유지하고, 또한 공중 및 그의 개개 구성원들에 대한 **절박한 위험**을 방지하기 위하여 필요한 기관이라고 규정 33·38
	크로이츠베르크 판결 (1882)	승전기념비의 전망을 확보할 목적으로 주변 건축물의 고도를 제한하기 위해 베를린 경찰청장이 제정한 법규명령은 경찰권은 **소극적인 위해방지**를 위한 조치만을 할 수 있고, 적극적으로 공공복리를 할 권한이 없다는 이유로 경찰청장이 제정한 명령은 무효라고 하며, 경찰관청이 **일반수권** 규정에 근거하여 법규명령을 발할 수 있는 분야는 위험방지 └ 개별수권 X 분야에 한정된다고 1882년 프로이센 고등행정법원이 판시한 판결이고, 이 취지의 규정을 둔 **프로이센 경찰행정법(1931)이 제정(실질적 의미의 경찰개념을 성문화시킴)** 34·56·59·60·61
	프로이센 경찰행정법 (1931)	경찰관청은 일반 또는 개인에 대한 공공의 안녕과 질서를 위협하는 위험을 방지하기 위하여 현행법의 범위 내에서 **의무에 합당한 재량**에 따라 필요한 조치를 취하지 않으면 안 된다고 규정 35·36·37
프랑스	죄와 형벌법전 **제16조** (1795) 41	경찰은 공공질서를 유지하고 **개인의 자유와 재산 및 안전**을 유지하기 위한 기관이라고 규정하였다. 40 〈비교〉 제18조에서 행정경찰과 사법경찰을 최초로 구분하여 법제화 39·43
	지방자치법전 (1884)	자치체경찰은 공공의 질서·안전 및 위생을 확보함을 목적으로 한다고 규정하여, 경찰의 직무를 소극목적에 한정하고 있으나 위생사무 등 **협의의 행정경찰적 사무가 포함(제외 X)** 42

3 대륙법계와 영미법계 경찰의 비교 _A급

구 분	대륙법계(독일, 프랑스)	영미법계(영국, 미국)
경찰개념의 형성	① 경찰권이라는 **통치권적** 개념을 전제로 그 발동범위와 성질을 기준으로 형성 ② 경찰권 발동범위 **축소**의 역사49	① 시민으로부터 **자치권한**을 위임받은 조직체로서의 역할을 중심으로 형성50 ② 경찰 활동범위 확대의 경향
중심 학자	행정법학자	경찰행정학자
경찰권의 기초	일반 통치권	자치권
경찰과 시민과의 관계	대립관계(반비례) → 수직적 관계	대등관계(비례적, 친화적) → 수평적 관계53
경찰개념의 초점	경찰이란 무엇인가(존재)?	경찰활동이란 무엇인가?51 경찰은 무엇을 하는가?
경찰의 조직	중앙집권적 국가경찰, 관료제	지방분권적 자치체 경찰, 민주적
경찰의 사명	공공의 안녕과 질서유지에 중점 (수사는 경찰의 임무가 아님)	공공의 안녕과 질서유지 + **범죄수사** ※ 행정경찰과 사법경찰을 미분리하였기 때문에 범죄수사(사법경찰)는 당연히 경찰의 고유한 임무52
시점	사후적(진압)	사전적(예방)
경찰의 수단	권력적 수단 중시(명령·강제)	비권력적 수단 중시
행정·사법 경찰의 구분	**구분** → 죄와형벌법전 제18조	구분하지 않음

4 주요 외국 판결 _A급

Miranda 판결	변호인선임권, 접견교통권 및 진술거부권을 고지하지 않은 상태에서 이루어진 자백의 증거능력을 부정하여, 자백의 임의성과 관계없이 **채취과정에 위법이 있는 자백**을 배제하게 되는 계기가 된 판결69
Blanco 판결	**공무원에 의한 손해는 국가에 배상책임**이 있고 그 관할은 행정재판소라는 원칙이 확립되는 계기가 된 판결55·65·66·68 → 국가배상이 인정된 최초의 판결
Escobedo 판결	변호인과의 접견교통권 및 진술거부권을 침해하여 획득한 자백의 **증거능력을 부정**67
Kreuzberg 판결 → 경찰작용의 목적 축소57	**경찰의 임무는 위험방지에 한정**된다고 하는 사상이 법해석상 확정되는 계기를 만든 판결58·62·63·64
별장점탈사건 지뢰사건판결	경찰권의 불행사를 이유로 한 **손해배상책임**을 인정한 판결
맬로리(Mallory) 판결	'체포 후 법관에게 인치하지 않고 30시간 구금 중에 얻은 자백은 인정하지 않는다.'는 내용의 판결(1957년)로 **불법구속 중의 자백에 대한 증거능력을 부정**70
맵(Mapp) 판결	'**불법수색과 불법압수로 수집한 증거**는 피고인에게 불리하게 사용될 수 없다.'는 내용의 1961년의 연방대법원 판결71 → 위법수집증거 배제법칙이 확립된 판결

THEME 02 경찰의 개념 구분

1 형식적 의미의 경찰과 실질적 의미의 경찰 _S급 72·73·74·75·76·77·79·81·82·83·84·86·87·88·89·90·91·92·94

구 분	형식적 의미의 경찰	실질적 의미의 경찰
개 념	① 실정법(실무상)·조직법상 **보통경찰기관**에 분배되어 있는 임무를 달성하기 위하여 행하여지는 경찰활동 (국자법 제3조, 경직법 제2조 개념) ② 제도적·조직법 ③ 시대별·국가별로 차이가 나는 유동적·**상대적** 개념 → 절대적 X ④ 사법경찰, 정보경찰, 경찰의 서비스적 활동 ⑤ **경찰작용의 성질과 관계없는 실무상 작용** → 권력 + 비권력적	① **독일** 프로이센 경찰 행정법학에서 유래 → 프랑스 X → **이론·학문상** 정립된 개념 → 실무상 X ② 소극목적(사회공공의 안녕과 질서유지) ③ **일반통치권**에 근거하여 국민에게 **명령·강제**하는 **권력적 작용** → 비권력작용 X ④ 작용·성질 중심 ⑤ 장래를 향한 질서유지만 작용 ⑥ 사회목적적 작용 → 국가목적 X ⑦ 위생경찰, 건축경찰, 공물경찰 등
양자의 관계	① 형식적 의미의 경찰 일부가 실질적 의미의 경찰이고, 실질적 의미의 경찰 일부가 형식적 의미의 경찰에 해당할 뿐이지 **양자는 어느 하나가 다른 하나를 포함하는 관계가 아님**80 ② 형식적 의미의 경찰이 위험방지라는 실질적 의미의 경찰작용을 하는 경우에는 양자가 일치 ③ **일반행정기관**이 실질적 의미의 경찰작용을 하는 경우는 있으나, 형식적 의미의 경찰작용을 하지는 않음85·95 → 일반행정기관에서도 경찰기능을 담당한다고 할 때의 경찰기능은 명령·강제라는 작용적 측면에서 바라본 실질적 경찰개념을 의미78 ④ 사무를 기준으로 하였을 때 우리나라 자치경찰을 담당하는 **시·도자치경찰위원회**는 보통경찰기관(형식적 의미의 경찰)으로서 안녕과 질서를 유지(실질적 의미의 경찰)하기 위한 경찰 → 형식적 의미의 경찰과 실질적 의미의 경찰 모두에 해당96 ⑤ 「경찰관 직무집행법」 제3조에 의한 **불심검문**은 경찰상 즉시강제(불심검문의 성격에 관해 학설의 다툼이 있음)의 권력작용이라는 면에서 실질적 의미의 경찰에 해당하고, 실정법에서 경찰행정기관에 그 권한을 맡기고 있으므로 형식적 의미의 경찰에 해당 ⑥ 특별경찰기관(의원경찰, 법정경찰)은 양자 어디에도 해당되지 않음97	

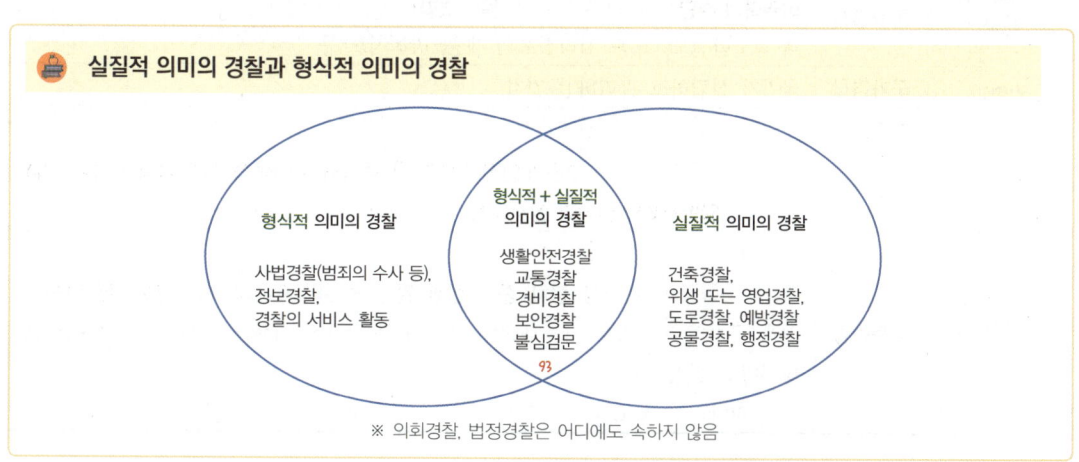

실질적 의미의 경찰과 형식적 의미의 경찰

- 형식적 의미의 경찰: 사법경찰(범죄의 수사 등), 정보경찰, 경찰의 서비스 활동
- 형식적 + 실질적 의미의 경찰: 생활안전경찰, 교통경찰, 경비경찰, 보안경찰, 불심검문 93
- 실질적 의미의 경찰: 건축경찰, 위생 또는 영업경찰, 도로경찰, 예방경찰, 공물경찰, 행정경찰

※ 의회경찰, 법정경찰은 어디에도 속하지 않음

2 경찰개념의 분류 기준과 내용 _S급

기 준	분 류	주요 내용
목적 또는 3권분립 사상 102	행정경찰	① 공공질서의 유지·범죄예방을 목적 103 ② **실질적 의미**의 경찰 100·116 ③ 행정법의 일반원칙과 각종 경찰법규에 의하여 작용 105 ④ 주로 **현재 또는 장래**의 상황에 대하여 발동 104 행정경찰 ─ 보안경찰 └ 협의의 행정경찰
	사법경찰	① 범죄의 수사·체포를 목적 103 ② **형식적 의미**의 경찰 100 ③ 형사소송법에 의하여 권한 행사 105 ④ 주로 **과거**의 상황에 대하여 발동 104 ※ 우리나라 보통경찰기관은 행정경찰 및 사법경찰업무를 모두 담당 101 ※ 행정경찰과 사법경찰의 구분은 원래 3권분립사상에 투철했던 프랑스(독일 X)에서 확립된 것으로 경죄처벌법전 (1795년) 제18조에서 "행정경찰은 공공질서유지·범죄예방을 목적으로 하고, 사법경찰은 범죄의 수사·체포를 목적으로 한다"라고 규정 98·99·102·106
업무의 독자성 107·110·111·112·113·116	보안경찰 108	① 사회공공의 안녕과 질서를 유지하기 위하여 **타 행정작용에 부수되지 않고** 그 자체로서 독립하여 행해지는 경찰작용 ② 교통경찰, 경비경찰, 해양경찰, **풍속경찰**, 생활안전경찰 등 107
	협의의 행정경찰 109	① **타 행정작용에 부수**하여 그 행정작용과 관련해서 발생하는 위험을 방지하기 위해 행해지는 경찰작용 ② 산업경찰, 위생경찰, 건축경찰, 철도경찰, 산림경찰, 공물경찰 등 107
경찰권 발동시점 117	예방경찰	① 사전에 위해나 범죄의 발생을 방지하기 위한 비권력적 작용 ② 위해를 미칠 **우려가 있는** 정신착란자 보호, 총포·화약류의 취급제한, 순찰활동 등 118·119·127
	진압경찰	① 이미 발생한 위해를 제거하거나 이미 발생한 범죄를 제지·진압·수사하는 권력작용 ② **위해를 주는** 정신착란자 보호, 범죄 진압, 수사, 사람을 공격하는 동물 사살 등
위해정도· 담당기관 121	평시경찰	평온한 상태에서 보통경찰기관이 행하는 경찰작용
	비상경찰	천재지변이나 전시·사변 또는 이에 준하는 국가비상사태에 있어서 계엄법에 의하여 군대가 병력으로 공공의 안녕·질서를 유지하는 작용 120
경찰활동 질·내용 (강제력 사용 유무) 122·123·127	질서경찰	**강제력을 수단**으로 법집행을 하는 경찰 예 경범죄처벌법 또는 도로교통법 위반자에 대한 통고처분, 범죄수사, 즉시강제 125·126
	봉사경찰 124	**비권력적 수단**으로 직무를 수행하는 경찰 예 청소년선도, 교통·지리정보의 제공, 방범지도 등
권한과 책임소재	국가경찰	국가가 설립하고 관리하는 경찰
	자치경찰	자치단체가 설립하고 관리하는 경찰
보호되는 법익의 가치 프랑스에서 유래 128	보통경찰	사회, 개인을 보호하는 **교통의 안전(교통경찰), 풍속의 유지(풍속경찰)**, 범죄의 예방·진압과 같이 **일반사회의 안녕과 질서유지**를 목적으로 하는 활동
	고등경찰	사회적으로 보다 우월한 가치를 지닌 법익을 보호하기 위한 경찰활동을 의미하였으나, 나중에는 **사상·정치·종교·집회·결사·언론의 자유**에 대한 정보수집·단속과 같은 국가의 존립과 유지를 보장하기 위하여 국가적 기관 및 제도에 대한 위해를 방지하는 활동 ※ 우리나라는 제도적으로 고등경찰과 보통경찰을 구별하지 않고 있음

3 (권한과 책임소재에 따른) 국가경찰과 자치경찰의 장·단점 _A급112·115·129

구 분	국가경찰(관=대륙)	자치경찰(민=영미)
장 점	① 조직의 통일적 운영과 경찰활동의 능률성·기동성을 발휘114 ② 타 행정부문과의 긴밀한 협조·조정이 원활138 ③ 전국적인 통계자료의 정확성이 높음139 ④ 전국적으로 균등한 서비스를 제공할 수 있고, 광역적인 범죄 대응에 효과적136 ⑤ 강력한 집행력 행사가 가능하고 비상시 유리133	① 각 지역의 특성에 적합한 경찰행정을 할 수 있음130 ② 인권보장과 민주성이 보장되어 주민들의 지지를 받기 쉬움132 ③ 지역별로 독립된 조직이므로 조직·운영의 개혁이 용이134 ④ 지역주민에 대한 경찰의 책임감이 높음135 ⑤ 경찰과 시민의 유대가 강화되며, 주민협력으로 치안이 활성화됨
단 점	① 정부의 특정정책의 수행에 이용되어 본연의 임무를 벗어날 우려가 있음131 ② 관료화되어 주민과 멀어지고 국민을 위한 봉사가 저해130 ③ 각 지방의 특수성·창의성이 저해 ④ 조직이 비대화, 관료화 될 우려가 있음	① 전국적·광역적 활동에 부적합 ② 타 경찰기관과의 협조·응원체제가 곤란 ③ 능률성·기동성·통일성 등이 저하 ④ 지방세력과 연결되면 경찰부패가 초래할 수 있고, 정실주의에 대한 우려가 있음137 ⑤ 광역화 범죄에 대처하기 어려움 ⑥ 전국적 통계자료의 정확성을 얻기 곤란

♣ 국가경찰의 장점은 자치경찰의 단점으로, 국가경찰의 단점은 자치경찰의 장점으로 상호 연동됨

THEME 03 경찰의 임무 및 위험

1 경찰의 임무 _S급

국가경찰과 자치경찰의 조직 및 운영에 관한 법률 제3조(경찰의 임무)140	경찰관 직무집행법 제2조(직무의 범위)
1. 국민의 생명·신체 및 재산의 보호 2. 범죄의 예방·진압 및 **수사**142 3. 범죄**피해자** 보호 ↙ 피의자 X 4. 경비·요인경호 및 **대간첩·대테러** 작전 수행 5. **공공안녕에 대한 위험의 예방과 대응을 위한** 정보의 수집·작성 및 배포 ↙ 치안 X 6. 교통의 단속과 **위해**의 방지 ↙ 위험+장해 7. 외국 정부기관 및 국제기구와의 국제협력 8. 그 밖에 공공의 안녕과 질서유지	1. **국민의 생명·신체 및 재산의 보호** 2. **범죄의 예방·진압 및 수사** 2의2. **범죄피해자 보호** 3. **경비**, 주요 인사 경호 및 **대간첩·대테러** 작전 수행141 4. **공공안녕에 대한 위험의 예방과 대응을 위한** 정보의 수집·작성 및 배포 ↙ 치안 X 5. **교통** 단속과 교통 위해의 방지 6. **외국** 정부기관 및 국제기구와의 국제협력 7. **그** 밖에 공공의 안녕과 질서 유지 → 1국 2범 3경 4공 5교 6외 7그

2 경찰의 기본적인 임무 _S급
→ 경찰의 임무는 경찰조직법상 경찰기관을 전제로 한 개념으로 공공의 안녕과 질서에 대한 위험방지가 경찰의 궁극적 임무라고 할 수 있음149

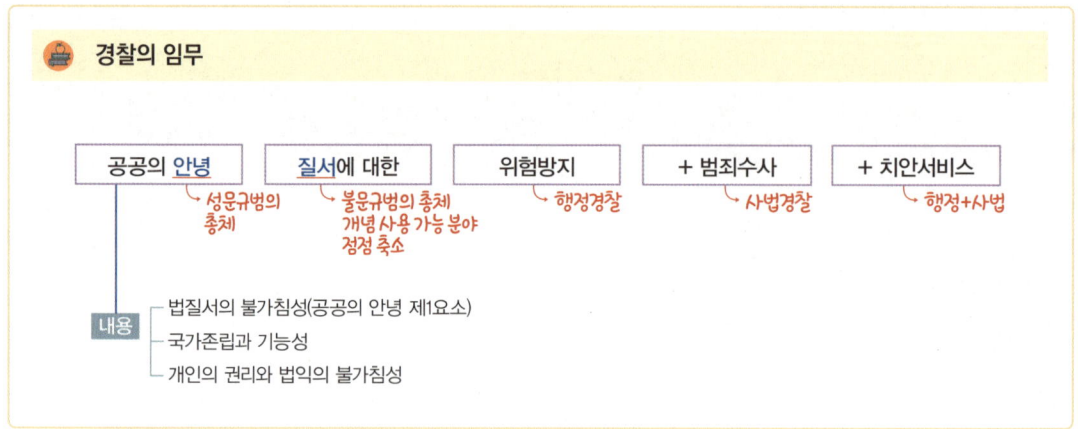

(1) 공공의 안녕과 공공질서 _S급

공공의 안녕 (성문규범의 총체)	개념	① 공공의 안녕은 위험방지의 보호대상 ② 공공의 안녕 일부는 개인과 관련되고 일부는 국가 등 집단과 관련되는 **이중적 개념**144 ③ 공공의 안녕과 질서유지는 국민의 생명·신체 및 재산의 보호를 포함하는 **상위개념**145
	내용148	**법질서의 불가침성** ① 공공의 안녕의 **제1요소**150 ② **공법규범에 대한 위반** : 일반적으로 공공의 안녕에 대한 위험으로 취급, 경찰개입이 원칙적으로 허용147 ③ **사법질서 보호(사법규범 위반)** : 원칙적으로 경찰개입을 허용하지 않지만, 예외적으로 **보충성의 원칙**이 적용되는 경우 개입이 가능151 🛑 **보충성의 원칙** 법적 보호가 적시에 이루어지지 않고, 경찰의 원조없이 법을 실현시키는 것이 무효화되거나 사실상 어려워질 경우에만 경찰이 개입하는 것152 ④ 형법 등의 규범에 의해 보호받는 법익의 위태 또는 침해가 객관적으로 존재하면 족하고, 주관적 구성 요건의 구비·유책성 및 가벌성은 요하지 않음153
		국가의 존립과 기능성 ① 경찰활동은 형법적 **가벌성의 범위 내에 이르지 않았더라도** 국민의 자유와 권리를 침해하지 않는 범위 내에서 수사·정보·안보경찰의 첩보수집활동·외사활동이 가능146 ② 국가조직에 대한 비판이 폭력성과 명예훼손 행위 없이 표출되는 경우에는 언론의 자유, 예술의 자유 및 집회의 자유가 헌법적으로 보장되고 있어 경찰이 개입할 문제가 아님 → 모든 비판에 개입 X
		개인의 권리와 법익의 불가침성 ① 사유재산적 가치와 **무형의 권리**도 보호의 대상155 → 지적재산권 ② 경찰의 원조는 **잠정적** 보호에 국한되어야 하고, 최종적인 보호는 법원에 의해 구제154 → 최종적 X
공공질서		① 원만한 공동체 생활을 위한 불가결적 전제조건으로서 공공사회에서 각 개인의 행동에 대한 **불문규범의 총체**158 ② 시대에 따라 변화하는 **상대적·유동적** 개념이며, **엄격한 합헌성과 제한적 사용의 요구를 받는 개념**156·159 → 고정적 X ③ 법적 안정성의 확보를 위해 불문규범이 성문화되어 가는 현상으로 공공질서의 사용가능 분야는 점점 **축소**157 → 확대 X ④ 공공질서 개념에 근거하여 경찰권을 발동할 경우 그 발동여부에 대한 판단은 **경찰의 재량적 결정**에 맡겨지나, 이 경우에도 **경찰은 의무에 합당한 재량행사**에 따라야 한다(행정기본법 제21조 재량행사 기준). → 헌법상 과잉금지원칙(비례의 원칙) 준수160

3 위험 _S급

개념	위험	① 가까운 장래에 공공의 안녕(또는 질서)에 손해가 나타날 수 있는 가능성이 개개의 경우에 충분히 존재하는 상태를 말함161 → **사후적 X** ② 손해발생의 충분한 가능성에 대한 판단은 **사전적 관점**(구체적인 상황하에서 경찰공무원이 현재의 인식상황에 따라 판단)에서 행해져야 함 ③ 위험은 보호받게 되는 법익에 대해 **구체적으로 존재하여야 하는 것은 아니다.**162 예 보행자의 통행이 거의 없는 밤 시간에 횡단보도 보행자 신호등이 녹색등일 때 정지하지 않고 진행한 경우에도 통행한 운전자는 경찰책임자가 됨
	손해	보호받는 개인 및 공동의 법익에 관한 정상적 상태의 객관적 감소를 뜻하며, 보호법익에 대한 **현저한 침해행위가 있어야 인정 가능** → 단순성가심, 불편함은 경찰개입대상 아님164
위험 분류	구체적 위험	구체적 개개(개별) 사안에 있어 가까운 장래에 손해 발생의 충분한 가능성이 존재하는 경우169
	추상적 위험	구체적 위험의 예상 가능성이 존재하는 경우163
	경찰개입	① 구체적 위험 내지 적어도 **추상적 위험**이 있을 때 가능161·165·166·168 → **추정적 X** → 위험의 존재는 경찰개입의 최소요건 ② 경찰개입의 대상이 되는 위험은 **행위책임**에 기인한 것일 수도 있고 **상태책임**에 기인한 것일 수도 있음167

위험에 대한 인식170	외관적 위험 → 적법	의의	경찰이 의무에 합당한 사려 깊은 판단을 했음에도 불구하고 위험을 잘못 긍정한 경우(**인식과 사실이 불일치**)179·180 예 심야에 경찰관이 사람을 살려달라는 외침소리를 듣고 출입문을 부수고 들어갔는데, 실제로는 노인이 크게 켜놓은 TV 형사극 소리였던 경우173·174
		경찰개입	개입 가능
		구제	① 경찰관 개인에게 민·형사상 책임을 물을 수 없음 ② 국가의 **손실보상** 책임 발생할 수 있음172·180 → 손해배상 X
	위험혐의	의의	경찰이 의무에 합당한 사려 깊은 판단을 할 때 실제로 위험의 가능성은 예측되나 불확실한 경우(**인식과 사실이 불일치**)171·175
		경찰개입	① 개입 가능 ② 위험의 존재여부가 명백해질 때까지 예비적으로 행하는 위험조사 차원의 경찰개입은 정당화됨176·177
	오상위험 (추정적(성) 위험 또는 상상위험) → 위법182	의의	객관적으로 위험의 외관 또는 혐의가 정당화되지 아니함에도 불구하고 경찰이 위험의 존재를 잘못 추정한 경우(**인식과 사실이 불일치**)178·179 예 전날 악몽을 꾼 경찰관 A는 경찰관 B와 순찰 중에 주택에서 은은한 클래식 음악이 들리자 위험한 상황이라고 판단하고, 자신을 제지하는 경찰관 B를 밀친 후 혼자 현관문을 부수고 들어갔는데 실제로는 임신부가 태교음악을 듣고 있었다.
		경찰개입	개입 불가능
		구제181	① 경찰관 개인에게 민·형사상 책임 ② 국가에게는 손해배상책임이 발생할 수 있음

> **심화** 명백하고 현존하는 위험

연혁	① 미국의 솅크 판결(Schenck v. United States, 1919)에서 홈즈 대법관은 존 스튜어트 밀의 위해원칙(Harm principle)을 기초로 하여 **명백하고 현존하는 위험의 원칙**을 만들었다. ② **명백·현존한 위험의 원칙(rule of clear and present danger)**은 연혁적으로 언론과 출판이 국가기밀을 누설하거나 타인의 명예 또는 사생활의 비밀을 침해하려고 하는 경우에 법원이나 관계기관이 정지명령 등으로 이를 제지하고자 할 때 사용하는 기준에서 출발하였다.
관련 판례	① 우리 헌법재판소는 국가보안법 제7조 제1항 및 제5항의 규정은 각 소정의 행위가 국가의 존립·안전을 위태롭게 하거나 자유민주적 기본질서에 위해를 줄 **명확한 위험**이 있을 경우에만 _{→현존성X} 축소적용 되는 것으로 해석한다면 헌법에 위반되지 아니한다고 한정합헌결정을 하였다(헌재 89헌가113). ② 우리 대법원 판례는 미신고 집회에 대한 해산명령의 적법요건으로 '공공의 안녕질서에 대한 직접적인 위험이 **명백하게 초래된 경우**'일 것으로 요구하고 있다(대판 2010도6388). _{→현존성X} ③ 우리 대법원 판례는 위해성 경찰장비인 **살수차와 물포의 직사살수의 사용요건**으로 **명백하고 현존한 위험**의 원칙을 요구하고 있다(대판 2015다236196).

4 경찰활동의 기초 _B급

의의	광의의 경찰권 = **협의의 경찰권** + **수사권** + **경찰서비스활동**[183] _{↳행정경찰 ↳사법경찰 ↳비권력적 활동}
협의의 경찰권	① **협의의 경찰권**이란 사회공공의 안녕과 질서를 유지하기 위하여 **일반통치권**에 의거 국민에게 **명령·강제**하는 권한을 의미한다. 따라서 경찰작용은 국가와 국민 사이의 **일반통치관계**를 전제 → 국회의장의 **국회경호권(의원경찰)**, 법원의 **법정경찰권**과 같이 일반통치권을 전제로 하지 않고 부분사회의 내부질서를 목적으로 하는 경우에는 **협의의 경찰작용에 해당하지 않음**[185] ② 협의의 경찰권에 의해서는 **일반처분**이 가능하고, 경찰책임자에게만 경찰권이 발동하는 것이 _{↳재량인정} 원칙이나, 예외적으로 법령상의 근거가 있고 긴급한 필요가 있는 경우에는 **경찰책임자 이외의 비책임자에게도 권한이 발동** 될 수 있음[184] _{↳경찰긴급권(법적근거 요함)} ③ 행정경찰을 보안경찰(경찰기관)과 협의의 행정경찰(일반행정기관)로 분류할 때, 경찰기관 외의 일반행정기관에서도 협의의 경찰권을 발동할 수 **있다**.[186] _{↳없다X}
수사권	① **수사권**이란 국가 형벌권을 행사하기 위해 형사소송법에 의거 경찰에게 부여되는 권한으로서, 범죄의 혐의 유무를 명백히 하여 공소의 제기와 유지 여부를 결정하기 위하여 범인을 발견·확보하고 증거를 수집·보전하는 수사기관의 활동 ② 수사권의 경우에는 피의자나 참고인 등 **형사소송법에서 규정된 관계자 이외에는 발동될 수 없음** _{↳재량권X} ③ 수사권은 **내국인이든 외국인이든 상관없이 발동** 될 수 있음 다만, 외교사절, 대통령(**헌법상 내란** _{↳자연인, 법인 모두 수사권 발동 대상} **또는 외환의 죄를 범한 경우를 제외하고는 재직 중 형사상의 소추를 받지 아니함**)과 국회의원에 대해서 일정한 제한이 따름

Chapter 01 경찰학의 기초이론 **13**

THEME 04 경찰의 관할 _A급

1 사물관할

① **경찰이 처리할 수 있고, 처리해야하는 사무내용범위**, 국자법 제3조와 경찰관 직무집행법 제2조에 규정[189]
② 우리나라는 작용법인 경찰관 직무집행법에 조직법적인 임무규정이 포함되어 있음
③ 범죄수사에 관한 임무는 **영미법계 경찰개념의 영향**을 받아 인정 → 범죄수사에 있어서 범죄피해자를 위한 사법경찰권의 적극적인 개입을 인정하는 입법례가 **증가하는 추세**[189·190·192]
④ 사물관할은 경찰권의 발동범위를 설정한 것으로 **재판의 공정성 확보와는 관련이 없음**[188]
   └ 사법부 관할

2 인적관할[194]

① **광의의** 경찰권이 어떤 사람에게 적용되는가의 문제[193]
   └ 협의 X
② **원칙**: 경찰권은 원칙적으로 모든 사람에게 적용
③ **제한**: 국내법적으로 대통령과 국회의원, 국제법적으로는 외교사절과 주한 미군에 대해 일정한 제한

3 지역관할

원칙		대한민국의 영역 내에 모두 적용됨이 원칙이나, 국내법적·국제법적 일정한 한계가 있다. 191·195
국회 (국회법)	의장의 경호권 (§143)	**의장**은 회기 중 국회의 질서를 유지하기 위하여 **국회 안**에서 경호권을 행사한다.
	경위와 경찰관 (§144)	① 국회의 경호를 위하여 국회에 경위(警衛)를 둔다(의원경찰). ② 의장은 국회의 경호를 위하여 필요할 때에는 **국회운영위원회**(국회소관상임위원회 X) 동의를 받아 일정한 기간을 정하여 정부에 경찰공무원의 파견을 요구**할 수 있다**. 198 ③ 경호업무는 의장의 지휘를 받아 수행하되, 경위는 회의장 **건물 안**에서, **경찰공무원**은 회의장 **건물 밖**에서 경호한다. 196·197
	회의의 질서 유지 (§145)	① 의원이 본회의 또는 위원회의 회의장에서 이 법 또는 국회규칙을 위반하여 회의장의 질서를 어지럽혔을 때에는 의장이나 위원장은 경고나 제지를 할 수 있다.
	현행범인의 체포 (§150)	경위나 경찰공무원은 **국회 안**에 현행범인이 있을 때에는 **체포한 후 의장의 지시**를 받아야 한다. 다만, **회의장 안**에서는 의장의 명령 없이 의원을 체포할 수 없다. 199 **비교** 국회의원은 **현행범인인 경우를 제외**하고는 회기 중 국회의 동의없이 체포 또는 구금되지 아니한다. 국회의원이 회기 전에 체포 또는 구금된 때에는 **현행범인이 아닌 한** 국회의 요구가 있으면 회기 중 석방된다(헌법 제44조). 200
	방청의 금지와 신체검사 (§153)	① 흉기를 지닌 사람, 술기운이 있는 사람, 정신에 이상이 있는 사람, 그 밖에 행동이 수상하다고 인정되는 사람에 대해서는 방청을 **허가하지 아니한다**. ② 의장은 필요할 때에는 경위나 경찰공무원으로 하여금 **방청인의 신체를 검사하게 할 수 있다**. 201
법정내부 (법원조직법 §60)		① 재판장은 법정에서의 질서유지를 위하여 필요하다고 인정할 때에는 **개정 전후에 상관없이** 관할 **경찰서장**에게 경찰공무원의 파견을 요구할 수 있다. (시·도경찰청장 X) ② 제1항의 요구에 따라 파견된 경찰공무원은 **법정 내외**의 질서유지에 관하여 **재판장**의 지휘를 받는다. 202 (법정 내 X) (경찰서장 X)
치외 법권		① **원칙**: 「외교관계에 관한 비엔나협약」에 따르면 외교공관과 외교관의 개인주택은 불가침의 대상이다. 따라서 외교사절의 요구나 동의가 없는 한 경찰은 직무수행을 위해 그곳에 들어갈 수 없는 것이 원칙 → 관사에 대한 불가침에 준하여 외교사절의 승용차·보트, 비행기 등 교통수단도 불가침의 특권을 가짐 208 ② **예외**: 화재나 전(감)염병의 발생 등과 같이 경찰상의 상태책임과 관련하여 긴급을 요하는 경우 외교사절의 **동의 없이도** 외교공관에 들어갈 수 있다는 것이 **국제법상 규정은 없으나 국제관례상 인정** 206·207
미군 영내 205		① 미군 영내에서는 **미군 당국이 동의한 경우**와 **중대한 죄를 범하고 도주하는 현행범인을 추적**하는 때에는 대한민국 경찰도 미군시설 및 구역 내에서 범인을 **체포할 수 있다**(미군 당국은 자기의 시설 및 구역 내에서 범죄를 행한 모든 자를 체포할 수 있음). ② 대한민국 당국은 **미군 당국이 동의하는 경우**가 아니면 미군시설 또는 구역 내에서 사람이나 재산에 대해 또는 소재 여하를 불문하고 미국 재산에 관하여 압수·수색 또는 검증을 할 수 없다. 그러나 이에 관한 대한민국 당국의 요청이 있을 때에는 미군 당국은 필요한 조치를 취하여야 한다.

4 「외교관계에 관한 비엔나협약」과 「영사관계에 관한 비엔나협약」

(1) 외교관계에 관한 비엔나협약

> ① 공관지역은 불가침이다. 접수국의 관헌은 공관장의 동의없이는 공관지역에 들어가지 못한다(§22 제1호).[211]
> ② 접수국은 어떠한 침입이나 손해에 대하여도 공관지역을 보호하며, 공관의 안녕을 교란시키거나 품위의 손상을 방지하기 위하여 모든 적절한 조치를 취할 특별한 의무를 가진다(§22 제2호).
> ③ 외교신서사는 그의 신분 및 외교 행낭을 구성하는 포장물의 수를 표시하는 공문서를 소지하여야 하며, 그의 직무를 수행함에 있어서 접수국의 보호를 받는다. **외교신서사는 신체의 불가침을 향유하며 어떠한 형태의 체포나 구금도 당하지 아니한다**(§27 제5호).[212]
> ④ 외교관의 신체는 불가침이다. **외교관은 어떠한 형태의 체포 또는 구금도 당하지 아니한다.** 접수국은 상당한 경의로서 외교관을 대우하여야 하며 또한 그의 신체, 자유 또는 품위에 대한 여하한 침해에 대하여도 이를 방지하기 위하여 모든 적절한 조치를 취하여야 한다(§29).[213]

(2) 영사관계에 관한 비엔나협약

정의(§1)	(d) "**영사관원**"이라 함은 영사기관장을 포함하여 그러한 자격으로 영사직무의 수행을 위임받은 자를 의미한다.
영사관사의 불가침(§31)	1. 영사관사는 본조에 규정된 범위내에서 불가침이다. 2. 접수국의 당국은, 영사기관장 또는 그가 지정한 자 또는 파견국의 외교공관장의 동의를 받는 경우를 제외하고, 전적으로 영사기관의 활동을 위하여 사용되는 영사관사의 부분에 들어가서는 아니된다. 다만, **화재 또는 신속한 보호조치를 필요로 하는 기타 재난의 경우에는 영사기관장의 동의가 있은 것으로 추정될 수 있다.**[214]
통신의 자유(§35)	5. **영사신서사**는 그 신분 및 영사행낭을 구성하는 포장용기의 수를 표시하는 공문서를 지참하여야 한다. 영사신서사는 접수국의 동의를 받는 경우를 제외하고, 접수국의 국민이어서는 아니되고 또한 그가 파견국의 국민이 아닌 경우에는 접수국의 영주자이어서는 아니된다. 영사신서사는 그 직무를 수행함에 있어서 접수국에 의하여 보호를 받는다. **영사신서사는 신체의 불가침을 향유하며 또한 어떠한 형태로도 체포 또는 구속되지 아니한다.**
영사관원의 신체의 불가침(§41)	1. **영사관원은, 중대한 범죄의 경우에 권한있는 사법당국에 의한 결정에 따르는 것을 제외**(체포구속가능)**하고, 재판에 회부되기 전에 체포되거나 또는 구속되지 아니한다.**

THEME 05 경찰활동의 기본이념 _A급 228·229

민주주의	① **근거규정** : 헌법 제1조 ② 자치경찰제도 도입 ③ 국민의 경찰에 대한 민주적 통제와 참여장치 마련(국가경찰위원회, 시·도자치경찰위원회) ④ 국민의 참여기회 제공(**행정절차법**)과 경찰활동의 공개(**공공기관의 정보공개에 관한 법률**)는 **대외적**(대내적 X) 방안이다. 217 ⑤ 대국민과의 관계에서만이 아니라 조직 내부의 관계에서도 중요하다. 219 ⑥ 중앙경찰과 자치경찰 사이의 적절한 **권한분배**(중앙에 권력집중 X) 및 경찰관의 민주주의 의식 확립 등은 경찰의 민주주의 확보를 위한 **대내적**(대외적 X) 방안이다. 220
법치주의	① **근거규정** : 헌법 제37조, 행정기본법 제3조·제8조 221　→ 강제집행 X ② 경찰활동은 사전에 상대방에게 **의무를 과함이 없이** 행사되는 **즉시강제** 같은 경우가 많기 때문에 **법치주의 원리가 강하게 요구**된다. 224 ③ 국민의 권리·의무에 제한을 가하는 것은 국가안전보장, 질서유지, 공공복리를 위해 필요한 경우에 한하여 **법률**로써만 가능하고, 그 경우에도 자유와 권리의 본질적인 내용을 침해할 수 없다. 222　→ 법령 X ④ 경찰작용은 그 침익적 성격으로 인해 법치주의의 엄격한 적용을 받지만, 순수한 **임의적 (비권력적)** 활동의 경우라면 개별적 수권규정이 없어도 가능하다. → 단, 이 경우에도 조직법적 근거는 있어야 하므로 직무 범위 내에서 행해져야 함 ⑤ **위법한 경찰권 행사**에 대하여 **항고 쟁송**을 제기하여 위법한 상태를 제거할 수 있다. ⑥ 위법한 경찰권의 **불행사(부작위)**에 대하여는 일정 요건 아래 **부작위 위법확인소송** 등이 인정되고, 제3자의 경찰개입청구권 인정 여부가 논의된다. ⑦ 위법한 경찰작용으로 인한 손해에 대하여는 국가배상법에 따라 국가배상청구권이 인정된다. 1983
인권 존중주의	① **근거규정** : 헌법 제10조·제37조, 국자법 제5조, 경찰관 직무집행법 제1조 → 기본적 인권을 보호 (인권존중주의)한다고 규정 225·226 ② 경찰의 법집행과정 발생한 인권침해 사례에 비추어 법령과 **훈령** 등에서 인권보호 경찰의 역할을 강조한다.　→ 경찰인권보호규칙 ③ 경찰의 이념 중 **수사경찰에게 특히 강조되는 이념**이다. 218
정치적 중립주의	① **근거규정** : 헌법 제7조, 국가공무원법 제65조(정치 운동의 금지), 경찰공무원법 제23조 (정치 관여 금지) ② 1960년 경찰의 **3·15부정선거** 개입은 경찰의 정치적 중립화를 강력히 요구한 계기가 되었다. ③ 국자법 제5조에서는 '국민 전체에 대한 봉사자로서 공정·중립을 지켜야 하며'라고 규정하여 헌법 제7조 제1항의 이념을 반영한다. 227
경영주의	① **근거규정** : 국자법 제1조, 행정기본법 제1조·제3조 1417 ② 경찰의 경영주의 이념 아래서는 국민만족을 넘어 국민감동을 지향하므로 서비스경찰의 중요성 부각되었다. ③ **성과급제도**는 **경영주의(또는 효율성)** 이념을 추구하는 제도이다. 215

경찰행정의 특수성

위험성	• 경찰관의 자격요건으로 일정한 신체적 기준을 정하여 체력이 강건하고 정의감이 강한 자를 채용하고 있는 것은 **위험한 조건을 충족**시키기 위한 것이다. • 경찰은 **각종 위험의 제거**를 그 주요 기능으로 하고 있고, 그 수단으로서 명령·강제 등 경찰권을 발동할 수 있으며 필요한 경우 실력행사를 위하여 무기와 장구를 휴대한다.
돌발성	경찰조직은 **예측하기 어려운 다양한 사안**에 대해 고도의 민첩성을 갖추고 타 부서 혹은 직원들과의 유기적인 공조체제를 갖추어 돌발적으로 발생하는 범죄사건과 사고에 즉시 대응하여 합리적인 방법으로 해결할 수 있도록 해야한다.
기동성	경찰 업무는 대부분 즉시 해결하지 않으면 피해 회복이 불가능하거나 현저히 어려워지는 경우가 많아, 돌발적인 경찰행정 수요에 **신속히 대응할 수 있도록 기동장비를 확보**하고 초동대처시간을 단축하기 위한 훈련이 요구된다.
권력성	경찰은 사회공공의 안녕과 질서를 유지하기 위해 법에 근거하여 **국민(일반인)에게 명령·강제 또는 지시·명령함으로써 시민 행동의 자유를 제한**할 수 있다.
조직성	경찰은 사건·사고 발생시 시급하게 해결해야 하고 기동성과 협동성을 발휘할 수 있도록 안정되고 능률적이며 **군대식으로 조직되어야** 한다. 이러한 조직성의 요구에 부응하기 위하여 **계급체계를 갖추고 제복을 착용**한다.
정치성	경찰의 조직과 지휘권의 중립성에 대한 제도적 장치가 이루어지지 않았을 때에 경찰은 그 정치성, 권력성으로 인하여 정치운용 여하에 따라서 악용될 소지가 많다. 우리나라는 **정치적 중립성을 확보하기 위하여 국가경찰위원회를 설치**하고 있다.
고립성	경찰에 대한 존경심의 결여, 법집행에 대한 협조의 부족, 경찰업무에 대한 이해부족 등으로 **시민들로부터 소외**받게 되어 고립되는 특성을 갖는다.
보수성	경찰은 헌법을 수호하여 사회공공의 안녕질서를 유지하는 것을 임무로 하기 때문에 본질적으로 쇄신적인 **변화를 추구하기보다는 현상유지적인 행태**를 지니고 있다.

CHAPTER 02

범죄와 지역사회 경찰활동

- 01 범죄의 개념
  - 범죄의 개념
  - 범죄원인을 구성하는 기본요소

- 02 범죄원인론
  - 개인적 수준의 범죄원인
  - 사회적 수준의 범죄원인

- 03 범죄통제(예방)
  - 범죄통제(예방)
  - 범죄통제(예방)이론

- 04 지역사회 경찰활동
  - 전통적 경찰활동과 지역사회 경찰활동
  - 지역사회 경찰활동 내용

- 05 외국의 범죄예방활동

범죄의 개념

1 범죄의 개념 _B급

상대적 개념	① 각 시대의 사회적, 문화적, 역사적 상황과 환경에 따라 다른 모습을 하게 되는 **상대적 개념** (G. M. Sykes)231 ② 범죄는 도덕적이고 윤리적인 의미는 포함하고 있지 않음	
법률적 개념	범죄는 법규를 위반하는 행위라고 정의 (Martin R. Haskell & Lewis Yablonsky) → 다원화되고 변화 속도가 빠른 현대 사회에서 법률이 변화를 모두 반영할 수 없다는 한계	
비법률적 개념	낙인이론적 개념	① **정치적 시각**에서의 범죄개념 ② 범죄란 범죄를 정의할 권한이나 힘을 가진 자들에 의해 규정되며, 일탈이라는 낙인이 부착된 사람을 일탈자라 하고, 사람들에 의해 일탈한 것이라고 낙인찍힌 행위를 일탈행위라고 규정(Howard Becker)
	해악기준 개념	① **사회학적 시각**에서의 범죄(범죄의 가치적인 측면을 강조) ② **화이트칼라 범죄성** : 상위계층(화이트칼라)에 의한 범죄가 기존에 다루어지는 범죄보다 실질적인 해악이 더 크다(Sutherland).232 ③ **인권침해 행위 범죄성** : 인간의 기초적 인권을 침해하는 해악적 행위가 범죄 (Herman & Schwendinger) ④ **사회적 해악행위 범죄성** : 범죄에는 불법행위뿐만 아니라 이와 유사하나 법적으로 규정되지 않은 사회적 해악행위도 포함되어야 함(Raymand Michalowski) [보충] **화이트칼라범죄**(white-collar crimes)는 1939년 사회학자 에드윈 서덜랜드(Edwin Sutherland)에 의해 "직업 과정에서 존경과 높은 사회적 지위를 가진 사람에 의해 저질러진 범죄"로 **처음 정의**되었는데, 일반적으로 사기, 횡령, 뇌물, 사이버 범죄, 탈세, 위조 등과 같이 지능범죄가 여기에 포함된다. **블루칼라범죄**(blue-collar crimes)(하층 계급이나 노동 계급에 속하는 사람)는 육체적인 힘을 더 많이 사용(육체적 노동자)하게 되는데, 일반적으로 살인·강도·강간범죄 등은 여기에 해당된다.233·234·235
법제정 및 집행상 개념	법제정 과정상 개념	특정행위를 범죄로 규정할 수 있는 **법규를 새로 형성하게 되는 과정**에서 범죄의 개념을 정의하게 되는 것을 말함
	법집행 과정상 개념	사회적 이슈나 정책에 따라 **법집행기관의 범죄단속에 대한 기준**과 개념이 달라지게 됨 → 사법기관이 주로 범죄에 대해 정의, 시간과 국가별로 실체적 내용이 상이한 경우 있음 [예] 아동을 대상으로 한 성범죄가 급증하자 아동·청소년성착취물을 다운로드 받는 행위도 아동·청소년성착취물소지로 보아 처벌하겠다는 정책을 결정하는 경우

2 범죄원인을 구성하는 기본요소 _A급

범죄유발 4요소 실리(J. F. Shely)	① 범죄유발 4요소 : ㉠ 범행의 **동**기 ㉡ 사회적제재로부터의 **자**유 ㉢ 범행의 기**술** ㉣ 범행의 기**회** 동자술회[236] ② 네 가지 요소 중 하나하나는 범행에 있어서 필요한 조건이지만, 어떠한 범행을 하기 위해서는 <u>네 가지 요소가 동시에 상호작용</u> (충분조건)	
소질과 환경	범인성 소질 (내인성)	**선천적** 원시요소(유전자 경향)와 **후천적** 발전요소(체질과 성격이상, 연령, 지능) 등에 의해 형성된다.[237]
	범인성 환경 (외인성)	① 인간의 행동에 직접 또는 간접으로 영향을 미치는 물질과 심리적 구조, 과정 등의 외부적 사정과 경험 등을 포함하는 개념 ② 범죄와 관련된 환경 = 범인성 환경
		개인적 환경 : 알콜중독, 가정의 해체, 교육의 부재 등
		사회적 환경 : 경제변동, 전쟁 등
	소질과 환경의 관계	내인성 범죄 : 성격이나 신체 이상으로 인한 소질적 범죄
		외인성 범죄 : 환경적 요인에 의한 범죄
		범죄는 소질과 환경에 **모두 영향**을 받게 됨

TIP 범죄원인에 관한 이론 총알정리

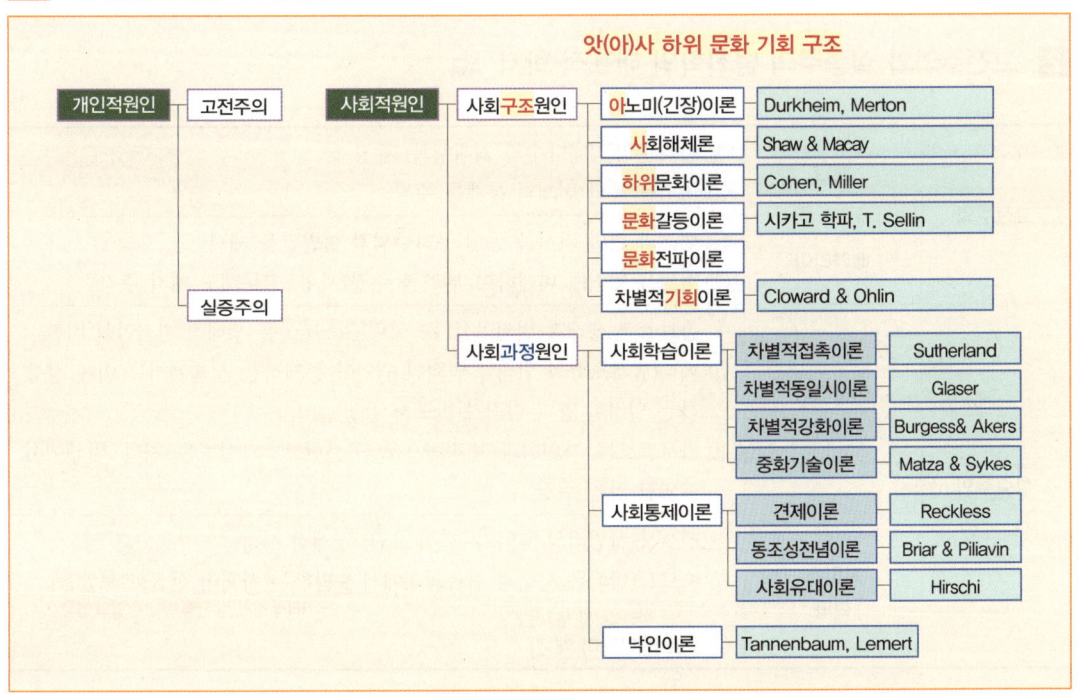

앗(아)사 하위 문화 기회 구조

THEME 02 범죄원인론(개인적 수준의 범죄원인)

1 고전주의와 실증주의(개인적 원인) _A급

↳ 1960년대의 일반예방이론(억제이론)과 합리적 선택이론에 영향을 미침

고전주의	구분	실증주의
자유의지(free will)를 가진 합리적이고 이성적인 존재	범죄원인 239	범죄는 자유의지가 아닌 외적 요소(**생물학적·심리학적**·사회적)에 의해 강요됨 ↳ 정신이상, 낮은 지능, 모방학습 ↳ 인상, 골격, 체형 (개인적 기질)240·241
의사비(非)결정론	인간관	의사결정론
개인책임	책임	사회책임(환경의 영향을 받는 존재)
일반예방효과(무조건 형벌) → 범인에게 형벌을 과함으로써 **일반인을 위하여 범죄의 발생을 예방함이** 형벌의 목적	목적 238	특별예방효과 → 형벌의 목적을 **범죄인을 개선 교화하고 사회복귀** 시킴으로서 더 이상 범죄를 저지르지 않도록 하는 것
범죄행위	관점	범죄자
응보와 형벌(사법제도)	수단	치료·갱생(과학적 방법)

2 고전주의와 실증주의 범죄학의 대표적 학자 _A급

고전주의	벤담	① 공리주의(최대다수의 최대행복) 주장 ② 형벌을 통한 범죄의 통제를 주장
	베카리아	① 범죄와 형벌 저서를 통해 공리주의적 형벌관을 제시 ② 형벌은 범죄에 비례하여 부과를 주장(사형, 고문제도 폐지 주장)
실증주의	이탈리아 학파	① 롬브로조(생래적 범죄인설) ↔ 고링(Goring)은 생래적 범죄인설 비판 ② 페리(범죄포화의 법칙 : 범죄의 원인이 존재하는 사회에서는 이에 상응하는 일정한 양의 범죄가 반드시 발생)242 ③ 가로팔로는 자연범과 법정범으로 구분하고, 과실범은 처벌 대상에서 제외할 것을 주장
	프랑스 학파	① 라까사뉴(범죄의 원인: 사회적 요인, 경제적 사정) ② 따르드(범죄를 사회적 접촉과정에서 <u>모방</u>하는 사회적 산물로 보았음) ↳ 범죄정상성, 범죄필요설 ↳ 거리의 법칙, 방향의 법칙, 삽입의 법칙 ③ <u>뒤르켐(아노미 개념)</u>

범죄원인론(사회적 수준의 범죄원인)

1 사회구조원인 _A급261

이론	학자/학파	내용
아노미(긴장) 이론	Durkheim	범죄는 정상적인 것이며 불가피한 사회적 행위라는 입장에서 **사회 규범의 붕괴로 인해 범죄가 발생**(범죄는 아노미 상태에서 발생)245·247·250 ※ 아노미 : 급격한 사회변화로 인해 규범이 붕괴되고 작동치 않는 상태244 ※ 마르크스주의 이론 : 구조적으로 야기된 경제적 문제나 신분·지위의 문제를 범죄의 원인으로 봄243
	Merton	**목표와 그 목표를 이루기 위한 수단과의 간극**이 커지면서 아노미 조건이 유발되어 분노와 좌절이라는 긴장이 초래되고, 그 목적을 달성하기 위한 수단으로서 범죄를 선택246
동심원 이론	Burgess	① 시카고 지역을 5개의 동심원지대로 나누어 각 지대별 특성과 범죄의 관련성을 연구한 결과 빈곤, 인구유입, 실업 등과 관련이 있다고 규정 ② 특정 도시의 성장은 도시 중심부에서 주변부(주변부에서 중심부 X)로 동심원을 그리며 진행되는데, 그러한 과정에서 침입·지배·계승이 이루어진다고 함
사회 해체 이론	의 의	지역사회가 공동체의 문제해결을 위한 **능력이 상실된 상태**를 의미하며, 산업화, 도시화로 인한 조직의 해체와 지역의 **환경적 측면을 설명** 예 회사원인 甲은 IMF로 인한 실직으로 사업자금을 마련하고자 어쩔 수 없이 살고 있던 집을 처분하고 빈민가로 이사를 하였는데, 자신의 아들 乙이 점점 비행소년으로 변해가는 것을 안타깝게 생각251·253
	Shaw & Macay 252	① 도시의 특정지역에서 범죄가 일반화되는 이유는 인구의 유입보다는 지역사회의 내부에 있으며, 지역구성원이 바뀌더라도 비행발생률은 **감소되지 않음**255 ② 특정 지역에서의 범죄가 다른 지역에 비해서 많이 발생하는 이유를 규명하고자 하였으며, 연구결과 전이지역(transitional zone)은 타 지역에 비해 범죄율이 상대적으로 높게 나타났다. 또한 '낮은 경제적 지위', '민족적 이질성', '거주 불안정성'을 중요한 3요소로 제시하였으며, 이로 인해 지역 주민은 서로를 모르기 때문에 공동체 의식이 발달하지 못하고 사회적 통제가 약화된다고 보았음254
하위문화 이론	Cohen	하류계층의 청소년들이 목표와 수단의 괴리를 통해 중류계층에 대한 저항으로 비행을 저지르며 목표달성의 어려움을 극복하기 위해 자신들만의 하위문화를 만들게 되며 범죄는 이러한 하위문화에 의해 저질러지는 것임257
	Miller	범죄는 하위문화의 가치와 규범이 **정상적으로 반영**된 것258
차별적 기회이론 262	Richard Cloward & Lloyd Ohlin	서덜랜드(Sutherland)의 **차별적접촉이론**과 뒤르켐(Durkheim)과 머튼(Merton)의 **아노미이론**을 통합한 이론으로서, 청소년이 비행이 이루어지기 위해서는 비행소년이 되는 방법을 **학습할 기회가** 필요하다.
문화갈등 이론	시카고 학파	각 지역사회의 문화적 갈등을 통해 범죄나 비행이 발생259
	T. Sellin	범죄는 문화적 갈등을 통한 심리적 갈등으로 인해 발생
문화전파 이론		① 범죄에 대한 구조적·문화적인 유인에 대한 **자기통제의 상실**을 범죄의 원인으로 봄260 ② 범죄는 문화와 같이 부모로부터 아이에게 전해짐

2 사회과정원인 _A급

(1) 사회학습이론

이론	학자	내용
차별적 접촉이론	Sutherland 256	① 범죄는 범죄적 전통을 가진 사회(물리적 환경)에서 많이 발생하며 이러한 사회에서 개인은 범죄에 접촉, 참가, 동조하면서 차등적으로 학습(범죄행위는 학습의 산물)한다.263·264 ② 범죄행위도 범죄적인 행동양식을 받는 집단에서 **정상적인**(↳ 비정상적X) 학습을 통하여 터득한 정상적인 행동양식이라 주장265 예 A는 학교폭력을 저지르는 B의 무리와 자주 만나며 친하게 지냈다. B로부터 오토바이 절도에 관한 기술도 배워 상습적으로 범행을 저지르게 되었다.
차별적 동일시이론	Glaser 268	청소년들이 **영화의 주인공을 모방하고 자신과 동일시**하면서 범죄를 학습한다고 주장267·269·270 예 D경찰서는 관내 청소년 비행 문제가 증가하자 청소년들을 대상으로 폭력 영상물의 폐해에 관한 교육을 실시하고, 해당 유형의 영상물에 대한 접촉을 삼가도록 계도271
차별적 강화이론	Burgess & Akers	청소년의 비행행위는 **처벌이 없거나 칭찬받게 되면 반복적으로 저질러진다**고 주장269·270·272
중화기술 이론	Matza & Sykes 273	① 청소년은 비행의 과정에서 **합법적, 전통적 관습, 규범, 가치관 등을 중화**시킨다.275 ② 중화기술에는 책임의 부인, 피해자의 부정, 피해발생 부인, 비난자에 대한 비난, 보다 높은 충성심에의 호소로 분류하였다. [비판] 비행청소년이 범행 전후를 기준으로 언제 중화를 하는지 설명이 어렵고, 설령 비행행위 이전에 중화를 한다고 주장하여도 이후 비행으로 나아가는 청소년과 그렇지 않은 청소년 간의 개인적 차이를 설명하지 못한다는 비판이 제기되고 있다.274

plus Matza & Sykes가 제시한 중화기술의 유형 _A급 279

책임의 부인 (denial of responsibility)	자신이 아닌 다른 것에 책임을 전가 예 "나와 같은 사회적 배경을 가졌다면 어느 누가 그렇게 하지 않을 수 있겠는가?"라고 자문하면서 비행의 책임을 열악한 가정환경, 빈곤 등의 외부적 요인으로 전가하는 것
피해발생의 부인 (denial of injury) = 가해의 부정 278	자신의 행위가 누구에게도 피해를 주지 않았다는 합리화 예 자전거를 훔치다가 상점 주인에게 발각되자 잠시만 빌려 타고 다시 돌려주면 되지 않냐며 합리화하는 경우 예 남의 물건을 손괴해놓고 국가에서 다 보상해줄 텐데 손해 본게 무엇이 있냐며 합리화하는 경우
피해자의 부정 (denial of victim) 277	피해를 받아 마땅하거나 자신의 행위가 정의로운 응징으로 보는 것 예 다른 사람을 폭행하면서 이 사람이 먼저 때리려고 했기 때문에 선수를 치지 않을 수 없었다든지, 상점물건을 훔치면서 가게주인이 정직하지 못한 사람이라는 식으로 합리화하는 것
비난자에 대한 비난 (condemnation of condemners)	사회통제기관은 부패하여 나를 심판할 자격이 없다고 생각 예 조그만 잘못을 저지른 비행청소년이 자신보다 단속하는 경찰관이 더 나쁜 사람'이라고 합리화하는 경우 276
보다 높은 충성심에의 호소 (appeal to higher loyalties)	집단에 대한 충성심 또는 도리를 위하여 불가피하게 범죄행위를 하였다고 생각 예 친구와의 소중한 우정을 지키기 위해서는 오토바이 절도가 무슨 대수냐고 합리화하는 경우

(2) 사회통제이론 _A급

이론	학자	내용
견제이론	Reckless	① 좋은 자아관념은 주변의 범죄적 환경에도 불구하고 비행행위에 가담하지 않도록 하는 중요한 요소가 됨 249·280·281 ② 범죄유발요소 <table><tr><td>외적압력</td><td>가난, 비행하위문화, 퇴폐환경, 차별적 기회구조</td></tr><tr><td>내적압력</td><td>좌절, 욕구, 분노, 열등감</td></tr></table>
동조성 전념 이론 281	Briar & Piliavin	① 사람들은 행위와 가치에 영향을 미치는 단기유혹에 노출되며 노출이 끝나면 다시 정상적인 상태로 돌아가고 범죄를 행했을 때 **자신에게 돌아오는 처벌의 두려움, 자신의 이미지, 사회에서의 지위와 활동에 미치는 영향** 등을 염려하는 동조성에 대한 **전념**을 가지고 있음 ② 동조성에 대한 전념은 부모와 선생님 등 다른 사람과의 대인관계를 통해 얻어지게됨
사회유대 이론	Hirschi 283·284	① 범죄의 원인은 사회적인 유대가 약화되어 통제되지 않기 때문 248·282 ② 비행을 통제할 수 있는 사회적 통제의 결속요소 : **애착, 참여, 전념, 신념**(기회X) 등

(3) 낙인이론 _A급

① 범죄자로 만드는 것은 행위의 질적인 면이 아닌 **사람들의 인식** 285·287
② 탄넨바움(Tannenbaum) – 낙인이론을 통해 범죄자라는 낙인이 어떠한 결과를 낳는가에 관심을 가짐 (**악의 극화**라는 개념을 사용하여 범죄행위의 원인은 사회적으로 부여된 낙인의 결과라고 함) 286
③ Lemert – **일차적 일탈**과 **이차적 일탈**로 구분하여 설명한다.
  ↳ 일시적 일탈   ↳ 경력적 일탈
예 A경찰서는 관내에서 폭행으로 적발된 청소년을 형사입건하는 대신, 학교전담경찰관이 외부 전문가와 함께 3일 동안 다양한 활동으로 구성된 선도프로그램을 제공함으로써 해당 청소년에게 스스로 잘못을 뉘우치고 장차 지역사회로 다시 통합될 수 있는 기회를 제공 289·290

THEME 04 범죄통제(예방)

1 범죄통제 방법의 변천 _B급 291

응보와 복수(근세 이전) → 형벌과 제재(고전주의) → 교정과 치료(실증주의) | 진압 / 예방 → 범죄 예방(20C)

※ 응보주의는 강력한 처벌을 통하여 범죄예방을 강조함
※ 실증주의 사상가들은 '교정과 치료'로, 20C 범죄사회학자들은 '범죄**예방**'을 통하여 범죄문제를 해결하고자 함
   ↳ 진압 X

2 다양한 범죄의 통제(예방) 활동 _C급

	구분	내용	예방대상 298
범죄통제 모델 (C. R. Jeffery) 292	범죄억제 모델	형법 내지 **형벌**을 통하여 범죄를 방지	
	사회복귀 모델	**치료와 갱생**을 통하여 범죄인을 재사회화 예 임상적 개선방법, 교육·직업훈련, 복지정책 등	
	환경공학을 통한 범죄통제 모델	환경개선을 통하여 범죄를 예방(CPTED)	
미국범죄 예방연구소(NCPI)		범죄예방은 범죄욕구나 범죄기술에 대한 예방이 아니라 **범죄기회를 감소**시키려는 사전활동·**직접적** 통제활동 293·294 ↳ 간접적 X	
랩 (Steven P. Lab)		① 범죄예방은 실제의 범죄발생과 범죄에 대한 **공중의 두려움(심리적 측면)**을 줄이는 **사전활동으로 규정** 295·296 ↳ 사후활동 X ② 범죄예방에 대한 **통계적 측면과 심리적 측면을 동시에 고려**	
범죄예방의 접근법 (P. J. Brantingham 와 F. L. Faust) 297	1차적 예방	① 물리적·사회적 **환경조건을 개선**하여 범죄를 예방 ② 범죄의 기회를 제공하는 물리적 환경조건을 찾아 개입하는 전략 ③ 범죄발생 원인에 영향을 미치는 경제 및 사회 조건에 개입하는 전략 302 예 건축설계, 조명, 자물쇠장치, 접근통제 등과 같은 환경설계, 시민순찰과 같은 이웃감시, 범죄예방교육, 민간경비, CCTV 설치 등 300	일반대중
	2차적 예방	① 잠재적인 범죄자의 범죄**기회를 차단**하여 범죄를 예방 (상황적 범죄예방) ② 잠재적 범죄자를 초기에 발견하여 개입하는 전략 299 예 범죄예측, 범죄지역분석, 전환제도 등	우범자나 우범집단
	3차적 예방	① 실제 범죄자에게 그들이 **재범을 범하지 못하게** 하는 범죄예방 301 ② 상습범 대책수립 및 재범억제를 지향하는 전략 예 지역사회 교정프로그램, 교화 및 처우(개선) 등	범죄자

THEME 05 범죄통제(예방)이론

범죄통제(예방)이론

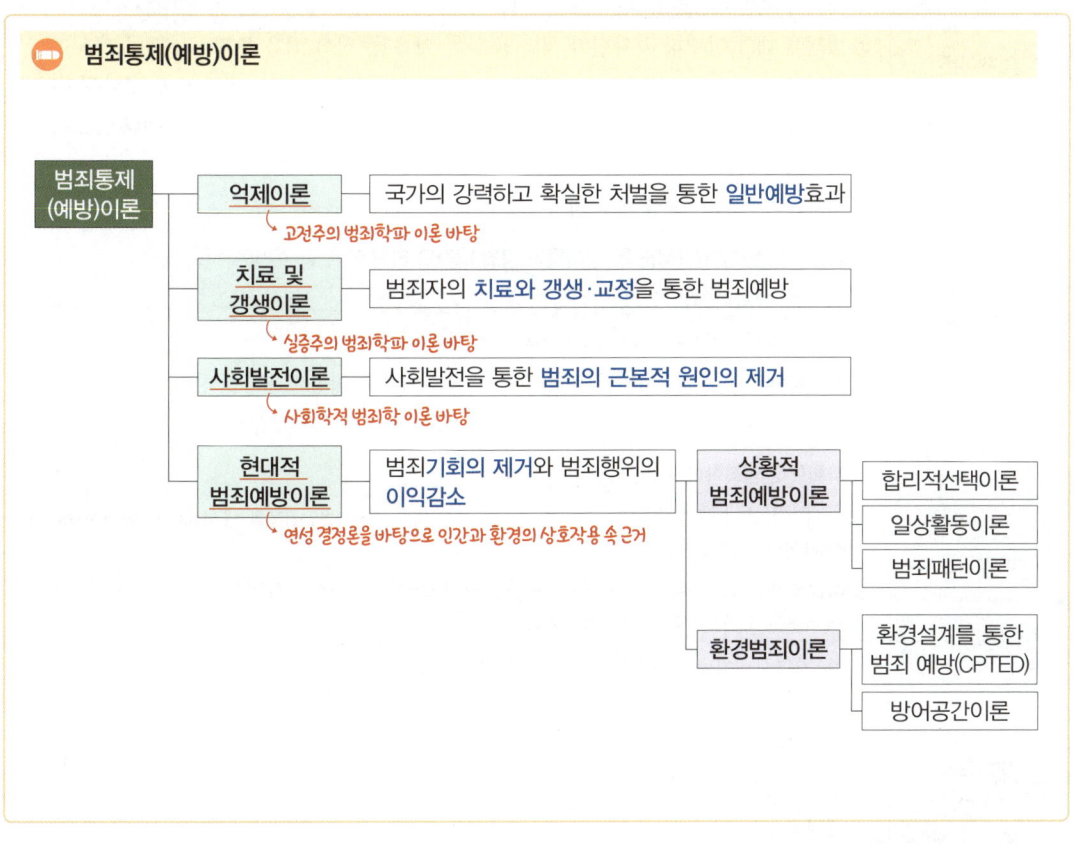

1 범죄 통제(예방)이론의 특징 및 비판_A급

억제이론	① **고전학파** 범죄이론을 바탕으로 자유의지를 가진 합리적 범죄자를 기본가정으로 하는 예방이론305·309 → 사회책임 X, 의사비결정론 ② 범죄를 **개인 스스로의 책임**으로 인식303 ③ 범죄에 대한 강력하고 확실한 처벌(엄중성, 확실성, 신속성)을 주장304·306 ④ 범죄를 저지르면 반드시 처벌된다는 처벌의 확실성을 일반 공중에게 보여줌으로써 **일반예방효과**가 발생하고, 범죄자에게 엄격하고 강력한 처벌을 할 때 **특별예방효과**가 나타난다고 봄307 ⑤ **비판**: 폭력범죄 등 충동적 범죄에는 적용하기가 어려움308
치료 및 갱생이론	① **실증주의** 범죄이론(생물학·심리학적 범죄이론)을 바탕으로 한 예방이론313·314 ② 범죄를 사회의 책임으로 인식312 ③ 결정론적 인간관 → 인간의 자유의지 부정315·316 ④ **범죄행위가 아닌 범죄자**의 치료와 갱생을 통하여 특별예방효과에 중점310·316 ⑤ **비판**: 치료 및 갱생활동에 많은 비용이 소모, 적극적 범죄예방활동에 한계310·311
사회발전을 통한 예방이론	① 사회학적 범죄학에 근거한 범죄예방이론 ② 사회발전을 통한 범죄의 근본적 원인의 제거 → 범죄자의 사회적 환경을 범죄자의 내재적 성향보다 더 중요한 범죄원인으로 봄317·318 ③ **비판**: 막대한 인적·물적자원이 필요, 범죄예방프로그램은 사회를 실험대상으로 이용 → 개인이나 소규모 조직체에 의해 수행될 수 없음319
생태학적 이론	① 한 지역사회가 지배·침입·승계의 과정을 통해 다른 지역사회를 지배하게 되는 과정을 설명320 ② 범죄발생을 용이하게 하는 환경적 요소를 파악하여 주택 및 도시건설 설계단계부터 범죄환경을 최소화하는 등 범죄취약요인을 제거함으로써 기회성 범죄를 줄여 범죄를 예방하려는 이론 ③ 범죄발생을 용이하게 하는 환경적 요소를 개선하거나 제거함으로써 기회성 범죄를 줄이려는 범죄예방론으로 대표적인 예로 **환경설계를 통한 범죄예방(CPTED)**이 있음321

→ 현대적 범죄예방이론인 생태학적 이론은 인간은 어느 정도의 자유의지를 가지고 있으며, 어느 정도는 환경의 영향을 받는다는 연성 결정론(Soft Determinism)을 바탕으로 범죄의 원인을 인간과 환경과의 상호작용 속에서 찾음

2 상황적 범죄예방이론 의의

① 범죄행위에 대한 위험과 어려움을 높여 범죄기회를 줄이고 범죄이익을 감소시킴으로써 범죄를 예방하는 이론340·342
② Clark이 주장 → Clark은 뉴먼의 방어공간과 제퍼리의 CPTED에 영향을 받음

3 상황적 범죄예방이론의 종류 _S급 341·343·344·345·346·347

합리적 선택이론 (클락 & 코니쉬) 323	① 범죄행위는 비용과 이익을 고려하여 합리적으로 선택함 → 신고전주의 ② 자유의지 인정하는 **비결정론적** 인간관에 입각하여 범죄자는 비용과 이익을 계산하고 자신에게 유리한 경우에 범죄를 행함 324 (결정론 X) ③ 개인의 관점에서 범죄기회를 감소시키려는 **미시적** 범죄예방이론으로서, 특별예방효과보다는 **일반예방효과**에 중점을 둠 326 ④ **범죄자의 입장**에서 선택할 수 있는 기회를 미리 진단하여 예방함(범죄기회의 제거) 325·327 → 체포의 위험성과 처벌의 확실성을 높여 효과적으로 범죄를 예방 280·322
일상활동이론 (코헨과 펠슨)	① 범죄의 요소 3가지 → 모든 개인을 정상적인 잠재적 범죄자로 파악 　동기가 부여된 잠재적 **범**죄자(motivated offender) 　적절한 **대**상(suitable target) 　보호자(감시자)의 **부**재(absence of capable guardianship) 범대부 329·330 ② VIVA 모델 (범죄자 입장에서 범행을 결정하는데 고려되는 요소) 　가치(Value), 이동의 용이성(Inertia), 가시성(Visibility), 접근성(Access) 331·332 ③ 범죄발생의 요소를 고려하여 범죄에 대응함 ④ **구체적**이고 **미시적**인 분석을 토대로 구체적인 상황에 맞는 범죄예방활동을 하고자 함 328·334 (거시적 X)
범죄패턴이론 (브랜팅햄)	① 범죄에는 일정한 **장소적** 패턴이 있음 - 여가활동장소, 이동경로, 이동수단 335·337·338 (시간적 X) ② **지리적 프로파일링**을 통한 범행지역의 예측 활성화에 기여함 336 **보충 프로파일링(Profiling)** 339 1. 프로파일링은 범죄현장에는 **범인의 성향이 반영**된다는 것과 **범인의 성격**은 쉽게 변하지 않는다는 전제를 지니고 있기 때문에 범죄자의 **신원**(identity)을 파악하는 것이 아니라 범죄자의 **유형**(type)을 파악하는 것이다. 2. 범행 위치 및 피해자의 거주지 등 범죄와 관련된 정보를 계량화하여 범인이 생활하는 근거지를 확인하는 방법은 **지리적**(심리적 X) **프로파일링**인데, 한국은 도시간 간격이 협소하고 거주지역이 밀집되어 있어서 지리적 프로파일링을 활용하기 **다소 어려운 환경**을 제공한다. (최적화된 환경 X)

4 상황적 범죄예방이론에 대한 비판 _B급 348

전이효과 (풍선효과)	① 범죄를 예방하는 장치나 수단 등은 실제로 범죄예방에 효과가 없으며, 범죄기회를 줄인다고 하더라도 실제적으로 **범죄가 줄어드는 것이 아니라 다른 곳으로 전이됨** 350 예 한 지역에서 방범용 CCTV를 설치했을 때 그 지역은 범죄율이 감소하지만 인근지역의 범죄율이 증가하는 것 349 ② T. A. Reppetto는 이전(전이)의 양상을 시간적 이전(temporal displacement), 전술적 이전(tactical displacement), 목표물의 이전(target displacement), 지역적 이전(territorial displacement), **기능적 이전**(functional displacement)으로 분류 (기술적 이전 X)
부정적 사회현상	범죄의 기회를 줄이기 위하여 사회에 대한 국가권력의 과도개입을 초래하게 되고, '요새화된 사회'를 형성하게 되며, 인권을 침해할 수 있음

5 환경범죄이론_S급

방어공간이론 (영역성의 강조)	① 주거에 대한 영역성의 **강화**를 통해 주민들이 살고 있는 지역이나 장소를 자신들의 영역이라 생각하고 감시를 게을리하지 않으면 어떤 지역이든 범죄로부터 안전할 수 있다고 주장하는 이론351 〔약화 X〕 ② **뉴먼(1972)**의 방어공간 구성요소352·356

영역성	지역에 대한 소유의식은 일상적이지 않은 일이 있을 때 주민으로 하여금 행동을 취하도록 자극함
자연적 감시	특별한 장치의 도움 없이 실내와 실외의 활동을 관찰할 수 있는 능력임
이미지	지역의 외관이 다른 지역과 고립되어 있지 않고, 보호되고 있으며, 주민의 적극적 행동의지를 보여주는 것
환경(안전지대)	철저히 감시되는 지역에 거주지를 건설하는 것이 범죄를 예방할 것이라는 것

CPTED357·359 (환경설계를 통한 범죄예방)	① **오스카 뉴먼**이 제창한 방어공간이라는 이론을 제퍼리가 확장시켜 체계적으로 정립하여 현재 CPTED라는 용어 사용353·354 ② 물리적 환경설계 또는 재설계를 통해 범죄기회를 차단하고 시민의 범죄에 대한 불안을 감소시키는 전략355 ② 주로 잠재적 범죄인이 환경의 변화에 비교적 쉽게 적응해간다는 측면에서 비판

● CPTED(환경설계를 통한 범죄예방)의 5가지 기본원리_S급360

원리	개념	예
자연적 감시 358	건축물이나 시설물 등의 설계시에 **가시권을 최대로 확보**하고, 외부 침입에 대한 감시기능을 확대함으로써 범죄행위의 발견 가능성을 증가시키고, 범죄기회를 감소시켜 범죄를 예방하고 억제할 수 있다는 원리366·368	가시권 확대를 위한 건물의 배치 및 조명·조경 설치 등372
자연적 접근통제	일정한 지역에 접근하는 사람들을 **정해진 공간으로 유도하거나 출입하는 사람들을 통제**하도록 설계함으로써 접근에 대한 심리적 부담을 증대시켜 범죄를 예방할 수 있다는 원리358·362·367·369	통행로의 설계, 출입구의 최소화, 차단기·잠금장치·방범창 등의 설치363·366·373
영역성의 강화 ↳약화X 361	사적 공간에 대한 **경계선을 표시**(제거 X)하여 거주자들의 소유·책임의식을 **강화**(감소 X)시킴으로써 범죄에 대항·예방하게 하고, 외부인들에게는 침입에 대한 불법사실을 인식시켜 범죄기회를 차단하는 원리365·367·368	울타리·표지판의 설치, 사적·반(半)사적·공적 공간의 구분374
활동의 활성화	공공장소에 대한 주민들의 활발한 사용을 유도함으로써 '**거리의 눈**(eyes on the street)'에 의한 자연스러운 감시를 강화시키고 접근통제의 기능을 확대하는 원리363·365	놀이터·공원의 설치, 체육시설의 접근성과 이용의 증대, 벤치·정자의 위치 및 활용성에 대한 설계362·364·371·375
유지관리	어떤 시설물이나 공공장소를 처음 설계된 대로 **지속적으로 이용될 수 있도록** 관리함으로써 범죄예방을 위한 환경설계의 장기적이고 지속적인 효과를 유지하는 원리(깨진 유리창 이론과 유사)	파손의 즉시보수, 청결유지, 조명·조경의 관리370

범죄요소에 관한 설명

범죄의 3요소	VIVA 모델	Sheley의 범죄발생 4가지 조건
• **범**죄자 • **대**상 • 감시의 **부**재 **범대부**	• 가치(**V**alue) • 이동의 용이성(**I**nertia) • 가시성(**V**isibility) • 접근성(**A**ccess) ※ 영문 두문자 기억	• 범행의 **동**기 • 사회적 제재로부터의 **자**유 • 범행의 기**술** • 범행의 기**회** **동자술회**

심화 멘델슨(Mendelsohn)의 범죄피해자 유형(분류의 기준은 피해자의 유책성(귀책성))

유형	피해자의 개념	예
완전히 책임 없는 피해자	순수한 피해자(무자각 피해자)	영아살해죄의 영아, 약취유인된 유아
책임이 조금 있는 피해자	무지(無智)에 의하여 책임이 적은 피해자	무지에 의한 낙태여성, 인공유산을 시도하다 사망한 임산부
가해자와 같은 정도의 책임이 있는 피해자	자발적인 피해자	촉탁살인에 의한 피해자, 자살미수 피해자, 동반자살 피해자[378]
가해자보다 더 책임이 있는 피해자[377]	피해자의 행위가 범죄자의 가해행위를 유발시킨 피해자	자신의 부주의로 인한 피해자, 부모에게 살해된 패륜아
가장 책임이 높은 피해자	타인을 공격하다 반격을 당한 피해자	정당방위의 상대자가 되는 공격적 피해자, 무고죄의 범인같은 기만적 피해자

THEME 06 지역사회 경찰활동 _S급

1 전통적 경찰활동과 지역사회 경찰활동의 비교

	전통적 경찰활동 (Traditional Policing TP)	지역사회 경찰활동384 (Community Policing CP)
경찰의 의의385	경찰은 법집행의 책임이 있는 유일한 정부 기관	경찰이 곧 대중이고, 경찰과 시민 모두에게 범죄방지 의무가 있음393·399
경찰의 역할	**범죄를 해결**하는 것401	폭넓은 **지역문제를 해결**하는 것
경찰업무 우선순위	범죄(강도, 절도, 폭력 등)퇴치	지역사회질서를 문란시키는 **요인 해결**397
경찰의 능률측정398	**체포율**(검거율)과 적발건수(사후 진압)396	범죄와 무질서의 감소율(사전 예방)381·389
경찰의 효율성 평가387	범죄신고에 대한 **반응시간**394	대중의 경찰업무에의 **협조도**382
강조점	집중화된 조직구조, 법과 규범에 의해 규제, 법을 엄격히 준수하는 책임 강조391·393	① 지역사회의 요구에 부응하는 분권화된 **경찰관 개개인의 능력 강조** ② 정책결정과정에서 주민의 참여를 증대하고 **경찰의 권한을 분산**하는 것을 기본요소로 함383·392
타 기관과의 관계	갈등	원활한 협조390
경찰의 기소	경찰활동의 중요한 목표	많은 경찰활동 중 하나의 도구
가장 중요한 정보388	**범죄사건 정보**(특정 범죄 또는 일련의 범죄와 관련되는 정보)	**범죄자 정보**(개인 또는 집단의 정보)
언론 접촉 부서의 역할386	현장경찰관들에 대한 비판적 여론을 차단	지역사회와의 원활한 소통창구

> **TIP** 전통적 경찰활동(TP), 경찰-지역사회 관계(PCR), 지역사회 경찰활동(CP)
>
> ① **경찰-지역사회 관계**(Police-Community Relations PCR)은 경찰과 지역주민 사이에 좋은 관계를 유지하고 경찰활동을 널리 지역주민에게 이해시키고, 범죄예방활동에 **지역주민을 적극적으로 참여시켜 협력해 주도록 하는 경찰활동**을 말한다.400
> ② **경찰-지역사회 관계**(PCR)은 **지역사회 경찰활동**(Community Policing CP)과 실제로 많은 차이가 있다.
> ③ **지역사회 경찰활동**(Community Policing CP)은 지역사회 내의 각종 기관 및 주민들과 유기적인 연락 및 협조체계를 구축하여 지역사회 각계 각층의 문제·요구·책임을 발견하고 지역사회의 문제해결과 적극적인 지역사회 프로그램을 위해 **경찰과 지역사회가 공동으로 노력**하는 것을 말한다.
> ④ **전통적 경찰활동**(TP) → **경찰-지역사회 관계**(PCR) → **지역사회 경찰활동**(CP)의 순서는 경찰과 주민 간의 관계가 점차적으로 발전하고, 주민 참여와 협력이 강화되는 과정이다.

2 지역사회 경찰활동 내용402

(1) 지역중심 경찰활동(Community-Oriented Policing : COP)

학자	트로야노비치&버케로418
내용	① 지역사회와 경찰 사이의 새로운 관계를 증진시키는 **조직적인 전략**이고 원리 ② 지역사회에서의 **전반적인 삶의 질 향상을 목표**407 ③ **사전 예방적 대응**을 강조 ④ 경찰과 지역사회 구성원과 함께 마약·범죄와 범죄에 대한 두려움, 사회적·물리적 무질서 그리고 전반적인 지역의 타락과 같은 당면의 **문제들을 확인하고 우선순위를 정하여 해결**하고자 함께 노력403

(2) 이웃지향적 경찰활동(Neighborhood-Oriented Policing : NOP)

학자	윌리엄스
내용	① 지역에서 범죄는 **비공식적 사회통제의 약화**와 경제적 궁핍이 소외를 정당화하기 때문에 일어난다고 봄 ② 지역조직은 경찰관에게서 중요한 역할을 부여받으며, 서로를 위해 감시하고 **공식적인 민간순찰**을 실시419 → 경찰과 주민의 의사소통을 활성화하고 주민들에 의한 순찰을 실시하는 등 지역사회에 기초를 둔 범죄예방 활동 등을 위해 노력405 ③ 지역조직은 거주자들에게 지역에 관한 정보를 제공하며 경찰과 협동해서 범죄를 억제하는 기능을 수행406

(3) 문제지향적 경찰활동(Problem-Oriented Policing : POP)

목표	특정한 문제들을 해결하기 위해서 경찰과 지역사회가 함께 노력하고 적절한 대응방안을 개발함으로써, 문제해결에 대한 특별한 관심을 이끌어 내는 것이다.
학자	골드슈타인
내용	① 경찰관이 단순한 법집행자의 역할에서 지역사회 범죄문제의 근원적 원인을 확인하고 해결하는 역할로 전환할 것을 추구 → 형법의 적용은 여러 대응수단 중 하나에 불과하고, 사안들에 있어서 그 상황에 맞는 대안을 개발하기 위해 노력하는 활동에 주력408·417 ② 지역사회의 문제를 해결하기 위한 여러 가지 방안을 중점으로 우선순위를 재평가, 각각의 문제에 따른 형태별 대응을 강조 ③ 에크와 스펠만의 SARA 모델411 문제해결 과정조사(Scanning) → 분석(Analysis) → 대응(Response) → 평가(Assessment) ← Access(x) ④ 일선(현장)경찰관에 대한 문제해결권한과 필요한 시간을 부여하고 범죄분석 자료를 제공, 대중정보와 비평을 적극적으로 수용409 ⑤ 경찰은 지역사회 유지를 위한 책임보다는 **촉진자의 역할을 강조** ⑥ 지역문제들에 대한 효과적인 대응 전략들을 고려하면서, 필요시에는 경찰과 지역사회의 협력 전략에 보다 높은 가치를 부여 → 지역중심 경찰활동과 문제지향적 경찰활동은 병행되어 실시될 때 효과성이 제고 됨404·410

TIP 문제해결과정(SARA 모델)

조사 (탐색)	순찰구역 내 문제들을 확인하고 문제의 유형이나 지역에서 반복적·**지속적**(일회적X)으로 발생하는 사건들을 찾아내는 과정에서 출발하여, 문제라고 여겨지는 개인과 관련된 사건을 분류하고, 정확하고 유용한 용어를 활용하여 이러한 문제를 조사(문제의 범주를 넓히는 단계)412·413
분석	발견된 문제의 원인과 범위 그리고 효과들을 파악하는 단계 → **각종 통계자료 등**(경찰 내부 조직을 통해 X) 수집된 자료를 활용하여 심층적인 분석을 실시414
대응	분석된 문제의 원인을 제거하는 등 문제를 해결하기 위하여 행동하는 단계(**경찰과 지역 사회와의 협력이 필요한 단계**)415
평가	과정(경과 X)평가와 효과평가의 두 단계로 구성되며, 대응책이 적절하였는지 여부를 평가하는 단계 → 환류를 통해 각 단계가 지속적인 순환과정으로 작동할 수 있도록 한다는 점에서 중요한 의미416

plus 지역사회 경찰활동의 4가지 기본요소(J. Skolnick)

① 지역사회 범죄예방활동, ② 주민에 대한 일반서비스 제공을 위한 **순찰활동**으로의 방향전환(→도보순찰 위주로 전환), ③ 주민에 대한 책임성 중시, ④ 정책결정과정에서의 주민참여를 포함한 권한의 **분산화**(→집중화 X)424

plus 새로운 경찰활동 전략

정보기반(정보 주도적) 경찰활동 (Intelligence-Led Policing : ILP)	① 범죄(자)에 대한 정보를 수집하고 이와 관련한 문제점들을 해결하기 위한 가장 좋은 방법을 만들어 내는 것임 ② 범죄자의 활동, 조직범죄집단, 중범죄자 등에 관한 관리, 예방 등에 초점을 두고, 증가하는 범죄를 감소시키기 위해서는 **범죄자 정보와 사건 분석**을 위해 지리정보시스템(→범죄사건 정보X)을 활용하여 분석기법을 통한 법집행 위주 경찰활동을 해야함420 ③ 경찰의 효과성 향상을 위한 전략
증거기반 경찰활동 (Evidence Based Policing : EBP)	① 경찰의 정책결정에 있어서 각종 **과학적 증거 또는 의학적 증거**에 기반한 경찰활동421 ② **셔먼**이 주장 ③ 증거기반 경찰활동은 단순한 통계적 분석이나 경험적 분석을 넘어 임상실험에서 얻어진 결과를 더 중시함
전략지향적 경찰활동 (Strategic-Oriented Policing : SOP)	① 범죄적 요소나 사회무질서의 원인을 제거하는 효과적 범죄통제가 목적 ② 경찰자원들을 재분배하고 전통적인 경찰활동 및 절차들을 전략적으로 **이용**(→배제X)하는데, 특히 지역사회 참여가 경찰임무의 중요한 측면이라 인식함422

3 집합효율성이론, 깨진유리창이론, 무관용경찰활동

집합효율성 이론 (로버트 샘슨)	① 집합효율성이란 **지역주민간**의 상호신뢰 또는 연대감과 범죄에 대한 적극적인 개입과 결합을 의미한다. (경찰관 X) ② 지역사회 구성원들이 범죄문제를 해결하기 위해 적극적으로 참여하는 것이 중요한 범죄예방의 열쇠이다. 333·425·426 ③ 단점 : 공식적 사회통제(경찰 등 법집행기관)를 간과했다는 점에서 경찰 등이 배제된 주민자치는 일정한 한계가 있다.
깨진유리창이론 (윌슨과 켈링) 427·429	① 무질서한 행위와 환경을 그대로 방치하면 주민들은 공공장소를 회피하게 되고 범죄에 대한 두려움은 증가하며 범죄와 무질서가 심각해질 수 있다고 보기 때문에 낙인효과를 **최대화**(최소화 X)하기 위한 **무관용 경찰활동**(엄격한 통제관리)이 필요하다. 430 ② 무관용 정책과 집합효율성의 강화가 범죄를 예방하는데 중요한 기여를 하게 된다. ③ 깨진유리창이론은 경미한 범죄 및 무질서 행위에 대해 관용을 두어서는 안 된다는 무관용원칙을 주장한다. 예 B경찰서는 지역사회에 만연해 있는 경미한 주취소란에 대해서도 예외없이 엄격한 법집행을 실시 288
무관용경찰활동 423	① '깨진유리창이론'에 기초하여 1990년대 뉴욕에서 본격적으로 시행된 **무관용경찰활동**은 작은 무질서가 심각한 범죄로 이어질 수 있으므로 심각한 범죄의 예방을 위해서 작은 무질서라도 일체 용인할 수 없으며, 이를 위하여 작은 무질서행위도 **철저하게 단속하는 경찰활동**(관용중심적 경찰활동 X)을 말한다. ② 무관용경찰활동은 **전통적 경찰전략과** 부합하기보다는 **다소 대조적인 면이 있다**. (전통적 경찰활동의 전략을 계승 X) 433 ③ 지역사회 경찰활동은 본질적으로 무관용을 지향하는 것이 아니다. ④ 경미한 비행자에 대한 무관용 개입은 낙인효과를 유발할 수 있다는 비판이 있다. 432

> **TIP** 회복적 정의 _B급
>
> 최근 대두하고 있는 '회복적 정의(restorative justice)'는 기존의 응보적 정의(retributive justice)에 의한 가해자 처벌보다는 범죄자와 피해자 간의 참여와 대화를 통해 갈등을 해결하고 지역사회에 행해진 손해의 회복·개선에 더 중점을 두는 제도로 주로 학교폭력 등 청소년 범죄에서 강조

THEME 07 외국의 범죄예방활동

1 미국 _C급

이웃감시 프로그램	① 지역주민들이 서로간에 친밀한 관계를 유지 ② 비공식적 사회통제능력을 통하여 범죄를 예방하려는 프로그램	
시민 순찰활동	대표적인 것이 수호천사(Guardian Angels)임	
언론의 범죄예방 프로그램	범죄분쇄방안 (Take A Bite out of Crime)	미 범죄예방연합회가 운영하는 **대중홍보 캠페인** - 가상 범죄상황을 보여주고 유사한 상황에 처한 시청자가 취해야 할 적절한 행동을 가르쳐주는 형식[438]
	범죄해결사 (Crime stopper program)	**현금보상**을 실시하는 범죄정보 보상프로그램[434·438]
학교의 범죄예방활동	Head Start Program[439]	미국의 **빈곤계층 아동들이 적절한 사회화 과정**을 거치게 함으로써 장차 범죄를 저지를 수 있는 잠재성을 감소시키려는 교육프로그램(**톤리와 패링턴**(Tonry & Farrington)의 **발달적 범죄예방의 대표적인 사례**로서 아동기와 청소년기에 조기 개입을 통해 위험요인과 보호요인을 조작하여 범죄가능성을 차단하는 정책)
	PATHE Program (Positive Action Through Education)	**실패를 경험**했거나 문제행동을 한 학생들의 필요에 맞게 특수화된 교육프로그램을 제공 - 학교에 대한 우호적인 태도를 향상시킴[436·437·439]
직업기회제도 (Jobs program)	미국정부와 민간단체에서 비행소년이나 비행에 빠질 가능성이 높은 청소년을 대상으로 하는 전국적으로 전개하는 직업기회 제공 프로그램[435]	
전환제도 (Diversion Program)	① 비행을 저지른 소년에 대해 **형사법적 제재를 가하지 않고 지역사회의 보호 및 관찰로 대치**하여 범죄를 예방하려는 제도[437] ② 범죄자에게 형사절차와 유죄판결을 피할 수 있는 기회를 제공하여 **낙인효과를 억제**할 수 있음(예 훈방, 통고처분)	

2 영국 _C급

각료회의	범죄예방과 관련된 기업체의 역할을 강조하며 1948년 이후 범죄예방을 위한 각료회의가 조직되어 운용됨
Safer City Program[441]	몇몇 대도시의 다양한 사회적, 경제적 문제들을 해결하고자 하는 정부의 광범위한 범죄예방프로그램[440] 예 자동차절도 범죄의 예방을 위해 자동차의 기능을 개선하는 연구, 지하철에서의 범죄예방을 위해 지하철역의 환경을 개선하는 문제 등

3 순찰_B급

기능	C. D. Hale	순찰의 기능을 **범죄예방과 범인검거, 법집행, 질서유지, 대민서비스** 제공, **교통지도단속** 등 5가지로 나누어 설명 (대민서비스제공은 S.walker와 공통내용)	
	S. Walker	순찰은 경찰활동의 핵심이며 **범죄억제, 공공안전감** 증진(캔자스시의 차량 예방순찰 실험에서는 해당 주장이 지지 받지 못함), **대민서비스** 제공의 기능을 함 **공범대**	
효과 연구	뉴욕경찰의 25구역(지구) 순찰실험	① 순찰의 효과를 측정한 **최초의 실험** ② 순찰근무 경찰관의 수를 뉴욕시 맨하탄 동부 25구역에서 4개월 간 두 배로 증원·배치한 실험	
	캔자스시의 예방순찰실험	① **자동차** 순찰수준을 증가해도 범죄는 감소하지 않고 반면에 일상적인 순찰을 (도보순찰 X) 생략해도 범죄는 증가하지 않았다는 연구결과를 발표 ② 세가지 유형(순찰증가, 순찰감소, 기존과 동일)들 간에 시민의 만족도(안전감)에서 별다른 차이를 발견하지 못함 → 순찰활동·전략을 재고하게 만든 연구	
	뉴왁시의 도보순찰실험	① 도보순찰을 증가하여도 범죄발생은 감소되지 않으나 경찰에 대한 **주민의 태도**에는 상당한 영향을 미치는 것으로 나타남 (자신들의 구역내에서 범죄가 줄고 있다고 생각) ② 도보순찰을 할 때 시민이 경찰서비스에 더 높은 만족감을 드러냈음을 확인 ③ 도보순찰실험에서는 도보순찰 경찰관들의 태도에는 **긍정적인 변화가 있는 것**으로 (변화가 없는 것 X) 밝혀졌으며, 주민들의 범죄에 대한 두려움 감소와 경찰에 대한 우호적인 태도 형성에는 긍정적인 영향을 미치는 것으로 나타남	
	플린트 도보순찰실험	실험기간동안 범죄가 증가하였음에도 **자동차순찰보다 도보순찰의 결과** 시민들은 오히려 더 안전하다고 느끼고 있음이 밝혀짐	
종류	순찰노선	정선순찰	① 사전에 정하여진 노선을 **규칙적**으로 순찰 ② 감독·연락이 용이하나 범죄행위자들이 이를 예측 가능
		난선순찰	① 순찰지역이나 노선을 선정하여 **불규칙적**으로 순찰 ② 근무자의 자율성 발휘가 가능, 범죄자의 예측을 교란하여 범죄예방 효과를 증대할 수 있음 ③ 순찰근무자의 위치추정이 곤란, 근무자의 태만과 소홀을 조장
		요점순찰 (정선+난선)	① 중요지점을 지정하여 순찰자는 반드시 그 곳을 통과, 지정된 요점과 요점 사이에서는 난선순찰 방식에 따름 ② **정선순찰과 난선순찰의 절충한 방식**
		구역순찰	① 순찰구역 내의 몇 군데를 순찰소구역(핫스팟)으로 설정하여 이 소구역을 중점으로 요점순찰 ② 관내에 우범지대가 있는 경우에 흔히 채택 ③ 담당구역 자율순찰
	기동력 사용여부		① 도보순찰, 자전거순찰, 오토바이순찰, 자동차순찰 ② 가시방범효과가 가장 높은 순찰방법 → 자동차순찰

CHAPTER 03
경찰과 윤리

- 01 경찰활동의 기준
- 02 전문직업화와 바람직한 경찰의 역할모델
- 03 경찰의 일탈
- 04 경찰부패
- 05 경찰문화
- 06 경찰윤리강령
- 07 부정청탁 및 금품 등 수수의 금지에 관한 법률
- 08 경찰청 공무원 행동강령
- 09 공직자의 이해충돌 방지법
- 10 경찰의 적극행정과 소극행정

THEME 01 경찰활동의 기준

1 사회계약설_B급

	저서	자연상태	사회계약
홉스	리바이어던 (Leviathan)	① 만인에 대한 만인의 투쟁 ② 약육강식의 투쟁상태461 ③ 성악설	① 자연권의 전면적 양도(**전면적 양도설**) → 국가에 대한 통치권은 군주(리바이어던 = 괴물)에게 모두 양도(군주주권론 = 절대군주제)460·462 ② 각 개인의 자연권 포기
로크	시민정치 2론	① **자연상태**에서 강력한 공권력이 없기 때문에 야만적인 강자가 나타나면 생명과 재산을 위협받고, 공통의 정치권력이 결여되어 있지만, **공동의 합의에 의해 도출된 공동의 척도 없지만, 자연법이 있기 때문에** 완전한 무질서한 사회는 아니다.472·473·474 ② 인간관계가 확대됨에 따라 자연권 유지 불안471 ③ 백지상태(성무선악설)	① 자연권의 일부를 국가 또는 국왕에 신탁 → **일부 양도설**(반항권의 유보) 460 ② 자연권의 보장470
루소	사회계약론 (새로운 사회질서를 창출하는 공동행위)465	① 처음에는 자유·평등이 보장되는 목가적(牧歌的) 상태 ② 점차 강자와 약자의 구별이 생기고 불평등 관계 성립463	① 모든 사람의 의지를 종합통일(개별의지를 초월한 **일반의지**)464 → '일반의지'라는 개념은 모호한 개념으로 일반의지라는 미명하에 독재가 가능하다는 비판받음469 ② 자연적 자유 대신에 사회적 자유를 얻게 됨466 ③ 시민들이 자연상태의 인간은 각종 위협에 대응할 수 없어 기본권(권리)을 보호받기 위해 계약을 통해 **국가**를 구성 ↳정부X → **정부**는 일반의지에 따라서 제정된 법을 집행하기 위한 기관에 불과하기 때문에 **정부**가 시민의 기본권 ↳국가X 을 침해하는 경우 시민은 저항하고 나아가 그 정부를 해산할 수 있는 권리가 있음467 ④ 일반의지의 표현인 법을 통하여 인간의 자연권 및 정의를 실현해야 한다고 봄468

| TIP | 악법에 대한 문제 |

법실증주의 475	① 법적 안정성을 강조477 ② 정당한 절차만을 밟아서 제정된 법이면 **악법도 법이다.** ③ 악법이란 공동체가 가치로 승인한 '객관적 윤리질서'를 내용으로 하지 못할 때 악법이 되는 것으로 악법의 징표로는 인간의 존엄성을 부정하는 법, 평등의 원칙을 부정하는 법, 자유와 생명을 부정하는 법이 있다.478·479
자연법론	① 객관적 윤리질서에 반하는 법은 명백한 악법 ② 자연법이 실정법에 우선함을 강조하며 자연법에 위배된 실정법의 구속력을 부정 ③ 악법에 대한 저항을 어느 정도 묵인 가능476

2 사회계약설로부터 도출되는 경찰활동의 기준 _S급 → 코헨과 펠드버그가 주장

(1) 공정한 접근

의의 481·482	① 공정한 접근이란 치안서비스는 일종의 사회적 공공재로서 **누구나 차별 없이 제공**되어야 하는 것이다. (나이, 전과의 유무 등에 의해 서비스의 제공을 거부금지) ② 시민이 경찰의 출동을 요구할 경우 원칙적으로 공정한 접근에 의하여 경찰활동은 재량행위가 된다. → 경찰의 개입을 원할 때 개입여부는 원칙적으로 재량행위이다. 그러나 경찰권의 행사에 있어서 눈앞의 상황이 매우 중대하고 긴박하고, 그로 인하여 시민의 중대한 법익이 침해될 경우 경찰개입만이 의무에 합당한 것이 되는데 이를 '**재량권의 영으로의 수축**'이라고 한다.
저해요인	① **편들기**(예 잘 아는 경찰관의 음주운전 무마 사례)486 ② **서비스 제공의 해태**(게으름)**와 무시**(예 순찰근무 중 가난한 구역 순찰 누락, 장애인과 비장애인에 대한 치안서비스 제공에 차별을 두는 행위)483·484·485

(2) 공공의 신뢰확보

의의	공중의 신뢰는 시민들이 자신의 권리행사를 제한하고 치안을 경찰에게 믿고 맡겼다는 것을 인식하고 경찰이 거기에 부응하는 것이다.
내용	① 시민은 경찰이 **반드시 법을 집행할 것을 신뢰**해야 한다. ② 시민은 경찰이 강제력을 행사할 때 필요한 만큼의 **최소한도로 사용**할 것을 신뢰해야 한다.488 ③ 시민은 경찰이 **사익을 위해 공권력을 사용하지 않을 것**을 믿고 있어야 한다.489 예 경찰관이 절도범 추격 중 범인의 등 뒤에 권총을 쏘아 사망케 한 경우491 예 오토바이로 도주하는 절도범이 전신주를 들이받자, 이를 발견한 경찰관이 도망가지 못하도록 총을 발사해 절도범을 사망하게 한 경우 예 경찰관 E는 혼자 순찰 중 강도가 칼을 들고 편의점 직원을 위협하는 것을 보고 신변의 위협을 느껴 모른 척하고 지나갔다.490 예 목욕탕에서 금반지를 잃어버린 손님 M은 다른 손님 S가 매우 의심스러웠으나 직접 추궁하지 않고 경찰에 신고하여 체포하도록 했다.492 예 1주일간 출장을 마치고 집에 돌아온 A는 자신의 TV가 없어진 것을 발견하였다. 그래서 여기저기 찾아보던 중에 평소부터 사이가 좋지 않던 옆집의 B가 A의 TV를 몰래 훔쳐가 사용 중인 것을 창문너머로 확인하였다. 이때 A는 몽둥이를 들고 가서 직접 자기의 TV를 찾아오려다가 그만두고, 경찰에 신고하여 TV를 되찾았다.493

(3) 생명과 재산의 안전

의의	생명과 재산의 안전은 경찰목적이 시민의 생명과 재산의 보호에 있으므로 경찰이 이 목적을 행위의 지표로 삼는다.[495]
내용	① 법 집행은 수단이므로 **법 집행으로 인해 시민의 생명과 재산이 위협되어서는 안 된다.**[494·497] ② 법 집행의 양보 불가능한 상황 하에서는 잠재적 위험보다 현재적 위험을 먼저 해소해야 한다.[496] ③ **경찰활동의 궁극적인 목적**은 시민의 생명과 재산의 안전이므로 교통단속과 같이 시민의 생명에 대한 위험이 급박하지 않다면 법 집행을 위하여 시민의 생명을 희생시켜서는 안 된다. 경찰의 엄정한 법 집행이 시민의 생명과 충돌할 경우 시민의 생명이 우선시되어야 한다는 것이 원칙이다. 예 인질이 된 사람의 목숨을 구하는 것이 교통법규의 준수보다 우선한다. 예 불법오토바이를 단속하던 A순경은 정지명령에 불응하는 오토바이를 향하여 과도하게 추격한 결과, 운전자가 전신주를 들이받고 사망한 사례는 생명과 재산의 안전에 위배된다.[498]

(4) 역할한계와 팀워크

의의	역할한계와 팀워크는 경찰에게 부여된 사회적 역할범위 내에서 행동해야 하며 **상호 협력**을 통해 경찰목적이 달성되어야 한다는 것이다.[502] 예 광역수사대 형사 B는 수배자 C가 자기 관내에 있다는 첩보를 입수하고도 이를 팀장과 광역수사대장에게 보고하지 않고 단독으로 검거하려다 실패하였다.[501]

(5) 냉정하고 객관적인 자세(객관성)

의의	객관성이란 경찰이 공적인 역할을 수행함에 있어서 **사사로운 감정에 사로잡히지 않고 공평하고 사심이 없어야 한다**는 것이다. 예 이순경은 어렸을 적 아버지로부터 가정폭력을 경험하였는데, 가정폭력 사건을 처리하면서 모든 잘못은 남편에게 있다고 단정 지었다.[505]
저해요인	① 경찰관의 지나친 열정이나 개인적 편견, 개인적 선호는 객관성을 해치므로 **냉정하고 객관적으로 판단**해야 한다. 예 도둑맞은 경험의 경찰관이 절도범을 조사하면서 폭행하는 사례[506] ② 그러나 객관성이 과도하게 나타날 경우에는 냉소주의가 나타날 수 있으므로 주의해야 함[507] → 지나친 관여나 열정의 반대적인 행위인 냉소주의 역시 객관성의 저해요소임

전문직업화와 바람직한 경찰의 역할모델

1 전문직업화(August Vollmer)_A급

추진	경찰이 높은 사회적 지위를 얻기 위하여 **미국의 볼머, 실베스타**에 의하여 전문직업화가 추진508	
장점	경찰위상·사기의 제고와 긍지 함양, 경찰에 대한 공중의 존경 증대, 효율성 증대, 부정부패 척결, 훌륭한 인적자원이 확보되어 서비스 질이 향상509·514	
문제점510	부권주의 (父權主義)	아버지가 자식의 문제를 모두 결정하듯이 전문가가 상대방의 입장을 고려하지 않고 일방적으로 결정512 ㉠ 심장전문의 乙은 환자의 치료법에 대하여 환자의 입장을 고려하지 않고 자신의 우월적 의학적 지식만 고려하여 일방적으로 치료방법을 결정하는 것511 ㉠ 경찰관이 신고자의 의견을 전혀 고려하지 않고 자신의 형사법 지식만을 고려하며 신고된 사건의 해결방법을 일방적으로 결정하는 경우
	사적인 이익을 위한 이용 (공적 X)	전문직들은 그들의 지식과 기술을 때때로 공익보다는 **사적**인 이익을 위해서만 이용하기도 함513
	소외	나무는 보고 숲은 보지 못하듯 전문가 자신의 국지적 분야만 보고 전체적인 맥락을 보지 못함516·517·518 ㉠ 사회복지정책 전문직 공무원 甲은 복지정책을 결정하면서 정부정책의 기본방침을 고려하지 않고 자신이 속한 보건복지부 입장만 고려한 채 정책결정을 하는 것515
	차별	전문직이 되는 데 장기간의 교육과 비용이 들어, 가난한 사람은 전문가가 되는 기회를 **차단(상실)**함518·519 (증대 X) → 초임순경 공채시험 학력을 대졸 이상으로 제한하는 것

> **TIP** 고전적 전문직의 특징(클라이니히)
> ① 공공서비스의 제공 ② 윤리강령의 제정 ③ 전문지식과 전문기술 ④ 고등교육의 이수 ⑤ 자율적 자기통제

2 범죄와 싸우는 경찰 모델_C급

개념	수사, 형사 등 법 집행을 통한 범법자 제압 측면을 강조한 모델로서 시민들은 범인을 제압하는 것이 경찰의 주된 임무라고 인식[520]
장점	경찰역할을 뚜렷이 인식시켜 '**전문직화**'에 기여
단점	① 전체 경찰 업무를 포괄하는 것이 **불가능**(전 부분을 포괄하는 용어 X) ② 법 집행에 있어서 흑백논리에 따른 이분법적(범법자 : 적/경찰 : 정의의 사자) 오류에 빠질 우려[521] ③ 범죄진압 이외의 업무에 종사하는 경찰인들의 사기 저하

3 치안서비스 제공자로서의 경찰 모델_C급

개념	치안서비스란 경찰활동의 전 부분을 포괄하는 용어로 가장 바람직한 모델 ※ 범죄와의 싸움도 치안서비스의 한 부분에 불과 → 시민에 대한 서비스 활동과 사회봉사활동의 측면을 강조[522]
경찰의 활동	① **대역적(代役的) 권위**(Stand-in authority)에 의한 활동 : 공식적이고 명백하게 권한의 근거가 없는 경우에도 **비공식적으로 또는 관행적으로 사회봉사활동에 관여**하는 것을 의미 → 일시적이며 임시 방편(지속적, 적극적 X) ※ 경찰은 24시간 근무와 지역적으로 널리 퍼져 있는 조직을 갖춤 - 사고현장이나 응급조치가 필요한 경우 가장 먼저 접근 가능 ② 비권력적 치안서비스의 적극제공 : 우범지역 순찰, 교통정보제공, 지리안내 등 ③ 사회적 갈등 해결 및 갈등발생의 개연성 최소화 : 이미 일어난 문제해결뿐 아니라 일어날 개연성 있는 문제를 사전에 발견해서 해결을 시도

THEME 03 경찰의 일탈 _S급

1 작은호의

허용론	① 관행성 : 공짜 커피 같은 뿌리 깊은 관행을 완전히 없애는 것은 불가능 ② 자발성 : 강제된 것이 아닌 자발적 ③ 사회형성재 이론 : 작은 호의를 통하여 지역주민들과 친밀해질 수 있음 ④ 이성과 지능 : 경찰관은 호의와 뇌물을 구분할 수 있으며, 작은 호의로 인해 편파적으로 업무를 처리하지 않음 ⑤ 당연성 : 비록 자신이 해야 할 일을 하는 경우이지만 고마움을 표시하는 것은 당연
금지론	① 부작용 : 작은 호의가 점점 더 멈추기 어려운 부패로 이어짐 → 미끄러지기 쉬운 경사로 이론 ② 구별곤란 : 작은 호의와 뇌물을 구별하기 곤란하다. ③ 특권의식 : 작은 호의를 통해 경찰관의 특권의식이 싹틈 ④ 불순의도 : 공짜 커피 등 호의를 전하는 사람들은 대개 불순한 의도를 가진 경우가 많음

TIP 사회형성재 이론(building block)

① '사회형성재 이론(building block)'은 작은 사례나 호의는 시민과의 **긍정적인**(부정적인 X) 사회관계를 만들어주는 형성재라는 것으로, 작은 호의의 **긍정적인** 효과를 강조하는 이론이다.523
② 작은 사례나 호의는 강제된 것이 아니며 **자발적인 것**이라는 점을 강조한다.

2 미끄러지기 쉬운 경사로 이론

① **셔먼**이 주장527·528
② **부패에 해당하지 않는** 작은 선물 등의 사소한 호의를 허용하면 나중에는(선한 후속행위를 하는 상황 X, 사소한 부패 X)
  └ 부패에 해당하는 X
  엄청난 부패로 이어진다는 이론524·525·526·531·565
예) 지구대에 근무하는 경찰관 A는 순찰 도중 동네 슈퍼마켓 주인으로부터 음료수를 얻어 마시면서 친분을 유지하다가 나중에는 폭행사건처리 무마 청탁을 받고 큰돈까지 받게 되었다.529

펠드버그	〈셔먼의 견해 비판〉 ① 대부분의 경찰관들이 사소한 호의와 뇌물을 구별할 수 있으므로 '미끄러지기 쉬운 경사로 이론'은 비현실적이고, 더 나아가 경찰관의 지능에 대한 모독이라고 주장한다.532 ② 작은 호의를 받았다고 해서 반드시 경찰이 큰 부패를 범하는 것은 아니라고 비판한다.530
델라트르	〈펠드버그의 견해 비판〉 일부 경찰이 이 이론에 따라 큰 부패로 이어진다고 하더라도 결코 이를 무시하거나 간과할 수 없다는 점에서 **작은 호의를 금지해야 한다고 주장**한다.533

THEME 04 경찰부패

1 「부패방지 및 국민권익위원회의 설치와 운영에 관한 법률」상 부패 개념(§2)_B급

① 공직자가 직무와 관련하여 그 지위 또는 권한을 남용하거나 법령을 위반하여 **자기 또는 제3자의 이익**을 도모하는 행위534 (제3자의 이익 제외 X)
② 공공기관의 예산의 사용, 재산의 취득, 관리, 처분 또는 공공기관을 당사자로 하는 계약의 체결 및 그 이행에 있어서 법령에 위반하여 공공기관에 재산상 손해를 가하는 행위535
③ ①과 ②에 따른 행위(**직접적 부패행위**)나 그 은폐를 강요, 권고, 제의, 유인하는 행위(**간접적 부패행위**)
④ 공공기관은 부패를 방지하기 위하여 법령상, 제도상 또는 행정상의 모순이 있거나 그 밖에 개선할 사항이 있다고 인정할 때는 즉시 이를 개선 또는 시정**하여야 한다**(할 수 있다 X)(§3).536

2 부패의 유형(하이덴하이머의 분류)_C급

백색부패	이론상 일탈행위로 규정될 수 있으나, 구성원의 다수가 **어느 정도 용인**하는 선의의 부패 또는 관례화된 부패를 의미537 예 경기가 밑바닥 상태인데도 국민들의 동요나 기업활동의 위축을 방지하기 위해서 경기가 살아나고 있다고 관련 **공직자가 거짓말**을 한 경우
회색부패	① **백색부패와 흑색부패의 중간에 위치하는 유형**으로서 얼마든지 흑색부패로 발전할 수 있는 잠재성을 지닌 것538 예 정치권에 대한 후원금, 떡값 같은 적은 액수의 호의표시나 선물 또는 순찰 경찰관에게 주민들이 제공하는 음료수나 과일 ② 일부집단은 처벌을 원하지만, 다른 일부집단은 처벌을 원하지 않는 경우의 부패
흑색부패	사회 전체에 심각한 해를 끼치는 부패로 **구성원 모두가 인정하고 처벌을 원하는** 부패 예 업무와 관련된 대가성 있는 뇌물수수539

3 하이덴하이머(A. J. Heidenheimer)의 부정부패 개념 정의 및 분류(부패가 일어나는 영역에 따른 정의)_A급540

관직(공직)중심적 정의 (public-office-centered)	부패는 뇌물수수행위와 특히 결부되어 있지만, 반드시 금전적인 형태일 필요가 없는 사적 이익을 고려한 결과로 권위(권한)를 남용하는 경우를 포괄하는 용어이다.
시장중심적 정의 (market-centered)	① 부패는 강제적인 가격모델로부터 자유시장 모델로의 변화와 관련이 있다. ② 고객들은 잘 알려진 위험을 감수하고라도 원하는 이익을 받는 것을 확실히 하기 위하여 높은 가격(뇌물)을 지불하는 결과로 부패가 발생한다.
공익중심적 정의 (public-interest-centered)	공직자가 법적으로 규정되어 있지 않은 금전적인 또는 다른 형태의 보수에 의하여 그 보수를 제공한 사람들에게 이로운 행위를 함으로써 공중의 이익에 손해를 끼칠 때 부패가 발생한다.

4 경찰부패의 원인가설_S급

전체사회 가설	① 윌슨은 시카고 시민이 경찰을 부패시켰다고 주장하였는데, 이는 **시민사회의 부패가 경찰부패의 주원인이라고 보는 이론**541·542·543·547 ② 전 뉴욕시경 국장 패트릭 머피는 '봉급을 제외하고 깨끗한 돈이라는 건 없다'고 했으며, 윌슨은 '경찰인은 어떤 작은 호의, 심지어 한 잔의 공짜 커피도 받도록 허용되어서는 안된다'고 말함 → '미끄러지기 쉬운 경사로 이론'과 유사 544·551 예 주류판매로 단속된 노래연습장 업주가 담당경찰관 C에게 사건무마를 청탁하며 뇌물수수를 시도하였다. 563-다 예 B지역은 과거부터 지역주민들이 관내 경찰관들과 어울려 도박을 일삼고, 부적절한 사건청탁을 하는 경우가 종종 있었으나 아무도 이를 문제화하지 않던 곳인데, 동 지역에 새로 발령받은 신임경찰관 A에게도 지역주민들이 접근하여 도박을 함께 하게 되는 경우 548 예 경찰관은 순찰 중 주민으로부터 피로회복 음료를 무상으로 받았고, 그 다음주는 식사대접을 받았다. 순찰나갈 때 마다 주민들에게 뇌물을 받는 습관이 들었고, 주민들도 경찰관이 순찰을 나가면 마음의 선물이라며 뇌물을 주는 것이 관례가 되어버렸다. 564-ⓒ
구조원인 가설	① 부패원인 : **부패한 조직 전통 속에서 신임경찰이 사회화되어 부패경찰이 됨** → 조직의 체계적 원인 546·550·552·553·554·555·558 ② 니더호퍼, 로벅, 바커 등이 주장 556·557 → 니더호퍼(Niederhoffer)는 경찰부패의 원인은 시스템의 부패에서 기인한다고 주장 ③ 구조화된 조직적 부패는 서로가 문제점을 알면서도 눈감아주는 **'침묵의 규범'**을 형성 549 예 경찰관 A는 동료경찰관들이 유흥업소 업주들로부터 접대를 받은 사실을 알고도 모른 체했다. 563-가 ④ 부패가 구조화된 조직에서는 '법규와 현실의 괴리현상'이 발생한다. 예 P경찰관은 부서에서 많은 동료들이 단독 출장을 가면서도 공공연하게 두 사람의 출장비를 청구하고 퇴근 후 잠깐 들러서 시간외 근무를 한 것으로 퇴근시간을 허위 기록되게 하는 것을 보고, P경찰관도 동료들과 같은 행동을 하였다. 564-㉠ 예 정직하고 청렴한 신임순경 A가 상사인 B로부터 관내 유흥업소 업자들을 소개받고, 이후 B와 함께 근무를 하면서 B가 유흥업소 업자들로부터 정기적으로 금품을 받는 것을 보고, 점차 부패관행을 학습한 경우로 설명할 수 있다. 559
썩은사과 가설	① 부패원인 : **개인적 결함 문제**560 → 조직의 체계적 원인 X ② 썩은 사과 한 개가 상자에 있는 모든 사과를 썩게 만들 듯이 부정부패할 가능성이 있는 **경찰관 일부가 조직에 유입되어 전체가 부패한다는 이론** ③ 모집단계에서 부패가능성 있는 자의 배제 중시545 예 음주운전으로 징계처분을 받은 적이 있는 B가 다시 음주운전으로 적발되어 징계위원회에 회부되었다. 563-나
윤리적 냉소주의 가설	경찰에 대한 외부통제 기능을 수행하는 정치권력, 대중매체, 시민단체의 부패는 경찰의 냉소주의를 부채질하고 부패의 전염효과를 가져온다고 함561

> **TIP** 밀러의 경찰부패 4가지 기본원칙562
> ① 엄격한 채용 ② 부패의 기회 감소 ③ 부패조사 및 억제 ④ 부패방지를 위한 도덕적 노력 및 동기부여의 강화
> → 4가지 기본원칙에 의해 감소될 수 있다고 주장

5 내부고발(whistle blowing)_B급

정의	① 동료나 상사의 부정에 대하여 감찰이나 외부의 언론매체를 통하여 공표하는 내부고발 행위 (Deep Throat)570 ② 내부고발을 함에 있어서는 조직에 대한 충성의 의무와 국민을 위한 공공의 이익 두 가지를 고려
내부고발의 ↳외부X 정당화 요건 (클라이니히) 566·569	1. 적절한 도덕적 동기 2. 내부고발자는 특별한 경우를 제외하고 공표를 <u>하기 전</u>에 자신의 이견을 표시하기 위한 **모든 내부적 채널을 다 사용**(최후수단성) ↳한 후X 3. 내부고발자는 부적절한 행동을 하도록 지시되었다는 자신의 신념이 **합리적 증거**에 근거하였는지 확인해야 함567 4. 내부고발자는 도덕적 위반이 얼마나 중대한가, 도덕적 위반이 얼마나 급박한가 등의 **세심한 고려**가 있어야 함(급박성)568 5. **어느 정도**의 성공가능성 ↳높은정도X

6 용어정리_A급

비지바디니스 (busybodiness)	남의 비행에 대하여 일일이 참견하여 도덕적 충고를 하는 것571
침묵의 규범	**휘슬 블로잉과 반대로** 동료의 부정부패에 대하여 눈감아 주는 것573
Moral hazard	도덕적 가치관이 붕괴되어 동료의 부패를 부패라고 인식하지 못하는 것을 의미하며, 부패를 잘못된 행위로 인식하고 있지만 동료라서 모르는 척하는 침묵의 규범과는 구별되는 개념572
예기적 사회화 과정	① 경찰인이 되고자 하는 지원자는 그가 경찰이 되기 전에 경찰에 대한 정보 등을 통해 경찰에 대한 사회화를 미리 할 수 있다는 것으로 통상적으로 경찰에 대한 자신의 직접경험과 친구나 가족들을 통한 간접경험, 나아가 언론매체를 통한 경찰의 이미지 등을 통해서 이루어진다. 그래서 경찰예비자들은 자기가 경찰인이 되면 어떻게 하겠다라는 '예기적 사회화과정'을 거칠 수 있는 것 **예** 경찰시험을 준비하는 甲은 언론에서 경찰공무원의 부정부패 기사를 보고 '나는 경찰이 되면 저런 행위를 하지 않겠다'는 생각 가짐576 ② 공식적 사회화 과정보다 **비공식적 사회화 과정의 영향**을 더 많이 받음
Dirty Harry 문제	도덕적으로 선한 목적을 위해 윤리적, 정치적, 혹은 법적으로 더러운 수단을 동원하는 것이 적절한가와 관련된 딜레마적 상황이다.574

THEME 05 경찰의 문화 _A급

1 냉소주의의 문제와 극복

냉소주의	① 조직의 냉소주의는 공중의 생활이 위선으로 가득 차 있다고 생각할 때(기존의 사회체계에 대한 **신념이 결여**) 그리고 경찰조직이 하급직원에 대하여 무리한 요구를 할 때 나타난다.598 → 니더호퍼(Niederhoffer)는 기존의 신념체계가 붕괴된 후 **대체신념의 부재**(새로운 신념체계 X)로 아노미 현상이 발생하고 냉소주의가 나타날 수 있다고 하였다.577 ② 냉소주의는 충성의 도덕적 규범으로부터 해방시켜 조직에 대한 반발과 일탈현상을 초래한다. 예 A순경은 국민을 위해 충성을 다하여 봉사하겠다는 각오로 경찰이 되었으나, 국민이 도덕적으로 타락하였다고 생각하여 점차 회의가 들기 시작했다. 비교 **회의주의**는 개별적 사안에서 합리적 의심을 하여 비판을 하는 것이고, 냉소주의는 합리적 근거 없이 사회에 대한 신념의 결여로 인해 생겨나는 것임
냉소주의 폐해	① 경찰문화의 냉소주의의 가장 큰 문제점은 극단적이고 객관성이 결여되어 모든 것을 부정적으로 보는 문화를 조장한다는 것이다. ② 조직 내 팽배한 냉소주의는 경찰의 전문직업화를 저해하는 기제로 작동할 수 있다.579
냉소주의 극복방안 584	① 의사결정 과정에의 참여 ② 상사와 부하의 신뢰회복 ③ 커뮤니케이션 과정의 개선 ④ 부하가 잘한 일에 대하여 칭찬을 많이 하고, 부하의 잘못에 대하여 조용히 타이른다. ⑤ 중요 의사결정 때 부하의 의견을 청취한다. ⑥ 하의상달(상의하달의 의사소통 과정을 개선) ⑦ Y이론에 입각한 행정관리581 보충 맥그리거(Mcgregor)의 인간관 중 **X이론**은 인간을 게으르고 부정직한 것으로 보아 권위적으로 관리해야 한다는 이론이고, Y이론은 인간이 책임감 있고 민주적인 관리를 해야 한다는 주장으로 **Y이론**에 의한 관리가 냉소주의를 극복하는 방안이 된다.582·583

2 냉소주의와 회의주의 차이 580

구분	냉소주의	회의주의
공통점	불신	
대 상	대상이 특정 X → 정치일반, 경찰제도 전반을 대상	대상이 특정 O
의 심	아무런 근거 없이 신뢰하지 않음	특정대상을 합리적으로 의심
개선의지	대상을 개선시키겠다는 의지가 **없음**	대상을 개선시키겠다는 의지가 **있음**

보충
① **의식주의** : '실제 일하는 것보다 서류를 잘 작성하는 것이 더 중요하다.'라고 알려주는 경우
② **정적 인간주의** : 사건청탁을 받은 경찰관이 "다른 사람은 안 되지만, 너하고 친하니까 잘 봐줄게."라며 수락하는 경우

THEME 06 경찰윤리강령 _A급
↳ 선언적 효력 O, 법적 효력 X

1 제정과정

경찰윤리헌장(1966년) → 새경찰신조(1980년) → 경찰헌장(1991년) → 경찰서비스헌장(1998년)587

2 경찰헌장(1991년 제정)588
↳ 친의공근깨

- 우리는 모든 사람의 인격을 존중하고 누구에게나 **따**뜻하게 봉사하는 **친**절한 경찰이다. **친따**589
- 우리는 정의의 이름으로 진실을 추구하며 어떠한 불의나 불법과 **타**협하지 않는 **의**로운 경찰이다. **의타**590
- 우리는 국민의 신뢰를 바탕으로 오직 **양**심에 따라 법을 집행하는 **공**정한 경찰이다. **공양**591
- 우리는 건전한 상식 위에 전문지식을 갈고 닦아 맡은 일을 **성**실하게 수행하는 **근**면한 경찰이다. **근성**592
- 우리는 화합과 단결 속에 항상 규율을 지키며 **검**소하게 생활하는 **깨**끗한 경찰이다. **깨검**593

3 경찰윤리강령의 대내외적 기능586

대외적	• 서비스 수준의 보장 • 국민과의 신뢰관계 형성 • 과도한 요구에 대한 책임 제한
대내적	• 경찰공무원 개인적 기준 설정 • 경찰조직의 기준 제시 • 조직구성원의 자질통제 기준 • 경찰조직에 대한 소속감 고취 • 경찰조직구성원에 대한 교육자료 제공

4 윤리강령의 문제점594

실행가능성의 문제	법적 강제력이 없기 때문에 위반했을 경우 제재할 방법이 미흡 → 선언적 규정595
냉소주의의 문제	민주적 참여에 의한 제정보다는 위에서 제정되고 일방적으로 하달되어 냉소주의를 불러 일으키는 단점
최소주의의 위험	강령에 제시된 바람직한 행위 그 이상의 자기희생을 하지 않으려는 최소주의의 위험문제 야기597
비진정성의 조장	경찰윤리강령은 경찰관의 도덕적 자각에 따른 자발적인 행동이 아니라 외부로부터 요구된 것으로서 타율성으로 인해 진정한 봉사가 이루어지지 않을 수 있음596 → 윤리적 불감증 야기 가능
우선순위 미결정	경찰윤리강령이 구체적인 경우 상세하지만 그보다 더 곤란한 현실문제에 있어서 무엇을 먼저하고 무엇을 나중에 해야 할지 우선순위를 결정하는 기준이 못 된다.599
행위중심적 성격	경찰윤리강령이 행위중심적으로 규정되어 있어 행위 이전의 의도나 동기를 소홀히 함

TIP 경찰윤리 교육의 목적(클라이니히)

도덕적 결의의 강화	내부 및 외부로부터의 여러 압력과 유혹에도 굴복하지 않고 자신의 소신과 직업의식에 따라 일 처리600 예 돈을 주며 사건무마를 청탁하는 의뢰인의 요구를 결국 거절하도록 하는 경찰교육의 목적
도덕적 감수성 배양601	경찰이 다양한 계층의 사람들을 모두 인간으로서 존중하고 공평하게 봉사
도덕적 전문능력 함양	① 가장 중요한 경찰윤리 교육의 목적602 ② 조직 내에 관습적으로 내려오는 관행을 비판적으로 검토하여 수행603

 # THEME 07 부정청탁 및 금품등 수수의 금지에 관한 법률(청탁금지법) _S급

 법령 자료(네이버 카페: 김재규 경찰학)

1 청탁금지법 정의(§2)

1. **"공공기관"**이란 다음 각 목의 어느 하나에 해당하는 기관·단체를 말한다.
   가. **국회**, 법원, 헌법재판소, 선거관리위원회, 감사원, 국가인권위원회, 고위공직자범죄수사처, 중앙행정기관
   　↳ 국회의원 포함
   　(대통령·국무총리 소속기관 **포함**)과 그 소속 기관 및 지방자치단체604
   　　　　　　　　　　　　↳ 제외 X
   나. 「공직자윤리법」 제3조의2에 따른 공직유관단체
   다. 「공공기관의 운영에 관한 법률」 제4조에 따른 기관
   라. 「초·중등교육법」, 「고등교육법」, 「유아교육법」 및 그 밖의 다른 법령에 따라 설치된 각급 학교 및 「**사립학교법**」에 따른 학교법인605
   마. 「언론중재 및 피해구제 등에 관한 법률」 제2조 제12호에 따른 **언론사**
2. **"공직자등"**이란 다음 각 목의 어느 하나에 해당하는 **공직자 또는 공적 업무 종사자**를 말한다.
   가. 「국가공무원법」 또는 「지방공무원법」에 따른 공무원과 그 밖에 다른 법률에 따라 그 자격·임용·교육훈련·복무·보수·신분보장 등에 있어서 공무원으로 인정된 사람606
   나. 공직유관단체 및 기관의 장과 그 임직원
   다. 각급 학교의 장과 교직원 및 학교법인의 임직원
   라. 언론사의 대표자와 그 임직원 (대기업 임원 X, 변호사 X)608
   ※ 공무수행사인 : 각종 법정위원회 위원, 권한위임 단체·개인 등607
   ※ 공직자등의 배우자(**법률혼** 배우자만을 의미) 및 일반인
   　　　　　　　↳ 사실혼 X
3. **"금품등"**이란 다음 각 목의 어느 하나에 해당하는 것을 말한다.
   가. 금전, 유가증권, 부동산, 물품, 숙박권, 회원권, 입장권, 할인권, 초대권, 관람권, 부동산 등의 사용권 등 일체의 재산적 이익
   나. 음식물·주류·골프 등의 접대·향응 또는 교통·숙박 등의 편의 제공
   다. 채무 면제, 취업 제공, 이권(利權) 부여 등 그 밖의 유형·무형의 경제적 이익
4. **"소속기관장"**이란 공직자등이 소속된 공공기관의 장을 말한다.

2 부정청탁 규율 대상(제5조)

규율대상	① **모든 청탁이 아니라** 인·허가 등 14가지 부패 빈발분야의 직무와 관련하여, 누구든지 직접 또는 제3자를 통하여 직무를 수행하는 공직자등에게 법령을 위반하게 하거나 지위·권한을 남용하여 처리하도록 하는 부정청탁만 규율대상 1. 인·허가 2. 처벌의 감경·면제 3. 인사 개입 4. 위원 선정 5. 수상·포상 6. 직무상 비밀누설 7. 계약 체결 8. 보조금·기금 등 업무 9. 재화·용역의 처분 10. 성적 조작 11. 병무 12. 각종 평가·판정 13. 행정지도·단속 14. 수사·재판·중재
예외	② 아래의 7가지 예외사유에 해당하는 경우에는 청탁금지법을 적용하지 않으며, 또한 직접 자신을 위하여 하는 부정청탁은 과태료 부과대상 제외 1. 법령·기준에서 정한 절차에 따라 요구 2. 공개적으로 특정한 행위를 요구 3. **선출직** 공직자, 정당, 시민단체 등이 **공익적** 목적으로 제3자의 고충민원 전달 　↳ 임명직 X　　　　　　　　　　　　↳ 사익적 X 4. 진행상황 등 문의 5. 확인·증명을 신청 6. 질의·상담형식으로 설명 요구 7. 기타 사회상규에 반하지 않는 행위

3 부정청탁에 따른 직무수행 금지 및 신고의무

직무수행 금지(§6)	부정청탁을 받은 공직자등은 그에 따라 직무를 수행해서는 아니 된다.
신고의무(§7)	① 공직자등은 부정청탁을 받았을 때에는 부정청탁을 한 자에게 부정청탁임을 알리고 이를 거절하는 의사를 명확히 표시**하여야 한다**. ② 공직자등은 ①에 따른 조치를 하였음에도 불구하고 동일한 부정청탁을 다시 받은 경우에는 이를 **소속기관장**에게 **서면(전자문서 포함)**으로 신고**하여야 한다**.609 　　　　　　　　　　　　　　↳ 구두 X ③ ②에 따른 신고를 받은 **소속기관장**은 신고의 경위·취지·내용·증거자료 등을 조사하여 신고 내용이 부정청탁에 해당하는지를 신속하게 **확인하여야 한다**. ④ 소속기관장은 부정청탁이 있었던 사실을 알게 된 경우 또는 ② 및 ③의 부정청탁에 관한 신고·확인 과정에서 해당 직무의 수행에 지장이 있다고 인정하는 경우에는 부정청탁을 받은 공직자등에 대하여 다음 각 호의 조치를 **할 수 있다**.609-1 　　　　　　　　　　　　　　　　　　　　　　　　　↳ 하여야 한다 X 　1. 직무 참여 일시중지 　2. 직무 대리자의 지정 　3. 전보 　4. 그 밖에 국회규칙, 대법원규칙, 헌법재판소규칙, 중앙선거관리위원회규칙 또는 대통령령으로 정하는 조치 ⑤ **소속기관장**은 공직자등이 다음 각 호의 어느 하나에 해당하는 경우에는 **④에도 불구하고 그 공직자등에게 직무를 수행하게 할 수 있다.** 이 경우 제20조에 따른 소속기관의 담당관 또는 다른 공직자등으로 하여금 그 공직자등의 공정한 직무수행 여부를 주기적으로 확인·점검하도록 하여야 한다. 　1. 직무를 수행하는 공직자등을 대체하기 지극히 어려운 경우 　2. 공직자등의 직무수행에 미치는 영향이 크지 아니한 경우 　3. 국가의 안전보장 및 경제발전 등 공익증진을 이유로 직무수행의 필요성이 더 큰 경우

4 금품 등 수수의 금지

원칙(§8)₆₁₀	① 공직자등은 직무 관련 여부 및 기부·후원·증여 등 그 **명목에 관계없이** 동일인으로부터 1회에 **100만원** 또는 매 회계연도에 **300만원**을 초과하는 금품등을 받거나 요구 또는 약속해서는 아니 된다. ② 공직자등은 **직무와 관련**하여 **대가성 여부를 불문**하고 ①에서 정한 금액 이하의 금품등을 받거나 요구 또는 약속해서는 아니 된다. → 대가성이 인정되면 금액에 상관없이 형법상 뇌물죄 성립 가능
예외	③ 외부강의등에 관한 사례금 또는 다음의 어느 하나에 해당하는 금품등의 경우에는 수수를 금지하는 금품등에 해당하지 아니한다. 　1. 공공기관이 소속 공직자등이나 파견 공직자등에게 지급하거나 상급 공직자등이 **위로·격려·포상 등의 목적**으로 하급 공직자등에게 제공하는 금품등₆₁₁ 　　예 기관장이 소속 직원에게 업무추진비로 화환(10만원)을 보내고 별도로 사비로 경조사비(10만원)를 주는 경우 청탁금지법 위반이 아니다. 　2. **원활한 직무수행** 또는 **사교·의례 또는 부조의 목적**으로 제공되는 음식물·경조사비·선물 등으로서 → 원활한 직무수행, 사교, 의례, 부조의 목적을 벗어나면 가액기준 내라도 허용되지 않음 대통령령으로 정하는 가액 범위 안의 금품등. 다만, 선물 중 「농수산물 품질관리법」상 농수산물 및 농수산가공품(농수산물을 원료 또는 재료의 **50퍼센트**를 넘게 사용하여 가공한 제품만 해당된다)은 대통령령으로 정하는 설날·추석을 포함한 기간에 한정하여 그 가액 범위를 두배로 한다. 　3. 사적 거래(증여는 **제외**(포함X))로 인한 채무의 이행 등 **정당한 권원**에 의하여 제공되는 금품등₆₁₄ 　4. 공직자등의 **친족**(「민법」 제777조에 따른 친족을 말함)이 제공하는 금품등_{615·616} → 8촌이내의 혈족, 4촌이내의 인척, 배우자 　5. 공직자등과 관련된 직원상조회·동호인회·동창회·향우회·친목회·종교단체·사회단체 등이 정하는 기준에 따라 구성원에게 제공하는 금품등 및 그 소속 구성원 등 공직자등과 특별히 장기적·지속적인 친분관계를 맺고 있는 자가 질병·재난 등으로 어려운 처지에 있는 공직자등에게 제공하는 금품등₆₁₇ 　　예 월 정기 회비를 납부하는 같은 소속 직원들로 구성된 모임에서 회원의 경조사가 발생하여 회칙에 따라 **50만원을 지급하는 것은 가능** 　6. 공직자등의 직무와 관련된 공식적인 행사에서 주최자가 참석자에게 **통상적인 범위에서 일률적으로 제공**하는 교통, 숙박, 음식물 등의 금품등₆₁₈ 　7. **불특정** 다수인에게 배포하기 위한 **기념품 또는 홍보용품 등이나 경연·추첨**을 통하여 받는 보상 또는 상품 등_{619·620·621} → 특정X 　8. 그 밖에 다른 법령·기준 또는 사회상규에 따라 허용되는 금품등₆₁₃
신고(§9)	① 공직자등은 다음 각 호의 어느 하나에 해당하는 경우에는 소속기관장에게 **지체 없이 서면**으로 신고하여야 한다.₆₂₂ → 구두X 　1. 공직자등 자신이 수수 금지 금품등을 받거나 그 제공의 약속 또는 의사표시를 받은 경우 　2. 공직자등이 자신의 배우자가 수수 금지 금품등을 받거나 그 제공의 약속 또는 의사표시를 받은 사실을 안 경우

TIP 음식물·경조사비·선물 등의 가액 범위 [동법 시행령 별표 1]

음식물	**5만원**[612] 예 공직자가 직무관련자로부터 **5만원 상당의 식사를 제공받고** 옆에 있는 카페로 옮겨 **6천원 상당의 커피를 다시 제공받았다면** 식사 접대행위와 음료수 접대행위가 시간적, 장소적으로 근접성이 있어 1회로 평가 가능하며, 음식물 5만원 가액기준을 초과하였으므로 **청탁금지법 위반임** 예 직무관련자가 식당에 **미리 결제**를 해 두고 공직자에게 연락하여 해당 식당에서 **5만원 이하의 식사**를 하게 하는 경우일지라도 제공자와 공직자가 함께 하는 식사 등을 의미하므로 법에서 허용하는 음식물에 해당하지 않아 **청탁금지법 위반임**
경조사비	① 축의금·조의금은 **5만원** 다만, 축의금·조의금을 대신하는 화환·조화는 **10만원** ② 축의금·조의금과 화환·조화를 함께 받은 경우 : 합산한 금액이 10만원을 초과해서는 안되며, 합산금액이 10만원을 초과하지 않더라도 축의금·조의금이 5만원을 초과해서는 안됨(조의금 6만원 + 조화 4만원 = 10만원 범위 내이지만 위법) 예 직무관련자가 공직자등의 **돌잔치**에 와서 5만원을 주는 경우 경조사의 범위에 해당하지 않기 때문에 **청탁금지법 위반**. 경조사의 범위는 본인 결혼, 직계존·비속의 결혼, 배우자 장례, 본인과 배우자의 직계 존·비속의 장례에 한정. 그러므로 생일, **돌**, 회갑, 집들이, 승진, 전보, 퇴직, 출판기념회 등은 **경조사에 해당하지 않음**. 다만, 위 사례에서 직무관련자가 공직자등의 **돌잔치**에 와서 5만원 이내의 선물을 주었다면 사교, 의례 등의 목적을 충족하였을 경우 **가능할 수 있음**
선물	다음 각 목의 금품등을 제외한 일체의 물품, 상품권(물품상품권 및 용역상품권만 해당) 및 그 밖에 이에 준하는 것은 **5만원**. 다만, 「농수산물 품질관리법」 제2조 제1항 제1호에 따른 농수산물 및 같은 항 제13호에 따른 농수산가공품(농수산물을 원료 또는 재료의 **50퍼센트**를 넘게 사용하여 가공한 제품만 해당)과 농수산물·농수산가공품 상품권은 **15만원[설날·추석은 30만원(2배)]** ※ "대통령령으로 정하는 설날·추석을 포함한 기간"이란 설날·추석 전 **24일부터** 설날·추석 후 **5일까지**(그 기간 중에 우편 등을 통해 발송하여 그 기간 후에 수수한 경우에는 그 수수한 날까지)를 말한다(부정청탁 및 금품등 수수의 금지에 관한 법률 시행령 제17조 제2항). 가. 금전 나. 유가증권(상품권은 제외한다) 다. 제1호의 음식물 라. 제2호의 경조사비 예 **선물은** 금전, 유가증권(상품권은 제외), 음식물 및 경조사비를 제외한 일체의 물품, 그 밖에 이에 준하는 것에 한정됨, 따라서 접대·향응에 해당하는 **골프접대는 선물로 볼 수 없어 가액기준 5만원 이하라도 다른 예외사유가 없는 한 허용되지 않아 청탁금지법 위반임 → 물품상품권**(가액범위 내에서 물품을 구입할 수 있는 온라인 상품권과 기프티콘 같은 모바일 상품권)과 **용역상품권**(연극, 영화, 공연, 스포츠 등 문화관람권)은 **선물이 가능**하지만, 백화점상품권·온누리상품권·지역사랑상품권·문화상품권 등 일정한 금액이 기재되어 소지자가 해당 금액에 상응하는 물품 또는 용역을 제공받을 수 있는 증표인 **금액상품권은 가액에 상관 없이 선물할 수 없음**

5 외부강의등의 사례금 수수 제한(§10)

내용	① 공직자등은 자신의 직무와 관련되거나 그 지위·직책 등에서 유래되는 사실상의 영향력을 통하여 요청받은 교육·홍보·토론회·세미나·공청회 또는 그 밖의 회의 등에서 한 **강의**·강연·기고 등(이하 "외부강의등"이라 한다)의 대가로서 대통령령으로 정하는 금액을 초과하는 사례금을 받아서는 아니 된다. → 시험출제위원으로 시험문제를 출제하는 것, 방송 프로그램에 출연하는 것, **방송·다큐멘터리 등의 원고를 작성하는 것**은 외부강의등에 해당하지 않음.625 (원고를 보내는 시점을 기준 / 외부강의 등을 하는 시점을 기준)
기준금액 (별표2)	1. 공직자등별 사례금 상한액 　가. **공무원 및 유관단체 등은 외부강의 시간당 상한액은 직급 구분없이 40만원**.623 　나. 각급 학교의 장·언론사 대표 및 임직원 : 100만원 　[예] 각급 학교의 교직원 및 언론인은 1시간 100만원으로 규정하고 있으므로 국가공무원이면서 국립대학교 교직원인 **국립대학교 교수**의 외부강의 등 사례금 상한액은 **1시간당 100만원**임 　다. 국제기구, 외국정부, 외국대학, 외국연구기관, 외국학술단체, 그 밖에 이에 준하는 외국기관에서 지급하는 외부강의 등의 사례금 상한액은 **사례금을 지급하는 자의 지급기준에 따른다.** 2. 적용기준 　나. 사례금 총액은 강의시간에 관계없이 1시간 상한액의 **1.5배(150/100)**를 초과하지 못함 　　→ 60만원 초과 X 623·624 　다. 상한액에는 **강의료, 원고료, 출연료 등** 명목에 관계없이 외부강의등과 관련하여 공직자등에게 제공하는 일체의 사례금을 포함 　라. 다목에도 불구하고 **별도로 교통비, 숙박비, 식비 등** 여비를 **실비수준으로 추가로 받을 수 있음**
신고	② 공직자등은 사례금을 받는 외부강의등을 할 때에는 대통령령으로 정하는 바에 따라 외부강의등의 요청 명세 등을 소속기관장에게 그 외부강의등을 마친 날부터 **10일 이내**에 **서면**으로 신고하여야 한다.626·627 (구두, 말 X) ※ 외부강의를 신고할 때 사례금 등 일부 사항을 알 수 없는 경우 : 해당 사항을 제외한 사항을 먼저 신고한 후, 해당사항을 안 날부터 **5일 이내**에 신고를 보완하여야 한다(시행령 §26).630 	신고 O	사례금을 받는 외부강의와 근무시간이 아닌 시간의 외부강의	 	신고 X	·사례금을 받지 않는 외부강의 ·사례금을 받더라도 외부강의등을 요청한 자가 **국가나 지방자치단체**	
외부강의 제한	④ 소속기관장은 ②에 따라 공직자등이 신고한 외부강의등이 공정한 직무수행을 저해할 수 있다고 판단하는 경우에는 그 공직자등의 외부강의등을 제한**할 수 있다**.628 (제한하여야 한다 X)

초과금액 반환	⑤ 공직자등은 ①에 따른 금액을 초과하는 사례금을 받은 경우에는 대통령령으로 정하는 바에 따라 소속기관장에게 신고하고, **제공자**에게 그 초과금액을 **지체 없이** 반환하여야 한다.629 ↳소속기관장 X **초과사례금의 신고방법 등(시행령 §27)** ① 공직자등은 금액을 초과하는 사례금을 받은 경우에는 초과사례금을 받은 사실을 안 날부터 **2일 이내**에 **서면**으로 소속기관장에게 신고**하여야 한다**.631·632 ↳구두, 말 X ② 신고를 받은 소속기관장은 초과사례금을 반환하지 아니한 공직자등에 대하여 신고사항을 확인 후 **7일 이내**에 반환하여야 할 초과 사례금 액수를 산정하여 통지하여야 한다. ③ 통지를 받은 공직자등은 **지체 없이** 초과사례금(신고자가 초과사례금의 일부를 반환한 경우에는 그 차액으로 한정한다)을 **제공자**에게 반환하고 그 사실을 **소속기관장**에게 알려야 한다.

6 금품수수 및 외부강의 관련 위반시 제재(§22, 23)

행위유형	제재
• 직무관련성, 대가성과 관계 없이 1회 100만원 초과 또는 회계연도 기준 연간 300만원을 초과한 금품등을 수수한 공직자등 *제공자도 공직자등과 동일 *배우자가 직무와 관련 위 금액의 금품등을 수수한 사실을 알고도 신고 또는 반환하지 않은 공직자등도 동일(배우자 처벌 규정 없음)	**3년 이하의 징역** 또는 **3천만원 이하의 벌금** (몰수·추징 병과) (§22 ①)
• 부정청탁을 받고 그에 따라 직무를 수행한 공직자 등(공무수행 사인 포함)	**2년 이하의 징역** 또는 **2천만원 이하의 벌금**637 (§22 ②)
• 신고등을 방해하거나 신고등을 취소하도록 강요한 자	**1년 이하의 징역** 또는 **1천만원 이하의 벌금**(§22 ③)
• 직무 관련 1회 100만원 이하 금품등을 수수한 공직자등 *제공자도 공직자등과 동일 *배우자(**법률상 배우자만을 의미**)가 직무와 관련 위 금액의 금품등을 수수한 사실을 알고도 신고 또는 반환하지 않은 공직자등도 동일 (**청탁금지법상 배우자 처벌 규정없음**)	수수액의 **2배 이상 5배 이하** **과태료** (징계부가금, 형사처벌 받은 경우 과태료 미부과) (§23 ⑤)
• 외부강의등 초과사례금 수수 후 미신고·미반환 공직자등	**500만원 이하 과태료** (§23 ④)

7 위반시 제재(§22 · 23) 이사공 1·2·3

행위 주체	행위유형	제재 수준
이해당사자	직접 **자신을 위하여** 부정청탁하는 경우	제재 없음, (공직자등)징계가능
	제3자를 통하여 부정청탁하는 경우	**1천**만원 이하의 과태료(§23③)
사인(私人)	제3자를 위하여 부정청탁하는 경우	**2천**만원 이하의 과태료(§23②)
공직자등	제3자를 위하여 부정청탁하는 경우	**3천**만원 이하의 과태료(§23①)

8 신고 및 신고처리와 교육

위반행위의 신고 (§13)	① **누구든지** 이 법의 위반행위가 발생하였거나 발생하고 있다는 사실을 알게 된 경우에는 다음 각 호의 어느 하나에 해당하는 기관에 **신고할 수 있다.** (하여야 한다 X) 633·634 1. 이 법의 위반행위가 발생한 공공기관 또는 그 감독기관 2. 감사원 또는 수사기관 3. 국민권익위원회(국가인권위원회 X)
비실명 대리신고 (§13의2)	① 신고를 하려는 자는 자신의 인적사항을 밝히지 아니하고 변호사를 선임하여 **신고를 대리하게 할 수 있다.** 이 경우 신고자의 인적사항 및 신고자가 서명한 문서는 변호사의 인적사항 및 변호사가 서명한 문서로 갈음한다. 635 ② 신고는 **국민권익위원회**에 하여야 하며, 신고자 또는 신고를 대리하는 변호사는 그 취지를 밝히고 신고자의 인적사항, 신고자임을 입증할 수 있는 자료 및 위임장을 국민권익위원회에 함께 제출하여야 한다. ③ 국민권익위원회는 제출된 자료를 봉인하여 보관하여야 하며, 신고자 본인의 **동의 없이** 이를 열람하여서는 아니 된다.
신고의 처리 (§14)	① 조사기관은 같은 신고를 받거나 국민권익위원회로부터 신고를 이첩받은 경우에는 그 내용에 관하여 필요한 **조사·감사 또는 수사를 하여야 한다.** (할 수 있다 X) ② 국민권익위원회가 제13조 제1항에 따른 신고를 받은 경우에는 그 내용에 관하여 신고자를 상대로 사실관계를 확인한 후 대통령령으로 정하는 바에 따라 조사기관에 이첩하고, 그 사실을 신고자에게 통보**하여야 한다**. ③ 조사기관은 ①에 따라 조사·감사 또는 수사를 마친 날부터 **10일** 이내에 그 결과를 신고자와 국민권익위원회에 통보(국민권익위원회로부터 이첩받은 경우만 해당한다)하고, 조사·감사 또는 수사 결과에 따라 **공소 제기**, 과태료 부과 대상 위반행위의 통보, 징계 처분 등 필요한 조치를 **하여야 한다**. ④ 국민권익위원회는 ③에 따라 조사기관으로부터 조사·감사 또는 수사 결과를 통보받은 경우에는 지체 없이 신고자에게 조사·감사 또는 수사 결과를 **알려야 한다**. ⑤ ③ 또는 ④에 따라 조사·감사 또는 수사 결과를 통보받은 신고자는 조사기관에 이의신청을 할 수 있으며, ④에 따라 조사·감사 또는 수사 결과를 통지받은 신고자는 국민권익위원회에도 **이의신청을 할 수 있다.** ⑥ 국민권익위원회는 조사기관의 조사·감사 또는 수사 결과가 충분하지 아니하다고 인정되는 경우에는 조사·감사 또는 수사 결과를 통보받은 날부터 **30일 이내에 새로운 증거자료의 제출 등 합리적인 이유를 들어 조사기관에 재조사를 요구할 수 있다.** ⑦ ⑥에 따른 재조사를 요구받은 조사기관은 재조사를 종료한 날부터 **7일** 이내에 그 결과를 국민권익위원회에 통보하여야 한다. 이 경우 국민권익위원회는 통보를 받은 즉시 신고자에게 재조사 결과의 요지를 알려야 한다.
교육과 홍보 등 (§19) 636	① 공공기관의 장은 공직자등에게 부정청탁 금지 및 금품등의 수수 금지에 관한 내용을 정기적으로 **교육하여야 하며**, 이를 준수할 것을 약속하는 서약서를 받아야 한다. ③ 공공기관의 장은 제1항 및 제2항에 따른 교육 및 홍보 등의 실시를 위하여 필요하면 국민권익위원회에 지원을 요청할 수 있다. 이 경우 국민권익위원회는 적극 **협력하여야 한다.**

제14조 총알정리

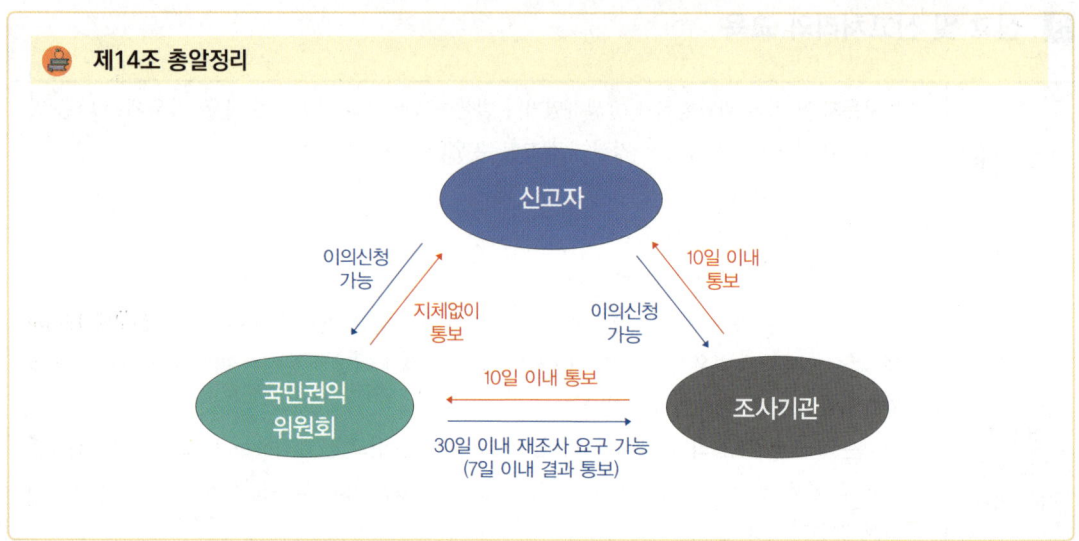

THEME 08 경찰청 공무원 행동강령(경찰청 훈령) _S급

목적(§1)	이 규칙은 「부패방지 및 국민권익위원회의 설치와 운영에 관한 법률」 제8조 및 공무원 행동강령에 따라 경찰청(소속기관, 시·도경찰청, 경찰서를 포함)소속 공무원(이하 "공무원"이라 한다)이 준수하여야 할 행동기준을 규정하는 것을 목적으로 한다. → **공무원 행동강령(대통령령)**에 경찰청의 특수성을 반영하여 제정한 **경찰청 공무원 행동강령이 경찰청 훈령**으로 규정
정의(§2)	1. "**직무관련자**"란 공무원의 소관 업무와 관련되는 자로서 다음 각 목의 어느 하나에 해당하는 개인 [공무원이 사인의 지위에 있는 경우에는 개인으로 본다] 또는 법인·단체를 말한다. 　가. 다음의 어느 하나에 해당하는 민원을 신청하는 중이거나 신청하려는 것이 명백한 개인 또는 법인·단체 　　1) 「민원 처리에 관한 법률」 제2조 제1호 가목1)에 따른 법정민원(장부·대장 등에 등록·등재를 신청 또는 신고하거나 특정한 사실 또는 법률관계에 관한 확인 또는 증명을 신청하는 민원은 제외한다) 　　2) 「민원 처리에 관한 법률」 제2조 제1호 가목2)에 따른 질의민원 　　3) 「민원 처리에 관한 법률」 제2조 제1호 나목에 따른 고충민원 　나. 인가·허가 등의 취소, 영업정지, 과징금 또는 과태료의 부과 등으로 이익 또는 불이익을 직접적으로 받는 개인 또는 법인·단체 　다. 수사, 감사(監査), 감독, 검사, 단속, 행정지도 등의 대상인 개인 또는 법인·단체 　차. 경찰관서에 복무중인 **전투경찰순경·의무경찰의 부모·형제자매**(해당하지 않는다 X) 2. "**직무관련공무원**"이란 공무원의 직무수행과 관련하여 이익 또는 불이익을 직접적으로 받는 다른 공무원(기관이 이익 또는 불이익을 받는 경우에는 그 기관의 관련 업무를 담당하는 공무원을 말한다) 중 다음 각 목의 어느 하나에 해당하는 공무원을 말한다. 　**가. 상급자와 직무상 지휘명령을 받는 당해 업무의 하급자** 　나. 인사·감사·상훈·예산·심사평가업무 담당자와 해당업무와 직접 관련된 다른 공무원 3. "**금품등**"이란 다음 각 목의 어느 하나에 해당하는 것을 말한다. 　가. 금전, 유가증권, 부동산, 물품, 숙박권, 회원권, 입장권, 할인권, 초대권, 관람권, 부동산 등의 사용권 등 일체의 재산적 이익 　나. 음식물·주류·골프 등의 접대·향응 또는 **교통·숙박 등의 편의 제공**(포함되지 않는다 X) 　다. 채무 면제, 취업 제공, 이권(利權) 부여 등 그 밖의 유형·무형의 경제적 이익 4. "**경찰유관단체**"란 경찰기관에서 민관 치안협력 또는 민간전문가를 통한 치안자문활동 목적으로 조직·운영하고 있는 단체를 말한다.
적용범위(§3)	경찰청 소속 공무원과 경찰청에 파견된 공무원에게 적용한다. 638

구분	내용
공정한 직무수행을 해치는 지시에 대한 처리 (§4)	① 공무원은 상급자가 자기 또는 타인의 부당한 이익을 위하여 공정한 직무수행을 현저하게 해치는 지시를 하였을 때에는 별지 제1호 서식 또는 전자우편 등의 방법으로 그 사유를 상급자에게 소명하고 지시에 따르지 아니하거나, 별지 제2호 서식 또는 전자우편 등의 방법으로 **행동강령책임관과 상담할 수 있다.** (하여야 한다 X) 639 ② ①에 따라 지시를 이행하지 아니하였는데도 같은 지시가 **반복될 때**에는 즉시 **행동강령책임관과 상담하여야 한다.** (할수있다 X) 640 ③ ①이나 ②에 따라 상담 요청을 받은 행동강령책임관은 지시 내용을 확인하여 지시를 **취소하거나 변경**할 필요가 있다고 인정되면 소속 기관의 장에게 보고**하여야 한다.** 다만, 지시 내용을 확인하는 과정에서 부당한 지시를 한 상급자가 스스로 그 지시를 취소하거나 변경하였을 때에는 소속 기관의 장에게 보고하지 **아니할 수 있다.** (아니한다 X) 641 ④ ③에 따른 보고를 받은 소속 기관의 장은 필요하다고 인정되면 지시를 취소·변경하는 등 적절한 조치를 **하여야 한다.** (할수있다 X) 이 경우 공정한 직무수행을 해치는 지시를 ①에 따라 이행하지 아니하였는데도 같은 지시를 반복한 상급자에게는 징계 등 필요한 조치를 **할 수 있다.** (하여야 한다 X)
부당한 수사 지휘에 대한 이의제기 (§4의2)	① 공무원은 「범죄수사규칙」 제30조에 따른 경찰관서 내 **수사 지휘에 대한 이의제기와 관련**하여 행동강령책임관에게 상담을 **요청할 수 있다.** (하여야 한다 X) 642 ② ①의 상담요청을 받은 행동강령책임관은 해당 지휘의 취소·변경이 필요하다고 인정되면 소속기관장에게 보고**하여야 한다.** (할수있다 X)
수사·단속 업무의 공정성 강화 (§5의2)	① 공무원은 수사·단속의 대상이 되는 업소 중 **경찰청장**이 지정하는 유형의 업소 관계자와 (↳소속기관장 X, 행동강령책임관 X) 부적절한 사적 접촉을 하여서는 아니 되며, 공적 또는 사적으로 접촉한 경우 경찰청장이 정하는 방법에 따라 신고**하여야 한다.** (할수있다 X) 643 ② 공무원은 수사 중인 사건의 관계자(해당 사건의 처리와 법률적·경제적 이해관계가 있는 자로서 경찰청장이 지정하는 자를 말한다)와 부적절한 사적접촉을 해서는 아니 되며, 소속 경찰관서 내에서만 접촉하여야 한다. 다만, 현장 조사 등 공무상 필요한 경우 외부에서 접촉할 수 있으며, 이 경우에는 수사서류 등 공문서에 기록하여야 한다.
특혜의 배제 (§6)	공무원은 직무를 수행함에 있어 지연·혈연·학연·종교 등을 이유로 특정인에게 특혜를 주어서는 아니 된다. 645
예산의 목적 외 사용금지 (§7)	공무원은 여비, 업무추진비 등 공무 활동을 위한 예산을 목적 외의 용도로 사용하여 소속 기관에 재산상 손해를 입혀서는 아니 된다. 646
정치인 등의 부당한 요구에 대한 처리(§8)	① 공무원은 정치인이나 정당 등으로부터 부당한 직무수행을 강요받거나 청탁을 받은 경우에는 별지 제9호 서식 또는 전자우편 등의 방법으로 **소속 기관의 장에게 보고하거나 행동강령책임관과 상담하여야 한다.** (할수있다 X) 647 ② ①에 따라 보고를 받은 소속 기관의 장이나 상담을 한 행동강령책임관은 그 공무원이 공정한 직무수행을 할 수 있도록 적절한 조치를 **하여야 한다.**

경찰유관 단체원의 부정행위에 대한 처리 (§8의2)	경찰유관단체원이 다음 각 호의 어느 하나에 해당하는 행위를 한 경우 행동강령책임관은 해당 경찰유관단체 운영 **부서장과 협의**하여 **소속기관장**에게 경찰유관단체원의 해촉 등 필요한 조치를 **건의하여야 하며**, 보고를 받은 소속기관장은 적절한 조치를 **취하여야한다**.[648] 1. 경찰 업무와 관련하여 금품을 수수 또는 경찰관에게 금품을 제공하거나, 이를 알선한 경우 2. 경찰 업무와 관련하여 부당한 청탁 또는 알선을 한 경우 3. 이권 개입 등 경찰유관단체원의 지위를 부당하게 이용한 경우 4. 직무와 관련하여 알게 된 비밀을 누설한 경우 5. 그 밖에 경찰유관단체원으로서 부적절한 처신 등으로 경찰과 소속 단체의 명예를 훼손한 경우
인사 청탁 등의금지 (§9)	① 공무원은 자신의 임용·승진·전보 등 인사에 부당한 영향을 미치기 위하여 타인으로 하여금 인사업무 담당자에게 청탁을 하도록 해서는 아니 된다.[649] ② 공무원은 직위를 이용하여 다른 공무원의 임용·승진·전보 등 인사에 부당하게 개입해서는 아니 된다.[650]
이권 개입 등의 금지(§10)	공무원은 자신의 직위를 직접 이용하여 부당한 이익을 얻거나 타인이 부당한 이익을 얻도록 해서는 아니 된다.
직위의 사적 이용 금지 (§10의2)	공무원은 직무의 범위를 벗어나 사적 이익을 위하여 소속기관의 명칭이나 직위를 공표·게시하는 등의 방법으로 이용하거나 이용하게 하여서는 아니 된다.[651]
알선·청탁 등의 금지(§11)	① 공무원은 자기 또는 타인의 부당한 이익을 위하여 다른 공직자(「부패방지 및 국민권익위원회의 설치와 운영에 관한 법률」 제2조 제3호가목 및 나목에 따른 공직자를 말한다.)의 공정한 직무수행을 해치는 알선·청탁 등을 해서는 아니 된다. ② 공무원은 직무수행과 관련하여 자기 또는 타인의 부당한 이익을 위하여 직무관련자를 다른 직무관련자나 공직자에게 소개해서는 아니 된다.
직무 관련 정보를 이용한 거래 등 제한 (§12)	공무원은 직무수행 중 알게 된 정보를 이용하여 유가증권, 부동산 등과 관련된 재산상 거래 또는 투자를 하거나 타인에게 그러한 정보를 제공하여 재산상 거래 또는 투자를 돕는 행위를 해서는 아니 된다.[652]

가상자산
관련 정보를
이용한 거래
등의 제한
(§12의2)
	① 공무원은 다음 각 호의 어느 하나에 해당하는 행위를 해서는 아니된다.
	  1. 직무수행 중 알게 된 가상자산과 관련된 정보(이하 "가상자산 정보"라 한다)를 이용한 재산상 거래 또는 투자 행위
	  2. 가상자산 정보를 타인에게 제공하여 재산상 거래나 투자를 돕는 행위
	② 제1항 제1호의 직무란 다음 각 호의 어느 하나에 해당하는 것을 말한다.
	  1. 가상자산에 관한 정책 또는 법령의 입안·집행 등에 관련되는 직무
	  2. 가상자산과 관련된 수사·조사·검사 등에 관련되는 직무
	  3. 가상자산 거래소의 신고·관리 등과 관련되는 직무
	  4. 가상자산 관련 기술 개발 지원 및 관리 등에 관련되는 직무
	③ 제2항 각 호의 직무를 수행하는 부서와 직위는 **경찰청장**이 정한다.

가상자산 관련 정보를 이용한 거래 등의 제한 (§12의2)	④ 제3항의 부서와 직위에서 직무를 수행하는 공무원은 가상자산을 신규 취득하여서는 아니 되며, 보유한 경우에는 **소속기관의 장**에게 신고해야 한다. ⑤ ④의 신고를 받은 소속기관의 장은 해당 공무원의 공정한 직무수행을 저해할 수 있다고 판단되는 경우에는 직무 배제 등 필요한 조치를 해야 한다. "가상자산"이란 경제적 가치를 지닌 것으로서 전자적으로 거래 또는 이전될 수 있는 전자적 증표(그에 관한 일체의 권리를 포함한다)를 말한다(특정금융정보법 §2)
사적 노무 요구 금지 (§13의2)	공무원은 자신의 직무권한을 행사하거나 지위·직책 등에서 유래되는 사실상 영향력을 행사하여 직무관련자 또는 직무관련공무원으로부터 사적 노무를 제공받거나 요구 또는 약속해서는 아니 된다. **다만, 다른 법령 또는 사회상규에 따라 허용되는 경우에는 그러하지 아니하다.**[653]
직무권한 등을 행사한 부당 행위의 금지 (갑질 금지) (§13의3)	공무원은 자신의 직무권한을 행사하거나 지위·직책 등에서 유래되는 사실상 영향력을 행사하여 다음 각 호의 어느 하나에 해당하는 부당한 행위를 해서는 안 된다. 1. 인가·허가 등을 담당하는 공무원이 그 **신청인에게 불이익을 주거나 제3자에게 이익 또는 불이익**을 주기 위하여 부당하게 그 신청의 접수를 지연하거나 거부하는 행위 ┗ 이익 X 2. 직무관련공무원에게 직무와 관련이 없거나 직무의 범위를 벗어나 부당한 지시·요구를 하는 행위 3. 공무원 자신이 소속된 기관이 체결하는 물품·용역·공사 등 계약에 관하여 직무관련자에게 자신이 소속된 기관의 의무 또는 부담의 이행을 부당하게 전가하거나 자신이 소속된 기관이 집행해야 할 업무를 부당하게 지연하는 행위 4. 공무원 자신이 소속된 기관의 소속 기관 또는 산하기관에 자신이 소속된 기관의 업무를 부당하게 전가하거나 그 업무에 관한 비용·인력을 부담하도록 부당하게 전가하는 행위 5. 그 밖에 직무관련자, 직무관련공무원, 공무원 자신이 소속된 기관의 소속 기관 또는 산하기관의 권리·권한을 부당하게 제한하거나 의무가 없는 일을 부당하게 요구하는 행위

금품등을 받는 행위의 제한 (§14)	① 공무원은 직무 관련 여부 및 기부·후원·증여 등 그 **명목에 관계없이** 동일인으로부터 1회에 **100만원** 또는 매 회계연도에 **300만원**을 초과하는 금품등을 받거나 요구 또는 약속해서는 아니 된다.[654]
	② 공무원은 **직무와 관련하여** 대가성 여부를 불문하고 제1항에서 정한 금액 이하의 금품등을 받거나 요구 또는 약속해서는 아니 된다.
	③ 제15조의 외부강의등에 관한 사례금 또는 다음 각 호의 어느 하나에 해당하는 금품등은 제1항 또는 제2항에서 수수를 금지하는 금품등에 해당하지 아니한다.[655]
	  1. 소속 기관의 장등이 소속 공무원이나 파견 공무원에게 지급하거나 상급자가 위로·격려·포상 등의 목적으로 하급자에게 제공하는 금품등
	  2. 원활한 직무수행 또는 사교·의례 또는 부조의 목적으로 제공되는 음식물·경조사비·선물 등
	  3. 사적 거래(증여는 **제외**한다)로 인한 채무의 이행 등 정당한 권원에 의하여 제공되는 금품등
	  4. 공무원의 친족(「민법」 제777조에 따른 친족을 말한다)이 제공하는 금품등
	  5. 공무원과 관련된 직원상조회·동호인회·동창회·향우회·친목회·종교단체·사회단체 등이 정하는 기준에 따라 구성원에게 제공하는 금품등 및 그 소속 구성원 등 공무원과 특별히 장기적·지속적인 친분관계를 맺고 있는 자가 질병·재난 등으로 어려운 처지에 있는 공무원에게 제공하는 금품등

금품등을 받는 행위의 제한 (§14)	6. 공무원의 직무와 관련된 공식적인 행사에서 주최자가 참석자에게 통상적인 범위에서 일률적으로 제공하는 교통, 숙박, 음식물 등의 금품등 7. **불특정**(특정 X) 다수인에게 배포하기 위한 기념품 또는 홍보용품 등이나 경연·추첨을 통하여 받는 보상 또는 상품 등 8. 그 밖에 사회상규에 따라 허용되는 금품등 ④ 공무원은 제3항 제5호에도 불구하고 같은 호에 따라 특별히 장기적·지속적인 친분관계를 맺고 있는 자가 직무관련자 또는 직무관련공무원으로서 금품등을 제공한 경우에는 그 수수 사실을 **소속 기관의 장**에게 **신고하여야 한다.** ⑤ 공무원은 **자신의 배우자나 직계 존속·비속이 자신의 직무와 관련**하여 제1항 또는 제2항에 따라 공무원이 받는 것이 금지되는 금품등(이하 "수수 금지 금품등"이라 한다)을 받거나 요구하거나 제공받기로 약속하지 아니하도록 하여야 한다. ⑥ 공무원은 **다른 공무원에게 또는 그 공무원의 배우자나 직계 존속·비속**에게 수수 금지 금품등을 제공하거나 그 제공의 약속 또는 의사표시를 해서는 아니 된다. 655-1

감독기관의
부당한
요구 금지
(§14의2)
	① **감독·감사·조사·평가를 하는 기관**(이하 "감독기관"이라 한다)에 소속된 공무원은 자신이 소속된 기관의 출장·행사·연수 등과 관련하여 **감독·감사·조사·평가를 받는 기관**(이하 "피감기관"이라 한다)에 다음 각 호의 어느 하나에 해당하는 부당한 요구를 해서는 안 된다.
	  1. 법령에 근거가 없거나 예산의 목적·용도에 부합하지 않는 금품등의 제공 요구
	  2. 감독기관 소속 공무원에 대하여 **정상적인 관행**을 벗어난 예우·의전의 요구
	↳ 정상적인 관행의 범위 안에서 예우·의전 가능
	② ①에 따른 부당한 요구를 받은 피감기관 소속 공직자는 그 이행을 **거부해야 하며**, 거부했음에도 불구하고 감독기관 소속 공무원으로부터 **같은 요구를 다시 받은 때**에는 그 사실을 **피감기관의 행동강령책임관**(피감기관이 「공직자윤리법」 제3조의2 제1항에 따른 공직유관단체인 경우에는 행동강령에 관한 업무를 담당하는 직원을 말한다. 이하 이 조에서 같다)에게 **알려야 한다.** 이 경우 행동강령책임관은 그 요구가 제1항 각 호의 어느 하나에 해당하는 경우에는 지체 없이 **피감기관의 장**에게 **보고해야 한다.**
	↳ 감독기관 X
	③ ②의 후단에 따른 보고를 받은 **피감기관의 장**은 ①의 각호 어느 하나에 해당하는 경우에는 그 사실을 **해당 감독기관의 장**에게 알려야 하며, 그 사실을 통지받은 감독기관의 장은 해당 요구를 한 소속 공무원에 대하여 **징계 등 필요한 조치를 해야 한다.**

외부강의등의 사례금 수수 제한(§15)	① 공무원은 자신의 직무와 관련되거나 그 지위·직책 등에서 유래되는 사실상의 영향력을 통하여 요청받은 교육·홍보·토론회·세미나·공청회 또는 그 밖의 회의 등에서 한 강의·강연·기고 등(이하 "외부강의등"이라 한다)의 대가로서 별표 2에서 정하는 금액(**직급 구분 없이 40만원**)을 초과하는 사례금을 받아서는 아니 된다. 656 ② 공무원은 사례금을 받는 외부강의등을 할 때에는 소속 기관의 장에게 그 외부강의등을 마친 날부터 **10일 이내**에 신고하여야 한다. **다만, 외부강의등을 요청한 자가 국가나 지방자치단체인 경우에는 그러하지 아니하다.** 657 ③ 공무원은 ②에 따른 신고를 할 때 신고사항 중 상세 명세 또는 사례금 총액 등을 ②의 기간 내에 알 수 없는 경우에는 해당 사항을 제외한 사항을 신고한 후 해당 사항을 안 날부터 **5일 이내**에 보완하여야 한다. 658 ④ 공무원이 대가를 받고 수행하는 외부강의등은 **월 3회**를 초과할 수 없다. **국가나 지방자치단체에서 요청하거나 겸직 허가를 받고 수행하는 외부강의등은 그 횟수에 포함하지 아니한다.** ⑤ 공무원은 제4항에도 불구하고 **월 3회**를 초과하여 대가를 받고 외부강의등을 하려는 경우에는 미리 **소속 기관의 장의 승인**을 받아야 한다. 659

초과사례금의 신고등 (§15의2)	① 공무원은 금액을 초과하는 사례금을 받은 경우에는 그 사실을 안 날로부터 **2일 이내**에 소속기관의 장에게 신고하여야 하며, **제공자에게** 그 초과금액을 지체 없이 반환하여야 한다.660 ② ①에 따른 신고를 받은 소속 기관의 장은 초과사례금을 반환하지 아니한 공무원에 대하여 신고사항을 확인한 후 **7일 이내**에 반환하여야 할 초과사례금의 액수를 산정하여 해당 공무원에게 통지하여야 한다.661 ③ ②에 따라 통지를 받은 공무원은 **지체 없이** 초과사례금(신고자가 초과사례금의 일부를 반환한 경우에는 그 차액으로 한정한다)을 제공자에게 반환하고 그 사실을 소속 기관의 장에게 알려야 한다. ④ 공무원은 ① 또는 ③에 따라 초과 사례금을 반환한 경우에는 증명자료를 첨부하여 그 반환 비용을 소속 기관의 장에게 청구할 수 있다.
직무관련자에게 협찬 요구 금지(§16의2)	공무원은 직무관련자에게 직위를 이용하여 행사 진행에 필요한 **직·간접적** 경비, 장소, 인력, 또는 물품 등의 협찬을 요구하여서는 아니 된다.662
직무관련자와 골프 및 사적 여행 제한 (§16의3)	① 공무원은 **직무관련자와는 비용 부담 여부와 관계없이** 골프를 같이 하여서는 아니 된다. 다만, 다음 각 호와 같은 부득이한 사정에 따라 골프를 같이 하는 경우에는 소속관서 **행동강령 책임관**(소속기관장X)에게 **사전에 신고**하여야 하며 사전에 신고하기 어려운 특별한 사유가 있는 경우에는 사후에 즉시 신고하여야 한다.663 1. 정책의 수립·시행을 위한 의견교환 또는 업무협의 등 공적인 목적을 위하여 필요한 경우 2. 직무관련자인 친족과 골프를 하는 경우 3. 동창회 등 친목단체에 직무관련자가 있어 부득이 골프를 하는 경우664 4. 그 밖에 위 각 호와 유사한 사유로 부득이하다고 인정되는 경우 ② 공무원은 직무관련자와 함께 사적인 여행을 하여서는 아니 된다. 다만, 제1항 각 호의 사유가 있어 같은 항 단서에 따른 신고를 한 경우에는 그러하지 아니 하다.
직무관련자와 사행성 오락 금지(§16의4)	공무원은 직무관련자와 마작, 화투, 카드 등 우연의 결과나 불확실한 승패에 의하여 금품 등 경제적 이익을 취할 목적으로 하는 사행성 오락을 같이 하여서는 아니 된다.
경조사의 통지 제한 (§17)	공무원은 직무관련자나 직무관련공무원에게 경조사를 알려서는 아니 된다. **다만, 다음 각 호의 어느 하나에 해당하는 경우에는 경조사를 알릴 수 있다.**665 1. 친족(「민법」 제767조에 따른 친족을 말한다)에게 알리는 경우 2. 현재 근무하고 있거나 과거에 근무하였던 기관의 소속 직원에게 알리는 경우 3. 신문, 방송 또는 제2호에 따른 직원에게만 열람이 허용되는 **내부통신망** 등을 통하여 알리는 경우 4. 공무원 **자신이** 소속된 종교단체·친목단체 등의 회원에게 알리는 경우666 ↳ 자신의 배우자 X
교육(§22)	① 경찰청장(소속기관장, 시·도경찰청장, 경찰서장 등을 포함)은 소속 공무원에 대하여 이 규칙의 준수를 위한 교육계획을 수립·시행하여야 하며, **매년 1회** 이상 교육을 하여야 한다. ② 경무인사기획관은 **신임 및 경사, 경위, 경감, 경정** 기본교육과정에 이 규칙의 교육을 포함시켜 시행하여야 한다.

THEME 09 공직자의 이해충돌 방지법(이해충돌방지법) _S급

필수 법령 자료 (네이버 카페: 김재규 경찰학)

> **총알정리**
> 1. 본 법의 모든 령은 **대통령령**이다.
> 2. 숫자 앞의 모든 내용은 **~날부터**(다음날부터 X)이다.
> 3. 본 법의 모든 내용이 **서면**(구두 또는 말 X)**으로 신고하여야 한다**로 통일되어 있다.

1 개관

(1) 목적(§1) 667

> 이 법은 공직자의 직무수행과 관련한 사적 이익추구를 금지함으로써 공직자의 직무수행 중 발생할 수 있는 이해충돌을 방지하여 공정한 직무수행을 보장하고 공공기관에 대한 국민의 신뢰를 확보하는 것을 목적으로 한다.

(2) 용어의 정의(§2)

> 1. **"공공기관"**이란 다음 각 목의 어느 하나에 해당하는 기관·단체를 말한다.
>   가. **국회, 법원, 헌법재판소, 선거관리위원회, 감사원, 고위공직자범죄수사처, 국가인권위원회, 중앙행정기관**(대통령 소속 기관과 국무총리 소속 기관을 포함한다)**과 그 소속 기관**
>   나. 「지방자치법」에 따른 **지방자치단체의 집행기관 및 지방의회**
>   다. 「지방교육자치에 관한 법률」에 따른 **교육행정기관**
>   라. 「공직자윤리법」 제3조의2에 따른 **공직유관단체**
>   마. 「공공기관의 운영에 관한 법률」 제4조에 따른 **공공기관**
>   바. 「초·중등교육법」, 「고등교육법」 또는 그 밖의 다른 법령에 따라 설치된 **각급 국립·공립 학교** 668
> 2. **"공직자"**란 다음 각 목의 어느 하나에 해당하는 사람을 말한다.
>   가. 「국가공무원법」 또는 「지방공무원법」에 따른 공무원과 그 밖에 다른 법률에 따라 그 자격·임용·교육훈련·복무·보수·신분보장 등에 있어서 공무원으로 인정된 사람
>   나. 제1호 라목 또는 마목에 해당하는 공공기관의 장과 그 임직원
>   다. 제1호 바목에 해당하는 **각급 국립·공립 학교의 장과 교직원**
>   **비교** 청탁금지법 적용대상에서 언론사, 사립학교를 포함하나 **이해충돌방지법에서는 언론사, 사립학교를 제외** (사립학교 교직원 포함 X)
>   ※ **공무수행사인**은 공무수행과 관련하여 공직자와 같이 이해충돌방지법의 일부 규정을 준용하여 적용한다(동법§16①).
> 3. **"고위공직자"**란 다음 각 목의 어느 하나에 해당하는 공직자를 말한다. (가.~사., 자.~파. 생략)
>   아. **치안감 이상**의 경찰공무원 및 특별시·광역시·특별자치시·도·특별자치도의 **시·도경찰청장** 669
> 4. **"이해충돌"**이란 공직자가 직무를 수행할 때에 자신의 사적 이해관계가 관련되어 공정하고 청렴한 직무수행이 저해되거나 저해될 우려가 있는 상황을 말한다. 670 → 사적인 이익과 공적인 이익이 충돌한다는 뜻

5. **"직무관련자"**란 공직자가 법령(조례·규칙을 포함한다. 이하 같다)·기준(제1호라목부터 바목까지의 공공기관의 규정·사규 및 기준 등을 포함한다. 이하 같다)에 따라 수행하는 직무와 관련되는 자로서 다음 각 목의 어느 하나에 해당하는 **개인·법인·단체 및 공직자**를 말한다.[671]
   가. 공직자의 직무수행과 관련하여 일정한 행위나 조치를 요구하는 개인이나 법인 또는 단체
   나. 공직자의 직무수행과 관련하여 이익 또는 불이익을 직접적으로 받는 개인이나 법인 또는 단체
   다. 공직자가 소속된 공공기관과 계약을 체결하거나 체결하려는 것이 명백한 개인이나 법인 또는 단체
   라. 공직자의 직무수행과 관련하여 이익 또는 불이익을 직접적으로 받는 다른 공직자. 다만, 공공기관이 이익 또는 불이익을 직접적으로 받는 경우에는 그 공공기관에 소속되어 해당 이익 또는 불이익과 관련된 업무를 담당하는 공직자를 말한다.

6. **"사적이해관계자"**란 다음 각 목의 어느 하나에 해당하는 자를 말한다.
   가. **공직자 자신** 또는 **그 가족**(「민법」 제779조에 따른 가족)[672]
   나. **공직자 자신** 또는 그 가족이 임원·대표자·관리자 또는 사외이사로 재직하고 있는 법인 또는 단체
   다. **공직자 자신**이나 그 가족이 대리하거나 고문·자문 등을 제공하는 개인이나 법인 또는 단체
   라. 공직자로 채용·임용되기 전 **2년 이내**에 **공직자 자신이 재직하였던 법인 또는 단체**
   마. 공직자로 채용·임용되기 전 **2년 이내**에 공직자 자신이 대리하거나 고문·자문 등을 제공하였던 개인이나 법인 또는 단체[673]
   바. 공직자 자신 또는 그 가족이 대통령령으로 정하는 일정 비율 이상의 주식·지분 또는 자본금 등을 소유하고 있는 법인 또는 단체

   〈이해충돌방지법 시행령 제3조 제1항〉
   1. 공직자 자신이나 그 가족이 단독으로 또는 합산하여 발행주식 총수의 100분의 **30** 이상을 소유하고 있는 법인 또는 단체
   2. 공직자 자신이나 그 가족이 단독으로 또는 합산하여 출자지분 총수의 100분의 **30** 이상을 소유하고 있는 법인 또는 단체
   3. 공직자 자신이나 그 가족이 단독으로 또는 합산하여 자본금 총액의 100분의 **50** 이상을 소유하고 있는 법인 또는 단체

   사. 최근 **2년 이내**에 퇴직한 공직자로서 퇴직일 전 **2년 이내**에 제5조 제1항 각 호의 어느 하나에 해당하는 직무를 수행하는 공직자와 국회규칙, 대법원규칙, 헌법재판소규칙, 중앙선거관리위원회규칙 또는 대통령령으로 정하는 범위의 부서에서 같이 근무하였던 사람[674]
   아. 그 밖에 공직자의 사적 이해관계와 관련되는 자로서 국회규칙, 대법원규칙, 헌법재판소규칙, 중앙선거관리위원회규칙 또는 대통령령으로 정하는 자
7. **"소속기관장"**이란 공직자가 소속된 공공기관의 장을 말한다.

2 신고·제출 의무

사적이해 관계자 신고 및 회피· 기피신청 (§5)	회피 신청	① 다음 각 호의 어느 하나에 해당하는 직무를 수행하는 공직자는 직무관련자(직무관련자의 대리인을 **포함**)가 사적이해관계자임을 안 경우 안 날부터 **14일 이내**에 소속기관장에게 그 사실을 **서면(전자문서를 포함)**(구두X)으로 신고하고 **회피**를 신청하여야 한다.675 1. 인가·허가·면허·특허·승인·검사·검정·시험·인증·확인, 지정·등록, 등재·인정·증명, 신고·심사, 보호·감호, 보상 또는 이에 준하는 직무 2. 행정지도·단속·감사·조사·감독에 관계되는 직무 　(3호 ~ 7호, 9호~16호 생략) 8. 사건의 수사·재판·심판·결정·조정·중재·화해 또는 이에 준하는 직무
	기피 신청	② 직무관련자 또는 공직자의 직무수행과 관련하여 직접적인 이해관계가 있는 자는 해당 공직자에게 제1항에 따른 신고 및 회피 의무가 있거나 그 밖에 공정한 직무수행을 저해할 우려가 있는 사적 이해관계가 있다고 판단하는 경우에는 그 공직자의 소속기관장에게 기피를 신청**할 수 있다**.(하여야한다X)
	적용 제외	③ 다음 각 호의 어느 하나에 해당하는 경우에는 ① 및 ②을 적용하지 아니한다. 1. ① 각 호에 해당하는 직무와 관련하여 **불특정다수**를 대상으로 하는 법률이나 대통령령의 제정·개정 또는 폐지를 수반하는 경우 2. 특정한 사실 또는 법률관계에 관한 확인·증명을 신청하는 민원에 따라 해당 서류를 발급하는 경우 ④ ① 각 호에 해당하는 직무와 관련된 다른 법령·기준에 제척·기피·회피 등 이해충돌 방지를 위한 절차가 마련되어 있어 공직자가 그 절차에 따른 경우, ①에 따른 신고·회피 의무를 다한 것으로 본다.
공공기관 직무관련 부동산 보유· 매수 신고 (§6)		① 부동산을 **직접적**(간접적X)으로 취급하는 대통령령으로 정하는 공공기관의 공직자는 다음 각 호의 어느 하나에 해당하는 사람이 소속 공공기관의 업무와 관련된 부동산을 보유하고 있거나 매수하는 경우 **소속기관장**에게 그 사실을 **서면**(구두X)으로 신고하여야 한다.676 1. 공직자 자신, 배우자 2. 공직자와 생계를 같이하는 직계존속·비속(배우자의 직계존속·비속으로 생계를 같이 하는 경우를 **포함**한다) ② ①에 따른 공공기관 외의 공공기관의 공직자는 소속 공공기관이 택지개발, 지구 지정 등 대통령령으로 정하는 부동산 개발 업무를 하는 경우 제1항 각 호의 어느 하나에 해당하는 사람이 그 부동산을 보유하고 있거나 매수하는 경우 **소속기관장**에게 그 사실을 서면으로 신고**하여야 한다**.(할수있다X) ③ ① 및 ②에 따른 신고는 부동산을 보유한 사실을 알게 된 날부터 **14일 이내**, 매수 후 등기를 완료한 날부터 **14일 이내**에 하여야 한다.

고위공직자의 민간 부문 업무활동 내역 제출 및 공개 (§8)	① 고위공직자는 그 직위에 임용되거나 임기를 개시하기 전 **3년 이내**에 민간 부문에서 업무 활동을 한 경우, 그 활동 내역을 그 직위에 임용되거나 임기를 **개시한 날부터** **30일 이내**에 **소속기관장**에게 제출하여야 한다.677 (→ 다음 날부터 X) ② ①에 따른 업무활동 내역에는 다음 각 호의 사항이 포함되어야 한다. 　1. 재직하였던 법인·단체 등과 그 업무 내용 　2. 대리, 고문·자문 등을 한 경우 그 업무 내용 　3. 관리·운영하였던 사업 또는 영리행위(비영리 제외)의 내용 → 위반시 **1천만원 이하의 과태료**를 부과한다(§28③).
직무관련자 와의 거래 신고 (§9)	① 공직자는 자신, 배우자 또는 직계존속·비속(배우자의 직계존속·비속으로 생계를 같이하는 경우를 **포함**한다) 또는 특수관계사업자(자신, 배우자 또는 직계존속·비속이 대통령령으로 정하는 일정 비율 이상의 주식·지분 등을 소유하고 있는 법인 또는 단체를 말한다.)가 공직자 자신의 직무관련자(「민법」 제777조에 따른 친족인 경우는 **제외**한다)와 다음 각 호의 어느 하나에 해당하는 행위를 한다는 것을 사전에 안 경우에는 안 날부터 **14일 이내**에 **소속기관장**에게 그 사실을 **서면**으로 신고하여야 한다.678 　1. 금전을 빌리거나 빌려주는 행위 및 유가증권을 거래하는 행위. 다만, 「금융실명거래 및 비밀보장에 관한 법률」에 따른 금융회사등, 「대부업 등의 등록 및 금융이용자 보호에 관한 법률」에 따른 대부업자등이나 그 밖의 금융회사로부터 통상적인 조건으로 금전을 빌리는 행위 및 유가증권을 거래하는 행위는 **제외**한다. 　2. 토지 또는 건축물 등 부동산을 거래하는 행위. 다만, 공개모집에 의하여 이루어지는 분양이나 공매·경매·입찰을 통한 재산상 거래 행위는 **제외**한다. (→ 포함 X) 　3. 제1호 및 제2호의 거래 행위 외의 물품·용역·공사 등의 계약을 체결하는 행위. 다만, 공매·경매·입찰을 통한 계약 체결 행위 또는 거래관행상 **불특정다수**를 대상으로 반복적으로 행하여지는 계약 체결 행위는 **제외**한다. (→ 특정된 대상 X) ② 공직자는 ① 각 호에 따른 행위가 있었음을 사후에 알게 된 경우에도 안 날부터 **14일 이내**에 **소속기관장**에게 그 사실을 **서면**으로 신고하여야 한다.
퇴직자 사적 접촉 신고 (§15)	① 공직자는 직무관련자인 소속 기관의 퇴직자(공직자가 아니게 된 날부터 **2년**이 지나지 아니한 사람만 해당한다)와 사적 접촉(골프, 여행, 사행성 오락을 같이 하는 행위를 말한다)을 하는 경우 **소속기관장**에게 신고하여야 한다. 다만, **사회상규에 따라 허용되는 경우에는 그러하지 아니하다.**680 → 위반시 **1천만원 이하의 과태료**를 부과한다(§28③).
신고자 등의 보호· 보상(§20)	② 누구든지 신고자등에게 신고등을 이유로 불이익조치(「공익신고자 보호법」 제2조제6호에 따른 불이익조치를 말한다. 이하 같다)를 하여서는 아니 된다.681 ③ 이 법의 위반행위를 한 자가 위반사실을 자진하여 신고하거나 신고자등이 신고등을 함으로 인하여 자신이 한 이 법의 위반행위가 발견된 경우에는 그 위반행위에 대한 형사처벌, 과태료 부과, 징계처분, 그 밖의 행정처분 등을 **감경하거나 면제할 수 있다.**682 ⑤ **국민권익위원회**는 이 법의 위반행위에 따른 신고로 인하여 공공기관에 재산상 이익을 가져오거나 손실을 방지한 경우 또는 공익을 증진시킨 경우에는 그 신고자에게 포상금을 **지급할 수 있다.** (하여야 한다 X)683 ⑥ **국민권익위원회**는 이 법의 위반행위에 따른 신고로 인하여 공공기관에 직접적인 수입의 회복·증대 또는 비용의 절감을 가져온 경우에는 그 신고자의 신청에 의하여 보상금을 **지급하여야 한다.** (할 수 있다 X)684

3 제한·금지행위

직무관련 외부활동 제한 (§10)	공직자는 다음 각 호의 행위를 하여서는 아니 된다. 다만, 「국가공무원법」 등 다른 법령·기준에 따라 허용되는 경우는 그러하지 아니하다.[679] 1. 직무관련자에게 **사적**(공식격X)으로 노무 또는 조언·자문 등을 제공하고 대가를 받는 행위 2. 소속 공공기관의 소관 직무와 관련된 지식이나 정보를 타인에게 제공하고 대가를 받는 행위. 다만, 「부정청탁 및 금품등 수수의 금지에 관한 법률」 제10조에 따른 **외부강의등의 대가로서 사례금 수수가 허용되는 경우와 소속기관장이 허가한 경우는 제외**한다. 3. 공직자가 소속된 공공기관이 당사자이거나 **직접적인** 이해관계를 가지는 사안에서 자신이 소속된 공공기관의 상대방을 대리하거나 그 상대방에게 조언·자문 또는 정보를 제공하는 행위 4. 외국의 기관·법인·단체 등을 대리하는 행위. 다만, 소속기관장이 허가한 경우는 제외 5. 직무와 관련된 다른 직위에 취임하는 행위. 다만, 소속기관장이 허가한 경우는 제외 → 위반시 **2천만원 이하의 과태료를 부과**한다(§28②).
가족 채용 제한 (§11)	**제한 내용** ① 공공기관(공공기관으로부터 출연금·보조금 등을 받거나 법령에 따라 업무를 위탁받는 산하 공공기관과 「상법」 제342조의2에 따른 자회사를 **포함**한다)은 다음 각 호의 어느 하나에 해당하는 공직자의 가족을 채용할 수 없다. 1. 소속 고위공직자 2. 채용업무를 담당하는 공직자 3. 해당 산하 공공기관의 감독기관인 공공기관 소속 고위공직자 4. 해당 자회사의 모회사인 공공기관 소속 고위공직자 → **채용이 제한되는 가족의 범위는 사적이해관계자**(동법 제2조 제6호 가목)신고 의무의 가족(「민법」 제779조에 따른 가족)범위와 동일함 → 가족이 채용되도록 지시·유도 또는 묵인을 한 공직자에게는 **징계 및 3천만원 이하의 과태료를 부과**한다(§28① 제1호). **적용 제외** ② 다음 각 호의 어느 하나에 해당하는 경우에는 ①을 적용하지 아니한다. 1. 「국가공무원법」 등 다른 법령(제2조제1호 라목 또는 마목에 해당하는 공공기관의 인사 관련 규정을 포함한다)에서 정하는 공개경쟁채용시험 또는 경력 등 응시요건을 정하여 같은 사유에 해당하는 다수인을 대상으로 하는 채용시험에 합격한 경우 2. 「국가공무원법」 등 다른 법령에 따라 다수인을 대상으로 시험을 실시하는 것이 적당하지 아니하여 다수인을 대상으로 하지 아니한 시험으로 공무원을 채용하는 경우로서 다음 각 목의 어느 하나에 해당하는 경우 　가. 공무원으로 재직하였다가 퇴직한 사람을 퇴직 시에 재직한 직급(고위공무원단에 속하는 공무원은 퇴직 시에 재직한 직위와 곤란성과 책임도가 유사한 직위를 말한다)으로 재임용하는 경우 　나. 임용예정 직급·직위와 같은 직급·직위에서의 근무경력이 해당 법령에서 정하는 기간 이상인 사람을 임용하는 경우 　다. 국가공무원을 그 직급·직위에 해당하는 지방공무원으로 임용하거나, 지방공무원을 그 직급·직위에 해당하는 국가공무원으로 임용하는 경우 　라. 자격 요건 충족 여부만이 요구되거나 자격 요건에 해당하는 다른 대상자가 없어 다수인을 대상으로 할 수 없는 경우

수의계약 체결제한 (§12)	① 공공기관(공공기관으로부터 출연금·보조금 등을 받거나 법령에 따라 업무를 위탁받는 산하 공공기관과 「상법」 제342조의2에 따른 자회사를 포함한다)은 다음 각 호의 어느 하나에 해당하는 자와 물품·용역·공사 등의 수의계약(이하 "수의계약"이라 한다)을 체결할 수 없다. 다만, 해당 물품의 생산자가 **1명뿐인 경우** 등 대통령령으로 정하는 불가피한 사유가 있는 경우에는 그러하지 아니하다. 1. 소속 고위공직자 2. 해당 계약업무를 법령상·사실상 담당하는 소속 공직자 3. 해당 산하 공공기관의 감독기관 소속 고위공직자 4. 해당 자회사의 모회사인 공공기관 소속 고위공직자 5. 해당 공공기관이 「국회법」 제37조에 따른 상임위원회의 소관인 경우 해당 상임위원회 위원으로서 직무를 담당하는 국회의원 6. 「지방자치법」 제41조에 따라 해당 지방자치단체 등 공공기관을 감사 또는 조사하는 지방의회의원 7. 제1호부터 제6호까지의 어느 하나에 해당하는 공직자의 배우자 또는 직계존속·비속(배우자의 직계존속·비속으로 생계를 같이하는 경우를 포함한다.) 8. 제1호부터 제7호까지의 어느 하나에 해당하는 사람이 대표자인 법인 또는 단체 9. 제1호부터 제7호까지의 어느 하나에 해당하는 사람과 관계된 특수관계사업자
공공기관 물품 등의 사적 사용·수익금지(§13)	공직자는 공공기관이 소유하거나 임차한 물품·차량·선박·항공기·건물·토지·시설 등을 사적인 용도로 사용·수익하거나 제3자로 하여금 사용·수익하게 하여서는 아니 된다. 다만, 다른 법령·기준 또는 사회상규에 따라 허용되는 경우에는 그러하지 아니하다.
직무상 비밀 등 이용금지 (§14)	① 공직자(공직자가 아니게 된 날부터 **3년**이 경과하지 아니한 사람을 포함하되, 다른 법률에서 이와 달리 규정하고 있는 경우에는 그 법률에서 규정한 바에 따른다)는 직무수행 중 알게 된 비밀 또는 소속 공공기관의 미공개정보(재물 또는 재산상 이익의 취득 여부의 판단에 중대한 영향을 미칠 수 있는 정보로서 **불특정** 다수인이 알 수 있도록 공개되기 전의 것을 말한다.)를 이용하여 재물 또는 재산상의 이익을 취득하거나 제3자로 하여금 재물 또는 재산상의 이익을 **취득**하게 하여서는 아니 된다. → 공직자 규정 ② 공직자로부터 직무상 비밀 또는 소속 공공기관의 미공개정보임을 알면서도 제공받거나 부정한 방법으로 취득한 자는 이를 이용하여 재물 또는 재산상의 이익을 **취득**하여서는 아니 된다. → 제3자 규정 ③ 공직자는 직무수행 중 알게 된 비밀 또는 소속 공공기관의 미공개정보를 사적 이익을 위하여 이용하거나 제3자로 하여금 이용하게 하여서는 아니 된다.

TIP 이해충돌방지규정 위반에 따른 징계·벌칙

구분	위반행위	제재내용
징계	이법 또는 이법에 따른 명령을 위반한 공직자(§26)	징계처분
형벌	직무상 비밀·소속기관의 미공개 정보를 이용, 재물 또는 재산상 이득을 취한 공직자(§27①)	7년 이하 징역 또는 7천만원 이하 벌금(병과 가능)
형벌	공직자로부터 제공받거나 부정 취득한 비밀·미공개 정보를 이용하여 재물·재산상 이익 취득한 자(§27②) [685]	5년 이하 징역 또는 5천만원 이하 벌금(병과 가능)
형벌	사적 이익을 위해 직무상 비밀 또는 미공개 정보를 이용하거나 제3자가 이용하도록 한 공직자(§27③)	3년 이하 징역 또는 3천만원 이하 벌금
형벌	신고등을 방해하거나 신고등을 취소하도록 강요한 자와 불이익 조치를 한 자(§27④)	2년 이하의 징역 또는 2천만원 이하의 벌금
과태료	공공기관(산하기관, 자회사)에 **가**족이 채용되도록 지시·유도 또는 묵인을 한 공직자(§28①1)	3천만원
과태료	공공기관(산하기관, 자회사)이 제12조 제1항 각 호의 자와 **수**의 계약을 체결하도록 지시·유도·묵인을 한 공직자(§28①2) **가수**	3천만원
과태료	사적 이해관계를 신고하지 않은 공직자(§28②1)	2천만원
과태료	부동산 보유·매수를 신고하지 않은 공직자(§28②2)	2천만원
과태료	직무관련자와의 거래를 신고하지 않은 공직자(§28②3)	2천만원
과태료	직무관련 외부활동을 한 공직자(§28②4) [686]	2천만원
과태료	공공기관 물품을 사적으로 사용·수익하거나 제3자로 하여금 사용·수익하게 한 공직자(§28②5)	2천만원
과태료	임용·임기 개시 전 **업**무활동내역을 제출하지 않은 고위공직자(§28③)	1천만원
과태료	직무관련자인 소속기관의 **퇴**직자와의 사적 접촉을 신고하지 아니한 공직자(§28③) **퇴업**	1천만원

THEME 10 경찰의 적극행정과 소극행정 _A급

1 적극행정 근거규정

헌법(§7)	공무원은 국민전체에 대한 봉사자이며, 국민에 대하여 책임을 진다.
국가공무원법(§56)	모든 공무원은 법령을 준수하며 성실히 직무를 수행하여야 한다.
행정기본법(§4)	행정은 공공의 이익을 위하여 적극적으로 추진되어야 한다.
적극행정 운영규정 (대통령령)(§2)	"적극행정"이란 공무원이 불합리한 규제를 개선하는 등 공공의 이익을 위하여 **창의성과 전문성**(신속성X)을 바탕으로 적극적으로 업무를 처리하는 행위를 말한다.698
공무원 징계령 시행규칙 (총리령)(§3조의2)	① 징계위원회는 **고의 또는 중과실에 의하지 않은 비위**로서 다음 각 호의 어느 하나에 해당되는 경우에는 징계의결등을 하지 않는다. 　1. 불합리한 규제의 개선 등 공공의 이익을 위한 정책, 국가적으로 이익이 되고 국민생활에 편익을 주는 정책 또는 소관 법령의 입법목적을 달성하기 위하여 필수적인 정책 등을 수립·집행하거나, 정책목표의 달성을 위하여 업무처리 절차·방식을 창의적으로 개선하는 등 성실하고 **능동적**(수동적X)으로 업무를 처리하는 과정에서 발생한 것으로 인정되는 경우 　2. 국가의 이익이나 국민생활에 큰 피해가 예견되어 이를 방지하기 위하여 정책을 적극적으로 수립·집행하는 과정에서 발생한 것으로서 정책을 수립·집행할 당시의 여건 또는 그 밖의 사회통념에 비추어 적법하게 처리될 것이라고 기대하기가 극히 곤란했던 것으로 인정되는 경우 ② 징계위원회는 징계등 혐의자와 비위 관련 직무 사이에 **사적인 이해관계**(공적인X)가 없을 것과 대상 업무를 처리하면서 **중대한 절차상의 하자**(어떠한X)가 없었을 경우에는 **해당 비위가 고의 또는 중과실에 의하지 않은 것으로 추정**한다.703
경찰청 적극행정 면책제도 운영규정 (훈령)(§2)	1. "적극행정"이란, 경찰청 및 그 소속기관의 공무원 또는 산하단체의 임·직원이 국가 또는 공공의 이익을 증진하기 위해 **성실하고 능동적**으로 업무를 처리하는 행위를 말한다.687 2. "면책"이란, 적극행정 과정에서 발생한 부분적인 절차상 하자 또는 비효율, 손실 등과 관련하여 그 업무를 처리한 경찰청 소속 공무원 등에 대하여 「경찰청 감사규칙」 제10조 **제1호(징계 또는 문책 요구), 제2호(시정 요구), 제3호(경고·주의 요구)**까지 및 (제4호(개선 요구)X) **제6호(통보)**와 「경찰공무원 징계령」에 따른 징계 및 징계부가금의 어느 하나에 해당하는 **책임을 묻지 않거나 감면하는 것**을 말한다.688　　[참고: 164p] 3. "감사 책임자"란, 현장에서 감사활동을 지휘하는 자를 말하여 감사단장 등 현장 지휘자가 없을 경우에는 감사담당관 또는 감찰담당관을 말한다. 4. "사전컨설팅 감사"란 불합리한 제도 등으로 인해 적극적인 업무 수행이 어려운 경우, 해당 업무의 수행에 앞서 업무 처리 방향 등에 대하여 미리 감사의견을 듣고 이를 업무처리에 반영하여 적극행정을 추진하는 것을 말한다.689 5. "사전컨설팅 대상 기관 및 대상 부서의 장"이란 각 시·도경찰청장, 부속기관의 장, 산하 공직유관단체의 장 및 경찰청 관·국의 장(경찰청장X)을 말한다.690

2 「적극행정 운영규정(대통령령)」상 적극행정의 판단기준

공공의 이익 증진을 위한 행위	업무의 목적과 처리 방법이 **국민편익** 증진, 국민불편 해소, 경제 활성화, 행정효율 향상 등 공공의 이익을 증진하기 위해서 하는 행위이다. (공무원 편익 X)
적극적인 행위	① 평균적인 공무원에게 통상적으로 요구되는 정도의 노력이나 주의의무 이상을 기울여 업무를 처리하는 행위를 의미하고, 적극적인 행위에 해당하는지는 행위의 결과가 발생한 시점이 아니라 **업무를 추진할 당시를 기준**으로 판단한다. ② 적극행정은 행위 자체에 초점을 두며, 업무처리로 인해 **긍정적인 효과가 발생**해야만 적극행정에 **해당되는 것은 아니다**.
창의성과 전문성을 바탕으로 한 행위	① '**창의성**'은 어떤 문제에 대해 기존과 다른 시각으로 새로운 아이디어를 생각해 내는 특성을 의미하고, '**전문성**'은 자신이 맡은 일을 잘 수행하기 위해 필요한 지식과 경험, 역량을 말한다. ② 창의성이 **참신한 해결책**을 마련하도록 돕는다면, 전문성은 그러한 **해결책의 현실 적합성**을 높여 주게 된다.
징계 등 면제(§17)	① 공무원이 적극행정을 추진한 결과에 대해 그의 행위에 **고의 또는 중대한 과실**이 없는 경우에는 징계 관련 법령에 따라 징계의결 또는 징계부가금 부과의결을 하지 않는다.[700] ② 공무원이 사전컨설팅 의견대로 업무를 처리한 경우에는 징계 관계 법령에 따라 징계의결등을 하지 않는다. 다만, 공무원과 대상 업무 사이에 사적인 이해관계가 있거나 감사원이나 감사기구의 장이 사전컨설팅을 하는 데 필요한 정보를 충분히 제공하지 않은 경우에는 그렇지 않다.
소극행정 신고 (§18의3)	① 누구든지 공무원의 소극행정을 소속 중앙행정기관의 장이나 **국민권익위원회**(국가인권위원회 X)가 운영하는 소극행정 신고센터에 신고할 수 있다.[701] ③ **국민권익위원회**는 중앙행정기관 소속 공무원의 소극행정 예방 및 근절을 위해 소극행정 신고센터를 운영하고, 중앙행정기관의 장에게 ①에 따른 신고사항에 대해 적절한 조치를 하도록 권고할 수 있다.

3 적극행정의 대상·범위 및 유형

대상		공공 재화와 서비스의 제공, 규제혁신 등 정부의 정책, 공무원이 직무를 수행하는 **모든 방식과 행위**를 대상으로 한다.
범위		적극행정이 특정 분야의 정책이나 특정한 업무처리 방식을 지칭하는 것은 아니다.
유형	행태적 측면	통상적으로 요구되는 정도의 노력이나 **주의의무 이상을 기울여** 맡은 바 임무를 최선을 다해 수행하는 행위
	규정의 해석·적용측면	불합리한 규정과 절차, 관행을 **스스로** 개선하는 행위 (타의로 X)

4 「경찰청 적극행정 면책제도 운영규정(훈령)」상 적극행정

면책 대상자(§4)	이 규정에 의한 면책은 **경찰청 및 그 소속기관의 공무원 또는 산하단체의 임·직원 등**에게 적용된다.691

적극행정 면책요건(§5)	① 자체 감사를 받는 사람이 적극행정면책을 받기 위해서는 다음 각 호의 요건을 **모두 갖추어야 한다.**
	  1. 감사를 받는 사람의 업무처리가 불합리한 규제의 개선, 공익사업의 추진 등 **공공의 이익을 위한 것일 것**
	  2. 감사를 받는 사람이 대상 업무를 **적극적으로 처리한 결과일 것**
	  3. 감사를 받는 사람의 행위에 **고의나 중대한 과실이 없을 것**
	② 제1항 제3호의 요건을 적용하는 경우 자체감사를 받는 사람이 다음 각 호의 요건을 모두 갖추어 업무를 처리한 것으로 인정되는 경우에는 그 행위에 **고의나 중대한 과실이 없는 경우에 해당하는 것으로 추정한다.**692
	  1. 자체감사를 받는 사람과 대상 업무 사이에 사적인 이해관계가 없을 것
	  2. 대상 업무를 처리하면서 **중대한 절차상의 하자가 없었을 것**

면책 대상 제외(§6)	업무처리과정에서 기본적으로 지켜야 할 의무를 다하지 않았거나 다음 각 호에 해당하는 경우에는 **면책대상에서 제외**한다. 1. 금품을 수수한 경우 2. 고의·중과실, 무사안일 및 업무태만의 경우 3. 자의적인 법 해석 및 집행으로 법령의 본질적인 사항을 위반한 경우693 4. 위법·부당한 민원을 수용한 특혜성 업무처리를 한 경우 5. 그 밖에 위 각 호에 준하는 위법·부당한 행위를 한 경우
적극행정 면책심사 위원회(§7)	① **경찰청** 소속 공무원 등의 적극행정 면책신청에 대한 심사를 위하여 경찰청에 "**적극행정 면책심사위원회**"를 둔다.693-1 ② 위원회는 위원장 1명을 포함하여 **5명 이상 7명 이내**로 성별을 고려하여 구성하며 **위원장은 감사관**으로 하고 **위원**은 심사안건 관련 부서장(감사담당관 또는 감찰담당관)을 포함하여 회의 개최 시 마다 위원장이 경찰청 소속 과장급 공무원 중에서 지명하는 사람으로 한다. 다만, **위원 중 1인은 경감** 이하 경찰공무원 또는 6급 이하 일반직공무원으로 한다.693-2
회의(§8)	① 위원회의 위원장은 회의를 소집하고 위원회를 대표하며 위원회의 사무를 총괄한다. ② 위원회의 회의는 **재적위원 과반수의 찬성으로 개의(開議)**하고, 출석위원 과반수의 찬성으로 의결한다. (→출석위원 X)
면책심사 신청 등 (§10)	① 감사 대상자가 면책심사를 받을 경우에는 면책사유에 해당하는 증빙자료를 구비하여 감사 책임자에게 면책심사를 신청할 수 있다. ② **감사대상기관의 장 또는 감사대상자의 소속 부서장**(감사 대상자만 X)이 감사를 받은 소속 직원 중에서 특별히 면책조치가 필요할 경우에는 면책사유에 해당하는 증빙자료를 구비하여 감사 책임자에게 면책심사를 신청할 수 있다.693-3 ③ ① 및 ②에 따른 **면책심사 신청**은 별지 제3호 서식에 의하여 해당 감사결과에 따른 징계의결 요구 또는 징계 이외의 불이익 처분이 이루어지기 **이전에 하여야 한다.**

사전컨설팅 감사의 원칙(§14)	사전컨설팅 대상 기관 및 대상 부서의 장은 불합리한 제도 등으로 인하여 공공의 이익이 훼손되는 일이 없도록 사전컨설팅 감사를 적극 활용하여야 한다.
사전컨설팅 감사의 대상(§15)	① 사전컨설팅 대상 기관등의 장은 다음 각 호의 어느 하나에 해당하는 업무를 수행하기 전에 **감사관에게 사전컨설팅 감사를 신청할 수 있다.** 　1. 인가·허가·승인 등 규제관련 업무 　2. 법령·행정규칙 등의 해석에 대한 이견 등으로 인하여 능동적인 업무처리가 곤란한 경우 　3. 그 밖에 적극행정 추진을 위해 감사관이 필요하다고 인정하는 경우 ② **행정심판, 소송, 수사 또는 타 기관에서 감사 중인 사항, 타 법령에서 정하고 있는 재심의 절차를 거친 사항** 등은 사전컨설팅 감사 대상에서 **제외**한다.[694] 　　└ 포함 X
사전컨설팅 감사의 실시(§18)	① 사전컨설팅 감사는 **서면감사를 원칙**으로 하되, 현지 확인 등 실지감사를 함께 할 수 있다.[695] ② 감사관은 필요하다고 인정되는 경우 관련 기관 및 직원에 대하여 출석 및 진술, 의문 사항에 대한 질의·확인 및 필요한 자료의 제출을 요청할 수 있다. 이 경우 관련 기관 및 직원은 특별한 사정이 없으면 **감사관의 요청에 따라야 한다.** ③ 감사관은 사전컨설팅 감사의 내용이 국민생활에 미치는 영향이 크거나 다수의 이해관계자와 관련된 사항 등에 해당되어 신중한 검토가 필요하다고 판단되는 경우에는 「경찰청 규제심사위원회 운영규칙」 제2조에 따른 규제심사위원회 자문 또는 외부전문가의 자문을 **거칠 수 있다.**
사전컨설팅 감사 결과의 처리(§19)	① 감사관은 사전컨설팅 감사 접수일로부터 **30일 이내**에 사전컨설팅 감사 의견서를 작성하여 신청서를 제출한 사전컨설팅 대상 기관등의 장에게 통보하여야 한다. 다만, 사안이 복잡하거나 신중한 처리 등을 위하여 필요한 경우 그 사유를 소명하여 기간을 연장할 수 있다. ② 제1항에 따라 사전컨설팅 감사 의견서를 통보받은 사전컨설팅 대상 기관등의 장은 특별한 사정이 없으면 사전컨설팅 감사 의견을 반영하여 해당 업무를 **처리하여야 한다.**[696]
사전컨설팅 감사의 효력(§20)	감사관은 사전컨설팅 감사 의견을 반영하여 적극행정을 추진한 결과에 대하여 자체감사 규정에 따른 감사 시 **책임을 묻지 아니한다.**[697]
적극행정에 대한 면책(공공감사에 관한 법률(§23의2)	자체감사를 받는 사람이 불합리한 규제의 개선 등 **공공의 이익을 위하여** 업무를 **적극적으로** 처리한 결과에 대하여 그의 행위에 **고의나 중대한 과실이 없는 경우**에는 이 법에 따른 징계 요구 또는 문책 요구 등 **책임을 묻지 아니한다.**[702]

5 소극행정(적극행정 운영규정)

정의	① 소극행정이란 공무원이 부작위 또는 직무태만 등 소극적 업무행태로 국민의 권익을 침해하거나 국가재정상 손실을 발생하게 하는 행위를 의미한다(제2조 제2호).699 ② 여기에서 부작위는 공무원이 **상당한 기간 내**(짧은 기간 X)에 이행해야 할 직무상 의무가 있는데도 이를 이행하지 아니하는 것을 의미한다. ③ 직무태만은 통상적으로 요구되는 정도의 노력이나 주의의무를 기울이지 않고, 업무를 부실·부당하게 처리하는 것을 의미한다.
소극행정 예방 및 근절(§19)	징계의결등 요구권자는 소속 공무원의 소극행정이 발생한 경우 징계 관계 법령에 따라 징계의결등을 요구하는 등 필요한 조치를 해야 한다.
소극행정 예방 지원(§20)	① **인사혁신처장과 국민권익위원회**는 중앙행정기관의 장에게 소극행정 예방 및 근절을 위해 취한 조치 및 이와 관련된 자료의 제출을 요구할 수 있다. ② **인사혁신처장과 중앙행정기관의 장**은 소극행정 예방 및 근절 등을 위한 교육과 홍보 사업을 추진할 수 있다. ③ **국민권익위원회**는 중앙행정기관이 소극행정의 예방 및 근절 등을 위해 자문하거나 상담, 교육 등을 요청하는 경우에는 신속하게 필요한 지원을 해야 한다.
유형	**적당편의**: 문제해결을 위해 **노력하지 않고**, 적당히 형식만 갖추어 부실하게 처리하는 행태 **업무해태**: **합리적인 이유없이** 주어진 업무를 게을리하여 불이행하는 행태 **탁상행정**: 법령이나 지침 등의 변화에도 불구하고 과거 규정에 따라 업무를 처리하거나, 기존의 불합리한 업무관행을 그대로 답습하는 행태704 **기타 관 중심행정**: 직무권한을 이용하여 부당하게 업무를 처리하거나, 국민 편익을 위해서가 아닌 자신과 소속 기관의 이익을 위해 **자의적**으로 처리하는 행태

TIP 경찰청 적극행정지원위원회

구성·운영	경찰청 규제심사위원회와 겸임하여 병행 운영
위원장	**경찰청 차장**(경찰청장 X)과 민간위원이 공동위원장
구성	총 **14명**(정부 5명, 민간 9명)
정족수	**재적위원 과반수의 출석**으로 개의하고, **출석위원 과반수의 찬성**으로 의결
개최	원칙적으로 **격월 회의**(매월 X) 개최, 필요시 수시 개최
기능	적극행정과 관련하여 아래 사항을 심사하며, 특히 적극행정 관련 현안을 심의하여 소속 공무원의 의사결정을 지원 • 경찰청 적극행정 실행계획 수립에 관한 사항 • 소속 공무원이 인가·허가·등록·신고 등에 관련한 규제나 불명확한 법령 등으로 인해 업무를 적극적으로 추진하기 곤란하여 위원회에 직접 의견 제시를 요청한 사항 • 소속 공무원이 감사관실에서 운영하는 사전컨설팅감사의 방식으로 의견 제시를 요청한 내용이 국민생활에 미치는 영향이 크거나 여러 이해관계자와 관련되는 등 신중한 검토가 필요하여 감사관이 자문을 요청한 사항 • 적극행정 우수공무원 선발 및 우수사례 선정에 관한 사항 • 기타 적극행정과 관련, 경찰청장이 필요하다고 인정하여 위원회에 부의하는 사항

PART 2

한국경찰의 역사와 비교경찰

CHAPTER 01
한국경찰의 역사

- **01** 갑오개혁~일제강점기 경찰

- **02** 대한민국 임시정부 경찰
  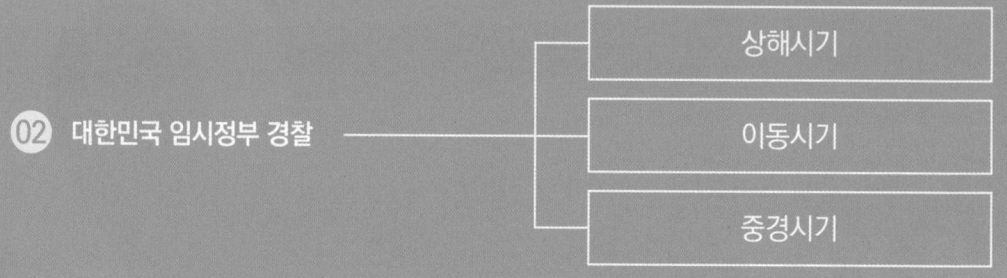
  - 상해시기
  - 이동시기
  - 중경시기

- **03** 미군정하의 경찰 창설과 경찰개혁

- **04** 정부수립이후 경찰

- **05** 한국경찰사에 길이 빛날 경찰의 표상

- **06** 경찰조직의 연혁

갑오개혁부터 일제강점기 경찰 _A급

1 갑오개혁과 한국경찰의 창설

일본각의에 의한 한국경찰 창설 결정 (1894.6.27.)	① 일본각의의 결정에 따라 김홍집 내각은 '각아문관제'에서 처음으로 경찰이라는 용어를 사용하였다.708 ② 경찰을 **법무아문**하에 창설 → **내무아문 소속**으로 변경707 (외무아문 X) ③ 1894년 '**경무청관제직장**'과 '**행정경찰장정**' 제정하였다.708 ④ 외형상 근대국가적 경찰체제가 갖추어졌다.
한성부 경찰의 창설	① **경무청 신설** - 근거 : **경무청관제직장**(한국 경찰 최초의 조직법)709·710·718 (일본 경시청관제 모방) - 좌우포도청을 합하여 신설(장으로 경무사) → 포도청은 폐지713 - 내무아문 예속되어 한성부내 일체의 경찰사무 관장(수도경찰 성격에 그침)715·717 - 경찰이 함부로 체포·구금하는 **직수(直囚)**에 관한 권한 불허712 (다른기관을 거치지 아니하고 직접 범인을 잡아 가두는 것) ② 최초로 한성부 안에 경찰지서 설치(**경무관**이 서장) → 일본의 경찰제도를 모방·이식716
행정경찰장정 제정	① 한국 경찰 **최초의 작용법**709·710 ② 일본의 행정경찰규칙과 위경죄즉결례를 혼합 ③ 광범위한 영역의 사무 담당(영업·시장·회사 및 소방·위생, 결사·집회, 신문잡지·도서 등) → 행정경찰의 업무와 목적, 과잉단속 엄금(금지), 순검 채용(순검 채용규정)과 징계, 봉급, 복제 등의 내용으로 구성719·720
내부관제와 지방경찰규칙	① 1895년에 '내부관제'의 제정 - 내부대신의 경찰에 대한 지휘감독권이 정비되었다. ② 1896년에는 '지방경찰규칙'이 제정 - 지방경찰의 작용법적 근거를 마련하였다.721 ③ **순검직무세칙(1896)** - 노약 부녀 보호, 풍기단속, 병자보호, 야간에 민가의 문단속 지도 등 순검의 직무 등을 규정(치료비와 장례비의 지급규정 X)722

2 광무개혁에 따른 경부경찰체제의 출범과 좌절

광무개혁에 따른 경부 경찰체제 (1900년)	① 중앙관청 : 경부(한성 및 개항시장의 경찰업무와 감옥사무)723 ② 지방 : 총순(관찰사 보조) (이원체제로 운영727) ③ (경부 휘하에) 궁내경찰서와 한성부 내 5개 경찰서, 3개 분서 : 경무감독소가 지휘724 ④ 경부경찰체제 실패로 인하여 **경무청**이 경부 업무 관리725·726 (전국관할, 오늘날 경찰청 원형, 1902년)
일본헌병의 주둔	① 1896년 한성과 부산 간의 군용전신선 보호를 명목으로 주둔했다. ② 헌병의 임무 - 군사경찰, **사법경찰, 행정경찰을 겸하였다.**728·730 (사법경찰 업무 제외 X) ③ 시찰이나 정탐 등을 임무로 하였다.

3 한국경찰권의 상실과정

을사조약과 경무청 기능 축소	1905년 통감부에 의한 통감정치가 시작되면서, 경무청을 **한성부내의 경찰로 축소**시키는 한편 (↳전국을 관할 X) 통감부 산하에 별도의 경찰조직을 설립, 직접 지휘하여 사실상 한국경찰을 장악했다.729	
구한말 일본의 한국경찰권 강탈 과정 734	경찰사무에 관한 **취**극서(1908)	재한국 **일본인**에 대한 경찰사무의 지휘감독권을 일본관헌의 지휘감독을 받도록 위양하였다.
	재한국 **외**국인민에 대한 경찰에 관한 한일협정(1909)	재한국 외국인에 대한 경찰사무의 지휘감독권을 일계(日係) 한국경찰관이 행사하도록 하였다.733
	한국 **사**법 및 감옥사무 위탁에 관한 각서(1909)	한국의 사법경찰권을 포함하는 사법과 감옥사무가 일본에 위탁되었다.
	한국경찰사무 **위**탁에 관한 각서(1910)	'통감부 경찰서 관제'를 공포하여 한국의 경찰사무를 일본국에 완전히 위탁하였다.732

취외냐 사위야~!

4 갑오개혁부터 일제강점기 이전 경찰의 특징

① 경찰이 일반행정 또는 군 기능과 **분리된 시기**
② 경찰의 임무영역은 감옥·위생·소방·영업경찰 등을 포괄하는 **광범위한 영역에 미침**731
③ 경찰이념은 국민의 인권을 보호하는데 있지 아니하고, 통치권의 보호와 그 뒤에 숨겨진 일본의 제국주의적 침략을 확보하는데 있음
④ 경찰작용에 관하여 '행정경찰장정'이 제정되는 등 법적 기반이 마련되었지만, 그 임무가 포괄적일 뿐만 아니라 각종 명령을 통하여 경찰권이 발동되는 등 경찰권은 전제주의적 수준에 머물렀고, 결국 철저히 **일본경찰화되는 과정임**

5 유길준의 서유견문

① 유길준은 「서유견문」 '제10편 순찰의 규제'를 통해 경찰제도 개혁을 주장736
　→ 당시 개화파들의 근대적 경찰개혁은 갑신정변의 실패로 실현되지 못하였지만, 유길준의 서유견문에 의해 구체화되었다. 즉, 서유견문 제10편(총20편)에서 '순찰의 규제'를 통한 경찰제도 개혁을 주장
② 유길준은 경찰의 기본 업무로 치안에 집중할 것을 강조하면서 '**위생**'을 경찰업무에서 포함할 것을 주장735
　→ 유길준은 근대적 경찰제도 기본 업무로 "치안유지와 함께 "개명한 진보"를 위한 중요한 수단으로 언급하면서, 그 목적은 "민생의 복지(**위생 포함**)와 안강(安康)"에 있다고 기술
③ 유길준은 경찰제도를 행정경찰과 사법경찰로 구분할 것을 주장737
　→ 갑오개혁 이후 경무청이 설치되어 일반행정과 치안행정을 분리하는 등 최초의 근대경찰 제도가 도입되었는데, 유길준의 서유견문(최초의 국한문혼용서)이 **갑오개혁의 사상적 배경**이 되었을 뿐만 아니라 **계몽사상 형성에 영향**
④ 김옥균, 박영효 등이 일본의 경찰제도로부터 영향을 받은 반면, 유길준은 영국의 경찰제도(로버트 필경)로부터 영향을 받음738

6 일제 강점기의 경찰

헌병경찰 시기	① 경술국치 전 1910년 경찰사무 　- 통감부(경술국치 이후 총독부로 변경)소속 : 경무총감부 　- 서울과 황궁의 경찰사무 : 경무총감부의 직할739 　- 각 도 : 경무부를 설치하여 경찰사무를 관장 ② 전제주의적·제국주의적 경찰권 행사 - **총독** : 제령권 　　　　　　　　　　　　　　　　- **경무총장·경무부장** : 경찰명령권740 ③ 헌병 - 헌병이 일반치안을 담당할 법적 근거 : 1910년 조선주차헌병조령 　- **군사경찰상 필요한 지역 또는 의병활동 지역** 등 헌병이 주로 배치741 　　↳ 도시나 개항장은 일반경찰 　- 광범위한 임무 : 첩보수집, 의병토벌, 민사소송 조정, 집달리 업무, 국경세관 업무, 일본어의 보급, 부업 장려 등743·744
보통경찰 시기	3·1운동을 계기로　　　　　　　　　　↗ 변화 있었음 X ① 보통경찰제로 전환 → 기본적으로 **경찰의 직무와 권한에는 변화 없음**744·745 ② 총독부 직속의 **경무총감부가 폐지**되고 경무국이 경찰사무와 위생사무를 감독함746 ③ **정치범 처벌법(1919)을 제정**하여 단속체제를 강화, 　일본에서 제정된 치안유지법(1925)을 우리나라에 적용하여 탄압의 지배체제를 강화함742·747 　　　　　↳ 우리나라에서 제정 X

대한민국 임시정부 경찰 _A급

1 상해시기(1919~1932) → 내무부 아래 경무국, 연통제(경무사), 대한교민단 산하 의경대가 경찰기구로서 운영750

경무국	① 1919년 4월 25일 '**대한민국 임시정부 장정**' 공포 : 임시정부 경찰조직인 경무국 직제와 분장사무가 처음으로 규정됨748 ② 초대 경무국장 : **백범 김구 선생**(1919년 8월 12일) ③ 경무국의 소관 사무 : 행정경찰에 관한 사항, 고등경찰에 관한 사항, 도서출판 및 저작권에 관한 사항, 일체 **위생**에 관한 사항 등을 대한민국 임시정부 장정에서 규정함 ④ 임시정부경찰 운영을 위해 **정식예산이 편성**되었고, 규정에 의해 소정의 **월급이 지급됨**749
연통제 (경무사)	① 목적 : 지역적 한계를 극복하고 국내와 연계하여 연락·정보수집·선전활동 및 정부 재정 확보 등을 수행하기 위함임 ※ 연통제의 실질적 목적은 점령된 본국의 국민들에게 독립의식을 잊지 않게 하고, 또한 기밀탐지 활동과 군자금(독립운동 자금) 모집활동을 하며 **최종 목적으로는 일제 저항운동**을 일으키려는데 있었음 ② 국내 각 도 단위 지방행정기관으로 **독판부**를 설치 : 독판부 산하 경찰기구로 **경무사**를 두었음753 ③ **부·군 단위** 지방행정기관으로는 부서·군청: 산하 경찰기구로 **경무과**를 두었음 └ 독판부-경무사, 부·군단위-경무과 사과 ④ 각 독판부·부서·군청 및 경무사·경무과 소속의 경감과 경호원이 경찰업무를 수행하였음
의경대	① 임시정부는 '임시 거류민단제'를 통해 교민들의 자치제도를 공인하였고, 교민단체는 '의경대 조례'를 통해 자치경찰조직인 의경대를 조직하였음 ② 김구 선생이 중심이 되어 1923년 12월 17일 대한교민단 산하에 별도의 경찰 조직인 의경대를 창설, 1932년에는 직접 의경대장을 맡기도 하였음 ③ 의경대는 교민사회에 침투한 일제의 **밀정을 색출**하고 친일파를 처단하는 역할을 맡았으며, 그 밖에 교민사회의 **질서유지**, **호구조사**, 민단세 징수, 풍기단속 등의 업무를 수행하였음751·752·755

2 이동 시기

1932년 윤봉길 의사 의거 후 일제의 탄압이 극심해져 고난의 이동시기를 겪었음(1932~1940.9월). 이동 시기에는 행정기능이 제 역할을 다하지 못했고, 사실상 제대로 된 경찰조직을 유지할 수 없었음

3 중경시기(1940~1945) : 경무과와 경위대가 경찰기구로서 운영

경무과	① 1943년 제정된 「대한민국 잠행관제」에 따라 내무부 경무과가 만들어 짐 ② 경무과는 내무부 하부조직으로 일반 **경찰사무, 인구조사, 징병 및 징발, 국내 정보 및 적 정보 수집** 등의 업무를 수행하였음754·756
경위대	① 1941년 내무부 직속으로 경찰 조직인 **경위대를 설치**하고, 그 규칙으로 「경위대 규정」을 따로 둠 ② 통상 경위대장은 경무과장이 겸임하였음 ③ 경위대의 주요 임무 : 임시정부 청사를 경비하고, 임시정부 요인을 보호하는 것으로서, 군사조직이 아닌 경찰조직임 → **임시정부 수호의 최일선을 담당** ④ 광복 후 1945년 11월 23일 **임시정부 요인들이 환국할 때 경위대는 김구 주석 등이 안전하게 귀국할 수 있도록 경호 업무를 수행함**

※ 임시정부 경찰의 평가 : 임시정부의 법령에 의하여 설치된 정식 치안조직, 임시정부 수호, 교민보호, 일제 밀정 처단

4 임시정부시대 경찰기구 총알정리

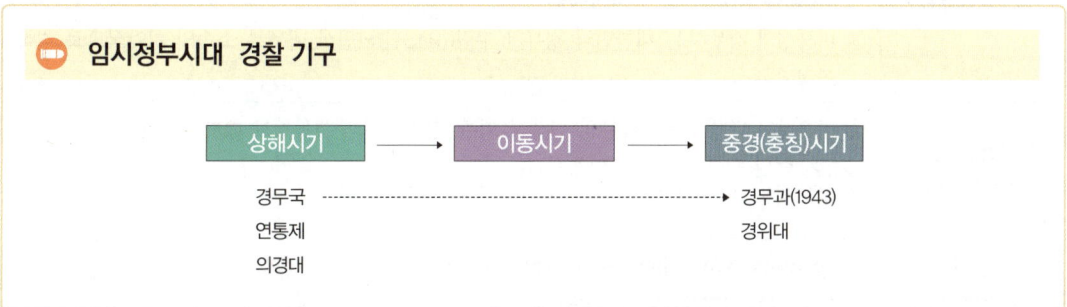

5 임시정부경찰 주요 인물

백범 김구 선생	① **초대 경무국장** 백범 김구 선생은 경찰을 지휘하며 임시정부 수호를 책임졌고, 그 결과 임시정부의 성공적 정착에 이바지함 ② 백범 김구 선생을 측근에서 보좌한 것은 임시정부경찰의 **경위대임**
나석주 의사	임시정부 경무국 경호원 및 의경대원으로 활동하면서 1926년 12월 식민수탈의 심장인 **식산은행과 동양척식회사에 폭탄을 투척함**757
김석 선생	의경대원으로 활동하면서 윤봉길 의사를 배후 지원함758
김용원 열사	1921년 김구 선생의 뒤를 이어 **제2대 경무국장**을 역임함759
김철 선생	의경대 심판을 역임하였으며 1932년 11월 30일 상하이 프랑스조계에 잠입하였다가 일제경찰에 체포되어 감금당하였고, 이후 고문 후유증으로 생애를 마감함760

THEME 03 미군정하(1945~1948)의 경찰 창설과 경찰개혁 _A급

구관리의 현직유지와 경찰개혁	① 미군정 초창기에는 '태평양미군총사령부포고 1호'를 통해 '군정의 실시'와 '구관리의 현직 유지'를 포고함으로써, **일제시대 경찰을 그대로 유지**함 761 〈인적청산 X〉 ② 경찰제도와 인력은 개혁이 이루어지지 아니하였으며, 경찰은 민주적으로 개혁할 기회를 갖지 못하였고 이로 인해 독립 이후에도 국민의 경찰에 대한 부정적 태도는 유지 762 ③ 경찰의 표어인 '봉사와 질서'를 흉장으로 패용하고, 이를 기본이념으로 하는 개혁을 추진함
경무국 창설	① 1945년 10월 21일(경찰창설 기념일)에 미군정 아래 **경무국** 창설함 ② 경무국 창설 당시 일본인 경찰들을 모두 추방하고 비로소 **한국인들로만 구성된 경찰체계**가 출범함
경무부로 격상	① 1945년 '국립경찰 조직에 관한 건'이 공포되어 각 도 경찰기구를 시도지사에서 분리 ② **1946년** '경무국 경무부에 관한 건'에 의해 **경무국이 경무부로 격상**시키고, 기존 경무국의 과(課)를 국(局)으로 승격시킴 765 〈격하 X〉 ③ 미군정의 경무부는 대한민국 정부가 수립(1948년)되면서 내무부 소속의 치안국으로 격하 조정됨 771
비경찰화와 정보과 신설	① 비경찰화 단행 : 위생사무의 위생국 이관, **경제경찰과 고등경찰 폐지** 경고폐지 → 경찰의 활동영역 축소 763·764·769·774 ② 정보과(사찰과) **신설** : 미군정시기에 처음 설치 〈폐지 X〉
강점기의 치안입법 폐지	① 1945년에 **정**치범처벌법·**치**안유지법·**예**비검속법이 폐지 정치예 ② 1948년에 **마지막으로 보안법을 폐지** 766
여자경찰 제도	① 여자경찰 제도는 1946년 7월 1일에 도입 ② 여자경찰관은 부녀자와 **14세** 미만 아동을 대상으로 하는 사건을 포함하여 주로 풍속, 소년, 여성보호 업무를 담당(서울·인천·대구·부산 총 4곳에 여자경찰서 설치) 767
중앙경찰 위원회	① 1947년 **6인** 위원으로 구성된 '중앙경찰위원회'가 설치 769·770 ② 조직 면에서 '**중앙경찰위원회**'를 통한 경찰통제 제도를 도입함으로써 민주적 요소가 강화 → 중요한 경무정책의 수립·경찰관리의 소환·심문·임면·이동 등에 관한 사항을 심의 768
경찰의 독자적 수사권 773	① 광복 이후 미군정은 **영미식 형사제도**를 도입 ② **독자적 수사권 인정** : 1945년 미군정 '법무국 검사에 대한 훈령 제3호'가 발령되어 '**수사는 경찰-기소는 검사**' 체제가 도입
주요 특징	① 광복 이후 신규 경찰을 대거 채용하는 과정에서 전체의 20%가량은 일제경찰 출신들이 재임용되기도 하였지만 상당히 많은 **독립운동가 출신들이 경찰에 채용**됨 775 〈독립운동가 출신 배제 X〉

THEME 04 정부수립 이후 경찰 _B급

1 1948년 정부수립과 건국경찰의 조직

중앙경찰	1948년 제정된 법률 제1호인 「정부조직법」에서, 1946년 이후 중앙행정기관이었던 경무부를 내무부의 일국인 **치안국**에서 인수하도록 함으로써 경찰조직은 내무부 산하의 **국으로 격하**되었다. 771·776·777·778·779 → 이는 「정부조직법」제정에 참여한 구성원 대부분이 일제강점기의 관리로 일제강점기의 경찰조직을 모방했기 때문임
지방경찰	① 지방경찰도 중앙과 마찬가지로 1991년 「경찰법」이 제정될 때까지 관청으로 지위를 얻지 못하고 시도지사의 보조기관에 머물렀다. 778 ② 단, **경찰서장**은 1991년 이전에도 경찰 내 **유일한 행정관청**으로서 지위를 가졌다. 780
특징	① 독립국가로서 역사상 최초로 자주적인 입장에서 경찰을 운용한 시기이다. ② 「경찰관 직무집행법」은 **경찰작용**에 관한 기본법이며, 국민의 생명, 신체, 재산의 보호라는 영미법적 사고가 반영되었다. 781 ↳ 경찰조직X → 1953년에 제정된 「경찰관 직무집행법」은 엄밀한 의미에서는 기본적으로 경찰의 즉시강제에 관한 기본법으로서의 성격을 가진다. 따라서 다양한 경찰작용을 포함하지 못하는 한계가 있다. 또한 당시에는 경찰조직에 관한 기본법이 부재하여 조직법적인 체계는 갖추지 못하였다. 이러한 배경 하에 1991년 「경찰법」 제정(**치안본부**(치안국X)을 경찰청으로 개편)을 보게 되었다. 782 ③ 1960년 3.15 부정선거 개입 등 정치적 중립을 해치는 일탈과 과오를 겪게 되자 국민의 경찰에 대한 최대의 요구는 정치적 중립이었으며, 조직 내부적으로도 경찰의 기구독립이 하나의 숙원이었다.

2 보도연맹사건과 안종삼 서장

보도연맹사건	① 1949년 4월 좌익 사범들을 전향시키기 위한 유화책으로 사상 전향자들로 '국민보도연맹'(보도연맹은 신분보장을 약속하고 좌익들을 전향시켜 '요시찰인'으로 관리하는 것임)이라는 관변단체를 조직하였다. ② 하지만, 1950년 6·25전쟁이 발발하자 정부와 군·경은 보도연맹원들을 북한에 동조할 위험이 있는 인물들로 보고 구금하였고, 즉결처분 방식으로 수만 명(추정)을 사살하였다.
안종삼 서장	① 구례경찰서 안종삼 서장은 여순사건 이후 구례군에 국민훈련원 구례분원을 설치하여 보도연맹원들에게 복권의 기회를 부여하였다. ② 1950년 7월 24일 전쟁발발로 예비검속 된 보도연맹원들에 대한 총살 명령이 내려오자 480명의 예비검속자 앞에서 **"내가 죽더라도 방면하겠으니 국가를 위해 충성해 달라."**라고 연설한 후 전원을 방면하여 구명하였다. 809·810

3 6·25전쟁 중 주요 전투

춘천 내평 전투	① 1950년 6월 25일 양구경찰서 내평지서장 **노종해 경감** 등은 불과 10여명의 인력으로 **춘천으로** 가는 길목을 지키고 북한군 1만 명의 진격을 1시간 이상 지연시킨 후 전사하였다. ② 6·25전쟁 최초 승전인 춘천지구 전투 승리의 결정적 역할을 하였다.
함안 전투	① 전남·북 및 경남 3개도 경찰관 6,800명과 미군 25사단 일부는 북한군 4개 사단을 격퇴하고 끝내 방어선을 지켜냈다. ② 당시 경남경찰 3,400여명을 지휘한 경남경찰국장은 독립운동가 출신 **최천 경무관**이다.
다부동 전투	① 경북 칠곡군 다부동은 낙동강 방어의 성패를 좌우하는 가장 중요한 전술적 요충지였는데, 55일간의 치열한 전투 끝에 낙동강 방어선을 사수할 수 있었다. ② 당시 불리한 전황에 정부와 군 지휘부가 부산으로 이동하자 대구는 일대 혼란이 가중됐는데, 경찰만은 끝까지 대구 사수를 결의하고 대구에 남아 대구 시민을 보호하였다.
장진호 전투 783	① 미 해병 1사단에 배속되어 있던 한국경찰 '화랑부대' 1개 소대 기관총 부대가 장진호 유담리 전투에서 뛰어난 전공을 거두고 미 해병의 극찬을 받았다. ② '화랑부대'는 미군으로부터 별도 정예훈련을 받고 부대단위로 편제된 경찰관 부대를 통칭하였다. ③ 미군으로부터 인정받은 전투력을 바탕으로 수색·정찰임무 및 전투를 공동으로 수행하였다.

4 전투상황 관련 인물

김해수	① 1948년 간부후보생 3기로 입직 ② 1950년 7월 8일 영월화력발전소 탈환작전 도중 47명의 결사대와 함께 73명의 적을 사살하고 전사하였다.
라희봉	① 1949년 순경으로 입직하였으며, 1951년 순창서 쌍치지서장으로 재직하면서 다수의 공비를 토벌하였다. ② 1952년 11월 700명에 달하는 공비와 전투하던 중 24세 나이로 전사하였다.
권영도	① 경찰 입직 이전 경남경찰 산하 서하특공대에 입대, 산청군 일대에서 공비 소탕작전 선봉으로 나서 공비 23명을 사살하였다. ② 1951년 순경으로 특채되었으며, 1952년 7월 무장공비 소탕 중 26세의 나이로 전사하였음

THEME 05 6·25전쟁이후 1991년 경찰법 제정까지의 주요 경찰 연혁 _A급

경찰관 직무집행법 제정	① 1953년 12월 「경찰관 직무집행법」 제정으로 경찰작용에 관한 기본법을 마련하였다.772 ② 동법 제정 당시 제1조 목적에 '국민의 생명, 신체, 재산의 보호'라는 **영미법**적 사고가 반영되었다.781
제2공화국 헌법	① 1960년 6월 15일에 개정된 제2공화국 헌법 제75조에서 "행정각부의 조직과 직무범위는 법률로써 정하며, 이 때 법률에는 경찰의 중립을 보장하기에 필요한 기구에 관하여 규정을 두어야 한다."는 규정이 신설되었다. ② 4·19 이후 혁명 정신에 따라 제2공화국 헌법은 '**경찰중립화**'를 헌법에 신설하였다.
경찰공무원법 제정 784·785·786	① **1969년** 「국가공무원법(1949)」의 특별법으로 「**경찰공무원법**」 제정되어 경찰공무원을 일반 공무원과 구별하여 규율하게 되었다. 이때 처음으로 치안국장에게 '치안총감'이라는 경찰 계급이 부여되었고, 경찰관 직무에 있어서 직능별 전문화를 기하기 위한 **경과제**를 채택하였다. ② '**경정과 경장**' 계급이 신설되었으며, **치안감 이하 경감 이상에 계급정년제가 도입**되었다. _{경정 X} ③ 1979년 동법 개정시 치안정감 계급이 신설되었고, 1983년 시행된 동법에서는 경위 계급의 계급정년이 도입되었다가, 1998년 경정 이상 계급정년으로 개정되어 현재까지 시행되었다.
치안본부	1974년 12월 24일 정부조직법 개정으로 종래 **치안국장은 치안본부장으로 격상**되었다.787
소방업무의 이관	1975년 8월 치안본부 아래 있던 소방과를 내무부 소방국으로 이전함에 따라서 **소방업무가 경찰업무에서 배제**되었다.764
경찰관직무 집행법의 개정	경찰관직무집행법 제정 당시에는 직무 범위에 관한 규정이 없었는데, 1981년 '경찰의 직무(제2조)'규정이 처음 신설되어 경찰관의 직무의 범위를 구체적으로 정하였다.
정부수립(1948) 이후 1991년 이전의 경찰의 특징	① 독립국가(1948)로서 한국역사상 최초로 자주적인 입장에서 경찰이 운용되었다.789 ② 경찰작용에 관한 기본법으로서 경찰관 직무집행법(1953) 제정하였다. ③ **국가공무원법의 특별법인 경찰공무원법(1969)이 제정**되었다. ④ 종래 식민지배에 이용되거나 또는 군정통치로 주권이 없는 상태하에서 활동하던 경찰이 비로소 주권국가 **대한민국의 존립과 안녕, 대한민국 국민의 생명과 신체 및 재산의 보호라는 경찰 본연의 임무를 수행**하였다.788 ⑤ 해양경찰업무(1953), 전투경찰업무(1968)가 정식으로 경찰의 업무 범위에 추가되고, **소방업무(1975)가 경찰의 업무에서 배제**되는 등 경찰활동 영역의 변화가 있었다.793·794 _{소방업무 추가 X} ⑥ 경찰의 부정선거 개입(1960.3.15) 등으로 정치적 중립이 경찰에 대한 국민의 요청이었던 바, 그 연장선상에서 경찰의 기구독립이 조직의 숙원이었다.791 ⑦ 1991년 경찰법 제정 이전에는 중앙 및 지방경찰은 내무부 및 시도지사의 보조기관으로 관청으로서의 지위를 갖지 못하였고, **경찰서장만 관청으로서의 지위**를 가졌다.

THEME 06 한국경찰사에 길이 빛날 경찰의 표상 _S급

백범 김구 선생 797	**민족의 사표** ① 1919년 상하이에서 수립한 대한민국 임시정부의 **초대 경무국장** ② 1932년에는 직접 대한교민단 **의경대장** 취임하여 일제의 밀정 색출, 친일파 처단 및 상해 교민사회의 질서유지 등 임무 수행 ③ 1940년에는 대한민국 임시정부 주석으로 선출됨 ④ 광복 후 귀국한 김구 선생은 1947년 경무부 교육국에서 출간한 「민주경찰」 창간호에 '자주독립과 민주경찰'이라는 축사를 기고하였고 국립경찰 창설기념 특호에서는 "국민의 경종이 되소서"라는 휘호를 선물하는 등 경찰에 대한 남다른 애정을 보이기도 함
안맥결 총경	**독립운동가 출신 여성경찰관 → 2018년 독립유공자 등록(건국포장 수훈)** ① 1946년 5월 미군정하 **제1기 여자경찰간부**로 임용되며 국립경찰에 투신하였고 1952년부터 2년간 서울여자경찰서장을 역임하며 풍속·소년·여성보호 업무를 담당, 여자경찰제도는 당시 권위적인 사회 속에서 선진적이고 민주적인 제도임 800 ② 1957년 국립경찰전문학교 교수로 발령 받아 후배 경찰교육에 힘쓰다 1961년 5·16군사정변이 일어나자 군사정권에 협력할 수 없다며 사표를 제출하였으며 2018년 독립유공자 등록(건국포장 수훈)됨 807

차일혁 경무관	**호국경찰·인권경찰·문화경찰의 표상**
	① **빨치산 토벌** 당시 이현상을 '**적장의 예**'로써 화장해주고, 생포한 공비들에 대하여 관용과 포용으로 귀순을 유도한 인본경찰·인권경찰의 표상이 됨 801·804
	    └ 호국경찰 └ 인권경찰
	② '절을 태우는 데는 한나절이면 족하지만, 세우는 데는 천년이상의 세월로도 부족하다.'며 **사찰과 문화재를 보호**하였고, 충주경찰서장 재직 당시 '충주직업소년학원'을 설립하여 불우아동들에게 배움의 기회를 제공하는 등 문화경찰의 표본이 됨 802·803·804
	    └ 문화경찰

최규식 경무관, 정종수 경사	**호국경찰의 표상** ① 1968년 1.21 무장공비침투사건 당시 최규식 총경(경무관특진) 등 경찰관 10명이 차단·격투 끝에 청와대 사수함 ② 군 방어선이 뚫린 상황에서 경찰관 최규식(태극무공훈장)·정종수(화랑무공훈장)의 순국으로 대한민국을 지켜내고 조국의 발전을 가능하게 한 영웅적인 사례임
문형순 경감	**민주·인권 경찰의 표상 → 2018년 경찰영웅으로 선정됨** ① **제주 4·3사건** 당시인 1948년 12월, 제주 대정읍 하모리에서 검거된 좌익총책의 명단에 연루된 100여명의 주민들이 처형위기에 처하자 당시 모슬포서장 문형순은 조남수 목사의 선처 청원을 받아들여 이들에게 자수토록 하고, 1949년 초에 자신의 결정으로 전원을 훈방함 ② 1950년 8월 30일 성산포경찰서장 재직 시 계엄군의 예비검속자 총살 명령에 '부당함으로 불이행'한다고 거부하고 278명 방면함 799

안병하 치안감	**민주·인권 경찰의 표상 → 2017년 경찰영웅으로 선정됨** 5·18 광주 민주화운동 당시 무장 강경진압 방침이 내려오자 안병하 국장은 전남경찰들에게 '분산되는 자는 너무 추적하지 말 것, 부상자가 발생하지 않도록 할 것' 등을 지시하고, '연행과정에서 학생의 피해가 없도록 유의하라'고 지시함 → **비례의 원칙**에 입각한 경찰권 행사 및 시위대 **인권보호**를 강조805 (↳ 질서유지 X)
이준규 총경	**민주·인권 경찰의 표상** 1980년 5·18 당시 **목포경찰서장**으로 재임하면서 안병하 국장의 방침에 따라 경찰 총기 대부분을 군부대 등으로 사전에 이동시켰으며, 자체 방호를 위해 가지고 있던 소량의 총기마저 격발할 수 없도록 방아쇠 뭉치를 모두 제거해 경찰관들과 함께 고하도 섬으로 이동시키는 등 원천적으로 시민들과의 유혈 충돌을 피하도록 조치하여 광주와 달리 목포에서는 사상자가 거의 나오지 않았음798·806·808
최중락 총경 812	**대한민국 수사경찰의 표상 → 2019년 경찰영웅으로 선정됨** ① 최중락 총경은 1950. 11월 경찰에 입직(순경 공채), '63·'68·'69년 치안국 포도왕(검거왕)으로 선정되었고 재직 중 1,300여 명의 범인을 검거하는 등 **수사경찰의 상징적인 존재임** ② 1970~80년대 MBC드라마 '수사반장'의 실제모델
김학재 경사 813	① 부천남부서 형사였던 김학재 경사(당시 경장)는 1998년 5월 강도강간 신고출동 현장에서 피의자로부터 좌측 흉부를 칼로 피습당한 가운데에서도 끝까지 격투를 벌여 범인 검거 후 순직 ② 2018년 문형순 서장과 함께 경찰영웅으로 선정
박재표 경위	1932년 전북 진안군에서 태어났고, 24세이던 1956년 8월 13일 제2대 지방의원 선거 당시 정읍 소성(所聲)지서에서 순경으로 근무하던 중 투표함을 바꿔치기(정읍환표사건)하는 부정선거를 목격하고 전주에서 뒤바뀐 사표(死票) 등을 증거물로 들고 서울로 상경해 기자회견을 통해 세상에 알리는 양심적 행동을 함811

TIP 경찰조직의 연혁 _S급

1945. 10. 21.	국립경찰 창설
1946. 01. 16.	경무국을 경무부로 승격
1946. 05. 15.	최초의 여경 모집
1947. 11. 25.	중앙경찰위원회 설치
1948. 09. 03.	경무부를 내무부 치안국으로 격하
1949. 10. 18.	경찰병원 설립
1953. 09.	철도경찰대 폐지
1953. 12. 14.	경찰관직무집행법 제정
1953. 12. 23.	해양경찰대 발족
1955. 03. 25.	국립과학수사연구소 설치
1962. 04. 03.	청원경찰법 제정
1966. 07. 01.	경찰관 해외주재관 제도 신설
1966. 07. 12.	경찰윤리헌장 제정
1968. 09. 01.	전투경찰대 발족(1·21사태 계기)
1969. 01. 07.	① 경찰공무원법 제정 ② 경정·경장 2계급 신설 ③ 2급지 서장을 경감에서 경정으로 격상
1974. 12. 24.	내무부 치안국을 치안본부로 개편
1975. 08. 26.	치안본부 소방과가 내무부 민방위본부 소방국으로 이관
1979. 12. 28.	경찰대학설치법 제정 공포(1981년 1기생 입학)
1982. 12. 31.	의무경찰제도 도입
1990. 10. 13.	범죄와의 전쟁 선포
1991. 05. 31.	경찰법 제정
1991. 08. 01.	① 치안본부의 경찰청으로의 승격 ② 지방경찰국의 지방경찰청으로의 승격
1996. 08. 08.	해양경찰청의 해양수산부로의 이관(해양경찰청 및 하부조직을 내무부(현 행정안전부) 경찰청에서 해양수산부로의 이관)
1999. 05. 24.	경찰서에 "청문감사관제도" 도입
1999. 12. 28.	운전면허시험장을 책임운영기관화하여 경찰청장 직속의 "운전면허시험관리단" 신설
2000. 09. 29.	사이버테러대응센터 신설
2004. 12. 31.	기존 파출소를 지구대·파출소 체제로 개편
2005. 07. 05.	경찰청 생활안전국에 여성청소년과 신설

2005. 12. 30.	경찰병원을 추가로 책임운영기관화 함
2006. 03. 30.	경찰청 외사관리관을 "외사국"으로 확대 개편
2006. 07. 01.	제주특별자치도에 자치경찰 출범
2006. 10. 31.	① 제주지방경찰청장을 치안감급으로 격상 ② 경찰청 수사국 내에 "인권보호센터" 신설(현 경찰청 감사관 내에 인권보호담당관)
2007. 07. 02.	광주·대전지방경찰청 신설
2008. 10. 15.	경기지방경찰청 제4부를 제2차장제로 확대·운영
2012. 01. 25.	① 부산광역시지방경찰청장을 치안정감급으로 격상 ② 부산광역시지방경찰청 차장을 없애고 3부제로 개편
2012. 02. 22.	① 시·도지사 소속으로 2개의 지방경찰청 가능 ② 경찰서장에 경무관, 총경, 경정이 가능(경무관 추가)
2014. 11. 19.	해양수산부 외청인 해양경찰청을 국민안전처 소속인 해양경비안전본부로 이관
2016. 03. 25.	경기도 북부지방경찰청 신설
2020. 01. 13.	경찰과 검찰의 대등 협력관계 구축/'수사는 경찰, 기소는 검찰'이라는 민주적인 분권형 수사구조 구현(개정 형사소송법〈시행 2021.1.1.〉)
2020. 12. 22.	2020년에「경찰법」을「국가경찰과 자치경찰의 조직 및 운영에 관한 법률」로 법제명을 변경하는 등 전부개정 주의 시행일은 2021.1.1부터(전부개정과 구분해야 함)
2021. 01. 01.	국가수사본부 신설

TIP 경찰조직 총알정리

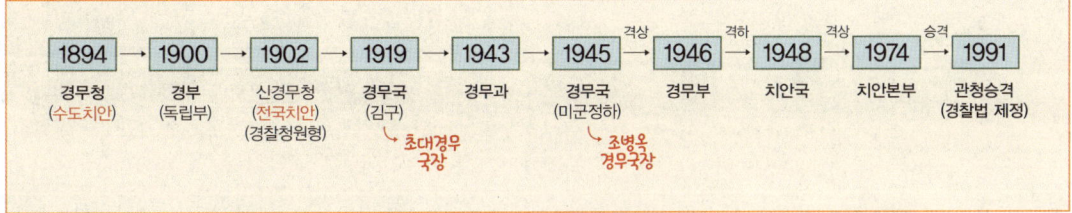

TIP 우리나라에서의 경찰개념의 형성 814-1

대륙법계의 영향	① **프랑스법**의 '경찰권'의 관념은 **독일**의 '경찰'관념 형성에 영향을 주고 **일본**과 우리나라 경찰 개념에 중대한 영향 미침 ② **프랑스**의 「**죄와형벌법전**」→ 일본「행정경찰규칙」→ 우리나라「행정경찰장정」
영미법계의 영향	① 미군정기에 **영미법계**의 민주주의적 이념에 따른 경찰개념이 강조되어 **국민의 생명, 신체 및 재산보호**가 경찰의 책무로 도입 ② **영미법계의 영향**을 받아 수사가 경찰의 임무에 포함 ③ 1945년 국립경찰의 탄생 시 경찰의 이념적 좌표가 된 경찰정신은 미군정의 **영미법계** 영향을 받은 '**봉사와 질서**'임 814 (대륙법계 X)
결론	경찰관직무집행법(1953)에는 **대륙법계와 영미법계의 경찰개념이 모두 반영**

CHAPTER 02
비교경찰

- 01 영국경찰
  - 역사
  - 경찰조직
  - 범죄수사구조

- 02 미국경찰
  - 역사
  - 경찰조직
  - 범죄수사구조

- 03 독일경찰
  - 경찰조직
  - 범죄수사구조

- 04 프랑스경찰
  - 역사
  - 경찰조직
  - 범죄수사구조

- 05 일본경찰
  - 역사
  - 경찰조직
  - 범죄수사구조

THEME 01 영국경찰

1 영국경찰의 역사

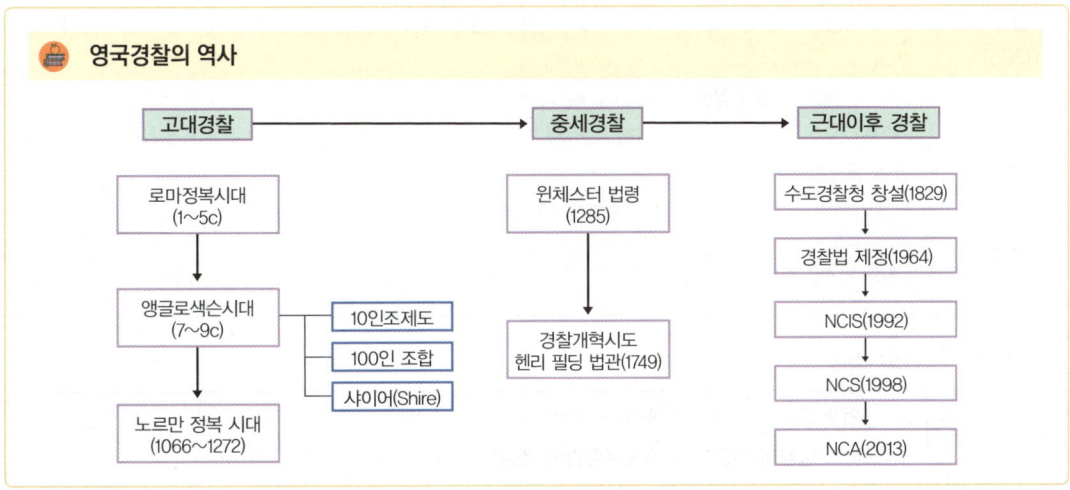

(1) 고대경찰

로마정복시대 (1~5c)		모든 사람은 자기 지역사회의 구성원의 과오에 대하여 **공동으로 책임**을 지며, **범법자에 대하여 복수할 수 있었음**
앵글로 색슨시대 (7~9c)	10인조제도 (Tithing) 815	① 마을마다 10가구를 1조로 편성하여 치안유지의 **연대책임**을 지도록 함 ② **프랭크플래지(Frankpledge)제도** : 국왕의 평화를 달성하기 위한 제도로서 법집행의 보장과 침입부족으로부터 지역사회를 보호하기 위한 것, 12세 이상의 모든 남자가 그 구성원이 됨 816·817 ③ Tithing의 장 : "저놈 잡아라(hue and cry)"라고 고함질러 도적을 추적하고, 범죄자를 체포하며, 형벌을 부과할 책임이 있었다.
	100인 조합 (Hundreds)	① 열 개의 10인 조합은 100인 조합을 형성하여 이들이 질서를 유지 ② <u>Constable</u> : 주민들이 **선출**한 100인 조합의 책임자, 영국 최초의 경찰관 　↳ 현재 순경 계급을 뜻함 ③ Frank-pledge system에 환멸을 느낀 지역주민들에 의해 발달한 대안적 경찰제도
	샤이어 (Shire)	① 여러 개의 100인 조합이 모여 하나의 Shire가 됨(오늘날의 county) ② 리브(Reeve) : **국왕이 임명**한 Shire의 수장, 해당지역에서 조세징수, 치안유지 및 재판권 행사, 1066년 이후 **보안관인 sheriff라 칭함** ※ <u>Constable(주민 선출)</u> → <u>Reeve(국왕 임명)</u> → <u>sheriff(왕이 임명)</u> 　　 ↳100인조합 책임자　　　↳Shire의 수장　　　↳보안관
노르만 정복시대 (1066~1272)		① 범죄를 개인이나 집단이 아닌 **국가가 처벌**하여야 한다는 개념이 출현 ② 헨리1세가 반포한 헨리 법전에서 **국왕에게** 살인, 강도, 강간을 포함한 37종의 범죄에 대한 재판권을 부여함(국왕이 직접처벌)

(2) 중세경찰 → 중세의 공공의 안녕과 질서를 책임지는 단위가 장원(영주가 치안업무까지)으로 바뀜

윈체스터 법령 (1285)	① 윈체스터법령은 약 600여년 동안 중세 영국경찰의 조직과 활동을 규율한 법령임 ② 중소도시에 야경인(Watchman)제도를 도입하여 경찰관(Constable)의 임무를 보좌 → 주·야간 감시제도 (Watch and Ward system 순찰제)818 ③ 앵글로색슨족의 전통인 '저놈 잡아라(Hue and Cry)'를 **명문화**하여 **모든 주민**에게 범죄자 추적 의무를 부과함 ④ **15세 이상 ~ 60세 미만**의 남자들에게 **신분계급에 따라** 일정한 무기와 장비의 보유·비치의무를 부과함 ⑤ 10인조 제도를 **교구경찰**(parish constable)로 대체 → 18세기 말경의 교구경찰은 문맹자나 범죄집단 출신들이 다수를 차지하고 있었으며, 이러한 많은 문제점 때문에 교구경찰은 근원적 수정을 요구함 ⑥ 중요범인의 체포, 공공도로의 단속 등에 관하여 규정
경찰개혁 시도	헨리 필딩 법관(1749)이 만든 **절**도체포대, **기**마순찰대, **도**보순찰대는 후에 경찰청의 기본이 됨 **절기도**819

(3) 근대이후 경찰 _B급

수도경찰청 창설 (1829)	① 산업혁명으로 인구집중에 따른 치안수요가 급증하자 이에 대응하기 위해 내무부장관이었던 **로버트 필경의 제안으로 수도경찰법이 제정**되고 수도경찰청 창설(1829)828 ② 최초의 관료주의적 경찰조직 ③ 지방경찰조직을 통·폐합하였으며, 경찰의 계급과 제도 및 정복착용 등의 개혁을 통하여 근대 영국 경찰의 기초를 확립 ④ 수도경찰청은 내무부장관의 관리를 받는 **준국가경찰**이었으나, 2000년 7월부터 **자치경찰화**됨 ⑤ 로버트 필이 경찰청장으로 임명, 그의 애칭 Bobby는 영국경찰의 상징으로 불림
경찰법 제정 (1964)	① 1964년 **경찰법**에 의하여 수도경찰청과 런던시를 **제외**한 모든 경찰본부가 관리기구인 경찰위원회로 통합됨820 ② 경찰의 관리와 운영에 있어서 내무부장관, 경찰위원회, 지역경찰청장간 **3원체제**를 규정
경찰개혁법 (2002)	영국 경찰의 2002년 「경찰개혁법」(Police Reform Act 2002)이 제정되어 지방경찰위원회 및 지방경찰청장에 대한 내무부장관의 권한이 **강화(약화X)** 되었다.821 → 2011년 「경찰개혁 및 사회책임법」으로 내무부장관 권한 **약화**
국립범죄청 (NCA)	① 2006년 SOCA를 만들어 이전 국립범죄정보국(NCIS)과 국립범죄수사대(NCS)를 대체했지만, 영국의 **국립범죄청(NCA)은 2013년 중대조직범죄청(SOCA)과 아동범죄대응센터(CEOPC)를 통합**하여 출범825 ② 임무 : 테러, 통화위조, 조직범죄, 국제인신매매, 마약과 무기거래 등을 **내무부의 책임 하**에 담당824 ③ 영국의 경찰제도의 창설 순서 : **수도경찰청(1829) → NCIS(1992) → NCS(1998) → SOCA(2006) → NCA(2013)**822
	중앙(국립)범죄정보국 (NCIS 1992년)823	① 각종 범죄정보의 수집·제공을 위해 내무부장관 직속으로 창설 ② **국제형사경찰기구(Interpol) 영국지부**의 기능을 수행
	중앙(국립)범죄수사대 (NCS 1998년)	① 기존의 광역수사대를 일원화하여 중대한 범죄와 광역범죄·조직범죄·국제범죄의 수사를 전담하게 함 → 미국의 FBI와 유사 ② 중앙범죄수사대관리위원회(NCSA)의 관리하에 있음

(4) 로버트 필경이 제시한 경찰개혁을 위한 지침 _S급826·827

① 경찰은 안정되고 **능률적**으로 조직되어야 한다.
② 경찰은 **정부의 통제**를 받아야 한다.
③ 경찰관서는 시민이 쉽게 찾을 수 있도록 **시내 중심지**에 두어야 한다.
④ 경찰력의 배치는 시기별 또는 지역별 특성을 고려해야 한다.
⑤ 적격자를 선발하여 훈련시키는 것이 **능률성 확보**의 근본요소이다.
⑥ 경찰관의 채용에는 시보(수습)기간을 두어야 한다.
⑦ **완전한 감정통제** 이상으로 경찰관에게 절대 필요한 자질은 없으며, 평온하고 결의에 찬 태도는 실력행사 이상의 효과를 갖는다.
⑧ 단정한 외모가 시민의 존경을 얻는다.
⑨ **모든** 경찰관에게는 식별번호가 부여되어야 한다.
⑩ **모든** 경찰활동은 **문서로 기록**을 남기어 차후 경찰력의 적절한 배치를 위한 기준이 되도록 하여야 한다.
⑪ 범죄발생 사항은 반드시 **전파**되어야 한다.
※ 모방범죄 예방을 위해 범죄정보는 유출되어서는 안 된다. (X)
※ 로버트 필경이 제시한 경찰원칙(윤리적 지침)중에서 언제나 경찰의 효율성은 범죄와 무질서의 감소나 부재로 판단되는 것이지 **(예방)** 범죄나 무질서를 **진압**하는 가시적인 모습으로 인정받는 것은 아니다.
→ 진압 X

2 영국의 경찰조직(잉글랜드와 웨일즈 경찰)

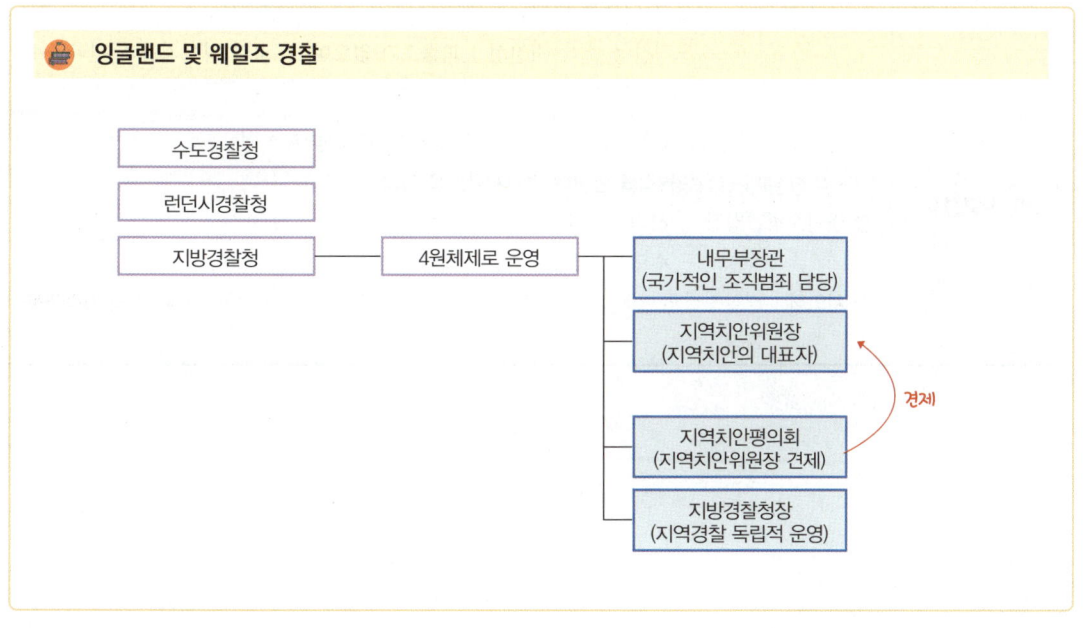

(1) 특징

① 영국의 지방경찰은 **1964년 경찰법**에 의해 3원체제(지방경찰청장, 지방경찰위원회, 내무부장관)로 운영되었으나, 2011년 「경찰개혁 및 사회책임법」에 따라 **4원체제**(지역치안위원장, 지역치안평의회, 지방경찰청장, 내무부장관)로 변경하면서 **자치경찰의 성격을 강화**함[834]
  → 약화 X
② 수도지역에 2개의 독립된 경찰조직(수도경찰청과 런던시경찰청)존재
③ 분권적인 자치경찰제도를 채택하여 민주성을 추구하는 한편 중앙통제장치를 강화함으로 **절충형 경찰체제** 채택

(2) 수도경찰청과 런던시경찰청

수도경찰청 (Metropolitan Police Service)	설립	① 1829년 창설 ② 내무부장관이 직접 관리하는 형태(**준국가경찰**) → 2000.7.부터 **자치경찰로 전환**[830·831·832]
	수도 경찰청장	① 임명 : **내무부장관의 추천**(런던시장의 의견 수렴) → **영국여왕 임명**[829] ② 자격 : **치안법관 자격**(단, 법정에 출정하여 재판할 수는 없음) ③ 수도경찰청장 직속으로 재무관(차장과 동일한 직위)이 있음 ④ 수도경찰청 자문위원회는 수도경찰청장을 **자문** 　　→ 경찰에 대한 관리·통제 X ⑤ 수도경찰청 하부조직 : 외근형사국, 기획국, 인사교육국, 특별업무국이 있음, **각 국의 국장**은 내무장관 추천으로 **국왕이 임명**, 각 국의 보좌관이 국장으로 업무를 담당[833] ⑥ 수도경찰청 소속 경찰서 : **파출소가 없으며**, 우리의 경우처럼 일선파출소를 두고 대민업무 처리를 하지 않음
런던시경찰청 (City of London Police Service)		① 운영 : 런던시경찰청은 수도경찰청과는 **독립된 자치체경찰**로 운영 ② **시의회 내의 경찰위원회를 통하여 런던시경찰을 관리** ③ 런던시경찰청장 – 시의회에서 임명 　　　　　　　　– **수도경찰청장과 동일한 직급 및 명칭**(Commissioner)가짐 ④ **시의회** : 경찰청장의 임명, 경찰예산의 의결, 법률의 집행에 필요한 규칙, **조례 제정권을 가짐**

(3) 4원체제 구성 _B급

내무부장관	① 국가적인 조직범죄 담당 ② **지역경찰청장** 중에서 **국립범죄청장 임명** ③ 지방경찰 **예산의 50% 이하를 지원**하고 그 사용에 대해 합법성 및 합목적성을 감사 ④ 전략적 경찰활동 요구조건 및 국립범죄청을 통하여 국가적인 범죄대응과 관련 지역경찰에 대한 임무부여 및 조정
지역치안위원장	① **지역치안의 대표자**(지역주민의 선거에 의하여 선출) ② **지역경찰청장 및 차장의 임명 및 해임권**[836] ③ **예산 및 재정 총괄권**[835] ④ 지역치안계획 수립(필수적으로 전략적 경찰활동 요구조건) ⑤ 임기 : **4년**, 한번 연임가능
지역치안평의회	① **지역치안위원장 견제** ② 지역경찰의 예산지출에 대한 감사권 ③ **지역치안위원장에 대한 정보 및 출석요구권** ④ 지역치안위원장의 업무에 관해서 조사의뢰 및 주민소환투표실시 ⑤ 지방세, 예산안, **지역경찰청장 임명에 대한 거부권**[837]
지방경찰청장	① 지역경찰의 실질적이고 독립적인 운용 ② **지역경찰에 대한 독립적인 지휘 및 통제권**[838] ③ **차장이외**의 모든 경찰관 인사권有, 일상적인 예산 운용권 ④ 2013년 범죄와 법원법에 의거 국립범죄청이 신설되는 등 4원체제가 시작되었음에도 **지역경찰청장의 권한은 거의 변함이 없음**

3 영국의 범죄수사구조(잉글랜드와 웨일즈)

검찰과 경찰간 관계		검찰과 경찰(수사기관)은 조직과 업무상 완전한 독립이나, 항상 긴밀한 **협조관계**를 유지함
검사 (기소관)		① **기소권**(1986년 국립기소청 설립 이후), 예외적 직접 수사권 ② 경찰불복위원회의 징계요청에 따른 간접적 감독, 기소청장(검찰총장)의 소추권행사지침에 의한 직무감독
경찰	의무	① 예외적으로 경찰관에 대한 고소사건 수사에서 검사의 명령에 복종의무 ② 법무부장관 또는 기소청장(검찰총장)에게 관할지역내의 범죄정보 보고의무 및 범죄자 체포 후 치안법관에게 인치의무
	권한	① 독자적 수사권(수사의 주체) ② **모든 수사**는 원칙적으로 **경찰이 담당**(각 경찰청장의 권한과 책임 하) ③ 경찰은 불심검문권, 압수·수색권, 체포·구금권, 피의자신문권, 참고인조사권 기타 증거조사권을 가짐 ④ **경찰은 직접 법관에게 영장을 청구할 수 있으며**, 5년 이상의 구금형에 해당하는 범죄 또는 미수죄의 피의자는 영장 없이 체포할 수 있음(약식체포: 법관의 영장없이 체포할 수 있는 제도).840·841 ⑤ 기소여부에 관한 1차적 판단권(불기소처분에 대한 독자적 수사종결권도 가짐) ⑥ 1986년 국립기소청이 설립되기 전까지는 기소와 공소유지까지도 경찰이 모두 담당 ※ 1985년 범죄소추법 제정으로 국립기소청(CPS)이 창설된 이후 기소권은 검찰에 이전되어 검찰이 기소를 전담839

THEME 02 미국경찰_C급

1 미국경찰의 역사

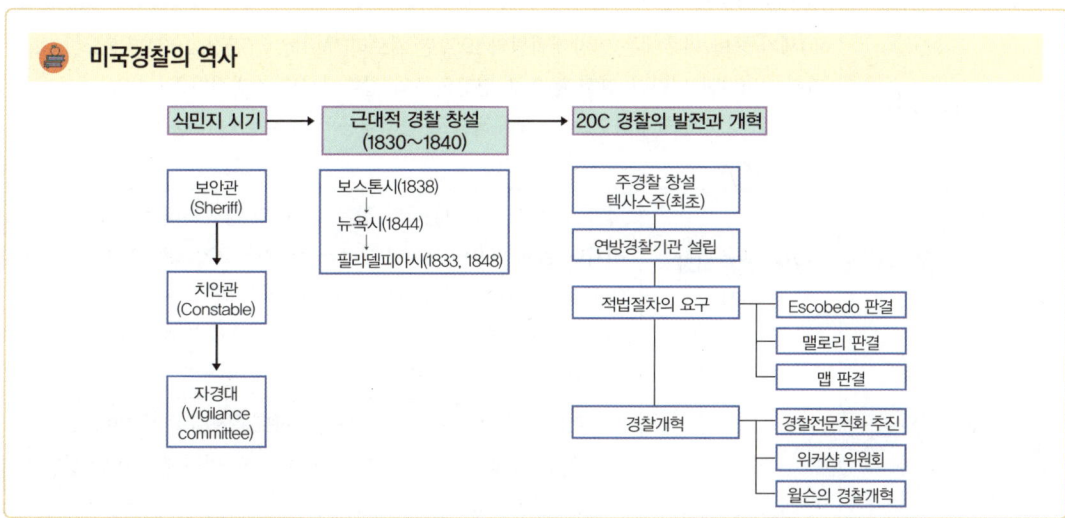

(1) 식민지시대 ~ 근대 경찰

식민지시대	① 영국 영향 : 영국은 식민통치를 위하여 미국 내에 지역사회를 기반으로 하는 법집행기관들을 조직하였는데, 영국의 보안관(Sheriff)과 치안관(Constable), 야경원(Watchman 파수꾼)제도가 도입되면서 **영국은 미국의 경찰제도에 영향을 줌**[842] ② 식민지시대 미국의 경찰제도 <table><tr><td>보안관(Sheriff)</td><td>형사법 집행 뿐만 아니라 세금징수·도로 건설 등 지역행정 수행</td></tr><tr><td>치안관(Constable)</td><td>선거직에서 출발하여 나중에는 임명직이 되고, 법집행과 질서유지함</td></tr><tr><td>야경원(Watchman 파수꾼)</td><td>① 주민들이 자발적으로 구성함, 대부분이 지역사회 엘리트 계층 ② 순찰 등 범죄예방활동</td></tr></table>③ 도시경찰로 발전 – **미국 도시경찰의 시초는 1631년 보스톤시의 야경제도**[843]
독립초기 (1776 ~ 1790년대)	① 영국식 경찰제도에 대한 개혁 전개 ② 뉴욕시에서 새로운 경찰계급 창설(시장, 상급치안관, 치안관, 보안관, 야경원으로 구성) ③ 연방지방검사제도 창설
근대적 경찰 창설 (1830 ~ 1840년대)	① 종래의 치안관(Constable)과 보안관(Sheriff), 야경원(Watchman)만으로는 대처할 수 없게 되자 경찰제도의 개혁이 행해짐 ② 런던 수도경찰청을 모델로 한 보스톤경찰청(1838)을 필두로 대도시에서 경찰개혁이 시작되어 근대적 경찰이 창설됨 ③ **보스톤시(1838), 뉴욕시(1844), 필라델피아시(1833, 1848)** 등 대도시에서 경찰개혁이 시작 → **최초의 제복경찰관이 등장**[845] 되어 근대적 경찰이 창설됨[846]

※ 미국의 경찰이 고도로 **분권화된 체제**를 갖추게 된 것은 강력한 중앙정부에 의해 시민의 자유와 권리가 침해당할 것을 우려한 미국인들의 '**작은 정부 지향사상**'에 기인

(2) 20c 경찰의 발전과 개혁 _A급

주(州)경찰기관 창설		1835년 텍사스주에서 미국최초로 주경찰을 창설(멕시코와의 국경경비 전담목적) 주텍844
연방경찰기관 설립		① 일반치안유지는 주의 임무로서 자치단체가 담당하였지만 주간(州間) 통상, 화폐위조, 도량형 표준화, 우편사무의 증가, 범죄의 광역화 등의 이유로 연방 경찰의 필요성이 대두 ② 특별업무국(Secret Service, 1869) 창설, 연방범죄수사국(FBI, 1935) 창설
적법절차의 요구		20세기 중반 이후에는 연방대법원의 1957년 멜로리(Mallory) 판결, 1964년 Escobedo 판결, 1966년 미란다 판결 등으로 경찰업무의 집행에서도 적법절차(Due Process of Law)를 강하게 요구하였으며, 상대적으로 범죄대응의 효율성보다 인권보호에 중심을 두는 시기851
경찰개혁	경찰 전문직화 추진 855	'경찰로부터의 정치분리와 정치로부터의 경찰분리'를 기본목표로 리차드 실베스타(Richard Sylvester)와 오거스트 볼머(August Vollmer, 현대 미국경찰의 아버지) 등에 의해 추진됨852·853 → 볼머는 경찰관을 선임할 때 엄격한 기준을 도입(지능·정신병·신경학 검사)할 것을 주장854
	위커샴위원회 (Wickersham Commission) 849·850	① 1929년 후버 대통령이 형사사법제도를 연구하기 위하여 설치 (오거스트 볼머가 주도, 1931년 준법 및 법집행에 대한 실태조사위원회에서 보고서 제출) ② 경찰에 대한 정치적 간섭의 배제 ③ 근무조건의 개선(임금 및 복지개선) ④ 경찰 교육훈련체계의 개선(경찰관 채용기준 강화, 교육훈련 증대의 필요성) ⑤ 경찰의 기술혁신 등을 제시하여 직업경찰제도의 확립을 추진
	윌슨 (O.W.Wilson) 847·848	① 경찰의 조직구조 ② 순찰운용(자동차 순찰, 1인 순찰제도)856·857 [도보순찰 X] ③ 통신의 효율성 제고를 통한 경찰업무의 혁신과 전문직화를 주장 조순통

2 미국의 경찰조직

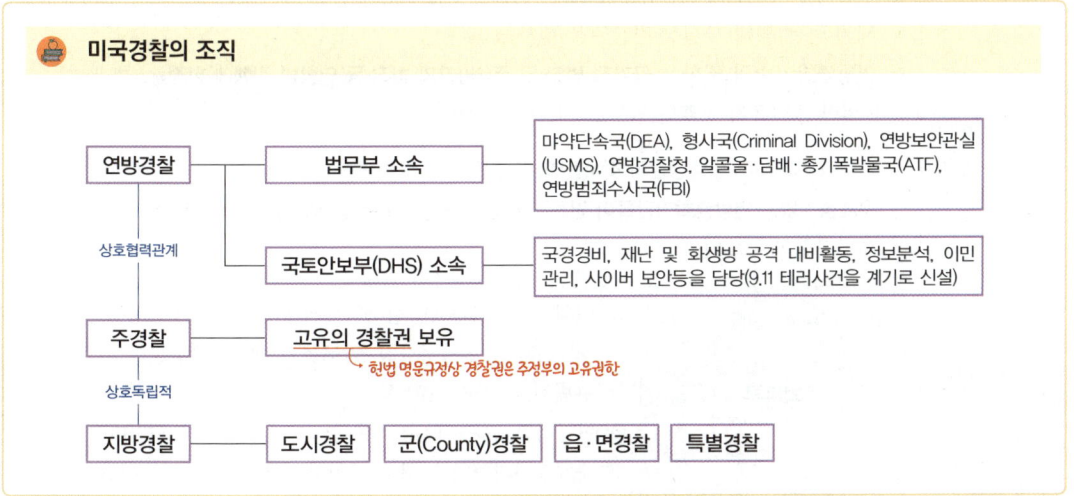

(1) 특징

경찰조직	① 연방경찰과 주경찰, 지방경찰로 **분권화**되어 있으며, 지방경찰로서 특별경찰등이 있음 ② 19세기 미국경찰은 비전문적이고 부패와 비능률이 지배하고 있었으며, 지나친 **지방분권화**와 정치적 영향으로 효과적인 범죄대처가 불가능하게 되었기 때문에 주경찰기관이 조직되었음
분권형 경찰체제	우리의 경찰청처럼 전국의 경찰을 일원적으로 지휘하는 제도나 기구가 없고, 연방경찰과 주경찰 및 지방경찰 **상호간은 지휘·감독관계가 아닌 협력·지원관계**
경찰권	헌법의 명문규정상 **경찰권은 주정부의 고유한 권한**
민간경찰	미국의 민간경비업의 발달은 서부개척 당시에 역마차나 철도를 통한 금괴나 현금수송을 보호하기 위해 경호경비를 전담하는 경비회사가 생겨난 데서 비롯됨
노동조합	경찰 노동조합이 인정되나(경찰관의 70%이상이 노조가입), 전국적 차원의 노동조합은 없으며, 신분보장에 있어 한국보다 강하다고 할 수 없음

(2) 구성

연방경찰		① 연방정부는 **헌법의 명문규정상으로는 경찰권이 없으나**, 헌법상의 과세권 및 주간(州間)통상규제권 등에 의해 사실상 경찰권을 행사858·859 ② 연방경찰기관의 권한은 **국가적 범죄 및 주(州)간의 범죄 등 연방법 집행에 한정**864 → 일반 치안유지는 **주**의 임무로 지자체가 담당 ↳ 연방정부 X ③ **지방정부에 비해 연방경찰의 정비는 아주 완만**하게 이루어졌다.872 ④ 문제점 : 많은 연방경찰기관들이 난립되어 임무가 중복되는 등 비능률적·비경제적861 ⑤ 연방경찰의 주요기관
	법무부 ↳ 연방항공국X, 시크릿 서비스 X	① 마약단속국(DEA), 형사국(Criminal Division), 연방보안관실(USMS), 연방검찰청, 알코올·담배·총기폭발물국(ATF) 연방범죄 수사국(FBI) 등 ② 연방범죄수사국(FBI) 이외에는 모두 특정한 법영역만을 담당862 ③ 국제형사경찰기구 미국 중앙사무국이 설치되어 있어 각국 경찰기관과 범죄정보의 교환, 수사의 협력이 주임무
	국토안보부 (DHS)	① 2001. 9.11테러사건을 계기로 대테러 대책으로 신설(**법무부 소속 아님**)860 ② 미국을 대상으로 한 국내외의 테러공격을 예방하고 국민을 보호하고, 국경경비, 재난 및 화생방 공격 대비 활동, 정보 분석 이민 관리, 사이버 보안을 담당
주경찰		① 연방수정헌법 제10조는 **경찰권은 각 주에 유보**되어 있어 헌법상 각 주정부는 고유한 권한으로 경찰권을 가짐 ② **주경찰은 실질적인 경찰권을 행사**함으로써 **연방경찰의 제한적인 활동에 비해 경찰권의 행사 범위가 훨씬 광범위함**878 ③ 주경찰과 연방경찰은 **상호협력관계**(상하복종관계 X)
지방경찰 879		① 미국경찰의 핵심 ② **주경찰과는 상호독립적**이며 주경찰은 지방경찰에 대한 기능적 보완관계 ③ 도시경찰, **군경찰**, 읍·면경찰, 특별경찰(특별구경찰, 공원경찰, 대학경찰, 지하철 경찰 등) ※ **군경찰(보안관)**(County Sheriff)은 범죄수사 및 일반치안(순찰) 업무뿐만 아니라 군유치장과 군법원의 경비업무도 담당하는 경우가 많고, **대부분의 주(State)**에서 군 보안관 선출은 **지역주민의 선거**로 이루어짐869 ↳ 로즈아일랜드와 하와이 2개주만 제외

(3) 연방범죄수사국(FBI: Federal Bureau of Investigation)_B급

연혁	시어도어 루즈벨트(Theodore Roosevelt) 대통령의 지시로 1908년 **법무부 소속의 수사국**으로 창설 → 재무부 X → 1924년 후버가 국장이 되면서 획기적으로 발전 → 1935년 프랭클린 D. 루즈벨트(Franklin D. Roosevelt) 대통령 시기에 법무부 수사국이 미국 연방범죄수사국(FBI)으로 개칭. FBI는 화폐위조사범증가, 도량형표준화, 주간통상증가, 우편사무 증가 등의 필요성에 의해 창설865·866 ※ 1942년 Hoover의 개혁조치 : 기관의 규모축소, FBI 경찰학교의 설립, 범죄자료의 수집과 분석을 위한 연구소 설치
임무	① 연방범죄의 수사(약취유인, 자동차절도, 은행 강·절도, 항공기파괴, 장물의 주(州)간 운반, 수표위조행사, 주요 도망 범죄 등 약 150여종), 국내 공안정보수집, 공무원 신원조사, 범죄감식, 범죄통계작성, 지방경찰의 교육·훈련 등 → 지방경찰에 대한 수사지휘권이 없다.870 ② 미국의 연방수사국(FBI)은 2001년 9.11 테러 이후 대테러 센터와 대확산센터를 만들어 테러예방과 수사에 많은 역량을 집중867
조직 및 임명	① 1908년 이래 워싱턴D.C에 본부를 둠 ② FBI 국장은 대통령이 임명하며, 통상적인 직무에 관하여는 **법무부장관의 지휘·감독 받음**

(4) 도시경찰(Municipal Police)

의의	① 미국 **지방경찰의 주력** ② **법집행기관 중에서 가장 규모가 크고 중요** → 뉴욕시경찰청이 가장 규모가 큼 874·875
기능	① 주 헌법은 도시경찰의 권한을 추상적으로 부여 → 외근경찰활동에 최우선을 두고 순찰실시 ② **우리나라의 파출소에 해당하는 말단조직이 없으며**, 대부분 형사(수사)부서는 **경찰서 소속이 아니라 시 경찰국**에서 직접 운용(경찰서장의 지휘를 받지 않고 타부서와 상호 인사교류도 되지 않음).876·877
관리형태	① 미국의 도시경찰의 관리형태는 자치체정부의 형태에 따라 **다양**868 ② 도시경찰 관리형태 중 1900년대 대도시를 중심으로 발달한 것으로 사회의 전문화, 다양화와 범죄의 증가 등에 대응하기가 용이하다고 평가되는 유형은 **단일경찰관리자제도**873
문제점	① 법집행기관의 난립과 지나친 분권화로 인한 상호협력의 미비 ② 경찰관의 아르바이트 등 부업행위

3 미국의 범죄수사구조

경찰과 검찰과 관계	① 수사의 권한(수사 개시·진행종결)은 경찰, 공소제기는 검사에게 각각 구분되어 있음 ② 검찰(연방경찰, 지방검찰)과 경찰은 **상호협력관계**를 유지	
검사	① **소추권(기소권)**, 예외적으로 수사지휘 ② 검사는 경찰의 수사에 대한 **일반적인 지휘권이 없음**. 다만, 특별한 사건에 대하여 직접 수사하기도 하고 개별사건에 대한 기소결정과정에서 수사방향과 증거수집에 관하여 예외적으로 경찰의 수사를 지휘가능 ③ 경찰력이 약한 군(County)지역에서는 검사가 독립적으로 형사를 모집·활용하거나 경찰에서 파견된 형사를 지휘하여 경찰과 독립적으로 수사를 하는 경우도 있음	
경찰	의의	① 경찰은 **독자적 수사권**을 가지며, 기소가치가 없다고 판단되는 사건에 대하여 독자적 수사종결권을 가진다. ② 연방경찰은 **연방범죄사건**에 대하여(지방사건에는 관여 X), 주경찰과 지방경찰은 연방범죄사건 이외의 사건에 대한 독자적 수사권을 가진다.
	수사상 권한과 의무	① **체포전 구금 또는 일시구금제도** : 불심검문시 합리적인 의심이 있는 경우에 정지시키고 질문·동행요구 및 신체수색이 가능하며, 2시간 이내의 신체구금권 인정 (판례법상 인정되어 몇 개 주에서 명문화) ② **미란다원칙에 의해 범죄자 체포시 변호인의 조력을 받을 권리와 진술거부권 고지의무** : 우리 형사소송법은 체포시 체포이유, 변호인선임권, 변명의 기회를 주도록 하고 있으나, 진술거부권고지는 체포시가 아닌 피의자·피고인의 진술을 듣기 전에 하도록 하고 있다.

THEME 03 독일경찰 _C급

1 독일의 경찰조직

📚 **독일경찰의 조직**

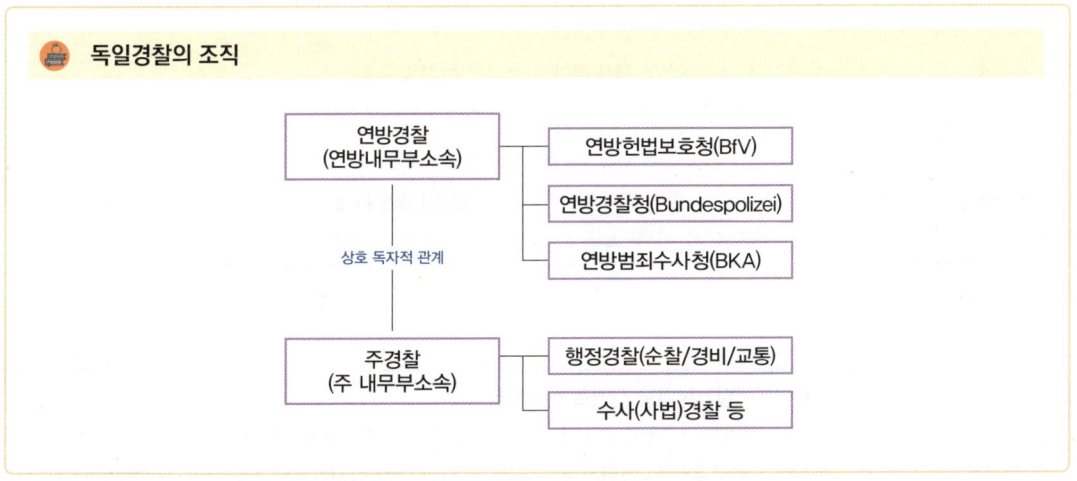

(1) 특징

경찰권의 소재	① 독일 기본법상 경찰권은 **원칙적으로 주정부**에 속하며, 다만 전국적인 특수상황에 대비하기 위하여 **연방경찰이 병존**(최근 연방경찰의 업무범위가 **점차 확대 됨**)895 *→연방경찰 X →축소 X* ② 1949년 제정된 독일기본법에 따르면 일반경찰행정권을 주정부에 부여하여 **각 주는 고유한 경찰법을 제정**880 ③ 대부분의 주경찰은 주단위의 **국가경찰체제**를 채택897·900 *→자치경찰체제 X* ④ 주는 연방정부 및 다른 주와 완전히 **독립적인 지위**를 가짐. 다만, 각 주의 수상은 주에 대한 급박한 위험이 있는 경우에 다른 주경찰이나 연방경찰의 지원을 요청할 수 있음 　→ 연방범죄수사국에 수사를 의뢰할 권한을 가진 관청은 주마다 다름
특징	① 경찰의 임무와 조직구조가 **보수적 관료체제** ② 전국적으로 **통일된 계급과 제복**을 가짐 ③ 민주성, 분권성, 봉사성 보다 **능률성, 집권성, 전문성** 강조 ※ 우리와 같은 **국가경찰위원회**와 **시·도자치경찰위원회제도**나 일본과 같은 공안위원회제도가 **없으며, 일반시민들이 경찰행정과 관련한 정책결정에 참여할 수 있는 공식적인 조직이 거의 없음**901 ※ 지나친 집권성에 따른 역기능 방지를 위해 자치제의 부분적 도입이나 민간인 참여제도 도입이 행해지고 있음

(2) 연방경찰과 주(州)경찰의 관계

연방경찰	① 연방경찰은 연방정부의 내무부 소속 ② **연방경찰은 국경경비와 전국적인 특수한 업무만을 담당**894·902 ③ 연방내무부장관은 연방 내의 치안정책에 관하여 책임을 지며 연방의회에 출석하여 치안정책에 대하여 설명할 의무가 있음 ④ 연방내무부장관은 주경찰에 대하여 원칙적으로 **재정부담의무나 지휘통솔의 권한을 갖지 않음**896
주경찰	① 주경찰은 주정부의 내무부에 소속 ② 주경찰이 지역치안을 전담. **독일경찰의 핵심은 주경찰**899·902 ③ 주는 연방정부 및 다른 주와 완전히 독립적인 지위를 가짐
상호관계	① **연방경찰과 주경찰은 상호 독자적 관계임** → 상명하복관계 X 892·893 ※ 연방정부의 내무부와 주정부의 내무부도 **상호독립적인 관계** ② 원칙적으로 양자 간에 지휘·감독관계(상명하복관계)는 인정안됨

(3) 연방경찰 _B급

연방헌법보호청 (BfV)	① 1950년 독일기본법을 근거로 설치되었음882 ② 국가방첩임무와 반국가단체 및 인물에 대한 감시(극좌·극우의 합법·비합법단체, 스파이 등 기본법 위반의 혐의가 있는 모든 행위에 대한 감시업무와 정보수집·분석업무)883·887·891 ③ 반헌정질서 및 범죄자에 대한 정보수집 및 배포업무 ④ **법집행권한이 없어 독자적으로 수사**나 구속, 압수, 수색 등의 업무를 할 수 없으며(수사권이 없음), 심문을 위한 소환이나 강제수단을 행할 수 없다. 다만, 정보수집을 위하여 의회의 감독 아래 전화감청을 할 수 있음881·884·885 ⑤ 각 주에는 내무부산하에 주헌법보호청이 설치됨. 단, 연방헌법보호청과 상하관계가 아닌 **상호협력**(대등한 협조)체제를 유지886 ⑥ 군정보기관인 연방정보지원처(연방헌법보호국의 하급기관이 아님)와 정보수집에서 <u>협조관계</u> 　　└→ 지휘 X
연방경찰청 (Bundespolizei)	① 내무부장관 소속하의 연방제복경찰 ② 국경경비 및 해양오염방지 ③ 헌법기관(예 연방의회·대통령·헌법재판소) 및 외국대사관 등의 안전보호898 ④ 대테러업무(대테러부대인 GSG-9) ⑤ 국가비상사태의 방지업무(연방정부의 결정으로 국경경비대 투입)
연방범죄수사청 (BKA)	① 연방내무부 산하 **외청** ② **내무부장관 추천**에 의하여 연방내각에서 임명되는 정무직 공무원(연방헌법보호청장과 동급) ③ 반국가적 범죄 및 국제적·광역적 범죄와 조직범죄 수사업무 담당, 그러나 수사경찰의 총본부는 아니며, 범죄수사분야에서 각 주 경찰의 수사활동을 지원함 　→ 전국 범죄수사에 대한 실질적, 일반적 지휘권은 존재하지 않음890 ④ **Interpol**(국제형사경찰기구)의 독일사무국 기능 수행 – 외국과의 수사협조업무를 수행889 ⑤ 경찰분야의 전산업무 및 수사경찰의 교육업무도 담당 ⑥ 국가의 기능을 보장하기 위해 연방헌법기관 요인들에 대한 신변경호 임무도 담당888

(4) 주경찰

특징	① 대부분의 주는 주단위의 국가경찰제도를 채택900 ② 각 주는 주경찰법에 따라 주경찰을 독자적으로 운영 ③ 주경찰조직은 주경찰청에서 파출소에 이르기까지 피라미드구조로 이루어짐
각 주의 내무부	① 주의 최상급 경찰관청 ② 내무부장관이 소속 각급 경찰관서를 지휘·감독 ③ 주경찰법의 시행을 위한 각종 법규명령, 행정규칙 등을 제정
주경찰의 기능별 조직	① 각 주는 통상 경찰조직을 기능별로는 행정경찰(순찰/경비/교통), 수사(사법)경찰, 행정지원(경무기능)의 3개 기능이 있음(그 외 일부 주에서는 수상경찰이 있음) ② 대부분의 주경찰은 크게 행정경찰과 사법경찰로 나뉘어 각각의 임무수행 → 각 주는 주범죄수사국을 설치하여 주의 범죄사건을 수사하며, 연방범죄수사청(BKA)과 업무협조를 함

2 독일의 범죄수사구조

경찰과 검찰과 관계	경찰(수사보조자)과 검찰(수사주재자)은 **상명하복관계**903·906 ↳ 상호협력관계 X	
검사		① **수사주재자**(직접 또는 경찰을 지휘하여 수사하며 기소권 가짐)905 ② 검사는 경제사범, 테러범, 정치범, 강력범의 경우에만 수사에 관여하고 기타 경미한 사건은 경찰에 **독자적 수사를 위임하여 경찰이 실질적으로 수사를 주도**907 ③ 검사는 경찰의 수사활동 전과정에서 수사가 법적 하자 없이 적정하게 이루어지도록 감독할 의무가 있음 ④ **검찰은 수사권과 기소권을 모두 가지고 있으나**, 검찰은 자체적인 집행기관이 없어 '팔 없는 머리'로도 불리고, 경찰은 '머리 없는 손'의 역할을 함으로써 긴밀한 관계를 유지908
경찰	의의	① **수사의 보조자**(검사의 지휘·감독 하에 수사) ② 경찰도 **독자적으로 수사에 착수할 권한과 의무**가 있지만, 수사활동에 있어 검사의 명령에 복종하여야 함904 ③ 수사 후 지체없이(증거보전 및 신속한 조사 후에) 사건을 검찰에 송부하여야 하며, 현행범 체포시 다음날까지 검사의 신청에 의해 법관으로부터 구속영장을 발부받아야 한다. ④ 변사체 발견시 보고의무 및 매장할 때 검사의 허가필요
	수사상 권한	① 현행범은 누구나 체포할 수 있음 ② 경찰의 구속기간은 원칙적으로 6개월이고, 고등법원의 결정으로 몇 번이라도 갱신이 가능. 다만, 재범의 우려를 이유로 하는 구금은 1년을 초과할 수 없음 ③ 피의자의 신원확인이 안될 때 12시간 이내에서 피의자의 신체를 유치할 수 있음(임시체포). ④ 검사는 긴급을 요할 경우, 영장 없이 우편물의 압류·개봉 및 전신전화의 검열을 할 수 있음 ⑤ 테러단체구성원의 피의자에 대하여는 변호사의 접견교통권을 제한할 수 있음

THEME 04 프랑스 경찰_C급

1 프랑스경찰의 역사

프랑스대혁명 이전의 경찰제도	① **프레보** : 파리의 치안을 유지하기 위해 창설한 국왕친위순찰대인 프레보가 **재판과 경찰을** 담당(**프랑스 경찰의 시초**)910 ② 영주로부터 자치권을 획득한 **시**(Commune, 코뮌)의 시장이 질서유지를 위해 경찰권을 행사하기 시작하면서 자치체경찰이 시작(오늘날 **지방자치경찰의 시초**) ③ 1667년 루이14세는 프레보에서 경찰업무를 분리하여 파리경찰국을 창설
프랑스대혁명 (1789)후 경찰제도	① 혁명정부는 파리경찰국장(경찰대신)을 없애고, 경찰업무를 지방자치단체장에게 속하게 하는 **지방경찰체제**를 수립(강화) 〔국가경찰체제 X〕 ② 나폴레옹의 경찰개혁 : 파리경찰청 창설(1800), 지방군경찰사령부 설치

근대프랑스 경찰	① **중앙집권적**(지방분권적 X) 국립경찰제도 강화
	  1. 내무부안에 경찰청 창설(19c)
	  2. 국립경찰청(1934, **파리지역을 제외**한 지역의 경찰업무 관리)
	  3. 내무부의 치안본부와 파리경찰청을 통일하여 경찰청이 창설되어 국립 경찰로 일원화 (1966)
	② 군기동대 창설
	③ 1998년부터 2003년까지 국립경찰내에서 프랑스식 지역경찰제가 시행·확대

2 프랑스 경찰조직 _B급

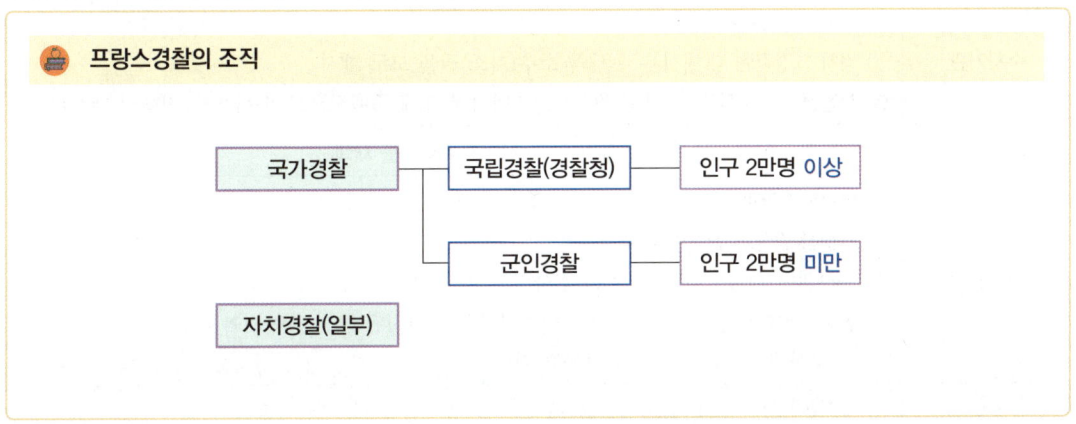

특징	① 프랑스 경찰체제는 전반적인 **국가경찰형태**로서, 내무부장관의 지휘하에 전국적인 조직을 가지고 있음 ② 프랑스는 국립경찰과 자치체경찰의 업무가 **명확히 구분**되어 있음[912] ③ **프랑스 경찰관은 명문(고급간부노동조합)으로 노동조합 결성권을 인정**. 단, 단체행동권은 원칙적으로 금지되나 실질적으로는 단체행동을 통해 경찰관의 이익을 확보하고 있음[914]	
국가경찰	**국립경찰 (경찰청)** 제1국가경찰	① **내무부장관 소속** - 경찰청장이 전국 국립경찰을 통일적으로 지도·감독 ② 인구 2만명 **이상**의 꼬뮌에 배치되는 전국적 조직 ③ 국립경찰은 도지사의 관장아래 범죄예방, 수사, 교통, 질서유지 등 일반적 경찰업무를 담당함
	군인경찰 제2국가경찰	① 군인의 신분으로 국방임무를 수행하면서, 행정경찰과 사법경찰의 기능을 수행한다.[916] ② 국립경찰(경찰서)이 없는 인구 **2만명 미만**의 소도시(Commune)와 농촌지역에서 지방경찰의 인원부족을 보충하여 치안을 담당하는데, 전 국토의 95%에 해당하는 지역의 경찰업무를 담당함[915] ③ 2002년에 소속은 국방부, 지휘권은 내무부장관이었으나, 2009년부터 소속이 내무부로 이관되어 신분은 군인이나 지휘감독권은 내무부장관이 함
자치경찰	① 헌법, 지방자치단체법, 국내안전법에 근거 코뮌 단위에 설치 ② **주민에 의해 선출**된 **지방자치단체장**이 자치경찰의 수장으로서 치안 책임을 겸함	

3 프랑스 범죄수사구조

수사기관	① **수사(예심)판사** : 중죄 수사 및 강제수사권자 ② **검사** : 경죄에 대해서는 수사와 소추(기소)권을 모두 행사 ③ **사법경찰** : 주체적 수사권 보유(모든 범죄에 대해 주체적으로 수사개시·진행권 행사)
사법절차	검사의 기소독점주의를 인정하지 않고 **사인소추주의를 채택**[913]
상호관계	① **명령복종관계** 다만, 검사와 수사판사는 자체 인력이 없어 직접 수사는 하지 않으므로 **사실상 경찰과 협력관계** 유지 ② 수사의 주체가 수사판사 또는 검사이고, 국립경찰 소속 사법경찰뿐만 아니라 사법경찰활동을 하는 군경찰도 수사판사 또는 검사의 수사지휘를 받도록 되어 있으나, 경찰의 독자적 수사개시권을 법률로 인정하고 있음[918]
사법경찰	① 수사(예심)판사 및 검사의 지휘로 수사를 행하는 보조자의 역할을 수행 ② 프랑스에서 사법경찰은 **법무부장관**의 관할 – 행정경찰과 사법경찰의 분화는 프랑스에서 확립[909] (내무부장관 X)
검사	① 일반적 사항은 고등검사장이 감독 ② 구체적 직무는 검사가 감독 ③ 공소제기권 ④ 검찰이 법원의 하부조직으로 되어 있음 ⑤ 검찰은 소추권한과 일부 수사권을 행사하고, 재판과 대부분의 수사는 모두 법원의 권한임
수사(예심)판사	① 제1심의 예심법원을 구성하는 단독제 법관 ② 수사의 주재자로서 수사권을 가지고 동시에 판사로서의 결정권을 가짐 ③ 현행범인의 범죄현장에 출동하여 사법경찰관과 검사에게 수사상 필요한 명령을 내릴 수 있음[917] ④ 경미한 형사사건은 검사의 1차 수사로 종결하고, 사안이 중대 하거나 복잡한 사건은 예심판사가 재수사함

THEME 05 일본경찰 _C급

1 일본경찰의 역사

명치유신 (1868) 이전	① 에도막부시대의 '5인조제도' : 위법행위자나 범죄인이 생긴 경우 **연대책임**919 ② 정봉행소(町奉行所) : 일본 최초의 경찰제도, 경찰업무 외에 재판업무와 감옥사무 및 토목업무도 담당 ③ 각 지방의 번주(藩主)와 무사들이 지역치안을 담당
명치유신 ~ 1945년 이전	① 동양의 제국주의국가로 군림하려는 국가목표를 세우고 경찰제도를 근대적으로 정비 ② 프랑스와 독일경찰제도의 영향을 받음 ③ 내무성 설치(1873, 카와지 토시요시의 건의) – 사법성 관할하의 경찰을 내무성으로 이관 → 경찰과 재판기능을 분화 ④ 행정경찰규칙제정(1875) – 근대경찰의 법적근거 ↳ 한국행정경찰장정에 영향
미군정기 (1945 ~ 1952)	① 미국의 영향으로 **지방분권적이고 민주적인 경찰제도 마련** ② 각종 치안악법의 폐지 ③ 위생사무 등 협의의 행정경찰사무의 비경찰화 　　우리나라 ┌ 경고 폐지 ④ 내무대신 이하 경찰수뇌부와 정치경찰관계자 **파면** 　　　　　　├ 위생국 이관 ⑤ 내무부와 동경경시청의 특별고등경찰과 및 헌병대 **폐지** 　　　　　└ 정보과 신설 ⑥ 내무성 경보국의 보안과, 외사과, 검열과를 폐지하고 방범과 **신설**
	'경찰법' 제정 (구경찰법, 1947)	① 전제적인 군국주의에서 민주국가로 전환하는 민주경찰제도의 확립 ② 경찰의 임무를 경찰 본래의 치안임무로만 한정 ③ 범죄수사를 경찰의 임무로 규정하여 **검찰의 수사권독점을 폐지** ④ 독립적인 국가공안위원회를 두어 경찰의 **민주적 관리와 정치적 중립성 확보** ⑤ 시와 인구 5천명 이상의 정촌(町村)에 자치체경찰을 두고, 그 이외의 지역에는 국가경찰을 두어 경찰조직구조를 이원화
	경찰관등직무 집행법 제정(1948)	각종 치안입법을 폐지하는 대신 경찰관직무집행법을 제정

신경찰법, 1954 (현행 경찰제도)	① 경찰의 **능률화**의 요청으로 경찰운영의 단위를 도도부현으로 하고, 경찰조직을 도도부현 경찰로 일원화920 (민주화X) ② 2원적 경찰체계의 확립 - **국가경찰**(경찰청과 6개 관구경찰국) 　　　　　　　　　　　　- **자치경찰**(동경도 경시청과 도부현 경찰본부) ③ 경찰관리기관 : 국가와 도도부현에 각각 공안위원회를 설치 ④ 중앙통제 : 긴급사태시 도도부현 경찰에 대한 중앙통제를 인정하고, 도도부현 경찰간의 관할 극복 등 광역수사를 위한 제도 마련, 대규모 재해 등 긴급사태 발생시에는 **내각총리대신**과 **경찰청장관**에 의한 중앙통제를 인정하고 있음938 ⑤ 경찰신분 　**지방공무원** - 도도부현에 근무하는 **경시(경정)** 이하의 직원 　**국가공무원** - 도도부현에 근무하는 **경시정(총경) 이상의 경찰관**, 국가경찰기관에 소속된 경찰관 ⑥ 도도부현 경찰의 경비 : **원칙적으로 도도부현**에서 부담 　　　　　　　　　　　'경찰법'이 정하는 경비로 법령이 정한 것은 국고에서 부담 → 일본에서 경찰의 업무에 관한 기본법령은 경찰법과 경찰관직무집행법

2 일본의 경찰조직

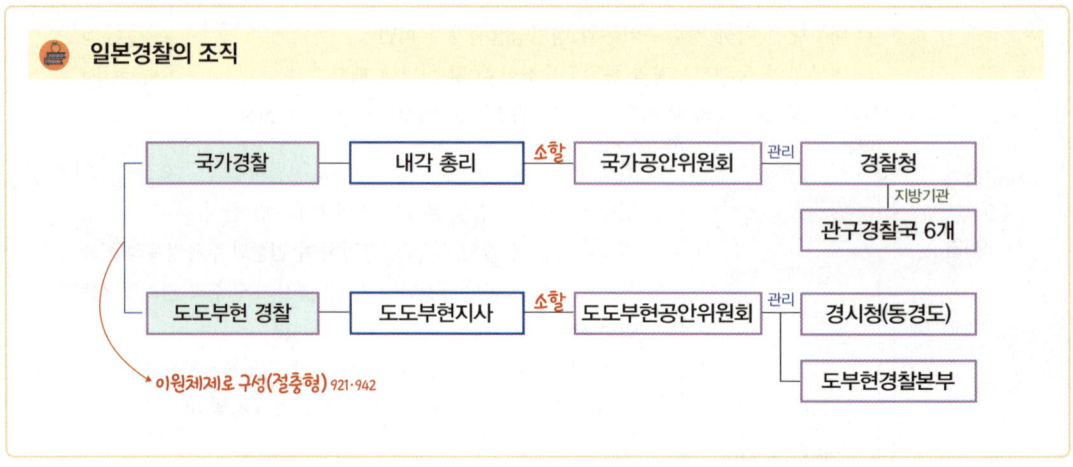

일본경찰의 조직

이원체제로 구성(절충형) 921·942

(1) 국가공안위원회

국가공안 위원회	지위	① **경찰의 민주성과 정치적 중립성 확보위해** 1947년 **(구)경찰법**(관료화와 독선방지 목적)에 의해 처음 설치929 → 능률성 확보X ② **합의제 행정관청**인 행정위원회의 성격으로 **비상설기관**(상설기관X)922·924 → 정치적 중립 확보 ③ 내각총리대신의 소할 하에 있으나, 내각총리대신의 **지휘·감독을 받지 않음**923
	임무	① 경찰운영과 경찰교양, 경찰예산, 대규모 재해 및 소요사태 등에 관한 사항 등 중앙에서 통일적으로 하여야 하는 사항을 통괄931 ② 업무수행에 필요한 감찰업무도 실시 → 별도의 기관에서 수행한다X927
	구성 및 운영	**구성**: **6인**으로 구성(위원장 + 5명의 위원)930
		임기: **5년**이며 1회에 한하여 재임 가능하고, 강력한 신분보장을 받음928
		위원장 (호선): ① 자치성장관이 겸임하는 국무대신 ② 위원장은 위원회를 대표하고 업무를 총괄하며 회의를 주재 ③ **표결권은 없음**. 다만, 가부동수인 경우 결정권을 가짐926 ④ 위원장 유고 시에는 호선에 의해 위원장을 대리할 자를 지정함
		임명: 위원은 임명 전 **5년간 경찰 또는 검찰**의 직무를 행한 직업적 공무원의 전력이 없는 자 중에서 **내각총리대신**이 국회의 동의를 얻어 임명925 → 판사X
		의결: 위원장 및 **3인 이상**의 위원의 출석으로 개회하고, 출석위원의 과반수로 의결하며 **가부동수인 경우에는 위원장이 결정**

(2) 경찰청, 관구경찰국

경찰청	지위	① **내각총리대신의 소할하에 국가공안위원회를 두고, 그 관리 하에 경찰청을 둠** → 경찰청은 국가공안위원회의 관리받음933 ② **경찰청은 독립적인 관청**(국가공안위원회의 보조기관이 아님)932
	경찰청 장관	① **국가공안위원회가 내각총리대신의 동의를 얻어 임면**934 → 임명X ② 경찰청 소관사무의 범위 내에서 관구경찰국장을 통해 도도부현경찰을 지휘·감독 ③ 경찰청 사무를 총괄하고 소속직원의 임면 및 복무에 관하여 감독
관구경찰국	지위	경찰청의 지방기관으로, 전국에 **6개**의 관구경찰국(동경도, 북해도 제외)935
	임무	① **대규모재해발생시 자치체간의 연락·조정**936 ② 광역범죄에 대한 도도부현경찰간 유기적 경찰활동조정 ③ 통신연락 두절시 독자적 경비계획실시 ④ 고등검찰청과의 긴밀한 연락유지 등(고등재판소 관할구역에 맞게 설치)
	관구 경찰국장	① 관구경찰의 사무를 총괄하고 소속경찰직원을 지휘·감독 ② **부·현경찰을 지휘·감독**936·937

(3) 자치제경찰(도도부현 경찰)

도도부현 공안위원회	지위	① 각 도도부현지사의 소할 → 도도부현지사는 공안위원회에 대한 지휘·감독권은 없음 940·947 ② 특별직에 속하는 지방공무원으로, 지방공무원법이 적용되지 않음 941 ③ 정당 기타 정치단체의 임원이 되거나 적극적으로 정치운동을 할 수 없음 ④ 지방공공단체의 의회의원 또는 상근직원을 겸할 수 없음
	권한	① **경시정(총경) 이상 경찰관의 임명동의권** ② 도도부현 경찰의 직원에 대한 징계 및 파면 **권고권** ← 의결권 X ③ 도도부현공안위원회에 관한 규칙제정권 ④ 경찰청 또는 다른 도도부현경찰에 대해서 원조요구권
경시청		**경시총감(경시청장)** : 국가공안위원회가 동경도공안위원회의 동의를 얻어 내각총리대신의 승인을 받아 **임면** ← 임명 X
도부현 경찰본부		① **도부현경찰본부장** : 국가공안위원회가 도부현공안위원회의 동의를 얻어 **임면** 945·946 ← 임명 + 면직 ② 도도부현경찰 상호간에는 상호협력의무 ← 경시정 이상은 국가공무원 ③ 도도부현경찰은 자치경찰적 성격과 **국가경찰적 성격**이 혼재 ※ 순사(순경)-순사부장(경사)-경부보(경위)-**경부(경감)**-경시(경정)-**경시정(총경)**-경시장(경무관)-경시감(치안감)-경시총감

> **TIP** 도도부현 지사의 경찰에 관한 권한
>
> ① 경찰서 설치권(도도부현 공안위원회가 설치 X) 939·950
> ② 도도부현 공안위원회위원의 임명권(지방의회의 동의를 얻어 임명) 943
> ③ 경찰에 관한 조례안 및 예산안의 의회제출권, 예산집행권 949
> ④ 지사는 원칙적으로 지방경찰에 대한 **지휘감독권을 가지고 있지 않음** 948·951

3 일본의 범죄수사구조 _B급

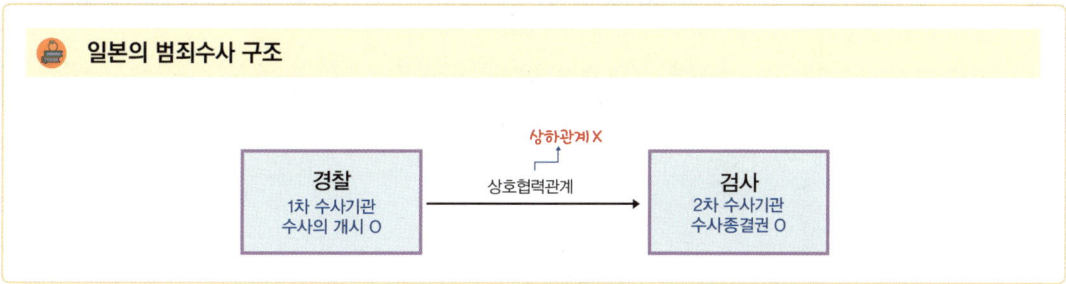

경찰과 검찰과 관계	① 경찰과 검사는 모두 수사주재자로서 양자는 원칙적으로 **상호 대등한 협력관계**이며, 예외적으로 지휘·독립관계954 ② 원칙적으로 경찰은 1차적 수사기관이며, **검찰은 2차적 수사권 및 소추권·수사종결권**을 가짐 ③ 경찰은 모든 사건에 대한 수사권을 행사하며, 검찰도 모든 범죄에 대한 수사는 가능하지만, 통상 정치·금융·경제·저명인사 사건에 대한 중요 사건에 대해서 직접 수사를 함957
경찰	① 경찰은 독자적 수사권을 가진 1차적 수사기관 → 경찰은 수사의 종결권 X 952·956 ② 체포·압수·수색·검증 영장 청구권을 포함한 **강제처분권을 인정**하고 있음953·958 **사법경찰원** : 수사주재자(영장청구, 체포한 피의자 석방, 사건송치, 수감장 발부, 고소 수리 등) → 우리나라 사법경찰관 **사법순사** : 사법경찰원 보조 → 우리나라 사법경찰리 ③ 체포영장은 **경부(경감)** 이상의 사법경찰원이 청구 가능953
검사	① **수사권과 기소권(공소제기권), 수사의 종결권** ② 검사는 정당한 이유 없이 지시 또는 지휘에 불응한 경찰관에 대하여 국가공안위원회 또는 도도부현공안위원회에 **징계 또는 파면을 청구**할 수 있음955 ③ 사법경찰관에 대한 지시 및 지휘권

	일반적 지시권	수사를 적정하게 하고 그 외에 공소수행을 완성하기 위하여 필요한 사항에 관하여 일반적인 준칙을 제정
	일반적 지휘권	사법경찰직원 일반에 대해서 구체적 사건의 수사에 대한 개괄적 지휘로써 수사의 협력을 구하는데 필요한 일반적 지휘
	구체적 지휘권	검사 자신이 범죄수사를 하고 있는 경우에 특정 사법경찰직원에게 수사의 보조를 구하는 것959

THEME 06 각국의 범죄수사 구조 총알정리

각국의 범죄수사 구조

국가	검사-경찰 관계	비고
영국경찰	검사 ↔ 경찰 (대등·협력, 긴밀한 협조관계 유지)	잉글랜드 웨일즈
	검사 → 경찰 (상명하복)	스코틀랜드와 북아일랜드
미국경찰	검사 ↔ 경찰 (대등·협력)	
독일경찰	검사 → 경찰 (상명하복, 사실상 협력관계 유지)	
프랑스경찰	검사 → 경찰 (상명하복)	
일본경찰	검사 ↔ 경찰 (대등·협력, 예외적 지휘·감독관계)	

PART 3

경찰행정학

CHAPTER 01
경찰관리

01 경찰조직관리

02 엽관주의와 실적주의

03 계급제와 직위분류제

04 경찰직업공무원제도

05 경찰예산관리

06 경찰장비관리

07 경찰보안관리

08 경찰문서관리

최신개정법령&무료자료 다운로드 등
네이버 김재규경찰학 카페(https://cafe.naver.com/ollaedu)

경찰조직관리

1 이상적 관료제 모형의 특성 – 베버(M. Weber)_C급960

법규 중시	권한과 직무 범위는 법규(관례X, 관습X)에 의해 규정됨
계층제 조직	직무조직은 **계층제적** 구조로 구성됨(베버가 가장 강조한 특성) ↳ 수평적 X
문서주의	직무의 수행은 서류에 의해 이루어지며 기록은 **장기간** 보존됨 ↳ 단기간 X
몰인정성	구성원 간 또는 직무 수행상 감정의 배제가 필요함(개인적 감정에 따라 임무를 수행 X)
분업과 전문화	효율적 업무처리를 위한 분업과 전문화가 필요함

2 관료제의 역기능 – 머턴(Robert K. Merton)_C급

목표의 전환(동조과잉)	행정의 본래 목표가 도외시되고 **수단(규칙·절차)에 집착**961 예 甲은 A구역을 담당하는 경찰이다. 어느 날 B구역에서 살인사건이 발생했다는 무전을 받았고 범인으로 보이는 사람이 도주하는 것을 甲이 발견했지만 자기 담당 관할 구역에서 발생한 살인사건이 아니기 때문에 B구역 관할로 인계해줘야 하는 규칙과 절차를 생각하다가 그만 놓쳐버렸다.
할거주의	**소속기관·부서에만 충성**함으로써 타 조직·부서와의 조정·협조 곤란
번문욕례 (red-tape)	관료제의 사무처리에 있어서 **일정한 양식과 절차에 따른 서면주의를 고집**함으로써 나타나는 비능률 현상
변화에 대한 저항	신분유지를 위해 신기술·신지식을 거부하고 보수주의화
전문가적 무능	① 특정분야 전문성을 갖춘 관료의 **편협한 시각**으로 조정을 저해 ② 전문가적 무능 현상은 **지나친 분업으로 인한 병리현상**964
무사안일주의	책임회피와 소극적 일처리 및 상급자 권위에 대한 지나친 의존962
인간성의 상실	지나친 몰인정성, 과도한 공사 구별로 인간성의 상실
피터의 원리 (Peter's Principle)	조직구성원들은 자신의 무능력 수준까지 승진한다. → 무능력자가 승진하는 경우가 생기는 것을 지적963

3 조직편성의 원리 _S급

(1) 분업의 원리(전문화, 기능의 원리)

의의	업무를 성질과 종류별로 구분하여 **한 사람에게 한가지의 동일한 업무만을 전담**토록 하는 원리965
필요성	각자의 임무를 명확히 나누어 부과하고 협력하도록 하는 것은 인간능력의 한계를 극복함은 물론 전문화를 추구하여 업무의 효율성을 높이기 위한 것임970
특징 967·968	① 분업화의 정도가 **높아**질수록 조정과 통합이 어려워져 **할거주의가 초래**될 수 있지만, 분업화 (전문화)의 정도가 높아질수록 조정과 통합의 필요성이 높아지므로 양자는 **정비례** 관계이다. └ 낮아X　　　　　　　　　　　　　　　　　　　　　　　　　└ 반비례X ② 분업화에 의하여 자기 분야는 잘 알지만 시야가 좁아지고 경찰문제를 전체적인 입장에서 보는 **넓은 통찰력을 가지기 어려움**969

(2) 계층제의 원리973

의의	직무를 **책임과 난이도**에 따라 상하로 나누어 배치하고 상하계층간에 명령복종관계를 적용하는 조직편성원리로 **상위로 갈수록 권한과 책임이 무거운 임무를 수행**한다는 원리971
필요성	조직의 일체감과 통일성을 유지하는데 기여
장점	① 명령과 지시를 일사불란하게 수행하도록 하는데 적합 ② 지휘계통을 확립하고 조직의 업무수행에 통일 ③ 권한과 책임의 배분을 통하여 **업무의 신중**
단점	① 계층이 많아질수록 업무처리 과정이 지연되고 많은 관리비용이 발생하고 수직적 분화와 집권화 현상이 나타나 구성원의 동기부여를 **저해**시킴976 　　　　　　　　　　　　　　　　　　　　　　　　　　└ 향상X ② 계층간 **갈등이 증가** ③ **조직의 경직화**를 가져와 환경변화에 대한 조직의 신축적 대응 어려움 ④ 새로운 지식·기술 등 도입이 곤란함972 ⑤ 계층제의 원리의 무리한 적용은 행정능률과 **종적**(횡적X) 조정을 저해974

(3) 명령통일의 원리

의의	조직 구성원 간에 지시나 보고를 주고받는 과정에서 **지시는 한 사람만**이 할 수 있고, **보고도 한 사람에게만 하여야 한다는 것**977
필요성	① 업무수행의 혼선과 그로 인한 비능률을 막기 위함981·984 ② 경찰은 대부분의 경우 예기치 못한 사태가 돌발적으로 발생하며, 시급히 해결하지 않으면 피해를 회복하기 곤란한 경우가 많아 신속한 집행을 필요로 하는데, 이때 지시가 분산되고 여러 사람으로부터 지시를 받는다면, 범인을 놓친다든지 사고처리가 늦어 인명이나 재산의 피해에 신속한 대응이 불가능하다.982·986 예 甲은 시위진압 도중 상관인 A와 B에게 명령을 받았다. → 명령통일의 원리 위배978·987
특징	① 명령통일의 원리를 **너무 지나치게 지킨다면** 실제 업무수행에 더 큰 지체와 혼란을 야기 가능983 ② 관리자의 공백 등을 대비하여 **대리, 위임, 유고관리자 사전지정** 등이 필요함979 ③ 수사경찰이 내부관리자와 검사로부터 **이중의 수사지휘**를 받았던 개정 전 「형사소송법」 체계는 명령통일의 원리의 관점에서 바라볼 때 문제점으로 지적되었음985 ④ 명령통일의 원리의 무리한 적용은 행정능률과 횡적조정을 저해함974

(4) 통솔범위의 원리

의의	① 1인의 상관 또는 감독자가 효과적으로 직접 감독할 수 있는 부하의 수를 정하는 원리 ② 부하의 수를 조정한다는 점에서 **구조조정의 문제와 관련성 있다.**994 ③ 부하직원의 능력, 의욕, 경험 등이 높아질수록 관리자의 통솔범위는 **넓어진다**. 그러나 무한정 확대될 수는 없으며 이때는 부하의 능력과 함께 관리자의 리더십 능력이 높으면 높을수록 통솔범위도 넓어질 수 있다.993
필요성	한명의 상관은 통솔할 수 있는 부하의 수에 한계가 있기 때문에 적정한 통솔력의 확보를 위해 통솔범위를 정해야 한다.996 ※ **청사의 규모는 통솔범위와 관련 없음**992

통솔범위 결정요인 988	구분	통솔범위	
	조직의 크기	조직의 규모 小	넓다
		조직의 규모 大	좁다
	업무의 성격	업무의 종류 단순	넓다
		업무의 종류 복잡	좁다
	지리적 분포	조직이 한 지역에 집중	넓다
		조직이 분산	좁다
	부서의 역사	기성조직	넓다
		신설조직	좁다
	감독자능력	감독자가 유능	넓다
		감독자가 무능	좁다

※ 통솔범위는 – 계층 수, 업무의 복잡성과 조직규모의 크기와 **반비례관계**이다.
 – 조직의 역사, 관리자의 리더십과는 **정비례관계**이다.995

→ 통솔범위가 넓어지면 계층의 수는 줄어들고, 통솔범위가 좁아지면 계층의 수는 많아진다 975·989·990·991

(5) 조정과 통합의 원리

의의	① 조직의 집단적 노력을 질서 있게 배열하는 과정으로서 개별적인 활동을 전체적인 관점에서 통일하여 조직의 목표달성도를 높이려는 원리이다.980·1003 ② 조직편성의 각각의 원리는 장단점을 가지고 있음. 이러한 장단점을 조화롭게 승화시키는 원리가 조정과 통합의 원리이다. ③ **무늬(J. Mooney)는 조정의 원리를 '제1의 원리'**라고 하였다.997 ④ 조정과 통합의 원리는 조직의 목표달성 과정에서 여러 단위간의 충돌과 갈등을 방지하기 위해 질서 정연한 행동통일을 기하는 원리로서, 관리자의 리더십을 강화하거나 위원회제도 등을 활용하여 조직단위의 권한과 책임의 한계를 명확히 함으로써 제고될 수 있다.998 ⑤ **할거주의**는 소속기관·부서에만 충성함으로써 타 조직·부서와의 조정·협조가 곤란하게 하여 **조정과 통합이 어려워진다.**999
필요성	구성원의 행동통일
갈등 조정 통합방법	(아래 표 참조)

	갈등의 원인	해결방법
원인 진단 및 해결 1000·1001·1002	세분화된 업무처리	업무처리과정을 **통합**한다든지 연결하는 장치나 대화채널을 확보한다. (분업화 X)
	부서 간의 갈등	더 높은 상위목표를 서로 이해하고 양보한다.
	한정된 인력이나 예산	가능하면 예산과 인력을 확보하고 **업무추진의 우선순위**를 관리자가 정해 준다.
문제해결이 어려운 경우		갈등을 완화, 양자 간의 타협을 도출, 관리자가 갈등을 초래할 수 있는 결정을 보류 또는 회피하는 방식을 사용한다.
장기적 대응방안 (단기적 X)		조직의 구조, 보상체계, 인사 등의 제도개선과 조직원의 행태를 합리적으로 개선함1004

THEME 02 엽관주의와 실적주의 _B급

1 엽관주의

의의 1006	① 공직임용의 기준을 충성심·당파성에 두는 인사제도로, 선거에서 승리한 정당이 관직을 전리품으로 획득하고 정당에의 충성심에 따라 공직을 배분하는 제도(**정당활동과 공직임명이 직결**) ② 기본적으로 행정을 "**평범한 상식을 가진 사람이라면 누구든지 할 수 있는 것**"이라고 가정 → 행정의 전문성을 간과 ③ 엽관주의는 행정을 단순하게 보아 누구나 수행할 수 있는 것으로 본다.
유래	① 미국의 민주정치 발전과정에서 도입된 인사제도 ② 19세기 초반(1828년) 미국 7대 대통령에 당선된 잭슨은 공직집단이 부패하고 변화를 거부하는 보수엘리트화한 것에 대하여, '전리품은 승자에게 속한다'라는 구호와 함께 선거에 승리한 정당이 공직을 정당원들에게 개방함으로써 보수엘리트의 공직독점을 막고 국민의 참여를 유도하였다. 1005 ③ 상류계층이 독점하였던 공직을 대중에게 개방하려는 민주주의의 이념과 함께 시작되었다.
장점	① 정당정치 발전과 책임행정 실현 ② 공직에 대한 국민통제 강화 → 국민요구를 행정에 반영 ③ 관료의 특권화 및 공직침체 방지 ④ 국민의 지지에 따라서 정부가 구성되므로 정책 추진이 용이하며 의회와 행정부 간의 조정이 활성화된다.
단점 1007	① 인사기준의 비객관성에 기인한 부정부패의 만연 → 관료가 정당과 정당이념에 봉사하기 때문에 행정의 공정성 확보가 곤란해진다. ② 공무원이 국민이 아닌 정당에 충성 ③ 행정의 비능률성과 비전문성 ④ 행정의 계속성과 안정성, 일관성 저해 ⑤ 신분보장 미흡으로 인한 사기저하 ⑥ 불필요한 관직의 증설(위인설관) → **파킨슨의 법칙**과 연관 ← 업무량에 상관없이 관료제 구성원의 수는 늘어난다는 법칙 ⑦ 관료가 관직을 계속 유지하기 위하여 정당에 정치자금을 헌납하는 등 관료의 부패를 조장하게 됨 ⑧ 인사의 기준이 객관적이지 않아 인사의 공정성이 약하게 됨(무능한 공무원배출, 관료사회 부패)

2 실적주의

의의	① 공직임용의 기준을 개인의 능력·자격·업적에 두는 인사제도1009 ② **엽관주의의 폐해를 경험한 이후 공무원의 정치적 중립성**을 부르짖으며 성립한 것이 실적주의이다. ③ 공무원이 법령에 저촉되지 않는 한 일체의 신분상의 불이익을 받지 않는 인사행정은 실적주의이다.1010
유래	부패하고 무능력한 엽관주의 공직제도의 폐해를 극복하고자 **영국에서는 제2차 추밀원령 제정 (1870년), 미국에서는** 제임스 A. 가필드(Garfield) 대통령이 암살당한 사건이 실적주의에 기반한 **펜들턴법 제정(1883년)**으로 실적주의 공직임용 체제로 전면 수정되었다.1011·1014
내용	공직에의 기회균등과 공개경쟁 채용시험, 공무원의 정치적 중립성, 공무원의 신분보장, 독립적인 중앙인사위원회의 설치 등
장점	① 공무원의 정치적 중립 확보 ② 공직에의 기회균등 실현 ③ 신분보장을 통해 행정의 능률성, 전문성, 안정성, 계속성 확보 ④ 공무원 부패의 방지
단점1012	① 정책의 효율적 집행 곤란 ② 정당이념의 행정에의 반영 곤란 ③ 인사행정의 소극화, 형식화, 집권화 ④ 관료의 보수집단화, 특권주의 형성 ⑤ 국민요구에 대한 반응성 저하 우려 ⑥ 인사관리의 경직성을 초래 예 범인검거실적은 주요 4대범죄(살인·강도·강간·절도)만 평가하기 때문에 수사의 효율성을 높이기 위해 그 외의 범죄에 대한 형사활동을 축소하여 주요 범죄에 대한 수사에 집중(실적주의 폐해 사례)
엽관주의와 실적주의 조화	① 역사적인 배경 속에서 보다 나은 인사행정을 추구하려는 고뇌 속에서 탄생한 제도들로서, 서로 완전한 배타적 관계로 이해할 것이 아니라 **상호 보완적 관계**로 이해하여 조화를 이루도록 하는 것이 바람직하다 → **실적주의가 엽관주의보다 우월한 제도라고 단정적으로 이야기 할 수 없음** ② 우리나라를 포함하여 대부분의 현대국가에서 **실적주의를 기반**으로 하면서 **엽관주의적 요소를 보충적으로 가미하고 있음**1013

THEME 03 계급제와 직위분류제(공직의 분류) _A급

구분	계급제	직위분류제
의의	① 공무원의 자격·능력·학력을 기준으로 부여한 **계급을 중심**으로 공직을 분류하는 제도 ② 관료제 전통이 강한 독일·프랑스·일본 등이 이 제도를 따르고 있다.	① 공직을 분류함에 있어서 행정기관을 구성하는 개개의 직위에 내포된 **직무의 종류와 책임도 및 곤란도에 따라 여러 직종과 등급 및 직급으로 분류**하는 제도이다.₁₀₂₂ ② 1909년 미국의 시카고시에서 처음 실시되어 캐나다 등에서 실시되고 있다.₁₀₂₃ ③ 직무분석과 직무평가의 중요성을 강조하는 제도이다.
분류방법	**사람**중심₁₀₁₅	직무중심
인사배치	**신축적, 융통성 확보**₁₀₁₉	**비융통적, 비신축적, 외부충원의 개방성**₁₀₂₉
충원방식	보통 계급의 수가 **적고** 계급 간의 차별이 심하며 외부로부터의 충원이 힘든 **폐쇄형**의 충원방식을 취하고 있다.₁₀₂₀	개방형
장점	① 널리 일반적 교양·능력을 가진 사람을 채용하여 신분보장과 함께 장기간에 걸쳐 능력이 키워지므로 공무원이 보다 **종합적·신축적인** 능력을 가질 수 있고, 이해력이 넓어져 **기관 간의 횡적인 협조가 용이**하다.₁₀₁₆ ② **직업공무원제도의 정착에 보다 유리**하다.₁₀₁₈	① 시험·채용·전직의 합리적 기준을 제공하여 **인사행정의 합리화**를 기한다. ② '**동일직무에 대한 동일보수의 원칙**'을 확립함으로써 **보수제도의 합리적 기준**을 제시한다.₁₀₂₆ ③ 전직이 제한되고 동일한 직무를 장기간 담당하게 되어 **행정의 전문화**에 기여한다.₁₀₂₁ ④ **권한과 책임의 한계를 명확**(불명확X)히 한다.₁₀₂₅
단점	보통 계급의 수가 적지만, 계급간의 차별이 심함	① 유능한 일반행정가의 확보가 곤란₁₀₁₇ ② 신분보장의 미흡함₁₀₂₄
양자의 관계	① 양립할 수 없는 상호 배타적인 관계가 아니라 서로의 결함을 시정할 수 있는 **상호보완적인 관계**임₁₀₂₇ ② **우리나라의 공직체계는 계급제를 기반으로 직위분류제적 요소를 가미한 혼합형태**₁₀₂₈ ③ 직위분류제보다는 계급제가 공직을 평생직장으로 이해하는 직업공무원제도의 정착에 보다 유리	

THEME 04 경찰직업공무원제도 _A급

의의	공공의 안녕과 질서를 유지하기 위해 젊고 유능한 인재가 공직을 직업으로 선택해 **일생을 바쳐 성실히 근무하도록** 운영하는 인사제도이다.1030
유래	계급제(폐쇄형), 농업사회적 풍토가 강한 영국, 프랑스, 독일 등의 유럽각국에서 원칙적으로 채택하고 있다.
장점	① 공직에 대한 자부심과 일체감을 제고한다. ② 공무원이 오랜 기간에 걸쳐 공직에 근무하면서 여러 분야에서 다양한 경험을 쌓게 하므로 **전문행정가 보다는** 폭넓은 시각과 안목을 가진 **일반행정가(고급 공무원)의 양성에 유리**하다.1031 ③ 공무원의 신분보장을 통하여 행정의 **안정성, 계속성, 독립성, 정치적 중립성 확보**가 용이하다.1032·1039 → 공무원의 일체감과 단결심 및 공직에 헌신하려는 정신을 강화하는 데 **유리한** 제도 (불리한X)
단점	① **강력한 신분보장으로** 무사안일과 관료의 병리현상이 초래될 위험이 있고, 공무원에 대한 민주적 통제가 약화될 수 있으며, 공무원의 무책임성이 발생하여 엽관주의에 비해 행정통제·행정책임 확보가 **곤란**해 질 수 있다.1033 (용이X) ② 공무원집단이 환경적 요청에 **민감하지 못하고** 특권 집단화될 우려가 있다. ③ 폐쇄적 임용으로 인해 공직분위기의 침체가 우려된다. ④ 젊은 인재의 채용을 위한 학력과 연령을 제한하므로 완전한 기회균등을 보장하지 못한다.1034 ⑤ 조직 내에 승진적체가 심화되면서 직원들의 불만이 증가할 수 있다.
실적주의, 계급제, 직위분류제와의 관계 등	① **실적주의**는 직업공무원제로 발전되어 가는 기반이 되지만, 실적주의가 바로 직업공무원제도를 의미하는 것은 아니다. 그러나 **폐쇄형** 인력충원 방식의 선호라는 점에서 실적주의와 공통점을 가진다.1035·1036 (개방형X) ② 직업공무원제도는 장기적인 발전가능성을 선발기준으로 삼고 있으며 **계급제가 직위분류제보다 직업공무원제도의 정착에 더 유리**하다. 즉, 계급제에 입각한 공직분류 구조가 필수적이다.1038 ③ 직업공무원제도의 성공적 정착을 위해서는 공직에 대한 사회의 높은 평가가 필요하며 퇴직 후의 불안해소와 생계보장을 위해 적절한 연금제도가 확립되어야 한다.1037

THEME 05 사기관리 _A급

1 동기부여이론

의의	동기부여란 조직구성원에게 바람직한 행동을 유발시키고 목표를 향해 유도해 나가는 과정을 말한다.		
종류	내용 이론	의의	인간의 **특정 욕구가 동기부여**를 일으키는 것으로 이해하는 이론
		이론 종류	• 매슬로우(Maslow)의 욕구단계이론 • 허즈버그(Herzberg)의 동기위생 이원론이론 • 아지리스(C. Argyris)의 성숙·미성숙 이론 등 • 샤인(E. Schein)의 복잡인 모형(4대 인간관 모형) • 맥그리거(McGregor)의 X이론·Y이론
	과정 이론	의의	인간의 특정 욕구가 직접적으로 동기부여하는 것이 아니라 **욕구와는 별도의 다양한 요인들이 동기부여(어떤 과정을 거쳐서 유발되는지에 초점)** 고정에 작용한다고 이해하는 이론
		이론 종류	• 브룸(**V**room)의 기대이론 • 포터&롤러(Porter & **L**awler)의 업적만족이론 • 아담스(**A**dams)의 공정성이론 등 **VLA**1040

2 매슬로우(Maslow)의 욕구단계이론

특징	① 인간의 5가지 욕구는 **최하위 단계인 생리적 욕구**부터 **최고 단계인 자기실현욕구**까지 단계를 이룬다. 1043·1058 ② 인간의 욕구는 한 단계 욕구가 **어느정도 충족**되어야 다음 단계 욕구를 충족하고자 노력하며, 이미 충족된 욕구는 더 이상 동기부여 요인으로의 의미가 없어진다. ↑완전한 충족X ③ 하위 단계 욕구가 충족되지 않았다면 다음단계 욕구를 충족시키려고 노력하지 않는다. 1041		
내용 1042	생리적 욕구	의·식·주 및 건강 등에 관한 욕구	적정보수제도, 휴양제도 1044
	안전의 욕구	공무원의 현재 및 장래의 신분이나 생활에 대한 불안을 해소	신분보장, 연금제도 1045
	사회적 욕구 (애정 욕구)	동료·상사·조직 전체에 대한 친근감·귀속감을 충족	인간관계의 개선, 고충처리상담 1047·1048
	존경의 욕구	타인의 인정·존중·신망을 받으려는 욕구	**참**여확대, 권한의 **위**임, **제**안제도, **포**상제도 1046·1049
	자아실현 욕구	장래에의 자기발전·자기완성의 욕구 및 성취감 충족	공정하고 합리적인 승진, 공무원단체 활동 1051

존참위제포

3 앨더퍼(Alderfer)의 ERG이론

의의	Maslow의 5단계 욕구단계이론을 3단계 이론으로 구분하여 고차 또는 고위욕구가 만족되지 않거나 좌절될 때, 그보다 낮은 하위욕구의 중요성이 커진다고 봄	
Maslow 이론과 구별	**Maslow의 이론**	**Alderfer의 ERG이론**
	생리적 욕구	존재욕구(Existence)
	안전의 욕구	
	사회적 욕구	관계욕구(Relatedness)
	존경의 욕구	
	자아실현의 욕구	성장욕구(Growth)[1052]

4 데이비드 맥클랜드(David McClelland)의 성취동기이론, 허즈버그(Herzberg)의 동기 위생 이원론

맥클랜드		성취욕구, 권력욕구, 친교욕구(자아실현 욕구X)(권력욕구 → 친교욕구 → 성취욕구 순으로 발달)[1053]
허즈버그[1055·1056]	위생요인 (불만요인)	경찰조직의 정책과 관리, 개인상호간의 관계, **임금(낮은 보수)**, **지위**, 안전 등 개인의 환경과 관련된 불만요인으로 개인의 욕구를 충족시키는데 있어서 주로 **개인의 불만족을 방지해 주는 효과를 가져오는 것들**을 말함
	동기요인 (만족요인)	① 직무성취에 대한 인정, 책임감, 성장, 발전(승진 가능성), 존경과 자아실현 욕구를 포함[1054] ② 동기요인이 충족되지 않아도 불만은 없음

5 아지리스(C. Argyris)의 성숙·미성숙 이론[1057]

의의		① 조직과 개인의 목표는 상호 대립적인 것이 보통 → 조직의 목표와 개인의 목표가 일치해야 조직의 건강이 유지된다고 보았음 ② 따라서 Y이론에 입각한 관리 철학에 의해 조직 구성원들이 자아를 실현하고 인격이 긍정적이고 독립적인 인격으로 성숙할 수 있도록 도와야 함	
성격 변화 모형	성숙	• 능동적 활동 • 깊고 강한 관심 • 장기적 안목 • 자아의식과 자기통제	• 타인에 대하여 독립적 • 신중하고 다양한 행동 • 타인에 대하여 동등 또는 우월적 지위에 만족
	미성숙	• 수동적 활동 • 산만하고 얕은 관심 • 단기적 안목 • 자아의식 결여	• 타인에 대하여 의존적 • 단순하고 제한된 행동 • 타인에 대한 종속적 지위에 만족

6 McGregor의 XY이론[1061]

X이론	① 전통적인 조직이론에 기초한 것으로 **인간의 본성은 게으르고, 일하기를 싫어하며, 무책임하고, 변동을 싫어하고, 이기적이고, 조직의 목적에 무관심하며, 안정과 경제적 만족을 추구**함 ② 따라서 **강압적이고 권위적인 조직관리 전략**을 채택[1059]
Y이론	① 인간행태에 관심을 두고 **인간은 부지런하고, 자율성 및 창의성을 발휘하기를 원하고, 조직 목적에 적극 참여, 자아실현을 추구, 자기 자신을 통제할 수 있는 능력을 지니고 있음** ② 따라서 민주적인 조직관리 전략을 채택함(상급자의 일방적 지시와 명령을 줄이고 의사결정과정에 하급자의 참여를 확대하는 것)[1060]

7 브룸(Vroom)의 기대이론과 아담스(Adams)의 공정성이론(과정이론)

브룸(Vroom) 기대이론	① 행동의 결정에 있어서 여러 가지 가능한 행동대안 또는 행동전략을 평가하여 자기 자신이 가장 중요하고 가치 있는 결과를 가져오리라고 믿는 것을 선택한다고 가정하는 이론 ② 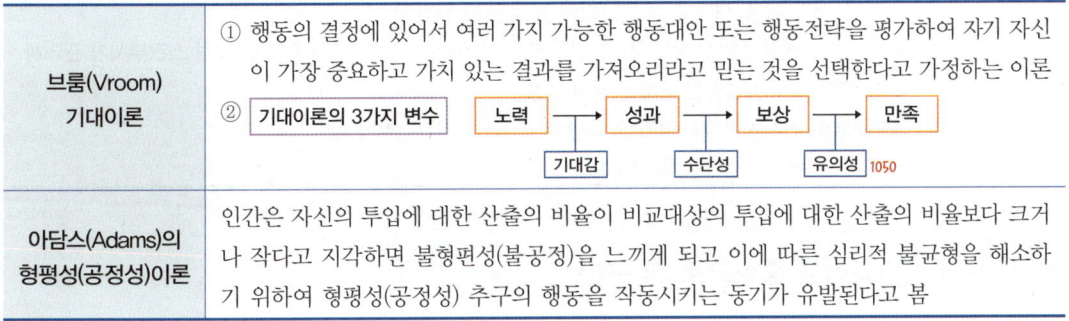
아담스(Adams)의 형평성(공정성)이론	인간은 자신의 투입에 대한 산출의 비율이 비교대상의 투입에 대한 산출의 비율보다 크거나 작다고 지각하면 불형평성(불공정)을 느끼게 되고 이에 따른 심리적 불균형을 해소하기 위하여 형평성(공정성) 추구의 행동을 작동시키는 동기가 유발된다고 봄

8 포터&롤러(Porter & Lawler)의 업적만족이론

① 사람은 과거에 습득한 경험이나 미래에 대한 기대감에서 동기가 부여됨
② 생산성에 영향을 미치는 요인으로 조직구성원의 사기나 만족보다는 오히려 노력이 중요하다고 봄
③ 보상의 **공평성**에 대한 지각이 동기 부여의 결정적 변인이라고 봄
   ↳ 단순히 합의에 의해서만 동기는 발생하지 않고 반복적으로 공평하다고 느끼면 동기가 부여됨
④ 외재적 보상(승진, 휴가, 표창 등)에 의존하는 비중이 내재적 보상(성취감, 보람 등 심리적 보상)에 의존하는 비중보다 큼

THEME 06 경찰예산 _A급

1 예산의 성질별 구분

일반회계	① 일반적인 국가활동에 관한 세입·세출을 포괄 ② 세입은 주로 조세수입으로 충당하고, 세출은 국가의 존립과 유지를 위한 기본적 지출로 구성 → 따라서 일반회계예산은 항구적이며 현금주의 원칙에 입각하고 있음 ③ **경찰예산의 대부분은 일반회계에 속함**[1062]
특별회계	① 국가에서 특정한 사업을 운영하고자 할 때, 특정한 자금을 보유하여 운용하고자 할 때, 특정한 세입으로 특정한 세출에 충당함으로써 일반회계와 구분하여 계리할 필요가 있을 때에 법률로써 설치 → 따라서 세입을 조세수입에 의존하는 일반회계와는 차이가 있음 ② 특별회계는 예산단일성(통일성)의 원칙에 대한 **예외**가 됨 → **원칙적으로 설치 소관부서가 관리하며 기획재정부의 직접적인 통제를 받지 않음** ③ 경찰특별회계로는 책임운영기관 특별회계 등이 있음(**경찰병원**) → 최근 특별회계의 적용이 점차 늘어나고 있는 경향임

2 예산의 성립과정을 중심으로 한 구분

본예산	당초에 국회의결을 얻어 확정·성립된 예산
수정예산	정부가 예산안을 편성, 국회에 제출한 이후 성립·**확정되기 전**에 예산안의 일부 내용을 변경하여 국회에 제출하는 예산
추가경정 예산	예산이 국회를 통과하여 **확정된 후**에 생긴 사유로 인하여 이미 성립한 예산에 변경을 가할 필요가 있을 때 편성하는 예산[1063]
준예산	① 새로운 회계연도가 개시될 때까지 예산안이 성립되지 못할 경우 **전년도 예산에 준하여** 지출하는 예산 → 예산 불성립으로 인한 행정의 중단을 방지하기 위한 제도 ② **지출용도** : ㉠ 헌법이나 법률에 의하여 설치된 기관 또는 시설의 유지·운영비 　　　　　　　　(공무원의 보수와 사무처리에 관한 기본 경비)[1064] 　　　　　　㉡ 법률상 지출의무가 있는 경비 　　　　　　㉢ 이미 예산으로 승인된 사업의 계속을 위한 경비 등

3 예산제도

품목별 예산제도 (통제기능)	① 품목별 예산제도는 **지출품목마다 그 비용이 얼마인가**에 따라 예산을 배정하는 제도이다. ② 품목별 예산제도는 우리나라 경찰의 예산제도에 해당한다.[1066] ③ **통제지향적**이라 볼 수 있으며 예산담당 공무원들에게 필요한 핵심적 기술은 회계기술이다.[1065] ④ 지출의 대상·성질을 기준으로 하여 세출예산의 금액을 분류한다.

품목별 예산제도 (통제기능)	장점	단점
	① 예산 운영이 쉬우며 **회계책임 명확** (불명확 X) ② 인사행정에 유용한 정보·자료 제공 ③ 예산의 집행에 대한 통제가 용이 ④ 행정의 재량범위 축소, 예산남용 방지[1067] ⑤ 인건비 등 경직성 경비에 적용이 용이	① 성과측정 곤란[1069] ② 계획과 지출의 불일치[1068] ③ 기능의 중복을 피하기 곤란 ④ 의사결정을 위한 충분한 자료제시 부족 ⑤ 품목과 비용을 따지는 **미시적 관리**로 정부전체의 활동의 통합조정에 필요한 수단 제공 못함 ⑥ 예산집행의 신축성 저해[1069]

성과주의 예산제도 (관리기능)	① 사업계획을 세부사업으로 분류하고 각 세부사업을 '**단위원가×업무량 = 예산액**'으로 표시하여 편성하는 예산이다. ② **단위원가의 계산**이 중요한 대표적인 예산제도이다. ③ 정부가 구입하는 물품보다 정부가 수행하는 업무에 중점을 두는 **관리지향적 예산제도**이다.

	장점	단점
성과주의 예산제도 (관리기능)	① 정부정책이나 계획수립이 용이함 ② **국민의 입장에서 경찰활동을 이해하기 용이함**[1071] ③ 기능의 중복을 피할 수 있음[1073] 　(예산편성시 자원배분 합리화) ④ 의사결정을 위한 충분한 자료제시가 가능함	① 업무측정단위 선정이 어려움 ② 단위원가 계산이 곤란하여 인건비 등 경직성 경비 적용 어려움[1070·1072]

계획 예산제도 (PPBS)	① 장기적인 기본계획수립과 단기적인 예산편성을 프로그램 작성을 통하여 유기적으로 연결함으로써 자원배분에 관한 **의사결정의 일관성과 합리성**을 도모할 수 있는 예산제도[1074·1075] ② 국민의 입장에서 경찰활동을 이해하기 어려운 예산제도 → 하향적(top-down)인 방식으로 집권화되어 있기 때문에 조직구성원들의 참여를 저해한다는 한계[1076]

영점기준 예산제도 (ZBB)	① 조직체의 모든 사업·활동에 대하여 영기준을 적용해서 각각의 효율성 및 중요성 등을 체계적으로 분석하고 사업의 존속·축소·확대 여부를 원점에서 새로 분석·검토하여 우선순위별로 실행예산을 결정하는 제도 ② 예산편성 시 전년도 예산을 기준으로 점증적으로 예산액을 책정(점증주의 예산)하는 폐단을 시정하려는 목적에서 유래되었다.[1077] ③ 모든 사업에 대한 근본적인 재평가를 실시하며, **매년사업**(3년 주기 X)의 우선순위를 새로이 결정하고 그에 따라 예산 책정하므로 **단기적인**(장기적인 X) 계획에 중점을 둠

자본예산 제도	• 정부예산을 경상지출(공무원 인건비)과 자본지출(도로 건설)로 구분 　- 경상지출 : 경상지출은 경상수입(세금)으로 충당시켜 균형예산 편성 　- 자본지출 : 적자재정과 공채발행을 통하여 그 수입에 충당하게 함으로써 **불균형예산을 편성**(균형예산 X)[1078]

일몰법	① 특정의 행정기관이나 사업이 일정 기간이 지나면 의무적·자동적으로 폐지되게 하는 법률이다. ② 일몰법은 **입법부**(행정부 X)가 '법'으로 정하는 것이며, **중요사업**(모든사업 X)에 대해 적용하게 된다.[1079] ※ 일몰법은 기존사업과 지출을 재검토하여 필요없는 것은 폐지한다는 면에서는 영점기준 예산제도와 유사하지만, 일몰법에 의한 심사는 **입법기관**, 영점기준 예산제도에 의한 심사는 **행정부**의 예산편성과정에서 주로 행해진다.

THEME 07 「국가재정법」상 예산과정 _S급

1 예산의 편성

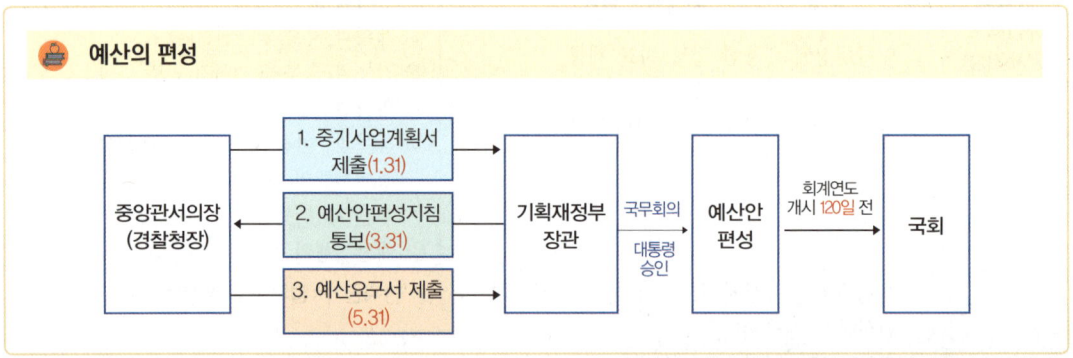

중기 사업계획서 제출(§28)	각 중앙관서의 장(경찰청장)은 매년 1월 31일까지 **해당** 회계연도부터 **5회계연도** 이상의 기간 동안의 신규사업 및 **기획재정부장관**이 정하는 주요 계속사업에 대한 중기사업계획서를 **기획재정부장관**에게 제출하여야 한다.
예산안편성지침 통보(§29)	기획재정부장관은 **국무회의**의 심의를 거쳐 대통령의 승인을 얻은 다음 연도의 예산안편성지침을 매년 **3월 31일**까지 각 중앙관서의 장에게 통보하여야 한다.
예산안편성지침의 국회보고(§30)	기획재정부장관은 각 중앙관서의 장에게 통보한 예산안편성지침을 **국회 예산결산특별위원회**에 보고하여야 한다.
예산요구서 제출(§31)	각 중앙관서의 장은 예산안편성지침에 따라 그 소관에 속하는 다음 연도의 세입세출예산·계속비·**명시이월비** 및 국고채무부담행위 요구서(이하 "예산요구서"라 한다)를 작성하여 매년 **5월 31일**까지 기획재정부장관에게 제출하여야 한다.
예산안 편성(§32)	기획재정부장관은 예산요구서에 따라 예산안을 편성하여 **국무회의**의 심의를 거친 후 대통령의 승인을 얻어야 한다.
예산안 국회제출(§33)	**정부**는 대통령의 승인을 얻은 예산안을 회계연도 개시 **120일** 전까지 국회에 제출하여야 한다.

※ 국가재정법상 경찰예산 편성 시 '인권에 미친 영향을 평가하는 보고서' 제출규정은 없음

TIP 총알 숫자정리

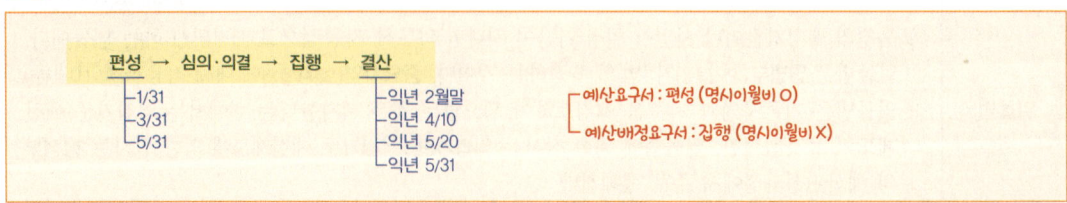

2 예산의 심의·의결

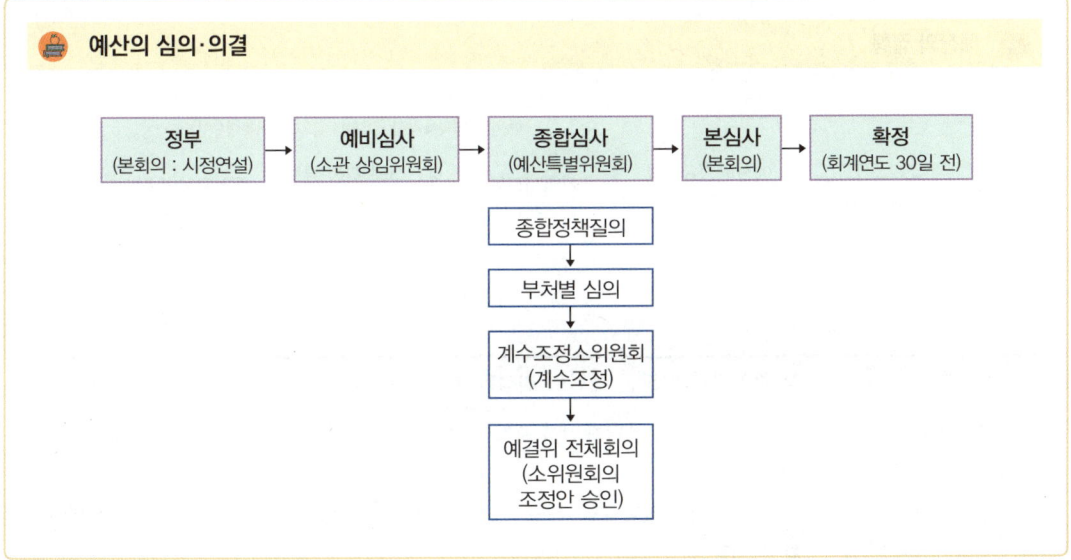

① 예산안이 국회에 제출되면 본회의에서 정부의 시정연설을 듣고(대통령 시정연설과 기재부장관 제안설명), 국회의장은 소관 상임위원회의 예비 심사를 거쳐서 **예산결산특별위원회**(행정안전위원회 X) 종합심사에 회부한다.

② 예결위 종합심사는 '**종합정책질의 → 부처별 심의 → 계수조정소위원회의 계수조정 → 예결위 전체회의에서 소위원회의 조정안 승인**'의 순서로 심사한다.

③ **예결위 종합심사가 끝난 후 본회의 의결을 거쳐 확정**되는데, 국회는 회계 연도 개시 **30일 전**까지 의결하여야 한다(헌법 제54조 제2항).1085

3 예산의 집행

예산의 집행

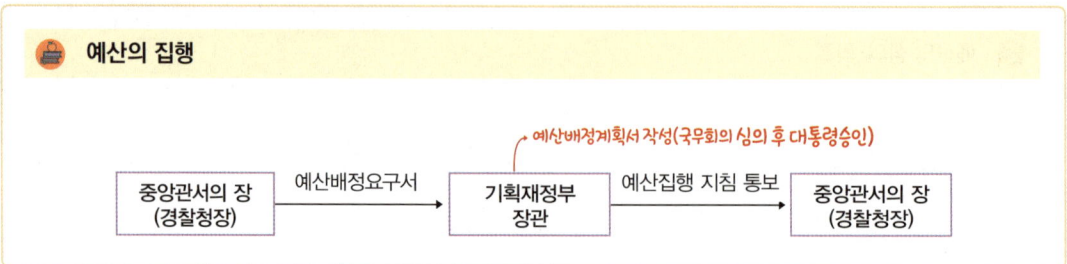

예산배정 요구서의 제출 (§42)	① 각 중앙관서의 장은 예산이 **확정된 후** 사업운영계획 및 이에 따른 세입세출예산·계속비와 국고채무부담행위를 **포함**한 **예산배정요구서**를 기획재정부장관에게 제출하여야 한다.[1086] ※ 예산이 확정되었더라도 해당 예산이 배정되지 않은 상태에서는 지출원인행위를 **할 수 없음**[1087]
예산의 배정 (§43)	① 기획재정부장관은 예산배정요구서에 따라 분기별 예산배정계획을 작성하여 **국무회의**의 심의를 거친 후 대통령의 승인을 얻어야 한다.[1088] ② 기획재정부장관은 각 중앙관서의 장에게 예산을 배정한 때에는 감사원에 통지하여야 한다.[1089]
예산집행 지침의 통보(§44)	기획재정부장관은 예산집행의 효율성을 높이기 위하여 매년 예산집행에 관한 지침을 작성하여 각 중앙관서의 장에게 통보하여야 한다.
목적 외 사용금지 (§45)	각 중앙관서의 장은 세출예산이 정한 목적 외에 경비를 사용할 수 **없다**.[1090]

TIP 예산의 이용·이체(§47), 예산 전용(§46)

장(章)	관(款)	항(項)	세항(細項)	목(目)
장·관·항 간에 상호 예산의 원칙적 **이용 불가**1092 (예외적 이용, 이체가능) **이장**			(기획재정부장관의 승인 얻어) 세항 또는 목의 금액을 **전용 가능** **전세**	
① 각 중앙관서의 장은 예산이 정한 각 기관 간 또는 각 **장·관·항 간에 상호 이용할 수 없다.** 다만, 다음 어느 하나에 해당하는 경우에 한정하여 **미리 예산으로써 국회의 의결을 얻은 때**에는 기획재정부장관의 승인을 얻어 이용하거나 기획재정부장관이 위임하는 범위 안에서 자체적으로 이용할 수 있다. 　1. 법령상 지출의무의 이행을 위한 경비 및 기관운영을 위한 필수적 경비의 부족액이 발생하는 경우 　2. 환율변동·유가변동 등 사전에 예측하기 어려운 불가피한 사정이 발생하는 경우 　3. 재해대책 재원 등으로 사용할 시급한 필요가 있는 경우 　4. 그 밖에 대통령령으로 정하는 경우 ② 기획재정부장관은 정부조직 등에 관한 법령의 제정·개정 또는 폐지로 인하여 중앙관서의 직무와 권한에 변동이 있는 때에는 그 중앙관서의 장의 요구에 따라 그 예산을 **상호 이용하거나 이체할 수 있다.**			① **각 중앙관서의 장은 예산의 목적범위 안**에서 재원의 효율적 활용을 위하여 대통령령이 정하는 바에 따라 **기획재정부장관의 승인**을 얻어 각 **세항 또는 목의 금액을 전용할 수 있다.** 이 경우 사업 간의 유사성이 있는지, 재해대책 재원 등으로 사용할 시급한 필요가 있는지, 기관운영을 위한 필수적 경비의 충당을 위한 것인지 여부 등을 종합적으로 고려하여야 한다.1091 ② 각 중앙관서의 장은 ①의 규정에 불구하고 회계연도마다 **기획재정부장관이 위임하는 범위** 안에서 각 **세항 또는 목의 금액을 자체적으로 전용할 수 있다.**	

4 예산의 결산

예산의 결산

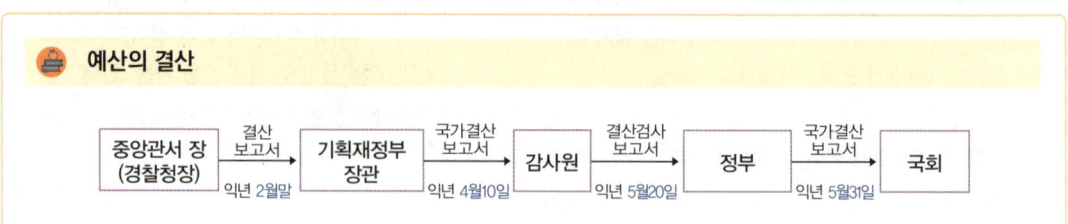

중앙관서 결산보고서의 작성 및 제출 (§58)	각 중앙관서의 장은 「국가회계법」에서 정하는 바에 따라 회계연도마다 작성한 결산보고서(이하 "중앙관서결산보고서"라 한다)를 다음 연도(=익년) 2월 말일까지 기획재정부장관에게 제출하여야 한다.[1093]
국가결산 보고서의 작성 및 제출 (§59)	기획재정부장관은 「국가회계법」에서 정하는 바에 따라 회계연도마다 작성하여 대통령의 승인을 받은 국가결산보고서를 다음 연도 4월 10일까지 감사원에 제출하여야 한다.[1094]
결산검사 (§60)	감사원은 제출된 국가결산보고서를 검사하고 그 보고서를 다음 연도 5월 20일까지 기획재정부장관에게 송부하여야 한다.[1095]
국가결산 보고서의 국회제출 (§61)	정부는 감사원의 검사를 거친 국가결산보고서를 다음 연도 5월 31일까지 국회에 제출하여야 한다.[1096]

국가재정법상 예산과정 정리

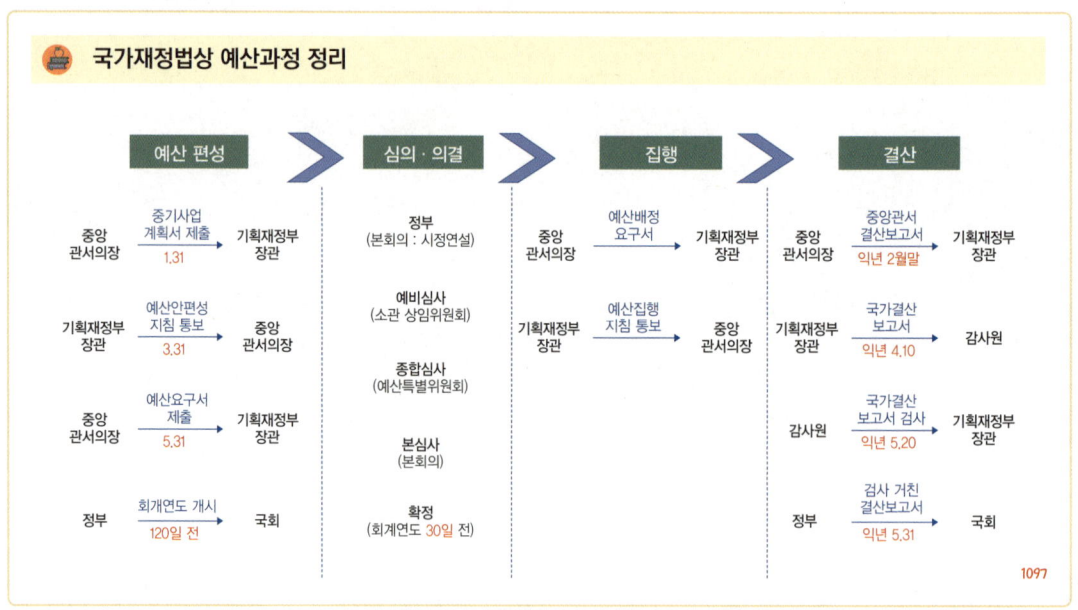

장비관리

1 경찰장비관리의 목표

① 능률성 ② 효과성 ③ 경제성 민주성 X 1098

2 무기관리(경찰장비관리규칙)_A급

(1) 무기 및 탄약관리

정의 (§112)	무기	인명 또는 신체에 위해를 가할 수 있도록 제작된 **권총·소총·도검** 등을 말함1099
	집중 무기고	경찰인력 및 경찰기관별 무기책정기준에 따라 배정된 개인화기와 공용화기를 집중 보관·관리하기 위하여 각 경찰기관에 설치된 시설1100
	탄약고	경찰탄약을 집중 보관하기 위하여 타용도의 사무실, 무기고 등과 **분리** 설치된 보관시설
	간이 무기고	경찰기관의 각 기능별 운용부서에서 효율적 사용을 위하여 집중무기고로부터 무기·탄약의 일부를 대여 받아 별도로 보관·관리하는 시설

설치
(§115)
	① 집중무기고는 다음 각 호의 경찰기관에 설치한다.
	  1. 경찰청 2. 시·도경찰청
	  3. 경찰대학, 경찰인재개발원, 중앙경찰학교 및 경찰수사연수원
	  4. 경찰서 5. 경찰기동대, 방범순찰대 및 경비대
	  6. 의무경찰대 7. 경찰특공대
	  8. 기타 경찰청장이 지정하는 경찰관서
	② 무기고와 탄약고는 견고하게 만들고 환기·방습장치와 방화시설 및 총가시설 등이 완비되어야 한다.1101
	③ **탄약고는 무기고와 분리**, 가능한 본 청사와 격리된 독립 건물로 하여야 한다.1102
	④ 무기고와 탄약고의 환기통 등에는 손이 들어가지 않도록 쇠창살 시설, 출입문은 **2중**으로 하여 **각 1개소 이상씩 자물쇠**를 설치하여야 한다.1103
	⑤ 무기·탄약고 비상벨은 상황실과 숙직실 등 초등조치 가능장소와 연결하고, 외곽에는 철조망 장치와 조명등 및 순찰함을 <u>설치하여야 한다</u>.1104
	                         ↳ 설치할 수 있다 X
	⑥ 간이무기고는 근무자가 24시간 상주하는 지구대, 파출소, 상황실 및 112타격대(이하 "지구대 및 상황실 등"이라 한다) 등 경찰기관의 장이 필요하다고 인정하는 상당한 이유가 있는 장소에 <u>설치할 수 있다</u>.1105
	       ↳ 설치하여야 한다 X
	⑦ 탄약고 내에는 **전기시설을 하여서는 아니 되며**, 조명은 건전지 등으로 하고 방화시설을 완비하여야 한다. 단, 방폭설비를 갖춘 경우 전기시설을 설치할 수 있다.1106

무기·탄약고
열쇠의 보관
(§117)
	① 무기고와 탄약고의 열쇠는 관리 책임자가 보관한다.
	② 집중무기·탄약고와 간이무기고는 다음 각 호의 관리자가 보관 관리한다. 다만, 휴가, 비번 등으로 관리책임자 공백시는 별도 관리책임자를 지정하여야 한다.
	  1. 집중무기·탄약고의 경우[1107]
	    가. **일과시간의 경우 무기 관리부서의 장**(정보화장비과장, 운영지원과장, 총무과장, 경찰서 경무과장 등)
	    나. **일과시간 후 또는 토요일·공휴일의 경우 당직 업무(청사방호) 책임자**(상황관리관 등 당직 근무자)

무기·탄약 등의 대여 (§118)	④ 지구대 등의 간이무기고의 경우는 소속 경찰관에 한하여 무기를 지급하되 감독자 입회(감독자가 없을 경우 반드시 타 선임 경찰관 입회)하에 무기탄약 입출고부에 기재한 뒤 입출고하여야 한다. 다만, 긴급상황 발생시 경찰서장의 사전허가를 받은 경우의 대여는 예외로 한다.[1108] ⑤ 무기탄약을 대여 받은 자는 그 무기를 휴대하고 근무하는 경우를 제외하고는 무기고에 보관하여야 하며, 근무 종료시에는 감독자 입회아래 무기탄약 입출고부에 기재한 뒤 즉시 입고하여야 한다.[1109]

(2) 무기 · 탄약 회수 · 보관(§120)

즉시
회수해야
할 사유
	① 경찰기관의 장은 무기를 휴대한 자 중에서 다음 각 호에 해당하는 자가 발생한 때에는 **즉시** 대여한 무기·탄약을 **회수해야 한다**. 다만, 대상자가 이의신청을 하거나 소속 부서장이 무기 소지 적격 여부에 대해 심의를 요청하는 경우에는 무기 소지 적격 심의위원회(이하 '심의위원회'라 한다.)의 심의를 거쳐 대여한 무기·탄약의 회수여부를 결정한다.[1110]
	  (무기 소지 적격 심의 위원회의 심의를 거쳐 X / 회수할 수 있다 X)
	  1. 직무상의 비위 등으로 인하여 **중징계** 의결 요구된 자
	  2. **사**의를 표명한 자 **중사**

회수할 수
있는 사유
	② 경찰기관의 장은 무기를 휴대한 자 중에서 다음 각 호에 해당하는 자가 있을 때에는 **심의위원회의 심의를 거쳐** 대여한 무기·탄약을 **회수할 수 있다**. 다만, 심의위원회를 개최할 시간적 여유가 없거나 사고 방지 등을 위해 신속한 회수가 필요하다고 인정되는 경우에는 대여한 무기·탄약을 즉시 회수**할 수 있으며**, 회수한 날부터 **7일 이내**에 심의위원회를 개최하여 회수의 타당성을 심의하고 계속 회수 여부를 결정한다.[1111]
	  (회수해야 한다 X / 해야 한다 X)
	  1. 직무상의 비위 등으로 인하여 감찰조사의 대상이 되거나 **경징계**의결 요구 또는 **경징계** 처분 중인 자
	  2. 형사사건의 수사 대상이 된 자
	  3. 경찰공무원 직무적성검사 결과 고위험군에 해당되는 자
	  4. 정신건강상 문제가 우려되어 치료가 필요한 자
	  5. 정서적 불안 상태로 인하여 무기 소지가 적합하지 않은 자로서 소속 부서장의 요청이 있는 자
	  6. 그 밖에 경찰기관의 장이 무기 소지 적격 여부에 대해 심의를 요청하는 자
	③ 경찰기관의 장은 ①과 ②에 규정한 사유들이 소멸되면 직권 또는 당사자 신청에 따라 무기 소지 적격 심의위원회의 심의를 거쳐 무기 회수의 해제 조치를 할 수 있다.

보관 해야 할 사유	④ 경찰기관의 장은 무기를 휴대한 자 중에서 다음 각 호에 해당하는 경우에는 대여한 무기·탄약을 무기고에 보관하도록 **해야 한다**.1112 (할 수 있다 ✗) 1. **술**자리 또는 연회장소에 출입할 경우 2. **상사**의 사무실을 출입할 경우 3. 기타 정황을 판단하여 필요하다고 인정되는 경우 **술상사**

(3) 무기 소지 적격 심의위원회(§120의2,3)

설치	무기·탄약 회수 대상자에 해당하는지 여부 및 회수의 해제 여부를 심의하기 위하여 각급 경찰기관의 장 소속하에 심의위원회를 둔다.1113
근거	경찰장비관리규칙(경찰청훈령)
구성	위원장 1명을 포함하여 총 **5명 이상 7명 이내**의 위원으로 구성하되 민간위원 1명 이상이 위원1114 • 내부위원 : 심의 대상자 소속 경찰기관의 장이 당해 경찰기관에 소속된 자 중 지명한 자 • 민간위원 : **정신건강** 분야에 관한 전문성을 갖춘 사람으로서 심의 대상자 소속 경찰기관의 장이 위촉하는 사람1115 (총포·도검·화약류 ✗)
위원장	위원장은 심의 대상자 소속 경찰기관의 장이 지명
간사	간사는 경찰공무원 중에서 위원장이 지명
의결정족수	재적위원 과반수의 출석으로 개의하며, 출석위원 과반수의 찬성(**회의는 비공개**)1116

(4) 권총사용 안전수칙(§123)1117

가. 총구는 **공중 또는 지면(안전지역)**을 향한다. (전방 ✗)
나. 실탄 장전시 반드시 안전장치(방아쇠울에 설치 사용)를 장착한다.
다. 1탄은 공포탄, 2탄 이하는 실탄을 장전한다. 다만, 대간첩작전, 살인 강도 등 중요범인이나 무기·흉기 등을 사용하는 범인의 체포 및 위해의 방호를 위하여 불가피한 경우에 1탄부터 실탄을 장전할 수 있다.
라. 조준시는 **대퇴부** 이하를 향한다. (허리 ✗)

3 차량관리(경찰장비관리규칙)_B급

차량의 구분 (§88)	**용도별**로 전용·지휘용·**업무용**·순찰용·**특수용**차량으로 구분[1119] ↳ 차량별 X ↳ 행정용 X ↳ 수사용 X
차량소요 계획서제출(§90)	부속기관 및 시·도경찰청의 장은 다음 년도에 소속기관의 차량정수를 증감시킬 필요가 있을 때에는 **매년 3월 말**까지 다음 년도 차량정수 소요계획을 경찰청장에게 **제출하여야 한다**.[1120] ↳ 매년 11월 말 X
차량의 교체 (§93)	부속기관 및 시·도경찰청은 소속기관 차량 중 다음 년도 교체대상 차량을 **매년 11월 말**까지 경찰청장에게 **보고하여야 한다**.
교체대상 차량의 불용처리 (§94)	① **차량사용기간**을 최우선적으로 고려하여 선정한다. ↳ 주행거리 X ② 사용기간이 동일한 경우에는 **주행거리**와 차량의 노후상태, 사용부서 등을 종합적으로 검토하여 신중하게 선정한다.[1121] ↳ 차량사용기간 X ③ 단순한 내용연수 경과를 이유로 일괄교체 또는 불용처분하는 것을 지양하고 성능이 양호하여 운행 가능한 차량은 교체순위에 불구하고 연장 사용할 수 있다. ④ 불용처분된 차량은 부속기관 및 시·도경찰청별로 실정에 맞게 **공개매각**을 원칙으로 하며, 매각할 때는 경찰표시 도색 제거 등 필요한 조치를 하여야 한다.
차량의 집중관리 (§95)	업무용차량은 운전요원의 부족 등 불가피한 사유가 없는 한 **집중관리를 원칙**으로 한다.[1122]
차량의 관리 (§96)	차량열쇠는 다음의 관리자가 지정된 열쇠함에 집중보관 및 관리하고, 예비열쇠의 확보 등을 위한 무단 복제와 운전원의 임의 소지 및 보관을 금한다. 다만, 휴가, 비번 등으로 관리책임자 공백시는 별도 관리책임자를 지정하여야 한다. | 일과시간 | 차량 관리부서의 장 | | 일과시간 후 또는 토요일·공휴일 | 당직 업무(청사방호) 책임자(상황관리관 등 당직근무자, 지구대·파출소는 지역경찰관리자) |
차량운행시 관리책임 (§98)	① 경찰기관의 장은 차량이 책임 있게 관리되도록 차량별 관리담당자를 지정**하여야 한다**. ② 차량운행 시 책임자는 **1차 운전자**, 2차 선임탑승자(사용자), 3차 경찰기관의 장으로 한다.[1123] ↳ 1차 선임탑승자 X
차량운행절차 (§99)	① 차량을 운행하고자 할 때는 사용자가 경찰배차관리시스템을 이용하여 주간에는 해당 경찰기관장의 운행허가를 받아야 하고, 일과 후 및 공휴일에는 상황관리(담당)관(경찰서는 상황(부)실장을 말함)**의 허가를 받아야 한다**. 단, 시스템을 이용할 수 없는 때에는 운행허가서로 **갈음할 수 있다**. ② 차량을 운행할 때에는 경찰배차관리시스템에 운행사항을 입력**하여야 한다**. 다만, 112·교통 순찰차 등 상시적으로 운행하는 차량은 시스템상의 운행사항 입력을 생략할 수 있다.

THEME 09 보안관리 _A급

1 서 론

의의	협의	국가의 안전보장을 위하여 국가가 보호를 필요로 하는 비밀이나 인원·문서·자재·시설·지역 등을 보호하는 **소극적 예방활동**을 말한다. ↳ 불순분자 색출 X
	광의	국가안전보장을 해치고자 하는 간첩, 태업이나 전복으로 국가를 위태롭게 하는 불순분자에 대하여 탐지·조사·체포하는 등의 **적극적인 예방활동**을 포함한다.
법적근거		**국가정보원법**, 정보 및 보안업무기획·조정규정, 보안업무규정, 보안업무규정 시행규칙, 경찰청 보안업무규정 시행세칙 등이 있음 1125 ↳ 국가보안법 X
보안의 주체		국가
보안의 객체 (대상) 1124		① 인원 : 지위고하 불문, 내방 중인 외국인도 포함한다. ② 문서 및 자재 : 내용의 중요성과 가치의 정도에 따라 각급으로 분류한다. ③ 시설 : 중요산업시설로서 특별히 보호가 요청되는 시설이다. ④ 지역 : 국가안전보장상 특별히 보호가 요청되는 지역이다.

2 보안의 원칙

알사람만 알아야 하는 원칙	보안의 대상이 되는 사실을 전파함에 있어서 전파의 필요성을 신중히 검토하여 꼭 필요로 하는 사람에게만 전파하여야 한다는 원칙 (한정의 원칙)
부분화의 원칙	한 번에 다량의 비밀이나 정보가 유출되지 않도록 하는 원칙 1126·1127
보안과 효율의 조화	보안과 업무효율은 반비례 관계가 있으므로 양자의 적절한 조화를 유지하는 방법을 강구해야 함

TIP 보안의 원칙과 비밀분류의 원칙

보안의 원칙 알부보	비밀분류의 원칙 과독외
알사람만 알아야 하는 원칙 **부**분화의 원칙 **보**안과 효율의 조화	**과**도 또는 과소 분류 금지의 원칙 **독**립분류 원칙 **외**국 또는 국제기구 비밀존중 원칙

3 보안업무규정(대통령령)상 비밀

(1) 비밀의 구분

비밀 의의(§2)	「국가정보원법」 제4조 제1항 제2호에 따른 국가 기밀로서 이 영에 따라 비밀로 분류된 것을 말한다.
분류기준(§4)	중요성과 가치 정도에 따라 분류
구분	**I급 비밀**: 누설될 경우 대한민국과 **외교관계가** 단절되고 **전**쟁을 일으키며, 국가의 방위계획·정보활동 및 국가방위에 반드시 필요한 과학과 기술의 개발을 위태롭게 하는 등의 우려가 있는 비밀 **일전**
	II급 비밀: 누설될 경우 국가안전보장에 **막**대한 **지**장을 끼칠 우려가 있는 비밀 **이막**
	III급 비밀: 누설될 경우 국가안전보장에 **해**를 끼칠 우려가 있는 비밀 **삼해**
비밀의 분류(§11)	비밀을 생산하거나 관리하는 사람은 비밀의 작성을 완료하거나 비밀을 접수하는 즉시 그 비밀을 분류하거나 재분류할 책임이 있다.
비밀의 보호와 관리 원칙(§5)	**각급기관의 장**은 비밀의 작성·분류·취급·유통 및 이관 등의 모든 과정에서 비밀이 누설되거나 유출되지 아니하도록 보안대책을 수립하여 **시행하여야 한다**. (시행할 수 있다 X) 이 경우 비밀의 제목 등 해당 비밀의 내용을 유추할 수 있는 정보가 포함된 자료는 공개하지 않는다.
암호자재 제작·공급 및 반납(§7)	① **국가정보원장**은 암호자재를 제작하여 필요한 기관에 공급한다. (경찰청장 X) 다만, 국가정보원장이 필요하다고 인정하는 암호자재의 경우 그 암호자재를 사용하는 기관은 **국가정보원장이 인가하는 암호체계의 범위에서 암호자재를 제작할 수 있다.** ② 암호자재를 사용하는 기관의 장은 사용기간이 끝난 암호자재를 지체 없이 그 **제작기관의 장**에게 반납하여야 한다. (국가정보원장 X)
비밀·암호자재의 취급(§8)	비밀은 해당 등급의 비밀취급 인가를 받은 사람만 취급할 수 있으며, **암호자재**는 해당 등급의 비밀 소통용 암호자재취급 인가를 받은 사람만 취급할 수 있다.
분류지침(§13)	각급기관의 장은 비밀 분류를 통일성 있고 적절하게 하기 위하여 세부 분류지침을 작성하여 시행하여야 한다. 이 경우 세부 분류지침은 **공개하지 않는다**. (공개한다 X)

※ **대외비**: 보안업무 규정 제4조에 따른 **비밀 외**에 (비밀 중 X)「공공기관의 정보공개에 관한 법률」제9조 제1항 제3호부터 제8호까지의 비공개 대상 정보 중 직무 수행상 특별히 보호가 필요한 사항은 이를 "대외비"로 한다(보안업무규정 시행규칙 §16).

※ **"암호자재"** 란 비밀의 보호 및 정보통신 보안을 위하여 암호기술이 적용된 장치나 수단으로서 I급, II급 및 III급비밀 소통용 암호자재로 구분되는 장치나 수단을 말한다.

(2) 비밀취급 인가권자(경찰청 보안업무규정 시행세칙)

Ⅱ급 및 Ⅲ급 비밀취급인가권 (§11)	① 경찰청장은 Ⅱ급 및 Ⅲ급 비밀 취급 인가권을 다음 각 호의 경찰기관의 장에게 **위임한다**. 　1. 경찰대학장 2. 경찰인재개발원장 3. 중앙경찰학교장 4. 경찰수사연수원장, 　5. 경찰병원장 6. 시·도경찰청장 7. 경찰서장 8. 직할대장 (경찰청 생활안전국장 X) [비교] 대통령, 국무총리, 검찰총장, 국가인권위원회 위원장, 감사원장 등은 Ⅰ급비밀 취급 인가권자와 Ⅰ급 및 Ⅱ급비밀 소통용 암호자재 취급 인가권자에 해당한다(동규정 제9조). ② ①의 규정에 따라 Ⅱ급 및 Ⅲ급 비밀취급 인가권을 위임받은 경찰기관의 장은 임명됨과 동시에 비밀취급을 할 수 있으며, 위임받은 인가권을 **다시 위임할 수 없다**. (있다X)
특별인가 (§14)	① 모든 경찰공무원은 **임용과 동시에 Ⅲ급 비밀취급 인가**를 받은 것으로 본다. ② 경찰공무원 중 제1호부터 제4호까지의 부서에 근무하거나 제5호 또는 제6호에 해당하는 사람은 보직 발령과 동시에 **Ⅱ급 비밀취급 인가**를 받은 것으로 본다. 　1. 경비, 경호, 작전, 항공 및 정보통신 담당 부서(다만, 직할대의 경우에는 행정부서에 한한다) 　2. **치안정보, 수사, 안보수사 및 국제협력 담당 부서** 　3. 감찰 및 감사 담당 부서 　4. 치안상황실, 발간실 및 문서수발실 　5. 경찰청 각 과·담당관의 서무업무 담당자 및 비밀을 관리하는 보안업무 담당자 　6. 부속기관, 시·도경찰청, 경찰서 각 과·담당관의 서무업무 담당자 및 비밀을 관리하는 보안업무 담당자 ③ ②에도 불구하고 **신원특이자**에 대해서는 Ⅱ급 비밀취급 인가 여부의 **적절성**에 관하여 사전에 **위원회**(각 기관장X)의 심의를 거쳐야 한다. 다만, 신원특이자 소속기관의 자체 심의기구에서 신원특이자의 Ⅱ급 비밀취급 인가 여부를 심의한 경우에는 위원회의 심의를 거치지 않는다. ④ 각 경찰기관의 장은 ③에 따라 위원회 또는 자체 심의기구의 심의 결과 신원특이자의 비밀취급이 **부적절하다고 의결된 경우** 그를 즉시 다른 부서·보직으로 인사조치한다.

4 문서보안

(1) 비밀분류의 원칙(보안업무규정 제12조)

과도 또는 과소 분류 금지의 원칙	비밀은 적절히 보호할 수 있는 **최저등급**으로 분류하되, 과도하거나 과소하게 분류해서는 아니된다. (최고X)
독립분류 원칙	비밀은 **그 자체의 내용과 가치의 정도에 따라 분류**하여야 하며, 다른 비밀과 관련하여 분류해서는 아니된다.
외국 또는 국제기구 비밀존중 원칙	외국 정부나 국제기구로부터 접수한 비밀은 그 **생산기관이 필요로 하는 정도**로 보호할 수 있도록 분류하여야 한다. (접수기관X)

(2) 비밀의 보관(보안업무규정 시행규칙)

비밀취급 인가의 제한 (§12②)	비밀취급 인가권자는 소속 직원의 인사기록 카드에 기록된 비밀취급의 인가 및 인가해제 사유와 임용 시의 신원조사회보서에 따라 새로 신원조사를 하지 아니하고 비밀취급을 **인가할 수 있다**. 다만, **I급비밀 취급을 인가할 때에는 새로 신원조사를 하여야 한다**.[1135]
비밀취급 인가의 특례 (§13①)	비밀취급 인가권자는 업무 상 조정·감독을 받는 기업체나 단체에 소속된 사람에 대하여 소관 비밀을 계속적으로 취급하게 하여야 할 필요가 있을 때에는 **미리 국가정보원장과의 협의**를 거쳐 해당하는 사람에게 **II급 이하의 비밀**취급을 인가할 수 있다.[1136]
보관기준 (§33)	① 비밀은 일반문서나 암호자재와 혼합하여 보관하여서는 아니된다. ② **I급 비밀 : 반드시 금고에 보관**, 다른 비밀과 혼합하여 보관하여서는 아니된다. ③ **II급 비밀 및 III급 비밀** : 금고 또는 이중 철제캐비닛 등 잠금장치가 있는 안전한 용기에 보관, 보관책임자가 I급비밀 취급 인가를 받은 때에는 **II급비밀과 III급비밀을 같은 용기에 혼합하여 보관할 수 있다**.[1166] ← I급비밀X ④ 보관용기에 넣을 수 없는 비밀 : **제한구역 또는 통제구역**에 보관하는 등 그 내용이 노출되지 아니하도록 특별한 보호대책을 **마련하여야 한다**.[1167] (←제한지역X)
보관용기 (§34①)	비밀의 보관용기 외부에는 비밀의 보관을 알리거나 나타내는 **어떠한 표시도 해서는 아니된다**.[1168]
비밀의 대출 및 열람 (§45)	① 비밀보관책임자는 보관비밀을 대출하는 때에는 비밀대출부에 관련 사항을 기록·유지한다.[1169] ③ 제2항에 따른 비밀열람기록전은 그 비밀의 **생산기관**이 첨부하며, 비밀을 파기하는 때에는 비밀에서 분리하여 따로 철하여 보관하여야 한다.[1170] (←사용기관X) ⑤ 비밀의 발간업무에 종사하는 사람은 작업일지에 작업에 관한 사항을 기록·보관해야 한다. 이 경우 **작업일지는 비밀열람기록전을 갈음하는 것으로 본다**.[1171]

(3) 비밀의 보호(보안업무규정)

보안심사위원회 (§3의3)	중앙행정기관등에 비밀의 공개 등 해당 기관의 보안 업무 수행에 관한 중요 사항을 심의하기 위하여 보안심사위원회를 둔다.
출장 중의 비밀 보관(§19)	비밀을 휴대하고 출장 중인 사람은 비밀을 안전하게 보호하기 위하여 국내 경찰기관 또는 재외공관에 보관을 **위탁할 수 있으며**, 위탁받은 기관은 그 비밀을 **보관하여야 한다**.[1152]
비밀관리 기록부 (§22)	① 각급기관의 장은 비밀의 작성·분류·접수·발송 및 취급 등에 필요한 모든 관리사항을 기록하기 위하여 비밀관리기록부를 작성하여 갖추어 두어야 한다. 다만, **I급비밀관리기록부는 따로 작성하여 갖추어 두어야 하며**, 암호자재는 암호자재 관리기록부로 관리한다.[1153] ② 비밀관리기록부와 암호자재 관리기록부에는 모든 비밀과 암호자재에 대한 보안책임 및 보안관리 사항이 **정확히 기록·보존되어야 한다**.[1154]
비밀의 복제· 복사 제한 (§23)	① 비밀의 일부 또는 전부나 암호자재에 대해서는 모사(模寫)·타자(打字)·인쇄·조각·녹음·촬영·인화(印畵)·확대 등 그 원형을 재현(再現)하는 **행위를 할 수 없다**. 다만, 다음 각 호의 구분에 따른 비밀의 경우에는 그러하지 아니하다. 1. **I급비밀 : 그 생산자의 허가**를 받은 경우[1155] (←사용자X) 2. **II급비밀 및 III급비밀** : 그 생산자가 특정한 제한을 하지 아니한 것으로서 해당 등급의 비밀취급 인가를 받은 사람이 공용(共用)으로 사용하는 경우[1156] 3. 전자적 방법으로 관리되는 비밀 : 해당 비밀을 보관하기 위한 용도인 경우

구분	내용
비밀의 복제· 복사 제한 (§23)	② **각급기관의 장은 보안 업무의 효율적인 수행을 위하여 필요하다고 인정되는 경우**에는 해당 　└ 국가정보원장의 승인 X 　비밀의 보존기간 내에서 제1항 단서에 따라 그 사본을 제작하여 보관할 수 있다.[1157] ④ 비밀을 복제하거나 복사한 경우에는 그 원본과 동일한 비밀등급과 예고문을 기재하고, 　사본 번호를 매겨야 한다. ⑤ 제4항에 따른 예고문에 재분류 구분이 "파기"로 되어 있을 때에는 파기 시기를 원본의 　보호기간보다 앞당길 수 있다. (없다 X)[1158]
비밀의 열람 (§24)	① 비밀은 해당 등급의 비밀취급 인가를 받은 사람 중 그 비밀과 업무상 **직접 관계가 있는 사람**만 열람할 수 있다.[1159] ② 비밀취급 인가를 받지 아니한 사람에게 비밀을 열람하거나 취급하게 할 때에는 **국가정 보원장**이 정하는 바에 따라 **소속 기관의 장(비밀이 군사와 관련된 사항인 경우에는 국방부 장관)**이 미리 열람자의 인적사항과 열람하려는 비밀의 내용 등을 확인하고 열람 시 비 밀 보호에 필요한 자체 보안대책을 마련하는 등의 보안조치를 **하여야 한다.** 다만, I 급 비밀의 보안조치에 관하여는 **국가정보원장**과 미리 협의하여야 한다.[1160]
비밀의 공개 (§25)	① 중앙행정기관의 장은 다음 각 호의 어느 하나에 해당하는 사유가 있을 때에는 그가 생 산한 비밀을 **보안심사위원회의 심의를 거쳐 공개할 수 있다.** 다만, I 급비밀의 공개에 관 하여는 **국가정보원장**과 미리 협의해야 한다.[1161] 　1. 국가안전보장을 위하여 국민에게 긴급히 알려야 할 필요가 있다고 판단될 때 　2. 공개함으로써 국가안전보장 또는 국가이익에 현저한 도움이 된다고 판단될 때 ② 공무원 또는 공무원이었던 사람은 **법률에서 정하는 경우를 제외**(어떠한 경우에도 X)하고는 **소속 기관의 장이나 소속되었던 기관의 장의 승인** 없이 비밀을 공개해서는 아니 된다.[1162]
비밀의 반출 (§27)	비밀은 보관하고 있는 시설 밖으로 반출해서는 아니 된다. 다만, 공무상 반출이 필요할 때 에는 **소속 기관의 장**의 승인을 받아야 한다.[1163] 　└ 중앙행정기관의 장 X
비밀문서의 통제 (§29)	각급기관의 장은 비밀문서의 접수·발송·복제·열람 및 반출 등의 통제에 필요한 규정을 따 로 작성·운영할 수 있다.[1164]
비밀 소유 현황 통보(§31)	각급기관의 장은 **연 2회** 비밀 소유 현황을 조사하여 **국가정보원장**에게 통보하여야 한다.[1165]
자료의 보관 (동시행규칙 §70)	① 다음 각 호의 자료는 비밀과 함께 철하여 보관·활용하고, 비밀의 보호기간이 만료되면 비밀에서 분리한 후 각각 편철하여 **5년간** 보관해야 한다. 　1. 비밀접수증　　　2. 비밀열람기록전　　　3. 배부처 ② 다음 각 호의 자료는 새로운 관리부철로 옮겨서 관리할 경우 기존 관리부철을 **5년간** 보관해야 한다. 　1. 비밀관리기록부　　2. 비밀 접수 및 발송대장 　3. 비밀대출부　　　　4. 암호자재 관리기록부 ③ 서약서는 서약서를 작성한 비밀취급인가자의 인사기록카드와 함께 철하여 인가 해제 시까지 보관하되, 인사기록카드와 함께 철할 수 없는 경우에는 별도로 편철하여 보관 해야 한다. ④ 암호자재 증명서는 해당 암호자재를 반납하거나 파기한 후 **5년간** 보관해야 한다. ⑤ 암호자재 점검기록부는 최근 **5년간**의 점검기록을 보관해야 한다. ⑥ 제1항부터 제5항까지의 규정에 따른 보관기간이 지나면 해당 자료는 「공공기록물 관리 에 관한 법률」에 따른 기록물관리기관으로 이관해야 한다.

5 시설보안(보안업무규정 §34, 동시행규칙 §54)

보호지역 설정·관리	① 각급기관의 장과 관리기관 등의 장은 국가안전보장에 관련되는 인원·문서·자재·시설의 보호를 위하여 필요한 장소에 일정한 범위의 보호지역을 설정할 수 있다. ② ①에 따라 설정된 보호지역은 그 중요도에 따라 **제한지역, 제한구역 및 통제구역**으로 나눈다.[1172] ③ 보호지역에 접근하거나 출입하려는 사람은 **각급기관의 장 또는 관리기관 등의 장의 승인**을 받아야 한다. ④ 보호지역을 관리하는 사람은 ③에 따른 승인을 받지 않은 사람의 보호지역 접근이나 출입을 제한하거나 금지할 수 있다.	
보호지역 구분	제한지역	비밀 또는 국·공유재산의 보호를 위하여 울타리 또는 방호·경비인력에 의하여 승인을 받지 않은 사람의 접근이나 **출입에 대한 감시가** 필요한 지역[1174]
	제한구역	비인가자가 비밀, 주요시설 및 Ⅲ급 비밀 소통용 암호자재에 접근하는 것을 방지하기 위하여 **안내를 받아** 출입하여야 하는 구역 **제구안내**[1173]
	통제구역	보안상 매우 중요한 구역으로서 **비인가자의 출입이 금지**되는 구역 **통구이금지**[1175]

TIP 보호구역의 설정기준(경찰청 보안업무규정 시행세칙 §54)

제한구역	통제구역
• 전자교환기(통합장비)실, **정보통신실** • 발간실(비밀 발간실과 구분) • 송신 및 중계소, **정보통신관제센터** • 시·도경찰청 항공대 • 작전·경호·정보·안보업무 담당 부서 전역 • 경찰청 과학수사분석과 과학수사자료관리계·법과학분석계(시·도경찰청은 과학수사계·과학수사대)	• **무기**창·무기고 및 탄약고 • **암호**취급소 • **암호**장비관리실 • **비밀**발간실 • **종합**조회처리실 • **종합**상황실·치안상황실 • 정보보안**기록실** • 통합**증거물** 보관실 • **사건**기록관·**사건**기록보관실 **무기암호 비밀종합기록실 증거물사건**[1176]

THEME 10 문서관리(행정업무의 운영 및 혁신에 관한 규정(대통령령))_B급

1 용어의 정의(§3)

공문서	행정기관에서 공무상 작성하거나 시행하는 문서(도면·사진·디스크·테이프·필름·슬라이드·전자문서 등의 특수매체기록을 **포함**)와 행정기관이 접수한 모든 문서를 말한다.[1177] ↳ 제외 X
전자문서	컴퓨터 등 정보처리능력을 가진 장치에 의하여 전자적인 형태로 작성, 송수신 또는 저장된 문서[1178]
개방형 문서 형식	다음 각 목의 요건을 모두 갖춘 전자문서 형식을 말한다. 가. 기술의 표준과 규격이 공개되어 있을 것 나. 「공공데이터의 제공 및 이용 활성화에 관한 법률」제2조 제3호에 따른 기계 판독이 가능한 형태일 것
서 명	기안자 등이 **전자문서를 제외한** 공문서상에 자필로 자기의 성명을 다른 사람이 알아볼 수 있도록 한글로 표시하는 것
전자이미지서명	기안자·검토자·협조자·결재권자 또는 발신명의인이 전자문서상에 **전자적인 이미지 형태**로 된 자기의 성명을 표시하는 것
업무관리시스템	행정기관이 **업무처리의 모든 과정**을 과제관리카드 및 문서관리카드 등을 이용하여 전자적으로 관리하는 시스템을 말한다.
행정정보시스템	행정기관이 **행정정보**를 생산·수집·가공·저장·검색·제공·송신·수신하고 활용할 수 있도록 하드웨어·소프트웨어·데이터베이스 등을 통합한 시스템을 말한다.[1179]

2 공문서의 종류(§4)[1180]

법규문서	헌법·법률·대통령령·총리령·부령·조례·규칙 등에 관한 문서[1182]
지시문서	훈령·지시·예규·일일명령 등 행정기관이 그 하급기관이나 소속 공무원에 대하여 일정한 사항을 지시하는 문서[1181]
공고문서	고시·공고 등 행정기관이 일정한 사항을 일반에게 알리는 문서[1183]
비치문서	행정기관이 일정한 사항을 기록하여 행정기관 내부에 비치하면서 업무에 활용하는 대장, 카드 등의 문서[1184]
민원문서	민원인이 행정기관에 허가, 인가, 그 밖의 처분 등 특정한 행위를 요구하는 문서와 그에 대한 처리문서[1185]
일반문서 ↳ 대내문서 X	법규·지시·공고·비치·민원문서에 속하지 않는 모든 문서

3 문서의 성립 및 효력 발생(§6)

① **문서는 결재권자**가 해당 문서에 **서명**(전자이미지서명, 전자문자서명 및 행정전자서명을 포함)의 방식으로 결재함으로써 **성립**한다.
↳ 효력을 발생 X
② **문서는 수신자**에게 **도달**(전자문서의 경우는 수신자가 관리하거나 지정한 전자적 시스템 등에 입력되는 것을 말함)됨으로써 **효력을 발생**한다.1186
↳ 성립 X
③ 공고문서는 그 문서에서 효력발생 시기를 구체적으로 밝히고 있지 않으면 그 고시 또는 공고 등이 있은 날부터 **5일**이 경과한 때에 효력이 발생한다.

TIP 문서의 효력발생 시기에 관한 학설

표백주의	시행문서의 작성이 완료한 때에 효력이 발생한다는 견해
발신주의	시행문서를 발송한 시점에서 효력이 발생한다는 견해
도달주의	시행문서가 상대방에게 도달된 때에 효력이 발생한다는 견해(**통설 및 판례**)
요지주의	시행문서가 상대방에게 전달되어 상대방이 내용을 보고 알았을 때에 효력이 발생한다는 견해

4 문서 작성의 일반원칙(§7)

① 문서는 「국어기본법」 제3조 제3호에 따른 어문규범에 맞게 한글로 작성하되, 뜻을 정확하게 전달하기 위하여 필요한 경우에는 괄호 안에 한자나 그 밖의 외국어를 함께 적을 수 있으며, 특별한 사유가 없으면 가로로 쓴다.1187
② 문서의 내용은 간결하고 명확하게 표현하고 일반화되지 않은 약어와 전문용어 등의 사용을 피하여 이해하기 쉽게 작성하여야 한다.1188
③ 문서에는 음성정보나 영상정보 등이 수록되거나 연계된 바코드 등을 표기할 수 **있다**. (없다 X)1189
④ 문서에 쓰는 숫자는 특별한 사유가 없으면 아라비아 숫자를 쓴다.
⑤ 문서에 쓰는 날짜는 숫자로 표기하되, 연·월·일의 글자는 생략하고 그 자리에 온점을 찍어 표시하며, 시·분은 24시각제에 따라 숫자로 표기하되, 시·분의 글자는 생략하고 그 사이에 쌍점을 찍어 구분한다. 다만, 특별한 사유가 있으면 다른 방법으로 표시할 수 있다.
⑥ 문서 작성에 사용하는 용지는 특별한 사유가 없으면 가로 **210밀리미터**, 세로 **297밀리미터**의 직사각형 용지로 한다.

CHAPTER 02
경찰홍보 및 통제

01 경찰홍보

02 언론중재 및 피해구제 등에 관한 법률

03 경찰에 대한 통제

04 경찰 감찰 규칙

05 경찰청 감사 규칙

06 인권 ─┬─ 국가인권위원회법 및 동법 시행령 등
        └─ 경찰 인권보호 규칙

07 정책결정모델

08 경찰제도개혁

THEME 01 경찰홍보_B급

1 홍보유형

소극적 홍보	협의의 홍보(PR)	인쇄매체, 유인물 등 각종 대중매체를 통하여 경찰의 긍정적인 점을 일방적으로 알리는 활동을 의미[1191]
	언론관계(Press Relations)	신문, TV 등 뉴스 프로그램의 보도기능에 대응하는 활동으로 대개 사건·사고에 대한 기자들의 질의에 답하는 대응적이고 소극적인 홍보활동[1194]
적극적 홍보	지역공동체 관계 (CR)	**지역사회** 내의 각종 기관, 단체 및 주민들과 유기적인 연락 및 협조체제를 구축·유지하여 **지역사회** 각계각층의 요구에 부응하는 경찰활동을 하는 동시에, 경찰 활동의 긍정적인 측면을 지역사회에 널리 알리는 종합적인 지역사회 홍보체계
	대중매체 관계	각종 대중매체 제작자와 긴밀한 협조관계를 구축·유지하여 대중매체의 필요를 충족시키는 한편, 경찰의 긍정적인 측면을 널리 알리는 홍보활동[1191]
	기업 이미지식 경찰홍보	**포돌이처럼 상징물(캐릭터)을 개발·전파**하는 등 조직 이미지를 고양하여 높아진 주민 지지도를 바탕으로 예산획득, 형사사법 환경 하의 협력확보 등의 목적을 달성하는 종합적이고 계획적인 홍보활동[1195]

※ Public Relations(PR: 공공관계)란 경찰이 그 목적의 수행을 용이하게 하기 위하여 경찰의 시책·업무·관계법규 등을 **일반국민에게 공개**함으로써 경찰에 대한 **국민의 신뢰와 협조**를 구하는 적극적이고 지속적인 활동을 말한다.[1192]

TIP 경찰과 대중매체 관계

로버트 마크 (Robertmark)	경찰과 대중매체의 관계를 "**단란하고 행복스럽지는 않더라도, 오래 지속되는 결혼생활**"에 비유[1196]
크랜든(Cradon)	'경찰과 대중매체가 서로를 필요로 하기 때문에 **둘 사이에는 공생관계가 발달**한다.'고 주장[1196]
에릭슨 (Ericson)	① 경찰과 대중매체는 서로 얽혀서 범죄와 정의문제 및 사회질서의 현실을 해석하고 규정짓는 **사회적 기구로서의 역할**을 하고 있다고 봄[1197] ② 경찰과 대중매체는 서로 연합하여 그 사회의 일탈에 대한 개념을 규정하며, 도덕성과 정의를 규정짓는 **사회적 엘리트 집단을 구성**한다고 주장

2 소극적 · 적극적 홍보전략

소극적 홍보전략	적극적 홍보전략
① 대변인실의 이용	① 대중매체의 이용
② **비밀주의**와 **공개최소화** 원칙[1198]	② **공개주의**와 **비밀최소화** 원칙
③ 언론접촉규제	③ 언론접촉장려
④ 홍보기능의 고립	④ 홍보와 타 기능의 연계를 통한 총체적 홍보전략

3 보도관련 용어

리드(lead)	기사 내용을 요약해서 1~2줄 정도로 간략하게 쓴 글[1199]
오프 더 레코드 (off the record)	보도하지 않을 것을 조건으로 하는 자료나 정보의 제공[1200]
엠바고(embargo)	어느 시한까지 **보도하지 않을 것**을 전제로 자료제공이 이루어지는 관행[1201]
데드라인(deadline)	취재된 기사를 편집부에 넘겨야 하는 기사 마감시간[1202]

언론보도와 피해 구제(언론중재 및 피해구제 등에 관한 법률)_A급

1 정정보도청구 및 반론보도청구 등

주요 용어 (§2)	정정보도	언론의 보도 내용의 전부 또는 일부가 **진실하지 아니한 경우** 이를 진실에 부합되게 고쳐서 보도하는 것을 말한다.
		판례 복잡한 사실관계를 알기 쉽게 단순하게 만드는 과정에서 일부 특정한 사실관계를 압축, 강조하거나 대중의 흥미를 끌기 위해 실제 사실관계에 장식을 가하는 과정에서 다소의 수사적 과장이 있더라도 전체적인 맥락에서 보아 보도내용의 중요 부분이 진실에 합치한다면 그 **보도의 진실성은 인정**(대판 2009다52649)
	반론보도	언론의 보도 내용의 **진실 여부와 관계없이** 그와 대립되는 반박적 주장을 보도하는 것을 말한다.
청구요건	정정보도 (§14)	① **사실적 주장**에 관한 언론보도등이 진실하지 아니함으로 인하여 피해를 입은 자(이하 "피해자"라 한다)는 해당 언론보도등이 있음을 안 날부터 **3개월** 이내에 언론사, 인터넷뉴스서비스사업자 및 인터넷 멀티미디어 방송사업자(이하 "언론사등"이라 한다)에게 그 언론보도등의 내용에 관한 정정보도를 청구할 수 있다. 다만, 해당 언론보도등이 있은 후 **6개월**이 지났을 때에는 그러하지 아니하다.
		② 제1항의 청구에는 언론사등의 **고의·과실이나 위법성을 필요로 하지 아니한다.**
		③ 국가·지방자치단체, 기관 또는 단체의 장은 해당 업무에 대하여 그 기관 또는 단체를 대표하여 정정보도를 청구할 수 있다.
		④ 「민사소송법」상 당사자능력이 없는 기관 또는 단체라도 하나의 생활단위를 구성하고 보도 내용과 **직접적인** 이해관계가 있을 때에는 그 대표자가 정정보도를 청구할 수 있다. (↳ 간접적인 X)
		판례 **사실적 주장**이란 의견표명에 대치되는 개념으로서 사실적 주장과 의견표명이 혼재할 경우 양자를 구별할 때에는 해당 언론보도의 객관적인 내용과 아울러 해당 언론보도가 게재된 문맥의 보다 넓은 의미나 배경이 되는 사회적 흐름 및 시청자에게 주는 전체적인 인상도 함께 고려하여야 한다(대판 2009다52649).
		판례 사실적 주장에 관한 언론보도 등의 내용에 관한 정정보도를 청구하는 **피해자**는 그 언론보도 등이 진실하지 아니하다는데 대한 **증명책임을 부담**한다(대판 2009다52649). (↳ 언론사 X)
	반론보도 (§16)	① 사실적 주장에 관한 언론보도등으로 인하여 피해를 입은 자는 그 보도 내용에 관한 반론보도를 언론사등에 청구할 수 있다.
		② **언론사등의 고의·과실이나 위법성을 필요로 하지 아니하며, 보도 내용의 진실 여부와 상관없이 그 청구**를 할 수 있다.
		③ 반론보도 청구에 관하여는 따로 규정된 것을 제외하고는 정정보도 청구에 관한 이 법의 규정을 준용한다(청구기간은 정정보도와 동일).
	추후보도 (§17)	① 언론등에 의하여 범죄혐의가 있거나 형사상의 조치를 받았다고 보도 또는 공표된 자는 그에 대한 형사절차가 무죄판결 또는 이와 동등한 형태로 종결되었을 때에는 그 사실을 안 날부터 **3개월 이내**에 언론사등에 이 사실에 관한 추후보도의 게재를 청구할 수 있다.

정정보도 청구권의 행사 (§15)	① 정정보도청구는 언론사등의 대표자에게 **서면**으로 하여야 하며, 청구서에는 피해자의 성명·주소·전화번호 등의 연락처를 기재하고 정정의 대상인 언론보도등의 내용 및 정정을 구하는 이유와 청구하는 정정보도문을 명시하여야 한다. 다만, 인터넷신문 및 인터넷뉴스서비스의 언론보도등의 내용이 해당 인터넷 홈페이지를 통하여 계속 보도 중이거나 매개 중인 경우에는 **그 내용의 정정을 함께 청구할 수 있다.** (구두X) ② ①의 청구를 받은 언론사등의 대표자는 **3일 이내**에 그 수용 여부에 대한 통지를 청구인에게 발송하여야 한다. ③ 언론사등이 ①의 청구를 수용하는 경우에는 지체 없이 피해자 또는 그 대리인과 정정보도의 내용·크기 등에 대하여 협의한 후 그 **청구를 받은 날부터 7일 내**에 정정보도문을 방송 또는 게재(인터넷신문 및 인터넷뉴스서비스의 경우 ①의 단서에 따른 해당 언론보도등 내용의 정정을 포함한다)하여야 한다. 다만, 신문 및 잡지 등 정기간행물의 경우 이미 편집 및 제작이 완료되어 부득이할 때에는 다음 발행 호에 이를 **게재하여야 한다.** (협의가 있은 날X) (게재하지 않을 수 있다X) ⑤ 언론사등이 하는 정정보도에는 원래의 보도 내용을 정정하는 사실적 진술, 그 진술의 내용을 대표할 수 있는 제목과 이를 충분히 전달하는 데에 필요한 **설명 또는 해명**을 **포함**하되, **위법한 내용**은 **제외**한다. (포함X)
정정 보도청구 거부사유 (§15④)	다음 어느 하나에 해당하는 사유가 있는 경우 언론사등은 정정보도 청구를 **거부할 수 있다.** 1. 피해자가 정정보도청구권을 행사할 정당한 이익이 없는 경우 2. 청구된 정정보도의 내용이 명백히 사실과 다른 경우 3. 청구된 정정보도의 내용이 명백히 위법한 내용인 경우 4. 정정보도의 청구가 **상업적인** 광고만을 목적으로 하는 경우 (공익적인X) 5. 청구된 정정보도의 내용이 국가·지방자치단체 또는 **공공단체의 공개회의**와 법원의 공개재판절차의 사실보도에 관한 것인 경우 (비공개X)

2 언론중재위원회(§7)

설치		언론 등의 보도 또는 매개로 인한 분쟁의 조정·중재 및 침해사항을 심의하기 위하여 언론중재위원회를 둔다.
구성	위원수	**40**명 이상 **90**명 이내, 중재위원으로 구성하며, 중재위원은 다음사람 중에서 **문화체육관광부장관**이 위촉한다. (언론 49 낫어요)
	위원 자격	① 법관의 자격이 있는 사람 중에서 **법원행정처장**이 추천한 사람 ② 변호사의 자격이 있는 사람 중에서 「변호사법」 제78조에 따른 대한변호사협회의 장이 추천한 사람 ③ 언론사의 취재·보도 업무에 **10년 이상** 종사한 사람 ④ 그 밖에 언론에 관하여 학식과 경험이 풍부한 사람 ※ ①부터 ③까지의 위원은 각각 중재위원 정수의 5분의 1 이상이 되어야 함
	위원장 등	• 위원장 **1명**과 **2명** 이내의 부위원장 및 **2명** 이내의 감사 • 각각 중재위원 중에서 **호선** • 위원장은 중재위원회를 대표하고 중재위원회의 업무를 총괄한다.

심의내용	1. 중재부의 구성에 관한 사항 2. **중재위원회규칙의 제정·개정 및 폐지에 관한 사항**[1217] 3. 제11조 제2항에 따른 사무총장의 임명 동의 4. 제32조에 따른 시정권고의 결정 및 그 취소결정 5. 그 밖에 중재위원회 위원장이 회의에 부치는 사항
임기	위원장·부위원장·감사 및 중재위원의 임기는 각각 **3년**으로 하며, **한 차례만 연임할 수 있다.**[1218]
회의	재적위원 과반수의 출석과 출석위원 과반수의 찬성으로 의결[1220]

3 언론등에 의한 피해구제의 원칙과 조정 및 중재

언론등에 의한 피해구제의 원칙(§5)	① 언론, 인터넷뉴스서비스 및 인터넷 멀티미디어 방송(이하 "언론등"이라 한다)은 타인의 생명, 자유, 신체, 건강, 명예, 사생활의 비밀과 자유, 초상(肖像), 성명, 음성, 대화, 저작물 및 사적(私的) 문서, 그 밖의 인격적 가치 등에 관한 권리(이하 "인격권"이라 한다)를 **침해하여서는 아니 되며,** 언론등이 타인의 인격권을 침해한 경우에는 이 법에서 정한 절차에 따라 그 피해를 **신속하게 구제하여야 한다.**[1221]
조정신청(§18)	① 정정보도청구등과 관련하여 분쟁이 있는 경우 피해자 또는 언론사등은 중재위원회에 조정을 신청할 수 있다.[1222] ③ 정정보도청구등과 손해배상의 조정신청은 해당 언론보도등이 있음을 안 날부터 **3개월** 이내, 있은 후부터 **6개월** 이내에 **구술, 서면, 전자문서 등**으로 하여야 하며, 피해자가 언론사등에 먼저 정정보도청구등을 한 경우에는 피해자와 언론사등 사이에 협의가 불성립된 날(기준 − 언론사의 수용여부 통지서를 **피해자가 수령한 날**)부터 **14일** 이내에 하여야 한다.
조정절차(§19)	① 조정은 관할 중재부에서 한다. 관할구역을 같이 하는 중재부가 여럿일 경우에는 중재위원회 위원장이 중재부를 지정한다. ② 조정은 신청 접수일부터 **14일 이내**에 하여야 하며, 중재부의 장은 조정신청을 접수하였을 때에는 **지체 없이** 조정기일을 정하여 당사자에게 출석을 요구하여야 한다. ← 3일 이내 X ③ 출석요구를 받은 **신청인**이 2회에 걸쳐 출석하지 아니한 경우에는 **조정신청을 취하한 것으로 보며,** 피신청 **언론사등**이 2회에 걸쳐 출석하지 아니한 경우에는 조정신청 취지에 따라 **정정보도등을 이행하기로 합의한 것으로 본다.**[1223] ⑤ 조정기일에 중재위원은 조정 대상인 분쟁에 관한 사실관계와 법률관계를 당사자들에게 설명·조언하거나 절충안을 제시하는 등 **합의를 권유할 수 있다.** ← 합의를 권유해서는 안 된다 X ⑧ 조정은 **비공개**를 원칙으로 한다.
직권조정결정(§22)	① 당사자 사이에 합의가 이루어지지 아니한 경우 또는 신청인의 주장이 이유 있다고 판단되는 경우 중재부는 당사자들의 이익이나 그 밖의 모든 사정을 고려하여 신청취지에 반하지 아니하는 한도에서 **직권조정결정**을 할 수 있다. 이 경우 그 결정은 조정신청 접수일부터 **21일 이내**에 하여야 한다. ② 직권조정결정서에는 주문과 결정 이유를 적고 이에 관여한 중재위원 전원이 서명·날인하여야 하며, 그 정본을 지체 없이 당사자에게 송달하여야 한다. ③ 직권조정결정에 불복하는 자는 결정 정본을 송달받은 날부터 **7일 이내**에 불복 사유를 명시하여 서면으로 중재부에 이의신청을 할 수 있다. 이 경우 그 결정은 효력을 상실한다.

조정에 의한 합의 등의 효력 (§23)	다음 각 호의 어느 하나의 경우에는 **재판상 화해와 같은 효력**이 있다. 1. 조정 결과 당사자 간에 합의가 성립한 경우 2. 합의가 이루어진 것으로 보는 경우 3. 직권조정결정에 대하여 이의신청이 없는 경우
중재	① 당사자 양쪽은 정정보도청구 등 또는 손해배상의 분쟁에 관하여 중재부의 종국적 결정에 따르기로 합의하고 중재를 신청할 수 있다(§24①). ② 중재결정은 **확정판결과 동일한 효력**이 있다(§25①).[1224]

언론보도와 피해 구제 절차 총알정리

오보발생 피해자 —정정(반론)보도신청→ 언론사 등
- 안 날 **3개월 이내**(있은 날 **6개월**)
- 서면신청

⇩

언론사 등
- 청구인에게 수용 여부 통지 : **3일 이내**
- 청구 수용 시 : **7일 이내** 보도문 방송·게재

⇩

피해자 or 언론사등 —조정신청→ 중재위원회
- 안 날 **3개월 이내**(있은 날 **6개월**)
- 협의 불성립된 날로부터 **14일** 이내
- 구술, 서면, 전자문서 등 신청

⇩

중재위원회의 조정
- 조정은 신청 접수일부터 **14일** 이내
- 조정에 의한 합의는 **재판상 화해와 동일한 효력**

※ 정정보도 청구와, 반론보도 청구 절차는 동일

THEME 03 경찰에 대한 통제_C급

1 경찰통제의 필요성

필요성 1226	① 경찰의 민주적 운영 : 국자법(§1)에서 규정한 기본이념 → 국자법은 국가경찰위원회 제도와 자치경찰제 시행을 통해 경찰에 대한 민주적 통제의 기반을 마련함 ② 경찰의 정치적 중립 확보(능률성 확보 X) ③ 경찰활동의 법치주의 도모 ④ 국민의 인권보호(강력한 경찰권 확보 X) ⑤ 조직 자체의 부패를 방지하고 건강성 유지 ※ 경찰의 통제는 경찰의 기본이념과 직결되어 있고, 경찰활동의 적정성을 도모하는데 기여하며, 이를 벗어났을 경우에는 책임문제가 뒤따른다.

2 경찰통제의 기본요소

권한의 분산 (집중 X) 1225	① 권한이 중앙이나 일부에 집중되어 있을 때 남용되기 쉽고, 특히 정치적 유혹 또는 이용의 대상이 되기 쉽다. ② 권한의 분산은 반드시 자치경찰제의 시행만을 의미하는 것이 아니며, 경찰의 중앙조직과 하위(지방)조직 권한의 분산, 상위계급자와 하위계급자 간의 권한의 분산이 더 필요하다.
공 개	① **정보공개는 행정통제의 근본이다.** 1228 ② 행정의 독선과 부패는 정보독점과 폐쇄성에서 기인 → 경찰기관의 정보는 공개되어야 한다. ③ **「공공기관의 정보공개에 관한 법률」에서 정보공개의 원칙 명시**하였다. ④ 오늘날 국민의 알 권리를 보장하고 국정에 대한 국민의 참여와 국정운영의 투명성 확보를 목적으로 공공기관의 정보공개에 대한 관심이 증대된다. ⑤ 경찰행정은 공개를 전제로 투명하게 처리하려는 자세전환이 필요하다.
참 여	① 종래 행정은 실체적 권리에 관심을 둔 나머지, 절차적 권리 보호에 소홀했다. ② 행정참여의 보장을 통해 행정의 공정성·투명성 및 신뢰성을 확보해야 한다. ③ 자치경찰제도가 시행되면 경찰행정에 대한 주민참여의 폭은 더 넓어지게 된다. ④ 경찰의 경우 국민의 개별적 참여절차 외에 국가경찰위원회 등 간접적 참여장치도 마련되어 있다.
책 임	① **Responsibility** : 경찰에 대한 통제 과정에서 잘못으로 드러난 문제에 대해서는 분명히 책임을 추궁해야 한다(형사책임, 민사책임, 징계책임 등). ② **Accountability** : 경찰기관의 행정에 대해서 조직으로서 책임을 져야 한다(설명책임). ③ **경찰조직의 정책과오에 대해서 둔감한 반면**, 경찰공무원 개인의 비위 문제에 대해서는 민감하게 반응하는 경향이 있다. ④ 경찰공무원 개인의 징계책임뿐만 아니라 관리자의 정책결정 책임이나 조직을 개혁하지 않은 책임도 관심의 대상이 되어야 한다. ⑤ 경찰공무원 개인의 징계책임이 언제나 형사책임과 일치하는 것은 아니다.
환 류	경찰통제는 경찰행정의 목표와 관련하여 그 수행과정의 적정 여부를 확인하는 과정 → 이의 확인 결과에 따라 책임을 추궁하고, 나아가 **환류를 통하여 순환을 발전적으로 유도**하여야 함

THEME 04 경찰통제의 유형

1 경찰의 통제유형 _S급

민주적 통제 1230	① 국가경찰위원회(행정안전부장관의 **재의요구권** : 실질적 역할에 한계) → 국가경찰위원회는 명실상부한 민주적 통제장치로 보기 어렵다. ② 국민감사청구 : **18세 이상**의 국민은 경찰을 비롯한 공공기관의 사무처리가 법령위반 또는 부패행위로 인하여 공익을 현저히 해하는 경우 **300인 이상**의 연서로 **감사원**에 감사를 청구할 수 있음 　　19세 이상 X　　　　　　　　　　　　　　　　　법원 X ③ 자치경찰제도 : 자치경찰제 전면 시행으로 경찰행정에 대한 주민참여가 더욱 확대될 것임 [주의] 우리나라의 경우는 민주적 통제로서 경찰책임자의 선거제도는 시행되지 않고 있다.	
사법적 통제	행정소송, 국가배상 등 → 사법적 통제는 사후적 통제이자 외부적 통제 1232	
사전통제	행정절차법(청문, 행정상 입법예고·행정예고 등), **국회의 입법권·예산심의권** 등 1233·1234·1247	
사후통제 1235	사법부	사법심사에 의한 통제
	입법부	**국회의 예산결산권, 국정감사·조사권** 등 1248
	행정부	행정심판, 징계책임, 상급기관의 하급기관에 대한 감사권 등
내부통제 1239·1240·1242	(청문) 감사인권관제도	1999년 신설된 경찰서의 감찰·감사업무를 담당하는 제도임 [보충] 경찰청의 **감사관**, 시·도경찰청의 **청문감사인권담당관**, 경찰서의 **청문감사인권관** 1241
	훈령권	상급기관이 하급기관에 대하여 지시권·감독권 행사 1246
	직무명령권	상급자가 하급 경찰공무원에 대하여 직무명령을 통해 행위를 통제 1243
외부통제 1245	국회에 의한 통제	경찰의 입법과정, 예산 책정과 결산과정 및 경찰행정에 대하여 감사·조사함으로써 통제, 경찰청장에 대한 탄핵소추의결권 1236
	국가경찰위원회	경찰의 주요정책 등에 대한 심의·의결권을 통해 통제(행정부 통제) (민주적 통제이자 외부적 통제) 1229·1231
	사법통제	위법한 경찰행정작용을 억지하는 통제효과
	행정부에 의한 통제	대통령, 행정안전부장관, 국민권익위원회, 중앙행정심판위원회 재결, **소청심사위원회** 등에 의한 통제 1249
	감사원에 의한 통제	감사원은 국회·법원 및 헌법재판소를 **제외한** 모든 국가기관 및 그에 소속한 공무원의 사무를 감찰하여 비위를 적발하고 시정(행정부 통제) 1251
	국가인권위원회에 의한 통제	독립기관이므로 '**광의**의 행정부'에 의한 통제임 1250 　　　　　　　　협의 X [보충] **광의의 행정부** : 입법부·사법부를 제외한 모든 국가 행정기관 　　　**협의의 행정부** : 대통령을 수반으로 하는 중앙행정기관
	민중통제	여론, 이익집단, 언론기관, 정당 등을 통한 직·간접적인 통제

2 대륙법계와 영미법계의 경찰통제의 방법 _B급

대륙법계	① 사법심사(**행정소송, 국가배상제도**) 시스템을 구축하고 있다. ② 사후적 통제가 발달되어 있다.1252 ③ 법원의 통제를 확대 : **열기주의**에서 **개괄주의**로 전환 **열개**1253 (축소 X)
열기주의	행정소송이 가능한 사항만 몇 가지 열거하는 방식
개괄주의	개괄주의는 포괄적으로 행정소송의 가능성을 인정하는 방식

영미법계	① 경찰조직의 민주성을 확보하기 위한 제도적 장치를 통해 시민이 직접 또는 그 대표기관을 통한 참여와 감시를 가능케 하는 시스템을 구축했다. ② **경찰위원회, 경찰책임자의 선거, 자치경찰제도의 시행** 등 (행정소송 X)1254

3 부패방지 및 국민권익위원회의 설치와 운영에 관한 법률 _A급

공공기관의 책무 (§3②)	공공기관은 부패를 방지하기 위하여 법령상, 제도상 또는 행정상의 모순이 있거나 그 밖에 개선할 사항이 있다고 인정할 때에는 즉시 이를 **개선 또는 시정하여야 한다**.
부패행위의 신고 (§55)	누구든지 부패행위를 알게 된 때에는 이를 위원회에 **신고할 수 있다**.1257 (신고하여야 한다 X)
공직자의 부패행위 신고의무(§56)	공직자는 그 직무를 행함에 있어 다른 공직자가 부패행위를 한 사실을 알게 되었거나 부패행위를 강요 또는 제의받은 경우에는 지체 없이 이를 수사기관·감사원 또는 위원회에 **신고하여야 한다**.1258 (신고할 수 있다 X)
신고자의 성실의무 (§57)	신고자가 신고의 내용이 **허위라는 사실을 알았거나 알 수 있었음에도 불구하고** 신고한 경우에는 이 법의 보호를 받지 못한다.1259
신고의 방법 (§58)	신고를 하려는 자는 본인의 인적사항과 신고취지 및 이유를 기재한 **기명의 문서**로써 하여야 하며, 신고대상과 부패행위의 증거 등을 함께 제시하여야 한다.1260 (무기명 X)
비실명 대리신고 (§58의2)	① 신고자는 자신의 인적사항을 밝히지 아니하고 변호사를 선임하여 신고를 대리하게 할 수 있다. 이 경우 신고자의 인적사항 및 기명의 문서는 변호사의 인적사항 및 변호사 이름의 문서로 갈음한다. ② ①에 따른 신고는 위원회에 하여야 하며, 신고자 또는 신고자를 대리하는 변호사는 그 취지를 밝히고 신고자의 인적사항, 신고자임을 입증할 수 있는 자료 및 위임장을 위원회에 함께 제출하여야 한다. ③ 위원회는 ②에 따라 제출된 자료를 봉인하여 보관하여야 하며, 신고자 본인의 동의 없이 이를 열람하여서는 아니 된다.

신고내용의 확인 및 이첩 등 (§59)	① 위원회는 접수된 신고사항에 대하여 신고자를 상대로 신고자의 인적사항, 신고의 경위 및 취지 등 신고내용의 특정에 필요한 사항을 **확인할 수 있다**.1261 ③ 위원회는 접수된 신고사항에 대하여 감사·수사 또는 조사가 필요한 경우 이를 감사원, 수사기관 또는 해당 공공기관의 감독기관(감독기관이 없는 경우에는 해당 공공기관을 말한다. 이하 "조사기관"이라 한다)에 **이첩하여야 한다**. 〈단서 생략〉 ④ 위원회는 접수된 신고사항이 제3항에 따른 이첩 또는 종결처리의 대상인지 명백하지 아니한 경우로서 조사기관에서 처리하는 것이 타당하다고 인정하는 경우에는 이를 조사기관에 **송부할 수 있다**. ⑤ 위원회는 신고자를 상대로 제1항에 따라 사실관계를 확인하였음에도 불구하고 제3항에 따른 이첩 여부를 결정할 수 없는 경우에는 그 결정에 필요한 범위에서 피신고자의 의사에 반하지 아니하는 때에 한정하여 피신고자에게 의견 또는 자료 제출 기회를 **부여할 수 있다**. ⑥ 위원회에 신고가 접수된 당해 부패행위의 혐의대상자가 다음에 해당하는 고위공직자로서 부패혐의의 내용이 형사처벌을 위한 수사 및 공소제기의 필요성이 있는 경우에는 위원회의 명의로 검찰, 수사처, 경찰 등 관할 수사기관에 고발을 **하여야 한다**. 3. **경무관급 이상**의 경찰공무원 〈1, 2, 4~6 생략〉1262 ⑦ 관할 수사기관은 제6항에 따른 고발에 대한 수사결과를 위원회에 통보하여야 한다. 위원회가 고발한 사건이 이미 수사 중이거나 수사 중인 사건과 관련된 사건인 경우에도 또한 같다. ⑧ 위원회는 접수된 신고사항을 그 접수일부터 **60일 이내**에 처리하여야 한다. 이 경우 제1항 제1호에 따른 사항을 확인하기 위한 보완 등이 필요하다고 인정되는 경우에는 그 기간을 **30일 이내**에서 연장할 수 있다. ⑨ 위원회는 국가기밀이 포함된 신고사항에 대해서는 **대통령령**으로 정하는 바에 따라 처리한다.
조사결과의 처리 (§60)	① 조사기관은 신고를 이첩 또는 송부받은 날부터 **60일 이내**에 감사·수사 또는 조사를 종결하여야 한다. 다만, 정당한 사유가 있는 경우에는 그 기간을 연장할 수 있으며, 위원회에 그 연장사유 및 연장기간을 통보하여야 한다.1263 ② 신고를 이첩 또는 송부받은 조사기관은 감사·수사 또는 조사결과를 감사·수사 또는 조사 종료 후 **10일 이내**에 위원회에 통보하여야 한다.
국민감사청구권 (§72)	**18세 이상**의 국민은 공공기관의 사무처리가 법령위반 또는 부패행위로 인하여 공익을 현저히 해하는 경우 **300명 이상**의 국민의 연서로 감사원에 감사를 청구할 수 있다. 다만, 국회·법원·헌법재판소·선거관리위원회 또는 감사원의 사무에 대하여는 국회의장·대법원장·헌법재판소장·중앙선거관리위원회 위원장 또는 감사원장에게 감사를 청구하여야 한다.1264

THEME 05 경찰 감찰 규칙(경찰청 훈령)_A급

목적 (§1)	이 규칙은 경찰청 및 그 소속기관(이하 "경찰기관"이라 한다)에 소속하는 경찰공무원, 별정·일반직 공무원(무기계약 및 기간제 근로자를 **포함**한다), 의무경찰 등(이하 "소속공무원"이라 한다)의 공직기강 확립과 경찰 행정의 **적정성 확보**를 위한 감찰에 필요한 사항을 규정함을 목적으로 한다. (↳효율성 확보 X)
정의 (§2)	"감찰"이란 복무기강 확립과 경찰행정의 적정성을 확보하기 위해 경찰기관 또는 소속공무원의 제반업무와 활동 등을 조사·점검·확인하고 그 결과를 처리하는 감찰관의 직무활동을 말한다.
감찰관의 결격사유 (§5)	다음 어느 하나에 해당하는 사람은 감찰관이 될 수 없다. ① 직무와 관련한 금품 및 향응 수수, 공금횡령·유용,「성폭력범죄의 처벌 등에 관한 특례법」에 따른 성폭력범죄로 징계처분을 **받은 사람** ② ① 이외의 사유로 **징계처분**을 받아 말소기간이 **경과하지 아니한 사람** ③ **질병** 등으로 감찰관으로서의 업무수행이 어려운 사람 ④ 기타 감찰관으로서 적합하지 아니하다고 판단되는 사람
감찰관 선발 (§6)	경찰기관의 장은 감찰관 보직공모에 응모한 지원자 및 **3인 이상**의 동료로부터 추천받은 자를 대상으로 적격심사를 거쳐 감찰관을 선발한다.

감찰관의 신분보장
(§7)
	① 경찰기관의 장은 감찰관이 결격사유에 해당되는 것으로 밝혀졌을 경우와 다음에 해당하는 경우를 제외하고는 **2년 이내**에 본인의 의사에 반하여 전보하여서는 아니 된다. (↳3년 이내 X) 다만, 승진 등 인사관리상 필요한 경우에는 그러하지 아니하다.
	  1. 징계사유가 있는 경우
	  2. 형사사건에 계류된 경우
	  3. 질병 등으로 감찰업무를 수행할 수 없거나 직무수행 능력이 현저히 부족하다고 판단되는 경우
	  4. 고압·권위적인 감찰활동을 반복하여 물의를 야기한 경우
	② 경찰기관의 장은 **1년 이상** 성실히 근무한 감찰관에 대해서는 희망부서를 고려하여 전보한다.

적격심사 (§8)	**경찰기관의 장**은 소속 감찰관에 대하여 감찰관 보직 후 **2년**마다 적격심사를 실시하여 인사에 반영하여야 한다. (↳감찰부서장 X, 3년 X)
제척(§9)	감찰관은 다음 경우에 당해 감찰직무(감찰조사 및 감찰업무에 대한 지휘를 포함한다)에서 **제척**된다. **1. 감찰관 본인이 의무위반행위로 인해 감찰대상이 된 때** 2. 감찰관 본인이 의무위반행위로 인해 피해를 받은 자(이하 "피해자"라 한다)인 때 3. 감찰관 본인이 의무위반행위로 인해 감찰대상이 된 소속공무원(이하 "조사대상자"라 한다)이나 피해자의 친족이거나 친족관계가 있었던 자인 때 4. 감찰관 본인이 조사대상자나 피해자의 법정대리인이나 후견감독인인 때

기피(§10)	① 조사대상자, 피해자는 다음 경우에 별지 제1호 서식의 감찰관 기피 신청서를 작성하여 그 감찰관이 소속된 경찰기관의 감찰업무 담당 부서장(이하 "감찰부서장"이라 한다)에게 해당 감찰관의 **기피를 신청할 수 있다.** 　1. 감찰관이 제9조 각 호의 사유에 해당되는 때 　2. 감찰관이 이 규칙을 위반하거나 불공정한 조사를 할 염려가 있다고 볼만한 객관적·구체적 사정이 있는 때 ② ①에 따른 감찰관 기피 신청을 접수받은 감찰부서장은 기피 신청이 이유 있다고 인정하는 때에는 담당 감찰관을 재지정하여야 하며, 기피 신청이 이유 있다고 인정하지 않는 때에는 제37조에 따른 감찰처분심의회의 심의를 거쳐 기피 신청 수용 여부를 결정하여야 한다. ③ ②의 경우 감찰부서장은 기피 신청자에게 결과를 통보하여야 한다.
회피(§11)	① 감찰관은 제9조의 사유에 해당하면 스스로 감찰직무를 회피하여야 하며, 제9조 이외의 사유로 감찰직무를 수행함에 있어 공정성을 잃을 염려가 있다고 인정하는 경우 **회피할 수 있다.** ② 회피하려는 감찰관은 소속 경찰기관의 감찰부서장에게 별지 제2호 서식을 작성하여 제출하여야 한다. ③ 제10조 제2항의 규정은 회피에 준용한다.
감찰활동의 관할 (§12)	원칙 : 감찰관은 소속 경찰기관의 **관할구역 안**에서 활동하여야 한다.[1271] 예외 : **상급 경찰기관의 장**의 지시가 있는 경우에는 **관할구역 밖**에서도 활동할 수 있다. 　└ 경찰기관의 장 X
특별감찰 (§13)	**경찰기관의 장**은 의무위반행위가 자주 발생하거나 그 발생 가능성이 높다고 인정되는 시기, 업무분야 및 경찰관서 등에 대하여는 일정기간 동안 전반적인 조직관리 및 업무추진 실태 등을 **집중 점검할 수 있다.**[1272]
교류감찰 (§14)	경찰기관의 장은 상급경찰기관장 **지시**에 따라 소속 감찰관으로 하여금 일정기간 동안 다른 경찰기관 소속 직원의 복무실태, 업무추진 실태 등을 점검하게 **할 수 있다.**[1273]
감찰활동 착수 (§15)	① 감찰관은 소속공무원의 의무위반행위에 관한 **단서**(현장인지, 진정·탄원 등을 **포함**한다)를 수집·접수한 경우 소속 경찰기관의 **감찰부서장**에게 보고하여야 한다. 　└ 소속 경찰기관의 장 X ② 감찰부서장은 제1항에 따른 보고를 받은 경우 감찰 대상으로서의 적정성을 검토한 후 감찰활동 착수 여부를 결정하여야 한다.
감찰계획의 수립 (§16)	① 감찰관은 감찰활동에 착수할 때에는 감찰기간과 대상, 중점감찰사항 등을 포함한 감찰계획을 소속 경찰기관의 감찰부서장에게 보고하여 승인을 받아야 한다.[1274] ② ①에 따른 감찰기간은 **6개월**의 범위 내에서 감찰부서장이 정한다. ③ 감찰관은 계속 감찰활동이 필요한 경우 그 사유를 소명하여 소속 경찰기관의 감찰부서장의 승인을 받아 **6개월**의 범위 내에서 감찰기간을 연장할 수 있다.

구분	내용
자료 제출 요구 등 (§17)	① 감찰관은 직무상 다음 각 호의 요구를 할 수 있다. 다만, 제2호 및 제3호의 경우에는 필요 최소한의 범위 내에서 요구하여야 한다. 　1. 조사를 위한 출석 　2. 질문에 대한 답변 및 진술서 제출 　3. 증거품등 자료 제출 　4. 현지조사의 협조 ② 경찰공무원 등은 감찰관으로부터 ①에 따른 요구를 받은 때에는 정당한 사유가 없는 한 그 요구에 **응하여야 한다**.1275 　↳ 응할 수 있다 X
감찰관 증명서 등 제시(§18)	감찰관은 제17조에 따른 요구를 할 경우 소속 경찰기관의 장이 발행한 별지 제3호 서식의 감찰관 증명서 또는 경찰공무원증을 제시하여 신분을 밝히고 감찰활동의 목적을 설명하여야 한다.
감찰활동 결과의 보고 및 처리(§19)	① 감찰관은 감찰활동 결과 **소속공무원**의 의무위반행위, 불합리한 제도·관행, 선행·수범직원 등을 발견한 경우 이를 **소속 경찰기관의 장**에게 보고하여야 한다. ② 경찰기관의 장은 ①의 결과에 대하여 문책 요구, 시정·개선, 포상 등 필요한 조치를 하여야 한다.
감찰정보심의회 (§22)	① **감찰부서장**은 다음 각 호의 사항을 결정하기 위하여 감찰정보심의회를 설치·운영**할 수 있다**. 　1. 제21조에 따른 감찰정보의 구분 　2. 제15조에 따른 감찰활동 착수와 관련된 사항 ② 감찰정보심의회는 위원장을 포함한 **3명 이상 5명 이하**의 위원으로 구성하며, 위원장은 감찰부서장이 되고 위원은 감찰부서장이 소속 공무원 중에서 지명한다.1276
출석요구 (§25)	감찰관은 감찰조사를 위해서 조사대상자의 **출석**을 요구할 때에는 조사기일 **3일** 전까지 **출석요구서** 또는 **구두**로 조사일시, 의무위반행위사실 요지 등을 통지하여야 한다. 다만, 사안이 급박한 경우 또는 조사대상자의 요청이 있는 경우에는 즉시 조사에 착수할 수 있다.1277
조사 참여 (§28)	① 감찰관은 조사대상자가 다음 각 호의 사항을 신청할 경우 이에 해당하는 사람을 참여하게 하거나 동석하도록 **하여야 한다**. 　1. 다음 각 목의 **사람의 참여** 　　가. 다른 감찰관 　　나. 변호인 　2. 다음 각 목의 **사람의 동석** 　　가. 조사대상자의 동료공무원 　　나. 조사대상자의 직계친족, 배우자, 가족 등 조사대상자의 심리적 안정과 원활한 의사소통에 도움을 줄 수 있는 자
감찰조사 전 고지 (§29)	감찰관은 감찰조사를 실시하기 전에 조사대상자에게 의무위반행위 사실의 요지를 **알려야 한다**.1278
영상녹화 (§30)	감찰관은 조사대상자가 영상녹화를 요청하는 경우에는 그 조사과정을 영상녹화**하여야 한다**.1279

조사시 유의사항 (§31)	감찰부서장은 성폭력·성희롱 피해 여성에 대하여는 피해자의 의사에 반하지 않는 한 여성 경찰공무원이 조사하도록 하여야 하고, 조사 과정에서 피해자의 인격이나 명예가 손상되거나 사적인 비밀이 침해되지 않도록 하여야 한다.	
심야조사의 금지 (§32)	① 감찰관은 심야(**자정**부터 오전 **6시**까지를 말한다)에 조사를 하여서는 아니 된다. ② ①에도 불구하고 감찰관은 조사대상자 또는 그 변호인의 별지 제6호 서식에 의한 **심야조사 요청**이 있는 경우에는 예외적으로 심야조사를 할 수 있다. 이 경우 심야조사의 사유를 **조서에 명확히 기재**하여야 한다.1280	
휴식시간부여 (§33)	감찰관은 조사에 장시간이 소요되는 경우 특별한 사정이 없는 한 조사 도중에 최소한 2시간마다 10분 이상의 휴식시간을 부여하여 조사대상자가 피로를 회복할 수 있도록 노력하여야 한다.	
민원사건의 처리 (§35)	① **소속공무원**의 의무위반사실에 대한 **민원**을 접수한 경우 접수일로부터 **2개월** 내에 신속히 처리하여야 한다. 다만, 소속 경찰기관의 감찰부서장에게 보고하여 그 처리 기간을 **연장할 수 있다**. (연장할 수 없다 X)1281 ④ 감찰관은 민원사건을 접수한 경우 접수 후 **매 1개월**이 경과한 때와 감찰조사를 종결하였을 때에 민원인 또는 피해자에게 사건처리 진행상황을 통지하여야 한다. 다만, 진행상황에 대한 통지가 감찰조사에 지장을 주거나 피해자 또는 사건관계인의 명예와 권리를 부당히 침해할 우려가 있는 때에는 통지하지 않을 수 있다.1282 ⑤ 제4항에 따른 통지는 **문서**로 하여야 한다. 다만, 신속을 요하거나 민원인이 요청하는 경우에는 **구술 또는 전화**로 통지할 수 있다.	
기관통보사건의 처리 (§36)	① **다른 행정기관**으로부터 통보받은 소속공무원의 의무위반행위 : **통보받은 날로부터 1개월** 이내에 신속히 처리하여야 한다.1283 ② 감찰관은 검찰·경찰, 그 밖의 수사기관으로부터 수사개시 통보를 받은 경우에는 징계의결요구권자의 결재를 받아 해당 기관으로부터 수사결과의 통보를 받을 때까지 감찰조사, 징계의결요구 등의 절차를 **진행하지 아니할 수 있다**.1284	

감찰처분심의회 (§37)	① **감찰부서장**은 다음 각 호의 사항을 심의하기 위하여 감찰처분심의회(이하 "처분심의회"라고 한다)를 **설치·운영할 수 있다**.
	  1. 감찰결과 처리 및 양정과 관련한 사항
	  2. 감찰결과에 대한 이의신청 처리와 관련한 사항
	  3. 감찰결과의 공개와 관련한 사항
	  4. 감찰관 **기피** 신청과 관련한 사항1285 (제척·회피 X)
	② 처분심의회는 위원장을 포함한 **3명 이상 7명 이하**의 위원으로 구성하며, **위원장은 감찰부서장**이 되고 위원은 감찰부서장이 소속 공무원 중에서 지명하거나 학식과 경험을 고루 갖춘 해당 분야의 외부전문가 중에서 위촉할 수 있다.	

이의신청 (§38)	통지를 받은 조사대상자는 그 통지를 받은 날부터 **10일 이내**에 감찰을 주관한 경찰기관의 장에게 이의신청을 할 수 있다. 다만, 감찰결과 징계요구된 사건에 대해서는 징계위원회에서의 의견진술 등의 절차로 이의신청을 갈음할 수 있다.	
결과공개 (§39)	감찰결과는 원칙적으로 공개하지 아니한다. 다만, 유사한 비위의 재발을 방지하기 위하여 감찰결과 요지를 공개할 수 있다.	
감찰관의 징계 등 (§40)	감찰관의 의무위반행위에 대해서는 「경찰공무원 징계령 세부시행규칙」의 징계양정에 정한 기준보다 **가중**하여 **징계조치한다**.1286	

경찰청 감사 규칙(경찰청 훈령) _A급

종류(§4①)		감사의 종류는 **종합감사, 특정감사, 재무감사, 성과감사, 복무감사, 일상감사**로 구분한다.
주기(§4②)		종합감사의 주기는 **1년**에서 **3년**까지 하되 치안수요 등을 고려하여 조정 실시한다.
감사결과 처리기준 등 (§10)	징계 또는 문책 요구(1호)	국가공무원법과 그 밖의 법령에 규정된 징계 또는 문책 사유에 해당하거나 정당한 사유 없이 자체감사를 **거부하거나 자료의 제출을 게을리**한 경우 1291
	시정 요구(2호)	감사결과 위법 또는 부당하다고 인정되는 사실이 있어 추징·회수·환급·추급 또는 **원상복구 등이 필요하다고 인정되는 경우** 1292
	경고·주의 요구(3호)	감사결과 위법 또는 부당하다고 인정되는 사실이 있으나 그 정도가 **징계 또는 문책사유에 이르지 아니할 정도로 경미**하거나, 감사대상기관 또는 부서에 대한 제재가 필요한 경우 1288
	개선 요구(4호)	감사결과 법령상·제도상 또는 행정상 모순이 있거나 그 밖에 **개선할 사항**이 있다고 인정되는 경우 1289
	권고(5호)	감사결과 문제점이 인정되는 사실이 있어 그 대안을 제시하고 감사대상기관의 장 등으로 하여금 **개선방안을 마련**하도록 할 필요가 있는 경우 1290
	통보(6호)	감사결과 비위 사실이나 위법 또는 부당하다고 인정되는 사실이 있으나 (징계 ~ 권고)까지의 요구를 하기에 부적합하여 감사대상기관 또는 부서에서 **자율적으로 처리**할 필요가 있다고 인정되는 경우
	변상명령(7호)	「회계관계직원 등의 책임에 관한 법률」이 정하는 바에 따라 **변상책임**이 있는 경우
	고발(8호)	감사결과 **범죄 혐의**가 있다고 인정되는 경우
	현지조치(9호)	감사결과 경미한 지적사항으로서 **현지에서 즉시** 시정·개선조치가 필요한 경우 1287
상호협조 (§16)		① 경찰청장은 중복감사를 방지하고 국가경찰사무와 자치경찰사무의 감사가 유기적으로 연계되고 균형이 이루어지도록 **시·도자치경찰위원회**와 상호 협조하여야 한다. ② 경찰청장은 감사대상기관의 수감부담을 줄이고 감사업무의 효율화를 위해 **시·도경찰청** 또는 **시·도자치경찰위원회**와 같은 기간 동안 함께 감사를 실시할 수 있다.

THEME 07 국가인권위원회법 및 동법 시행령 등 _C급

정의 (§2)	1. "**인권**"이란 「대한민국헌법」 및 법률에서 보장하거나 대한민국이 가입·비준한 국제인권조약 및 국제관습법에서 인정하는 인간으로서의 존엄과 가치 및 자유와 권리를 말한다. ※ **헌법**에서는 '국가는 개인이 가지는 불가침의 기본적 인권을 확인하고 이를 보장할 의무를 진다'고 규정하고 있다.1296 2. "**구금·보호시설**"이란 다음 각 목에 해당하는 시설을 말한다. (가..다..라.) 　나. 경찰서 유치장 및 사법경찰관리가 직무 수행을 위하여 사람을 조사하고 유치하거나 수용하는 데에 사용하는 시설 　마. 다수인 보호시설(많은 사람을 보호하고 수용하는 시설로서 대통령령으로 정하는 시설을 말한다)
적용범위(§4)	이 법은 대한민국 **국민**과 대한민국의 영역에 있는 **외국인**에 대하여 적용한다.
업무 (§19)	위원회는 다음 각 호의 업무를 수행한다. 1. 인권에 관한 법령(입법과정 중에 있는 법령안을 포함한다)·제도·정책·관행의 조사와 연구 및 그 개선이 필요한 사항에 관한 권고 또는 의견의 표명 2. 인권침해행위에 대한 조사와 구제 3. **차별행위에 대한 조사와 구제**1298 4. 인권상황에 대한 실태 조사 5. 인권에 관한 교육 및 홍보 6. 인권침해의 유형, 판단 기준 및 그 예방 조치 등에 관한 지침의 제시 및 권고 7. 국제인권조약 가입 및 그 조약의 이행에 관한 연구와 권고 또는 의견의 표명 8. 인권의 옹호와 신장을 위하여 활동하는 단체 및 개인과의 협력 및 지원 9. 인권과 관련된 국제기구 및 외국 인권기구와의 교류·협력 10. 그 밖에 인권의 보장과 향상을 위하여 필요하다고 인정하는 사항
시설의 방문조사 (§24)	① 위원회(상임위원회와 소위원회를 포함한다)는 필요하다고 인정하면 그 의결로써 구금·보호시설을 방문하여 조사할 수 있다. → 「국가인권위원회법」은 국가인권위원회가 경찰서 유치장 및 사법경찰관리가 그 직무수행을 위하여 사람을 조사하고 유치하거나 수용하는 데에 사용하는 시설을 방문하여 조사할 수 있는 법적 근거임
정책과 관행의 개선 또는 시정 권고(§25)	① 위원회는 인권의 보호와 향상을 위하여 필요하다고 인정하면 관계기관등에 정책과 관행의 **개선 또는 시정을 권고하거나 의견을 표명할 수 있다.**1295 　　　　↳ 개선 또는 시정할 수 있다 X
조사 목적의 한계 (§35)	② 국가인권위원회는 개인의 사생활을 침해하거나 계속 중인 재판 또는 수사 중인 사건의 소추에 부당하게 관여할 목적으로 조사를 하여서는 아니 된다.

※ **경찰관 인권행동강령**(차별 금지 및 약자·소수자 보호 제6조) : 경찰관은 직무를 수행하는 과정에서 합리적인 이유 없이 **성별, 종교, 장애, 병력(病歷), 나이, 사회적 신분, 국적, 민족, 인종, 정치적 견해 등**을 이유로 누구도 차별하여서는 아니 되고, 신체적·정신적·경제적·문화적인 차이 등으로 특별한 보호가 필요한 사람의 인권을 보호하여야 한다.1299
　　　　　↳ 성적 지향 X

경찰 인권보호 규칙(경찰청 훈령)_S급

정의 (§2)	1. **"경찰관등"**이란 경찰청과 그 소속기관의 경찰공무원, 일반직공무원, **무기계약근로자 및 기간제근로자**를 의미(제외 X)한다.1300 2. **"인권침해"**란 경찰관등이 직무를 수행하는 과정에서 **모든 사람**(특정인 X)에게 보장된 인권을 침해하는 것을 말한다.1301 3. **"조사담당자"**란 인권침해를 내용으로 하는 진정을 조사하고 이에 따른 구제 업무 등을 수행하는 경찰청과 그 소속기관에 근무하는 공무원을 말한다.1302
위원회 설치(§3)	경찰 활동 전반에 걸친 민주적 통제를 구현하여 경찰력 오·남용을 예방하고, 경찰 행정의 인권지향성을 높여 인권을 존중하는 경찰 활동을 정립하기 위해 경찰청장 및 시·도경찰청장의 **자문기구**(심의·의결기구 X)로서 각각 경찰청 인권위원회, **시·도경찰청 인권위원회**(경찰서 인권위원회 X)(이하 "위원회"라 한다)를 설치하여 운영한다.1303
업무(§4)	위원회는 다음 각 호의 사항에 대한 **권고 또는 의견표명을 할 수 있다.**(명령할 수 있다 X) 1. **인권과 관련된 경찰의 제도·정책·관행의 개선**1304 2. 경찰의 인권침해 행위의 시정 3. 국가인권위원회·국제인권규약 감독 기구·국가별 정례인권검토의 권고안 및 국가인권정책기본계획의 이행 4. 인권영향평가 및 인권침해 사건 진상조사단에 관한 사항
위원회 구성 (§5)	① 위원회는 위원장 1명을 포함하여 **7명 이상 13명 이하**(7명 이상 15명 이하 X)의 위원으로 구성 이때, 특정 성별이 전체 위원 수의 **10분의 6**을 초과하지 아니해야 한다. ② 위원장은 위원회에서 호선하며, 위원은 당연직 위원과 위촉 위원으로 구분한다.1305 ③ 당연직 위원은 경찰청은 **감사관**, 시·도경찰청은 **청문감사인권담당관**으로 한다.1306

위촉 위원의 결격사유
(§6)
	① 다음 각 호의 어느 하나에 해당하는 사람은 **위원이 될 수 없다.**
	  1. 「공직선거법」에 따라 실시하는 선거에 후보자(예비후보자 포함)로 등록한 사람
	  2. 「공직선거법」에 따라 실시하는 선거에 의하여 취임한 공무원이거나 그 직에서 퇴직한 날부터 **3년**(5년 X)이 지나지 아니한 사람1307
	  3. 경찰의 직에 있거나 그 직에서 퇴직한 날부터 3년이 지나지 아니한 사람1308
	  4. 「공직선거법」에 따른 선거사무관계자 및 「정당법」에 따른 정당의 당원
	② 위촉 위원이 제1항 각 호의 어느 하나에 해당하게 된 때에는 **당연히 퇴직한다.**

임기 (§7)	① 위원장과 위촉 위원의 임기는 위촉된 날로부터 **2년**으로 하며 위원장의 직은 **연임할 수 없고**(3년 X), 위촉 위원은 **두 차례**(세 차례 X)만 연임할 수 있다.1309 ② 위촉 위원에 결원이 생긴 경우 새로 위촉할 수 있고, 이 경우 새로 위촉된 위원의 임기는 **위촉된 날부터 기산한다.**

위원의 해촉 (§8)	다음 각 호의 어느 하나에 해당하는 경우에는 청장은 위원회의 의견을 들어 **위원을 해촉할 수 있다.** 1. 입건 전 조사·수사 중인 사건에 청탁 또는 경찰 인사에 관여하는 행위를 하거나 기타 직무 관련 비위사실이 있는 경우1310 2. 위원회의 명예를 실추시키거나 위원으로서의 품위를 손상시키는 행위를 한 경우 3. 특별한 사유 없이 연속으로 **정기회의**에 **3회** 불참 등 직무를 태만히 한 경우1311 (임시회의X, 2회X) 4. 위원 스스로 직무를 수행하는 것이 곤란하다고 의사를 밝힌 경우 5. 그 밖에 부득이한 사유로 업무를 수행할 수 없는 경우
회의(§11)	① 위원회의 회의는 정기회의와 임시회의로 구분하며, **재적위원 과반수의 출석으로 개의(開議)하고, 출석위원 과반수의 찬성으로 의결**한다.1312 ② 정기회의는 경찰청은 **월 1회**, 시·도경찰청은 **분기 1회** 개최한다.1313 ③ 임시회의는 위원장이 필요하다고 인정하거나 청장 또는 **재적위원 3분의 1 이상**이 소집을 요구하는 경우 위원장이 소집한다.1314
수당 등의 지급 (§16)	회의에 출석한 위원에게는 **예산의 범위 안에서 수당 또는 여비를 지급할 수 있다.**1315
경찰 인권정책 기본계획의 수립(§18)	① **경찰청장**은 국민의 인권보호와 증진을 위하여 경찰 인권정책 기본계획(이하 "기본계획"이라 한다)을 **5년마다** 수립해야 한다.1316 ② 기본계획에는 다음 각 호의 사항이 포함돼야 한다. 1. 경찰 인권정책의 기본방향과 추진목표 2. 추진목표별 세부과제 및 실행계획 3. 인권취약계층에 대한 인권보호 방안 4. 인권에 관한 교육 및 홍보 등 인권의식 향상을 위한 시책 5. 인권보호 및 증진에 관한 협력체계 구축 방안 6. 그 밖에 국민의 인권보호 및 증진에 필요한 사항
인권교육 계획의 수립 (§18조의2)	① **경찰청장**은 경찰관등(경찰공무원으로 신규 임용될 사람을 포함한다. 이하 이 조, 제20조, 제20조의2 및 제20조의3에서 같다)이 근무하는 동안 지속적·체계적으로 교육을 받을 수 있도록 **3년 단위**로 다음 각 호의 사항을 포함한 **인권교육종합계획**을 수립하여 **시행해야 한다.**1317 1. 경찰 인권교육의 기본방향과 추진목표 2. 인권교육 전문강사 양성 및 지원 3. 경찰 인권교육 실태조사·평가 4. 교육기관 및 대상별 인권교육 실시 5. 그 밖에 경찰관등의 인권 보호와 향상을 위하여 필요한 사항 ② **경찰관서의 장**은 제1항의 내용을 반영하여 **매년** 인권교육계획을 수립하여 시행하여야 한다.1318

경찰 인권교육 협의회 운영 (§18조의3)	① 경찰관등에게 실시하는 인권교육에 관하여 다양한 의견을 수렴하고 대내외 협력을 강화하기 위하여 **경찰청에 경찰 인권교육협의회(협의회)**를 둔다.
	③ 협의회는 협의회장을 포함한 **10명 이상 20명 이하의 위원**으로 구성한다.
	④ **협의회장은 경찰청 인권보호담당관**으로 하고, **위원은** 다음 각 호에 해당하는 사람이 **반드시 1명 이상 포함**되어야 한다. 이 경우 제3호의 민간 전문가는 특정 성별이 10분의 6을 초과하지 않아야 한다.
	  1. 경찰청 각 국·관 서무업무 담당 계장
	  2. 각 시·도경찰청 인권업무 담당 계장
	  3. 국가인권위원회 교육 관련 부서 과장과 민간 전문가
	⑤ 협의회 회의는 정기회의와 임시회의로 구분하며, **정기회의는 연 2회** 개최하고, **임시회의는 협의회장이 필요하다고 인정하는 경우 개최**할 수 있다.
	⑥ 인권보호담당관은 협의회 회의 결과를 경찰청 내 관련 부서에 통보하고, 해당 부서는 통보받은 내용을 정책에 반영하도록 노력**해야 한다.**

인권교육의 실시(§20)	① **경찰관등**은 인권의식을 함양하고 인권친화적 경찰활동을 위해 인권교육을 이수해야 한다.
	② **경찰관서의 장**은 소속 경찰관등에게 다음 각 호의 내용을 포함하여 인권교육을 실시한다.
	  1. 인권의 개념 및 역사의 이해
	  2. 인권보장의 필요성, 경찰과 인권의 관계
	  3. 인권보호 모범 및 침해 사례
	  4. 인권 관련 법령, 정책 및 제도의 이해
	  5. 그 밖에 경찰관서의 장이 인권교육에 필요하다고 인정하는 내용

교육시기 및 이수시간 (§20조의3)	**경찰관등**에 대한 인권교육은 교육대상에 따라 다음 각 호와 같이 실시해야 한다. 1. 신규 임용예정 경찰관등: 각 교육기관 교육기간 중 **5시간 이상** 2. 경찰관서의 장(지역경찰관서의 장과 기동부대의 장을 포함한다) 및 각 경찰관서 재직 경찰관등: **연 6시간 이상** 3. 교육기관에 입교한 경찰관등: 보수·직무교육 등 교육과정 중 **1시간 이상** 4. 인권 강사 경찰관등: **연 40시간 이상**

물건 등의 보관 등 (§32)	① 조사담당자는 사건 조사 과정에서 진정인·피진정인 또는 참고인 등이 임의로 제출한 물건 중 사건 조사에 필요한 물건은 보관할 수 있다.1324
	② 조사담당자는 제1항에 따라 제출받은 물건의 목록을 작성하여 제출자에게 내주고 사건기록에 그 물건 등의 번호·명칭 및 내용, 제출자 및 소유자의 성명과 주소를 적고 **서명 또는 기명날인하게 하여야 한다.**
	③ 조사담당자는 제출받은 물건에 사건번호와 표제, 제출자 성명, 물건 번호, 보관자 성명 등을 적은 표지를 붙인 후 봉투에 넣거나 포장하여 **안전하게 보관하여야 한다.**1325
	④ 조사담당자는 제출자가 보관 중인 물건의 반환을 요구하는 경우에는 반환하여야 하며, 다음 각 호의 어느 하나에 해당하는 경우에는 **제출자가 요구하지 않더라도 반환할 수 있다.**
	  1. 진정인이 진정을 취소한 사건에서 진정인이 제출한 물건이 있는 경우1326
	  2. **사건이 종결되어 더 이상 보관할 필요가 없는 경우**1327
	  3. 그 밖에 물건을 계속 보관하는 것이 적절하지 않은 경우

사건의 분리 및 병합(§33)	조사담당자는 필요하다고 인정하는 경우에는 진행 중인 사건들을 분리하거나 병합하여 처리할 수 있다.

인권영향평가의 실시(§21)	① **경찰청장**은 인권침해를 예방하고, 인권친화적인 치안 행정이 구현되도록 다음 각 호의 사항에 대하여 인권영향평가를 실시해야 한다.1319
	  1. 제·개정하려는 법령 및 행정규칙
	  2. 국민의 인권에 영향을 미치는 정책 및 계획
	  3. 참가인원, 내용, 동원 경력의 규모, 배치 장비 등을 고려하여 인권침해 가능성이 높다고 판단되는 집회 및 시위1320
	② 제1항에도 불구하고 다음 각 호의 어느 하나에 해당하는 경우 **평가 대상에서 제외할 수 있다.** 이 경우 제1항 각 호와 관련된 업무를 소관하는 부서의 장은 소관 사항을 인권영향평가 대상에서 제외하고자 하는 경우 **경찰청 감사관에게 평가 제외를 요청하고, 감사관은 소관 부서장과 인권보호담당관의 사전협의 결과를 고려하여 제외 여부를 결정한다.**
	  1. 제·개정하려는 법령 및 행정규칙의 내용이 **경미한 경우**
	  2. 사전에 청문, 공청회 등 **의견 청취 절차를 거친 정책 및 계획**
	③ **시·도경찰청장**은 해당 시·도경찰청 소관 업무 중 제1항 각 호의 사항(경찰청 소관업무와 중복되는 사항은 제외한다)에 대하여 **인권영향평가를 실시해야 한다.** 다만, 인권영향평가 대상 소관 부서장은 평가 대상에서 제외하고자 하는 경우 소속 시·도경찰청 인권 담당 부서장에게 제외를 요청하고, 인권 담당 부서장은 소관 부서장과 협의를 거쳐 제외 여부를 결정한다.
	④ 경찰대학장·경찰인재개발원장·중앙경찰학교장·경찰수사연수원장 및 경찰병원장은 해당 기관의 소관 업무 중 제1항 각 호의 사항에 대하여 **경찰청장에게 인권영향평가를 의뢰**한다.

평가 절차 (§23)	① 경찰청장은 각 호의 구분에 따른 기한 내에 인권영향평가를 실시<u>해야 한다.</u>
	  1. 제·개정하려는 법령 및 행정규칙 : 국가경찰위원회에 상정하기 **60일 이전**
	  2. 국민의 인권에 영향을 미치는 정책 및 계획 : 확정되기 이전
	  3. 인권침해 가능성이 높다고 판단되는 집회 및 시위 : 종료일로부터 **30일 이전**
	② 제1항에도 불구하고 제1항 각 호의 기한에 평가를 실시할 수 없는 부득이한 사유가 발생한 경우에는 기한에 관계없이 평가를 실시할 수 있다.
	③ **청장(경찰청장, 시·도경찰청장)**은 인권영향평가를 실시하는 경우에 위원회에 자문할 수 있다.
	④ **청장(경찰청장, 시·도경찰청장)**은 제3항에 따라 위원회가 제시한 의견을 존중해야 한다.
	⑤ **시·도경찰청장**은 제21조 제3항에 따라 인권영향평가를 실시한 경우 그 결과를 **경찰청 인권보호담당관**에게 지체 없이 제출해야 한다.

점 검 (§24)	**경찰청(인권보호담당관), 시·도경찰청(인권업무 담당 계장)의 간사**는 **반기 1회** 이상 인권영향평가의 이행 여부를 점검하고, 이를 **소속 위원회**에 제출해야 한다.1321 ↳ 국가경찰위원회 X
진단사항 (§25)	**인권보호담당관**은 인권침해를 예방하고 제도를 개선하기 위해 **연 1회 이상** 다음 각 호의 사항을 진단하여야 한다.1322 1. 인권 관련 정책 이행 실태 2. 인권교육 추진 현황 3. 경찰청과 소속기관의 청사 및 부속 시설 전반의 인권침해적 요소의 존재 여부

진정의 각하 (§29)	경찰청 및 그 소속기관의 장은 각 호의 어느 하나에 해당할 경우에는 그 **진정을 각하할 수 있다**. 1. 진정 내용이 **인권침해**에 해당하지 아니하는 것이 **명백**한 경우 2. 진정 내용이 **명백히** 사실이 아니거나 이유가 없다고 인정되는 경우 3. 피해자가 아닌 사람이 한 진정으로서 피해자가 조사를 원하지 않는다는 의사표시를 **명백하게** 한 경우 4. 진정의 원인이 된 사실이 공소시효, 징계시효 및 민사상 시효 등이 **모두 완성**된 경우[1323] 5. 진정의 원인이 된 사실에 관하여 법원이나 헌법재판소의 재판, 수사기관의 수사 또는 그 밖에 법률에 따른 권리 구제절차가 진행 중이거나 종결된 경우(기간의 경과 등 형식 요건을 제대로 갖추지 못하여 종결된 경우는 제외한다) 6. 진정이 익명이나 가명으로 제출된 경우 7. 진정인이 진정을 취소한 경우[1329] 8. 기각 또는 각하된 진정과 동일한 내용으로 다시 진정한 경우 9. 진정 내용이 추상적이거나 관계자를 근거 없이 비방하는 등 업무를 방해할 의도로 진정한 것으로 판단되는 경우 10. 진정의 취지가 그 진정의 원인이 된 사실에 관한 법원의 확정 판결이나 헌법재판소의 결정에 반대되는 경우 11. 국가인권위원회에서 진정서의 내용과 같은 사실을 이미 조사 중이거나 조사한 사실이 확인된 경우(진정인의 진정 취소를 이유로 각하 처리된 사건은 제외한다)
조사 중지 (§35)	① 조사담당자는 인권침해 사건을 조사하는 과정에서 다음 각 호의 어느 하나에 해당하는 사유로 사건 조사를 진행할 수 없는 경우에는 **조사를 중지할 수 있다**. 다만, 확인된 인권침해 사실에 대한 구제 절차는 계속하여 이행할 수 있다. 1. 진정인이나 피해자의 소재를 알 수 없는 경우 2. 사건 해결과 진상 규명에 핵심적인 중요 참고인의 소재를 알 수 없는 경우 3. 그 밖에 제1호 또는 제2호와 유사한 사정으로 더 이상 사건 조사를 진행할 수 없는 경우 4. 감사원의 조사, 경찰·검찰 등 수사기관에서 조사 또는 수사가 개시된 경우[1328]
진정의 기각 (§37)	경찰청 및 그 소속기관의 장은 진정 내용을 조사한 결과 다음 각 호의 어느 하나에 해당하는 경우에는 그 **진정을 기각할 수 있다**. 1. 진정 내용이 사실이 아니거나 사실 여부를 확인하는 것이 불가능한 경우 2. 진정 내용이 이미 피해회복이 이루어지는 등 따로 구제조치가 필요하지 아니하다고 인정되는 경우 3. 진정 내용은 사실이나 **인권침해**에 해당하지 아니하는 경우

→ 각하, 중지, 기각사유 구분하여 학습하기

THEME 09 정책결정모델 _A급

모델	내용
합리모델 (Rational model)	① 정책결정자가 이성과 고도의 합리성에 따라 행동하고 결정한다고 보며 목표나 가치가 명확하고 고정되어 있다는 가정 아래 목표달성의 극대화를 위해 합리적 대안을 탐색과 선택을 추구하는 모델이다.1335 ② 인간은 경제인이라는 전지전능성에 기인하고, **모든 대안을 총체적(포괄)으로 검토**한 후 그 결과를 완벽하게 예측하여 그 결과를 전체 최적화를 추구한다. ③ 분석적이고 객관적이며 이상적이고 규범적인 모델이다.
쓰레기통 모델 (Garbage can model)	① 조직화된 무질서(혼란)상태 즉 무정부상태에서 응집력이 매우 약한 조직이 어떤 의사결정 행태를 나타내는가에 분석의 초점을 두는 이론이다. 예를 들면 친목단체 같은 경우인데 상하관계가 분명하지 않고 계층적 권위가 없는 조직의 의사결정에 잘 적용되는 모델이다. ② 조직화된 무질서(혼란)상태에서 나타나는 **문제의 흐름, 해결책의 흐름, 참여자의 흐름, 선택의 기회의 흐름 등 4가지 흐름**에 의하여 정책이 우연히 결정되어진다고 보는 이론이다.1334 ③ 기존의 합리적 사고를 완전히 포기할 것을 요구한다.
만족모델 (Satisfying model)	① 정책결정자가 최선의 합리성을 추구하기 보다는, **시간적·공간적·재정적 측면에서 여러 요인을 고려하여 만족할 만한 수준에서 결정**한다.1330 ② 실제 의사결정자는 모든 대안을 탐색하지 않고 무작위적이고 순차적으로 몇 개의 대안만을 탐색하여 만족할 만한 결과가 나오면 의사결정을 종료한다. ③ 대안 선택이 곤란할 경우 만족기준을 조정하면서 의사결정을 한다. ④ 마치와 사이먼에 의해 주장된 모델로 합리 모델을 완화(비판)한 모델이다.
점증모델 (Incremental model)	① **기존 정책을 토대로 하여 그보다 약간 수정된 정책을 추구**하는 방식으로 결정한다.1336 ② 경제적 합리성보다는 정치적 합리성(타협, 협상)을 중시한다.
혼합탐사 모델 (Mixed scanning model)	① 점증모델(Incremental model)의 단점을 합리모델(Rational model)과의 통합을 통해서 보완하기 위해 주장된 것이다. 즉, 지나치게 합리적인 합리모델과 지나치게 보수적인 점증 모델을 혼합한 정책결정 모델이다. ② 정책결정을 **근본적 결정(합리모델)과 세부적 결정(점증모델)**으로 나누고, 합리적 결정과 점증적 결정을 적절하게 혼합하여 의사결정을 한다.1332
최적모델 (Optimal model)	① **합리모델의 비현실성과 점증모델의 보수성을 극복하기 위하여 이상주의와 현실주의의 통합**을 시도한 것이다. ② 기존의 정책을 바탕으로 이루어지는 점증주의 성향을 비판하면서, 새로운 결정을 내릴 때마다 정책방향도 다시 검토할 것을 주장한다.1333 ③ 합리적인 분석만이 아니라 결정자의 직관적 판단(초합리성)도 중요한 요소이고, 양적 분석과 질적 분석도 동시에 고려해야 한다고 주장한다.

사이버네틱스 모델		설정된 목표를 달성하기 위해 정보분석과 환류과정을 통해 자신의 행동을 스스로 조정해 나간다고 가정하는 모델(기계장치 모델, 자동화 결정 모델)이다.[133]
엘리슨모델		① 집단적인 의사결정을 유형화하여 정부의 정책결정과정에는 **세 가지 모델**(**합리모델, 조직과정모델, 관료정치모델**)의 의사결정이 존재한다.
	합리모델 (Model I)	일관된 선호와 목표, 일관된 평가기준을 가지고 정책결정을 하는 것 (최고지도자의 명령과 지시)으로 본다(**조직의 전계층**).
	조직과정모델 (Model II)	**표준운영절차(SOP)**에 따라 상대적으로 독립적인 정책결정을 하는 것으로 본다(**조직의 하위계층**).
	관료정치모델 (Model III)	목표공유의식이 약한 참여자 간 타협·협상·연합·흥정에 의해 이루어지는 것으로 본다(**조직의 상위계층**).
		② 실제 정책결정과정에서는 어느 하나의 모형이 아니라 **3가지 모형이 모두 적용될 수 있다**.

THEME 10 경찰제도개혁 _C급

1 목표에 의한 관리(MBO)

의의	조직구성원의 참여과정을 통하여 조직의 **공통된 목표**를 명확히 하고 체계적으로 조직구성원들의 목표를 부과하며, 그 수행결과를 평가하고 환류시켜 궁극적으로 조직의 효율성을 향상시키기 위한 관리기법을 말한다. 1337 (분리X)
장점	조직목표와 개인목표의 통합, 조직목표에 조직활동을 집중시킴으로 인한 효과성 제고, 참여적 방법에 의한 조직성원의 사기제고, 갈등의 극소화, 조직의 동태화 등에 장점이 있다.
단점	급격한 변화·복잡한 환경에서는 목표설정이 곤란, **단기적·양적 목표에 치중**, 조직구성원 간의 합의도출 어려움, 공공부문에 도입할 경우 **목표성과의 측정이 어렵다**는 등의 단점이 있다. 1338·1339·1340

2 총체적 품질관리(Total Quality Management, TQM)

의의	조직내의 모든 구성원(14만 경찰)이 참여하여 고객(국민)에 대한 서비스 품질향상을 목표로 지속적으로 업무수행방식을 개선하고자 하는 관리방식을 말한다.
내용	① 1920년대 미국에서 창안되어서 우리나라도 2007년 이후부터 국가품질관리 제도를 도입해서 운영하고 있으며, **신공공관리에 지대한 영향을 주었다.** ② 목표관리제(MBO)의 목표설정은 **내향적(조직내 상하급 공동참여)**이나 총체적 품질관리의 목표설정은 **외향적(고객)**이다. ③ 품질 향상을 통한 고객만족을 최종 목표(품질은 고객에 의해 정의되기 때문)로 하기 때문에 공무원들의 행태를 고객중심적으로 전환할 수 있다. ④ 업무수행 노력의 초점이 개인적 노력에서 집단적 노력으로 옮겨간다.

3 귤릭&어윅(Gulick&Urwick)의 최고 경찰관리자가 수행해야 하는 7가지 기능(POSDCoRB) 1341

기획(Planning) – 조직화(Organizing) – 인사(Staffing) – 지시(Directing) – 조정(Coordinating) – 보고(Reporting) – 예산(Budgeting)

PART 4

경찰행정법

CHAPTER 01
경찰법의 법원

01 경찰법의 법원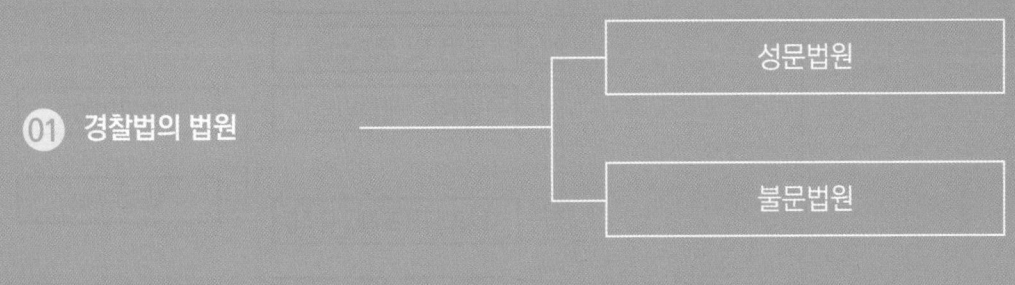

02 법규명령과 행정규칙

03 훈령과 직무명령

THEME 01 경찰법의 법원 _S급

경찰법의 존재형식 또는 인식근거에 관한 문제 1342

경찰법의 법원

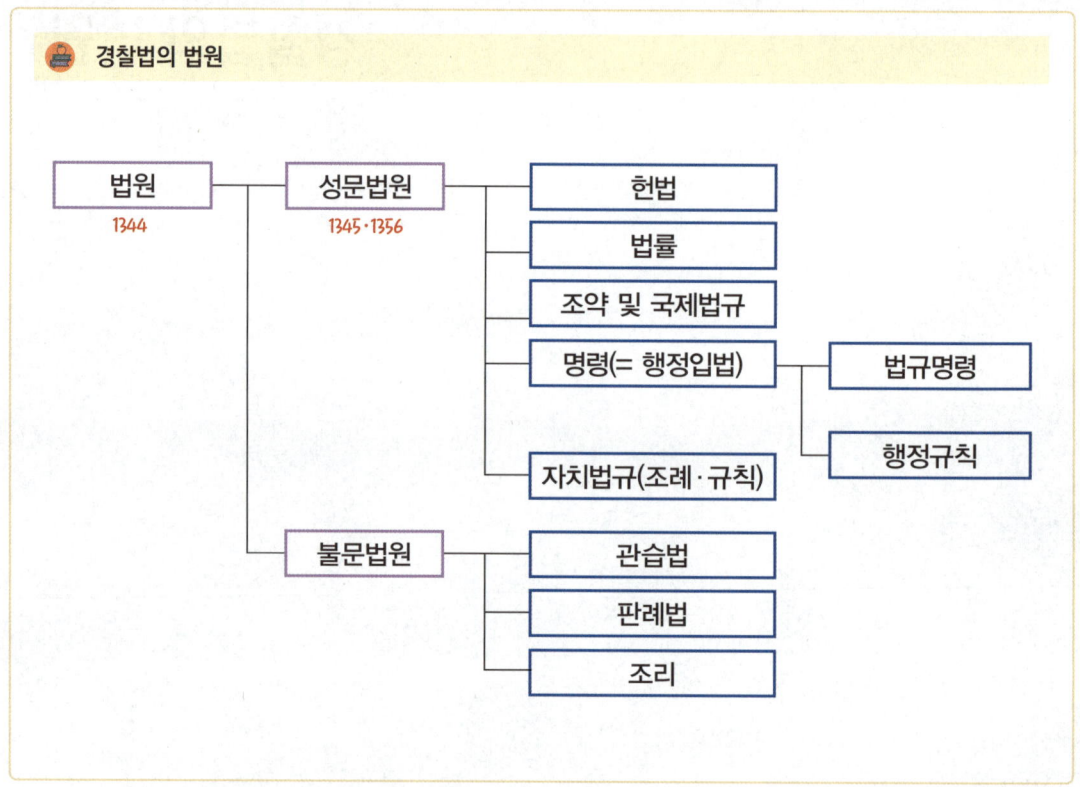

1 성문법원

헌 법	국가의 기본적인 **통치구조**와 국가작용의 기본원칙을 정한 기본법으로서, 경찰을 포함한 모든 국법질서의 법원1346 **판례** 대통령의 특별사면, 남북정상회담의 개최, 대통령의 긴급재정·경제명령은 **통치행위**이다. 단, **서훈취소는 고도의 정치성을 띤 행위라고 볼 수 없다**(대법원 2015. 4. 23. 2012두 26920). **판례** 신행정수도건설이나 수도이전의 문제를 국민투표에 붙일지 여부에 관한 대통령의 의사결정이 사법심사의 대상이 될 경우 위 의사결정은 **고도의 정치적 결단을 요하는 문제여서 사법심사를 자제함이 바람직**하다고는 할 수 있고, 이에 따라 그 의사결정에 관련된 흠을 들어 위헌성이 주장되는 법률에 대한 사법심사 또한 자제함이 바람직하다고는 할 수 있다. 그러나 대통령의 위 의사결정이 **국민의 기본권침해와 직접 관련되는 경우에는 헌재의 심판대상이 될 수 있고, 이에 따라 위 의사결정과 관련된 법률도 헌재의 심판대상이 될 수 있다**(헌재 2004. 10. 21. 2004헌마554).
법 률	국회가 입법절차에 따라 제정하여 공포되는 법 형식(**가장 중심적인 법원**)1343
조약 및 국제법규	헌법에 의하여 체결·공포된 조약과 일반적으로 승인된 국제법규는 **국내법과 동일한 효력**을 가지는 성문법원임 → 별도로 국내법 제정 필요없이 적용가능 1347
법규명령 (= 행정입법)	국회의 의결을 거치지 않고 행정기관에 의하여 제정된 성문법규를 말함
자치법규 (지방자치법)1349	**조례** ① **지방자치단체**는 **법령의 범위**에서 그 사무에 관하여 조례를 제정할 수 있다. 다만, 주민의 권리 제한 또는 의무 부과에 관한 사항이나 벌칙을 정할 때에는 법률의 위임이 있어야 한다(§28①).1351·1353 〔↳ 지방자치단체의 장 X〕 ② 법령에서 조례로 정하도록 위임한 사항은 그 법령의 하위 법령에서 그 위임의 내용과 범위를 제한하거나 직접 규정할 수 **없다**(§28②).1353-1 ③ 지방자치단체는 조례를 위반한 행위에 대하여 조례로써 **1천만원 이하의 과태료**를 정할 수 있으며, 이에 따른 과태료는 해당 지방자치단체의 장이나 그 관할 구역의 지방자치단체의 장이 부과·징수한다(§34).1354·1355 〔↳ 벌금 X〕 ④ 조례안이 지방의회에서 의결되면 지방의회의 의장은 의결된 날부터 **5일** 이내에 그 지방자치단체의 장에게 이송하여야 한다(§32①).1353-2 〔↳ 7일 X〕 **판례** **조례에 대한 법률의 위임**은 법규명령에 대한 법률의 위임과 같이 반드시 구체적으로 범위를 정하여 할 필요가 없다. 법률이 주민의 권리의무에 관한 사항에 관하여 구체적으로 범위를 정하지 않은 채 조례로 정하도록 **포괄적으로 위임한 경우에도** 지방자치단체는 **법령에 위반되지 않는 범위 내에서 주민의 권리의무에 관한 사항을 조례로 제정할 수 있다**(2016추5162). **규칙** ① **지방자치단체의 장**은 법령 또는 **조례의 범위**에서 그 권한에 속하는 사무에 관하여 규칙을 제정할 수 있다(§29).1352 〔↳ 지방자치단체 X〕〔↳ 조례가 위임한 범위 내에서 X〕 ② 조례와 규칙은 특별한 규정이 없으면 공포한 날부터 **20일**이 지나면 효력을 발생한다(§32).

2 불문법원

특징		성문법의 미비나 의문점을 보충할 필요가 있으므로 **불문법도 법원**이 될 수 있다.
종류	관습법	일정한 관행이 장기적·계속적으로 반복되어 일반국민의 법적 확신에 의해 법규범으로 승인된 규범을 말함.1359
	판례법	① 영미법계의 경우 판례가 법원이 되나, 대륙법계의 경우 판례의 법원성이 부정됨 ② 헌법재판소의 위헌결정은 법원이나 기타 국가기관(국가경찰) 및 지방자치단체(자치경찰)를 기속(羈束)하므로 법원성이 인정된다.1348 **판례** 헌법재판소의 위헌결정은 행정청이 개인에 대하여 신뢰의 대상이 되는 **공적인 견해를 표명한 것이라고 할 수 없으므로** 그 결정에 관련한 개인의 행위에 대하여는 **신뢰보호의 원칙이 적용되지 아니한다**(대판 2002두6965).
	조리 (행정법의 일반원칙)	① 불문법원으로서 **일반적으로 정의에 합치되는 보편적 원리**로서 인정되고 있는 모든 원칙을 '<u>조리(행정법의 일반원칙)</u>'라 한다.1350 　↳ 최후의 보충적 법원 ② 행정관청의 행정처분 등이 그 근거법령에 따라 적법하게 행하여진 경우라도 **조리에 위반할 경우에는 위법한 행위가 됨**(법률우위의 원칙 적용)1357 ③ 조리는 평등의 원칙, 비례의 원칙, 금반언의 원칙, 신의성실의 원칙, 신뢰보호의 원칙 등으로 구성되어 있으며 오늘날 법의 일반원칙은 성문화되어 가는 추세에 있다. → 행정기본법 제10조의 등과 경찰관직무집행법 제1조 1358

THEME 02 법규명령 _A급

1 특징

의의	법규명령이란 **국회의 의결을 거치지 않고** 행정기관에 의하여 제정된 성문법규를 말하며, 그 종류에는 위임명령과 집행명령이 있다.1360
종류	**위임명령**: ① 법률의 개별적·구체적 위임에 근거해서 법률의 내용을 보충하고 구체화하는 명령 ② 위임된 범위에서 **새로운 법규사항을 정할 수 있음** ③ 법률의 내용을 보충하여 형성함
	집행명령: ① 법률을 집행하는데 필요한 **부수적·세목적 규정을 정하는 명령**1373 ② 새로운 **법규사항을 규정할 수 없음** ③ 형성된 법률의 내용을 집행함1374
근거	법규명령의 제정에는 헌법·법률 또는 상위명령의 **근거가 필요함**1368
구속력	국민과 행정청을 동시에 구속하는 **양면적(쌍면적) 구속력**을 가짐으로써 재판규범이 됨1371
위반효과	법규명령에 위반한 행정청의 행위는 **위법**한 행위임1370
효력발생	① 공포를 요함 ② 특별한 규정이 없는 한 법률과 같이 공포일로부터 **20일**이 경과해야 효력이 발생함1384
위임한계 1372	① 행정권에 대한 입법권의 일반적·포괄적 위임은 인정될 수 없음 ② 국회 전속적 법률사항의 위임은 원칙적으로 금지됨 ③ 법률에 의하여 위임된 사항을 전부 하위명령에 재위임하는 것은 금지됨 ④ 위임법규에서는 구체성·명확성이 요구되지만, 규율대상이 지극히 다양하거나 수시로 변화하는 성질의 것일 때에는 위임의 구체성·명확성의 요건이 **완화** 됨 ↳ 강화 X

> **TIP** 대통령령, 총리령·부령
> ① 대통령은 법률에서 구체적으로 범위를 정하여 위임받은 사항과 법률을 집행하기 위하여 필요한 사항에 관하여 대통령령을 발할 수 있다(헌법§75).
> ② 국무총리 또는 행정각부의 장은 소관사무에 관하여 법률이나 대통령령의 위임 또는 **직권으로 총리령 또는 부령을 발할 수 있다**(헌법§95).1369

2 법규명령 위임한계 관련 판례

1. '**위임의 범위**'는 법치행정의 원리에 따라 구체적으로 범위를 정하여 위임받은 사항만을 위임할 수 있고(헌법 제75조), 법률에 의한 포괄적·일반적 수권은 허용되지 않는다(대판 97부36).
2. 헌법 제75조의 '**구체적으로 범위를 정하여**'라 함은 법률에 대통령령 등 하위법령에 규정될 내용 및 범위의 기본사항이 가능한 한 구체적이고도 명확하게 규정되어 있어서 누구라도 당해 법률 그 자체로부터 대통령령 등에 규정될 내용의 대강을 예측할 수 있어야 함을 의미한다고 할 것이고, (중략) 위임입법의 위와 같은 구체성·명확성의 요구 정도는 각종 법률이 규제하고자 하는 대상의 종류와 성질에 따라 달라질 것이지만, 특히 **처벌법규나 조세법규와 같이 국민의 기본권을 직접적으로 제한하거나 침해할 소지가 있는 법규에서는 구체성·명확성의 요구가 강화**되어 그 위임의 요건과 범위가 일반적인 급부행정법규의 경우보다 더 엄격하게 제한적으로 규정되어야 하는 반면에, **규율대상이 지극히 다양하거나 수시로 변화하는 성질의 것일 때에는 위임의 구체성·명확성의 요건이 완화된다**(2013헌가6).
3. 법률에서 위임받은 사항을 전혀 규정하지 않고 재위임하는 것은 복위임금지 원칙에 반할 뿐 아니라 위임명령의 제정 형식에 관한 수권법의 내용을 변경하는 것이 되므로 허용되지 않으나, 법률에서 위임받은 사항을 전혀 규정하지 아니하고 그대로 하위의 법규명령에 재위임하는 것은 허용되지 않으며, 위임받은 사항에 관하여 **대강(大綱)**을 정하고, 그 중의 특정사항을 범위를 정하여 하위의 법규명령에 다시 위임하는 경우에만 **재위임이 허용된다**(2001헌라1).
4. 법률의 위임에 따라 효력을 갖는 **법규명령의 경우에 위임의 근거가 없어 무효였더라도 나중에 법 개정으로 위임의 근거가 부여되면 그때부터 유효한 법규명령으로 볼 수 있다**. 그러나 법규명령이 개정된 법률에 규정된 내용을 함부로 유추·확장하는 내용의 해석규정이어서 위임의 한계를 벗어난 것으로 인정될 경우에는 법규명령은 여전히 무효이다(2015두45700). <small>소급하여 X</small>
5. 법규명령의 위임의 근거가 되는 법률에 대하여 위헌결정이 선고되면 그 위임규정에 근거하여 제정된 법규명령도 원칙적으로 **효력을 상실한다**(대판 96다52359).[1361]

3 법률과 법규명령의 효력발생시기

헌법
제53조 ① 국회에서 의결된 법률안은 정부에 이송되어 **15일** 이내에 대통령이 공포한다.
⑦ **법률**은 특별한 규정이 없는 한 공포한 날로부터 **20일**을 경과함으로써 효력을 발생한다.[1362]

법령 등 공포에 관한 법률
제11조(공포 및 공고의 절차) ① 헌법개정·법률·조약·대통령령·총리령 및 부령의 공포와 헌법개정안·예산 및 예산 외 국고부담계약의 공고는 **관보(官報)**에 게재함으로써 한다.[1363]
② 「국회법」 제98조 제3항 전단에 따라 하는 국회의장의 법률 공포는 서울특별시에서 발행되는 **둘 이상의 일간신문**에 게재함으로써 한다.[1364]
③ 제1항에 따른 관보는 종이로 발행되는 **관보(이하 "종이관보"라 한다)**와 전자적인 형태로 발행되는 **관보(이하 "전자관보"라 한다)**로 운영한다.
④ 관보의 내용 해석 및 적용 시기 등에 대하여 **종이관보와 전자관보는 동일한 효력**을 가진다.
제12조(공포일·공고일) 제11조의 법령 등의 공포일 또는 공고일은 해당 법령 등을 게재한 **관보 또는 신문이 발행된 날**로 한다.[1365]
제13조(시행일) **대통령령, 총리령 및 부령**은 특별한 규정이 없으면 공포한 날부터 **20일**이 경과함으로써 효력을 발생한다.[1366]
제13조의2(법령의 시행유예기간) 국민의 권리 제한 또는 의무 부과와 직접 관련되는 **법률, 대통령령, 총리령 및 부령**은 긴급히 시행하여야 할 특별한 사유가 있는 경우를 제외하고는 공포일부터 적어도 **30일**이 경과한 날부터 시행되도록 하여야 한다.[1367]

THEME 03 행정규칙 _A급

의의		행정규칙이란 행정기관이 원칙적으로 법률의 수권 없이 **행정조직 내부에서 행정의 사무처리 기준**으로 만든 일반적·추상적 규정이다. 1376·1383
종류		고시·훈령·예규·일일명령 등 1375
근거	원칙	행정규칙은 국민이나 법원을 구속하는 효력이 없으므로 그 제정에는 **원칙적으로 법률의 위임을 요하지 않는다**.
	예외	**상위법령의 구체적 위임에 따라 제정되는 행정규칙**은 대외적 효력이 있다. ↳ 행정기본법 제2조 제1호 법령 보충적 행정규칙 **[판례]** 「경찰관 직무집행법 시행령」 제22조는 '범인검거 등 공로자 보상금의 지급 등에 필요한 사항은 경찰청장이 정하여 고시한다'고 규정하고 있는 바, 이에 따라 경찰청장이 제정하여 고시한 「범인검거 등 공로자 보상에 관한 규정(경찰청고시)」은 행정규칙이지만, 이 고시 규정들은 경찰관 직무집행법과 시행령의 위임에 따라서 보상금의 내용을 보충하는 이른바 **법령보충적 행정규칙으로서 법규명령의 효력을 가진다** (대판 2017두66541). **[판례]** **법령 보충적 행정규칙**이라도 그 자체로서 직접적으로 대외적인 구속력을 갖는 것은 아니다. 즉, **상위법령과 결합하여 일체가 되는 한도 내에서 상위법령의 일부가 됨으로써 대외적 구속력이 발생**되는 것일 뿐 그 행정규칙 자체는 대외적으로 구속력을 갖는 것은 아니라 할 것이다(99헌바91).
구속력	원칙	대내적 구속력 O, 대외적 구속력 X 1378
	예외	행정규칙은 원칙적으로 대외적(대국민적) 효력이 없는 단순한 행정조직 내부규범에 불과하지만, **자기구속 법리가 적용되는 경우에는 외부적 효력이 있다.** ┌─────────────────────────────────────┐ │ **자기구속의 원칙** : ㉠ 행정청이 상대방에 대하여 동종의 사안에 있어서 제3자에게 행한 │ ↳ 적법한 경우에만 적용 │ 결정과 동일한 결정을 하도록 스스로 구속당하는 원칙이다. ㉡ 이는 행정규칙에 따른 종래의 관행이 **위법한 경우에는 적용되지 않는다.** 1377 └─────────────────────────────────────┘
효력발생		공포를 요하지 않는다.

※ **행정기본법 제2조**

> 1. "법령등"이란 다음 각 목의 것을 말한다.
>   가. 법령: 다음의 어느 하나에 해당하는 것
>   1) 법률 및 대통령령·총리령·부령
>   2) 국회규칙·대법원규칙·헌법재판소규칙·중앙선거관리위원회규칙 및 감사원규칙
>   3) 1) 또는 2)의 위임을 받아 중앙행정기관(「정부조직법」 및 그 밖의 법률에 따라 설치된 중앙행정기관을 말한다)의 장, 국회의장, 대법원장, 헌법재판소장, 중앙선거관리위원회위원장, 감사원장 등이 정한 훈령·예규 및 고시 등 **행정규칙** → 법령 보충적 행정규칙
>   나. 자치법규: 지방자치단체의 조례 및 규칙

판례 법규명령 형식의 행정규칙과 행정규칙 형식의 법규명령

1. 법령의 규정이 특정 행정기관에 그 법령 내용의 구체적 사항을 정할 수 있는 권한을 부여하면서 그 권한 행사의 절차나 방법을 특정하고 있지 아니하여 **수임행정기관이 행정규칙의 형식으로 그 법령의 내용이 될 사항을 구체적으로 정하고 있는 경우**에는 그 행정규칙은 그것이 당해 법령의 위임한계를 벗어나지 아니하는 한 당해 **법령과 결합하여 대외적으로 구속력이 있는 법규명령으로서 효력**을 가진다(대판 2007두4841, 2014두3020).
2. 법령의 규정이 특정 행정기관에게 그 법령 내용의 구체적 사항을 정할 수 있는 권한을 부여하면서 그 권한 행사의 절차나 방법을 특정하고 있지 않은 관계로 수임 행정기관이 행정규칙의 형식으로 그 법령의 내용이 될 사항을 구체적으로 정하고 있다면, 그와 같은 행정규칙, 규정은 행정규칙이 갖는 일반적 효력으로서가 아니라 행정기관에 법령의 구체적 내용을 보충하는 기능을 갖게 된다 할 것이므로, 이와 같은 행정규칙, 규정은 해당 법령의 수임한계를 벗어나지 않는 범위에서는 그것들과 결합하여 대외적인 구속력이 있는 **법규명령으로서의 효력을 갖게 된다고 판시**(대법원 1989. 11. 14. 선고 89누5676)하여 **예외적으로 행정규칙의 법규성을 인정(법령 보충적 행정규칙)**하고 있다.
3. 자동차운수사업법 제31조등의 규정에 의한 사업면허의 취소등의 처분에 관한 규칙(1982.7.31 교통부령 제724호)은 부령의 형식으로 되어 있으나 그 규정의 성질과 내용이 자동차운수사업면허의 취소처분 등에 관한 사무처리기준과 처분절차 등 행정청내의 사무처리준칙을 규정한 것에 불과하므로 이는 교통부장관이 관계행정기관 및 직원에 대하여 그 직무권한행사의 지침으로 발한 행정조직내부에 있어서의 행정명령의 성질을 갖는 것이고, 법규명령이라고는 볼 수 없다(대판 83누676). → 법규명령의 형식(부령)을 취하고 있지만, 그 내용이 행정규칙의 실질을 가지는 경우 판례는 당해 규범을 행정규칙으로 보고 있다. 1381
4. **고시 또는 공고의 법적 성질**은 일률적으로 판단될 것이 아니라 고시에 담겨진 내용에 따라 구체적인 경우마다 달리 결정된다고 보아야 한다. 즉, **고시가 일반·추상적 성격을 가질 때는 법규명령 또는 행정규칙에 해당하지만, 고시가 구체적인 규율의 성격을 갖는다면 행정처분에 해당한다**(전원재판부 97헌마141).
5. 대외적 구속력이 없는 행정규칙이더라도 행정규칙이 이를 정한 행정기관의 재량에 속하는 사항에 관한 것인 때에는 그 규정 내용이 객관적 합리성을 결여하였다는 등의 특별한 사정이 없는 한 법원은 원칙적으로 이를 존중해야 한다(대판 2017두66541).

TIP 재량준칙

① **재량준칙**이란 재량권행사의 일반적 방향을 제시하기 위하여 발하는 것으로 행정청의 재량권행사의 기준을 정하는 행정규칙에 속함 → 자의적인 재량권 행사 방지
② **재량준칙 제정은 행정청이 재량권이 인정되는 경우에만 가능, 기속권만 갖는 경우에는 불가능**
③ 재량준칙은 행정규칙의 법규성을 인정하려는 영역 중의 하나이나, 대법원은 원칙적으로 재량준칙을 포함한 행정규칙의 법규성을 인정하지 않고 있으며 **예외적으로 인정**(2001도7121)
④ **재량준칙이 위법한 경우에는 행정의 자기구속의 원칙이 인정되지 않음**
⑤ **재량권 행사의 준칙인 행정규칙이 그 정한 바에 따라 되풀이 시행되어 행정관행이 이루어지게 되면 평등의 원칙이나 신뢰보호의 원칙에 따라 행정기관은 그 상대방에 대한 관계에서 그 규칙에 따라야 할 자기구속을 받게 되므로,** 이러한 경우에는 특별한 사정이 없는 한 **그를 위반하는 처분은 평등의 원칙이나 신뢰보호의 원칙에 위배되어 재량권을 일탈·남용한 위법한 처분**이 된다(2009두7967, 2011두28783 등).

비교 법규명령과 행정규칙

구분	법규명령	행정규칙
근거	상위법령의 근거 필요	근거 불요
권력관계	일반권력관계	특별행정법관계
규율사항	국민의 권리·의무에 관한 사항	행정조직 및 특별행정법관계 내부사항
형식	요식행위(문서 O, 구두 X)	불요식행위(문서 O, 구두 O)
위반의 효과	위법(무효 또는 취소사유), 징계사유 O	위법 X (무효 X, 취소 X), 징계사유 O
구속력	대내적 구속력 있음 대외적 구속력 있음	대내적 구속력 있음 대외적 구속력 없음[1383]
종류	위임명령, 집행명령[1385]	훈령, 고시, 예규 등
공포 요부	공포를 요함	공포를 요하지 않음[1382]
법규성 유무	법규성 있음	법규성 없음
한계	법률우위의 원칙과 법률유보의 원칙 적용	법률우위의 원칙 적용

THEME 04 훈령_B급
행정규칙으로 법X, 대내적 구속력만 갖음

의 의	**상급경찰관청**이 **하급경찰관청**의 권한행사를 지휘하기 위하여 일반적·추상적 사항에 대해서 발하는 명령 **판례** 훈령이란 상급관청이 하급관청의 권한행사를 지휘·감독하기 위하여 발하는 행정명령이다. 이는 훈령, 예규, 통첩, 지시, 고시, 각서 등 그 사용명칭 여하에 불구하고 공법상의 법률관계 내부에 관한 준칙 등을 정하는데 그치고 대외적으로는 구속력을 갖지 않음이 원칙이다(대판 82누324).
성 질 1393	① 훈령은 경찰기관의 의사를 구속하므로 기관 구성원이 변경·교체되더라도 효력에 영향이 없음 ② 훈령은 법규의 성질을 갖지 않는 **행정규칙**임 1388 ③ 훈령은 특별한 **법적 근거 없이도** 발할 수 있음 1387

종 류		
	협의의 훈령	상급경찰관청이 하급경찰관청의 권한행사를 상당히 장기간에 걸쳐 일반적으로 지휘하기 위하여 발하는 명령
	지시	상급경찰관청이 하급경찰관청에 대하여 **개별적·구체적으로 발하는 명령** 1398
	예규	반복적 경찰사무의 기준을 제시하기 위하여 발하는 명령 1397
	일일명령	당직·출장·휴가 등의 일일업무에 관하여 발하는 명령

형 식	① 훈령은 특별한 **형식을 요하지 않고** 구두·문서의 형식으로 발할 수 있음 ② 훈령은 원칙적으로 일반적·추상적 사항에 대하여 발해야 하나, 개별적·구체적 사항(지시)에 대하여도 발할 수 있음 1394

요 건		
	형식적 요건 1399	① 훈령권 **있는** 상급관청이 발할 것일 것 (없는 X) ② 하급관청의 **권한 내의 사항**에 관한 것일 것 (권한 내의 사항이 아닐 것 X) ③ 직무상 **독립된 범위에 속하는 사항이 아닐 것** 1400 (독립된 범위에 속하는 사항일 것 X)
	실질적 요건 1401	① 내용이 실현 가능하고 명확할 것 ② 내용이 적법하고 타당할 것 ③ 내용이 공익에 반하지 않을 것

위반 행위의 효과	① 훈령에 대한 위반은 위법은 아니며 **행위자체의 효력에는 영향이 없음** 1389 (무효·취소 사유 아님) ② 공무원관계에서의 의무위반으로 **징계사유**가 됨 1390 **판례** 공무원의 요정출입 금지를 명한 국무총리의 훈령은 캬바레, 빠, 요정등 유흥영업장소에서의 유흥에는 일반적으로 과대한 비용이 소요되므로 그러한 요정에 출입하는 공무원은 대개 직무상의 부정한 청탁과 관련되어 향응을 받는 것이라는 국민의 의혹을 살 우려가 있다 하여 이를 금지하는 것이므로 이와 같은 훈령을 어기고 요정을 출입하는 행위는 공무원의 품위를 손상하는 행위에 해당된다(서울고법 66구329).
훈령의 경합	① 주관상급관청과 비주관상급관청의 것일 때에는 **전자의 훈령**에 따라야 함 ② 주관상급관청이 상·하관계에 있는 때에는 **직근상급경찰관청**의 훈령에 따라야 함 (상급경찰관청 X) 예 혜화경찰서 소속 한국민 순경이 근무 중 서울경찰청 훈령과 경찰청 훈령이 경합하는 내용을 발견한 경우에는 **서울경찰청 훈령**에 따라 업무를 처리해야 한다. 1396 ③ 주관상급경찰관청이 **불명확**한 때에는 **주관쟁의**의 방법으로 해결함 1395

THEME 05 직무명령_B급

의의	① 상관이 부하인 공무원 개인에 대하여 그 직무에 관하여 발하는 명령1392 ② 직무명령은 직무사항 외에 객관적으로 **직무수행에 필요하다고 인정되는** 경찰공무원의 일상생활에 대해서도 관여할 수 있음 → 그러나 **직무와 관련 없는** 사생활에는 효력이 미치지 않음1404
성질	① 경찰공무원 **개인의 의사를 구속**하므로 경찰공무원의 **변경·교체시에는 당연히 효력을 상실**1405 ② 직무명령은 법규가 아니므로 직무명령에 위반한 행위도 **적법·유효** ③ 직무명령은 특별한 법적 근거 없이도 발할 수 있음1402 ④ 행정관청이 아니라 **상관이 부하인 공무원 개인**에 대하여 발하는 지휘명령으로서 **행정규칙의 성질을 갖지 못함**
형식	직무명령은 구술이나 문서의 어느 형식에 의하여도 무방
요건	**형식적 요건**1406 ① **권한 있는** 상관이 발한 것일 것 ② 부하 공무원의 **직무상 범위 내**에 속하는 **사항일 것** (사항이 아닐 것X) ③ 부하 공무원의 **직무상 독립의 범위**에 속하는 **사항이 아닐 것** (사항일 것X) ④ 직무명령을 발하는데 있어 **법정의 형식과 절차**가 있으면 이를 구비할 것 **실질적 요건** ① 그 내용이 법령에 저촉되지 않아야 하며 공익에 적합한 것일 것 ② 그 내용이 실현 가능하고 명확할 것
위반 행위의 효과	직무명령에 대한 위반은 위법은 아니나 공무원관계에서의 의무위반으로 징계사유가 됨
경합	2인 이상의 상관으로부터 서로 모순된 직무명령 → **바로 위 상관**의 명령에 복종

비교 훈령과 직무명령

구분		훈령	직무명령
차이점	발령	상급관청 → 하급관청	상관 → 부하
	구속대상	경찰기관의 의사를 구속	경찰공무원 개인의 의사를 구속
	구속 범위	경찰기관의 소관사무에 대해서만 구속	직무사항 외에 직무 수행에 필요하다고 인정되는 경찰공무원의 사생활까지도 구속
	효력	경찰기관을 구성하는 경찰공무원의 변경·교체시 유효	직무명령을 받은 경찰공무원의 변경·교체시 효력상실
공통점		• 특별한 법적 근거 없이도 발할 수 있음1407·1408 • 양자 모두 조직내부만 관련된 것으로 대내적 효력만 있고 대외적 효력은 없음1409	
양자의 관계		• 훈령은 하급기관을 구성하는 공무원에 대하여는 동시에 직무명령으로서의 성질도 가지나 (지시), 직무명령은 당연히 훈령으로서의 성질을 가지는 것은 아님1410	

CHAPTER 02

경찰조직법
(국가경찰과 자치경찰의 조직 및 운영에 관한 법률)

01 국가경찰과 자치경찰의 조직 및 운영에 관한 법률상 경찰사무

02 국가경찰위원회

03 경찰청장, 국가수사본부장

04 시·도자치경찰위원회

05 시·도경찰청장, 경찰서장

06 행정관청의 권한 대리

07 행정관청의 권한 위임

THEME 01 국가경찰과 자치경찰의 조직 및 운영에 관한 법률(국자법)_S급

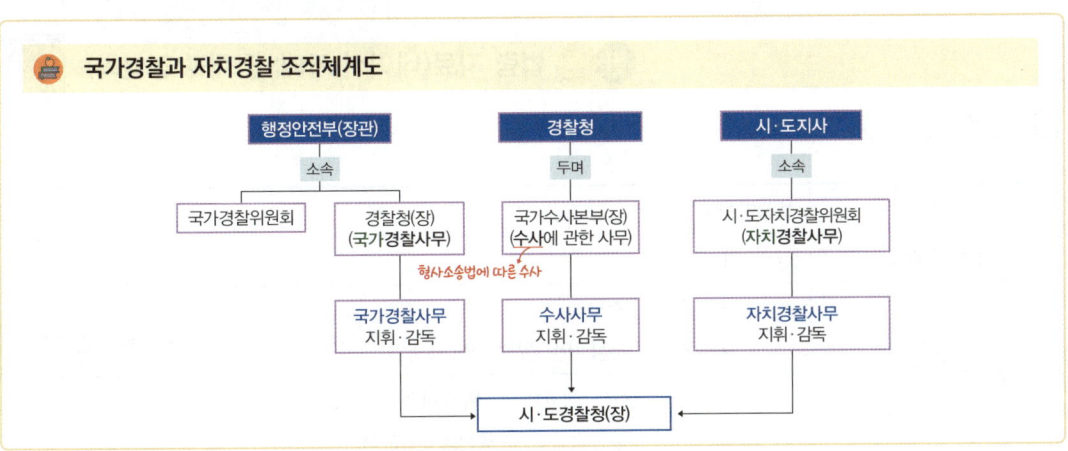

국가경찰과 자치경찰 조직체계도

목적 (§1)	이 법은 경찰의 **민주적인** 관리·운영과 **효율적인** 임무수행을 위하여 경찰의 기본조직 및 직무 범위와 그 밖에 필요한 사항을 규정함을 목적 1417·2210
책무 (§2)	**국가와 지방자치단체**(공공단체 X)는 국민의 생명·신체 및 재산을 보호하고 공공의 안녕과 질서유지에 필요한 시책을 수립·시행 1418
국가경찰사무(§4)	제3조에서 정한 경찰의 임무를 수행하기 위한 사무. 다만, **자치경찰사무는 제외**
자치경찰사무 (§4)	① 제3조에서 정한 경찰의 임무 범위에서 관할 지역의 생활안전·교통·경비·수사 등에 관한 다음 사무 　가. 지역 내 주민의 생활안전 활동에 관한 사무 1419 　나. 지역 내 교통활동에 관한 사무 1420 　다. 지역 내 다중운집 행사 관련 혼잡 교통 및 안전 관리 　라. 다음의 어느 하나에 해당하는 수사사무 　　1) 학교폭력 등 소년범죄 　　2) 가정폭력, 아동학대 범죄 　　3) 교통사고 및 교통 관련 범죄 　　4) 「형법」 제245조에 따른 공연음란 및 「성폭력범죄의 처벌 등에 관한 특례법」 제12조에 따른 성적 목적을 위한 다중이용장소 침입행위에 관한 범죄(제11조 공중 밀집 장소에서의 추행 X, 제13조 통신매체를 이용한 음란행위 X) 1421 　　5) 경범죄 및 기초질서 관련 범죄 　　6) 가출인 및 「실종아동등의 보호 및 지원에 관한 법률」 제2조 제2호에 따른 실종아동등 관련 수색 및 범죄 ② ①의 가부터 다까지의 자치경찰사무에 관한 구체적인 사항 및 범위 등은 대통령령으로 정하는 기준에 따라 **시·도조례**로 정한다. 1422 ③ ①의 라의 자치경찰사무(**수사사무**)에 관한 구체적인 사항 및 범위 등은 **대통령령**으로 정한다. (시·도조례 X)
권한남용의 금지 (§5)	경찰은 그 직무를 수행할 때 **헌법과 법률**에 따라 국민의 자유와 권리 및 모든 개인이 가지는 불가침의 **기본적 인권을 보호**하고, 국민 전체에 대한 봉사자로서 **공정·중립**을 지켜야 하며, 부여된 **권한을 남용**하여서는 아니 된다.

THEME 02 국가경찰위원회(국자법)

 법령 자료(네이버 카페: 김재규 경찰학)

1 설치 및 위원

설치(§7)	행정안전부에 국가경찰위원회를 둔다.1424
법적성격(§7)	심의·의결기관
구성 (§7)	7인 - 상임 : 1인 (정무직) 　　　- 비상임 : 위원장 1인, 위원 5인1425
위원장 (국가경찰위원회 규정§2)	① 위원장은 위원회를 대표하며, 위원회의 사무를 총괄한다. ② 위원장은 비상임위원중에서 호선(임명X)한다. ③ 위원장이 사고가 있을 때에는 상임위원, 연장자순으로 위원장의 직무를 대리한다.1429 　→ 위원장이 미리 지명한 위원X
임명 (§8)	① 위원은 행정안전부장관의 제청으로 국무총리를 거쳐 대통령이 임명한다.1426 ② 행정안전부장관은 위원 임명을 제청할 때 경찰의 정치적 중립이 보장되도록 하여야 한다.1427 ③ 위원 중 2명은 법관의 자격이 있는 사람이어야 한다.1428 ④ 위원은 특정 성(性)이 10분의 6을 초과하지 아니하도록 노력하여야 한다. ⑤ 위원에 대해서는 국가공무원법상 비밀엄수의 의무, 정치 운동의 금지를 준용한다.1431
결격 및 당연퇴직사유 (§8)	① 정당의 당원이거나 당적을 이탈한 날부터 3년이 지나지 아니한 사람 　　　　　　　　　　　→ 다음날X　　　→ 지난사람X ② 선거에 의하여 취임하는 공직에 있거나 그 직에서 퇴직한 날부터 3년이 지나지 아니한 사람 　　→ 변호사X, 판사X ③ 경찰·검찰·국가정보원 직원 또는 군인의 직에 있거나 그 직에서 퇴직한 날부터 3년이 지나지 아니한 사람1430·1487 ④ 「국가공무원법」 제33조 각 호의 어느 하나에 해당하는 사람. 다만, 「국가공무원법」 제33조 제2호 및 제5호에 해당하는 경우에는 같은 법 제69조 제1호 단서에 따른다.
임기(§9)	① 위원의 임기는 3년, 연임할 수 없다.1432 ② 보궐위원의 임기는 전임자 임기의 남은 기간으로 한다.
신분보장(§9)	① 위원은 중대한 신체상 또는 정신상의 장애로 직무를 수행할 수 없게 된 경우를 제외하고는 그 의사에 반하여 면직(당연퇴직X)되지 아니한다.1433 ② 위원이 중대한 심신상의 장애로 직무를 수행할 수 없게 되어 면직하는 경우에는 위원회의 의결이 있어야 하며, 의결요구는 위원장 또는 행정안전부장관이 한다(국가경찰위원회 규정§4).1439

2 운영 등(국가경찰위원회 규정) ← 대통령령

운영 (§7)	사무	경찰청에서 수행한다(국자법 §11). ₁₄₂₃ └ 행정안전부 X 경찰청장 X ┐
	정기회의	특별한 사유가 있는 경우를 제외하고는 **매월 2회 위원장**이 소집한다. ₁₄₄₁ └ 매년 X, 2회 이상 X
	임시회의	① 위원장은 필요한 경우 임시회의를 소집할 수 있으며, 위원 **3명** 이상과 **행정안전부장관** 또는 **경찰청장**은 위원장에게 임시회의 소집을 요구할 수 있다. ₁₄₄₂ ② ①에 따른 임시회의소집 요구가 있으면 위원장은 특별한 사유가 없는 한 회의를 소집하여야 한다.
	의결정족수	**재적위원 과반수의 출석과 출석위원 과반수의 찬성**으로 의결한다(국자법 §11).
재의 (§6) ₁₄₄₀		① 심의·의결된 내용이 부적정하다고 판단될 경우 **행정안전부장관**이 재의를 요구**할 수 있다**(국자법 §10). ② 의결한 날로부터 **10일** 이내에 재의요구서를 위원회에 제출하여야 한다. ③ 위원장은 재의요구를 받은 날부터 **7일** 이내에 회의를 소집하여 다시 의결하여야 한다.
위원의 면직(§4)		① 법 제9조 제2항에 따라 위원이 중대한 심신상의 장애로 직무를 수행할 수 없게 되어 면직하는 경우에는 **위원회의 의결이 있어야 한다.** ② ①의 의결요구는 **위원장 또는 행정안전부장관**이 한다. ₁₄₃₉
간사(§8)		위원회에 **간사 1명**을 두되, 간사는 경찰청 소속 과장급 경찰공무원 중에서 경찰청장이 지명한다.
운영세칙 (§11)		「국가경찰위원회규정(대통령령)」에 규정된 사항 외에 위원회의 운영을 위하여 필요한 사항은 위원회의 의결을 거쳐 **위원장**이 정한다. ₁₄₄₃ └ 행정안전부장관 X

3 심의 · 의결 사항(§10)

다음 각 호의 사항은 국가경찰위원회의 심의·의결을 **거쳐야 한다.**
1. **국가경찰사무의 인사·예산·장비·통신 등에 관한 주요정책 및 경찰업무발전에 관한 사항** ₁₄₃₆
2. **국가경찰사무에 관한 인권보호와 관련되는 국가경찰의 운영·개선에 관한 사항** ₁₂₉₄
3. 국가경찰사무 담당 공무원의 부패 방지와 청렴도 향상에 관한 주요 정책사항
4. 국가경찰 임무 **외에** 다른 국가기관으로부터의 업무협조요청에 관한 사항 ₁₄₃₄
5. **제주특별자치도의 자치경찰에 대한 경찰의 지원·협조 및 협약체결의 조정 등에 관한 주요 정책사항** ₁₄₃₅
6. 시·도자치경찰위원회 위원 추천, 자치경찰사무에 대한 주요 법령·정책 등에 관한 사항, 시·도자치경찰위원회 의결에 대한 재의 요구에 관한 사항
7. 제2조에 따른 시책 수립에 관한 사항   ┌ 감독 X
8. 비상사태 등 전국적 치안유지를 위한 경찰청장의 지휘·**명령**에 관한 사항
9. 그 밖에 **행정안전부장관** 및 **경찰청장**이 중요하다고 인정하여 국가경찰위원회의 회의에 부친 사항

TIP 면직의결 요구와 심의·의결사항

면직의결 요구	위원장, 행정안전부장관
심의·의결 사항	행정안전부장관, 경찰청장

THEME 03 경찰청장

1 경찰청장(§14)

경찰청	행정안전부장관 소속으로 경찰청을 둔다.
계급 등	① 경찰청에 경찰청장을 두며, 경찰청장은 **치안총감**으로 보한다. ② 경찰청장은 국가경찰사무를 총괄하고 경찰청 업무를 관장하며 소속 공무원 및 각급 경찰기관의 장을 지휘·감독한다.
임명	국가경찰위원회 **동의** → 행정안전부장관 **제청**(추천 X) → 국무총리 경유 → 대통령 임명 ※ **국회의 인사청문을 거쳐야 한다.** (거칠 수 있다 X)
임기	① 임기 **2년**, 중임할 수 없다. ② 직무를 집행하면서 헌법이나 **법률**(법령 X)을 위배한 때에는 **국회**(법원 X)는 탄핵의 소추를 의결**할 수 있다.**(하여야 한다 X)
수사사무 지휘·감독	① 원칙: 경찰의 수사에 관한 사무의 경우에는 **개별 사건의 수사에 대하여 구체적으로 지휘·감독할 수 없다.** ② 예외: **국가수사본부장**을 통하여 개별 사건의 수사에 대하여 구체적으로 지휘·감독가능(국민의 생명·신체·재산 또는 공공의 안전 등에 중대한 위험을 초래하는 긴급하고 중요한 사건의 수사에 있어서 경찰의 자원을 대규모로 동원하는 등 통합적으로 현장 대응할 필요가 있다고 판단할 만한 상당한 이유가 있는 경우) ③ ②의 예외에 따라 개별 사건의 수사에 대한 구체적 지휘·감독을 개시한 때에는 이를 **국가경찰위원회에 보고**하여야 한다. → 단서에 사유가 해소되면 개별 사건의 수사에 대한 구체적 지휘·감독을 중단하여야 한다. ④ ②의 단서에 따른 '긴급하고 중요한 사건'의 범위 등 필요한 사항은 **대통령령**으로 정한다.
소속기관	① 경찰대학·경찰인재개발원·중앙경찰학교 및 경찰수사연수원(국립과학수사연구원 X)을 둔다. ② 책임운영기관으로 경찰병원을 둔다. ※ **국립과학수사연구원** 조사연구형 기관 중 **연구형 기관**에 속하고, **경찰병원은 의료형 기관**으로 분류된다.
차장	① 경찰청에 차장을 두며, 차장은 **치안정감**으로 보한다. ② 차장은 경찰청장을 보좌하며, 경찰청장이 부득이한 사유로 직무를 수행할 수 없을 때에는 그 직무를 대행한다(**협의의 법정대리**).

2 비상사태 등 전국적 치안유지를 위한 경찰청장의 지휘·명령(§32)

① **경찰청장**은 다음 각 호의 경우에는 자치경찰사무를 수행하는 경찰공무원(제주특별자치도의 자치경찰공무원을 **포함**한다)을 직접 **지휘·명령할 수 있다.**
   1. 전시·사변, 천재지변, 그 밖에 이에 준하는 국가 비상사태, 대규모의 테러 또는 소요사태가 발생하였거나 발생할 우려가 있어 전국적인 치안유지를 위하여 긴급한 조치가 필요하다고 인정할 만한 충분한 사유가 있는 경우
   2. 국민안전에 중대한 영향을 미치는 사안에 대하여 다수의 시·도에 동일하게 적용되는 치안정책을 시행할 필요가 있다고 인정할 만한 충분한 사유가 있는 경우
   3. 자치경찰사무와 관련하여 해당 시·도의 경찰력으로는 국민의 생명·신체·재산의 보호 및 공공의 안녕과 질서유지가 어려워 경찰청장의 지원·조정이 필요하다고 인정할 만한 충분한 사유가 있는 경우
② 경찰청장은 **제1항에 따른** 조치가 필요한 경우에는 **시·도자치경찰위원회**에 자치경찰사무를 담당하는 경찰공무원을 직접 지휘·명령하려는 사유 및 내용 등을 구체적으로 제시하여 통보하여야 한다.
③ ②에 따른 통보를 받은 **시·도자치경찰위원회**는 정당한 사유가 없으면 즉시 자치경찰사무를 담당하는 경찰공무원에게 경찰청장의 지휘·명령을 받을 것을 명하여야 하며, ①에 규정된 사유에 해당하지 아니한다고 인정하면 **시·도자치경찰위원회의 의결**을 거쳐 **경찰청장**에게 그 지휘·명령의 중단을 요청할 수 있다.
④ 경찰청장이 ①에 따라 지휘·명령을 하는 경우에는 **국가경찰위원회**에 즉시 보고하여야 한다. 다만, **제1항 제3호**의 경우에는 미리 국가경찰위원회의 의결을 거쳐야 하며 긴급한 경우에는 우선 조치 후 지체 없이 **국가경찰위원회**의 의결을 거쳐야 한다.
⑤ ④에 따라 보고를 받은 국가경찰위원회는 ①에 규정된 사유에 해당하지 아니한다고 인정하면 그 지휘·명령을 중단할 것을 의결하여 **경찰청장**에게 통보할 수 있다.
⑥ 경찰청장은 ①에 따라 지휘·명령할 수 있는 사유가 해소된 때에는 경찰공무원에 대한 지휘·명령을 즉시 중단하여야 한다.
⑦ **시·도자치경찰위원회**는 제1항 제3호에 해당하는 경우 의결로 지원·조정의 범위·기간 등을 정하여 **경찰청장**에게 지원·조정을 요청할 수 있다.
⑧ **경찰청장**은 제주특별자치도경찰청의 관할구역에서 제1항의 지휘·명령권을 **제주특별자치도경찰청장에게 위임**할 수 있다.

THEME 04 국가수사본부장

1 국가수사본부장(§16)

소속 및 지휘·감독	① 경찰청에 국가수사본부(본부장은 치안정감)를 둔다.1459 ② 국가수사본부장은 「**형사소송법**」에 따른 **경찰의 수사**에 관하여 각 시·도경찰청장과 경찰서장 및 수사부서 소속 공무원을 지휘·감독한다.1461 (모든 수사 X)
임기 및 신분보장	① 임기 : **2년**, 중임할 수 **없**고, 임기가 끝나면 당연히 퇴직한다.1460·1462 ② 직무를 집행하면서 헌법이나 **법률**을 위배하였을 때에는 국회는 **탄핵 소추를 의결할 수 있다**.1463
외부임용 자격요건	1. **10년 이상** 수사업무에 종사한 사람 중에서 「국가공무원법」 제2조의2에 따른 고위공무원단에 속하는 공무원, 3급 이상 공무원 또는 **총경** 이상 경찰공무원으로 재직한 경력이 있는 사람 (경무관 X) 2. 판사·검사 또는 변호사의 직에 **10년 이상** 있었던 사람 3. 변호사 자격이 있는 사람으로서 국가기관, 지방자치단체, 「공공기관의 운영에 관한 법률」 제4조에 따른 공공기관(이하 "국가기관등"이라 함)에서 법률에 관한 사무에 **10년 이상** 종사한 경력이 있는 사람 4. 대학이나 공인된 연구기관에서 법률학·경찰학 분야에서 **조교수** 이상의 직이나 이에 상당하는 직에 10년 이상 있었던 사람1464 (부교수 X) 5. 1부터 4까지의 경력 기간의 합산이 **15년 이상**인 사람
외부임용 결격사유	1. 「경찰공무원법」 제8조 제2항 각 호의 결격사유에 해당하는 사람 2. 정당의 당원이거나 당적을 이탈한 **날부터 3년이 지나지 아니한 사람**1465 (다음날 X, 지난 사람 X) 3. 선거에 의하여 취임하는 공직에 있거나 그 공직에서 **퇴직한 날부터 3년이 지나지 아니한 사람** 4. **공무원 또는 판사·검사**의 직에서 **퇴직한 날로부터 1년이 지나지 아니한 사람** 5. 국가기관등에서 **퇴직한 날로부터 1년이 지나지 아니한 사람**

비교 경찰청장과 국가수사본부장

	경찰청장	국가수사본부장
소속	• 경찰청 소속 • 경찰청장은 치안총감	• 경찰청 소속 • 본부장은 치안정감
지휘·감독	국가경찰사무를 총괄, 경찰청 업무를 관장하며 소속 공무원 및 각급 경찰기관의 장을 지휘·감독함	「형사소송법」에 따른 경찰의 수사에 관하여 각 시·도경찰청장과 경찰서장 및 수사부서 소속 공무원을 지휘·감독함
임기	• 임기는 2년, 중임할 수 없음	• 임기는 2년, 중임할 수 없음 • 임기가 끝나면 당연히 퇴직함

THEME 05 시·도자치경찰위원회(국자법)

1 설치 및 위원 구성

설치 (§18)	① 자치경찰사무를 관장하게 하기 위하여 **특별시장·광역시장·특별자치시장·도지사·특별자치도지사**(이하 "시·도지사"라 함) 소속으로 **시·도자치경찰위원회**를 둔다. 다만, 제13조 후단에 따라 시·도에 2개의 시·도경찰청을 두는 경우 시·도지사 소속으로 2개의 시·도자치경찰위원회를 둘 수 있다.¹⁴⁶⁸ ② 시·도자치경찰위원회는 **합의제 행정기관**(심의·의결기관 X)으로서 그 권한에 속하는 업무를 독립적으로 수행한다.¹⁴⁶⁶ ③ 제1항 단서에 따라 2개의 시·도자치경찰위원회를 두는 경우 해당 시·도자치경찰위원회의 명칭, 관할구역, 사무분장, 그 밖에 필요한 사항은 **대통령령**(행정안전부령 X)으로 정한다.¹⁴⁶⁷
구성 (§19)	① 7인 – **상임** : 위원장 + 1명 위원 – **비상임** : 5명 위원¹⁴⁶⁹ ② **위원**(비상임 위원 X)은 특정 성이 **10분의 6**을 초과하지 아니하도록 노력하여야 한다.¹⁴⁷⁰ ③ 위원 중 **1명**은 **인권문제**에 관하여 전문적인 지식과 경험이 있는 사람이 임명될 수 있도록 노력하여야 한다.^{1471·1472} ← 법관자격은 요하지 않음

임명
(§20)
	① 위원은 다음 각 호의 사람을 **시·도지사**가 임명
	  1. 시·도의회가 추천하는 **2명**
	  2. 국가경찰위원회가 추천하는 **1명**
	  3. 해당 시·도 교육감이 추천하는 **1명**
	  4. 시·도자치경찰위원회 위원추천위원회가 추천하는 **2명**
	  5. 시·도지사가 **지명**하는 **1명**¹⁴⁷³
	③ **시·도자치경찰위원회 위원장**은 위원 중에서 **시·도지사가 임명**(호선 X)하고, **상임위원**은 시·도자치경찰위원회의 **의결**을 거쳐 위원 중에서 **위원장의 제청**으로 **시·도지사가 임명**한다. 이 경우 위원장과 상임위원은 지방자치단체의 공무원으로 한다.¹⁴⁷⁵
	④ 위원은 정치적 중립을 지켜야 하며, 권한을 남용하여서는 아니 된다.¹⁴⁷⁶
	⑤ 공무원이 아닌 위원에 대해서는 **지방공무원법** 제52조(비밀엄수 의무) 및 제57조(정치운동 금지)를 준용한다.¹⁴⁷⁷ ← 국가공무원법 X
	⑥ 공무원이 아닌 위원은 그 소관 사무와 관련하여 형법이나 그 밖의 법률에 따른 벌칙을 적용할 때에는 공무원으로 본다.¹⁴⁷⁸

위원장 등 (§22)	① 시·도자치경찰위원회 위원장은 시·도자치경찰위원회를 대표하고 회의를 주재하며 시·도자치경찰위원회의 의결을 거쳐 업무를 수행한다. ② 시·도자치경찰위원회 위원장이 부득이한 사유로 직무를 수행할 수 없을 때에는 **상임위원**, 시·도자치경찰위원회 위원 중 **연장자순**으로 그 직무를 대행한다.
임기 (§23)	① 위원장과 위원의 임기는 **3년**으로 하며, **연임할 수 없음** ② 보궐위원의 임기 : 전임자 임기의 남은 기간 → 전임자의 남은 임기가 **1년 미만**(6개월 미만 X)인 경우 그 보궐위원은 **한 차례만 연임**할 수 있음¹⁴⁷⁹
신분보장 (§23)	위원은 중대한 신체상 또는 정신상의 장애로 직무를 수행할 수 없게 된 경우를 **제외**하고는 그 의사에 반하여 면직되지 아니함

2 위원의 자격요건 및 회의 운영

자격 요건 (§20 ②)	1. **판사·검사·변호사** 또는 **경찰**의 직에 **5년 이상** 있었던 사람 _{→ 국가정보원직원X} 2. 변호사 자격이 있는 사람으로서 국가기관등에서 법률에 관한 사무에 **5년 이상** 종사한 경력이 있는 사람 3. 대학이나 공인된 연구기관에서 법률학·행정학 또는 경찰학 분야의 **조교수** 이상의 직이나 이에 상당하는 직에 **5년 이상** 있었던 사람[1474] 4. 그 밖에 관할 지역주민 중에서 지방자치행정 또는 경찰행정 등의 분야에 경험이 풍부하고 학식과 덕망을 갖춘 사람
결격 및 당연 퇴직 사유 (§20 ⑦) [1487]	1. 정당의 당원이거나 당적을 **이탈한 날부터 3년**이 지나지 아니한 사람 2. 선거에 의하여 취임하는 공직에 있거나 그 공직에서 **퇴직한 날부터 3년**이 지나지 아니한 사람 3. **경찰, 검찰, 국가정보원 직원** 또는 **군인**의 직에 있거나 그 직에서 **퇴직한 날부터 3년**이 지나지 아니한 사람 _{→ 판사X} 4. 국가 및 지방자치단체의 공무원(**국립 또는 공립대학의 조교수 이상의 직에 있는 사람은 제외**(포항X))이거나 공무원이었던 사람으로서 **퇴직한 날부터 3년**이 지나지 아니한 사람. 다만, 위원장과 상임위원이 지방자치단체의 공무원이 된 경우에는 당연퇴직하지 아니한다. 5. 「**지방공무원법**」 제31조(결격사유) 어느 하나에 해당하는 사람. 다만, 「지방공무원법」 제31조 제2호 및 제5호에 해당하는 경우에는 같은 법 제61조 제1호(당연퇴직) 단서에 따른다.
시·도자치 경찰위원회의 소관사무(§24)	① 시·도자치경찰위원회의 소관 사무는 다음 각 호로 한다. 　1. 자치경찰사무에 관한 목표의 수립 및 평가 　2. 자치경찰사무에 관한 인사, 예산, 장비, 통신 등에 관한 주요정책 및 그 운영지원 　3. 자치경찰사무 담당 공무원의 임용, 평가 및 인사위원회 운영 　4. 자치경찰사무 담당 공무원의 부패 방지와 청렴도 향상에 관한 주요 정책 및 인권침해 또는 권한남용 소지가 있는 규칙, 제도, 정책, 관행 등의 개선 　5. 제2조에 따른 시책 수립 　6. 제28조 제2항에 따른 **시·도경찰청장의 임용과 관련한 경찰청장과의 협의**, 제30조 제4항에 따른 평가 및 결과 통보[1480] 　7. 자치경찰사무 감사 및 감사의뢰 　8. 자치경찰사무 담당 공무원의 주요 비위사건에 대한 감찰요구 　**9. 자치경찰사무 담당 공무원에 대한 징계요구** 　**10. 자치경찰사무 담당 공무원의 고충심사 및 사기진작** 　11. 자치경찰사무와 관련된 중요사건·사고 및 현안의 점검 　12. 자치경찰사무에 관한 규칙의 제정·개정 또는 폐지 　13. **지방행정과 치안행정의 업무조정과 그 밖에 필요한 협의·조정** 　14. 제32조에 따른 비상사태 등 전국적 치안유지를 위한 경찰청장의 지휘·명령에 관한 사무 　15. **국가경찰사무·자치경찰사무의 협력·조정과 관련하여 경찰청장과 협의**[1481] 　16. 국가경찰위원회에 대한 심의·조정 요청 　17. 그 밖에 시·도지사, 시·도경찰청장이 중요하다고 인정하여 시·도자치경찰위원회의 회의에 부친 사항에 대한 심의·의결 ② 시·도자치경찰위원회의 업무와 관련하여 시·도지사는 정치적 목적이나 개인적 이익을 위해 관여하여서는 아니 된다.

회의 (§26)	회의는 **정기적**(**월 1회** 이상)으로 개최하여야 한다. 다만 **위원장**이 필요하다고 인정하는 경우, 위원 **2명 이상**이 요구하는 경우 및 **시·도지사**가 필요하다고 인정하는 경우에는 임시회의를 개최할 수 있다.1482 **자치경찰사무와 시·도자치경찰위원회의 조직 및 운영 등에 관한 규정(§13)** ① 시·도자치경찰위원회 위원장은 법 제26조제1항에 따라 정기회의와 임시회의를 소집·개최한다. 이 경우 정기회의는 특별한 사유가 있는 경우를 제외하고는 **월 1회 이상** 소집·개최한다. ② 시·도자치경찰위원회 위원장은 회의를 소집하려면 회의 **개최 3일 전**까지 회의의 일시·장소 및 안건 등을 위원에게 알려야 한다. 다만, 긴급한 사정이나 그 밖의 부득이한 사유가 있는 경우에는 그렇지 않다. ⑤ 시·도자치경찰위원회는 회의의 효율적 운영을 위하여 필요한 경우 **서면**으로 심의·의결하거나 **원격영상회의 방식**으로 할 수 있다. 이 경우 서면으로 심의·의결할 수 있는 대상과 원격영상회의의 운영 등에 관한 사항은 해당 **시·도의 조례**로 정한다. ⑥ 제5항에 따라 시·도자치경찰위원회의 회의를 원격영상회의 방식으로 하는 경우 해당 회의에 참석한 위원은 동일한 회의장에 출석한 것으로 본다.
의결 정족수 (§25)	② 재적위원 과반수의 출석과 출석위원 과반수의 찬성으로 의결한다.
재의요구 (§25)	③ **시·도지사**는 시·도자치경찰위원회의 **의결이 적정하지 아니하다고** 판단할 때에는 재의를 요구할 수 있다.1483 ④ 위원회의 의결이 **법령에 위반**되거나 **공익을 현저히 해친**다고 판단되면 **행정안전부장관은 미리 경찰청장의 의견을 들어 국가경찰위원회를 거쳐 시·도지사에게 재의를 요구**하게 할 수 있고, **경찰청장은 국가경찰위원회와 행정안전부장관을 거쳐 시·도지사에게 재의를 요구**하게 할 수 있다.1484
재의결 (§25)	⑤ 시·도자치경찰위원회의 위원장은 재의요구를 받은 날부터 **7일 이내**에 회의를 소집하여 재의결하여야 한다. 이 경우 **재적위원 과반수의 출석과 출석위원 3분의 2 이상의 찬성**으로 전과 같은 의결을 하면 그 의결사항은 확정된다.1485
사무기구 (§27)	① 시·도자치경찰위원회의 사무를 처리하기 위하여 시·도자치경찰위원회에 필요한 사무기구를 둔다. ② 사무기구의 조직·정원·운영 등에 관하여 필요한 사항은 **경찰청장**의 의견을 들어 대통령령으로 정하는 기준에 따라 **시·도조례**로 정한다. ☞ 시·도경찰청장 X

비교 국가경찰위원회와 시·도자치경찰위원회

구분		국가경찰위원회	시·도자치경찰위원회
설치		행정안전부 소속	시·도지사 소속
법적성격		심의·의결 기관	합의제 행정기관
구성		7인 - 상임 : 1인 **정무직차관급** 　　　- 비상임 : **위원장** 1인, 위원 5인1486	7인 - 상임 : **2인 (위원장, 1명의 위원)** 　　　- 비상임 : 5명의 위원
임명		• 위원은 행정안전부장관의 **제청**으로 국무총리를 거쳐 대통령이 임명 • 위원 중 **2명**은 법관의 자격이 있는 사람	다음의 사람을 **시도지사**가 임명 • 시·도의회가 추천 - 2명 • 국가경찰위원회가 추천 - 1명 • 해당 시·도 교육감이 추천 - 1명 • 시·도자치경찰위원회 위원추천위원회 추천 - 2명 • 시·도지사가 **지명** - 1명
임기		• 위원의 임기는 3년, 연임 X • 보궐 위원의 임기는 전임자 임기의 남은 기간으로 함1489	• 위원장과 위원의 임기는 3년, 연임 X • 보궐위원 임기 : 전임자 임기의 남은 기간 → 전임자의 남은 임기가 **1년 미만**인 경우 그 보궐위원은 **1회**에 한하여 **연임가능**
정기회의		매월 2회	정기적(**월 1회** 이상)
임시회의		위원장은 필요한 경우 임시회의를 소집할 수 있으며, 위원 **3명** 이상과 **행정안전부장관** 또는 **경찰청장**은 위원장에게 임시회의의 소집을 요구가능1488	위원장이 필요하다고 인정하는 경우, 위원 2명 이상이 요구하는 경우 및 **시·도지사**가 필요하다고 인정하는 경우
의결정족수		재적위원 과반수의 출석과 출석위원 과반수 찬성	
재의	요구	• **행정안전부장관**이 재의 요구 가능 • 의결한 날로부터 **10일** 이내에 재의요구서를 위원회에 제출하여야 함	**시도지사**는 재의 요구 가능
	재의결	위원장은 재의요구를 받은 날부터 **7일** 이내에 회의를 소집하여 다시 의결함	• 시·도자치경찰위원회의 위원장은 재의요구를 받은 날부터 **7일** 이내에 회의를 소집하여 재의결하여야 함 • 이 경우 재적위원 과반수의 출석과 출석위원 **3분의2** 이상의 찬성으로 전과 같은 의결을 하면 그 의결사항은 확정됨

THEME 06 시·도경찰청장, 경찰서장(국자법)

1 시·도경찰청장(§28)

시·도경찰청	① 시·도에 시·도경찰청을 두고, 시·도경찰청장 소속으로 경찰서를 둔다. ② 시·도에 2개의 시·도경찰청을 둘 수 있다.[1490]	
시·도 경찰청장	소속	시·도경찰청에 시·도경찰청장(치안정감·치안감 또는 경무관)
	임용절차	**경찰청장**이 **시·도자치경찰위원회**와 **협의하여 추천**한 사람 중 **행정안전부장관의 제청** ↳ 시·도지사 X 으로 국무총리를 거쳐 **대통령이 임용**한다.[1491]

	지휘·감독	① 국가경찰사무 → 경찰청장의 지휘·감독을 받는다.
		② 자치경찰사무 → **시·도자치경찰위원회**의 지휘·감독을 받는다.
		  ↳ 시·도지사 X
		※ 시·도자치경찰위원회는 자치경찰사무에 대해 심의·의결을 통하여 시·도경찰청장을 지휘·감독한다. 다만, 시·도자치경찰위원회가 심의·의결할 시간적 여유가 없거나 심의·의결이 곤란한 경우 대통령령으로 정하는 바에 따라 시·도자치경찰위원회의 지휘·감독권을 **시·도경찰청장**에게 위임한 것으로 본다.[1493]
		              ↳ 경찰청장 X
		③ 수사에 관한 사무 → 국가수사본부장의 지휘·감독을 받는다.[1492]

시·도경찰청 차장(§29)	① 시·도경찰청에 차장을 둘 수 있다. ② 차장은 시·도경찰청장을 보좌하여 소관 사무를 처리하고 시·도경찰청장이 부득이한 사유로 직무를 수행할 수 없을 때에는 그 직무를 대행한다.[1494]	

2 경찰서장(§30)

설치	경찰서에 경찰서장(경무관, 총경 또는 경정)[1495]
권한	시·도경찰청장의 지휘·감독을 받아 관할구역 안의 소관사무를 관장하고, 소속공무원을 지휘·감독한다.

기타	① **경찰서장 소속**으로 지구대 또는 파출소를 둠. 다만, 필요한 경우에는 출장소를 둘 수 있다.
	② 설치기준은 **행정안전부령**으로 정한다.[1496]
	       ↳ 대통령령 X
	※ 설치권자는 **시·도경찰청장**이다.
	③ 시·도자치경찰위원회는 정기적으로 경찰서장의 자치경찰사무 수행에 관한 평가결과를 **경찰청장**에게 통보하여야 하며 경찰청장은 이를 반영**하여야 한다**. (할수있다 X)
	  ↳ 시·도경찰청장 X

3 지구대, 파출소 및 출장소

경찰청과 그 소속기관 직제(대통령령)	경찰청과 그 소속기관 조직 및 정원관리 규칙(훈령)
① 시·도경찰청장은 경찰서장의 소관사무를 분장하기 위하여 **행정안전부령**으로 정하는 바에 따라 경찰청장의 승인을 받아 지구대 또는 파출소를 둘 수 있다.1498 ② 시·도경찰청장은 ①에 따른 사무분장이 임시로 필요한 경우에는 출장소를 둘 수 있다.1499 ③ **지구대·파출소 및 출장소**의 명칭·위치 및 관할구역과 그 밖에 필요한 사항은 **시·도경찰청장**이 정한다.1500 → 경찰서장 X	① 시·도경찰청장이 **지구대 또는 파출소를 설치**하고자 할 때에는 서류를 첨부하여 경찰청장에게 **승인**을 요청하여야 한다. ② **지구대장은 경정 또는 경감, 파출소장은 경정·경감 또는 경위**로 한다. ③ 시·도경찰청장은 임시로 필요한 때에는 **출장소**를 둘 수 있으며, 출장소를 설치한 때에는 경찰청장에게 **보고**하여야 한다. ④ 출장소장은 경위 또는 경사로 한다. ⑤ 시·도경찰청장이 **지구대 또는 파출소를 폐지**하거나 명칭·위치 및 관할구역을 변경하였을 때에는 **경찰청장**에게 **보고**하여야 한다.

4 보칙(국자법)

재정적 지원 (§34)	국가는 **지방자치단체**가 이관받은 사무를 원활히 수행할 수 있도록 인력, 장비 등에 소요되는 비용에 대하여 재정적 지원을 **하여야 한다**.1501 → 공공단체 X → 할 수 있다 X
예산 (§35)	① 자치경찰사무의 수행에 필요한 예산은 **시·도자치경찰위원회**의 심의·의결을 거쳐 **시·도지사**가 수립한다. 이 경우 시·도자치경찰위원회는 경찰청장의 의견을 들어야 한다.1502 ② 시·도지사는 자치경찰사무 담당 공무원에게 조례에서 정하는 예산의 범위에서 재정적 지원 등을 **할 수 있다**.1503 → 하여야 한다 X ③ 시·도의회는 관련 예산의 효율적인 관리를 위하여 의결로써 자치경찰사무에 대해 시·도자치경찰위원장의 출석 및 자료 제출을 요구할 수 있다.1504

보충 정부조직법

행정안전부 (§34)	⑤ 치안에 관한 사무를 관장하기 위하여 **행정안전부장관 소속**으로 **경찰청**을 둔다. ⑥ 경찰청의 **조직·직무범위 그 밖에 필요한 사항**은 따로 **법률**로 정한다. → 국자법 ※ 행정조직법정주의 원칙에 따라 **경찰의 설치근거**가 된다.
해양수산부 (§44)	② 해양에서의 경찰 및 오염방제에 관한 사무를 관장하기 위하여 **해양수산부장관 소속**으로 **해양경찰청**을 둔다.1505 → 1996. 08. 08. 해양경찰청의 해양수산부로의 이관(비경찰화)

행정관청의 권한 대리 _B급

1 의의

① 권한의 대리는 경찰관청의 권한의 **전부(법정대리)** 또는 **일부(임의대리)**를 대리기관이 피대리관청을 위한 것임을 표시하고, 자기의 명의로 대행하는 것으로 그 행위는 **피대리관청**의 행위로서 효과가 발생한다.1507
② 원칙적으로 **피대리관청**이 대리행위에 대한 행정소송의 피고가 된다.1508

2 임의대리와 법정대리1513

구 분	임의대리(수권대리)	법정대리
발생원인	피대리관청의 **수권행위**에 의하여 대리관계가 발생하는 경우	법정사실 발생 시 직접 **법령 규정**에 의하여 대리관계가 발생하는 경우1510 → 대리의 법적 효과는 피대리관청(대리관청 X)에 귀속1517
범 위	일반적·포괄적 권한의 **일부**1511·1512	피대리관청의 권한의 **전부**
책임·지휘·감독	지휘·감독을 **받음**1518	지휘·감독은 **불가**
복대리	원칙적으로 불가능1515	가능
기 타	보통 대리라고 하는 경우에는 임의대리를 의미하며, 임의대리는 수권대리 또는 위임대리라고도 함1514	다시 협의의 법정대리(보충대리)와 지정대리로 나누어짐

3 협의의 법정대리와 지정대리

협의의 법정대리	지정대리
① 일정한 법정사유가 발생하면 **법률상 규정된 대리자**에게 당연히 대리권이 발생하는 경우1516 ② 대통령의 궐위·사고 시에 국무총리의 권한대행 ③ 경찰청장, 시·도경찰청장의 유고시 차장이 직무대행 [예]「국가경찰과 자치경찰의 조직 및 운영에 관한 법률」상 경찰청장이 부득이한 사유로 직무를 수행할 수 없을 때에는 경찰청 차장이 그 직무를 대행한다.	① 일정한 법정사유가 발생하면 **지정권자가 대리자를 지정**함으로써 대리권이 발생하는 경우 ② 국무총리와 부총리가 모두 사고로 직무를 수행할 수 없는 경우에 대통령이 지명하는 국무위원이 국무총리의 직무대행

4 복대리

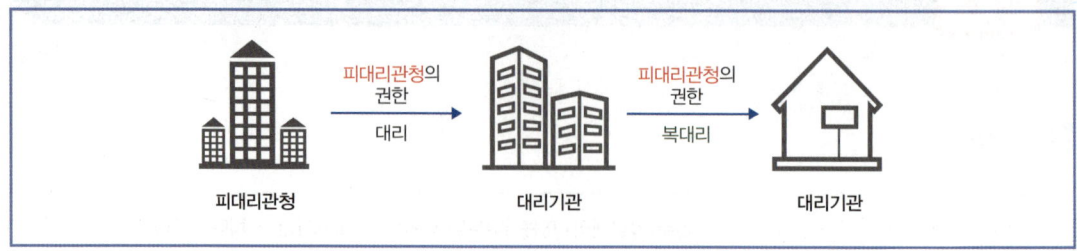

의 의	① 대리기관이 그 대리권의 행사를 **다시 타 기관으로 하여금 대리**하게 하는 것을 말함 ② 복대리는 대리기관의 대리가 아니라 **피대리관청**의 대리임
성 격	복대리는 항상 임의대리(수권대리)에 해당함[1519]
복대리 가능성	임의대리	복대리는 원칙상 **인정 X**
	법정대리	일부에 대하여 **복대리 O**
방 식	민법상의 현명주의에 따라 피대리관청을 위한 것임을 표시하고 대리기관이 자기의 이름으로 함

행정관청의 권한 위임 _A급

1 권한의 위임

의 의	경찰관청이 자기 **권한의 일부**를 다른 경찰기관(하급관청)에 위임하여 수임기관의 권한으로 행하도록 하는 것을 말함1509·1520 ↳ 전부X
근 거	권한의 위임은 법정권한의 변경을 의미하므로 **반드시 법령상의 근거**가 있어야 함
한 계	권한의 일부에 한해서만 위임이 가능하며, 전부 또는 대부분의 위임은 위임관청의 실질적 폐지를 의미하므로 인정되지 않음1526
효 과	① 권한을 위임한 상급관청은 **수임하급관청을 지휘·감독**할 수 있으며, 하급관청의 처분에 대한 취소·정지권을 가짐1525 ② 수임하급관청은 위임된 권한을 자기명의와 책임하에 행하고 **쟁송시 피고도 수임기관**이 됨1521·1524 ↳ 위임X ③ 권한의 위임은 **수임관청**에 권한이 이전되므로 **수임관청**에 효과가 귀속됨 → 권한이 위임되면 위임한 행정청은 그 권한을 상실1522
비용부담	법령에 특별한 규정이 없는 한 **위임자부담**이 원칙1523 ↳ 수임자X
판례	행정관청이 법률에 따라 특정한 권한을 다른 행정관청에 이전하여 수임관청의 권한으로 행사하도록 하는 것이어서 권한의 법적인 귀속을 변경하는 것이므로 법률이 위임을 허용하고 있는 경우에 한하여 인정된다(대판 94누6475).

2 내부위임(대결 · 위임전결 · 전결)

대결	① 행정기관의 결재권자가 **휴가·출장·사고** 등의 사유로 결재할 수 없을 때 그 직무를 대리하는 자가 결재를 하는 것으로, 대외적인 권한행사는 **본래의 행정청의 이름**으로 표시 ↳ 대결자 명의로 권한을 행사하면 그 권한 행사는 무효 ② 위임은 위임기관의 권한이 수임기관의 권한으로 이전되나, 내부위임은 **권한의 이전이 없음**1529 ③ 대결은 법령상의 근거를 요하지 않으며, 외부에 대한 관계에서는 본래 행정청의 이름으로 표시하여 행함1528 **판례** 권한의 위임은 수임관청이 자기의 이름으로 그 권한행사를 할 수 있지만 내부위임의 경우에는 수임관청은 위임관청의 이름으로만 그 권한을 행사할 수 있을 뿐 **자기의 이름으로는 그 권한을 행사할 수 없다**(대판 94누6475).1530
위임전결	행정관청이 그 보조기관에 사무처리에 관한 결정을 맡기지만 외부에 대한 관계에서만 본래의 행정청의 이름으로 표시하는 경우를 말함1527
전결 판례	**전결**과 같은 **행정권한의 내부위임**은 법령상 처분권자인 행정관청이 내부적인 사무처리의 편의를 도모하기 위하여 그의 보조기관 또는 하급 행정관청으로 하여금 그의 권한을 사실상 행사하게 하는 것으로서 **법률이 위임을 허용하지 않는 경우에도 인정**되는 것이므로, 설사 행정관청 내부의 사무처리규정에 불과한 **전결규정(내부위임규정)에 위반하여 원래의 전결권자 아닌 보조기관 등이 처분권자인 행정관청의 이름으로 행정처분을 하였다고 하더라도 그 처분이 권한 없는 자에 의하여 행하여진 무효의 처분이라고는 할 수 없다**(97누1105).

Chapter 02 경찰조직법

보충 행정업무의 운영 및 혁신에 관한 규정

문서의 기안 (§8)	① 문서의 기안은 **전자문서로 하는 것을 원칙**으로 한다. 다만, 업무의 성질상 전자문서로 기안하기 곤란하거나 그 밖의 특별한 사정이 있으면 그러하지 아니하다.[1531] ② 문서의 기안은 **행정안전부령**으로 정하는 기안문으로 하여야 한다. 다만, 관계 서식이 따로 있는 경우에는 그 내용을 관계 서식에 기입하는 방법으로 할 수 있다. ③ 둘 이상의 행정기관의 장의 결재가 필요한 문서는 그 문서 처리를 **주관하는 행정기관**에서 기안하여야 한다.
문서의 검토 및 협조 (§9)	① 기안문은 결재권자의 결재를 받기 전에 보조기관 또는 보좌기관의 검토를 받아야 한다. 다만, 보조기관 또는 보좌기관이 출장 등의 사유로 검토할 수 없는 등 부득이한 경우에는 검토를 생략할 수 있으며, 이 경우 검토자의 서명란에 출장 등의 사유를 적어야 한다. ③ 보조기관 또는 보좌기관이 제1항에 따라 기안문을 검토하는 경우에 그 내용과 다른 의견이 있으면 기안문을 **직접 수정하거나 기안문 또는 별지에 그 의견을 표시하여야 한다.**[1532]
문서의 결재 (§10)	① 문서는 **해당 행정기관의 장**의 결재를 받아야 한다. 다만, 보조기관 또는 보좌기관의 명의로 발신하는 문서는 **그 보조기관 또는 보좌기관**의 결재를 받아야 한다.[1533] 　→ 행정기관의 장 X ② 행정기관의 장은 업무의 내용에 따라 보조기관 또는 보좌기관이나 해당 업무를 담당하는 공무원으로 하여금 **위임전결**하게 할 수 있으며, 그 위임전결 사항은 해당 기관의 장이 훈령이나 지방자치단체의 규칙으로 정한다.[1534] ③ ①이나 ②에 따라 결재할 수 있는 사람이 휴가, 출장, 그 밖의 사유로 결재할 수 없을 때에는 그 **직무를 대리하는 사람이 대결**하고 내용이 중요한 문서는 사후에 보고하여야 한다. ┌─────────────────────────────────────┐ │ **동규정 시행규칙** │ 제7조(문서의 결재) ① 결재권자의 서명란에는 **서명날짜를 함께 표시한다.** │ ② 영 제10조 제2항에 따라 **위임전결**하는 경우에는 전결하는 사람의 서명란에 "**전결**" 표시를 한 후 서명하여야 한다. │ ③ 영 제10조 제3항에 따라 **대결(代決)**하는 경우에는 대결하는 사람의 서명란에 "**대결**" 표시를 하고 서명하되, 위임전결사항을 대결하는 경우에는 전결하는 사람의 서명란에 "**전결**" 표시를 한 후 대결하는 사람의 서명란에 "**대결**" 표시를 하고 서명하여야 한다. │ ④ ②와 ③의 경우에는 서명 또는 "**전결**" 표시를 하지 아니하는 사람의 서명란은 만들지 아니한다.[1535] └─────────────────────────────────────┘

비교 대리와 위임

구 분	대 리		위 임
	임의대리	법정대리	
권한의 이전 여부	대리관청에 이전되지 않음		권한이 수임청에 이전
법적 근거	불요	필요	필요
권한의 범위	권한의 일부만 대리가능	전부대리가 원칙	위임청 권한의 일부
효과의 귀속	피대리관청		수임청
책임의 귀속	① **외부관계**: 피대리관청(행정소송의 피고) ② **내부관계**: 대리관청		수임청(행정소송의 피고)
지휘·감독	가능	불가	**가능**
복대리·재위임	원칙적 불가	가능	법령의 근거가 있는 경우 재위임 가능
상대방	주로 피대리관청의 보조기관		주로 하급관청

3 행정권한의 위임 및 위탁에 관한 규정(대통령령)_A급

정의 (§2)	위임	"**위임**"이란 법률에 규정된 행정기관의 장의 권한 중 **일부**를 그 **보조기관** 또는 **하급행정기관의 장**이나 지방자치단체의 장에게 맡겨 그의 권한과 책임 아래 행사하도록 하는 것을 말한다.1543 (위탁 X, 전부 X)
	위탁	"**위탁**"이란 법률에 규정된 행정기관의 장의 권한 중 **일부**를 **다른 행정기관의 장**(대등기관)에게 맡겨 그의 권한과 책임 아래 행사하도록 하는 것을 말한다.1544
	위임기관	"**위임기관**"이란 자기의 권한을 위임한 해당 행정기관의 장을 말하고, "**수임기관**"이란 행정기관의 장의 권한을 위임받은 하급행정기관의 장 및 지방자치단체의 장을 말한다.
	위탁기관	"**위탁기관**"이란 자기의 권한을 위탁한 해당 행정기관의 장을 말하고, "**수탁기관**"이란 행정기관의 권한을 위탁받은 다른 행정기관의 장과 사무를 위탁받은 지방자치단체가 아닌 법인·단체 또는 그 기관이나 개인을 말한다.
위임 및 위탁의 기준 (§3)		① 행정기관의 장은 허가·인가·등록 등 민원에 관한 사무, 정책의 구체화에 따른 집행사무 및 일상적으로 반복되는 사무로서 그가 직접 시행하여야 할 사무를 제외한 일부 권한을 그 보조기관 또는 하급행정기관의 장, 다른 행정기관의 장, 지방자치단체의 장에게 위임 및 위탁한다.1545 ② 행정기관의 장은 행정권한을 위임 및 위탁할 때에는 위임 및 위탁하기 전에 수임기관의 수임능력 여부를 점검하고, 필요한 인력 및 예산을 이관**하여야 한다**. (할 수 있다 X)1546 ③ 행정기관의 장은 행정권한을 위임 및 위탁할 때에는 위임 및 위탁하기 전에 단순한 사무인 경우를 제외하고는 수임 및 수탁기관에 대하여 수임 및 수탁사무 처리에 필요한 **교육을 하여야 하며**, 수임 및 수탁사무의 처리지침을 통보**하여야 한다**. (할 수 있다 X)1547
지휘·감독 (§6)		위임 및 위탁기관은 수임 및 수탁기관의 수임 및 수탁사무 처리에 대하여 지휘·감독하고, 그 처리가 **위법하거나 부당하다고** 인정될 때에는 이를 **취소하거나 정지시킬 수 있다**.1548 (시켜야 한다 X) 판례 수임 및 수탁사무의 처리가 부당한지 여부의 판단은 위법성 판단과 달리 합목적적·정책적 고려도 포함되므로, 위임 및 위탁기관이 그 사무처리에 관하여 일반적인 지휘·감독을 하는 경우는 물론이고 나아가 수임 및 수탁사무의 처리가 부당하다는 이유로 그 사무처리를 취소하는 경우에도 **광범위한 재량이 허용된다고 보아야 한다**. 다만 그 사무처리로 인하여 이해관계 있는 제3자나 이미 형성된 법률관계가 존재하는 경우에는 위임 및 위탁기관이 일반적인 지휘·감독을 하는 경우와 비교하여 그 **사무처리가 부당하다는 이유로 이를 취소할 때 상대적으로 엄격한 재량통제의 필요성이 인정된다**(대판 2016두55629).1549
사전승인 등의 제한(§7)		수임 및 수탁사무의 처리에 관하여 위임 및 위탁기관은 수임 및 수탁기관에 대하여 **사전승인**을 받거나 협의를 할 것을 요구할 수 **없다**. (할 수 있다 X)1550
책임의 소재 및 명의 표시(§8)		① 수임 및 수탁사무의 처리에 관한 책임은 수임 및 수탁기관에 있으며, **위임 및 위탁기관은 그에 대한 감독책임을 진다**.1551 ② 수임 및 수탁사무에 관한 권한을 행사할 때에는 **수임 및 수탁기관의 명의로 하여야 한다**.1552
권한의 위임 및 위탁에 따른 감사(§9)		위임 및 위탁기관은 위임 및 위탁사무 처리의 적정성을 확보하기 위하여 필요한 경우에는 수임 및 수탁기관의 수임 및 수탁사무 처리 상황을 수시로 감사**할 수 있다**.1553

CHAPTER 03
경찰공무원과 법

- 01 경찰공무원의 분류 — 계급과 경과
- 02 경찰공무원관계의 발생 — 임명(신규채용)
- 03 경찰공무원관계의 변경
  - 승진
  - 전보
  - 휴직
  - 직위해제
- 04 경찰공무원관계의 소멸
  - 당연퇴직
  - 정년퇴직
  - 면직(직권면직)
- 05 경찰공무원의 권리와 의무
  - 권리
  - 의무
- 06 경찰공무원의 책임 — 징계
- 07 경찰공무원의 권익보장제도
  - 처분사유서 교부
  - 고충심사
  - 소청

최신개정법령&무료자료 다운로드 등
네이버 김재규경찰학 카페(https://cafe.naver.com/ollaedu)

THEME 01 경찰공무원의 분류

1 계급과 경과 _A급

계급	11단계로 구분(**수직적** 분류) → 직책난이도와 보수차이의 근거(경찰공무원법 §3)
경과	① **총경 이하** 경찰공무원에게 부여하는 경과는 일반경과, 수사경과, 안보수사경과 특수경과(항공경과, 정보통신경과)이다. 다만, **수사경과와 안보수사경과는 경정 이하 경찰공무원에게만 부여한다**(경찰공무원 임용령 §3). 1555·1556·1557 ② **수평적** 분류 → 개인의 능력·자격 활용목적 ③ 경찰공무원은 그 직무의 종류에 따라 경과에 의하여 구분할 수 있다(경공법 §4). ④ 경과의 구분에 필요한 사항은 **대통령령**으로 정한다(경공법 §4). 1559 ⑤ 경과별 직무의 종류 및 전과 등에 관하여 필요한 사항은 **행정안전부령**으로 정한다(임용령 §3⑤). ⑥ 임용권자(임용권의 위임을 받은 자를 포함) 또는 임용제청권자(경찰청장 포함)는 경찰공무원을 **신규채용 할 때에** 경과를 부여**해야 한다**(임용령 §3②). 1558 ⑦ 경찰청장은 전시·사변 또는 이에 준하는 비상사태가 발생한 경우에는 경과의 일부를 폐지 또는 병합하거나 신설할 수 있다(임용령 §3④). ⑧ 신규채용된 경찰공무원에게는 일반경과를 부여한다. 다만, 수사, 안보수사, 항공, 정보통신분야로 채용된 경찰공무원에게는 임용예정 직위의 업무와 관련된 경과를 부여한다(임용령 시행규칙 §22).
전과	**유형** (§27)	전과는 **일반경과에서 수사경과·안보수사경과 또는 특수경과**로의 전과만 인정한다. 다만, 정원감축 등 경찰청장이 정하는 사유가 있는 경우 수사경과·안보수사경과 또는 정보통신경과에서 일반경과로의 전과를 인정할 수 있다.
	제한 (§28)	다음 어느 하나에 해당하는 사람은 전과를 할 수 없다. 1. 현재 경과를 부여받고 **1년**이 지나지 아니한 사람 2. 특정한 직무분야에 근무할 것을 조건으로 채용된 경찰공무원으로서 채용 후 **5년**이 지나지 아니한 사람

2 수사경과(수사경찰 인사운영규칙)_C급

유효기간(§14)	수사경과 유효기간은 수사경과를 부여일 또는 갱신일로부터 **5년**으로 한다.

갱신
(§14)
	① 수사경과자는 수사경과 유효기간 내에 다음 각 호의 어느 하나에 해당하는 방법으로 언제든지 수사경과를 갱신**할 수 있다.**
	  1. 경찰청장이 지정하는 수사 관련 직무교육 이수. 이 경우 사이버교육을 포함한다.
	  2. 수사경과 갱신을 위한 시험에 합격
	② 다만, 휴직 등 경찰청장이 정하는 사유로 수사경과 갱신을 할 수 없는 경우에는 그 연기를 받을 수 있다.

해제사유
(§15)
	수사경과를 해제 하여야 한다.
	1. 직무와 관련한 **청렴의무위반·인권침해 또는 부정청탁**에 따른 직무수행으로 **징계처분**을 받은 경우
	2. **5년간** 연속으로 수사경찰 근무부서 **외의** 부서에서 근무하는 경우
	3. 제14조에 따른 유효기간 내에 갱신이 되지 않은 경우
	
	수사경과를 해제 할 수 있다.
	1. 제1항 제1호 **외의** 사유로 징계처분을 받은 경우
	  → 청렴의무위반·인권침해 또는 부정청탁으로 징계처분 받은 경우는 필요적 해제사유임
	2. **인권침해, 편파수사**를 이유로 다수의 진정을 받는 등 **공정한 수사업무 수행을 기대하기 곤란한 경우**1560
	3. 수사업무 능력·의욕이 현저하게 부족한 경우
	   1. **2년간** 연속으로 정당한 사유없이 **수사부서 외의** 부서에서 근무하는 경우 (파견기간 및 휴직의 기간은 위 기간에 산입하지 아니한다)
	   2. 수사부서 근무자로 선발되었음에도 정당한 사유없이 수사부서 전입을 기피하는 경우
	   3. 인사내신서를 제출하지 않거나 부실기재하여 제출한 경우
	4. 수사경과 해제를 희망하는 경우

THEME 02 경찰공무원관계의 발생

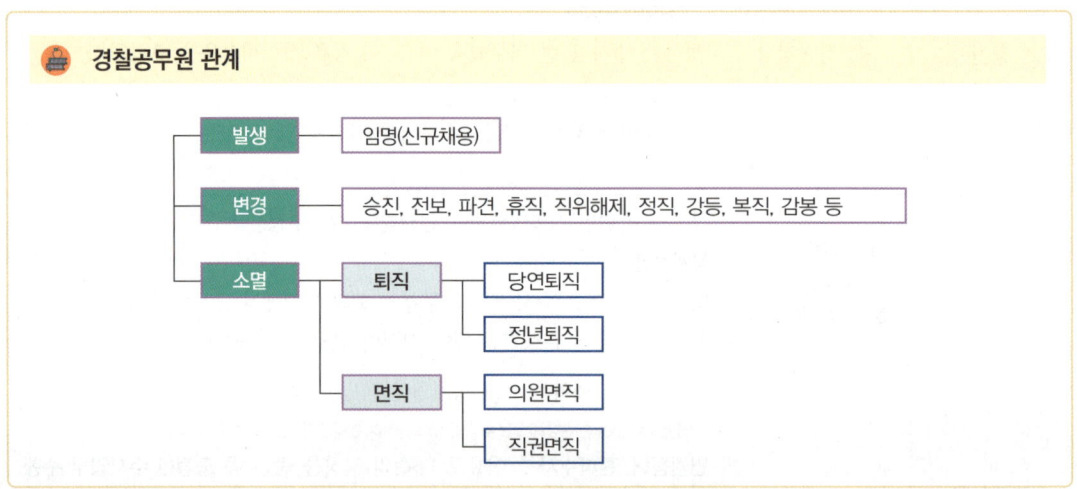

1 임용권자(경찰공무원법 §7)_S급

임용권자		임용대상자 및 절차
대통령	총경 이상 임용	경찰청장의 **추천** → 행정안전부장관의 **제청** → (국무총리)대통령
	경정의 **신**규채용, **승**진임용 및 **면**직	경찰청장의 **제청** → (국무총리)대통령 **신승면**
경찰청장	총경	**전**보, **직**위해제, **휴**직, **강**등, **정**직 및 **복**직 **총경전직휴강정복**
	경정 이하	임용

> 제7조(임용권자) ① 총경 이상 경찰공무원은 **경찰청장의 추천**을 받아 **행정안전부장관의 제청**으로 **국무총리**를 거쳐 **대통령이 임용**한다. 다만, 총경의 전보, 휴직, 직위해제, 강등, 정직 및 복직은 **경찰청장**이 한다. 1561·1562
> ② **경정 이하**의 경찰공무원은 **경찰청장이 임용**한다. 다만, 경정으로의 신규채용, 승진임용 및 면직은 경찰청장 또는 해양경찰청장의 제청으로 국무총리를 거쳐 **대통령**이 한다. 1563·1564
> ③ 경찰청장은 대통령령으로 정하는 바에 따라 경찰공무원의 임용에 관한 권한의 일부를 시·도지사, 국가수사본부장, 소속 기관의 장, 시·도경찰청장에게 **위임할 수 있다**. 이 경우 시·도지사는 위임받은 권한의 일부를 대통령령으로 정하는 바에 따라 시·도자치경찰위원회, 시·도경찰청장에게 다시 **위임할 수 있다**. 1565
> ⑤ 경찰청장 또는 제3항에 따라 임용권을 위임받은 자는 **행정안전부령**으로 정하는 바에 따라 소속 경찰공무원의 인사기록을 작성·보관**하여야 한다**.

2 임용권의 위임(경찰공무원 임용령§4) _S급

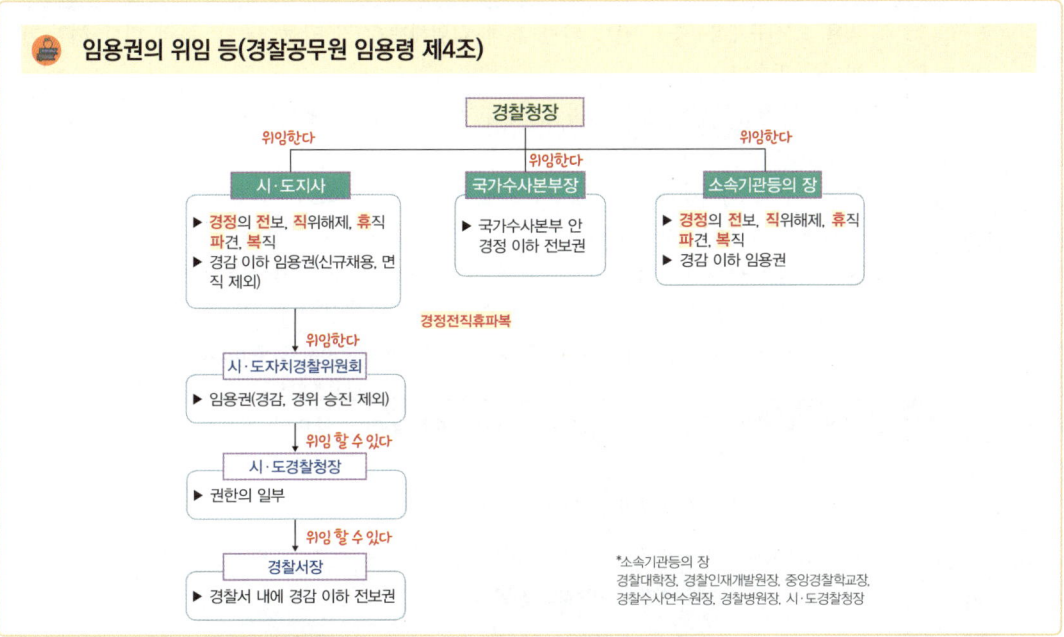

제4조(임용권의 위임 등) ① **경찰청장**은 법 제7조제3항 전단에 따라 특별시장·광역시장·특별자치시장·도지사 또는 특별자치도지사(이하 "시·도지사"라 한다)에게 해당 특별시·광역시·특별자치시·도 또는 특별자치도(이하 "시·도"라 한다)의 자치경찰사무를 담당하는 경찰공무원[「국가경찰과 자치경찰의 조직 및 운영에 관한 법률」 제18조제1항에 따른 시·도자치경찰위원회(이하 "시·도자치경찰위원회"라 한다), 시·도경찰청 및 경찰서(지구대 및 파출소는 제외한다)에서 근무하는 경찰공무원을 말한다] 중 **경정의 전보·파견·휴직·직위해제 및 복직에 관한 권한과 경감 이하의 임용권(신규채용 및 면직에 관한 권한은 제외한다)**을 **위임한다**. 1566
② **경찰청장**은 법 제7조제3항 전단에 따라 **국가수사본부장**에게 국가수사본부 안에서의 **경정 이하에 대한 전보권**을 **위임한다**. 1567
③ 경찰청장은 법 제7조제3항 전단에 따라 경찰대학·경찰인재개발원·중앙경찰학교·경찰수사연수원·경찰병원 및 시·도경찰청(이하 "소속기관등"이라 한다)의 장에게 그 소속 경찰공무원 중 **경정의 전보·파견·휴직·직위해제 및 복직에 관한 권한과 경감 이하의 임용권**을 **위임한다**. 1568
④ 제1항에 따라 임용권을 위임받은 **시·도지사**는 법 제7조제3항 후단에 따라 **경감 또는 경위로의 승진임용에 관한 권한을 제외한 임용권**을 **시·도자치경찰위원회**에 다시 **위임한다**. 1569
⑤ 제4항에 따라 임용권을 위임받은 **시·도자치경찰위원회**는 **시·도지사**와 **시·도경찰청장의 의견**을 들어 그 권한의 일부를 **시·도경찰청장**에게 다시 **위임할 수 있다**. 1570
⑥ 제3항 및 제5항에 따라 임용권을 위임받은 **시·도경찰청장**은 소속 **경감 이하 경찰공무원에 대한 해당 경찰서 안에서의 전보권**을 **경찰서장**에게 다시 **위임할 수 있다**. 1571
⑦ 경찰청장은 수사부서에서 **총경을 보직**하는 경우에는 **국가수사본부장의 추천**을 받아야 한다. 1572
⑧ 시·도자치경찰위원회는 임용권을 행사하는 경우에는 **시·도경찰청장의 추천**을 받아야 한다. 1573
⑨ **시·도경찰청장 및 경찰서장**은 지구대장 및 파출소장을 보직하는 경우에는 **시·도자치경찰위원회의 의견**을 사전에 들어야 한다. 1574
⑩ 소속기관등의 장은 **경감 또는 경위를 신규채용**하거나 **경위 또는 경사를 승진**시키려면 미리 **경찰청장의 승인**을 받아야 한다. 1575
⑪ 제1항부터 제6항까지의 규정에도 불구하고 **경찰청장**은 경찰공무원의 정원 조정, 승진임용, 인사교류 또는 파견을 위하여 필요한 경우에는 임용권을 행사할 수 있다. 1576

3 경찰공무원의 임용(경찰공무원 임용령)_A급

임용의 정의 (경찰공무원 법§2)	① **임용** : 신규채용·승진·전보·파견·휴직·직위해제·정직·강등**(강임 X)**·복직·면직·해임 및 파면을 말한다.1577 ② **전보** : 경찰공무원의 동일 직위 및 자격 내에서의 근무기관이나 부서를 달리하는 임용을 말한다. ③ **복직** : 휴직·직위해제 또는 정직(강등에 따른 정직을 **포함**한다 → 제외X) 중에 있는 경찰공무원을 직위에 복귀시키는 것을 말한다. **판례** 직위해제 중에 자격정지 이상의 형의 선고유예를 받아 당연퇴직된 경찰공무원에게 임용권자가 임용결격사유의 발생 사실을 알지 못하고 당연퇴직된 자에게 복직처분을 하였다고 하더라도 이 때문에 그 자가 공무원의 **신분을 회복하는 것은 아니다** (→ 회복된다X)(대판 96누4275).
임용시기 (§5)	① 경찰공무원은 임용장이나 임용통지서에 **적힌 날짜**에 임용된 것으로 보며, 임용일자를 소급해서는 아니된다. ② 사망으로 인한 면직은 **사망한 다음 날**(사망한 날X)에 면직된 것으로 본다.1578

임용시기의
특례
(§6)
	1. 재직 중 전사하거나 순직한 사람을 특별승진임용하는 경우
	   가. 재직 중 사망한 경우: **사망일의 전날**1580 (→ 사망한 날X)
	   나. 퇴직 후 사망한 경우: **퇴직일의 전날**

계급정년 연한의 계산 (§8)	재임용된 경찰공무원의 계급정년 연한은 재임용 전에 해당 계급의 경찰공무원으로 근무한 연수를 합하여 계산한다.1579
시험실시의 원칙(§32)	경찰공무원의 신규채용시험은 **계급별**로 실시한다. 다만, 결원보충을 원활히 하기 위하여 필요하다고 인정될 때에는 **직무분야별·근무예정지역 또는 근무예정기관별**로 구분하여 실시할 수 있다.1581

4 임용결격사유 _S급1582·1583

경찰공무원법 (§8②)	국가공무원법 (§33)

1. 대한민국 국적을 가지지 아니한 사람
2. **복수국적자**(일반공무원의 임용결격사유에는 해당 X)
3. 피성년후견인 또는 **피한정후견인**
4. 파산선고를 받고 복권되지 아니한 사람
5. **자격정지** 이상의 형(刑)을 선고받은 사람
6. **자격정지** 이상의 형의 선고유예를 선고받고 그 유예기간 중에 있는 사람
7. 공무원으로 재직기간 중 **직무와 관련하여**「형」법상 (업무상)횡령·배임죄를 범한 사람으로서 **300만원** 이상의 벌금형을 선고받고 그 형이 확정된 후 **2년**이 지나지 아니한 사람 (형32) → 지난 사람 X
8. 다음 각 목의 어느 하나에 해당하는 죄를 범한 사람으로서 **100만원** 이상의 벌금형을 선고받고 그 형이 확정된 후 **3년**이 지나지 아니한 사람
  가.「성폭력범죄의 처벌 등에 관한 특례법」제2조에 따른 성폭력범죄
  나.「정보통신망 이용촉진 및 정보보호 등에 관한 법률」제74조 제1항 제2호 및 제3호에 따른 죄
  다.「스토킹범죄의 처벌 등에 관한 법률」제2조 제2호에 따른 스토킹범죄
9. 미성년자에 대한 다음 각 목의 어느 하나에 해당하는 죄를 저질러 형 또는 치료감호가 확정된 사람 (집행유예를 선고받은 후 그 집행유예기간이 경과한 사람을 **포함**한다) → 제외 X
  가.「성폭력범죄의 처벌 등에 관한 특례법」제2조에 따른 성폭력범죄
  나.「아동·청소년의 성보호에 관한 법률」제2조 제2호에 따른 아동·청소년대상 성범죄
10. 징계에 의하여 **파면 또는 해임처분**을 받은 사람
→ 징계로 해임처분을 받은 사람은 경찰공무원으로는 임용될 수 없으나, 징계로 해임처분을 받은 때부터 3년이 지난 자는 일반공무원에 임용될 수 있다.1584
	1. **피성년후견인**(피한정후견인X)
	2. 파산선고를 받고 복권되지 아니한 자
	3. **금고 이상**의 **실형**을 선고받고 그 집행이 끝나거나 (집행이 끝난 것으로 보는 경우를 포함) 집행이 면제된 날부터 **5년**이 지나지 아니한 자
	4. **금고 이상**의 형의 **집행유예**를 선고받고 그 유예기간이 끝난 날부터 **2년**이 지나지 아니한 자
	5. **금고 이상**의 형의 **선고유예**를 받은 경우에 그 선고유예 기간 중에 있는 자
	6. 법원의 판결 또는 다른 법률에 따라 자격이 상실되거나 정지된 자
	6의2. 공무원으로 재직기간 중 **직무와 관련하여**「형법」제355조 및 제356조에 규정된 죄를 범한 자로서 **300만원** 이상의 벌금형을 선고받고 그 형이 확정된 후 **2년**이 지나지 아니한 자
	6의3.「성폭력범죄의 처벌 등에 관한 특례법」제2조에 따른 성폭력범죄,「정보통신망 이용촉진 및 정보보호 등에 관한 법률」제74조 제1항 제2호 및 제3호에 규정된 죄,「스토킹범죄의 처벌 등에 관한 법률」제2조 제2호에 따른 스토킹범죄를 범한 사람으로서 **100만원** 이상의 벌금형을 선고받고 그 형이 확정된 후 **3년**이 지나지 아니한 사람
	6의4. 미성년자에 대하여 **「성폭력범죄의 처벌 등에 관한 특례법」**제2조에 따른 성폭력범죄 또는 **「아동·청소년의 성보호에 관한 법률」**제2조 제2호에 따른 아동·청소년대상 성범죄를 범한 사람으로서 다음 각 목의 어느 하나에 해당하는 날부터 **20년**이 지나지 아니한 사람
	  가. **금고 이상**의 **실형**을 선고받고 그 집행이 끝나거나(집행이 끝난 것으로 보는 경우를 포함한다) 집행이 면제된 날
	  나. **금고 이상**의 형의 **집행유예**를 선고받고 그 집행유예가 확정된 날
	  다. **벌금 이하**의 형을 선고받고 그 형이 확정된 날
	  라. 치료감호를 선고받고 그 집행이 끝나거나 집행이 면제된 날
	  마. 징계로 **파면처분** 또는 **해임처분**을 받은 날
	7. 징계로 **파면처분**을 받은 때부터 **5년**이 지나지 아니한 자
	8. 징계로 **해임처분**을 받은 때부터 **3년**이 지나지 아니한 자

판례 임용당시 공무원임용결격사유가 있었다면 비록 국가의 과실에 의하여 임용결격자임을 밝혀내지 못하였다 하더라도 그 **임용행위는 당연무효**로 보아야 한다(대판1987. 4. 14. 86누459).1585

5 신규채용(경찰공무원법)_B급

공개경쟁채용 (§10)	① 경정 및 순경의 신규채용은 공개경쟁시험으로 한다. ② 경위의 신규채용은 경찰대학을 졸업한 사람, 경위공개경쟁채용시험합격자로서 교육훈련을 마치고 정하여진 시험에 합격한 사람에 해당하는 사람 중에서 한다.
경력경쟁채용 (§10③)	1. 「국가공무원법」 상 제70조 제1항 제3호(직제와 정원의 개폐 등에 따른 면직의 사유)로 퇴직하거나 같은 법 제71조 제1항 제1호(신체·정신상의 장애로 장기 요양이 필요할 때)의 휴직하여 휴직 기간 만료로 퇴직한 경찰공무원을 퇴직한 날부터 **3년**(「공무원 재해보상법」에 따른 공무상 질병 또는 부상으로 인한 휴직의 경우에는 **5년**) 이내에 퇴직 시에 재직한 계급의 경찰공무원으로 재임용하는 경우 2. 공개경쟁시험으로 임용하는 것이 부적당한 경우에 임용예정 직무에 관련된 자격증 소지자를 임용하는 경우 3. 임용예정직에 상응하는 근무경력 또는 연구경력이 있거나 전문지식을 가진 사람을 임용하는 경우 4. 「국가공무원법」에 따른 5급 공무원의 공개경쟁채용시험이나 「사법시험법」(2009년 5월 28일 법률 제9747호로 폐지되기 전의 것을 말한다)에 따른 사법시험에 합격한 사람을 경정 이하의 경찰공무원으로 임용하는 경우 5. 섬, 외딴곳 등 특수지역에서 근무할 사람을 임용하는 경우 6. 외국어에 능통한 사람을 임용하는 경우 7. **제주특별자치도의 자치경찰공무원**을 그 계급에 상응하는 경찰공무원으로 임용하는 경우 8. 「국가경찰과 자치경찰의 조직 및 운영에 관한 법률」 제16조에 따라 경찰청 외부를 대상으로 모집하여 국가수사본부장을 임용하는 경우 → 종전의 재직기관에서 **감봉 이상**의 징계처분을 받은 사람, **계급정년에 따라 정년퇴직**한 사람은 경력경쟁채용등의 대상이 될 수 없다(경찰공무원 임용령 §16①).1588
부정행위자 제재 (§11)	① **경찰청장**은 경찰공무원의 신규채용시험(경위공개경쟁채용시험을 **포함**), 승진시험 또는 그 밖의 시험에서 다른 사람에게 대신하여 응시하게 하는 행위 등 대통령령으로 정하는 부정행위를 한 사람에 대하여 대통령령으로 정하는 바에 따라 해당 **시험의 정지·무효 또는 합격 취소** 처분을 **할 수 있다**. ② 제1항에 따른 처분을 받은 사람에 대해서는 처분이 **있은 날**(다음 날 X)부터 **5년**의 범위에서 대통령령으로 정하는 기간 동안 신규채용시험, 승진시험 또는 그 밖의 시험의 응시자격을 **정지한다**.1586 ③ 경찰청장은 제1항에 따른 처분(**시험의 정지는 제외**)을 할 때에는 미리 그 처분 내용과 사유를 당사자에게 통지하여 소명할 기회를 **주어야 한다**.1587 **판례** 경찰공무원임용령 제46조 제1항의 수권형식과 내용에 비추어 이는 행정청 내부의 사무처리기준을 규정한 재량준칙이 아니라 일반 국민이나 법원을 구속하는 법규명령에 해당하고, 따라서 위 규정에 의한 처분은 **재량행위가 아닌 기속행위**라 할 것이다(대법원 2008. 5. 29. 2007두18321).
채용비위 관련자의 합격 등 취소 (§11의2)	① 경찰청장은 누구든지 경찰공무원의 채용과 관련하여 대통령령으로 정하는 비위를 저질러 **유죄판결이 확정된 경우**에는 그 비위 행위로 인하여 채용시험에 합격하거나 임용된 사람에 대하여 대통령령으로 정하는 바에 따라 합격 또는 임용을 **취소할 수 있다**. ② 경찰청장은 제1항에 따른 취소 처분을 하기 전에 미리 그 내용과 사유를 당사자에게 통지하고 소명할 기회를 **주어야 한다**. ③ 제1항에 따른 취소 처분은 합격 또는 임용 당시로 소급하여 효력이 발생한다.

6 채용후보자 명부 등(경찰공무원법§12) _A급

채용후보자 등재 및 등록	① 경찰청장 또는 해양경찰청장(임용권을 위임받은 자를 포함한다)은 신규채용시험에 합격한 사람(경찰대학을 졸업한 사람과 경위공개경쟁채용시험합격자를 포함)을 **대통령령**으로 정하는 바에 따라 **성적 순위**에 따라 채용후보자 명부에 **등재(登載)**하여야 한다. 1590 주의 공개경쟁채용시험, 경위공개경쟁채용시험 및 경력경쟁채용시험등에 합격한 사람은 **행정안전부령**으로 정하는 바에 따라 임용권자 또는 임용제청권자에게 채용후보자 **등록**을 해야 한다(경찰공무원 임용령 §17①). ② 경찰공무원의 신규채용은 제1항에 따른 채용후보자 명부의 **등재 순위**에 따른다. 다만, 채용후보자가 경찰교육기관에서 신임교육을 받은 경우에는 그 **교육성적 순위**에 따른다. 1591 ③ 채용후보자 등록을 하지 아니한 사람은 경찰공무원으로 임용될 의사가 없는 것으로 본다(경찰공무원 임용령 §17②). 1595
유효기간	③ 채용후보자 명부의 유효기간은 **2년**의 범위에서 대통령령으로 정한다. 다만, **경찰청장** 또는 해양경찰청장은 필요에 따라 **1년**의 범위에서 그 기간을 연장할 수 있다. 1592 ④ 다음 각 호의 어느 하나에 해당하는 기간은 제3항에 따른 기간에 넣어 계산하지 아니한다. 1593 　1. 신규채용시험에 합격한 사람이 채용후보자 명부에 등재된 이후 그 유효기간 내에 「병역법」에 따른 병역 복무를 위하여 군에 입대한 경우(대학생 군사훈련 과정 이수자를 **포함**한다)의 의무복무 기간 　2. 그 밖에 대통령령으로 정하는 사유로 임용되지 못한 기간 ⑤ 경찰청장 또는 해양경찰청장은 채용후보자 명부의 유효기간을 연장하기로 결정한 경우에는 그 사실을 공고**하여야 한다.** (할 수 있다 X) 1594 ⑥ 채용후보자 명부의 작성 및 운영에 필요한 사항은 대통령령으로 정한다.
임용 또는 임용제청의 유예 (임용령 §18의2)	① 임용권자 또는 임용제청권자는 채용후보자 명부에 등재된 채용후보자가 다음 각 호의 어느 하나에 해당하는 경우에는 채용후보자 명부의 유효기간의 범위에서 기간을 정하여 임용 또는 임용제청을 **유예할 수 있다.** 다만, 유예기간 중이라도 그 사유가 소멸한 경우에는 임용 또는 임용제청을 할 수 있다. (해야 한다 X) 　1. 「병역법」에 따른 병역복무를 위하여 징집 또는 소집되는 경우 　2. 학업을 계속하는 경우 1589 　3. **6개월 이상**의 장기요양이 필요한 질병이 있는 경우 　4. 임신하거나 출산한 경우 　5. 그 밖에 임용 또는 임용제청의 유예가 부득이하다고 인정되는 경우 ② 제1항에 따른 임용 또는 임용제청의 유예를 원하는 사람은 해당 사유를 증명할 수 있는 자료를 첨부하여 임용권자 또는 임용제청권자가 정하는 기간 내에 신청해야 한다. 이 경우 원하는 유예기간을 분명하게 적어야 한다.

| 자격상실
(임용령§19)
15% | ① 채용후보자가 다음 각 호의 어느 하나에 해당하는 경우에는 채용후보자로서의 **자격을 상실**한다.
　1. 채용후보자가 임용 또는 임용제청에 응하지 않은 경우
　2. 채용후보자로서 받아야 할 교육훈련에 응하지 않은 경우
　3. 채용후보자로서 받은 교육훈련과정의 수료요건 또는 졸업요건을 갖추지 못한 경우
　4. 채용후보자로서 **교육훈련 중 질병, 병역 복무 또는 그 밖에 교육훈련을 계속할 수 없는 불가피한 사정 외의 사유**로 퇴교처분을 받은 경우
　5. 채용후보자로서 품위를 크게 손상하는 행위를 함으로써 경찰공무원으로서의 직무를 수행하기 곤란하다고 인정되는 경우
　6. 법 또는 법에 따른 명령을 위반하여 「경찰공무원 징계령」 제2조 제1호에 따른 **중징계 사유**에 해당하는 비위를 저지른 경우
　7. 법 또는 법에 따른 명령을 위반하여 「경찰공무원 징계령」 제2조 제2호에 따른 **경징계 사유**에 해당하는 비위를 **2회 이상** 저지른 경우
② 임용권자 또는 임용제청권자는 **제1항 제5호**에 따라 채용후보자가 직무를 수행하기 곤란하다고 인정하려는 경우에는 제20조의2에 따른 **임용심사위원회의 의결**을 거쳐야 한다. |

7 시보임용(경찰공무원법 §13)_A급

적용대상	경정 이하의 경찰관을 신규채용하는 경우에만 적용
시보기간	① **1년**의 기간을 시보로 임용하고 그 기간이 만료된 **다음 날**에 정규경찰공무원으로 임용한다.1597 (만료된 날 X) ② **휴직**기간·**직**위해제기간 및 징계에 의한 **정직**처분 또는 **감봉**처분을 받은 기간은 시보임용기간에 산입하지 아니한다. **휴직정감**1598

시보임용
경찰공무원
(경찰공무원
임용령 §20)
	① 임용권자 또는 임용제청권자는 시보임용 기간 중에 있는 경찰공무원의 근무사항을 항상 **지도·감독하여야 한다**.1604 (할 수 있다 X)
	② 임용권자 또는 임용제청권자는 법 제13조에 따라 시보임용경찰공무원을 정규 경찰공무원으로 임용 또는 임용 제청하거나 면직 또는 면직 제청하려는 경우에는 **임용심사위원회의 의결**을 거쳐야 한다.
	③ **임용심사위원회**는 시보임용경찰공무원을 정규 경찰공무원으로 임용 또는 임용 제청하기 위한 의결을 하려는 경우에는 해당 공무원의 근무성적, 교육훈련성적, 근무태도, 공직관 등에 대한 평가를 **실시해야 한다**.
	④ 임용권자 또는 임용제청권자는 시보임용경찰공무원이 다음 각 호의 어느 하나에 해당하여 정규 경찰공무원으로 임용하는 것이 부적당하다고 인정되는 경우에는 **임용심사위원회의 의결**을 거쳐 해당 시보임용경찰공무원을 면직시키거나 면직을 제청**할 수 있다**.1605 (징계위원회 X)
	  1. 징계사유에 해당하는 경우
	  1의2. 제21조 제1항에 따른 **교육훈련 중 질병, 병역 복무 또는 그 밖에 교육훈련을 계속할 수 없는 불가피한 사정 외의 사유로 퇴교처분을 받은 경우**
	  2. 제21조 제1항에 따른 교육훈련성적이 만점의 **60퍼센트 미만**(이하 X)이거나 생활기록이 극히 불량한 경우1606
	  3. 「경찰공무원 승진임용 규정」 제7조 제2항에 따른 **제2 평정 요소**의 평정점이 만점의 **50퍼센트 미만**(이하 X)인 경우1607 [참고: 220p]
	[비교] 「**경찰공무원법**」상 시보임용기간 중에 있는 경찰공무원이 근무성적 또는 교육훈련성적이 불량할 때에는 「국가공무원법」 제68조(신분보장) 및 이 법 제28조(신규채용)에도 불구하고 면직시키거나 면직을 제청**할 수 있다**.1599

교육훈련 등 (경찰공무원 임용령 §21)	① 임용권자 또는 임용제청권자는 시보임용경찰공무원 또는 시보임용예정자에게 일정 기간 교육훈련(실무수습을 포함한다)을 시킬 수 있다. 이 경우 시보임용예정자에게 훈련을 받는 기간 동안 **예산의 범위**에서 임용예정계급의 1호봉에 해당하는 봉급에 상당하는 금액(교육훈련기간은 그 금액의 **80퍼센트**) 등을 지급할 수 있다. ② 임용권자 또는 임용제청권자는 시보임용예정자가 제1항에 따른 교육훈련성적이 만점의 **60퍼센트 미만**이거나 생활기록이 극히 불량할 때에는 시보임용을 하지 아니할 수 있다.
면제대상	① 경찰대학을 졸업한 사람 또는 경위공개경쟁채용시험합격자로서 정하여진 교육을 마친 사람을 경위로 임용하는 경우1600 ② 경찰공무원으로서 대통령령으로 정하는 상위계급으로의 승진에 필요한 자격요건을 갖추고 임용예정계급에 상응한 공개경쟁채용시험에 합격한 사람을 해당 계급의 경찰공무원으로 임용하는 경우1601 ③ 퇴직한 경찰공무원으로서 퇴직시에 재직하였던 계급의 채용시험에 합격한 사람을 재임용하는 경우1602 ④ 자치경찰공무원을 그 계급에 상응하는 경찰공무원으로 임용하는 경우1603

8 임용심사위원회(경찰공무원 임용령§20의2, 동시행규칙 §9) _C급

소속 (동임용령 §20의2)	다음 각 호의 어느 하나에 해당하는 경우 그 **적부(適否)**를 심사하게 하기 위하여 임용권자 또는 임용제청권자 소속으로 **임용심사위원회**를 **둔다**.[1608] (둘수있다 X) 1. 제19조 제1항 제5호(채용후보자로서 품위를 크게 손상하는 행위를 함으로써 경찰공무원으로서의 직무를 수행하기 곤란하다고 인정되는 경우)의 사유로 채용후보자 자격상실 여부를 결정하려는 경우 2. 시보임용경찰공무원을 정규 경찰공무원으로 임용 또는 임용 제청하려는 경우 3. 시보임용경찰공무원을 면직 또는 면직 제청하려는 경우
위원장	위원 중 **가장 계급이 높은** 경찰공무원 (다만, 가장 계급이 높은 경찰공무원이 둘 이상인 경우 그 중 해당 계급에 승진임용된 날이 가장 **빠른** 경찰공무원)
구성	위원장 **1명을 포함한 위원 5명 이상 7명 이하**
임명	소속 **경감** 이상 경찰공무원 중에서 위원회가 설치된 기관의 장이 임명(심사대상자보다 상위 계급자)
의결정족수	**재적위원 3분의 2 이상 출석과 출석위원 과반수 찬성**
기타	임용심사위원회의 구성 및 운영에 필요한 사항은 **행정안전부령(경찰공무원 임용령 시행규칙)**으로 정한다(동임용령§20의2).[1609] 비교 이 규칙에서 정한 사항 외에 위원회의 운영에 필요한 사항은 위원회의 의결을 거쳐 **위원장**이 정한다(동시행규칙§10⑦).

9 경찰공무원 인사위원회(경찰공무원 임용령) _C급

설치 (경공법§5)	① 경찰청에 설치 ② 인사위원회의 구성 및 운영에 필요한 사항은 **대통령령**으로 정함
성격	**자문기관**(심의·의결 X)
구성(§9①)	위원장을 포함하여 **5명 이상 7명 이하**의 위원
위원장(§10)	① 위원장(**경찰청 인사담당국장**)은 인사위원회를 대표하며, 인사위원회의 사무를 총괄 ② 위원장 유고시 위원 중에서 **최상위계급 또는 선임**의 경찰공무원이 그 직무를 대행 (미리 지명한 위원 X)
임명(§9②)	위원은 경찰청 소속 **총경**이상 경찰공무원 중에서 **경찰청장**이 각각 임명[1610] (경정 X) (위원장 X)
간사(§12)	① **2명 이하**의 간사 ② 간사는 경찰청 소속 경찰공무원 중에서 **위원장**이 지명
의결정족수(§11)	재적위원 과반수의 찬성[1611]
심의사항 [1612]	1. 경찰공무원의 인사행정에 관한 방침과 기준 및 기본계획 2. 경찰공무원의 인사에 관한 법령의 제정·개정 또는 폐지에 관한 사항 3. 그 밖에 경찰청장 또는 해양경찰청장이 인사위원회의 회의에 부치는 사항

> **판례** **경찰공무원의 임용**

1. **국가공무원**은 그 임용주체가 궁극에는 주권자인 국민이기 때문에 국민전체에 대하여 봉사하고 책임을 져야 하는 특별한 지위에 있고, 그가 담당한 업무가 국가 또는 공공단체의 공공적인 일이어서 특히 그 직무를 수행함에 있어서 공공성·공정성·성실성 및 중립성 등이 요구되기 때문에 **일반 근로자와는 달리 특별한 근무관계에 있는 사람**이다(대판 2003헌바51).
2. 공무원 관련 법률에 특별한 규정이 없는 한, 고용관계에서 양성평등을 규정한 「남녀고용평등과 일·가정 양립 지원에 관한 법률」 제11조 제1항(사업주는 근로자의 정년·퇴직 및 해고에서 남녀를 차별하여서는 아니 된다)과 「근로기준법」 제6조(사용자는 근로자에 대하여 남녀의 성을 이유로 차별적 대우를 하지 못하고, 국적·신앙 또는 사회적 신분을 이유로 근로조건에 대한 차별적 처우를 하지 못한다)는 국가기관과 공무원 간의 공법상 근무관계에도 적용된다(대판 2013두20011).
3. 공무원연금법에 의한 퇴직급여 등은 적법한 공무원으로서의 신분을 취득하여 근무하다가 퇴직하는 경우에 지급되는 것이고, 당연무효인 임용결격자에 대한 임용행위에 의하여 공무원의 신분을 취득할 수는 없으므로, **임용결격자가 공무원으로 임용되어 사실상 근무하여 왔다고 하더라도 적법한 공무원으로서의 신분을 취득하지 못한 자로서는 공무원연금법 소정의 퇴직급여 등을 청구할 수 없으며,** 나아가 **임용결격사유가 소멸된 후에 계속 근무하여 왔다고 하더라도 그때부터 무효인 임용행위가 유효로 되어 적법한 공무원의 신분을 회복하고 퇴직급여 등을 청구할 수 있다고 볼 수는 없다**(대판 95누9617).

THEME 03 경찰공무원관계의 변경

1 승진(경찰공무원법)_A급

승진 (§15)	① 경찰공무원은 바로 아래 하위계급에 있는 경찰공무원 중에서 근무성적평정, 경력평정, 그 밖의 능력을 실증하여 승진임용한다. ② **경무관 이하** 계급으로의 승진은 **승진심사**에 의하여 한다. 다만, **경정 이하** 계급으로의 승진은 대통령령으로 정하는 비율에 따라 승진시험과 승진심사를 병행할 수 있다.				
승진임용의 방법 1614	심사승진	경무관 이하까지 승진가능(경공법 §15②)			
	시험승진	① **경정 이하**까지 승진가능 1615 ② 계급별로 전체 승진임용 예정 인원에서 제3항에 따른 특별승진임용 예정 인원을 뺀 인원의 **70퍼센트**를 심사승진임용 예정 인원으로, **30퍼센트**를 시험승진임용 예정 인원으로 한다. 다만, 제1항 단서에 따라 특수분야의 승진임용 예정 인원을 정하는 경우에는 본문에 따른 심사승진임용 예정 인원의 비율과 시험승진임용 예정 인원의 비율을 다르게 정할 수 있다(경찰공무원 승진임용 규정 §4④1). 1617			
	특별승진	① **치안정감 이하**까지 승진가능(동규정 §38제3호) ② 원칙 : 1계급 승진 예외 : **2계급** 특별승진 - **경위 이하**의 경찰공무원으로서 모든 경찰공무원의 귀감이 되는 공을 세우고 전사하거나 순직한 사람에 대하여는 시킬 수 있다(§19①). 1620 ➡ 경찰공무원승진임용규정 제3조 : 심사·시험·특별승진(근속 X)만 규정 1613			
	근속승진 (§16) 1616·1619	순경 → 경장	경장 → 경사	경사 → 경위	경위 → 경감
		4년	5년	6년 6개월	8년

> **심화** 경찰공무원 승진임용 규정(§26)

② 법 제16조 제1항 각 호 외의 부분 단서에 따라 다음 각 호의 경찰공무원을 근속승진임용하는 경우에는 해당 각 호의 구분에 따른 기간을 근속승진 기간에서 단축할 수 있다.
1. 「공무원임용령」 제48조 제1항 제1호에 따른 인사교류 기간 중에 있거나 인사교류 경력이 있는 경찰공무원: 인사교류 기간의 2분의 1에 해당하는 기간
2. 국정과제 등 주요 업무의 추진실적이 우수한 경찰공무원이나 적극행정 수행 태도가 돋보인 경찰공무원: **1년**
③ 제2항 제2호에 따라 근속승진 기간을 단축하는 경찰공무원의 인원수는 **인사혁신처장**이 제한할 수 있다.
④ 임용권자는 경감으로의 근속승진임용을 위한 심사를 할 때에는 연도별로 합산하여 해당 기관의 근속승진 대상자의 **100분의 50**에 해당하는 인원수(소수점 이하가 있는 경우에는 1명을 가산한다)를 초과하여 근속승진임용할 수 없다.
⑤ 임용권자는 제4항에 따라 심사를 실시하려는 경우 근속승진임용일 **20일** 전까지 해당 기관의 근속승진 대상자 및 근속승진임용 예정 인원을 **경찰청장**에게 보고해야 한다.
⑥ 임용권자는 인사의 원활한 운영을 위하여 필요하다고 인정되는 경우에는 경위 재직기간별로 승진대상자 명부를 구분하여 작성할 수 있다.
⑦ 제1항부터 제6항까지에서 규정한 사항 외에 근속승진 방법, 그 밖에 인사운영에 필요한 사항은 **경찰청장**이 정한다.

승진소요 최저근무연수 (경찰공무원 승진임용 규정 §5)	① 승진소요 최저근무연수1618 | 총경	경정·경감	경위·경사·경장·순경
---	---	---

3년 이상	2년 이상	1년 이상	
			
			② 휴직 기간, 직위해제 기간, 징계처분 기간 및 승진임용 제한기간은 ①의 기간에 포함하지 않는다. 다만, 다음 각 호의 기간은 ①의 기간에 포함한다.
			  라. 「국가공무원법」 제71조 제2항 제4호(8세 이하 또는 초등학교 2학년 이하의 자녀를 양육하기 위하여 필요하거나 여성공무원이 임신 또는 출산하게 된 때)에 따른 휴직(육아휴직)은 그 휴직 기간. 다만, 제1항의 기간에 포함하는 기간은 제6항 제3호에 따라 육아휴직을 대신하여 **시간선택제전환경찰공무원으로 지정되어 근무한 기간**과 합산하여 **자녀 1명당 3년**을 초과할 수 없다.1621
			⑥ 「국가공무원법」 제26조의2 및 「공무원임용령」 제57조의3에 따라 통상적인 근무시간보다 짧은 시간을 근무하는 경찰공무원("**시간선택제전환경찰공무원**"이라 함)의 근무기간은 다음 각 호의 기준에 따라 ①의 기간에 포함한다.
			  1. 해당 계급에서 시간선택제전환경찰공무원으로 근무한 **1년 이하의 기간은 그 기간 전부**1622
			  2. 해당 계급에서 시간선택제전환경찰공무원으로 근무한 **1년을 넘는 기간**은 근무시간에 비례한 기간
			  3. 해당 계급에서 육아휴직을 대신하여 시간선택제전환 경찰공무원으로 지정되어 근무한 기간은 **대상 자녀별**로 **3년**의 범위에서 그 기간 전부

승진
후보자명부
작성
	① **총경** 이하의 경찰공무원에 대하여는 대통령령으로 정하는 바에 따라 계급별로 승진대상자 명부를 **작성하여야 한다**(§15③).
	② 승진임용되기 전에 **정직** 이상의 징계처분을 받은 경우에는 심사승진후보자 명부에서 그 사람을 **제외하여야 한다**(임용규정§24).1629
	  → 중징계
	  → 할 수 있다 X

승진임용제한
(경찰공무원
승진임용
규정 §6)
	• 승진임용 제한기간
	  ① 강등 : 직무정지 3개월 + **18개월**1627
	  ② 정직 : 정직기간 + **18개월**1625
	  ③ 감봉 : 감봉기간 + **12개월**1628
	  ④ 견책 : **6개월**1624
	• 경찰공무원이 징계처분을 받은 후 해당 계급에서 다음 각 호의 포상을 받은 경우에는 승진임용 제한기간의 2분의 1을 단축할 수 있다.
	  1. 훈장, 2. 포장, 3. 모범공무원 포상, 4. 대통령표창 또는 국무총리표창(경찰청장 표창 X)
	  5. 제안이 채택·시행되어 받은 포상

승진 제한기간 + 6개월	징계처분의 집행이 끝난 날부터 **금품 또는 향응** 수수 등의 어느 하나에 해당하는 사유로 인한 징계처분과 **소극행정**, **음주운전**(음주측정에 응하지 않은 경우를 포함), **성폭력, 성희롱 및 성매매**에 따른 징계처분의 경우에는 각각 **6개월**을 더한다.1623·1626·1627·1628 예 음주운전으로 정직처분을 받은 경우 : **정직기간 + 18개월 + 6개월**

2 근무성적평정(경찰공무원 승진임용 규정)_B급

활용	① 공무원에 대한 근무성적평정은 현대에 이르러 조직발전의 기초로 작용하는 공무원의 능력개발과 행정제도개선의 수단으로도 활용될 수 있다.[1631] ② 전통적 근무성적평정제도는 생산성과 능률성에 중점을 두어 공무원의 직무수행능력을 측정하고 이를 인사행정의 표준화와 직무수행의 통제를 위한 수단으로 활용하였다.[1632]

근무성적
평정
(§7)
	① **총경 이하의 경찰공무원에 대해서는 매년 근무성적을 평정하여야 하며**, 근무성적 평정의 결과는 승진 등 인사관리에 반영**하여야 한다.** (할 수 있다 X)[1630]
	② 근무성적은 다음 각 호의 평정 요소에 따라 평정한다. 다만, **총경의 근무성적은 제2평정요소로만 평정한다.**[1634]
	    1. 제1 평정 요소(객관적 평정요소 : 30점)
	       가. 경찰업무 발전에 대한 기여도 나. 포상 실적
	       다. 그 밖에 행정안전부령으로 정하는 평정 요소
	    2. 제2 평정 요소(주관적 평정요소 : 20점)
	       가. 근무실적 나. 직무수행능력 다. 직무수행태도
	③ 제2 평정 요소에 따른 근무성적 평정은 평정대상자의 계급별로 평정 결과가 다음 각 호의 분포비율에 맞도록 하여야 한다. 다만, 평정 결과 제4호에 해당하는 사람이 없는 경우에는 제4호의 비율을 제3호의 비율에 가산하여 적용한다.
	    1. 수 : 20퍼센트 2. 우 : 40퍼센트
	    3. 양 : 30퍼센트 4. 가 : 10퍼센트
	④ 경찰서 수사과에서 고소·고발 등에 대한 조사업무를 직접 처리하는 경위 계급의 경찰공무원을 평정할 때에는 제3항의 비율을 **적용하지 아니할 수 있다.** (분배해야 한다 X)[1633]
	⑤ 근무성적 평정 결과는 공개하지 아니한다. 다만, 경찰청장은 근무성적 평정이 완료되면 평정대상 경찰공무원에게 해당 근무성적 평정 결과를 통보할 수 있다.

근무성적 평정 예외(§8)	① 휴직·직위해제 등의 사유로 해당 연도의 평정기관에서 **6개월 이상** 근무하지 아니한 경찰공무원에 대해서는 근무성적을 **평정하지 아니한다.**[1630] ⑤ 정기평정 이후에 신규채용되거나 승진임용된 경찰공무원에 대해서는 **2개월**이 지난 후부터 근무성적을 평정하여야 한다. → 근무성적 평정, 경력 평정은 연 1회 실시하고, 근무성적 평정자는 3명으로 하되, 제1차평정자는 평정대상자의 바로 위 감독자가 되고, 제2차평정자는 제1차평정자의 바로 위 감독자가 되며, 제3차평정자는 제2차평정자의 바로 위 감독자가 된다(경찰공무원 승진임용 규정 시행규칙 제4조 제1항, 제6조 제1항).

경력평정
(§9)
	1. 경력평정은 기본경력과 초과경력으로 구분하여 실시한다.
	2. 기본경력에 포함되는 기간은 다음과 같다.
	   가. **총경·경정·경감** : 평정기준일부터 최근 **3년간**
	   나. **경위·경사** : 평정기준일부터 최근 **2년간**
	   다. **경장·순경** : 평정기준일부터 최근 **1년 6개월간**

평정시기 (시행규칙§4)	① 근무성적 평정, 경력 평정은 연 1회 실시한다. ② 근무성적 평정은 10월 31일을 기준으로 하고, 경력 평정은 12월 31일을 기준으로 한다. 다만, **총경과 경정**의 경력 평정은 10월 31일을 기준으로 한다.
평정방법 (시행규칙§7)	근무성적의 총평정점은 **50점**을 만점으로 한다.

3 승진심사위원회(경찰공무원 승진임용규정§15 ~ 18)_B급

	중앙승진심사위원회	보통승진심사위원회(§16)
설치	경찰청	경찰청, 시·도경찰청과 대통령령으로 정하는 경찰기관
관할	**총경 이상** 계급으로의 승진심사	① **경정 이하** 계급으로의 승진심사 : 보통승진심사위원회(②의 경우는 제외) ② 경찰서 소속 **경감 이상 계급**으로의 승진심사 : 시·도경찰청 보통승진심사위원회
구성	위원장을 포함한 **5명 이상 7명** 이하	
위원장	① 위원 중 최상위계급 또는 선임인 경찰공무원 ② 특별승진임용의 위원장은 경찰청장이 위촉	위원 중 최상위계급 또는 선임인 경찰공무원
임명	위원은 회의 소집일 전에 승진심사대상자보다 상위계급인 경찰공무원 중에서 **경찰청장**이 임명하되, 승진심의위원회를 두는 경우 중앙승진심사위원회 위원은 승진심의위원회 위원 중에서 임명	위원은 그 보통승진심사위원회가 설치된 경찰기관의 장이 승진심사대상자보다 상위계급인 **경위 이상** 소속 경찰공무원 중에서 임명 ※ 시·도경찰청 및 경찰서에 두는 보통승진심사위원회 위원 중 **2명**은 승진심사대상자보다 상위계급인 **경위 이상** 소속 경찰공무원 중에서 **시·도자치경찰위원회의 추천**을 받아 그 보통심사위원회가 설치된 **경찰기관의 장이 임명**
의결 정족수	재적위원 과반수의 찬성(회의는 비공개)	

4 전보(경찰공무원 임용령)_C급

의의 (§26)	① **전보**란 경찰공무원의 동일 직위 및 자격 내에서의 근무기관이나 부서를 달리하는 임용을 말한다(경찰공무원법§2).1635·1636 ② 임용권자 또는 임용제청권자는 장기근무 또는 잦은 전보로 인한 업무 능률 저하를 방지하기 위하여 특별한 사정이 없으면 정기적으로 전보를 <u>실시하여야 한다</u>.1637
전보의 제한 (§27)	① 임용권자 또는 임용제청권자는 소속 경찰공무원이 해당 직위에 임용된 날부터 **1년** 이내 (**감사업무를 담당**하는 경찰공무원의 경우에는 **2년** 이내)에 다른 직위에 전보할 수 없다.1638 ② 교육훈련기관의 교수요원으로 임용된 사람은 그 임용일부터 **1년 이상 3년 이하**의 범위에서 경찰청장이 정하는 기간 안에는 다른 직위에 전보할 수 없다. 다만, 기구의 개편, 직제·정원의 변경이나 교육과정의 개편 또는 폐지가 있거나 교수요원으로서 부적당하다고 인정될 때에는 그렇지 않다.1639 ③ 섬, 외딴곳 등 특수지역에서 근무할 사람을 임용하는 경우 채용된 경찰공무원은 그 채용일부터 **5년**의 범위에서 경찰청장이 정하는 기간(**휴직기간, 직위해제기간 및 정직기간은 포함하지 않는다**) 안에는 채용조건에 해당하는 기관 또는 부서 외의 기관 또는 부서로 전보할 수 없다. ④ **1년** 이상의 교육훈련을 받은 경찰공무원은 특별한 사정이 없으면 그 교육훈련내용과 관련되는 직위에 보직해야 한다(§24).1640 ⑤ 임용권자 또는 임용제청권자는 전문직위에 임용된 경찰공무원을 해당 직위에 임용된 날부터 **3년**의 범위에서 **경찰청장**이 정하는 기간이 지나야 다른 직위에 전보할 수 있다. 다만, 직무수행요건이 같은 직위 간의 전보 등 경찰청장이 정하는 경우에는 **기간에 관계없이 전보할 수 있다**(§25).1641
전보제한 예외사유 (§27) 1642	1. 직제상 최저단위인 보조기관 또는 보좌기관 내에서 전보하는 경우 2. 경찰청과 소속기관등 또는 소속기관등 상호 간의 교류를 위하여 전보하는 경우 3. 기구의 개편, 직제 또는 정원의 변경으로 해당 경찰공무원을 전보하는 경우 4. 승진임용된 경찰공무원을 전보하는 경우 5. 전문직위로 경찰공무원을 전보하는 경우 6. 징계처분을 받은 경우 7. 형사사건에 관련되어 수사기관에서 조사를 받고 있는 경우 8. 경찰공무원으로서의 품위를 크게 손상하는 비위(非違)로 인한 감사 또는 조사가 진행 중이어서 해당 직위를 유지하는 것이 부적절하다고 판단되는 경찰공무원을 전보하는 경우 9. 경찰기동대 등 경비부서에서 정기적으로 교체하는 경우 10. 교육훈련기관의 교수요원으로 보직하는 경우 11. 시보임용 중인 경우 12. 신규채용된 경찰공무원을 해당 계급의 보직관리기준에 따라 전보하는 경우 및 이와 관련한 전보의 경우 13. **감사담당** 경찰공무원 가운데 부적격자로 인정되는 경우 14. **경정 이하**의 경찰공무원을 배우자 또는 직계존속이 거주하는 시·군·자치구 지역의 경찰기관으로 전보하는 경우 15. 임신 중인 경찰공무원 또는 출산 후 **1년**이 지나지 않은 경찰공무원의 모성보호, 육아 등을 위하여 필요한 경우

5 휴직(국가공무원법 §71)_A급

(1) 의의 및 효력

의의	휴직은 제제적 성격을 갖지 않고, 휴직 중인 공무원은 신분은 보유하나 직무에 종사하지 못한다.1643
효력 (§73)	① 휴직 기간 중 그 사유가 없어지면 **30일** 이내에 신고**하여야 하며**, 임용권자는 **지체 없이** 복직을 명하여야 한다.1645 (지체없이 X / 30일 이내 X) ② 휴직 기간이 끝난 공무원이 30일 이내에 복귀 신고하면 당연히 복직된다.1644

휴직기간 중 봉급 감액 (공무원보수 규정§28)	① 신체·정신상의 장애로 장기 요양사유로 휴직한 공무원에게는 다음 각 호의 구분에 따라 봉급의 일부를 지급함(공무상 질병 또는 부상으로 휴직한 경우에는 그 기간 중 봉급 전액을 지급함)
	  1. 휴직 기간이 1년 이하인 경우 : 봉급의 **70퍼센트**
	  2. 휴직 기간이 1년 초과 2년 이하인 경우 : 봉급의 **50퍼센트**
	② 외국유학 또는 1년 이상의 국외연수를 위하여 휴직한 공무원에게는 그 기간 중 봉급의 **50퍼센트**를 지급할 수 있음. 이 경우 교육공무원을 제외한 공무원에 대한 지급기간은 **2년**을 초과할 수 없음

(2) 「국가공무원법」상 직권휴직 사유(본인의 의사에도 불구하고 휴직을 **명하여야 한다**.)1670

휴직 사유	휴직 기간
신체·정신상의 장애로 장기 요양이 필요할 때1647 **주의** 「경찰공무원법」상 경찰공무원이 「공무원 재해보상법」 직무를 수행하다가 「국가공무원법」 공무상 질병 또는 부상을 입어 휴직하는 경우 그 휴직기간은 같은 조 제1호 단서에도 **불구하고 5년** 이내로 함(의학적 소견 등을 고려하여 대통령령으로 정하는 바에 따라 3년의 연장가능)	기간 : **1년** 이내 **일신** 연장 : **1년**의 범위에서 연장가능 예외 : 「공무원 재해보상법」 또는 「산업재해보상보험법」상 공무상 질병 또는 부상으로 인한 휴직기간은 **3년** 이내로 함(의학적 소견 등을 고려하여 대통령령으로 정하는 바에 따라 **2년** 연장가능)(국가공무원법 §72)1646
「**병역법**」에 따른 병역 복무	그 복무기간이 끝날 때까지1649
천재지변이나 전시·사변, 그 밖의 사유로 생사 또는 소재가 불명확하게 된 때	**3개월** 이내(국가공무원법 §72) **3천재**1650 **주의** 경찰공무원법(§29)상 법원의 실종선고를 받는 날까지
그 밖에 법률의 규정에 따른 의무를 수행	그 복무기간이 끝날 때까지
노동조합 전임자로 종사하게 된 때	그 전임 기간

신병천재 그 노동조합1648

(3) 「국가공무원법」상 의원휴직 사유(휴직을 명할 수 있다.)[1652·1670]

휴직 사유	휴직 기간
국제기구, 외국 기관, 국내외의 대학·연구기관, 다른 국가기관 또는 대통령령으로 정하는 민간기업, 그 밖의 기관에 임시로 채용될 때	기간 : 채용 기간 다만, 민간기업이나 그 밖의 기관 채용시 3년 이내
① 국외 **유학**을 하게 된 때 ② 외국에서 근무·유학 또는 연수하게 되는 배우자를 동반하게 된 때	기간 : 3년 이내 연장 : 2년의 범위에서 연장가능[1651]
중앙인사관장기관의 장(경찰청장)이 지정하는 연구기관이나 교육기관 등에서 **연수**하게 된 때	2년 이내[1652·1653] 　　중2
8세 이하 또는 초등학교 2학년 이하의 자녀를 양육하기 위하여 필요하거나 여성공무원이 임신 또는 출산하게 된 때	자녀 1명에 대하여 3년 이내[1654] → 다만, 대통령령으로 정하는 특별한 사정이 없으면 휴직을 명**하여야 한다.**
조부모, 부모(배우자의 부모를 포함한다), 배우자, 자녀 또는 손자녀를 부양하거나 돌보기 위하여 필요한 경우. 다만, 조부모나 손자녀의 돌봄을 위하여 휴직할 수 있는 경우는 본인 외에 돌볼 사람이 없는 등 대통령령등으로 정하는 요건을 갖춘 경우로 한정함	1년 이내 (재직 기간 중 총 3년을 넘을 수 없음)
대통령령등으로 정하는 기간 동안(3년) 재직한 공무원이 직무 관련 연구과제 수행 또는 **자기개발**을 위하여 학습·연구 등을 하게 된 때 → 휴직(자기개발휴직) 후 복직한 공무원은 복직 후 **6년 이상** 근무하여야 다시 자기개발휴직을 할 수 있다.	1년 이내[1655]

6 직위해제(국가공무원법 §73의3) _A급

(1) 의의 및 효력

의의	신분은 보유하되, 제재적 성격을 가지는 보직의 해제이며 복직이 보장되지 않는다.[1656]
효력	직위해제된 공무원은 직무에 종사하지 못하고 출근할 의무도 없다.
특징	① 임용권자는 직위해제 사유에 해당하는 자에게는 직위를 **부여하지 아니할 수 있다.**[1663·1666] ↳ 아니 한다 X ② 직위를 부여하지 아니한 경우에 그 사유가 소멸되면 임용권자는 **지체없이** 직위를 부여**하여야 한다.**[1658] ↳ 할수있다 X **판례** 직위해제처분을 한 후 그 직위해제 사유와 동일한 사유를 이유로 파면처분을 하였다고 하더라도 **일사부재리의 원칙**이나 **이중처벌금지의 원칙에 위배되는 것은 아니다**(대법원 1984. 2.28. 83누489).[1657]

(2) 직위해제 사유 및 기간 중 봉급 감액[1670]

직위해제 사유		직위해제 기간 중 봉급 감액
제2호	**직**무수행 능력이 부족하거나 근무성적이 극히 나쁜 자 → 위 사유로 직위해제된 자에게 **3개월**의 범위에서 대기를 명하고, 대기 명령을 받은 자에게 능력 회복이나 근무성적의 향상을 위한 교육훈련 또는 특별한 연구과제의 부여 등 필요한 조치를 하여야 한다.[1659·1661] → 직무수행능력이 부족하여 직위해제를 한 경우 대기명령 기간 중 능력 또는 근무성적의 향상을 기대하기 어렵다고 인정될 때에는 징계위원회의 동의를 얻어 임용권자가 직권면직시킬 수 있다(경공법 §28②)[1662]	**봉급**의 **80퍼센트**[1660] → 보수 X
제3호	**파**면·해임·강등 또는 정직에 해당하는 징계 의결이 요구 중인 자[1664]	봉급의 **50퍼센트** 다만, 직위해제일부터 3개월이 지나도 직위를 부여받지 못한 경우에는 그 3개월이 지난 후의 기간 중에는 봉급의 **30퍼센트**를 지급함
제4호	**형**사 사건으로 기소된 자(약식명령이 청구된 자는 **제외**)[1665]	
제6호	**금**품비위, 성범죄 등 대통령령으로 정하는 비위행위로 인하여 감사원 및 검찰·경찰 등 수사기관에서 조사나 수사 중인 자로서 비위의 정도가 중대하고 이로 인하여 정상적인 업무수행을 기대하기 현저히 어려운 자[1666]	
제5호	**고**위공무원단에 속하는 일반직공무원으로서 적격심사를 요구받은 자 **직파형금고**	봉급의 **70퍼센트** 다만, 직위해제일부터 3개월이 지나도 직위를 부여받지 못한 경우에는 그 3개월이 지난 후의 기간 중에는 봉급의 **40퍼센트**를 지급함[1667]

※ 제1항 제2호의 사유와 제3호·제4호 또는 제6호의 직위해제 사유 경합
→ 제3호·제4호 또는 제6호의 직위해제 처분을 함

(3) 승진소요 최저근무연수(경찰공무원 승진임용 규정§5)[1668]

원칙	**직위해제기간**은 원칙적으로 승진소요 최저근무연수에 **포함되지 않는다**.[1669]
예외	2. 다음의 경우에는 **직위해제기간**이 승진소요 최저근무연수에 **포함된다**. 가. '파면·해임·강등 또는 정직에 해당하는 징계 의결이 요구 중인 자'의 사유로 직위해제처분을 받은 사람에 대한 징계 의결 요구에 대하여 관할 징계위원회가 **징계하지 아니하기로 의결한 경우**와 해당 직위해제처분의 사유가 된 징계처분이 소청심사위원회의 결정 또는 법원의 판결에 따라 **무효 또는 취소로 확정된 경우** 나. '형사 사건으로 기소된 자(약식명령이 청구된 자는 **제외**)'사유로 직위해제처분을 받은 사람의 처분 사유가 된 형사사건이 법원의 판결에 따라 **무죄로 확정된 경우**

THEME 04 경찰공무원관계의 소멸 _A급

1 당연퇴직(경찰공무원법)

의의	경찰공무원이 제8조 제2항(임용결격사유) 어느 하나에 해당하게 된 경우에는 당연히 퇴직함. 다만, 제4호와 제6호는 아래의 경우에만 당연퇴직사유에 해당		
비교 개념	**임용결격사유(§8②)**		**당연퇴직(§27)**
	4. 파산선고를 받고 복권되지 아니한 사람		파산선고를 받고 복권되지 아니한 사람 + 채무자 회생 및 파산에 관한 법률에 따라 신청기한 내에 면책신청을 하지 아니하였거나 면책불허가 결정 또는 면책 취소가 확정된 경우만 해당함
	6. 자격정지 이상의 형의 선고유예를 선고받고 그 유예기간 중에 있는 사람		형법 제129조부터 제132조까지, 성폭력범죄의 처벌 등에 관한 특례법 제2조, 정보통신망 이용촉진 및 정보보호 등에 관한 법률 제74조 제1항 제2호·제3호, 스토킹범죄의 처벌 등에 관한 법률 제2조 제2호, 아동·청소년의 성보호에 관한 법률 제2조 제2호 및 직무와 관련하여 형법 제355조(횡령, 배임) 또는 제356조(업무상의 횡령과 배임)에 규정된 죄를 범한 사람(제357조(배임수증죄) X) + 자격정지 이상의 형의 선고유예를 선고받고 그 유예기간 중에 있는 사람[1672]

2 정년퇴직(경찰공무원법 §30)

연령정년	60세		
계급정년	기준		치안감 4년, 경무관 6년, 총경 11년, 경정 14년 (임용일을 기준)[1673]
계급정년	① 수사, 정보, 외사, 안보, 자치경찰사무 등 특수 부문에 근무하는 경찰공무원으로서 대통령령으로 정하는 바에 따라 지정을 받은 사람은 **총경 및 경정**의 경우에는 4년의 범위에서 대통령령으로 정하는 바에 따라 계급정년을 연장할 수 있다.[1674] ② **경찰청장**은 전시·사변이나 그 밖에 이에 준하는 비상사태에서는 2년의 범위에서 계급정년을 연장할 수 있다.		
	②의 경우 - **경무관 이상**: 행정안전부장관과 국무총리를 거쳐 대통령의 승인 얻어 연장가능 - **총경·경정**: 국무총리를 거쳐 대통령의 승인 얻어 연장가능[1677]		
	강등시 계급 정년		① 징계로 인하여 강등(경감으로 강등된 경우를 **포함**)된 경찰공무원의 계급정년은 다음에 따른다. 1. 강등된 계급의 계급정년은 **강등되기 전 계급 중 가장 높은 계급**의 계급정년으로 한다.[1675] 2. 계급정년을 산정할 때에는 강등되기 전 계급의 근무연수와 강등 이후의 근무연수를 합산[1676]
퇴직산정	그 정년이 된 날이 1월에서 6월 사이 : **6월 30일**, 7월에서 12월 사이 : **12월 31일**에 당연퇴직한다.[1678]		

3 직권면직(경찰공무원법 §28)

사유		임용권자는 경찰공무원이 직권면직 사유 어느 하나에 해당될 때에는 직권으로 **면직시킬 수 있다**.

징계위원회 동의여부	동의 필요 (필요적)₁₆₈₆	① 직위해제로 인한 **대**기 명령을 받은 자가 그 기간에 능력 또는 근무성적의 향상을 기대하기 어렵다고 인정된 때₁₆₈₂
		② 경찰공무원으로서 **부**적합할 정도로 직무수행능력 또는 성실성이 현저히 결여된 사람으로서₁₆₇₉
		  1. 지능 저하 또는 판단력 부족으로 경찰업무를 감당할 수 없는 경우
		  2. 책임감의 결여로 직무수행에 성의가 없고 위험한 직무를 고의로 기피하거나 포기하는 경우
		③ 직무를 수행하는 데에 **위험**을 일으킬 우려가 있을 정도의 성격적 또는 도덕적 결함이 있는 사람으로서_{1680·1681}
		  1. 인격장애, 알코올·약물중독 그 밖의 정신장애로 인하여 경찰업무를 감당할 수 없는 경우
		  2. 사행행위 또는 재산의 낭비로 인한 채무과다, 부정한 이성관계 등 도덕적 결함이 현저하여 타인의 비난을 받는 경우 **대부위험합니다**

	동의 불필요	① 직제와 **정원의 개폐 또는 예산의 감소** 등에 따라 폐직 또는 과원이 되었을 때₁₆₈₃ ② 휴직기간이 끝나거나 휴직사유가 소멸된 후에도 **직무에 복귀하지 아니하거나 직무를 감당할 수 없을 때**_{1684·1685} ③ 해당 경과에서 직무를 수행하는데 필요한 **자격증의 효력이 상실되거나 면허가 취소**되어 담당 직무를 수행할 수 없게 되었을 때

※ 의원면직 : 사직서 제출 후 임명권자가 승인(수리)한 때 면직효과 발생

THEME 05 경찰공무원의 권리 _A급

경찰공무원의 권리

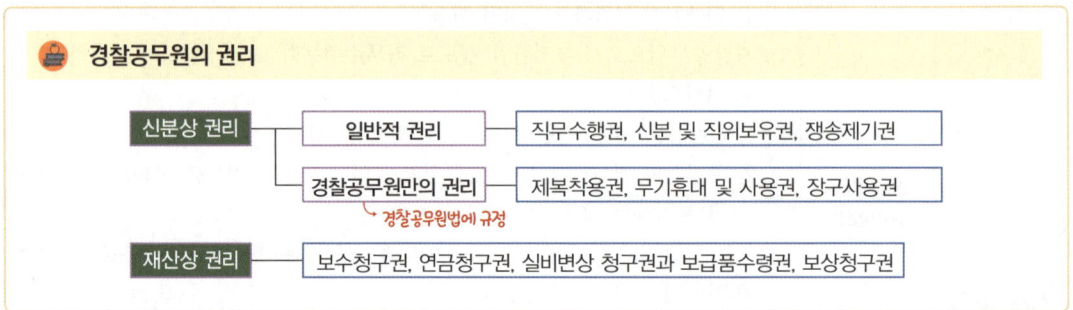

1 신분상 권리₁₆₉₀

일반적 권리	신분 및 직위보유권	① 공무원은 형의 선고, 징계처분 또는 국가공무원법에서 정하는 사유에 따르지 아니하고는 본인의 의사에 반하여 휴직·강임 또는 면직을 당하지 아니한다(국가공무원법 §68). ② **치안총감과 치안정감**에 대해서는 「국가공무원법」 제68조 본문을 적용하지 아니한다 (경찰공무원법 §36). → 따라서 경공법상 치안총감·치안정감은 신분 및 직위보유권이 인정되지 아니한다. ₁₆₈₇
	직무집행권	경찰공무원은 자기가 담당하는 직무를 집행할 권리가 있으며, 이를 방해하면 「형법」상 공무집행방해죄가 형성된다. ₁₆₈₈
	쟁송제기권	위법·부당하게 권리가 침해된 경우 소청 기타 행정상 쟁송을 제기할 수 있는 권리가 있다. ₁₆₈₉
특수한 권리	제복착용권	① 경찰공무원은 제복을 착용하여야 한다. (권리 O, 의무 O) ② 복제에 관한 사항은 **행정안전부령**으로 정함(경찰공무원법 §26③) ₁₆₉₂ → 대통령령 X
	무기휴대 및 사용권	① 경찰공무원은 직무 수행을 위하여 필요하면 무기를 휴대할 수 있다. (권리 O, 의무 X) ② 무기휴대 법적근거 - **경찰공무원법** §26 ③ 무기사용 법적근거 - **경찰관직무집행법** §10의4 ₁₆₉₁ [판례] 경찰관이라 하여 허가 없이 개인적으로 총포 등을 구입하여 소지하는 것을 허용하는 것은 아니다(대판 95도2408).
	장구사용권	수갑·포승·경찰봉 등 경찰장구를 사용할 수 있음(경찰관 직무집행법에 근거)

2 재산상 권리

(1) 보수청구권

의의	보수는 **봉급**과 기타 **각종 수당**을 합산한 금액을 말한다(공무원보수규정 §4).
근거	공무원의 보수에 관한 사항은 **대통령령(공무원보수규정)**(법률 X)으로 정한다(국공법 §47①).[1693]
압류	공무원의 보수에 대한 압류는 1/2까지 제한된다(민사집행법§246).[1694]
소멸시효	① 「국가재정법」상 금전채권소멸시효인 **5년**이 적용한다. ② 다만, 「민법」과 판례는 그 소멸시효를 **3년**으로 본다.[1695]
기타	① 양도하거나 포기할 수 없다. ② 보수를 거짓이나 그 밖의 부정한 방법으로 수령한 경우에는 수령한 금액의 **5배**의 범위에서 가산하여 징수**할 수 있다**(국가공무원법 §47③).

(2) 연금청구권(공무원연금법(공무원재해보상법 X))

목적	공무원의 **퇴직, 장해 또는 사망**에 대하여 적절한 급여를 지급하고 후생복지를 지원함으로써 공무원 또는 그 유족의 생활안정과 복지 향상에 이바지함을 목적으로 한다.
지급	① 각종 급여는 그 급여를 받을 권리를 가진 사람의 신청에 따라 **인사혁신처장의 결정**으로 공단이 지급한다(공무원연금법§29①). ② 급여의 결정에 관한 인사혁신처장의 권한은 대통령령으로 정하는 바에 따라 공단에 **위탁할 수 있다**(동법§29②). [주의] 인사혁신처장은 법 제29조제2항에 따라 같은 조 제1항에 따른 급여의 결정에 관한 권한을 공단에 **위탁한다**(공무원연금법 시행령 §25).
이의신청	심사 청구는 급여에 관한 결정 등이 있었던 날부터 **180일**, 그 사실을 안 날부터 **90일** 이내에 하여야 한다.
소멸시효	사유가 발생한 날부터 **5년**
판례	공무원연금 수급권과 같은 사회보장수급권은 '모든 국민은 인간다운 생활을 할 권리를 가지고, 국가는 사회보장·사회복지의 증진에 노력할 의무를 진다.'고 규정한 헌법 제34조 제1항 및 제2항으로부터 도출되는 사회적 기본권 중의 하나로서, 이는 국가에 대하여 적극적으로 급부를 요구하는 것이므로 헌법규정만으로는 이를 실현할 수 없어 법률에 의한 형성이 필요하고, 그 구체적인 내용 즉 수급요건, 수급권자의 범위 및 급여금액 등은 **법률**에 의하여 비로소 확정된다(2011헌바272).

(3) 보상청구권(공무원재해보상법)

목적	공무원의 공무로 인한 **부상·질병·장해·사망**에 대하여 적합한 보상을 하고, 공무상 재해를 입은 공무원의 재활 및 직무복귀를 지원하며, 재해예방을 위한 사업을 시행함으로써 공무원이 직무에 전념할 수 있는 여건을 조성하고, 공무원 및 그 유족의 복지 향상에 이바지함을 목적으로 한다.
청구	급여를 받으려는 사람은 인사혁신처장에게 급여를 청구하여야 한다.
결정	인사혁신처장이 요건을 확인한 후 급여를 결정하고 지급한다.
소멸시효	급여를 받을 권리는 그 급여의 사유가 발생한 날부터 요양급여·재활급여·간병급여·부조급여는 **3년간**, 그 밖의 급여는 **5년간** 행사하지 아니하면 시효로 인하여 소멸한다.[1696]

 THEME 06 경찰공무원의 의무 _S급

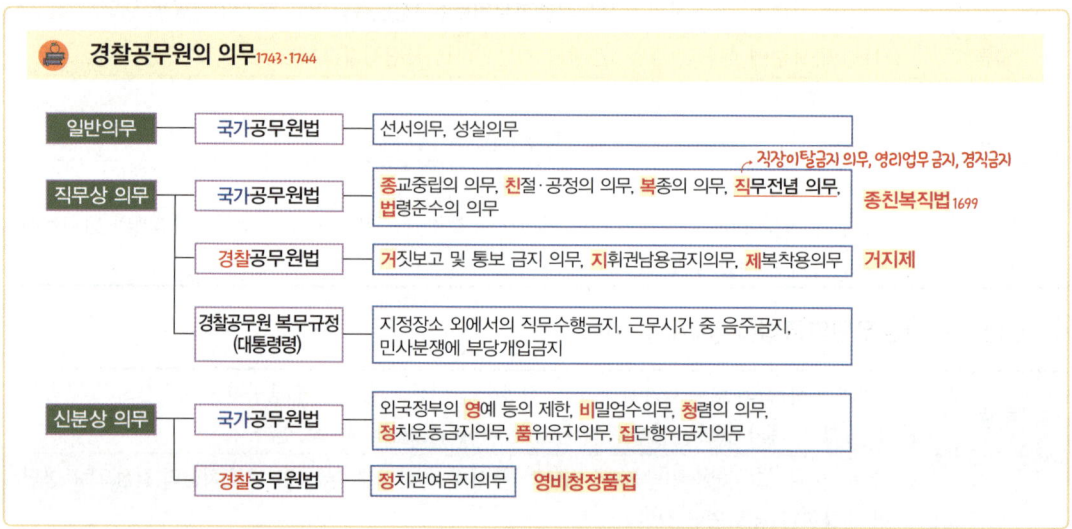

1 일반의무(국가공무원법)

선서의무 (§55)	경찰공무원은 취임할 때에 소속 기관장 앞에서 대통령령등으로 정하는 바에 따라 선서하여야 한다. 다만, 불가피한 사유가 있으면 취임 후에 선서하게 할 수 있다.1697
성실의무 (§56)	모든 공무원은 법령을 준수하며 **성실히 직무를 수행**하여야 한다. → 모든 공무원의 기본적 의무이며, 다른 의무의 원천 1698

2 직무상 의무(국가공무원법)

법령준수의 의무(§56)	모든 공무원은 **법령을 준수**하며 성실히 직무를 수행하여야 한다.
복종의 의무 (§57)	① 공무원은 직무를 수행할 때 **소속 상관**의 직무상 명령에 복종하여야 한다. 　→ 신분상의 상관이 아닌 직무상의 상관을 말함 ② 직무명령은 수명공무원의 **직무 범위 내**에 속하는 것이어야 복종의무가 발생한다. 　→ 직무집행에 직접 관계되는 사항뿐만 아니라 간접적으로 직무에 관계되는 복장, 용모 등도 포함된다. 단 직무와 관련없는 사생활에까지 미치는 것은 아님 ※ 직무의 성질상 독립이 보장된 공무원의 직무수행(감사원, 의결기관의 구성원 등)에는 복종의무가 인정되지 않는다. **국가경찰과 자치경찰의 조직 및 운영에 관한 법률 제6조(직무수행)** ① 경찰공무원은 상관의 지휘·감독을 받아 직무를 수행하고, 그 직무수행에 관하여 서로 협력하여야 한다.1700 ② 경찰공무원은 구체적 사건수사와 관련된 ①의 지휘·감독의 적법성 또는 정당성에 대하여 이견이 있을 때에는 **이의를 제기할 수 있다**.1701 **판례** 군인이 상관의 지시나 명령에 대하여 재판청구권을 행사하는 경우에 그것이 위법·위헌인 지시와 명령을 시정하려는 데 그 목적이 있을 뿐, 군 내부의 상명하복관계를 파괴하고 명령불복종 수단으로서 재판청구권의 외형만을 빌리거나 그 밖에 다른 불순한 의도가 있지 않다면, 정당한 기본권의 행사라 할 것이므로 **군인의 복종의무를 위반하였다고 볼 수 없다**(대판 2012두26401). **판례** 상관이 직무수행을 태만히 하거나 지시사항을 불이행하고 허위보고 등을 한 부하에게 근무태도를 교정하고 직무수행을 감독하기 위하여 직무수행의 내역을 일지 형식으로 기재하여 보고하도록 명령하는 행위는 직무권한 범위 내에서 내린 정당한 명령이므로 부하는 명령을 실행할 **법률상 의무가 있다**(대판 2010도1233).
친절·공정의 의무(§59)	공무원은 국민 전체의 봉사자로서 **친절하고 공정**하게 직무를 수행하여야 한다.1702 　→ 친절·공정의 의무는 법적인 의무
종교중립의 의무 (§59의2)	① 공무원은 종교에 따른 차별 없이 직무를 수행하여야 한다. ② 공무원은 소속 상관이 종교중립의 의무에 위배되는 직무상 명령을 한 경우에는 이에 따르지 **아니할 수 있다**.1703 　→ 아니하여야 한다 X
직무전념 의무	**직장이탈금지 (§58)** ① 공무원은 **소속상관의 허가** 또는 정당한 사유가 없으면 직장을 이탈하지 못한다.1704 ② 수사기관이 공무원을 구속하려면 그 **소속 기관의 장**에게 미리 통보하여야 한다. 다만, **현행범**은 그러하지 아니하다.1705 **영리업무 및 겸직금지(§64)** 공무원은 공무 외에 영리를 목적으로 하는 업무에 종사하지 못하며 **소속기관장의 허가** 없이 다른 직무를 겸할 수 없다.1706·1707

3 직무상 의무(경찰공무원법) 1708·1709·1710

거짓보고 및 통보 금지의무(§24)	① 경찰공무원은 직무에 관하여 거짓으로 보고나 통보를 하여서는 아니 된다. ② 경찰공무원은 직무를 게을리하거나 유기해서는 아니 된다.
지휘권남용금지의무 (§25)	전시·사변, 그 밖의 이에 준하는 비상사태 이거나 작전수행 중인 경우 또는 많은 인명 손상이나 국가재산 손실의 우려가 있는 위급한 사태가 발생한 경우, 경찰공무원을 지휘·감독하는 사람은 정당한 사유 없이 그 직무수행을 거부 또는 유기하거나 경찰공무원을 지정된 근무지에서 진출·퇴각 또는 이탈하게 하여서는 아니 된다.1713 경찰공무원으로서 전시·사변, 그 밖에 이에 준하는 비상사태이거나 작전 수행 중인 경우에 **제24조 제2항**(직무유기) 또는 제25조(지휘권 남용의 금지), 「국가공무원법」 제58조 제1항(직장 이탈 금지)을 위반한 사람은 **3년 이상**의 **징역이나 금고**에 처하며, **제24조 제1항**(거짓보고 금지), 「국가공무원법」 제57조(복종의 의무)를 위반한 사람은 **7년 이하**의 **징역이나 금고**에 처한다.
제복착용의무(§26)	① 경찰공무원은 제복을 **착용**하여야 한다. (권리임과 동시에 의무임) 1711·1712 ② 경찰공무원의 **복**제(服制)에 관한 사항은 **행**정안전부령(대통령령 X)으로 정한다. **행복** 비교 청원경찰의 복제(服制)와 무기 휴대에 필요한 사항은 **대통령령**으로 정한다(청원경찰법 제8조 제3항).

4 경찰공무원 복무규정(대통령령)

기본강령 (§3) 1714	1. **경찰사명** : 경찰공무원은 국가와 민족을 위하여 충성과 봉사를 다하며, 국민의 생명·신체 및 재산을 보호하고, 공공의 안녕과 질서를 유지함을 그 **사명**으로 한다. 1715 2. **경찰정신** : 경찰공무원은 국민의 수임자로서 일상의 직무수행에 있어서 국민의 자유와 권리를 존중하는 호국·봉사·정의의 **정신**을 그 바탕으로 삼는다. 3. **규율** : 경찰공무원은 법령을 준수하고 직무상의 명령에 복종하며, 상사에 대한 존경과 부하에 대한 존중으로써 **규율**을 지켜야 한다. 4. **단결** : 경찰공무원은 주어진 사명을 다하기 위하여 긍지를 가지고 **한마음 한뜻으로 굳게 뭉쳐** 임무수행에 모든 역량을 기울여야 한다. 1716 5. **책임** : 경찰공무원은 창의와 노력으로써 소임을 완수하여야 하며, 직무수행의 결과에 대하여 **책임**을 진다. 1717 6. **성실·청렴** : 경찰공무원은 **성실하고 청렴**한 생활태도로써 국민의 모범이 되어야 한다. 1718
지정장소 외에서의 직무수행금지(§8)	**상사의 허가**(기관장 X)를 받거나 그 명령에 의한 경우를 제외하고는 직무와 관계없는 장소에서 직무수행을 하여서는 아니된다. 1719
근무시간중 음주금지(§9)	근무시간중 음주를 하여서는 아니된다. 다만, 특별한 사정이 있는 경우에는 예외로 하되, 이 경우 주기가 있는 상태에서 직무를 수행하여서는 아니된다. 1720
민사분쟁에의 부당개입금지(§10)	직위 또는 직권을 이용하여 부당하게 타인의 민사분쟁에 개입하여서는 아니된다. 1721
상관에 대한 신고(§11)	경찰공무원은 신규채용·승진·전보·파견·출장·연가·교육훈련기관에의 입교 기타 신분관계 또는 근무관계 또는 근무관계의 변동이 있는 때에는 **소속상관**에게 신고를 하여야 한다. 1722 ← 소속기관장 X
여행제한(§13)	휴무일 또는 근무시간외에 **2시간** 이내에 직무에 복귀하기 어려운 지역으로 여행을 하고자 할 때 **소속 경찰기관의 장에게 신고**를 하여야 한다. 다만, 치안상 특별한 사정이 있어 **경찰청장 또는 경찰기관의 장**이 지정하는 기간중에는 **소속경찰기관의 장의 허가**를 받아야 한다. 1723
포상휴가(§18)	경찰기관의 장은 근무성적이 탁월하거나 다른 경찰공무원의 모범이 될 공적이 있는 경찰공무원에 대하여 **1회 10일이내**의 포상휴가를 허가할 수 있다. 이 경우의 포상휴가기간은 연가일수에 **산입하지 아니한다**. 1724
연일근무자등의 휴무 (§19)	**경찰기관의 장**은 특별한 사정이 없는 한 다음과 같이 휴무를 허가**하여야 한다**. 1725 ← 할 수 있다 X 1. **연일근무자 및 공휴일근무자**에 대하여는 그 다음날 **1일**의 휴무 2. **당직 또는 철야근무자**에 대하여는 다음 날 오후 **2시**를 기준으로 하여 오전 또는 오후의 휴무

5 신분상 의무(국가공무원법)

비밀엄수의무	① 공무원은 재직 중은 물론 퇴직 후에도 직무상 알게 된 비밀을 엄수하여야 한다(국가공무원법 §60). ② 비밀엄수의 의무와 관련하여 비밀의 범위에는 자신이 처리하는 직무에 관한 비밀 뿐만 아니라 직무와 관련하여 알게 된 **모든 비밀을 포함**한다. ③ 비밀에 대해서 실질적으로 보호할 필요가치가 있는 것을 의미한다는 **실질설이 통설·판례**이다. ④ 재직 중 비밀엄수의무 위반에 대하여는 **형사벌**(형법 제127조 : 공무원 또는 공무원이 었던 자가 법령에 의한 직무상 비밀을 누설한 때에는 2년 이하의 징역이나 금고 또는 5년 이하의 자격정지에 처한다)과 **징계처분**을 할 수 있으며, **퇴직 후에는 징계벌을 부과할 수 없으나 형사벌은 공소시효 기간내에서(공무상비밀누설죄 공소시효는 5년) 부과할 수 있다. ⑤ 공무원이 법원의 증인이 되어 비밀에 관하여 심문을 받을 때에는 **소속공무소 또는 감독관공서의 허가**(소속 기관장 X)를 받은 사항에 한하여 진술할 수 있다(형사소송법 §147). ⑥ 공무원이거나 공무원이었던 사람은 직무상 알게 된 개인의 신상이나 재산에 관한 사항으로서 외부에 공개될 경우 특정인의 권리나 이익을 침해할 수 있는 사항을 타인에게 누설하거나 부당한 목적을 위하여 사용해서는 아니 된다. 다만, **법령에 따라 공개하는 경우는 제외**한다(국가공무원 복무규정 §4의2 제3호).
청렴의 의무 (§61)	① 공무원은 직무와 관련하여 **직접적이든 간접적이든** 사례·증여 또는 향응을 주거나 받을 수 없다. ② 공무원은 **직무상의 관계가 있든 없든** 그 소속 상관에게 증여하거나 소속 공무원으로부터 증여를 받아서는 아니 된다.
외국정부의 영예 등의 제한(§62)	공무원이 외국 정부로부터 영예나 증여를 받을 경우에는 **대통령의 허가**를 받아야 한다. → 경찰청장 X
품위유지의무 (§63)	공무원은 직무의 내외를 불문하고 그 품위가 손상하는 행위를 하여서는 아니 된다.
집단행위 금지의무 (§66)	① 공무원은 노동운동이나 그 밖에 공무 외의 일을 위한 집단 행위를 하여서는 아니 된다. 다만 사실상 **노무에 종사하는 공무원**은 예외로 한다. → 사실상 노무에 종사하는 공무원으로서 노동조합에 가입된 자가 조합 업무에 전임하려면 소속 장관의 허가를 받아야 한다. ② 경찰공무원으로서 이를 위반한 사람은 **2년 이하의 징역 또는 200만원 이하의 벌금**에 처한다(경찰공무원법 §37④).

6 신분상 의무(정치운동금지의무(국가공무원법)와 정치관여금지의무(경찰공무원법))

국가공무원법

제65조(정치운동금지 의무) ① 공무원은 **정당이나 그 밖의 정치단체의 결성에 관여하거나 이에 가입할 수 없다.**1734

② 공무원은 선거에서 특정 정당 또는 특정인을 지지 또는 반대하기 위한 다음의 행위를 하여서는 아니 된다.
1. 투표를 하거나 하지 아니하도록 권유 운동을 하는 것
2. 서명 운동을 기도·주재하거나 권유하는 것
3. 문서나 도서를 공공시설 등에 게시하거나 게시하게 하는 것
4. **기부금을 모집 또는 모집하게 하거나**, 공공자금을 이용 또는 이용하게 하는 것
5. 타인에게 정당이나 그 밖의 정치단체에 가입하게 하거나 또는 가입하지 아니하도록 권유 운동을 하는 것

경찰공무원법

제23조(정치관여 금지 의무) ① 경찰공무원은 **정당이나 정치단체에 가입하거나 정치활동에 관여하는 행위를 하여서는 아니 된다.**644

② ①에서 정치활동에 관여하는 행위란 다음 어느 하나에 해당하는 **행위를 말한다.**
1. 정당이나 정치단체의 결성 또는 가입을 지원하거나 **방해하는 행위**
2. 그 직위를 이용하여 특정 정당이나 특정 정치인에 대하여 지지 또는 반대 의견을 유포하거나, 그러한 여론을 조성할 목적으로 특정 정당이나 특정 정치인에 대하여 찬양하거나 비방하는 내용의 의견 또는 사실을 유포하는 행위
3. 특정 정당이나 특정 정치인을 위하여 기부금 모집을 지원하거나 방해하는 행위 또는 국가·지방자치단체 및 「공공기관의 운영에 관한 법률」에 따른 공공기관의 자금을 이용하거나 이용하게 하는 행위
4. **특정 정당이나 특정인의 선거운동을 하거나 선거 관련 대책회의에 관여하는 행위**1735
5. 「정보통신망 이용촉진 및 정보보호 등에 관한 법률」에 따른 정보통신망을 이용한 제1호부터 제4호까지의 규정에 해당하는 행위
6. 소속 직원이나 다른 공무원에 대하여 제1호부터 제5호까지의 행위를 하도록 요구하거나 그 행위와 관련한 보상 또는 보복으로서 이익 또는 불이익을 주거나 이를 약속 또는 고지하는 행위

주의 '특정 정당·정치단체나 특정 정치인을 위하여 집회를 주최·참석·지원하도록 다른 사람을 사주·유도·권유·회유 또는 협박하는 행위'를 정치활동관여행위로 규정하고 있는 것은 **국가정보원법 제11조(제2항 제5호)**이고, 경찰공무원법에서는 이를 규정하고 있지 않다.

비교 정치운동 금지의무와 정치관여 금지의무

	정치운동 금지의무	정치관여 금지의무
근거	국가공무원법 제65조	경찰공무원법 제23조
금지내용	**기부금을 모집 또는 모집하게 하거나**, 공공자금을 이용 또는 이용하게 하는 것 → 기부금 모집을 방해하는 행위 X	특정 정당이나 특정 정치인을 위하여 기부금 모집을 지원하거나 **방해하는 행위** 또는 국가·지방자치단체 및 「공공기관의 운영에 관한 법률」에 따른 공공기관의 자금을 이용하거나 이용하게 하는 행위
	타인에게 정당이나 그 밖의 정치단체에 가입하게 하거나 가입하지 아니하도록 권유 운동을 하는 것	정당이나 정치단체의 결성 또는 가입을 지원하거나 **방해하는 행위**
벌칙	3년 이하 징역과 3년 이하의 자격정지(공소시효 10년) → 또는 X	5년 이하의 징역과 5년 이하의 자격정지(공소시효 10년) → 또는 X

7 공직자윤리법 _S급

의의	공직자윤리법(국가공무원법X)은 공무원의 청렴의무의 제도적 확보를 위하여 일정한 공직자의 재산등록의무(제3조), 재산공개의무(제10조), 퇴직공직자의 취업제한(제17조), 선물신고의무(동법 시행령 제28조), 이해충돌 방지 의무(제2조의2)등을 규정하고 있다.1736
재산 등록의무자	① **공직자 윤리법** : **총경(자치총경을 포함) 이상**의 경찰공무원 ② **동법 시행령** : **경사 이상**(경찰공무원 중 경정, 경감, 경위, 경사) ─ 법령상 : 경사이상 1738

등록대상재산
(§4)
	① 등록의무자가 등록할 재산은 다음 각 호의 어느 하나에 해당하는 사람의 재산(소유 명의와 관계없이 사실상 소유하는 재산, 비영리법인에 출연한 재산과 외국에 있는 재산을 **포함**)으로 한다.
	  1. 본인
	  2. 배우자(사실상의 혼인관계에 있는 사람을 **포함**(제외X))
	  3. 본인의 직계존속·직계비속. 다만, 혼인한 직계비속인 여성과 외증조부모, 외조부모, 외손자녀 및 외증손자녀는 **제외**(포함X)한다.
	② 등록의무자가 등록할 재산은 다음 각 호와 같다.1739
	  1. **부동산에 관한 소유권·지상권 및 전세권**
	  2. 광업권·어업권·양식업권, 그 밖에 부동산에 관한 규정이 준용되는 권리
	  3. 다음 각 목의 동산·증권·채권·채무 및 지식재산권(知識財産權)
	    가~마. **소유자별** 합계액 **1천만원 이상**의 **현금(수표를 포함), 예금, 주식·국채·공채·회사채 등 증권, 채권, 채무**
	    바. 소유자별 합계액 **500만원 이상**의 금 및 백금(금제품 및 백금제품을 포함)
	    사~아. **품목당**(소유자별X) **500만원 이상**의 **보석류, 골동품 및 예술품**
	    자. 권당 500만원 이상의 **회원권**
	    차. 소유자별 연간 1천만원 이상의 소득이 있는 지식재산권
	    카. 자동차·건설기계·선박 및 항공기
	  4. 합명회사·합자회사 및 유한회사의 출자지분
	  5. 주식매수선택권
	  6. 「가상자산 이용자 보호 등에 관한 법률」 제2조 제1호에 따른 **가상자산**

재산 등록시기	① 공직자는 등록의무자가 된 날부터 **2개월**이 되는 날이 속하는 달의 말일까지 등록하여야 한다(§5①). ② 등록의무자는 매년 1월 1일부터 12월 31일까지의 재산 변동사항을 다음 해 **2월 말**일까지 등록기관에 신고**하여야 한다**(§6①).

등록재산의 공개 (§10)	① 공직자윤리위원회는 관할 등록의무자 중 **치안감 이상**의 경찰공무원 및 특별시·광역시·특별자치시·도·특별자치도의 **시·도경찰청장**에 해당하는 공직자 본인과 배우자 및 본인의 직계존속·직계비속의 재산에 관한 등록사항과 변동사항 신고내용을 등록기간 또는 신고기간 만료 후 **1개월** 이내에 관보(공보를 포함한다) 및 인사혁신처장이 지정하는 정보통신망을 통하여 공개**하여야 한다**.¹⁷³⁷ ③ ①에 해당하는 경우가 아니면 누구든지 **공직자윤리위원회 또는 등록기관의 장의 허가**를 받지 아니하고는 등록의무자의 재산에 관한 등록사항을 열람·복사하거나 이를 하게 하여서는 아니 된다. 다만, 등록의무자가 본인의 등록사항에 대하여 열람·복사하는 경우에는 그러하지 아니하다.
외국 정부 등으로부터 받은 선물의 신고 (§15)	① 공무원(지방의회의원을 포함한다) 또는 공직유관단체의 임직원은 외국으로부터 선물(대가 없이 제공되는 물품 및 그 밖에 이에 준하는 것을 말하되, **현금은 제외**)을 받거나 그 직무와 관련하여 외국인(**외국단체를 포함**)에게 선물을 받으면 지체 없이 소속 기관·단체의 장에게 신고하고 그 선물을 인도**하여야 한다**. (할 수 있다 X) 이들의 가족이 외국으로부터 선물을 받거나 그 공무원이나 공직유관단체 임직원의 직무와 관련하여 외국인에게 선물을 받은 경우에도 또한 같다.¹⁷⁴⁰ ② 신고하여야 할 선물은 그 선물 수령 당시 증정한 국가 또는 외국인이 속한 국가의 시가로 미국화폐 **100달러 이상**이거나 국내 시가로 **10만원 이상**인 선물로 한다(동법 시행령 §28).¹⁷⁴² ③ ①에 따라 선물 신고를 받은 소속기관 또는 공직유관단체의 장은 분기별로 총리령으로 정하는 바에 따라 선물신고 관리상황을 법 제5조제1항에 따른 등록기관의 장에게 통보하여야 하고, 해당 선물은 상반기에 신고된 선물의 경우에는 해당 연도 **7월 1일부터 7월 31일까지** 등록기관의 장에게 이관하여야 한다(동법 시행령 §29 ①). 〈단서 생략〉 ④ ③에 따라 선물을 이관받은 기관의 장은 그 중 국유재산으로 계속 관리·유지할 필요가 없다고 인정되는 선물은 **외교부장관**과의 협의를 거쳐 조달청장에게 이관하여 처분하게 할 수 있으며, 조달청장은 선물을 처분할 때 그 선물의 수령을 신고한 사람이 그 선물의 매수를 원하는 경우에는 그 사람에게 조달청장이 전문기관에 의뢰하여 감정한 가액으로 우선하여 매도하여야 한다(동법 시행령 §30 ①②). (기획재정부장관 X)
선물의 귀속 등 (§16)	① 제15조 제1항에 따라 신고된 선물은 신고 즉시 국가 또는 지방자치단체에 귀속된다.
퇴직공직자의 취업제한 (§17)	① 공무원(국가경찰공무원 중 경정, 경감, 경위, 경사와 자치경찰공무원 중 자치경정, 자치경감, 자치경위, 자치경사)과 공직유관단체의 직원(취업심사대상자)은 퇴직일부터 **3년간** 취업심사대상기관에 취업할 수 없다. 다만, 관할 공직자윤리위원회로부터 취업심사대상자가 퇴직 전 **5년** 동안 소속하였던 부서 또는 기관의 업무와 취업심사대상기관 간에 밀접한 관련성이 없다는 확인을 받거나 취업승인을 받은 때에는 취업할 수 있다.¹⁷⁴¹ ② 「공직자윤리법 시행령」상 자본금이 **10억원 이상**이고 연간 외형거래액(부가가치세가 면세되는 경우에는 그 면세되는 수입금액을 포함한다)이 **100억원 이상**인 영리를 목적으로 하는 사기업체는 ①의 취업심사대상기관에 해당한다(동법 시행령 §33 ①).

THEME 07 징계_S급

1 징계의 의의 및 징계사유(국가공무원법)

의의	징계책임은 공무원 내부질서유지를 위해 **특별행정법관계**에 의해 과해지는 제재 (→일반통치권 X)
특징	① 징계벌과 형벌은 대상·목적 등을 달리하기 때문에 동일한 행위에 대하여 **양자를 병과**할 수 있으며, 병과하더라도 **일사부재리의 원칙에 저촉되지 않는다.** ② 징계벌은 퇴직 후 처벌이 불가능 ③ 징계사유가 있을 때에는 공무원의 **고의·과실유무와 관계없이** 징계할 수 있다. ④ 징계권은 임용권에 포함되는 것이므로 징계권자는 임용권자가 되는 것이 원칙이다.1746

징계사유
(§78)
	① 공무원이 다음 각 호의 어느 하나에 해당하면 징계 의결을 요구**하여야 하고** 그 징계 의결의 결과에 따라 징계처분을 **하여야 한다.**1745
	  1. 이 법 및 이 법에 따른 **명령을 위반**한 경우
	  2. **직무상 의무에 위반**(다른 법령에서 공무원의 신분으로 인하여 부과된 의무를 **포함**)하거나 직무를 태만히 할 때
	  3. 직무의 내외를 불문하고 그 **체면 또는 위신을 손상**하는 행위를 할 때
	② 공무원(특수경력직공무원 및 지방공무원을 포함한다)이었던 사람이 다시 공무원으로 임용된 경우에 재임용 전에 적용된 법령에 따른 징계 사유는 그 사유가 발생한 날부터 이 법에 따른 징계 사유가 발생한 것으로 본다.

징계 부가금
(§78의2)
	① 징계 사유가 다음 각 호의 어느 하나에 해당하는 경우에는 해당 징계 외에 다음 각 호의 행위로 취득하거나 제공한 금전 또는 재산상 이득(금전이 아닌 재산상 이득의 경우에는 금전으로 환산한 금액을 말한다)의 **5배** 내의 징계부가금 부과 의결을 징계위원회에 요구**하여야 한다.**
	  1. 금전, 물품, 부동산, 향응 또는 그 밖에 **대통령령으로 정하는 재산상 이익**을 취득하거나 제공한 경우
	  2. 다음 각 목에 해당하는 것을 횡령(橫領), 배임(背任), 절도, 사기 또는 유용(流用)한 경우 (나. ~ 바. 중략)
	    가. 「국가재정법」에 따른 예산 및 기금
	    사. 그 밖에 가목부터 바목까지에 준하는 것으로서 대통령령으로 정하는 것
	④ ①에 따라 징계부가금 부과처분을 받은 사람이 납부기간 내에 그 부가금을 납부하지 아니한 때에는 처분권자(대통령이 처분권자인 경우에는 처분 제청권자)는 **국세강제징수의 예**에 따라 징수할 수 있다.

징계 및 징계
부가금 부과
사유의 시효
(§83의2)
	① 징계의결등의 요구는 징계 등 사유가 발생한 날부터 다음 각 호의 구분에 따른 기간이 지나면 하지 못한다.1747
	  1. 성매매, 성폭력, 아동·청소년 대상 성범죄, 성희롱 : **10년**
	  2. 금품 및 향응수수, 공금의 횡령·유용의 경우 : **5년**
	  3. 그 밖의 징계등의 요구는 징계사유가 발생한 날부터 : **3년**

발생시점	임용 전의 행위라도 이로 인하여 임용 후의 공무원의 체면 또는 위신을 손상시킨 때에는 징계사유가 **될 수 있다.** (→될 수 없다 X)

2 징계의 종류 및 효과(국가공무원법 §79,80)

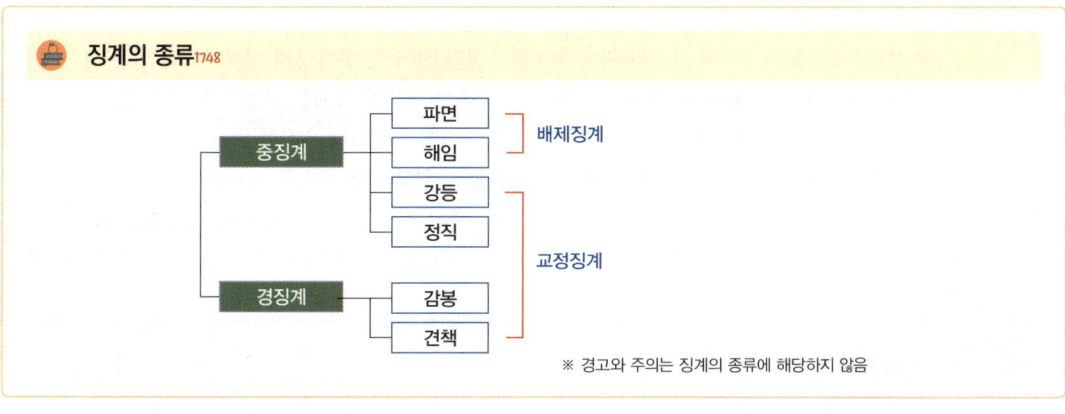

배제징계	파면	① 공무원 신분박탈 ② 경찰공무원 임용 결격사유 (국가공무원법상 일반공무원 5년 결격사유)
	해임	① 공무원 신분박탈 ② 원칙적으로 퇴직급여, 퇴직수당 **모두 지급**(단, **금품·향응수수, 공금횡령·유용시 제한**) ③ 경찰공무원 임용 결격사유 (국가공무원법상 일반공무원 3년 결격사유)

[파면, 해임의 경우 퇴직급여와 퇴직수당 제한 정리]

종류	재직기간	파면	해임(금품, 향응 수수, 공금횡령·유용)
퇴직급여	5년 이상	1/2 감액	1/4 감액(3/4지급)
	5년 미만	1/4 감액(3/4 지급)	1/8 감액(7/8지급)
퇴직수당	상관없이	1/2 감액	1/4 감액(3/4지급)

교정징계	강등	① 공무원 신분 보유 ② 1계급 아래로 직급을 내리고 **3개월**간 직무 정지 ③ **3개월**간 보수 **전액** 감액 ④ 강등 시 강등 이전의 계급정년을 그대로 유지 ⑤ 승진·승급 제한기간 : 직무정지 3개월 + 18개월
	정직	① 공무원 신분 보유 ② **1개월 이상 3개월 이하** 직무 정지 ③ 정직기간 중 보수 **전액 감액** ④ 승진·승급 제한기간 : 정직기간 + 18개월
	감봉	① 1개월 이상 3개월 이하의 기간동안 보수의 **1/3 감액** ② 승진·승급 제한기간 : 감봉기간 + 12개월
	견책	① 보수 전액지급(전과(前過)에 대하여 훈계하고 회개) ② 승진·승급 제한기간 : **6개월**

> **판례**
> ① 징계에 관한 일반사면이 있는 경우 파면처분으로 공무원의 지위를 상실한 공무원은 **파면처분의 위법을 주장하여 그 취소를 구할 수 있다**(대판 80누536).
> ② 경찰공무원시험승진후보자명부에 등재된 자가 승진임용되기 전에 정직 이상의 징계처분을 받은 경우, 임용권자가 당해인을 시험승진후보자명부의 삭제행위는 결국 그 명부에 등재된 자에 대한 승진 여부를 결정하기 위한 행정청 내부의 준비과정에 불과하고, 그 자체가 어떠한 권리나 의무를 설정하거나 법률상 이익에 직접적인 변동을 초래하는 별도의 **행정처분이 된다고 할 수 없다**(대판 97누7325). 1760
> **보충** 임용권자나 임용제청권자는 심사승진후보자 명부에 기록된 사람이 승진임용되기 전에 **정직 이상**의 징계처분을 받은 경우에는 심사승진후보자 명부에서 그 사람을 제외하여야 한다(경찰공무원 승진임용규정 §24).

> **심화** 형벌 등에 따른 급여의 제한(공무원연금법§65)
> ① 공무원이거나 공무원이었던 사람이 다음 각 호의 어느 하나에 해당하는 경우에는 대통령령으로 정하는 바에 따라 퇴직급여 및 퇴직수당의 일부를 줄여 지급한다. 이 경우 퇴직급여액은 이미 낸 기여금의 총액에 「민법」제379조에 따른 이자를 가산한 금액 이하로 줄일 수 없다.
> 1. 재직 중의 사유(직무와 관련이 없는 과실로 인한 경우 및 소속 상관의 정당한 직무상의 명령에 따르다가 과실로 인한 경우는 제외)로 **금고 이상**의 형이 확정된 경우
> 2. 탄핵 또는 징계에 의하여 **파면**된 경우
> 3. **금품 및 향응 수수, 공금의 횡령·유용**으로 징계에 의하여 **해임**된 경우 → 징계해임은 원칙적으로 급여제한이 없다.

3 징계절차(경찰공무원 징계령)

(1) 징계의결의 요구

의결요구 (§9)	① **경찰기관의 장**은 소속 경찰공무원이 **징계사유**가 있다고 인정하는 때와 **하급경찰기관**으로부터 징계 등 의결 요구의 신청을 받은 때에는 **지체 없이** 관할 징계위원회를 구성하여 징계 등 의결을 **요구하여야 한다.** (할수있다 X) 1761 ② **경찰기관의 장**은 그 소속 경찰공무원에 대한 징계등 사건이 **상급 경찰기관**에 설치된 징계위원회의 관할에 속한 경우에는 그 상급 경찰기관의 장에게 징계의결서등을 첨부하여 징계등 의결의 요구를 신청하여야 한다. 1762 ⑤ 경찰기관의 장은 ①에 따라 징계등 의결을 요구할 때에는 경찰공무원 징계 의결 또는 징계부가금 부과 의결 요구서 **사본**을 징계등 심의 대상자에게 보내야 한다. 다만, 징계등 심의 대상자가 그 수령을 거부하는 경우에는 그러하지 아니하다. **경찰공무원 징계령 세부시행규칙** • 징계의결요구권자는 공금횡령·유용 및 업무상 배임의 금액이 **300만원 이상**일 경우에는 **중징계 의결**을 **요구하여야 한다**(§4①단서). 1762-1 (→100만원 X) • 징계의결요구권자 또는 징계위원회는 서로 관련이 없는 2개 이상의 의무위반행위가 경합될 때에는 그 중 책임이 중한 의무위반행위에 해당하는 징계보다 **1단계 위**의 징계의결 요구 또는 징계의결을 할 수 있다(§7①). 1762-2 (→2단계 X)

소속이 아닌 경찰공무원인 경우 (§10)	① 경찰기관의 장은 그 소속이 아닌 경찰공무원에게 징계 사유가 있다고 인정될 때에는 **해당 경찰기관의 장**에게 그 사실을 증명할 만한 충분한 사유를 명확히 밝혀 통지하여야 한다. ② ①에 따라 징계 사유를 통지받은 경찰기관의 장은 타당한 이유가 없으면 통지를 받은 날부터 **30일 이내**에 관할 징계위원회에 징계등 의결을 요구하거나 그 **상급 경찰기관의 장**에게 징계등 의결의 요구를 신청하여야 한다.1763 → 경찰기관의 장 X
감사원의 조사와의 관계 (국공법§83)	① **감사원에서 조사 중인 사건**에 대하여는 제3항에 따른 조사개시 통보를 받은 날부터 징계 의결의 요구나 그 밖의 징계 절차를 **진행하지 못한다**. ② **검찰·경찰, 그 밖의 수사기관에서 수사 중인 사건**에 대하여는 제3항에 따른 수사개시 통보를 받은 날부터 징계 의결의 요구나 그 밖의 징계 절차를 진행하지 **아니할 수 있다**.1764 ③ 감사원과 검찰·경찰, 그 밖의 수사기관은 조사나 수사를 시작한 때와 이를 마친 때에는 **10일** 내에 소속 기관의 장에게 그 사실을 통보하여야 한다.

(2) 징계위원회 의결

심의 대상자 출석 (§12)	① 징계위원회가 징계등 심의 대상자의 출석을 요구할 때에는 출석 통지서로 하되, 징계위원회 **개최일 5일 전**(3일 전 X)까지 그 징계등 심의 대상자에게 **도달**되도록 해야 한다.1765 ② 징계위원회는 징계등 심의 대상자가 그 징계위원회에 출석하여 진술하기를 원하지 아니할 때에는 진술권 포기서를 제출하게 하여 이를 기록에 첨부하고 서면심사로 징계등 의결을 할 수 있다.1766 ③ 징계위원회는 출석 통지를 하였음에도 불구하고 징계등 심의 대상자가 정당한 사유 없이 출석하지 아니하였을 때에는 그 사실을 기록에 분명히 적고 서면심사로 징계등 의결을 할 수 있다. 다만, 징계등 심의 대상자의 소재가 분명하지 아니할 때에는 출석 통지를 관보에 게재하고, 그 **게재일부터 10일**이 지나면 출석 통지가 송달된 것으로 보며, 징계등 의결을 할 때에는 관보 게재의 사유와 그 사실을 기록에 분명히 적어야 한다.1767 → 7일 X / 게재일 다음날부터 X **판례** 경찰공무원 징계령 제12조 제1항 소정의 출석통지는 소정의 서면에 의하지 아니하더라도 **구두, 전화 또는 전언등 방법**에 의하여 징계심의 대상자에게 전달되었으면 출석통지로서 족하고, 이러한 출석통지는 징계심의 대상자로 하여금 징계심의가 언제 개최되는가를 알게 함과 동시에 자기에게 이익되는 사실을 진술하거나 증거자료를 제출할 기회를 부여하기 위한 조치에서 나온 강행규정이므로 위 출석통지 없이 한 징계심의 절차는 위법하다 (대법원 84누251 판결).
의결기한 (§11)	징계등 의결 요구를 받은 징계위원회는 그 요구서를 받은 날부터 **30일 이내**에 징계등에 관한 의결을 하여야 한다. 다만, 부득이한 사유가 있을 때에는 해당 징계등 의결을 요구한 **경찰기관의 장의 승인**을 받아 **30일 이내**의 범위에서 그 기한을 연기할 수 있다.1768 → 징계등 심의대상자 동의 X, 고지 X

심문과 진술권 (§13)	① 징계위원회는 출석한 징계등 심의 대상자에게 징계 사유에 해당하는 사실에 관한 심문을 하고 심사를 위하여 필요하다고 인정될 때에는 관계인을 출석하게 하여 심문할 수 있다. ② **징계위원회는 징계등 심의 대상자에게 진술할 수 있는 기회를 충분히 주어야 하며**, 징계등 심의 대상자는 **의견서 또는 말**로 자기에게 이익이 되는 사실을 진술하거나 증거를 제출할 수 있다. 　→ 출석 및 의견진술 기회를 주지않고 한 징계등 의결은 절차상 하자로 무효 ③ 징계등 심의 대상자는 증인의 심문을 신청할 수 있다. 이 경우 **징계위원회**는 의결로써 그 채택 여부를 결정하여야 한다.1769　　　　　　　　　　　　　　　→ 위원장 X ④ 징계등 의결을 요구한 자 또는 징계등 의결의 요구를 신청한 자는 징계위원회에 출석하여 의견을 진술하거나 서면으로 의견을 진술할 수 있다. 다만, 중징계나 중징계 관련 징계부가금 요구사건의 경우에는 특별한 사유가 없는 한 징계위원회에 출석하여 의견을 진술해야 한다.1770 ⑤ 징계위원회는 필요하다고 인정할 때에는 사실 조사를 하거나 특별한 학식·경험이 있는 사람에게 검증 또는 감정을 의뢰할 수 있다. ※ 징계위원회의 위원장은 징계등 심의 대상자에게 진술을 거부할 수 있음을 고지하여야 한다.
원격 영상회의 방식의 활용 (§14의2)	① 징계위원회는 위원과 징계등 심의 대상자, 징계등 의결을 요구하거나 요구를 신청한 자, 증인, 관계인 등 이 영에 따라 회의에 출석하는 사람이 동영상과 음성이 동시에 송수신되는 장치가 갖추어진 서로 다른 장소에 출석하여 진행하는 **원격영상회의 방식으로 심의·의결할 수 있다.**1771 이 경우 징계위원회의 위원 및 출석자가 같은 회의장에 출석한 것으로 본다. ② 징계위원회는 제1항에 따라 원격영상회의 방식으로 심의·의결하는 경우 위원 및 출석자의 신상정보, 회의 내용·결과 등이 유출되지 않도록 **보안에 필요한 조치를 해야 한다**. ③ 제1항 및 제2항에서 규정한 사항 외에 원격영상회의의 운영에 필요한 사항은 **경찰청장**이 정한다.
징계등의 정도 (§16)	징계위원회는 징계등 사건을 의결할 때에는 징계등 심의 대상자의 비위행위 당시 계급 및 직위, 비위행위가 공직 내외에 미치는 영향, 평소 행실, 공적, 뉘우치는 정도나 그 밖의 정상과 징계등 의결을 요구한 자의 의견을 **고려해야 한다**. (고려할 수 있다 X)1773
감경사유 (세부시행 규칙§8)	① 징계위원회는 징계의결이 요구된 자가 다음 각 호의 어느 하나에 해당하는 공적이 있는 경우 **징계를 감경할 수 있다.** 　1. 「상훈법」에 따라 훈장 또는 포장을 받은 공적1774 　2. 「정부표창규정」에 따라 **국무총리 이상의 표창을 받은 공적** 다만, **경감 이하의 경찰공무원등은 경찰청장** 또는 중앙행정기관 차관급 이상 표창을 받은 공적1775 　3. 「모범공무원규정」에 따라 모범공무원으로 선발된 공적 ③ ①에도 불구하고 의무위반행위의 내용이 **직무상 비밀이나 미공개 정보를 이용한 부당행위에 해당**하는 경우에는 **징계를 감경할 수 없다.**1775-1 　**판례** 징계위원회의 심의과정에 반드시 제출되어야 하는 공적(功績) 사항이 제시되지 않은 상태에서 결정한 징계처분은 징계양정이 결과적으로 적정한지 그렇지 않은지와 상관없이 법령이 정한 징계절차를 지키지 않은 것으로서 **위법하다** (당연무효이다 X)(대판 2011두20505).1776

> **❗심화** 퇴직을 희망하는 공무원의 징계사유 확인 및 퇴직 제한 등과 재심사 청구(국가공무원법)
>
> ① 임용권자 또는 임용제청권자는 공무원이 퇴직을 희망하는 경우에는 제78조 제1항에 따른 징계사유가 있는지 및 제2항 각 호의 어느하나에 해당하는지 여부를 감사원과 검찰·경찰 등 조사 및 수사기관 장에게 확인**하여야 한다**(§78의4).
> ② 제1항에 따른 확인 결과 파면, 해임, 강등 또는 정직에 해당하는 징계사유가 있거나 다음 각 호의 어느 하나에 해당하는 경우(제1호·제3호 및 제4호의 경우에는 해당 공무원이 파면·해임·강등 또는 정직의 징계에 해당한다고 판단되는 경우에 한정한다) 제78조 제4항에 따른 소속장관 등은 지체없이 징계의결 등을 요구**하여야 하고, 퇴직을 허용하여서는 아니된다.**
>
> 징계의결등을 요구한 기관의 장은 징계위원회의 의결이 가볍다고 인정하면 그 처분을 하기 전에 다음 각 호의 구분에 따라 심사나 재심사를 청구**할 수 있다.** 이 경우 소속 공무원을 대리인으로 지정할 수 있다(§82).
> 1. 국무총리 소속으로 설치된 징계위원회의 의결 : **해당 징계위원회**에 재심사를 청구
> 2. 중앙행정기관에 설치된 징계위원회(중앙행정기관의 소속기관에 설치된 징계위원회는 제외)의 의결 : 국무총리 소속으로 설치된 징계위원회에 심사를 청구
> 3. 제1호 및 제2호 외의 징계위원회의 의결 : 직근 상급기관에 설치된 징계위원회에 심사를 청구

(3) 징계등의 집행

의결서 통지 (§17)	징계위원회는 징계등 의결을 하였을 때에는 **지체 없이 징계등 의결을 요구한 자에게** 의결서 **정본**을 보내어 통지하여야 한다.1777
경징계 집행 (§18)	① **징계등 의결을 요구한 자**는 경징계의 징계등 의결을 통지받았을 때에는 통지받은 날부터 **15일 이내**에 징계등을 집행하여야 한다.1778 ② 징계등 의결을 요구한 자는 징계등 의결을 집행할 때에는 의결서 **사본**에 징계등 처분 사유 설명서를 첨부하여 징계등 처분 대상자에게 보내야 한다. ③ 징계등 의결을 요구한 경찰기관의 장은 경징계의 징계등 의결을 집행하였을 때에는 지체 없이 그 결과에 의결서의 사본을 첨부하여 해당 임용권자에게 보고하고, 징계등 처분을 받은 사람의 소속 경찰기관의 장에게 통지하여야 한다.
중징계 집행 (§19)	① 징계등 의결을 요구한 자는 중징계의 징계등 의결을 통지받았을 때에는 **지체 없이** 징계등 처분 대상자의 임용권자에게 의결서 **정본**을 보내어 해당 징계등 **처분을 제청**하여야 한다. 다만, 경무관 이상의 강등 및 정직, 경정 이상의 파면 및 해임 처분의 제청, 총경 및 경정의 강등 및 정직의 집행은 경찰청장 또는 해양경찰청장이 한다.1779 〔→ 15일 이내 X〕 ② ①에 따라 중징계 처분의 **제청을 받은 임용권자**는 **15일 이내**에 의결서 **사본**에 징계등 처분 사유 설명서를 첨부하여 징계등 처분 대상자에게 보내야 한다.

비교 경징계 집행과 중징계 집행

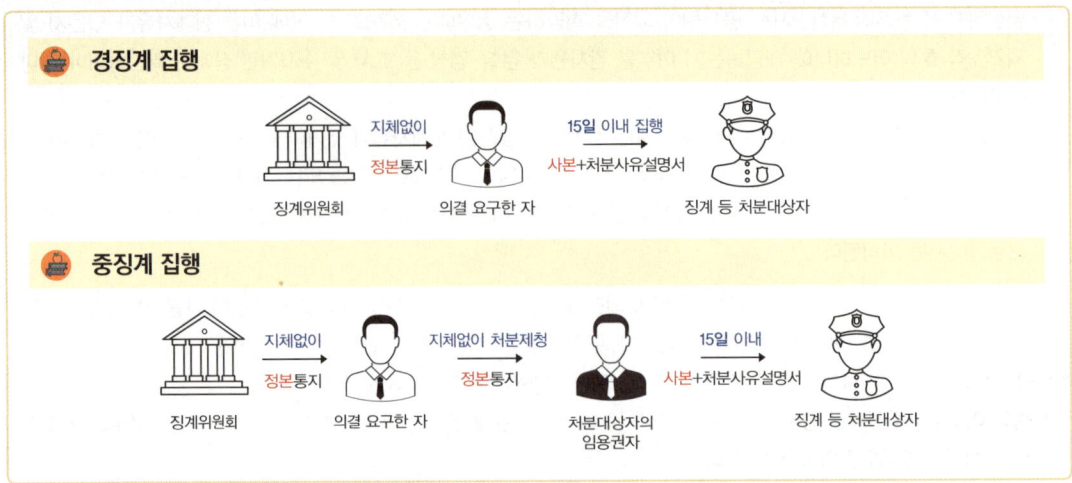

(4) 징계권자(경찰공무원법 §33)

① 경찰공무원의 징계는 징계위원회의 의결을 거쳐 징계위원회가 설치된 **소속 기관의 장**이 하되, 「국가공무원법」에 따라 국무총리 소속으로 설치된 징계위원회에서 의결한 징계는 **경찰청장**이 한다.
② 다만, 파면·해임·강등 및 정직은 징계위원회의 의결을 거쳐 해당 경찰공무원의 임용권자가 하되, **경무관 이상의 강등 및 정직과 경정 이상의 파면 및 해임**은 **경찰청장**의 제청으로 행정안전부장관과 국무총리를 거쳐 (→행정안전부장관 X) 대통령이 하고, **총경 및 경정의 강등 및 정직**은 **경찰청장**이 한다. 1780·1781

TIP 징계권자(예외사유) 정리

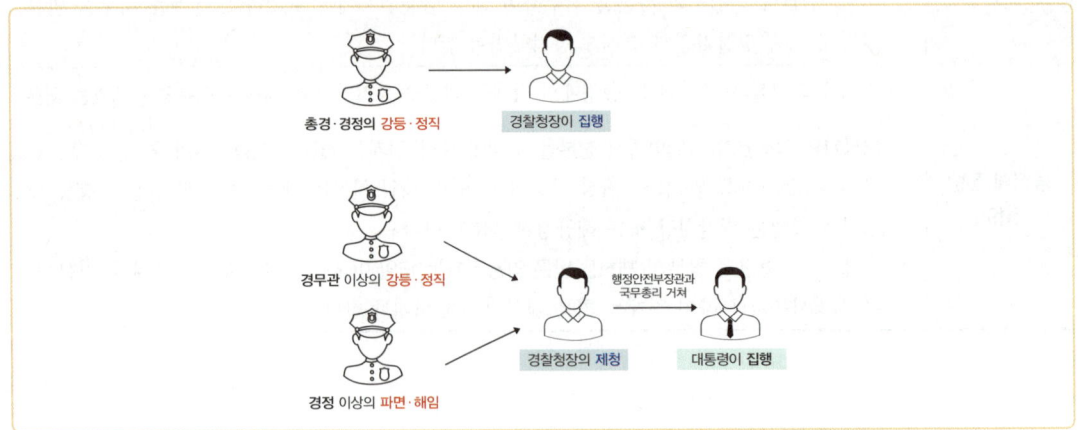

[징계절차 관련 판례]

① 징계권자가 경찰관에 대하여 징계요구를 하였다가 이를 철회하고 다시 징계요구를 하여 파면결의를 한 경우 경찰공무원징계령에 이를 금지한 조문이 없으므로 그 징계절차는 적법하다(대판 79누388).

② 공무원인 갑이 그 직무에 관하여 뇌물을 받았음을 징계사유로 하여 파면처분을 받은 후 그에 대한 형사사건이 **무죄의 확정판결**이 있었다면 위 징계처분은 근거없는 사실을 징계사유로 삼은 것이 되어 위법하다고 할 수는 있을지언정 그것이 객관적으로 명백하다고는 할 수 없으므로 위 **징계처분이 당연무효인 것은 아니다**(대판 89누4963).

③ 징계처분의 취소를 구하는 소에서 **징계사유가 될 수 없다고 판결한 사유와 동일한 사유를 내세워 행정청이 다시 징계처분을 한 것은** 확정판결에 저촉되는 행정처분을 한 것으로서, 위 취소판결의 기속력이나 확정판결의 기판력에 저촉되어 **허용될 수 없다**(대판 92누2912).

④ 경찰공무원의 징계의결과정에 징계심의위원회에 출석하라는 통보를 하지 아니한 위법이 있다 하더라도 그와 같은 사유는 징계처분의 **취소사유**에 불과하다(대판 85누386).

⑤ 공무원에 대한 징계처분의 사유설명서의 교부는 소송서류의 송달이 아니므로 민사소송법의 송달방법에 의할 것이 아니고 이를 **받을 자가 볼 수 있는 상태에 놓여질 때에 교부**한 것이 된다(대판 68누148).

⑥ 징계권자가 징계의결대로 **징계처분을 집행한 다음에는** 특단의 사정이 없는 한 그 스스로 이를 **취소하거나 변경할 수 없으며**, 이는 징계위원회의 의결내용에 **하자가 있는 경우에도 마찬가지**이다(대구고법 78구92).

⑦ 직위해제처분은 공무원에 대하여 불이익한 처분이긴 하나 징계처분과 같은 성질의 처분이라고는 볼 수 없으므로 **동일한 사유에 대한 직위해제처분이 있은 후 다시 해임처분이 있었다 하여 일사부재리의 법리에 어긋난다고 할 수 없다**(대판 83누489).

⑧ 정류장에서의 **앞지르기금지의무를 위반한 운전수에게** 대하여 정류장에서는 앞지르기를 하지 못한다고 **주의를 한데 그친 것은 교통경찰관**으로서는 바람직한 근무자세라 할 것이고 경찰공무원으로서 성실의무에 위반하는 등 **직무를 태만히 한 것이라고는 볼 수 없다**(대판 76누179).

⑨ 「지방공무원법」상 품위유지의 의무는 공직의 체면, 위신, 신용을 유지하고 주권자인 국민의 수임자로서 국민전체의 봉사자로서의 직책을 다함에 손색이 없는 몸가짐을 뜻하고 **직무 내외를 불문**한다(대판 82누46).

⑩ 공무원인 피징계자에게 징계사유가 있어서 징계처분을 하는 경우 어떠한 처분을 할 것인가는 징계권자의 재량에 맡겨진 것이고, 다만 징계권자가 재량권의 행사로서 한 징계처분이 사회통념상 현저하게 타당성을 잃어 징계권자에게 맡겨진 재량권을 남용한 것이라고 인정되는 경우에 한하여 그 처분을 위법하다고 할 수 있다(대판 99두6101).

4 징계위원회

(1) 징계위원회 설치 및 관할(경찰공무원 징계령§3, 4)

경찰공무원 중앙징계위원회	① **경찰청** 및 해양경찰청에 둔다. ② **총경 및 경정**에 대한 징계 또는 징계부가금 부과사건을 심의·의결한다.1784 → 경무관 이상 X
경찰공무원 보통징계위원회	① 경찰청, 해양경찰청, 시·도경찰청, 지방해양경찰청, 경찰대학, 경찰인재개발원, 중앙경찰학교, 경찰수사연수원, 해양경찰교육원, 경찰병원, 경찰서, 경찰기동대, 의무경찰대, 해양경찰서, 해양경찰정비창, 경비함정 및 경찰청장 또는 해양경찰청장이 지정하는 **경감 이상**의 경찰공무원을 장으로 하는 기관에 둔다.1783 ② 해당 징계위원회가 설치된 경찰기관 소속 **경감 이하** 경찰공무원에 대한 징계등 사건을 심의·의결한다. 다만, 다음 각 호의 기관에 설치된 보통징계위원회는 각 호의 구분에 따른 경찰공무원에 대한 징계등 사건을 심의·의결한다.1785 → 경정 이하 X 1. **경정 이상**의 경찰공무원을 장으로 하는 경찰서, 경찰기동대·해양경찰서 등 총경 이상의 경찰공무원을 장으로 하는 경찰기관 및 정비창 : 소속 **경위 이하**의 경찰공무원 2. 의무경찰대 및 경비함정 등 경찰청장 또는 해양경찰청장이 지정하는 **경감 이상**의 경찰공무원을 장으로 하는 경찰기관: 소속 **경사 이하**의 경찰공무원 ④ ②의 단서 또는 제6조 제2항 단서에 따라 해당 보통징계위원회의 징계 관할에서 제외되는 경찰공무원의 징계등 사건은 **바로 위 상급 경찰기관**에 설치된 보통징계위원회에서 심의·의결한다.1786

> **심화** 경찰공무원법(§32)
>
> **제32조(징계위원회)** ① **경무관 이상**의 경찰공무원에 대한 징계의결은 「국가공무원법」에 따라 **국무총리 소속**으로 설치된 징계위원회에서 한다.1787
> ② **총경 이하**의 경찰공무원에 대한 징계의결을 하기 위하여 대통령령으로 정하는 경찰기관 및 해양경찰관서에 경찰공무원 징계위원회를 둔다.1788
> ③ 경찰공무원 징계위원회의 구성·관할·운영, 징계의결의 요구 절차, 그 밖에 필요한 사항은 대통령령으로 정한다.
> ※ ①의 국무총리 소속으로 설치된 징계위원회 구성 : 위원장 1명을 포함하여 **17명 이상 33명 이하**(회의는 위원장과 위원장이 회의마다 지정하는 **8명의 위원으로 구성**)의 공무원위원과 민간위원으로 구성한다. 단, 민간위원수는 위원장 제외 위원수의 **2분의 1이상**일 것(특정 성이 민간위원수의 10분의 6을 초과하지 않도록 해야한다(공무원 징계령 §4).

(2) 관련 사건의 관할(경찰공무원 징계령§5)

상위 계급과 하위 계급의 경찰공무원이 관련된 징계등 사건	상위 계급의 경찰공무원을 관할하는 징계위원회에서 심의·의결
상급 경찰기관과 하급 경찰기관에 소속된 경찰공무원이 관련된 징계등 사건	상급 경찰기관에 설치된 징계위원회에서 심의·의결 다만, 상위 계급의 경찰공무원이 감독상 과실책임만으로 관련된 경우에는 관할 징계위원회에서 각각 심의·의결할 수 있다.
소속이 다른 2명 이상의 경찰공무원이 관련된 징계등 사건으로서 관할 징계위원회가 서로 다른 경우	모두를 관할하는 <u>바로 위 상급 경찰기관</u>에 설치된 징계위원회에서 심의·의결[1798] (→ 상급 경찰기관 X)

(3) 경찰공무원 징계위원회

구분	경찰 중앙(총경, 경정)	경찰 보통(경감 이하)
설치 근거	경찰공무원법(법률), 경찰공무원 징계령(대통령령)	
성격	심의·의결	
위원장 (경찰 공무원 징계령)	① **경위 이상** 위원 중 최상위 계급에 있거나 최상위 계급에 먼저 승진 임용된 공무원 ② 징계위원회의 위원장은 위원회의 사무를 총괄하며 위원회를 대표한다(§7③). ③ 징계위원회의 회의는 위원장이 소집한다(§7④). ④ 위원장은 **표결권**을 가진다(§7⑤).[1794] ⑤ 위원장이 부득이한 사유로 직무를 수행할 수 없거나 위원장이 필요하다고 인정하는 경우에는 출석한 위원 중 최상위 계급 또는 이에 상응하는 직급에 있거나 최상위 계급 또는 이에 상응하는 직급에 먼저 승진임용된 공무원이 위원장이 된다(§7⑥).[1795]	
구성 (위원) (징계령 §6)	① 위원장 1명을 포함하여 **11명 이상 51명 이하**의 공무원위원과 민간위원으로 구성[1789] (위원 수의 2분의 1 이상을 성별을 고려하여 민간위원으로 위촉, 특정성별의 위원이 민간위원 수의 10분의6을 초과하지 않도록 해야함)[1791] ② 징계위원회가 설치된 경찰기관의 장은 징계등 심의 대상자보다 상위 계급인 **경위 이상**의 소속 경찰공무원 또는 상위 직급에 있는 6급 이상의 소속 공무원 중에서 징계위원회의 공무원위원을 임명한다.[1790] (→ 경감 이상 X)	
	〈민간위원〉 가. 법관·검사 또는 변호사로 **10년 이상** 근무 나. 대학에서 경찰 관련 학문 **정교수** 이상 재직 다. **총경** 또는 4급 이상의 공무원 근무 퇴직(퇴직 전 5년부터 퇴직할 때까지 근무했던 적이 있는 경찰기관의 경우에는 퇴직일부터 **3년**이 경과한 사람) 라. 민간부문 인사·감사 업무 담당 임원급 또는 이에 상응하는 직위 근무 경력자	〈민간위원〉 가. 법관·검사 또는 변호사로 **5년 이상** 근무 나. 대학에서 경찰 관련 학문 **부교수** 이상 재직 다. 공무원으로 **20년 이상** 근속하고 퇴직(퇴직 전 **5년**부터 퇴직할 때까지 근무했던 적이 있는 경찰기관의 경우에는 퇴직일부터 **3년**이 경과한 사람) 라. 민간부문 인사·감사 업무 담당 임원급 또는 이에 상응하는 직위 근무 경력자
임기	민간위원의 임기는 **2년**, 한 차례 연임(경찰공무원 징계령 §6조의2)	

운영 (회의) (징계령 §7)	① 징계위원회의 회의는 위원장이 소집 ② 위원장과 징계위원회가 설치된 경찰기관의 장이 회의마다 지정하는 **4명 이상 6명 이하** 위원(성별을 고려하여 구성, 민간위원의 수는 위원장을 **포함** 위원 수의 **2분의1 이상**)[1792] ③ 징계사유가 다음 각 호의 어느 하나에 해당하는 징계 사건이 속한 징계위원회의 회의를 구성하는 경우에는 피해자와 같은 성별의 위원이 위원장을 **제외한** 위원 수의 **3분의 1 이상** 포함되어야 한다.[1793] → 포함한 X 　1. 「성폭력범죄의 처벌 등에 관한 특례법」에 따른 성폭력범죄 　2. 「양성평등기본법」에 따른 성희롱
의결 정족수 (징계령 §14)	① 징계위원회의 의결은 위원장을 포함한 **위원 과반수의 출석과 출석위원 과반수의 찬성**으로 의결 → 2/3 X 하되, **의견이 나뉘어 출석위원 과반수의 찬성을 얻지 못한 경우**에는 출석위원 과반수가 될 때까지 징계등 심의 대상자에게 가장 불리한 의견을 제시한 위원의 수를 그 다음으로 불리한 의견을 제시한 위원의 수에 차례로 더하여 그 의견을 합의된 의견으로 본다.[1796] 　예 위원장 포함 5명이 출석하여 구성된 징계위원회에서 정직 3월 1명, 정직 1월 1명, 감봉 3월 1명, 감봉 2월 1명, 감봉 1월 1명으로 의견이 나뉜 경우, 위원 5명의 과반수는 3명이상이므로 **감봉 3월**을 합의된 의결[1797] ③ 징계위원회는 제1항에도 불구하고 다음 각 호의 사항에 대해서는 **서면으로 의결**할 수 있다. 　1. 제5조 제4항(관련 사건의 관할)에 따른 징계등 사건의 관할 이송에 관한 사항 　2. 제11조 제1항(징계등 의결 기한)에 따른 징계등 의결의 기한 연기에 관한 사항 ④ 제3항에 따른 서면 의결의 절차·방법 등에 관한 사항은 **경찰청장**이 정한다. ⑤ 징계위원회의 의결 내용은 **공개하지 아니한다.**
간사 (징계령 §8)	① 간사 몇 명을 둠 ② 소속 공무원(징계등 사건의 조사 업무를 담당하는 공무원 **제외**)중에서 해당 징계위원회가 설치된 경찰기관의 장이 임명

> **TIP** 징계위원회 제척, 기피 및 회피(경찰공무원 징계령§15)

① 징계위원회의 위원장 또는 위원이 다음 각 호의 어느 하나에 해당하는 경우에는 그 징계등 사건의 심의·의결에 관여하지 못한다.[1772]
　1. **징계등 심의 대상자의 친족** 또는 직근 상급자(징계 사유가 발생한 기간 동안 직근 상급자였던 사람을 포함한다)인 경우
　2. **그 징계 사유와 관계가 있는 경우**
　3. 「국가공무원법」 제78조의3 제1항 제3호의 사유로 다시 징계등 사건의 심의·의결을 할 때 해당 징계등 사건의 조사나 심의·의결에 관여한 경우
② **징계등 심의 대상자**는 징계위원회의 위원장 또는 위원이 다음 각 호의 어느 하나에 해당하는 경우에는 징계위원회에 그 사실을 **서면**으로 밝히고 해당 위원장 또는 위원의 **기피**를 신청할 수 있다.
　1. 제1항 각 호의 어느 하나에 해당하는 경우
　2. 불공정한 의결을 할 우려가 있다고 의심할 만한 타당한 사유가 있는 경우
③ 징계위원회는 제2항에 따른 기피 신청을 받은 때에는 해당 징계등 사건을 심의하기 전에 의결로써 해당 위원장 또는 위원의 기피 여부를 결정해야 한다. 이 경우 기피 신청을 받은 위원장 또는 위원은 그 의결에 참여하지 못한다.
④ 징계위원회의 위원장 또는 위원은 제1항 각 호의 어느 하나에 해당하면 스스로 해당 징계등 사건의 심의·의결을 회피해야 하며, 제2항제2호에 해당하면 **회피**할 수 있다.

5 정상참작 사유(경찰공무원 징계령 세부시행규칙(경찰청 예규))

행위자(본인)의 참작 사유 (§4 ②)	징계요구권자 또는 징계위원회는 다음 각 호의 어느 하나에 해당하는 사유가 있을 때에는 징계책임을 감경하여 징계의결 요구 또는 징계의결하거나 징계책임을 묻지 **아니할 수 있다.** ▶책임을 물을 수 없다 ✗ 1. 과실로 인하여 발생한 의무위반행위가 다른 법령에 의해 처벌사유가 되지 않고 비난가능성이 없는 때1799 2. 국가 또는 공공의 이익을 증진하기 위해 성실하고 능동적으로 업무를 처리하는 과정에서 부분적인 절차상 하자 또는 비효율, 손실 등의 잘못이 발생한 때 3. **업무매뉴얼에 규정된 직무상의 절차를 충실히 이행한 때**1800 4. 의무위반행위의 발생을 방지하기 위해 최선을 다하였으나 부득이한 사유로 결과가 발생하였을 때 5. 발생한 의무위반행위에 대하여 자진신고하거나 사후조치에 최선을 다하여 원상회복에 크게 기여한 때 6. **간첩 또는 사회이목을 집중시킨 중요사건의 범인을 검거한 공로가 있을 때**1801 7. 의무위반행위 중 직무와 관련이 없는 사고로 인한 의무위반행위로서 사회통념에 비추어 공무원의 품위를 손상하지 아니한 때
감독자의 참작 사유 (§5 ②)	1. **부하직원의 의무위반행위를 사전에 발견하여 적법 타당하게 조치한 때**1802 2. 부하직원의 의무위반행위가 감독자 또는 행위자의 비번일, 휴가기간, 교육기간 등에 발생하거나, 소관업무와 직접 관련 없는 등 감독자의 실질적 감독범위를 벗어났다고 인정된 때1803 3. 부임기간이 **1개월 미만**으로 부하직원에 대한 실질적인 감독이 곤란하다고 인정된 때1804 4. 교정이 불가능하다고 판단된 부하직원의 사유를 명시하여 인사상 조치(전출 등)를 상신하는 등 성실히 관리한 이후에 같은 부하직원이 의무위반행위를 야기하였을 때 5. **기타 부하직원에 대하여 평소 철저한 교양감독 등 감독자로서의 임무를 성실히 수행하였다고 인정된 때**1805

6 징계 구제(국가공무원법)

재징계 의결의 요구 (§78의3)	원칙	처분권자는 다음에 해당하는 사유로 소청심사위원회 또는 법원에서 징계처분 또는 징계부과금 부과처분의 무효 또는 취소(취소명령 포함)의 결정이나 판결을 받은 경우에는 **3개월 이내**에 다시 징계의결 또는 징계부과금 부과의결을 **요구하여야 한다**. ↳할수있다✗ 1. 법령의 적용, 증거 및 사실 조사에 **명백한 흠**이 있는 경우 2. 징계위원회의 구성 또는 징계의결, 그 밖에 **절차상의 흠**이 있는 경우 3. 징계양정 및 징계부과금이 **과다한 경우**
	예외	징계양정 및 징계부과금의 과다를 이유로 무효 또는 취소(취소명령 포함)의 결정이나 판결을 받은 **감봉·견책처분**에 대하여는 징계의결을 요구하지 **아니할 수 있다**.
징계에 대한 구제	소청 (§76)	징계처분사유설명서를 받은 공무원이 그 처분에 불복할 때에는 그 설명서를 받은 날부터 **30일 이내**에 소청심사위원회에 심사를 청구할 수 있다. 이 경우 변호사를 대리인으로 선임할 수 있다.
	행정소송	① 소청심사위원회의 결정에 불복이 있는 때 또는 소청제기 후 **60일**이 지나도록 위원회의 결정이 없는 때에는 행정법원(행정법원이 설치되지 아니한 지역에서는 지방법원합의부)에 행정소송을 제기할 수 있다.

7 징계벌과 형사벌

구 분	징계벌	형사벌
권력의 기초	국가와 공무원 간 **특별행정법관계**에 근거	**일반통치권**에 근거
목 적	공무원 조직 내의 질서유지	일반사회의 질서유지
내 용	공무원의 신분상의 불이익을 주된 내용	일반국민의 재산상의 이익이나 자유·생명까지도 박탈하는 것을 내용
대 상	의무(법규)위반 공무원	형사법상의 의무위반(반사회적 법익침해)
시간적 한계	퇴직 후에는 처벌 불가	퇴직 후에도 처벌 가능
구성요건	고의·과실을 요하지 않음	고의·과실을 요함
양자의 관계	권력의 기초, 목적, 내용, 대상 등에서 서로 다르므로 양자를 **병과할 수 있으며**, 병과하여도 **일사부재리의 원칙에 저촉되지 않는다**.1806	

TIP 국가공무원법상 사유정리

직위해제사유 (§73의3) 직파형금고	1. **직**무수행 능력이 부족하거나 근무성적이 극히 나쁜 자 2. **파**면·해임·강등 또는 정직에 해당하는 징계 의결이 요구 중인 자 3. **형**사 사건으로 기소된 자(약식명령이 청구된 자는 **제외**) 4. **고**위공무원단에 속하는 일반직공무원으로서 제70조의2 제1항 제2호부터 제5호까지의 사유로 적격심사를 요구받은 자 5. **금**품비위, 성범죄 등 대통령령으로 정하는 비위행위로 인하여 감사원 및 검찰·경찰 등 수사기관에서 조사나 수사 중인 자로서 비위의 정도가 중대하고 이로 인하여 정상적인 업무수행을 기대하기 현저히 어려운 자	

직권면직사유
(§70)
	① 직위해제로 인한 **대기 명령**을 받은 자가 그 기간에 능력 또는 근무성적의 향상을 기대하기 어렵다고 인정된 때
	② 경찰공무원으로서 **부적합**할 정도로 직무수행능력 또는 성실성이 현저히 결여된 사람으로서
	  1. 지능 저하 또는 판단력 부족으로 경찰업무를 감당할 수 없는 경우
	  2. 책임감의 결여로 직무수행에 성의가 없고 **위험**한 직무를 고의로 기피하거나 포기하는 경우
	③ 직무를 수행하는 데에 **위험**을 일으킬 우려가 있을 정도의 성격적 또는 도덕적 결함이 있는 사람으로서
	  1. 인격장애, 알코올·약물중독 그 밖의 정신장애로 인하여 경찰업무를 감당할 수 없는 경우
	  2. 사행행위 또는 재산의 낭비로 인한 채무과다, 부정한 이성관계 등 도덕적 결함이 현저하여 타인의 비난을 받는 경우
		①~③
		징계위원회
		동의 요함

	④ 직제와 정원의 개폐 또는 예산의 감소 등에 따라 폐직 또는 과원이 되었을 때 ⑤ 휴직기간이 끝나거나 휴직사유가 소멸된 후에도 직무에 복귀하지 아니하거나 직무를 감당할 수 없을 때 ⑥ 해당 경과에서 직무를 수행하는데 필요한 자격증의 효력이 상실되거나 면허가 취소되어 담당 직무를 수행할 수 없게 되었을 때	④~⑥ 동의불요
징계사유 (§78)	1. 이 법 및 이 법에 따른 명령을 위반한 경우 2. 직무상의 의무(다른 법령에서 공무원의 신분으로 인하여 부과된 의무를 포함)를 위반하거나 직무를 태만히 한 때 3. 직무의 내외를 불문하고 그 체면 또는 위신을 손상하는 행위를 한 때	

경찰공무원의 권익보장제도

1 교부 및 고충 처리(국가공무원법)

처분사유
설명서의
교부(§75)
→ 사전적 구제
절차 1808
	① 공무원에 대하여 징계처분 등을 할 때나 강임·휴직·직위해제·면직처분을 할 때에는 그 처분권자 또는 처분제청권자는 처분사유를 적은 설명서를 **교부하여야 한다**(단, 본인의 원에 따른 **강임·휴직·면직처분**은 그러하지 아니함).1807
	② 처분권자 또는 처분제청권자는 피해자가 **요청하는 경우**(요청이 없으면 불가능) 다음 각 호의 어느 하나에 해당하는 사유로 처분사유 설명서를 교부할 때에는 그 징계처분결과를 피해자에게 함께 통보하여야 한다.
	  1. 「성폭력범죄의 처벌 등에 관한 특례법」 제2조에 따른 성폭력범죄
	  2. 「양성평등기본법」 제3조 제2호에 따른 성희롱
	  3. 직장에서의 지위나 관계 등의 우위를 이용하여 업무상 적정범위를 넘어 다른 공무원 등에게 부당한 행위를 하거나 신체적·정신적 고통을 주는 등의 행위로서 대통령령등으로 정하는 행위

고충 처리 (§76의2)	① 공무원은 인사·조직·처우 등 각종 직무 조건과 그 밖에 신상 문제와 관련한 고충에 대하여 **상담을 신청하거나 심사를 청구할 수 있으며,** 누구나 기관 내 성폭력 범죄 또는 성희롱 발생 사실을 알게 된 경우 이를 **신고할 수 있다.** 이 경우 상담 신청이나 심사 청구 또는 신고를 이유로 불이익한 처분이나 대우를 받지 아니한다.1809 ② **중앙인사관장기관의 장, 임용권자 또는 임용제청권자**는 ①에 따른 상담을 신청받은 경우에는 소속 공무원을 지정하여 상담하게 하고, 심사를 청구받은 경우에는 ④에 따른 관할 고충심사위원회에 부쳐 심사하도록 **하여야 하며,** 그 결과에 따라 고충의 해소 등 공정한 처리를 위하여 **노력하여야 한다.** ③ 중앙인사관장기관의 장, 임용권자 또는 임용제청권자는 기관 내 성폭력 범죄 또는 성희롱 발생 사실의 신고를 받은 경우에는 지체 없이 사실 확인을 위한 조사를 하고 그에 따라 **필요한 조치를 하여야 한다.** (조치를 위하여 노력하여야 한다 X) → **성관련 신고에 대한 조치는 기속사항임**1810 ④ 공무원의 고충을 심사하기 위하여 중앙인사관장기관에 중앙고충심사위원회를, 임용권자 또는 임용제청권자 단위로 보통고충심사위원회를 두되, 중앙고충심사위원회의 기능은 소청심사위원회에서 관장한다. ⑤ 고충상담 신청, 성폭력 범죄 또는 성희롱 발생 사실의 신고에 대한 처리절차, 고충심사위원회의 구성·권한·심사절차, 그 밖에 필요한 사항은 대통령령등으로 정한다. ※ 고충 처리는 그 결과가 **법적 기속력을 갖지 않는다.**1811

2 경찰공무원 고충심사위원회(공무원고충처리규정 §3의2)

고충심사 위원회 (경찰공무원법 §31)	① 경찰공무원의 인사상담 및 고충을 심사하기 위하여 **경찰청, 해양경찰청, 시·도자치경찰위원회, 시·도경찰청, 대통령령으로 정하는 경찰기관 및 지방해양경찰관서**에 경찰공무원 고충심사위원회를 둔다.[1813] ② 경찰공무원 고충심사위원회의 심사를 거친 **재심청구와 경정 이상의 경찰공무원**의 인사상담 및 고충심사는 「국가공무원법」에 따라 설치된 **중앙고충심사위원회**에서 한다.[1814] ※ 경찰공무원 고충심사위원회를 두는 경찰공무원법 제31조 제1항에서 "**대통령령이 정하는 경찰기관**"이라 함은 경찰대학·경찰인재개발원·중앙경찰학교·경찰수사연수원·경찰서·경찰기동대·경비함정 기타 **경감 이상**(경정이상 X)의 경찰공무원을 장으로 하는 기관 중 행정안전부장관 또는 해양수산부장관이 지정하는 경찰기관을 말한다(공무원고충처리규정 제3조의2).[1815]
관할	**경감 이하** 경찰공무원의 고충심사 국가공무원법 제76조의2 제5항 단서에 따라 6급 이하(경감 이하)의 공무원의 고충으로서 보통고충심사위원회에서 심사하는 것이 부적당하여 중앙고충심사위원회에서 심사할 수 있는 사안은 다음 각 호의 어느 하나에 해당하는 사안을 말한다. 1. 성폭력범죄 또는 성희롱 사실에 관한 고충 2. 「공무원 행동강령」 제13조의3에 따른 부당한 행위로 인한 고충 3. 그 밖에 성별·종교·연령 등을 이유로 하는 불합리한 차별로 인한 고충[1812]
위원장	설치기관 소속 공무원 중에서 인사 또는 감사 업무를 담당하는 과장 또는 이에 상당한 직위를 가진 사람[1817]
구성 (위원)	경찰공무원 고충심사위원회는 위원장 1명을 **포함**하여 **7명 이상 15명 이하**의 공무원위원과 민간위원(민간위원의 수는 위원장을 **제외**한 위원 수의 2분의 1 이상)[1816]
	민간위원 위촉자격: 경찰공무원으로 **20년 이상** 근무하고 퇴직한 사람, 대학에서 법학·행정학·심리학·정신건강의학 또는 경찰학을 담당하는 사람으로 **조교수** 이상 재직 중인 사람, 변호사 또는 공인노무사로 **5년 이상** 근무한 사람, 의료법상 의료인
	민간위원 해촉사유: ① 설치기관의 장이 민간위원 해촉할 수 있음 ② 사유: 심신장애로 직무수행 X, 직무와 관련된 비위사실 있는 경우, 직무태만 또는 품위손상이나 그 밖의 사유로 위원이 적합하지 않다고 인정되는 경우, 위원 스스로 직무를 수행하는 것이 곤란하다고 의사를 밝힌 경우
임명	① 공무원위원은 청구인보다 상위 계급 또는 이에 상당하는 소속 공무원 중에서 설치기관의 장이 임명[1817] ② 설치기관의 장이 민간위원 위촉함
임기	민간위원 **2년**, 한번 연임
대상·절차· 통지	① 심의사항: 개별적 고충 ② **30일 이내**에 고충심사에 대한 결정을 해야 한다. 고충심사위원회의 의결로 **30일**의 범위에서 그 기한을 연기할 수 있음[1818] ③ 고충심사위원회는 심사일 **5일** 전까지 청구인 및 처분청에 심사일시 및 장소를 알려야 함
의결정족수	① 회의: 위원장과 위원장이 회의마다 지정하는 **5명 이상 7명 이하**의 위원으로 성별을 고려하여 구성(민간위원이 3분의1이상 포함) ② 결정: **위원 5명 이상**의 출석과 출석위원 과반수의 합의에 따름
간사	간사 몇 명을 둠, 소속 공무원(지방공무원 포함) 중에서 설치기관의 장이 임명

3 소청_A급

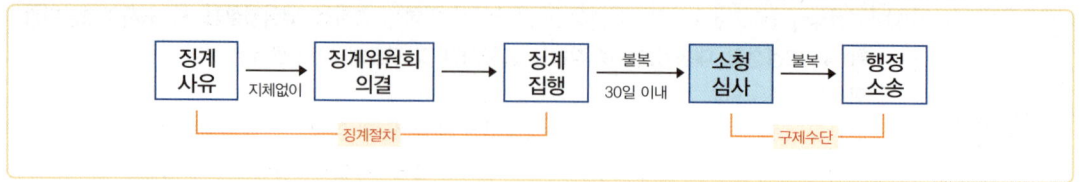

(1) 의의 및 대상

의의	① 소청심사란 징계처분 기타 그 밖에 불이익처분을 받은 자가 관할 소청심사위원회에 심사를 청구하는 행정심판의 일종이다.1819 ② **특별행정심판**절차(국가공무원법에 규정) ③ 불이익 처분에 대한 **사후구제**를 위한 형식적 쟁송절차로서 준사법적 성격을 가짐1820
대상	행정기관 소속 공무원의 징계처분, 그 밖에 그 의사에 반하는 불리한 처분이나 부작위

(2) 절차(국가공무원법)

청구 (§76)	① 제75조에 따른 (징계등)처분사유 설명서를 받은 공무원이 그 처분에 불복할 때에는 그 설명서를 **받은 날부터**, 공무원이 제75조에서 정한 처분 외에 본인의 의사에 반한 불리한 처분을 받았을 때에는 그 **처분이 있은 것을 안 날부터** 각각 **30일 이내**에 소청심사위원회에 이에 대한 심사를 청구할 수 있다. 이 경우 **변호사를 대리인으로 선임할 수 있다.**1821 (있는 날 X) ② 본인의 의사에 반하여 파면 또는 해임이나 제70조제1항제5호에 따른 면직처분을 하면 그 처분을 한 날부터 **40일 이내**에는 후임자의 보충발령을 하지 못한다. ⑤ 소청심사위원회는 제3항에 따른(후임자 보충발령 유예) 임시결정을 한 경우 외에는 소청심사청구를 접수한 날부터 **60일 이내**에 이에 대한 결정을 하여야 한다. 다만, 불가피하다고 인정되면 소청심사위원회의 의결로 **30일**을 연장할 수 있다. ⑥ 공무원은 ①의 심사청구를 이유로 불이익한 처분이나 대우를 받지 아니한다.
소청심사 위원회 심사 (§12)	① 소청심사위원회는 이 법에 따른 소청을 접수하면 **지체없이** 심사**하여야 한다.** ② 소청심사위원회는 ①에 따른 심사를 할 때 필요하면 검증(檢證)·감정(鑑定), 그 밖의 사실조사를 하거나 증인을 소환하여 질문하거나 관계 서류를 제출하도록 명**할 수 있다.**1822 ③ 소청심사위원회가 소청 사건을 심사하기 위하여 징계 요구 기관이나 관계 기관의 소속 공무원을 증인으로 소환하면 해당 기관의 장은 이에 **따라야 한다.**1823 ④ 소청심사위원회는 필요하다고 인정하면 소속 직원에게 사실조사를 하게 하거나 특별한 학식·경험이 있는 자에게 검증이나 감정을 의뢰**할 수 있다.** ⑤ 소청심사위원회가 증인을 소환하여 질문할 때에는 대통령령등으로 정하는 바에 따라 일당과 여비를 **지급하여야 한다.**
소청인의 진술권 (§13)	① 소청심사위원회가 소청 사건을 심사할 때에는 대통령령등으로 정하는 바에 따라 소청인 또는 소청인이 대리인으로 선임한 변호사에게 진술 기회를 **주어야 한다.** ② ①에 따른 진술 기회를 주지 아니한 결정은 **무효**(취소 X)로 한다.1824

결정 (§14)	① 소청 사건의 결정은 재적 위원 **3분의 2 이상의 출석과 출석 위원 과반수의 합의**에 따르되, 의견이 나뉘어 출석 위원 과반수의 합의에 이르지 못하였을 때에는 과반수에 이를 때까지 소청인에게 가장 **불리한** 의견에 차례로 **유리한** 의견을 더하여 그 중 가장 유리한 의견을 합의된 의견으로 본다. ② ①에도 불구하고 **파면·해임·강등 또는 정직에 해당하는 징계처분을 취소 또는 변경하려는 경우와 효력 유무 또는 존재 여부에 대한 확인을 하려는 경우**에는 **재적 위원 3분의 2 이상의 출석과 출석 위원 3분의 2 이상**의 합의가 있어야 한다. 이 경우 구체적인 결정의 내용은 출석 위원 과반수의 합의에 따르되, 의견이 나뉘어 출석 위원 과반수의 합의에 이르지 못하였을 때에는 과반수에 이를 때까지 소청인에게 가장 불리한 의견에 차례로 유리한 의견을 더하여 그 중 가장 유리한 의견을 합의된 의견으로 본다. ⑤ 소청심사위원회 위원은 기피사유에 해당하는 때에는 스스로 그 사건의 심사·결정에서 **회피**할 수 있다. ⑦ 소청심사위원회의 **취소명령 또는 변경명령 결정**은 그에 따른 징계나 그 밖의 처분이 있을 때까지는 종전에 행한 징계처분 또는 징계부가금 부과처분에 영향을 **미치지 아니한다**._{1825·1838-2} → 미친다 X ⑧ 소청심사위원회가 징계처분 또는 징계부가금 부과처분(이하 "징계처분등"이라 한다)을 받은 자의 청구에 따라 소청을 심사할 경우에는 원징계처분보다 무거운 징계 또는 원징계부가금 부과처분보다 무거운 징계부가금을 부과하는 결정을 하지 못한다(불이익변경금지의 원칙)._{1826·1838-1} ⑨ 소청심사위원회의 결정은 그 이유를 구체적으로 밝힌 결정서로 하여야 한다. **판례** 소청심사위원회가 절차상 하자가 있다는 이유로 의원면직처분을 취소하는 결정을 한 후 징계권자가 징계절차에 따라 당해 공무원에 대하여 징계처분을 하는 경우 징계절차는 소청심사위원회의 의원면직처분취소 결정과는 별개의 절차로서 **불이익변경금지의 원칙이 적용될 여지는 없다**(대판 2008두11853, 11860).
결정의 효력(§15)	소청심사위원회의 결정은 **처분 행정청을 기속(覊束)**한다.₁₈₂₇
행정소송과의 관계(§16)	① 제75조에 따른 처분, 그 밖에 본인의 의사에 반한 불리한 처분이나 부작위(不作爲)에 관한 행정소송은 소청심사위원회의 심사·결정을 거치지 아니하면 제기할 수 없다(**필요적 전치주의**).₁₈₃₉ ② ①에 따른 행정소송을 제기할 때에는 **대통령의 처분 또는 부작위의 경우**에는 **소속 장관(대통령령으로 정하는 기관의 장을 포함한다)**을 피고로 한다. **비교** '징계처분, 휴직처분, 면직처분, 그 밖에 의사에 반하는 불리한 처분'에 대한 행정소송은 **경찰청장 또는 해양경찰청장**을 피고로 한다. 다만, **임용권을 위임한 경우에는 그 위임을 받은 자**를 피고로 한다.'고 규정하고 있다(경찰공무원법 §34)._{1840·1841} → 경찰공무원 행정소송의 피고는 경찰청장만 될 수 있다 X **예** 관할 경찰청장은 운전면허와 관련된 처분권한을 각 경찰서장에게 **위임**하였고, 이에 따라 A경찰서장은 자신의 명의로 甲에게 운전면허정지처분을 하였다면, 甲의 운전면허정지처분 취소소송의 **피고적격자는 A경찰서장**.₁₈₄₂

참고 소청심사위원회의 설치(국가공무원법 제9조)_{1829·1830}

① 행정기관 소속 공무원의 징계처분, 그 밖에 그 의사에 반하는 불리한 처분이나 부작위에 대한 소청을 심사·결정하게 하기 위하여 **인사혁신처**에 소청심사위원회를 둔다.
② **국회, 법원, 헌법재판소 및 선거관리위원회 소속** 공무원의 소청에 관한 사항을 심사·결정하게 하기 위하여 **국회사무처, 법원행정처, 헌법재판소사무처 및 중앙선거관리위원회사무처**에 **각각** 해당 소청심사위원회를 둔다.
③ 국회사무처, 법원행정처, 헌법재판소사무처 및 중앙선거관리위원회사무처에 설치된 소청심사위원회는 위원장 **1명**을 포함한 위원 **5명 이상 7명 이하**의 **비상임위원**(상임위원 X)으로 구성하고, **인사혁신처에 설치된 소청심사위원회**는 위원장 **1명**을 포함한 **5명 이상 7명 이하**의 **상임위원**과 상임위원 수의 2분의 1 이상인 비상임위원으로 구성하되, 위원장은 정무직으로 보한다.

(3) (인사혁신처)소청심사위원회

↳ 국회·법원·헌재·선관위는 별도로 소청심사위원회를 설치(위원장 : 비상임)

설치 근거	국가공무원법
소속	행정기관 소속 공무원의 징계처분, 그 밖에 그 의사에 반하는 불리한 처분이나 **부작위**(작위X)에 대한 소청을 심사·결정하게 하기 위하여 **인사혁신처**(행정안전부X)에 소청심사위원회를 둔다.1828
성격	① 합의제 행정관청 ↳ 심의·의결기구X ② 행정소송을 제기하려면 반드시 사전에 거쳐야 하는 필요한 절차로서, 경찰공무원이 징계처분 등 불리한 처분을 받았을 때 행정소송은 소청심사위원회의 심사·결정을 거치지 아니하면 제기할 수 없다(§16).1838-4
위원장	정무직으로 보함 (상임위원 정무직X)
구성(위원)	위원장 1명 포함 5명 이상 7명 이하 **상임위원**(비상임위원X) + 상임위원 수의 2분의 1 비상임위원
임명	인사혁신처장 제청 → 국무총리 경유 → **대통령 임명**(인사혁신처장이 임명X)1831
위원자격	**상임위원** 1. 법관·검사 또는 **변호사**의 직에 **5년 이상** 근무한 자1832 2. 대학에서 행정학·정치학 또는 법률학을 담당한 **부교수** 이상의 직에 **5년 이상** 근무한 자1833 3. 3급 이상 공무원 또는 고위공무원단에 속하는 공무원으로 **3년 이상** 근무한 자1834 **비상임위원** ① 위 1·2 중에서만 임명 가능 ② 공무원이 아닌 위원은 형법, 그 밖에 법률에 따른 벌칙 적용시 공무원으로 봄
신분보장	**금고 이상**(벌금 이상X)의 형벌이나 장기 심신쇠약으로 직무를 수행할 수 없게 된 경우 **외에는** 본인의 의사에 반하여 면직되지 아니함1836
결격 사유	국가공무원 결격사유, 정당의 당원, 선거에 후보자로 등록한 자 – 어느 하나에 해당하게 된 때에는 당연히 퇴직
임기	**상임위원**(비상임위원X) 3년 (1회 연임 가능, 겸직 금지)1835 → 소청심사위원회의 상임위원만 임기제한과 경직금지 의무가 있음
의결정족수	① 재적 위원 3분의 2 이상의 출석과 출석 위원 과반수 합의 ② 의견이 나뉘어 출석 위원 과반수의 합의에 이르지 못하는 경우에는 과반수에 이를 때까지 소청인에게 가장 **불리한** 의견에 차례로 **유리한** 의견을 더하여 그 중 가장 유리한 의견을 합의된 의견으로 봄1837 ③ 파면·해임·강등 또는 정직에 해당하는 징계 처분을 취소 또는 변경하려는 경우, 효력 유무 또는 존재 여부에 대한 확인을 하려는 경우 : 재적 위원 3분의 2 이상 출석(재적X)과 출석 위원 3분의 2 이상 합의(의견이 나뉘어 출석 위원 과반수의 합의에 이르지 못하는 경우에는 과반수에 이를 때까지 소청인에게 가장 불리한 의견에 차례로 유리한 의견을 더하여 그 중 가장 유리한 의견을 합의된 의견으로 봄)1838-3

CHAPTER 04
경찰작용법 일반론

01 수권조항

02 경찰권발동의 한계(조리상 한계)

03 경찰개입청구권

04 행정행위

05 행정의 법원칙(행정법의 일반원칙)

06 행정(경찰)처분(행정기본법)

07 경찰작용의 유형

08 행정조사(행정조사기본법)

09 공공기관의 정보공개에 관한 법률

10 개인정보보호법

11 경찰(행정)상 실효성(의무이행)

12 질서위반행위규제법

13 경찰작용에 대한 구제

최신개정법령&무료자료 다운로드 등
네이버 김재규경찰학 카페(https://cafe.naver.com/ollaedu)

THEME 01 수권조항 _A급

1 수권조항의 유형

개별적 수권조항	구체적인 위해방지를 위한 경찰권의 발동의 **개별적 근거**를 마련하여 발동요건 및 내용등에 대해 구체적으로 규정해둔 조항을 의미한다. 예 경찰관직무집행법 제3조(**불심검문**) ~ 제10조의4(**무기의 사용**)
개괄적 (일반적) 수권조항	① 일반적인 위해방지를 위한 경찰권 발동의 **포괄적 근거**를 마련한 규정을 개괄적 수권조항이라고 함 ② 개별적 수권조항이 없는 경우에 예외적인 위험사태 발생을 대비하여 일반적 수권조항에 근거로 경찰권 발동이 가능한지 문제가 된다. 예 경찰관직무집행법 제2조 제7호(**그 밖에 공공의 안녕과 질서 유지**) • 대법원 : 인정 / 헌법재판소 : 부정

2 개괄적 수권조항의 인정 여부

긍정설 (판례, 다수설) 1844	① 경찰관직무집행법 제2조 제7호의 "그 밖에 공공의 안녕과 질서유지"에 관한 규정을 우리의 실정법상의 경찰권에 대한 개괄적 조항으로 본다.
	② 개괄조항은 다음과 같은 이유에서 필요성이 긍정되고 있다.
	  ㉠ 개괄적 조항은 개별적 규정이 없는 때에 한하여 **제2차적·보충적**으로 적용된다.
	  ㉡ 경찰권의 성질상 입법기관이 미리 경찰권의 발동사태를 상정해서 모든 요건을 법률로 규정하는 것은 불가능하다. 1843
	  ㉢ 개괄조항에 의거한 경찰권발동에 관련된 **법원칙(조리상의 한계)**이 충분히 발달되어 있다. 1845
	  ㉣ 개괄조항의 확대해석, 그에 근거한 권한의 남용 등은 법원의 심판을 받는다.

부정설	① 법률유보의 원칙상 경찰권을 발동하기 위하여서는 개별적인 작용법에 의한 구체적인 법적 수권을 필요로 한다는 견해이다. ② 경찰권의 발동에는 반드시 법률의 근거가 필요하고, 이 경우의 법률은 당연히 경찰작용의 근거로서의 개별적인 경찰작용법이어야 하고, 개괄적 수권조항의 존재만으로 불충분하다는 견해이다. ③ 경찰관직무집행법 제2조 제7호는 단지 경찰의 직무범위만을 정한 것으로서 본질적으로는 **조직법적 성질**의 규정이다. 1846

THEME 02 경찰권발동의 한계 _S급

1 조리상의 한계

경찰소극 목적의 원칙	경찰권은 사회공공의 안녕과 질서에 대한 위해의 방지·제거하는 **소극목적을 위해서만 발동**될 수 있고, 복리증진이라는 적극목적을 위해서는 발동할 수 없다는 원칙이다. *(Kreuzberg 판결에 의해서 확립)* 1847
경찰공공의 원칙 (사생활자유의 원칙)	경찰은 사회공공의 안전의 확보와 질서의 유지를 목적으로 하는 작용이므로, 공공질서에 직접적인 관련이 없는 개인의 사익에 관한 사항(사생활불가침·사주소불가침·사경제자유·민사관계불간섭의 원칙)에는 경찰권은 원칙적으로 관여할 수 없고, 그것이 **사회공공의 안녕과 질서에 영향을 미치는 경우에 한하여 그 범위 안에서만 발동**될 수 있다는 원칙이다. 1848·1849 예 암표의 매매, 총·포·도검류의 매매의 경우, 미성년자에게 술이나 담배를 판매하는 행위 1850
경찰비례의 원칙 (과잉금지의 원칙)	경찰권의 발동은 **조건 및 정도에 있어 필요 최소한도 내**에서 이루어져야 한다는 원칙이다. *(적합성·필요성·상당성의 원칙)*
경찰책임의 원칙	경찰권은 경찰상 위험의 발생 또는 위험의 제거에 **책임이 있는 자에게 발동**되어야 한다는 원칙이다. *(경찰권발동의 대상에 관한 원칙)*
경찰평등의 원칙	경찰권의 발동에 있어 상대방의 성별·종교·사회적 신분 등을 이유로 **차별하여서는 안 된다**는 원칙이다. 1888·1889

2 조리상 한계이탈의 효과

경찰권 발동의 한계를 위반한 권한행사는 **위법**이 된다.
따라서 권한을 이탈한 행위는 무효·취소 등의 원인이 되고, 행위자는 형사상·민사상·행정(징계)상의 책임을 면할 수 없다.

3 경찰비례의 원칙(과잉금지의 원칙)

(1) 의의 및 근거

의의	① 경찰권은 공공의 안녕과 질서의 유지를 위하여 묵과할 수 없는 장해가 발생한 경우에 이를 해결하는데 필요한 최소한도 내의 범위 내에서 발동되어야 한다는 원칙 ② 경찰권 **발동의 조건과 정도**를 명시한 원칙1854
근거	「헌법」제37조 제2항, 「행정기본법」제10조, 「경찰관 직무집행법」제1조 제2항 등(불문법 원칙이면서 동시에 「성문법」상 원칙)1853·1855·1856
적용범위	경찰비례의 원칙은 일반조항에 근거하여 경찰권을 발동하는 경우는 물론 개별적 수권조항에 근거하여 경찰권을 발동하는 경우에도 적용 → 독일에서 경찰법상의 판례를 중심으로 발달하여 왔고 오늘날에는 행정법의 모든 영역에서 적용되는 원칙1851·1852
위반 효과	행정소송의 대상이 되며, 국가배상책임이 성립할 수 있음1857

(2) 경찰권 발동의 조건(행정기본법 §10)1860

적합성의 원칙	① 행정목적을 달성하는 데 **유효하고 적절**할 것(제1호) ② 적합성의 원칙은 경찰기관이 취한 조치 또는 수단이 그가 의도하는바 목적을 달성하는 데에 적합해야 함
필요성의 원칙 (최소침해의 원칙) 1863	① 행정목적을 달성하는 데 필요한 **최소한도에 그칠 것**(제2호) ② 필요성의 원칙은 경찰기관의 조치는 설정된 목적을 위하여 필요한 한도 이상으로 나아가서는 안 됨을 의미1858 ③ 행정기관은 관계자에게 가장 적은 부담을 주는 수단을 선택해야 함을 의미한다. 따라서 필요성의 원칙은 "**최소침해의 원칙**"이라고도 함1864 예 노후된 건축물에 대하여 개수명령으로써 목적을 달성할 수 있음에도 불구하고 철거명령을 발하는 것
상당성의 원칙 (협의의 비례 원칙) 1865	① 경찰기관이 취한 조치 또는 수단으로 인해 **국민의 이익 침해가 그 행정작용이 의도하는 공익보다 크지 아니할 것**(제3호)1862·1866 ② "경찰은 대포로 참새를 쏘아서는 안 된다."라는 말은 **상당성**의 원칙을 잘 표현한 것임1867 ③ 오늘날 상당성 또는 수인가능성의 원칙으로도 불리우는 이 원칙은 **종래 협의의 비례원칙**이라고 불리워졌다. 예 보도에 주차하였으므로 법을 어긴 것이지만, 그러나 통행에 아무런 지장을 주는 것이 아니었다면 그 승용차를 즉시로 견인하는 것은 협의의 비례원칙위반이다(**독일 판례**).

※ 세 가지 원칙 중 하나라도 충족이 되지 않으면 비례의 원칙 위반에 해당한다.1861

4 경찰책임의 원칙

의의	경찰권 발동 대상의 원칙1869
특징	경찰책임은 경찰위반의 상태가 개별적인 법규위반으로부터 나오는 것이 아니라 공공의 안녕 또는 질서를 위협하는 행위나 상태로부터 나온다.
주체	① **원칙** : 경찰권은 경찰위반상태에 있는 자에게만 발동 → **경찰책임자**1868 ② **예외** : 경찰긴급사태 때에는 비장해자(비책임자)에 대하여도 경찰권 발동 가능 → **법령근거 요함** • 고의·과실, 위법성의 유무, 위험에 대한 인식여부 등을 **묻지 않음** • 모든 자연인은 경찰책임자가 될 수 있으므로 **행위능력, 불법행위능력, 형사책임능력, 국적 여부, 정당한 권원의 유무 등은 문제되지 않음**1870 • 사법인, 권리능력없는 사단(친목회)도 경찰책임을 짐1871
위반효과	위법행위로 무효 또는 취소의 사유가 된다.
유형1880	**행위책임** ① 자기 또는 자기의 보호·감독 하에 있는 자의 행위로 인하여 질서위반의 상태가 발생한 경우에 지는 경찰상의 책임 예 자기가 일으킨 교통사고로 인한 부상자 구호책임, 친권자·사용자의 책임 ② **타인을 보호·감독할 지위에 있는 자**(친권자·사용자)는 자기의 지배권 내에서 질서위반의 상태가 발생한 데에 대한 **자기책임**1882 → 대위책임 X ③ 경찰상 위해의 상태를 발생시킨 행위는 **작위뿐만 아니라 부작위도** 포함1883 **상태책임** ① 물건 또는 동물의 소유자, 점유자 기타 이를 사실상 관리하고 있는 자는 질서위반의 상태가 발생한 경우에 경찰책임을 짐(고의·과실 불문) ② 소유권자 등 정당한 권리자의 의사에 반하여 위법하게 물건을 사실상 지배하는 자도 고의나 과실 불문하고 상태책임자에 **해당**(해당하지 않음 X)1884 예 강아지가 행인을 공격할 때 주인책임, 붕괴위험이 있는 축대의 소유자가 부담하는 경찰상 책임 **복합적 책임 (다수자 책임)** ① 다수인의 행위 또는 다수인이 지배하는 물건의 상태로 인하여 하나의 질서위반 상태가 발생하는 경우1881 예 오수(汚水)를 소량씩 배출하는 다수의 행위가 결합하여 질서위반의 비위생상태를 초래하는 경우 → 일부 또는 전체에 대하여 경찰권 발동가능1885 ② 행위책임과 상태책임이 경합하는 경우 : 위험방지의 효율성과 비례의 원칙을 고려하여 경찰위반 상태를 가장 신속하고 효과적으로 제거할 수 있는 위치에 있는 자에게 경찰권을 발동해야 함이 원칙 → 일반적으로 행위 책임자에게 경찰권 발동함이 적절한 경우 많음1886

경찰 긴급권 (예외) 1874	의의	경찰권은 긴급한 필요가 있는 경우 경찰책임자가 아닌 제3자(비장해자)에 대한 경찰권 발동이 가능[1873] 예 화재현장의 소화작업 동원
	근거	① 목전의 급박한 위해를 제거하는 경우에 한하여 **반드시 법령에 근거**하여 행하여져야 한다.[1875·1876] ② **경찰긴급권에 관한 일반법은 없고**, 개별 법률에서 규정「소방기본법」(제24조), 「경범죄 처벌법」(제3조 제1항 제29호), 「경찰관 직무집행법」(제5조 제1항 제3호)[1872]
	요건	① 경찰위반의 상태가 현존·급박할 것 ② 본래의 제1차적 경찰책임자에 대한 경찰권의 발동만으로는 위해의 제거를 기대할 수 없을 것[1877] ③ 제3자의 생명·건강을 해하지 않고, 제3자의 본래의 급박한 업무를 방해하지 않을 것 ④ 법적 근거가 있을 것 ⑤ 위해방지를 위한 최소한도에 그칠 것 ⑥ 일시적·임시적 방편에 그칠 것 ⑦ 제3자가 특별한 손실을 입은 경우에는 그 손실을 보상해 줄 것
	보상	경찰긴급권에 의하여 예외적으로 경찰책임이 없는 자(비책임자)에게 경찰권을 발동한 경우, 그로 인하여 제3자에게 손실을 입히는 경우에는 보상**하여야 하며**, **결과제거청구권(원상회복청구권)**와 같은 구제수단이 마련되어야 한다.[1878·1879] (할 수 있다 X)

TIP 경찰책임의 원칙과 인과관계이론[1887]

경찰책임이 인정되기 위해서는 발생된 경찰상의 위해와 책임자의 행위(타인의 행위로 인한 책임의 경우에는 피감독자의 행위)사이에 인과관계가 존재하여야 하고 이에 대해 학설이 대립

상당인과관계설	인과관계를 일반경험칙에 따라 피해자 구제의 견지에서 인과관계를 판단하는 견해
조건설	**경찰위반상태의 조건이 된 모든 행위**는 경찰위반상태의 원인이 된다는 견해
직접원인설(다수설)	원칙적으로 경찰위반상태를 **직접 야기한 행위자만이 경찰책임**을 지고 간접적인 원인 제공자는 경찰책임을 지지 않는다는 견해
의도적 간접원인 제공자이론	스스로 위험을 직접적으로 실현하지는 않았으나 행위책임을 지게 되는 **제3자로 하여금 경찰법에 위반하는 행위를 하도록 한 자**를 의도적 간접원인제공자라 하여 그를 예외적으로 행위책임자로 할 수 있음

THEME 03 경찰개입청구권 _A급

1 띠톱판결과 경찰개입청구권

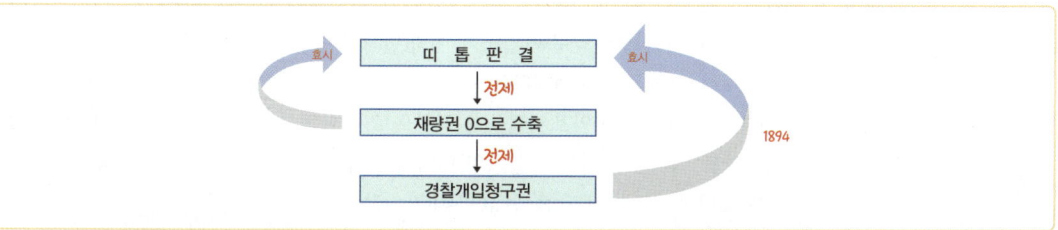

띠톱판결	주거지역에 설치된 석탄제조업체에서 사용하는 띠톱에서 배출되는 먼지와 소음으로 피해를 받고 있던 인근 주민이 행정청에 건축경찰상의 금지처분을 발할 것을 청구한 것에 대해 연방재판소가 경찰법상의 일반수권조항의 해석에 있어 **무하자재량행사청구권을 인정**하고 **재량권의 영으로의 수축이론(재량권 축소(확대X)이론)**에 의거하여 원고의 청구를 인용한 판결(독일)로서 경찰개입청구권을 인정한 판결의 효시로 평가_{1890·1891·1904}	
재량권 영으로 수축 ₁₉₀₃	의의	① 경찰권의 행사에는 **행정편의주의(재량권 인정)** 원칙이 적용되나, 예외적인 상황하에서는 **오직 하나의 조치(결정)만이 의무에 합당한 재량권 행사**로 인정된다고 하는 것이 "재량권의 0으로의 수축이론"이라고 함 → 재량권이 영으로 수축하는 경우 행정청은 특정한 처분을 하여야 할 의무를 짐_{1892·1893} ② 재량권 영으로의 수축은 일반적으로 경찰재량의 영역에서 인정되는 것으로 **개인적 공권의 확대화(축소X)**를 가져오게 됨₁₈₉₈
	성질	재량권이 영으로 수축되면 재량행위는 **기속행위**가 된다.
	실현수단	① **행정권 발동하지 않은 경우** : 행정쟁송(의무이행심판 및 부작위법확인소송)을 제기 가능 ② **행정권 발동하지 않아 손해 발생** : 국가배상(손해배상) 청구를 제기가능
경찰개입 청구권	의의	경찰권의 **부작위(작위X)**로 인하여 권익을 침해당한 자가 당해 경찰관청 등에 대하여 **제3자에게 경찰권의 발동을 청구할 수 있는 권리**임(사전예방적 성격과 사후구제적 성격을 모두 가짐) **판례** 무장공비색출체포를 위한 대간첩작전을 수행하기 위하여 파출소 소장, 순경 및 육군 장교 수명 등이 파출소에서 합동대기하고 있던 중 그로부터 불과 60~70미터 거리에서 약 15분간에 걸쳐 주민들이 무장간첩과 격투하던 주민 중 1인이 무장간첩의 발사 권총탄에 맞아 사망하였다면 위 군경공무원들의 직무유기행위와 위 사망인의 사망 사이에 인과관계가 있다고 봄이 상당하여 **국가배상책임을 인정**하였고, **우리나라 최초로 경찰개입청구권을 인정한 판례**(대판 71다124)₁₉₀₄
	성립요건	① **기속행위** : 개입의무 인정 ② **재량행위** : 원칙상 인정 X, 재량권이 영으로 수축하는 경우 예외적 인정
	실현수단	① **행정권 발동하지 않은 경우** : 행정쟁송(의무이행심판 및 부작위법확인소송) ② **행정권 발동하지 않아 손해 발생** : 국가배상(손해배상) 청구를 제기가능

2 반사적 이익과 반사적 이익의 보호이익화

반사적 이익	반사적 이익이란 행정법규가 공익상의 견지에서 행정주체 또는 제3자에 대해 일정한 의무를 부과하고 있는 결과 개인이 간접적으로 받는 이익을 말한다. **반사적 이익은 법의 보호를 받지 못하는 이익이므로, 그것이 침해된 경우에도 소송에 의해 구제받을 수 없다.**1896·1897 예 특정 숙박업소가 공중위생법 위반으로 영업허가가 취소되는 경우에 주변에 있는 숙박업소로 손님이 몰리게 되어 주변의 숙박업소가 이익(반사적이익)을 얻게 되는 경우 판례 한의사 면허는 경찰금지를 해제하는 명령적 행위(강학상 허가)에 해당하고, 한약조제시험을 통하여 약사에게 한약조제권을 인정함으로써 한의사들의 영업상 이익이 감소되었다고 하더라도 이러한 이익은 사실상의 이익에 불과하고 약사법이나 의료법 등의 법률에 의하여 보호되는 이익이라고 볼 수 없다(대판 97누4289). 판례 **상수원보호구역 설정**의 근거가 되는 수도법 제5조 제1항 및 동 시행령 제7조 제1항이 보호하고자 하는 것은 **상수원의 확보와 수질보전일뿐**이고, 그 상수원에서 급수를 받고 있는 지역주민들이 가지는 상수원의 오염을 막아 양질의 급수를 받을 이익은 직접적이고 구체적으로 보호하고 있지 않음이 명백하여 위 **지역주민들**이 가지는 이익은 상수원의 확보와 수질보호라는 공공의 이익이 달성됨에 따라 **반사적으로 얻게 되는 이익**에 불과하므로 지역주민들에 불과한 **원고들에게는 위 상수원보호구역변경처분의 취소를 구할 법률상의 이익이 없다**(94누14544).
반사적 이익의 보호이익화	경찰관청의 개입의무가 존재한다고 하더라도 경찰권의 행사로 인하여 국민이 받는 이익이 **반사적 이익인 경우에는 경찰개입청구권이 인정되지 않지만, 최근 반사적 이익의 공권화 추세에 따라 경찰개입청구권이 인정될 여지가 확대되고 있다.** → 종래에는 반사적 이익으로 보았던 것도 관계법규가 공익과 동시에 개인적 이익도 보호하는 것(법률상 보호이익화)으로 해석함으로써 공권으로서의 성격이 인정되는 경우가 증가하고 있다.1895 판례 도시계획법과 건축법의 규정 취지에 비추어 볼 때 이 법률들이 주거지역 내에서의 일정한 건축을 금지하고 또는 제한하고 있는 것은 도시계획법과 건축법이 추구하는 공공복리의 증진을 도모하고저 하는데 그 목적이 있는 동시에 한편으로는 주거지역내에 거주하는 사람의 "주거의 안녕과 생활환경을 보호"하고저 하는데도 그 목적이 있는 것으로 해석이 된다. 그러므로 주거지역내에 거주하는 사람이 받는 위와 같은 보호이익은 **단순한 반사적 이익이나 사실상의 이익이 아니라 바로 법률에 의하여 보호되는 이익**이라고 할 것이다(대판 73누96).

3 경찰재량

기준	행정청의 재량과 관련하여 재량행위와 기속행위의 구별에 있어 일차적 기준은 법률규정
재량행위 1900	법률에서 "······할 수 있다."라고 규정하고 있는 경우(행정경찰) → 행위의 요건이나 효과의 선택에 관하여 법이 행정권에게 재량을 인정한 경우에 행해지는 행정청의 행정행위 ① **결정재량** : 경찰기관이 경찰권을 행사함에 있어서 어떠한 행정결정을 하거나 하지 않을 수 있는 권한을 갖는 경우 예 징계처분을 할 것인가 하지 않을 것인가의 문제 ② **선택재량** : 둘 이상의 조치 중 선택을 할 수 있는 권한을 말함 예 정직처분을 할 것인가 감봉처분을 할 것인가의 문제
기속행위	법률에서 "······**하여야 한다**"라고 규정하고 있는 경우 → 행위의 요건과 효과가 법에 규정되어 있어서 행정청은 법에 정해진 행위를 하여야 하는 의무를 지는 행정행위 예 「도로교통법」상 교통단속임무를 수행하는 경찰공무원을 폭행한 사람의 운전면허를 취소1899
재량권 일탈	재량권의 **외적 한계(법적·객관적 한계)**를 벗어난 것을 의미1902
재량권 남용	재량권의 **내적 한계(재량권이 부여된 내재적 목적)**를 벗어난 것을 의미
법적 한계	재량권이 법적 한계(재량권의 일탈 또는 남용)를 넘은 경우에는 그 재량권 행사는 **위법**한 것이 되고, 단순히 재량권 행사에서 합리성을 결하는 등 재량을 그르친 경우에는 **부당**한 경우로서 **행정심판의 대상**1901
판례	판례는 재량권의 일탈과 재량권의 남용을 명확히 구분하지 않고, 단지 재량권의 일탈 또는 남용이 없는지 여부를 판단 ① 법원의 심사결과 행정청의 재량행위가 사실오인 등에 근거한 것이라고 인정되는 경우에는 이는 재량권을 일탈·남용한 것으로서 위법하여 그 취소를 면치 못한다 할 것이다(대판 99두8589). ② 어느 행정행위가 기속행위인지 재량행위인지 나아가 재량행위라고 할지라도 기속재량 행위인지 또는 자유재량에 속하는 것인지의 여부는 이를 일률적으로 규정지을 수는 없는 것이고, 당해 처분의 근거가 된 규정의 형식이나 체재 또는 문언에 따라 개별적으로 판단하여야 한다(대판 97누15418).

THEME 04 행정행위 _A급

→ 행정행위는 학문상 필요에 의해 만들어진 강학상의 개념이고, 실무상으로는 처분 또는 행정처분이라는 개념 사용

행정행위 1905

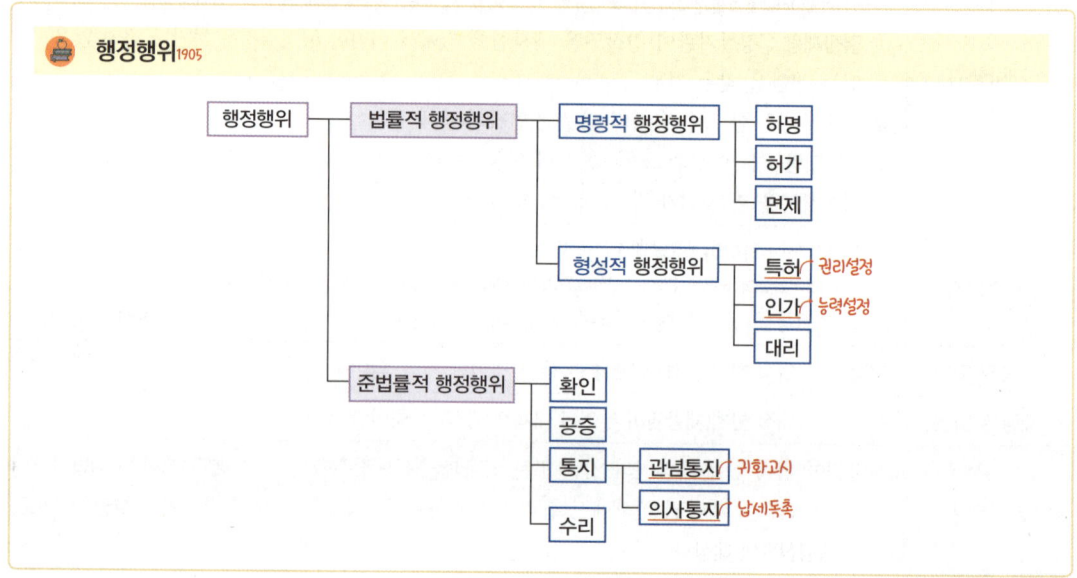

경찰작용 유형

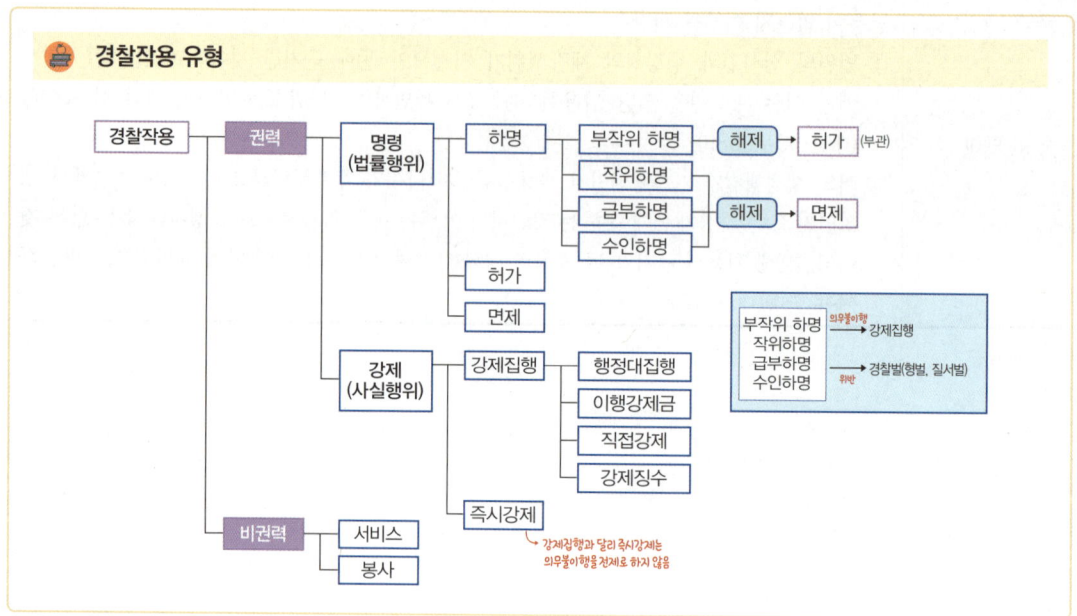

1 명령적 행정행위

(1) 경찰하명

개념 1906	일반통치권에 기인하여 경찰목적을 달성하기 위해 국민에 대하여 **작위·부작위·급부·수인** 등 의무의 일체를 명하는 **법률적 행정행위 또는 명령적 행정행위**를 말한다(경찰관의 수신호나 교통신호등의 신호).	
종류	부작위하명	① 소극적으로 어떤 행위를 행하지 아니할 의무를 명하는 하명(= 경찰금지)1911 예 대간첩 지역이나 국가중요시설에 대한 접근제한명령이나 통행제한명령1908 ② 경찰금지는 특정한 경우 해제할 수 있는지의 여부에 따라 절대적 금지와 상대적 금지로 구분되며 **경찰금지는 대부분 상대적 금지**이다. 예 절대적 금지 : 청소년의 흡연·청소년의 흡연·음주금지와 같이 어떠한 경우에도 절대적으로 해제할 수 없는 금지, 상대적 금지 : 유흥업소의 영업금지1909
	작위하명	적극적으로 어떠한 행위를 하도록 의무를 명하는 하명1923 예 화재를 발견했을 때 소방서나 경찰서 등에 신속히 통지할 의무(소방기본법 제19조), 소방대상물 관계자의 소화의무(동법 제20조) 등이 있다.
	수인하명	① 자신의 신체·재산에 가하여지는 사실상의 침해를 수인할 의무를 지는 하명 ② 수인하명에 의한 경찰권의 행사(경찰강제)는 **법령에 의한 행위로서 위법성이 조각**된다(형법 제20조). 만일 이를 거부하면 공무집행방해죄로서 처벌의 대상이 됨1922 예 청소년 관람불가 판정을 받은 영화를 상영하고 있는 극장에 경찰관이 내부확인을 위하여 출입1913
	급부하명	금전 또는 물품의 급부의무를 과하는 하명 예 총포소지허가증 교부시의 수수료 납부나 도로교통법 위반에 의한 과태료납부의무1916
효과		① 경찰하명이 있는 경우, **상대방은 행정주체에 대하여만 의무를 이행할 책임**이 있고 그 이외의 제3자에게 대하여 법상의무를 부담하는 것은 아님1917 ② 하명으로 제3자가 반사적 이익을 받는다 할지라도 그로 인해 3자에게 일정한 청구권이 발생하는 것은 아님
하명 위반 효과 1912	의무의 불이행	경찰상 **강제집행**의 대상이 됨
	의무위반	① 경찰벌(형벌 + 질서벌)의 대상이 됨 ② 하명을 위반한 행위의 법적 효력에는 원칙적으로 영향을 미치지 않는다, 따라서 사법상 위법한 행위도 효력은 유효1915 예 영업정지명령을 위반해 맥주를 판매한 경우 맥주 매매행위 효력은 부인되지 않음
하명에 대한 구제	하명이 적법한 경우	원칙 : 수명자는 수인의무를 지므로 손실보상을 청구할 수 없음 예외 : 경찰상 적법한 행위로 수명자 또는 책임 없는 제3자에게 '특별한 희생'을 가한 경우에 경찰상 손실보상청구 가능
	하명이 위법한 경우	**행정심판, 행정소송, 손해배상청구 인정**1918·1919

(2) 경찰허가

개념	법령에 의한 **일반적·상대적 금지**를 특정한 경우에 해제하여 적법하게 일정한 행위를 할 수 있게 하는 행정행위[1907·1924·1925] ↳ 상대적 금지에만 인정, 절대적 금지는 인정 안됨
요건	① 원칙 : 허가는 **상대방의 신청**에 의하여 행하여지는 것이 일반적(쌍방적 행정행위)[1931] ② 예외 : 신청에 의하지 않고도 행해질 수 있음(**통행금지 해제**) → 반드시 신청하여야 한다 X [1932] [판례] 허가여부의 결정기준은 <u>처분 시</u>의 법령과 허가기준에 의하여 처리되어야 하고, 허가신청 ↳ 신청 시 X 당시의 기준에 따라야 하는 것은 아니다(대법원 1989. 7.25. 88누11926).[1928]
특징	① 허가는 받는 사람에게 어떤 새로운 권리나 능력을 부여하는 것은 아님 ② 허가는 원칙적으로 기속행위 또는 기속재량행위[1933] ③ 허가는 특별한 규정이 없는 한 관계법상의 금지가 해제될 뿐, 타법상의 제한까지 해제되는 것은 아님[1938]
종류	**대인적 허가** 이전성 X	개인적 사정을 심사하여 행하여지는 경찰허가 [예] 한의사면허, 자동차운전면허, 마약류취급면허, 총포류소지허가 등[1935·1936·1963]
	대물적 허가 이전성 O [1934]	신청인이 갖추고 있는 물적 설비, 지리적 환경 기타의 객관적 사정을 심사하여 행하여지는 경찰허가 [예] 건축허가, 자동차검사합격처분, 목욕장 영업허가 등 [판례] 건축허가는 대물적 성질을 갖는 것이어서 행정청으로서는 허가를 할 때에는 건축주 또는 토지 소유자가 누구인지 등 인적 요소에 관하여는 **형식적 심사만 한다**(대법원 2017. 3. 15. 2014두 41190).
	혼합적 허가 이전성 제한	신청인의 주관적 사정과 객관적 사정을 아울러 고려하여 행하여지는 경찰허가 [예] 총포류 제조·판매허가, 풍속영업허가, 사행행위영업허가, 자동차운전학원 등
효과	특별한 규정이 없는 한 관계법상의 금지가 해제될 뿐임(타법상의 제한까지 해제되는 것은 아님)[1938]
위반 효과 [1926]	허가는 적법요건이지 **유효요건은 아니므로** 이를 위반하면 **위법**[1927] ↳ 무효 X → 무허가행위는 행정상 강제집행 또는 행정벌의 대상은 되지만, 행위 자체의 법적 효력은 영향을 받지 않는 것이 원칙[1939]

(3) 경찰면제

개념	법령에 의하여 일반적으로 부과된 경찰상의 **작위·급부·수인의무**를 특정한 경우에 해제하여 주는 경찰상의 행정행위[1929·1940]
경찰허가와 구별	① 의무를 해제한다는 면에서는 경찰허가와 성질이 같음 ② 경찰허가는 **부작위의무**를 해제하고, 경찰면제는 **작위·급부·수인의무**(부작위 X)를 해제함[1930]

(4) 부관

(4)-1 의의 및 요건(행정기본법)

의의	경찰허가의 일반적 효과를 **제한 또는 보충**하기 위해 그 행위의 요소인 의사표시의 주된 내용에 부가되는 '**종된 의사표시**'를 말한다.[1941]
부관의 가능성	① 행정청은 처분에 **재량이 있는 경우** : 부관을 붙일 수 있다 ② 행정청은 처분에 **재량이 없는 경우** : **법률에 근거**가 있는 경우 가능[1942·1945] [주의] 법정부관(도로교통법상 연습운전면허 유효기간을 1년으로 규정)의 경우 처분의 효과 제한이 직접 법규에 의해서 부여되는 부관으로서 이는 행정행위의 부관과는 구별되는 개념으로 원칙적으로 **부관의 개념에 속하지 않음**[1946]
적법요건 (§17 ④) [1944]	1. 해당 처분의 목적에 위배되지 아니할 것 2. 해당 처분과 실질적인 관련이 있을 것(부당결부금지 원칙) 3. 해당 처분의 목적을 달성하기 위하여 필요한 최소한의 범위일 것
부관의 변경 (§17 ③)	다음 어느 하나에 해당하는 경우에는 그 처분을 한 후에도 부관을 새로 붙이거나 종전의 **부관을 변경할 수 있다.**[1943] 1. **법률**(법령 X)에 **근거**가 있는 경우 2. **당사자**(행정청 X)의 **동의**가 있는 경우 3. **사정이 변경**되어 부관을 새로 붙이거나 종전의 부관을 변경하지 아니하면 해당 처분의 목적을 달성할 수 없다고 인정되는 경우
하자있는 부관	효력	① 부관이 본체인 행정행위의 중요한 요소인 경우 : 부관이 무효이면 본체인 행정행위도 무효[1947] ② 부관이 본체인 행정행위의 중요한 요소가 아닌 경우 : 부관만 무효
	행정쟁송	① **원칙** : 부관만 따로 행정쟁송의 대상 X ② **예외** : 부관 중 **부담인 경우** 독립하여 **항고소송의 대상 O**

(4)-2 부관의 종류

	O	X	= 해제조건
	X 소멸	O 발생	= 정지조건

조건	경찰허가의 효력의 발생 또는 소멸을 장래의 '**불확실한 사실**'의 성부에 의존시키는 부관[1948]		
	정지 조건	경찰허가의 효력이 발생하지 않고 있다가 **조건이 성취되면 발생**	
		예 도로보수공사 완성을 조건으로 한 자동차운송사업의 면허, 주차시설의 완비를 조건으로 한 호텔영업허가, 시설완성을 조건으로 한 학교법인설립인가 등	
	해제 조건	경찰허가의 효력은 처음부터 발생하지만 **조건이 성취되면 효력 소멸**	
		예 2월 이내 공사에 착수하지 않으면 효력을 상실한다는 건축허가[1949]	

기한 (기간 X)	경찰허가 효력의 발생 또는 소멸을 '**도래가 확실한 장래**'의 사실에 의존시키는 부관[1950]	
	시기	기한이 도래하면 경찰허가의 효력이 비로소 발생하는 경우
	종기	반대로 기한이 도래하면 경찰허가의 효력이 소멸하는 경우
	확정기한	장래 사실의 도래시기가 확정되어 있는 경우
	불확정기한	도래시기가 확정되어 있지 않지만 도래가 확실한 경우[1950]

부담	① 경찰허가의 주된 의사표시에 부가하여 그 효과를 받는 상대방에 대하여 일정한 의무(작위·부작위·급부)를 과하는 의사표시[1951] ② 어떠한 부관이 부담인지 조건(정지·해제)인지 불분명한 경우에는 **최소침해의 원칙상 상대방에게 유리한 부담으로 해석**하여야 함(통설)[1953] 예 카지노업허가시 총매출액 중 일정비율을 관광진흥개발기금으로 납부할 의무부과, 영업허가시 종업원의 건강진단 의무부과, 도로점용허가시 점용료 납부의무과 등 ③ 부담은 다른 부관과 달리 그 자체가 하나의 **독립된 행정행위의 성질**을 가진다. 따라서 부담만이 독립하여 행정소송의 대상이 될 수 있고, 의무불이행이 있는 경우에는 독립하여 강제집행의 대상이 됨[1952]
철회권 유보	① 경찰허가의 주된 의사표시에 부가하여 특정한 경우에 경찰허가를 **철회할 수 있는 권리를 유보**하는 부관 ② 철회권의 유보의 경우에는 경찰허가의 효력을 소멸시키기 위한 **별도의 의사표시를 필요로 함** 예 성매매 행위를 알선하면 허가를 철회하겠다.[1954] 예 행정청이 종교단체에 대하여 기본재산전환인가를 함에 있어 인가조건을 부가하고 그 불이행시 인가를 취소할 수 있다.[1955]
부담권 유보	사후에 부담을 부과하거나 이미 부과된 부관의 내용을 변경·보충할 수 있는 권한을 유보시키는 부관
수정부담	① 일정한 의무의 부과가 아니라, 행정행위의 내용 자체를 상대방의 신청과 다르게 수정·변경하는 형태의 부관 → 상대방 동의 필요(부정설의 견해)[1956] 예 집단시위행진의 허가신청에 대하여 신청된 것과는 다른 진로를 지정하여 허가처분을 부여하는 경우, A도로의 통행허가신청에 대하여 B도로의 통행을 허가한 경우 등[1957] ② 수정부담이 상대방의 동의 없이도 효력이 발생한다고 보는 견해(**긍정설**)와 상대방의 동의가 있어야 효력이 발생한다고 보는 견해(**부정설**)로 대립
법률효과 일부배제	① 경찰허가의 주된 의사표시에 부가하여 법령이 그 행정행위에 대하여 일반적으로 부여하고 있는 법률효과의 일부를 제한하는 경찰기관의 의사표시[1958] ② 법령상 규정되어 있는 효과를 일부 배제하는 것이라는 점에서, **관계 법령에 명시적 근거가 있는 경우**에만 허용 예 10부제 운행을 부관으로 하여 택시영업허가를 한 경우, 도로사용을 허가하면서 사용시간을 야간에 한정하는 경우, 버스노선을 지정하여 자동차운수업을 허가하는 경우 등[1959]

TIP 부관의 종류

부관에 속하는 것	부관에 속하지 않는 것
조건, 기한, 부담, 수정부담, 철회권의 유보, 부담권의 유보, 법률효과의 일부배제	기간, 법정부관, 기일, 통지, 도달, 부담금, 공용부담, 법률효과의 전부배제, 해제권의 유보

(4)-3 부담 관련 판례

1. 행정청이 수익적 행정처분을 하면서 부가한 부담의 위법 여부는 **처분 당시 법령을 기준으로 판단**하여야 하고, 부담이 처분 당시 법령을 기준으로 적법하다면 처분 후 부담의 전제가 된 **주된 행정처분의 근거 법령이 개정**됨으로써 행정청이 더 이상 부관을 붙일 수 없게 되었다 하더라도 **곧바로 위법하게 되거나 그 효력이 소멸하게 되는 것은 아니다**(대판 2005다65500).
2. 주택재건축사업시행의 인가는 상대방에게 권리나 이익을 부여하는 효과를 가진 이른바 수익적 행정처분으로서 법령에 행정처분의 요건에 관하여 일의적으로 규정되어 있지 아니한 이상 행정청의 재량행위에 속하므로, **처분청으로서는 법령상의 제한에 근거한 것이 아니라 하더라도 공익상 필요 등에 의하여 필요한 범위 내에서 여러 조건(부담)을 부과할 수 있다**(대판 2007두6663).
3. **수익적 행정행위**에 있어서는 법령에 특별한 근거규정이 없다고 하더라도 그 부관으로서 부담을 붙일 수 있으나, 그러한 부담은 비례의 원칙, 부당결부금지의 원칙에 위반되지 않아야만 적법하다(대판 96다49650).

비교 수익적 행정행위와 부담적 행정행위

	수익적 행정행위	부담적 행정행위
법률유보의 원칙	완화되어 적용	엄격하게 적용
신청 여부	신청을 요하는 쌍방적 행정행위	신청 없이 직권에 의한 일방적 행정행위
절차적 통제	사전행정절차 거칠 의무 없음	사전 통지 및 청문실시
부 관	부관을 붙일 수 있음	부관을 붙일 수 없음(다수설)
무 효	무효의 요건을 엄격히 해석	무효의 요건을 완화
취소·철회	취소·철회가 자유롭지 못함	취소·철회가 자유로움

2 형성적 행정행위

특허	특정 상대방을 위하여 새로이 권리를 설정하는 행정행위 예 도로점용허가, 광업허가, 어업면허, 개인택시면허, 국유재산 등의 관리청이 행정재산의 사용·수익에 대하여 하는 허가1964 판례 하천법 제33조에 의한 **하천의 점용허가**에 따라 해당 하천을 점용할 수 있는 권리와 마찬가지로 **특허에 의한 공물사용권의 일종**으로서, 양도가 가능하고 이에 대한 민사집행법상의 집행 역시 가능한 ↳ 허가 X 독립된 재산적 가치가 있는 구체적인 권리라고 보아야 한다(2014두11601).
인가	행정주체가 제3자의 법률행위를 보충하여 그 법률적 효력을 완성시켜 주는 행정행위 예 재단법인변경허가, 토지거래구역내 토지거래허가 판례 민법 제45조와 제46조에서 말하는 **재단법인의 정관변경 "허가"**는 법률상의 표현이 허가로 되어 있기는 하나, 그 성질에 있어 법률행위의 효력을 보충해 주는 것이지 일반적 금지를 해제하는 것이 아니므로, 그 **법적 성격은 인가**라고 보아야 한다(95누4810).1962 ↳ 허가 X
대리	행정주체가 제3자가 해야 할 행위를 대신 행함으로써 제3자인 본인이 행한 것과 동일한 법적 효과를 발생시키는 행정행위로서 행정청의 대리와 구별 예 압류재산의 공매, 행려병사자의 유류품 매각

3 준법률적 행정행위

확인	다툼이 있는 사실에 대한 **공적 판단**의 표시 예 시험합격자 결정 → 불가변력이 발생
공증	특정사실 또는 법률관계의 존부를 공적권위로써 **증명**하는 행정행위 예 운전면허증 교부 [주의] 자동차 운전면허는 허가 1960·1961
통지	**특정·불특정의 상대방**에 대하여 특정한 사실을 알리는 행위 예 대집행의 계고와 대집행영장발부 통지
수리	타인의 행정청에 대한 행위를 유효한 것으로서 **수령하는 행위** 예 사표수리

4 행정행위 효력

구속력	① 행정행위가 성립요건·효력요건을 구비하면 효과의사의 내용에 따라(법률행위적 행정행위), 법이 정하는 바에 따라(준법률적 행정행위) 일정한 효과를 발생하여 행정청·상대방·관계인을 구속하는데, 이를 구속력이라 함 ② 구속력은 모든 행정행위에 인정되는 실체법적 효력
공정력	행정행위가 중대·명백한 하자로 당연무효가 아닌 한 그것이 **권한 있는 기관에 의하여 취소되기까지는** 상대방과 행정청 및 제3자에 대하여 **유효한 것으로 통용되는 힘(공정력)**을 말함. 따라서 무효인 행정행위에는 공정력이 발생하지 않음 → **행정기본법 제15조는 공정력을 직접적으로 규정하고 있음** **[판례]** 행정처분이 아무리 위법하다고 하여도 그 하자가 중대하고 명백하여 당연 무효라고 보아야 할 사유가 있는 경우를 제외하고는 아무도 그 하자를 이유로 무단히 그 효과를 부정하지 못하는 것으로, 이러한 행정행위의 공정력은 판결의 기판력과 같은 효력은 아니지만 그 공정력의 객관적 범위에 속하는 **행정행위의 하자가 취소사유에 불과한 때에는 그 처분이 취소되지 않는 한 처분의 효력을 부정하여 그로 인한 이득을 법률상 원인 없는 이득이라고 말할 수 없는 것이다**(대법원 1994. 11. 11. 94다28000).
강제력	① 행정행위에 의하여 부과된 의무를 상대방이 이행하지 아니하면, 행정청이 스스로 그 이행을 강제할 수 있는 효력 ② 자력집행을 위해서 별도의 수권법규가 있어야 함
존속력 (확정력)	**불가쟁력**	쟁송제기기간의 경과, 쟁송수단을 모두 거친 경우에는 **행정행위의 상대방 기타 이해 관계인**이 더 이상 행정행위의 효력을 다툴 수 없게 되는 힘을 말한다. **[판례]** **제소기간이 이미 도과하여 불가쟁력이 생긴 행정처분**에 대하여는 개별 법규에서 그 변경을 요구할 신청권을 규정하고 있거나 관계 법령의 해석상 그러한 신청권이 인정될 수 있는 등 특별한 사정이 없는 한 국민에게 그 **행정처분의 변경을 구할 신청권이 있다고 할 수 없다**(대법원 2007. 4. 26. 2005두11104).
	불가변력	일정한 경우 행정행위를 행한 **행정청** 자신도 행정행위의 하자 등을 이유로 직권으로 취소·변경·철회할 수 없는 제한을 받게 되는 바, 이러한 효력을 불가변력이라고 한다.

5 불가쟁력과 불가변력

	불가쟁력	불가변력
인정취지	행정의 능률성	법적 안전성
객체	상대방 및 이해관계인에 대한 구속력	행정청에 대한 구속력
발생범위	모든 행정행위에 발생	특수한 행정행위(준사법적 행정행위)에만 발생
성질	절차법적 효력	실체법적 효력
양자관계	① 불가쟁력과 불가변력의 관계는 **독립적 관계**이다. ② 불가쟁력이 발생한 행정행위에 당연히 불가변력이 발생하는 것도 아니므로 불가쟁력이 발생한 행정행위에 대하여 불가변력이 발생하지 않았다면 행정청은 직권취소가 가능하다. ③ 불가변력이 발생한 행정행위에 불가쟁력이 당연히 발생하는 것도 아니므로, 불가변력이 발생한 행정행위라도 불가쟁력이 발생하지 않았다면 상대방은 쟁송을 제기할 수 있다.	

6 행정행위 하자

(1) 무효와 취소

구분	무효	취소
의의	외형상 행정행위로서 존재하나 법적 효력이 전혀 없는 행위	그 성립에 하자가 있지만 일단 유효한 행위로 효력을 가지며, 취소를 통하여 비로소 그 효력을 상실하는 행위
발생원인	① 공무원이 아닌 자의 행위(주체) ② 내용이 실현불가능이거나 불명확한 행위(내용) ③ 필요한 서식에 의하지 아니한 행위(형식) ④ 필요한 공고나 통지를 결여한 행위(절차)	① 사기·강박·착오에 의한 행위 ② 단순 위법·공익위반의 행위 ③ 행위가 정당한 기관에 의해 행해졌음을 표시하는 등의 형식을 결여한 행위 ④ 행정의 능률·원활 등을 위한 편의적 절차를 위반한 때
효력	처음부터 효력이 발생하지 않음	취소될 때까지는 효력이 인정됨
공정력, 불가쟁력	인정되지 않음	인정
행정쟁송의 형식	① 무효확인심판·무효확인소송 ② 무효선언을 구하는 의미에서의 취소소송	취소심판·취소소송
행정심판 전치주의, 제소기간	불요(단, 무효인 행정행위도 취소소송의 제소요건을 갖추면 무효선언적 의미의 취소소송에서는 요함)	(예외적) 행정심판전치주의, 제소기간 준수
사정재결(사정판결)	불가	가능
선결문제	민·형사사건의 수소법원이 위법성심사 가능	부당이득반환청구 (X) 국가배상청구 (O)
하자의 승계	독립하여 별개의 효과를 가져오는 경우에도 하자의 승계 긍정	독립하여 별개의 효과를 가져오는 경우에는 하자의 승계 불가
하자의 전환과 치유	(무효행위의) 전환만 가능	치유만 가능

(2) 무효와 취소의 구별과 관련이 없는 경우

> 국가배상청구소송에서의 인용 여부의 문제, 사정변경의 원칙 적용여부, 집행부정지의 원칙, 행정쟁송의 대상 여부

(3) 무효 취소 관련 판례[1966]

무효	취소
① 음주운전을 단속한 경찰관 명의로 행한 운전면허정지처분의 효력(대법원 97누2313). ② 임용권자의 과실에 의한 임용결격자에 대한 경찰공무원 임용행위의 효력(대법원 86누459). ③ 행정처분의 처분 방식에 관한 「행정절차법」 제24조 제1항을 위반한 처분의 효력(대법원 2017두38874).	① 임면권자가 아닌 국가정보원장이 5급 이상의 국가정보원직원에 대하여 한 의원면직처분의 효력(대법원 2005두15748). ② 행정처분의 근거법률이 행정처분 후에 위헌으로 선언된 경우 그 행정처분(대법원 92누9463).

(4) 하자의 승계

의의	둘 이상의 행정행위가 연속적으로 이루어지는 경우에, 선행행위의 하자를 후행행위의 위법사유로서 주장할 수 있는가의 문제
승계 요건	① 선행행위와 후행행위는 **모두 항고소송의 대상**이 되는 처분일 것 ② 선행행위에 **취소사유**인 하자가 존재하지만 후행행위에는 하자가 존재하지 않을 것 ③ 선행행위의 하자를 더 이상 다툴 수 없을 것(**불가쟁력 발생**) ④ 후행행위에는 아무런 하자가 없을 것(적법)
승계 여부	① 선행행위와 후행행위가 **결합하여 하나의 법률효과**를 목적으로 하는 경우 　→ 하자의 승계 **인정** ② 둘 이상의 행정행위가 **서로 독립하여 별개의 효과**를 목적으로 하는 경우 　→ 하자의 승계 **부정**

승계 인정 사례	승계인정[1968]	① 대집행절차(계고·통지·실행·비용징수) 상호간 ② 개별공시지가결정과 과세처분 ③ 독촉과 가산금·중가산금 징수처분 ④ 귀속재산의 임대처분과 후행매각처분 ⑤ 한지의사시험자격결정인정과 한지의사면허 처분 ⑥ 안경사국가시험합격무효처분과 안경사면허 취소처분
	승계부정	① **건**물철거명령과 대집행계고처분 ② **과세**처분과 체납처분 ③ **표준**공시지가결정과 과세처분 ④ **표준**공시지가결정과 개별토지가격결정 ⑤ **대**학원에서의 수강거부처분과 수료처분[1967] ⑥ **구** 토지수용법상의 사업인정과 토지수용재결 ⑦ **공무원**의 직위해제처분과 직권면직처분[1969] **건(견)과류는 표준이 있어서 대구공무원이 가져 감**

(5) 하자의 치유

의의	성립 당시에는 하자있는 행정행위를 사후에 요건이 충족되거나, **위법성이 경미**하여 취소원인이 될 만한 가치를 상실한 경우에 이를 **적법한 행위로 취급**하는 것
치유사유	① 요건의 사후보완 ② 장기간 방치에 따른 법률관계의 확정 ③ 취소를 불허하는 공익상 요구의 발생 등
인정범위	① **하자의 치유는 취소사유에만 인정되고 무효인 경우에는 인정되지 않음** ② 보통 하자의 치유는 형식·절차상 하자의 경우에 인정 ③ 판례는 행정처분의 내용상의 하자에 대해서는 하자의 치유를 인정하지 아니함
치유의 효과	치유의 효과는 소급적이어서, 처음부터 적법한 행위와 같은 효력을 발생

(6) 하자의 전환

의의	행정청이 본래 의도한 행정행위로서는 무효인 행정행위가 다른 행정행위로서의 성립요건을 갖춘 경우 유효한 다른 행정행위로서의 효력을 인정하는 것
인정범위	하자의 전환은 **무효인 행정행위에만 인정**되고, 취소사유 있는 행정행위에는 인정되지 않음
전환권자	하자의 전환은 **처분청**이나 **행정심판기관** 등에 의해 행해질 수 있음
전환의 요건	① 전환될 행정행위의 성립·효력요건 갖출 것 ② 하자있는 행정행위와 전환될 행위사이에 실질적 공통성이 있을 것 ③ 행정청의 의도에 반하지 않을 것 ④ 당사자에게 원처분보다 새로운 불이익을 가하는 것이 아닐 것 ⑤ 제3자의 이익을 침해하는 것이 아닐 것 ⑥ 행위의 중복을 회피하는 의미가 있을 것
전환의 효과	하자있는 행정행위의 전환으로 인하여 생긴 새로운 행정행위는 종전의 행정행위의 **발령당시로 소급하여 효력을 발생**
전환의 한계	**기속행위**에서 **재량행위**로의 전환은 **금지**(다수설).

(7) 행정행위 철회

하자 없이 성립한 행정행위의 효력을 그 후에 발생된 새로운 사정을 이유로 공익상 그 효력을 더 이상 존속시킬 수 없는 경우에 본래의 행정행위의 효력을 **장래에 향하여 소멸시키는 행위**를 말한다.

(8) 행정행위의 취소와 철회

구분	행정행위의 취소	행정행위의 철회
사유	원시적 하자	후발적 사유
권한자	처분청, 감독청, 법원	처분청(감독청은 법률에 근거가 있는 경우 가능)
효과	원칙적으로 소급효	장래에 향하여만 발생

(9) 행정행위 하자 관련 판례

1. 국가재정법 제96조(금전채권·채무의 소멸시효) ③ 금전의 급부를 목적으로 하는 국가의 권리의 경우 **소멸시효의 중단·정지 그 밖의 사항**에 관하여 다른 법률의 규정이 없는 때에는 「**민법**」의 규정을 적용한다. 국가에 대한 권리로서 금전의 급부를 목적으로 하는 것도 또한 같다. **소멸시효 완성 후에 부과된 조세부과처분**은 납세의무 없는 자에 대하여 부과처분을 한 것으로서 그와 같은 하자는 **중대하고 명백하여 그 처분의 효력은 당연무효**이다(대판 2012두26401).
2. 위법한 행정대집행이 완료되면 그 처분의 무효확인 또는 취소를 구할 소의 이익은 없다 하더라도, **미리 그 행정처분의 취소판결이 있어야만, 그 행정처분의 위법임을 이유로 한 손해배상 청구를 할 수 있는 것은 아니다**(대판 72다337).[1970]
3. **과세관청은 부과의 취소를 다시 취소함으로써 원부과처분을 소생시킬 수는 없고**, 납세 의무자에게 종전의 과세대상에 대한 납부의무를 지우려면 다시 법률에서 정한 부과절차에 좇아 동일한 내용의 새로운 처분을 하는 수밖에 없는 것이다(대판 94누7027).
4. 행정행위의 취소는 일단 유효하게 성립한 행정행위를 그 행위에 위법 또는 부당한 하자가 있음을 이유로 소급하여 그 효력을 소멸시키는 별도의 행정처분이고, 행정행위의 철회는 적법요건을 구비하여 완전히 효력을 발하고 있는 행정행위를 사후적으로 그 행위의 효력의 전부 또는 일부를 장래에 향해 소멸시키는 행정처분이므로, 행정행위의 **취소 사유**는 행정행위의 **성립 당시**에 존재하였던 하자를 말하고, **철회 사유**는 행정행위가 성립된 이후에 **새로이 발생**한 것으로서 행정행위의 효력을 존속시킬 수 없는 사유를 말한다(대판 2003다6422).
5. 행정처분을 한 처분청은 그 처분의 성립에 하자가 있는 경우 이를 취소할 별도의 법적 근거가 없다고 하더라도 직권으로 이를 취소할 수 있다(대판 2001두9653).
6. 적법한 건축물에 대한 철거명령은 그 하자가 중대하고 명백하여 당연 무효라고 할 것이고, 그 후행행위인 건축물철거 대집행계고처분 역시 당연 무효라고 할 것이다(대판 97누6780).[1971]
7. 행정행위를 한 처분청은 비록 처분 당시에 별다른 하자가 없었고, 처분 후에 이를 철회할 별도의 법적 근거가 없더라도 원래의 처분을 존속시킬 필요가 없게 된 **사정변경이 생겼거나 중대한 공익상 필요가 발생한 경우에는 그 효력을 상실케 하는 별개의 행정행위로 이를 철회할 수 있다**(대판 2014두41190).
8. 연령미달의 결격자인 피고인이 소외인의 이름으로 운전면허시험에 응시, 합격하여 교부받은 운전면허는 당연무효가 아니고 도로교통법 제65조 제3호의 사유에 해당함에 불과하여 취소되지 않는 한 유효하므로 피고인의 운전행위는 **무면허운전에 해당하지 아니한다**(대판 80도2646).[1972]
9. **과세처분이 당연무효가 아닌 경우** 그 처분에 취소할 수 있는 위법사유가 있더라도 **행정행위의 공정력 또는 집행력**에 의해 그 처분이 적법하게 취소되기 전까지는 **유효**하고, **민사소송절차에서는** 해당 과세처분의 효력을 부정할 수 없다(대판 99다20179).[1973]
10. 행정처분이 당연무효라고 하기 위하여는 처분에 위법사유가 있다는 것만으로는 부족하고 그 하자가 법규의 중요한 부분을 위반한 **중대한** 것으로서 객관적으로 **명백한** 것이어야 하며, 하자가 중대하고 명백한 것인지 여부를 판별함에 있어서는 그 법규의 목적, 의미, 기능 등을 목적론적으로 고찰함과 동시에 구체적 사안 자체의 특수성에 관하여도 **합리적으로 고찰**함을 요한다(대판 2007다24640).[1974]

THEME 05 행정의 법 원칙(행정의 일반원칙) _S급 2001

1 법치행정의 원칙 1982

행정기본법 (§8)	행정작용은 **법률에 위반되어서는 아니 되며(법률우위의 원칙)**, 국민의 권리를 제한하거나 의무를 부과하는 경우와 그 밖에 국민생활에 중요한 영향을 미치는 경우에는 **법률에 근거(법률유보의 원칙)** 하여야 한다. 1975 보충 ① "국민의 권리를 제한하거나 의무를 부과하는 경우에는 법률에 근거하여야 한다"고 규정한 부분은 **전통적 침해유보설**을 명문화한 부분이다. ② "그 밖에 국민생활에 중요한 영향을 미치는 경우에는 법률에 근거하여야 한다"고 규정한 부분은 헌법재판소에서 수용(98헌바70, 2009헌바128)한 본질성설(중요사항유보설)을 명문화한 부분이다.
법률의 법규 창조력 1990	① 국민의 권리나 의무에 관한 일반적이고 추상적인 규범인 법규를 창조하는 힘은 국민의 대표기관인 의회의 전속적 권한에 속한다는 것을 의미한다. ② 국회가 제정한 법률 또는 법률의 위임에 의한 명령(법규명령)만이 국민의 권리·의무에 관한 사항을 규정할 수 있다는 원칙이다. 1986
법률 우위의 원칙 (제약규범)	① 행정은 합헌적으로 제정된 법률에 위반되어선 안 된다는 원칙이다. ② 여기서 말하는 '법률'은 국회에서 제정한 형식적 의미의 법률만이 아니라 헌법·법률·법규명령(성문법)·행정법의 일반원칙(불문법)까지를 포함한다. 1984 ③ 「행정기본법」은 '행정작용은 법률에 위반되어서는 아니 되며'라고 하여 이 원칙을 **명문화**하였다. ④ <u>모든 영역에서 예외없이 적용</u>되며, **소극적 의미**의 법률 적합성의 원칙이라고 한다. → 성문+불문
법률 유보의 원칙 (근거규범)	① 행정은 법적 근거를 가지고 행해져야 한다는 원칙으로 이는 **행정의 일정한 영역에서만 적용** 된다. → 성문(O), 불문(X) ② 「행정기본법」은 국민의 권리를 제한하거나 의무를 부과하는 경우와 그 밖에 국민생활에 중요한 영향을 미치는 경우에는 **법률에 근거(근거규범)하여야 한다고 명시**하고 있음(동법 제8조) 1991 ③ 법률우위의 원칙은 **소극적으로** 기존법률의 침해를 금지하는것이지만, 법률유보의 원칙은 **적극적으로** 행정기관이 일정한 행위를 할 수 있도록 하게 하는 **행정의 작용법적** 근거의 문제이기 때문에 적극적 의미의 법률적합성 원칙이라고 한다. 1985 → 조직법적 X 판례 집회나 시위 해산을 위한 살수차 사용은 집회의 자유 및 신체의 자유에 대한 중대한 제한을 초래하므로 살수차 사용요건이나 기준은 법률에 근거를 두어야 하고, 살수차와 같은 위해성 경찰장비는 본래의 사용방법에 따라 지정된 용도로 사용되어야 하며 다른 용도나 방법으로 사용하기 위해서는 **반드시 법령에 근거가 있어야 한다.** 혼합살수방법은 법령에 열거되지 않은 새로운 위해성 경찰장비에 해당하고 이 사건 지침에 혼합살수의 근거 규정을 둘 수 있도록 위임하고 있는 법령이 없으므로, 이 사건 지침은 법률유보원칙에 위배되고 이 사건 지침만을 근거로 한 이 사건 혼합살수행위 역시 **법률유보원칙에 위배된다.** 따라서 이 사건 혼합살수행위는 청구인들의 신체의 자유와 집회의 자유를 침해한다(헌법재판소 2018. 5. 31. 2015헌마476 전원재판부 결정). 1987·1988

법률 유보의 원칙 (근거규범)	**판례** 기본권 제한에 관한 법률유보원칙(근거규범)은 **"법률에 의한 규율"**을 요청하는 것이 아니라 **"법률에 근거한 규율"**을 요청하는 것이므로 기본권 제한에는 법률의 근거가 필요할 뿐이고 기본권 제한의 형식이 반드시 법률의 형식일 필요는 없으므로 법규명령, 규칙, 조례 등 **실질적 의미의 법률을 통해서도 기본권 제한이 가능하다**(헌재 2012헌마167).1989

TIP 경찰활동과 법과의 관계

조직규범	모든 경찰기관의 활동은 조직규범으로서의 법률에 정해진 권한의 범위 내에서 행해져야 하며, 경찰관이 조직법상의 직무범위 내의 행위를 하지 않았다면 그것은 직무행위로 볼 수 없고 그 효과는 국가에 귀속되지 않는다.1978
제약규범	어떠한 경찰활동도 경찰활동을 제약하는 법률의 규정에 위반해서는 안 된다. **(법률우위의 원칙)**1980
근거규범	법률에 일정한 행위를 일정한 요건하에 수행하도록 수권하는 근거규정이 없으면 경찰기관은 자기의 판단에 따라 독창적으로 행위를 할 수 없다. **(법률유보의 원칙)**1981

2 평등의 원칙

행정기본법(§9)	행정청은 **합리적 이유 없이** 국민을 차별해서는 아니 된다. ↳ 어떠한 경우에도 X
내용	① 불합리한 차별을 하여서는 안 된다는 원칙 ② 이는 모든 공권력 행사를 통제하는 법원칙이며, 특히 재량권을 통제하는 원칙으로 재량준칙이 대외적 효력을 갖게 하는 전환규범으로서의 기능을 함 ※ **자기구속의 원칙** : ㉠ 행정청이 상대방에 대하여 동종의 사안에 있어서 제3자에게 행한 결정과 동일한 결정을 하도록 스스로 구속당하는 원칙 ㉡ 이는 행정규칙에 따른 종래의 관행이 **위법한 경우에는 적용되지 않음**1999 → 자기구속의 원칙은 행정기본법에 명문으로 규정하고 있지 않음
판례	① 같은 정도의 비위를 저지른 자들 사이에 있어서도 그 **직무의 특성, 비위의 성격 및 정도를 고려하여 징계종류의 선택과 양정을 차별적으로 취급하는 것은 합리적 차별**로서 **평등원칙에 반하지 아니한다**(대판 1999.8.20. 99두2611).1998

3 비례의 원칙

행정기본법 (§10)	〈행정작용은 다음 각 호의 원칙에 따라야 함〉 1. 행정목적을 달성하는 데 유효하고 적절할 것(**적합성**) 2. 행정목적을 달성하는 데 필요한 최소한도에 그칠 것(**필요성**) 3. 행정작용으로 인한 **국민의 이익 침해**가 그 행정작용이 의도하는 **공익**보다 크지 아니할 것 (**상당성**)1976 → 공익 X
내용	① 비례의 원칙이란 행정의 목적과 그 목적을 실현하기 위한 수단의 관계에서 적절한 비례관계가 있어야 한다는 원칙
판례	① **과잉금지의 원칙(비례의 원칙)**이라 함은 국민의 기본권을 제한함에 있어서 국가작용의 한계를 명시한 것으로서 목적의 정당성·방법의 적정성·피해의 최소성·법익의 균형성 등을 의미하며 그 **어느 하나라도 저촉이 되면 위헌이 된다**는 헌법상의 원칙을 말한다(헌재 95헌가17). ② 위법이나 비난의 정도가 미약한 사안을 포함한 모든 경우에 **부정 취득하지 않은 운전면허까지 필요적으로 취소**하고 이로 인해 2년 동안 해당 운전면허 역시 받을 수 없게 하는 것은, 공익의 중대성을 감안하더라도 지나치게 운전면허 소지자의 **기본권을 제한**하는 것이다. 즉, **부정 취득한 운전면허**를 필요적으로 취소하도록 한 것은 과잉금지원칙에 위반되지 아니하나, **부정 취득하지 않은 운전면허**까지 필요적으로 취소하도록 한 것은 **과잉금지 원칙(비례의 원칙)에 위반된다**(헌재 2019헌가9).1993

4 성실의무 및 권한남용금지의 원칙

행정기본법 (§11)	① 행정청은 법령등에 따른 의무를 성실히 수행하여야 한다. ② 행정청은 행정권한을 남용하거나 그 권한의 범위를 넘어서는 아니 된다.
내용	① '신의성실의 원칙'이란 모든 사람은 공동체의 일원으로서 상대방의 신뢰를 헛되이 하지 않도록 성의 있게 행동하여야 한다는 원칙 ② 행정기본법은 사법상의 원칙인 '신의성실의 원칙'을 행정법상 행정청의 '성실의무의 원칙'으로 수정하여 명시적으로 규정 → 신의성실의 원칙은 「민법」뿐만 아니라 경찰행정법을 포함한 모든 법의 일반원칙이며 법원으로 인정2000

5 신뢰보호의 원칙

행정기본법 (§12) 2002	① 행정청은 **공익 또는 제3자**의 이익을 현저히 해칠 우려가 있는 **경우를 제외**하고는 행정에 대한 국민의 정당하고 합리적인 신뢰를 보호하여야 한다.1977 →경우에도 X ② 행정청은 권한 행사의 기회가 있음에도 불구하고 장기간 권한을 행사하지 아니하여 국민이 그 권한이 행사되지 아니할 것으로 믿을 만한 **정당한 사유가 있는 경우**에는 그 권한을 행사해서는 아니 된다. 다만, **공익 또는 제3자의 이익을 현저히 해칠 우려가 있는 경우는 예외**로 한다.
내용	① 행정기관의 일정한 언동(명시적·묵시적)의 정당성 또는 존속성에 대한 개인의 보호가치 있는 신뢰는 보호해 주어야 한다는 원칙이다. ② 이에 위반한 행정청의 행위는 위헌·위법의 문제가 발생하는데 위법의 효과는 해당 행정행위를 **취소**할 수 있으며 그 위법성이 중대·명백한 경우 **무효**가 된다.2002-1 ③ 이 원칙은 법치국가의 원리 및 그 구성 부분으로서의 **법적 안정성**으로부터 이론적 근거를 도출할 수 있다.2002-2
판례	① 운전면허 **취소사유에 해당하는 음주운전**을 적발한 경찰관의 **소속 경찰서장**이 사무착오로 위반자에게 운전면허정지처분을 한 상태에서 위반자의 **주소지 관할 시·도경찰청장**이 위반자에게 운전면허취소처분을 한 것은 **신뢰보호원칙에 위반하는 것으로서 허용될 수 없다**(대판 99두10520).1994 ② 폐기물처리업에 대하여 사전에 관한 관청으로부터 **적정통보를 받고 막대한 비용을 들여 허가요건을 갖춘 다음** 허가신청을 하였음에도 관할 관청으로부터 '다수 청소업자의 난립으로 안정적이고 효율적인 청소업무의 수행에 지장이 있다'는 이유로 불허가처분을 받은 경우, 그 처분은 **신뢰보호원칙 위반으로 인한 위법한 처분에 해당**된다(대판 1998.5.8. 98두4061).1995

6 부당결부금지의 원칙

행정기본법 (§13)	행정청은 행정작용을 할 때 상대방에게 해당 행정작용과 **실질적인 관련이 없는 의무를 부과해서는 아니 된다.**
내용	행정기관이 행정작용을 할 때 해당 행정작용과 실질적인 관련이 없는 의무를 부과하거나 그 이행을 강제해서는 안 된다는 원칙이다.
판례	① 제1종 대형면허의 취소에는 당연히 제1종 보통면허소지자가 운전할 수 있는 차량의 운전까지 금지하는 취지가 포함된 것이어서 이들 차량의 운전면허는 서로 관련된 것이라고 할 것이므로, 제1종 대형면허로 운전할 수 있는 차량을 운전면허정지기간 중에 운전한 경우에는 이와 관련된 제1종 보통면허까지 취소할 수 있다(대판 2004두12452). ② 한 사람이 여러 종류의 자동차운전면허를 취득하는 경우뿐 아니라 이를 취소 또는 정지하는 경우에 있어서도 서로 별개의 것으로 취급하는 것이 원칙이기는 하나, 제1종 보통면허로 운전할 수 있는 차량의 음주운전은 당해 운전면허뿐만 아니라 제1종 대형면허로도 가능하고, 또한 제1종 대형면허나 제1종 보통면허의 취소에는 당연히 원동기장치자전거의 운전까지 금지하는 취지가 포함된 것이어서 이들 세 종류의 운전면허는 서로 관련된 것이라고 할 것이므로 제1종 보통면허로 운전할 수 있는 차량을 음주운전한 경우에 이와 관련된 면허인 제1종 대형면허와 원동기장치자전거면허까지 취소할 수 있는 것으로 보아야 한다(대판 94누9672).2003 ③ 250cc 오토바이의 운전은 제1종 대형면허나 보통면허와는 아무런 관련이 없는 것이므로 이를 음주운전한 사유만 가지고서는 그 운전자가 보유하고 있는 제1종 대형면허나 보통면허까지 **취소할 수는 없다**(대판 91누8289).2004 ④ 지방자치단체장이 사업자에게 주택사업계획승인을 하면서 그 주택사업과는 아무런 관련이 없는 토지를 기부채납하도록 하는 부관을 주택사업계획승인에 붙인 경우, 그 부관은 부당결부금지의 원칙에 위반되어 **위법**하지만, 지방자치단체장이 승인한 사업자의 주택사업계획은 상당히 큰 규모의 사업임에 반하여, 사업자가 기부채납한 토지 가액은 그 100분의 1 상당의 금액에 불과한 데다가, 사업자가 그 동안 그 부관에 대하여 아무런 이의를 제기하지 아니하다가 지방자치단체장이 업무착오로 기부채납한 토지에 대하여 보상협조요청서를 보내자 그 때서야 비로소 부관의 하자를 들고 나온 사정에 비추어 볼 때 부관의 하자가 중대하고 명백하여 **당연 무효라고는 볼 수 없다고 한** 판례이다(대판 96다49650).1996·1997

THEME 06 행정(경찰)처분(행정기본법)_S급

 법령 자료(네이버 카페: 김재규 경찰학)

목적 (§1)	이 법은 행정의 원칙과 기본사항을 규정하여 행정의 **민주성**과 **적법성**을 확보하고 **적정성**과 **효율성**을(경영주의) 향상시킴으로써 국민의 권익 보호에 이바지함을 목적으로 한다.
정의 (§2)	1. "**처분**"이란 행정청이 구체적 사실에 관하여 행하는 법 집행으로서 **공권력의 행사 또는 그 거부와 그 밖에 이에 준하는 행정작용**을 말한다. 2. "**제재처분**"이란 법령등에 따른 의무를 위반하거나 이행하지 아니하였음을 이유로 **당사자에게 의무를 부과하거나 권익을 제한하는 처분**을 말한다. 다만, **행정상 강제**(강제집행 + 즉시강제)는 제외(포함X)한다. ※ 처분은 주로 **허가와 하명**의 형태로 행해진다. [판례] 도로교통법 제10조 제1항, 제24조 제1항 규정 취지에 비추어 볼 때, 시·도경찰청장이 횡단보도를 설치하여 보행자의 통행방법 등을 규제하는 것은 행정청이 특정 사항에 대하여 의무의 부담을 명하는 행위이고, 이는 국민의 권리·의무에 직접 관계가 있는 행위로서 **행정처분이라고 보아야 한다**(98두8964).
행정에 관한 기간의 계산 (§6)	① 행정에 관한 기간의 계산에 관하여는 **이 법(행정기본법)** 또는 다른 법령등에 특별한 규정이 있는 경우를 제외하고는 **민법**을 준용한다. ② 법령등 또는 처분에서 국민의 권익을 제한하거나 의무를 부과하는 경우 권익이 제한되거나 의무가 지속되는 기간의 계산은 다음 각 호의 기준에 따른다. 다만, 다음 각 호의 기준에 따르는 것이 **국민에게 불리한 경우에는 그러하지 아니하다**. 1. 기간을 일, 주, 월 또는 연으로 정한 경우에는 **기간의 첫날을 산입**한다. 2. 기간의 말일이 토요일 또는 공휴일인 경우에도 기간은 **그 날**(익일X)로 만료한다.
법령등 시행일의 기간 계산 (§7)	법령등(훈령·예규·고시·지침 등을 **포함**(제외X))의 시행일을 정하거나 계산할 때에는 다음 각 호의 기준에 따른다. 1. 법령등을 공포한 날부터 시행하는 경우에는 **공포한 날**(훈령·예규·고시·지침 등은 고시·공고 등의 방법으로 **발령한 날**을 말한다)**을 시행일**로 한다. 2. 법령등을 공포한 날부터 일정 기간이 경과한 날부터 시행하는 경우 법령등을 **공포한 날을 첫날에 산입하지 아니한다**. 3. 법령등을 공포한 날부터 일정 기간이 경과한 날부터 시행하는 경우 그 기간의 말일이 토요일 또는 공휴일인 때에는 **그 말일**(그 말일의 다음날X)로 기간이 만료한다.
행정에 관한 나이의 계산 및 표시 (§7의2)	행정에 관한 나이는 다른 법령등에 특별한 규정이 있는 **경우를 제외하고는 출생일을 산입하여**(경우에도X)(산입하지 않고X) 만(滿) 나이로 계산하고, 연수(年數)로 표시한다. 다만, 1세에 이르지 아니한 경우에는 월수(月數)로 표시할 수 있다.₂₀₀₅

법적용의 기준(§14)	① **새로운 법령등**은 법령등에 특별한 규정이 있는 경우를 **제외**하고는 그 법령등의 효력 발생 전에 완성되거나 종결된 사실관계 또는 법률관계에 대해서는 **적용되지 아니한다**(소급적용 금지의 원칙). ② 당사자의 **신청에 따른 처분**은 법령등에 특별한 규정이 있거나 **처분 당시**의 법령등을 적용하기 곤란한 특별한 사정이 있는 경우를 **제외**하고는 **처분 당시의 법령등**에 따른다. → 신청당시 X ③ 법령등을 위반한 행위의 성립과 이에 대한 제재처분은 법령등에 특별한 규정이 있는 경우를 **제외**하고는 **법령등을 위반한 행위** 당시의 법령등에 따른다. 다만, 법령등을 위반한 행위 후 → 제재처분 X 법령등의 변경에 의하여 그 행위가 법령등을 위반한 행위에 해당하지 아니하거나 제재처분 기준이 **가벼워진 경우**로서 해당 법령등에 특별한 규정이 없는 경우에는 **변경된 법령등**을 적용한다. → 신청시 X
처분의 효력 (§15)	처분은 권한이 있는 기관이 취소 또는 철회하거나 기간의 경과 등으로 소멸되기 전까지는 **유효**한 것으로 통용된다. 다만, 무효인 처분은 **처음부터 그 효력이 발생하지 아니한다**.2006 적법 X → 무효를 판단하는 기준이 무엇인지는 명시하고 있지 않다.
위법 또는 부당한 처분의 취소 (§18)	① 행정청은 **위법 또는 부당**한 처분의 전부나 일부를 소급하여 **취소**할 수 있다. 다만, 당사자의 신뢰를 보호할 가치가 있는 등 정당한 사유가 있는 경우에는 **장래를 향하여 취소**(철회 X)할 수 있다. ② 행정청은 ①에 따라 당사자에게 권리나 이익을 부여하는 처분을 취소하려는 경우에는 취소로 인하여 당사자가 입게 될 불이익을 취소로 달성되는 공익과 비교·형량하여야 한다. 다만, 다음 어느 하나에 해당하는 경우에는 **그러하지 아니하다**. 　1. **거짓이나 그 밖의 부정한 방법**으로 처분을 받은 경우 　2. 당사자가 처분의 위법성을 알고 있었거나 **중대한 과실**로 알지 못한 경우 → 과실 X
적법한 처분의 철회 (§19)	① 행정청은 **적법**한 처분이 다음 어느 하나에 해당하는 경우에는 그 처분의 전부 또는 일부를 장래를 향하여 **철회**(취소 X)할 수 있다. 　1. 법률에서 정한 철회 사유에 해당하게 된 경우 　2. 법령등의 변경이나 **사정변경**으로 처분을 더 이상 존속시킬 필요가 없게 된 경우 　3. **중대한 공익**을 위하여 필요한 경우 ② 행정청은 ①에 따라 처분을 철회하려는 경우에는 철회로 인하여 당사자가 입게 될 불이익을 철회로 달성되는 공익과 비교·형량하여야 한다.
자동적 처분 (§20)	행정청은 법률로 정하는 바에 따라 **완전히 자동화된 시스템**(인공지능 기술을 적용한 시스템을 포함)으로 **처분**을 할 수 있다. 다만, **처분에 재량이 있는 경우는 그러하지 아니하다**.2007 제외 X
재량행사 기준(§21)	행정청은 재량이 있는 처분을 할 때에는 관련 이익을 정당하게 형량하여야 하며, 그 재량권의 범위를 넘어서는 아니 된다.
제재처분의 제척기간 (§23)	① 행정청은 법령등의 위반행위가 **종료된 날부터 5년**이 지나면 해당 위반행위에 대하여 **제재처분**(인허가의 정지·취소·철회, 등록 말소, 영업소 폐쇄와 정지를 갈음하는 과징금 부과를 말한다)을 **할 수 없다**. ② 다음 각 호의 어느 하나에 해당하는 경우에는 제1항을 **적용하지 아니한다**(5년이 지나도 제재처분 가능). 　1. **거짓이나 그 밖의 부정한 방법**으로 인허가를 받거나 신고를 한 경우 　2. 당사자가 인허가나 신고의 위법성을 알고 있었거나 **중대한 과실**(과실 X)로 알지 못한 경우

구분	내용
제재처분의 제척기간 (§23)	3. 정당한 사유 없이 **행정청의 조사·출입·검사를 기피·방해·거부**하여 제척기간이 지난 경우 4. 제재처분을 하지 아니하면 **국민의 안전·생명 또는 환경을 심각하게 해치거나 해칠 우려**가 있는 경우 ③ 행정청은 제1항에도 불구하고 행정심판의 재결이나 법원의 판결에 따라 제재처분이 취소·철회된 경우에는 재결이나 판결이 **확정된 날부터 1년(합의제행정기관은 2년)**이 지나기 전까지는 그 취지에 따른 **새로운 제재처분을 할 수 있다.** ④ 다른 법률에서 제1항 및 제3항의 기간보다 짧거나 긴 기간을 규정하고 있으면 그 법률에서 정하는 바에 따른다.
공법상 계약의 체결 (§27)	① 행정청은 법령등을 위반하지 아니하는 범위에서 행정목적을 달성하기 위하여 필요한 경우에는 공법상 법률관계에 관한 계약(이하 "공법상 계약"이라 한다)을 체결할 수 있다. 이 경우 계약의 목적 및 내용을 명확하게 적은 **계약서**(말 또는 서면 X)를 **작성하여야 한다.** ② 행정청은 공법상 계약의 상대방을 선정하고 계약 내용을 정할 때 공법상 계약의 공공성과 제3자의 이해관계를 고려하여야 한다.
수리 여부에 따른 신고의 효력(§34)	법령등으로 정하는 바에 따라 행정청에 일정한 사항을 통지하여야 하는 신고로서 법률에 신고의 수리가 필요하다고 명시되어 있는 경우(행정기관의 내부 업무 처리 절차로서 수리를 규정한 경우는 제외한다)에는 행정청이 **수리하여야 효력이 발생**한다.
처분에 대한 이의신청 (§36)	① 행정청의 처분(「행정심판법」 제3조에 따라 같은 법에 따른 행정심판의 대상이 되는 처분을 말한다. 이하 이 조에서 같다)에 이의가 있는 당사자는 처분을 **받은 날부터 30일** 이내에 해당 행정청에 이의신청을 할 수 있다.[2008] ② 행정청은 제1항에 따른 이의신청을 받으면 그 신청을 **받은 날부터 14일** 이내에 그 이의신청에 대한 결과를 신청인에게 통지하여야 한다. 다만, 부득이한 사유로 **14일** 이내에 통지할 수 없는 경우에는 그 기간을 만료일 **다음 날부터** 기산하여 10일의 범위에서 한 차례 연장할 수 있으며, 연장 사유를 신청인에게 통지하여야 한다.[2009] ③ 제1항에 따라 이의신청을 한 경우에도 그 이의신청과 **관계없이** 「행정심판법」에 따른 행정심판 또는 「행정소송법」에 따른 행정소송을 제기할 수 있다.[2010] ④ 이의신청에 대한 결과를 통지받은 후 행정심판 또는 행정소송을 제기하려는 자는 그 결과를 통지받은 날(제2항에 따른 통지기간 내에 결과를 통지받지 못한 경우에는 같은 항에 따른 통지기간이 만료되는 날의 다음 날을 말한다)부터 **90일** 이내에 제1항의 처분(이의신청 결과 처분이 변경된 경우에는 **변경된 처분**으로 한다)에 대하여 행정심판 또는 행정소송을 제기할 수 있다.[2011] ⑤ 행정청은 제2항 또는 다른 법률에 따라 이의신청에 대한 결과를 통지할 때에는 대통령령으로 정하는 바에 따라 제4항에 따른 행정심판 또는 행정소송을 제기할 수 있는 기간 등 **행정심판 또는 행정소송의 제기에 관한 사항을 함께 안내하여야 한다.** 다만, 이의신청에 대한 결과를 통지하기 전에 이미 신청인이 행정심판 또는 행정소송을 제기한 경우에는 **안내하지 아니할 수 있다.** 〈시행 2026. 3. 19〉 ⑥ 다른 법률에서 이의신청과 이에 준하는 절차에 대하여 정하고 있는 경우에도 그 법률에서 규정하지 아니한 사항에 관하여는 이 조에서 정하는 바에 따른다.

처분에 대한 이의신청 (§36)	⑧ 다음 각 호의 어느 하나에 해당하는 사항에 관하여는 이 조를 **적용하지 아니한다**. 1. 공무원 인사 관계 법령에 따른 징계 등 처분에 관한 사항 2. 「국가인권위원회법」 제30조에 따른 진정에 대한 국가인권위원회의 결정 3. 「노동위원회법」 제2조의2에 따라 노동위원회의 의결을 거쳐 행하는 사항 4. 형사, 행형 및 보안처분 관계 법령에 따라 행하는 사항 5. 외국인의 출입국·난민인정·귀화·국적회복에 관한 사항 6. 과태료 부과 및 징수에 관한 사항
처분의 재심사 (§37)	① 당사자는 처분(제재처분 및 행정상 강제는 제외한다)이 행정심판, 행정소송 및 그 밖의 쟁송을 통하여 다툴 수 없게 된 경우(**법원의 확정판결이 있는 경우는 제외**한다)라도 다음 각 호의 어느 하나에 해당하는 경우에는 해당 처분을 한 행정청에 처분을 취소·철회하거나 변경하여 줄 것을 신청할 수 **있다**. (없다 X) 1. 처분의 근거가 된 사실관계 또는 법률관계가 추후에 당사자에게 유리하게 바뀐 경우 2. 당사자에게 유리한 결정을 가져다주었을 새로운 증거가 있는 경우 3. 「민사소송법」 제451조에 따른 재심사유에 준하는 사유가 발생한 경우 등 대통령령으로 정하는 경우 ② 제1항에 따른 신청은 해당 처분의 절차, 행정심판, 행정소송 및 그 밖의 쟁송에서 당사자가 **중대한 과실** 없이 제1항 각 호의 사유를 주장하지 못한 경우에만 할 수 있다. (과실 X) ③ 제1항에 따른 신청은 당사자가 제1항 각 호의 사유를 **안 날부터 60일 이내**에 하여야 한다. 다만, 처분이 **있은 날부터 5년**이 지나면 신청할 수 없다. ④ 제1항에 따른 신청을 받은 행정청은 특별한 사정이 없으면 신청을 **받은 날부터 90일**(합의제행정기관은 180일) 이내에 처분의 재심사 결과(재심사 여부와 처분의 유지·취소·철회·변경 등에 대한 결정을 포함한다)를 신청인에게 통지하여야 한다. 다만, 부득이한 사유로 90일(합의제행정기관은 180일) 이내에 통지할 수 없는 경우에는 그 기간을 만료일 **다음 날부터** 기산하여 90일(합의제행정기관은 180일)의 범위에서 **한 차례 연장**할 수 있으며, 연장 사유를 신청인에게 통지하여야 한다. ⑤ 제4항에 따른 처분의 재심사 결과 중 처분을 유지하는 결과에 대해서는 행정심판, 행정소송 및 그 밖의 쟁송수단을 통하여 불복할 수 **없다**. (있다 X) ⑧ 다음 각 호의 어느 하나에 해당하는 사항에 관하여는 이 조를 **적용하지 아니한다**. 1. 공무원 인사 관계 법령에 따른 징계 등 처분에 관한 사항 2. 「노동위원회법」 제2조의2에 따라 노동위원회의 의결을 거쳐 행하는 사항 3. 형사, 행형 및 보안처분 관계 법령에 따라 행하는 사항 4. 외국인의 출입국·난민인정·귀화·국적회복에 관한 사항 5. 과태료 부과 및 징수에 관한 사항 6. 개별 법률에서 그 적용을 배제하고 있는 경우

행정조사(행정조사기본법) _A급

의의	① **행정조사**란 행정기관이 정책을 결정하거나 직무를 수행하는 데 필요한 정보나 자료를 수집하기 위하여 현장조사·문서열람·시료채취 등을 하거나 조사대상자에게 보고요구·자료제출요구 및 출석·진술요구를 행하는 활동을 말한다(§2 제1호). **비교** 「경찰관직무집행법」제7조 제1항의 위험방지를 위한 긴급출입은 **행정조사가 아니라 대가택적 즉시강제**이다. ② 행정조사는 조사 대상자가 이를 거부하였을 경우 **강제력에 대한 법률의 근거규정이 없는한 직접 강제력을 행사할 수 없음이 원칙**이고, 관련 법령에 벌칙(대부분 과태료인 질서벌임)이 있는 경우 이를 간접적으로 강제할 수 있을 뿐이다. → 국세기본법 제88조에서는 '관할 세무서장은 세법의 질문·조사권 규정에 따른 세무공무원의 질문에 대하여 거짓으로 진술하거나 그 직무집행을 거부 또는 기피한 자에게 **5천만원 이하의 과태료를 부과·징수한다**'고 규정하여 직무집행 거부 등에 대한 **과태료를 부과**를 인정하고 있다. 따라서 **행정조사 거부에 대한 강제조사를 인정하지 아니하는 것이 원칙**이다. ③ 행정조사는 행정기관이 향후 행정작용에 필요한 자료 및 정보를 얻기 위한 **준비적·부수적(보조적)인 작용**에 그치며, 그 자체로서 직접 일정한 경찰상태를 실현시키는 작용(즉시강제)은 아니다.₂₀₁₇

적용범위
(§3)
	① 행정조사에 관하여 다른 법률에 특별한 규정이 있는 경우를 제외하고는 **행정조사기본법으로 정하는 바에 따른다**. → 일반적인 근거법 : 행정조사기본법(행정절차법 X)
	② 다음 각 호의 어느 하나에 해당하는 사항에 대하여는 **이 법을 적용하지 아니한다**.
	  1. 행정조사를 한다는 사실이나 조사내용이 공개될 경우 국가의 존립을 위태롭게 하거나 국가의 중대한 이익을 현저히 해칠 우려가 있는 국가안전보장·통일 및 외교에 관한 사항 (보안업무규정(대통령령)상 국가정보원장이 국가 기밀을 취급하는 인원에 대한 신원조사)
	  5. 조세·형사(경찰수사규칙(행정안전부령)상 입건전 조사)·행형 및 보안처분에 관한 사항
	〈제2~4호, 제6~7호 생략〉 → 구체적인 조사절차와 위반시 제재에 대해서는 개별법(경찰관 직무집행법, 총포·도검·화약류 등의 안전관리에 관한 법률, 식품위생법 등)에서 별도로 규정하고 있는 경우가 많다.

기본원칙 (§4)	① 행정조사는 조사목적을 달성하는데 **필요한 최소한의 범위 안에서 실시하여야** 하며, 다른 목적 등을 위하여 **조사권을 남용하여서는 아니 된다.** → 비례의 원칙과 권한남용금지원칙을 명시적으로 규정 ② 행정기관은 조사목적에 적합하도록 조사대상자를 선정하여 행정조사를 실시하여야 한다. ③ 행정기관은 유사하거나 동일한 사안에 대하여는 **공동조사 등을 실시함으로써 행정조사가 중복되지 아니하도록 하여야 한다.** (서로 다른 기관이 공동으로 조사하는 것은 원칙적으로 허용되지 않는다 X) ④ 행정조사는 법령등의 위반에 대한 **처벌보다는 법령등을 준수하도록 유도하는 데 중점**을 두어야 한다. ⑤ 다른 법률에 따르지 아니하고는 행정조사의 대상자 또는 행정조사의 내용을 공표하거나 직무상 알게 된 비밀을 누설하여서는 아니된다. ⑥ 행정기관은 **행정조사를 통하여 알게 된 정보를 다른 법률에 따라 내부에서 이용하거나 다른 기관에 제공하는 경우를 제외**하고는 원래의 조사목적 이외의 용도로 이용하거나 타인에게 제공하여서는 아니 된다.₂₀₁₃

근거 (§5)	① 행정기관은 **법령등에서 행정조사를 규정하고 있는 경우에 한하여** 행정조사를 실시**할 수 있다**. 다만, 조사대상자의 **자발적인 협조를 얻어 실시**하는 행정조사의 경우에는 그러하지 아니하다. → 자발적 협조를 얻어 조사를 실시하는 경우에는 법령의 근거를 요하지 아니하지만, **조직법상의 권한 범위 밖에서는 불가능**(필요한 최소한의 범위 안에서 실시)하다. <small>2012</small> ② ①의 법령에 근거한 출입 및 조사라 하더라도 상대방이 이를 **거부할 경우 강제로 출입하여 조사할 수 없음**이 원칙이다. 주의 「도로교통법과 동법 시행령」상 경찰공무원(자치경찰공무원은 제외한다)은 교통사고가 발생한 경우에는 술에 취하거나 약물을 투여한 상태에서의 운전 여부 등을 <u>조사하여야 한다</u>. <small>할수있다 X</small> → 일반적으로 행정조사의 실시여부는 재량규정이 대부분이고, 음주측정도 재량규정이다(도로교통법 §44②). 그러나 **교통사고조사**는 그 중요성으로 인해 조사를 의무로 규정하고 있다(도로교통법 §54⑥, 동법 시행령 §32). ③ 경찰작용은 행정작용의 일환이므로 **경찰의 수사에는 형사소송법**이 적용되는 것이 원칙이다. <small>2016</small> <small>행정조사기본법 X</small> → 고용보험법 제47조 제2항(실업인정대상기간 중의 취업 사실)에 따른 행정조사 절차에는 수사 절차에서의 진술거부권 고지의무에 관한 형사소송법 규정이 준용되지 않는다고 판단하였다(대판 2020두31323). 판례 ① **고용보험법 제47조 제2항**(실업인정대상기간 중의 취업 사실)에 따른 **행정조사 절차**에는 수사절차에서의 진술거부권 고지의무에 관한 형사소송법 규정이 준용되지 않는다고 판단하였다(대판 2020두31323). <small>2018</small> ② 경찰공무원이 도로교통법 규정에 따라 **호흡측정 또는 혈액 검사 등의 방법으로 운전자가 술에 취한 상태에서 운전하였는지를 조사**하는 것은, 수사기관과 경찰행정조사자의 지위를 겸하는 주체가 형사소송에서 사용될 증거를 수집하기 위한 **수사로서의 성격을 가짐**과 아울러 교통상 위험의 방지를 목적으로 하는 운전면허 정지·취소의 행정처분을 위한 자료를 수집하는 **행정조사의 성격을 동시에 가지고 있다고 볼 수 있다**(대판 2014두46850). <small>2014</small>
조사의 사전통지 (§17)	① 행정조사를 실시하고자 하는 행정기관의 장은 출석요구서, 보고요구서·자료제출요구서 및 현장출입조사서(이하 "출석요구서등"이라 한다)를 조사개시 **7일 전까지** 조사대상자에게 **서면으로 통지**하여야 한다. 다만, 다음 각 호의 어느 하나에 해당하는 경우에는 행정 <small>구두 X</small> 조사의 개시와 동시에 출석요구서등을 조사대상자에게 제시하거나 행정조사의 목적 등을 조사대상자에게 **구두로 통지할 수 있다**. <small>2015</small> 1. 행정조사를 실시하기 전에 관련 사항을 미리 통지하는 때에는 증거인멸 등으로 행정조사의 목적을 달성할 수 없다고 판단되는 경우 2. 지정통계의 작성을 위하여 조사하는 경우 3. 조사대상자의 자발적인 협조를 얻어 실시하는 행정조사의 경우 ② 행정기관의 장이 출석요구서등을 조사대상자에게 발송하는 경우 출석요구서등의 내용이 외부에 공개되지 아니하도록 필요한 조치를 하여야 한다.
조사의 연기 신청 (§18)	① 출석요구서등을 통지받은 자가 천재지변이나 그 밖에 대통령령으로 정하는 사유로 인하여 행정조사를 받을 수 없는 때에는 당해 행정조사를 연기하여 줄 것을 행정기관의 장에게 요청할 수 있다. ③ 행정기관의 장은 행정조사의 연기요청을 받은 때에는 연기요청을 받은 날부터 **7일 이내**에 조사의 연기 여부를 결정하여 조사대상자에게 통지하여야 한다.

자발적인 협조에 따라 실시하는 행정조사(§20)	① 행정기관의 장이 제5조 단서에 따라 조사대상자의 자발적인 협조를 얻어 행정조사를 실시하고자 하는 경우 조사대상자는 **문서·전화·구두 등의 방법**으로 당해 행정조사를 거부할 수 있다. ② ①에 따른 행정조사에 대하여 조사대상자가 조사에 응할 것인지에 대한 응답을 하지 아니하는 경우에는 법령등에 특별한 규정이 없는 한 **그 조사를 거부한 것으로 본다.**
의견제출 (§21)	① 조사대상자는 제17조에 따른 사전통지의 내용에 대하여 행정기관의 장에게 의견을 제출할 수 있다.
조사결과의 통지(§24)	행정기관의 장은 법령등에 특별한 규정이 있는 경우를 제외하고는 행정조사의 결과를 확정한 날부터 **7일 이내**에 그 결과를 조사대상자에게 통지하여야 한다.

※ 본 법의 기간 관련된 규정은 모두 7일로 통일되어 있다.

비교 즉시강제와 경찰조사

	즉시강제	행정조사
목적	그 자체가 행정상 필요한 상태의 실현을 목적으로 하는 작용	행정작용을 위하여 필요한 자료를 얻거나 사실 확인을 위한 준비적·보조적 작용
성질	강제력의 행사를 요소로 하는 **권력적 작용**	**권력적 작용 이외 비권력적 조사도 포함**

공공기관의 정보공개에 관한 법률_S급

1 정보공개의 절차 총알정리

청구인 →공개청구→ 공공기관		• 모든 국민(법) / 외국인(대통령령) • **구술(말)** 또는 **서면**으로 청구
공공 기관	결정	**10일 이내** 공개 여부 결정 (다음 날 부터 10일 연장 가능, 지체없이 연장사유 서면통지)
	통지→제3자	제3자와 관련 시 **지체없이** 3자에게 통지하여야 함
청구인 →불복→ 공공기관		① 결정에 불복이 있거나 ② 청구 후 20일이 경과 하도록 결정 없는 경우 　⇒ **30일 이내** 문서로 이의신청 가능 　　⇒ 행정심판, 행정소송 청구가능
제3자 →불복→ 공공기관		• **3일 이내** 공공기관에 비공개 요청 • 제3자의 비공개 요청에도 공공기관의 공개결정 　→ 불복 : 행정심판 / 행정소송, 이의신청(단, 이의신청은 7일 이내) 가능 • 공공기관의 공개결정 **최소30일** 정보공개실시일

2 정의(§2)

정보	공공기관이 직무상 작성 또는 취득하여 관리하고 있는 문서(전자문서를 포함) 및 전자매체를 비롯한 모든 형태의 매체 등에 기록된 사항을 말한다.₂₀₁₉
공개	공공기관이 이 법에 따라 정보를 열람하게 하거나 그 사본·복제물을 제공하는 것 또는 「전자정부법」 제2조 제10호에 따른 정보통신망을 통하여 정보를 제공하는 것 등을 말한다.
공공기관	가. 국가기관 　　1) 국회, 법원, 헌법재판소, 중앙선거관리위원회 　　2) 중앙행정기관(대통령 소속 기관과 국무총리 소속 기관을 포함) 및 그 소속 기관 　　3) 「행정기관 소속 위원회의 설치·운영에 관한 법률」에 따른 위원회 나. 지방자치단체 다. 「공공기관의 운영에 관한 법률」 제2조에 따른 공공기관 라. 「지방공기업법」에 따른 지방공사 및 지방공단 마. 그 밖에 대통령령으로 정하는 기관 [주의] 정보공개를 하게 되어 있는 공공기관은 국가 또는 지방자치단체에 한정한다 X

3 청구권자 등

국민	모든 국민(자연인, **법인**등도 포함)(§5)₂₀₂₁ ↳ 판례로 인정	
외국인	외국인의 정보공개 청구에 관하여는 **대통령령**으로 정한다. **동법 시행령 제3조(외국인의 정보공개 청구)** 법 제5조제2항에 따라 정보공개를 청구할 수 있는 외국인은 다음 각 호의 어느 하나에 해당하는 자로 한다. 　1. 국내에 **일정한 주소**를 두고 거주하거나 학술·연구를 위하여 **일시적**으로 체류하는 사람 　2. 국내에 사무소를 두고 있는 법인 또는 단체	
청구 방법 (§10)	정보의 공개를 청구하는 자(청구인)는 해당 정보를 보유하거나 관리하고 있는 공공기관에 정보공개 **청구서를 제출(서면)**하거나 **말로써** 정보의 공개를 청구할 수 있다.₂₀₂₇	
공개원칙 (§3)	공공기관이 보유·관리하는 정보는 국민의 알권리 보장 등을 위하여 이 법에서 정하는 바에 따라 **적극적**으로 공개**하여야 한다**.₂₀₂₀ 　↳ 소극적 X　　↳ 할 수 있다 X	
비용부담 (§17)	부담권자	실비의 범위에서 **청구인**이 부담₂₀₃₄
	비용감면	공개를 청구하는 정보의 사용 목적이 **공공복리의 유지·증진**을 위하여 필요하다고 인정되는 경우에는 비용을 감면**할 수 있다**. 　　　　　　　　↳ 질서유지 X

4 정보공개 여부결정

공개여부 결정기간 및 연장(§11)	① 공공기관은 정보공개의 청구를 받으면 그 청구를 받은 날부터 **10일 이내**에 공개 여부를 결정하여야 한다.2028 ② 공공기관은 부득이한 사유로 10일 이내에 공개 여부를 결정할 수 없을 때에는 <u>그 기간이 끝나는 날의 다음 날</u>부터 기산하여 10일의 범위에서 공개 여부 결정기간을 연장할 수 있다. 이 경우 공공기관은 연장된 사실과 연장 사유를 청구인에게 지체없이 **문서**로 통지하여야 한다.2029 ↳ 끝나는 날부터 X
제3자 통지 (§11)	공공기관은 공개 청구된 공개 대상 정보의 전부 또는 일부가 제3자와 관련이 있다고 인정할 때에는 그 사실을 제3자에게 **지체없이** 통지하여야 하며, 필요한 경우에는 그의 의견을 <u>들을 수 있다</u>. ↳ 3일 이내 X ↳ 들어야 한다 X **[제3자의 이의신청 (§21)]** ① 공개 청구된 사실을 통지받은 제3자는 그 통지를 받은 날부터 **3일 이내**에 해당 공공기관에 대하여 자신과 관련된 정보를 공개하지 아니할 것을 요청할 수 있다.2030 ② 비공개 요청에도 불구하고 공공기관이 공개결정을 할 때에는 공개결정 이유와 공개 실시일을 분명히 밝혀 **지체없이** 문서로 통지하여야 하며, 제3자는 해당 공공기관에 문서로 이의신청을 하거나 행정심판 또는 행정소송을 제기할 수 있다. 이 경우 이의신청은 통지를 받은 날부터 **7일 이내**에 하여야 한다. ③ 공공기관은 공개 결정일과 공개 실시일 사이에 최소한 **30일**의 간격을 두어야 한다.
정보공개 여부 결정의 통지 (§13)	① 공공기관은 정보의 공개를 결정한 경우에는 공개의 일시 및 장소 등을 분명히 밝혀 청구인에게 통지하여야 한다. ② 공공기관은 청구인이 사본 또는 복제물의 교부를 원하는 경우에는 이를 교부하여야 한다.2032 ③ 다만, 공개 대상 정보의 양이 너무 많아 정상적인 업무수행에 현저한 지장을 초래할 우려가 있는 경우에는 정보의 사본·복제물을 일정 기간별로 나누어 제공하거나 열람과 병행하여 제공<u>할 수 있다</u>. ↳ 할 수 없다 X ④ 공공기관은 ①에 따라 정보를 공개하는 경우에 그 정보의 원본이 더럽혀지거나 파손될 우려가 있거나 그 밖에 상당한 이유가 있다고 인정할 때에는 그 정보의 사본·복제물을 공개할 수 있다. ⑤ 공공기관은 제11조에 따라 정보의 비공개 결정을 한 경우에는 그 사실을 청구인에게 지체 없이 문서로 통지하여야 한다. 이 경우 제9조제1항 각 호 중 어느 규정에 해당하는 비공개 대상 정보인지를 포함한 비공개 이유와 불복(不服)의 방법 및 절차를 구체적으로 밝혀야 한다.

5 비공개 대상정보 및 부분공개

비공개 대상정보 (§9)	① 공공기관이 보유·관리하는 정보는 공개 대상이 됨. 다만, 다음에 해당하는 정보는 공개하지 아니할 수 있다. 　1. 다른 법률 또는 법률에서 위임한 명령(국회규칙·대법원규칙·헌법재판소규칙·중앙선거관리위원회규칙·대통령령 및 조례로 한정한다)에 따라 비밀이나 비공개 사항으로 규정된 정보 　2. 국가안전보장·국방·통일·외교관계 등에 관한 사항으로서 공개될 경우 국가의 중대한 이익을 현저히 해칠 우려가 있다고 인정되는 정보(예 **경찰의 보안관찰 관련 통계자료**) 　3. 공개될 경우 국민의 생명·신체 및 재산의 보호에 현저한 지장을 초래할 우려가 있다고 인정되는 정보2022 　4. 진행 중인 재판에 관련된 정보와 범죄의 예방, 수사, 공소의 제기 및 유지, 형의 집행, 교정, 보안처분에 관한 사항으로서 공개될 경우 그 직무수행을 현저히 곤란하게 하거나 형사피고인의 공정한 재판을 받을 권리를 침해한다고 인정할 만한 상당한 이유가 있는 정보(예 **폭력단체 현황**)2023 　5. 감사·감독·검사·시험·규제·입찰계약·기술개발·인사관리에 관한 사항이나 **의사결정 과정** 또는 내부검토 과정에 있는 사항 등으로서 공개될 경우 업무의 공정한 수행이나 연구·개발에 **현저한 지장을 초래한다고 인정할 만한 상당한 이유가 있는 정보**. 다만, 의사결정 과정 또는 내부검토 과정을 이유로 비공개할 경우에는 제13조 제5항에 따라 통지를 할 때 의사결정 과정 또는 내부검토 과정의 단계 및 종료 예정일을 함께 안내하여야 하며, 의사결정 과정 및 내부검토 과정이 종료되면 제10조에 따른 청구인에게 이를 통지하여야 한다.2025 　6. 해당 정보에 포함되어 있는 성명·주민등록번호 등 「개인정보 보호법」 제2조 제1호에 따른 개인정보로서 공개될 경우 사생활의 비밀 또는 자유를 침해할 우려가 있다고 인정되는 정보(단, 다음에 열거한 사항은 제외함)2024 　　　가. 법령에서 정하는 바에 따라 열람할 수 있는 정보 　　　나. 공공기관이 공표를 목적으로 작성하거나 취득한 정보로서 사생활의 비밀 또는 자유를 부당하게 침해하지 아니하는 정보 　　　다. 공공기관이 작성하거나 취득한 정보로서 공개하는 것이 공익이나 개인의 권리 구제를 위하여 필요하다고 인정되는 정보 　　　라. **직무를 수행한 공무원의 성명·직위** 　　　마. 공개하는 것이 공익을 위하여 필요한 경우로서 법령에 따라 국가 또는 지방자치단체가 업무의 일부를 위탁 또는 위촉한 개인의 성명·직업 　7. 법인·단체 또는 개인의 경영상·영업상 비밀에 관한 사항으로서 공개될 경우 법인등의 정당한 이익을 현저히 해칠 우려가 있다고 인정되는 정보(단, 다음에 열거한 정보는 제외함) 　　　가. 사업활동에 의하여 발생하는 위해로부터 사람의 생명·신체 또는 건강을 보호하기 위하여 공개할 필요가 있는 정보 　　　나. 위법·부당한 사업활동으로부터 국민의 재산 또는 생활을 보호하기 위하여 공개할 필요가 있는 정보 　8. 공개될 경우 부동산 투기, 매점매석 등으로 특정인에게 이익 또는 불이익을 줄 우려가 있다고 인정되는 정보 ② 공공기관은 ①의 각 호 어느 하나에 해당하는 정보가 기간의 경과 등으로 인하여 **비공개의 필요성이 없어진 경우에는 그 정보를 공개 대상으로 하여야 한다.**2026

부분공개 (§14)		공개 청구한 정보가 비공개 대상 정보에 해당하는 부분과 공개 가능한 부분이 혼합되어 있는 경우로서 공개 청구의 취지에 어긋나지 아니하는 범위에서 두 부분을 분리할 수 있는 경우에는 비공개 대상 정보에 해당하는 부분을 제외하고 공개**하여야 한다.**2031
정보의 전자적 공개(§15)		① 공공기관은 전자적 형태로 보유·관리하는 정보에 대하여 청구인이 전자적 형태로 공개하여 줄 것을 요청하는 경우에는 그 정보의 성질상 현저히 곤란한 경우를 제외하고는 청구인의 요청에 따라야 한다.2033

6 정보공개심의회와 정보공개위원회

정보공개 심의회 (§12)	설치	국가기관, 지방자치단체, 공기업 및 준정부기관「지방공기업법」에 따른 지방공사 및 지방공단은 정보공개 여부 등을 심의하기 위하여 정보공개심의회를 설치·운영한다. 이 경우 국가기관등의 규모와 업무성격, 지리적 여건, 청구인의 편의 등을 고려하여 소속 상급기관에서 협의를 거쳐 심의회를 통합하여 설치·운영할 수 있다.
	구성	위원장 1명을 포함하여 **5명 이상 7명 이하**의 위원으로 구성함
	위원의 위촉	심의회의 위원은 소속 공무원, 임직원 또는 외부 전문가로 지명하거나 위촉하되, 그 중 **3분의 2**는 해당 국가기관등의 업무 또는 정보공개의 업무에 관한 지식을 가진 외부 전문가로 위촉하여야 한다.
	위원장	위원 중에서 국가기관등의 장이 지명하거나 위촉함
정보공개 위원회 (§22,23)	설치	**행정안전부장관 소속**으로 정보공개위원회를 둠
	구성	성별을 고려하여 위원장과 부위원장 **각 1명**을 포함한 **11명의 위원**으로 구성함2039
	위원 위촉	위원회의 위원은 다음의 사람이 됨(**위원장을 포함한 7명**은 공무원이 아닌 사람으로 위촉하여야 함) ① 대통령령으로 정하는 관계 중앙행정기관의 차관급 공무원이나 고위공무원단에 속하는 일반직공무원 ② 정보공개에 관하여 학식과 경험이 풍부한 사람으로서 **행정안전부장관**이 위촉하는 사람 ③ 시민단체(비영리민간단체를 말함)에서 추천한 사람으로서 **행정안전부장관**이 위촉하는 사람
	위원 임기	위원장·부위원장 및 위원(위 ①의 위원은 제외)의 임기는 **2년**으로 하며, **연임가능**
제도 총괄 (§24)		① **행정안전부장관**은 이 법에 따른 정보공개제도의 정책 수립 및 제도 개선 사항 등에 관한 기획·총괄 업무를 관장한다. ② **행정안전부장관**은 위원회가 정보공개제도의 효율적 운영을 위하여 필요하다고 요청하면 공공기관(국회·법원·헌법재판소 및 중앙선거관리위원회는 **제외**└포함 X)의 정보공개제도 운영실태를 평가할 수 있다.2040

7 불복구제절차

이의신청 (§18)	신청 기간	공공기관의 비공개 결정 또는 부분 공개 결정에 대하여 불복이 있거나 정보공개 청구 후 20일이 경과하도록 정보공개 결정이 없는 때에는 공공기관으로부터 정보공개 여부의 결정 통지를 받은 날 또는 정보공개 청구 후 20일이 경과한 날부터 30일 이내에 해당 공공기관에 문서로 이의신청을 할 수 있다. 2035
	심의회 개최	국가기관등은 이의신청이 있는 경우에는 심의회를 개최하여야 한다. 다만, 다음 각 호의 어느 하나에 해당하는 경우에는 심의회를 개최하지 아니할 수 있으며 개최하지 아니하는 사유를 청구인에게 문서로 통지하여야 한다. 1. 심의회의 심의를 이미 거친 사항 2. 단순·반복적인 청구 3. 법령에 따라 비밀로 규정된 정보에 대한 청구
	결정 기간	공공기관은 이의신청을 받은 날부터 7일 이내(10일 이내X)에 그 이의신청에 대하여 결정하고 그 결과를 청구인에게 지체 없이(3일 이내X) 문서로 통지하여야 한다. 다만, 부득이한 사유로 정하여진 기간 이내에 결정할 수 없을 때에는 그 기간이 끝나는 날의 다음 날부터(끝나는 날부터X) 기산하여 7일의 범위에서 연장할 수 있으며, 연장 사유를 청구인에게 통지하여야 한다. 2036
행정심판 (§19)		① 청구인이 정보공개와 관련한 공공기관의 결정에 대하여 불복이 있거나 정보공개 청구 후 20일이 경과하도록 정보공개 결정이 없는 때에는 「행정심판법」에서 정하는 바에 따라 행정심판을 청구할 수 있다. 이 경우 국가기관 및 지방자치단체 외의 공공기관의 결정에 대한 감독행정기관은 관계 중앙행정기관의 장 또는 지방자치단체의 장으로 한다. ② 청구인은 이의신청 절차를 거치지 아니하고 행정심판을 청구할 수 있다. 2037
행정소송 (§20)		청구인이 정보공개와 관련한 공공기관의 결정에 대하여 불복이 있거나 정보공개 청구 후 20일이 경과하도록 정보공개 결정이 없는 때에는 「행정소송법」에서 정하는 바에 따라 행정소송을 제기할 수 있다. 2038

> **판례**
> 1. 공공기관의 정보공개에 관한 법률 제9조 제1항 제6호 본문은 "해당 정보에 포함되어 있는 성명·주민등록번호 등 개인에 관한 사항으로서 공개될 경우 사생활의 비밀 또는 자유를 침해할 우려가 있다고 인정되는 정보"를 **비공개대상정보의 하나로 규정**하고 있다. 여기에서 말하는 비공개대상정보에는 성명·주민등록번호 등 '개인식별정보'뿐만 아니라 그 외에 정보의 내용에 따라 '개인에 관한 사항의 공개로 인하여 개인의 내밀한 내용의 비밀 등이 알려지게 되고, 그 결과 인격적·정신적 내면생활에 지장을 초래하거나 자유로운 사생활을 영위할 수 없게 될 위험성이 있는 정보'도 포함된다. 따라서 **불기소처분 기록이나 내사기록 중 피의자신문조서 등 조서에 기재된 피의자 등의 인적사항 이외의 진술내용 역시 개인의 사생활의 비밀 또는 자유를 침해할 우려가 인정되는 경우에는 위 비공개대상정보에 해당한다**(대법원 2017. 9. 7. 선고 2017두44558). 2041
> 2. 수사기록 중 의견서, 보고문서, 메모, 법률검토 등은 그 실질적인 내용을 구체적으로 살펴 수사의 방법 및 절차 등이 공개됨으로써 수사기관의 **직무수행을 현저히 곤란하게 한다고 인정할 만한 상당한 이유가 있어야만 비공개대상정보에 해당한다**(대법원 2012. 7. 12. 선고 2010두7048). 2042

THEME 09 개인정보 보호법 _A급

개인정보 (§2 제1호)	**살아 있는** 개인에 관한 정보로서 성명, 주민등록번호 및 영상 등을 통하여 개인을 알아볼 수 있는 정보, 해당 정보만으로는 특정 개인을 알아볼 수 없더라도 다른 정보와 쉽게 결합하여 알아볼 수 있는 정보에 해당하는 정보를 말한다. (사자X)
가명처리 (§2 제1의2호)	개인정보의 일부를 삭제하거나 일부 또는 전부를 대체하는 등의 방법으로 추가 정보가 없이는 **특정 개인을 알아볼 수 없도록 처리**하는 것을 말한다.
정보주체(§2 제3호)	처리되는 정보에 의하여 알아볼 수 있는 사람으로서 그 **정보의 주체가 되는 사람**을 말한다.
개인정보처리자 (§2 제5호)	업무를 목적으로 개인정보파일을 운용하기 위하여 스스로 또는 다른 사람을 통하여 개인정보를 처리하는 **공공기관, 법인, 단체 및 개인** 등을 말한다.
고정형 영상정보 처리기기(§2 제7호)	**일정한 공간에 설치**되어 지속적 또는 주기적으로 사람 또는 사물의 영상 등을 촬영하거나 이를 유·무선망을 통하여 전송하는 장치로서 대통령령으로 정하는 장치를 말한다.
이동형 영상정보 처리기기 (§2 제7의2)	**사람이 신체에 착용 또는 휴대하거나 이동 가능한 물체에** 부착 또는 거치(据置)하여 사람 또는 사물의 영상 등을 촬영하거나 이를 유·무선망을 통하여 전송하는 장치로서 대통령령으로 정하는 장치를 말한다.

개인정보 보호위원회	소속	**국무총리 소속**으로 개인정보 보호위원회를 둔다(§7①).
	구성	상임위원 **2명**(위원장 **1명**, 부위원장 **1명**)을 포함한 **9명**의 위원으로 구성한다(§7의2①).
	임명	위원장과 부위원장은 **정무직 공무원으로 임명**한다(§7의2③).
	임기	위원의 임기는 3년으로 하되, 한 차례만 연임할 수 있다(§7의4①).
	의결 정족수	재적위원 과반수의 출석으로 개의하고, 출석위원 과반수의 찬성으로 의결한다(§7의10③).

개인정보 보호 원칙 (§3)	① 개인정보처리자는 개인정보의 처리 목적을 명확하게 하여야 하고 그 목적에 필요한 범위에서 **최소한의 개인정보만을 적법하고 정당하게 수집**하여야 한다. ② 개인정보처리자는 개인정보의 처리 목적에 필요한 범위에서 적합하게 개인정보를 처리하여야 하며, 그 목적 외의 용도로 활용하여서는 아니 된다. ③ 개인정보처리자는 개인정보의 처리 목적에 필요한 범위에서 개인정보의 **정확성, 완전성 및 최신성**(확장성X, 신속성X)이 보장되도록 하여야 한다. ④ 개인정보처리자는 개인정보의 처리 방법 및 종류 등에 따라 정보주체의 권리가 침해받을 가능성과 그 위험 정도를 고려하여 개인정보를 안전하게 관리하여야 한다. ⑤ 개인정보처리자는 제30조에 따른 개인정보 처리방침 등 개인정보의 처리에 관한 사항을 **공개하여야 하며, 열람청구권 등 정보주체의 권리를 보장**하여야 한다. ⑥ 개인정보처리자는 정보주체의 사생활 침해를 **최소화하는 방법**으로 개인정보를 처리하여야 한다. ⑦ 개인정보처리자는 개인정보를 **익명 또는 가명으로 처리**하여도 개인정보 수집목적을 달성할 수 있는 경우 **익명처리가 가능한 경우에는 익명에 의하여, 익명처리로 목적을 달성할 수 없는 경우에는 가명에 의하여 처리될 수 있도록 하여야 한다.** ⑧ 개인정보처리자는 이 법 및 관계 법령에서 규정하고 있는 책임과 의무를 준수하고 실천함으로써 정보주체의 신뢰를 얻기 위하여 노력하여야 한다.

정보주체의 권리 (§4)	정보주체는 자신의 개인정보 처리와 관련하여 다음 각 호의 권리를 가진다. 1. 개인정보의 처리에 관한 정보를 제공받을 권리 2. 개인정보의 처리에 관한 동의 여부, 동의 범위 등을 선택하고 결정할 권리 3. 개인정보의 처리 여부를 확인하고 개인정보에 대한 열람(사본의 발급을 포함) 및 전송을 요구할 권리 4. 개인정보의 처리 정지, 정정·삭제 및 파기를 요구할 권리 5. 개인정보의 처리로 인하여 발생한 피해를 신속하고 공정한 절차에 따라 구제받을 권리 6. 완전히 자동화된 개인정보 처리에 따른 결정을 거부하거나 그에 대한 설명 등을 요구할 권리
개인정보의 수집·이용 (§15)	① 개인정보처리자는 다음 각 호의 어느 하나에 해당하는 경우에는 **개인정보를 수집할 수 있으며 그 수집 목적의 범위에서 이용할 수 있다.** 1. 정보주체의 동의를 받은 경우 2. **법률에 특별한 규정이 있거나 법령상 의무를 준수하기 위하여 불가피한 경우**[2053] 3. 공공기관이 법령 등에서 정하는 소관 업무의 수행을 위하여 불가피한 경우 4. 정보주체와 체결한 계약을 이행하거나 계약을 체결하는 과정에서 정보주체의 요청에 따른 조치를 이행하기 위하여 필요한 경우 5. 명백히 정보주체 또는 제3자의 급박한 생명, 신체, 재산의 이익을 위하여 필요하다고 인정되는 경우 6. 개인정보처리자의 정당한 이익을 달성하기 위하여 필요한 경우로서 명백하게 정보주체의 권리보다 우선하는 경우. 이 경우 개인정보처리자의 정당한 이익과 상당한 관련이 있고 합리적인 범위를 **초과하지 아니하는 경우에 한한다.** 7. 공중위생 등 공공의 안전과 안녕을 위하여 긴급히 필요한 경우
고정형 영상정보 처리기기의 설치·운영 제한 (§25)	② **누구든지** 불특정 다수가 이용하는 목욕실, 화장실, 발한실(發汗室), 탈의실 등 개인의 사생활을 현저히 침해할 우려가 있는 장소의 내부를 볼 수 있도록 **고정형 영상정보처리기기**를 설치·운영하여서는 아니 된다. 다만, 교도소, 정신보건 시설 등 법령에 근거하여 사람을 구금하거나 보호하는 시설로서 대통령령으로 정하는 시설에 대하여는 그러하지 아니하다. ③ 제1항 각 호에 따라 고정형 영상정보처리기기를 설치·운영하려는 공공기관의 장과 제2항 단서에 따라 고정형 영상정보처리기기를 설치·운영하려는 자는 공청회·설명회의 개최 등 대통령령으로 정하는 절차를 거쳐 관계 전문가 및 이해관계인의 의견을 수렴 하여야 한다. ④ 고정형 영상정보처리기기를 설치·운영하는 자(이하 "고정형영상정보처리기기운영자"라 한다)는 정보주체가 쉽게 인식할 수 있도록 다음 각 호의 사항이 포함된 **안내판을 설치하는 등 필요한 조치를 하여야 한다.** 다만, 「군사기지 및 군사시설 보호법」 제2조제2호에 따른 군사시설, 「통합방위법」 제2조제13호에 따른 국가중요시설, 그 밖에 대통령령으로 정하는 시설의 경우에는 그러하지 아니하다. ⑤ 고정형영상정보처리기기운영자는 고정형 영상정보처리기기의 설치 목적과 다른 목적으로 고정형 영상정보처리기기를 임의로 조작하거나 다른 곳을 비춰서는 아니 되며, **녹음기능은 사용할 수 없다.**

이동형 영상정보 처리기기의 운영 제한 (§25의2)	① 업무를 목적으로 이동형 영상정보처리기기를 운영하려는 자는 **다음 각 호의 경우를 제외하고는** 공개된 장소에서 이동형 영상정보처리기기로 사람 또는 그 사람과 관련된 사물의 영상(개인정보에 해당하는 경우로 한정한다)을 **촬영하여서는 아니 된다.** 1. 제15조 제1항 각 호의 어느 하나에 해당하는 경우 2. 촬영 사실을 명확히 표시하여 정보주체가 촬영 사실을 알 수 있도록 하였음에도 불구하고 촬영 거부 의사를 밝히지 아니한 경우. 이 경우 정보주체의 권리를 부당하게 침해할 우려가 없고 합리적인 범위를 초과하지 아니하는 경우로 한정한다. 3. 그 밖에 제1호 및 제2호에 준하는 경우로서 대통령령으로 정하는 경우 ② 누구든지 불특정 다수가 이용하는 목욕실, 화장실, 발한실, 탈의실 등 개인의 사생활을 현저히 침해할 우려가 있는 장소의 내부를 볼 수 있는 곳에서 **이동형 영상정보처리기기로 사람 또는 그 사람과 관련된 사물의 영상을 촬영하여서는 아니 된다.** 다만, 인명의 구조·구급 등을 위하여 필요한 경우로서 대통령령으로 정하는 경우에는 그러하지 아니하다.[2054] ③ 제1항 각 호에 해당하여 이동형 영상정보처리기기로 사람 또는 그 사람과 관련된 사물의 영상을 촬영하는 경우에는 불빛, 소리, 안내판 등 대통령령으로 정하는 바에 따라 촬영 사실을 표시하고 **알려야 한다.**
가명정보의 처리 등(§28의2)	① 개인정보처리자는 통계작성, 과학적 연구, 공익적 기록보존 등을 위하여 **정보주체의 동의 없이** 가명정보를 처리할 수 있다.[2055] ② 개인정보처리자는 제1항에 따라 가명정보를 제3자에게 제공하는 경우에는 특정 개인을 알아보기 위하여 사용될 수 있는 정보를 포함해서는 아니 된다.

THEME 10 경찰(행정)상 실효성(의무이행) 확보수단 _s급

경찰상 의무이행 확보수단

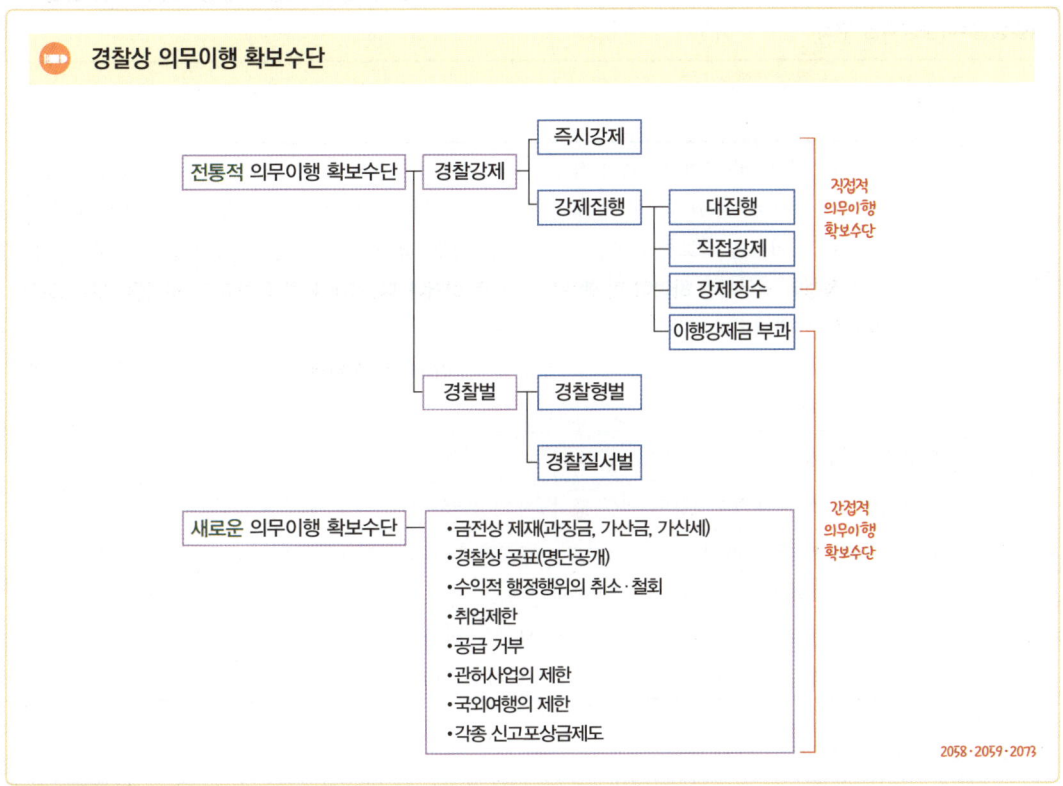

경찰강제

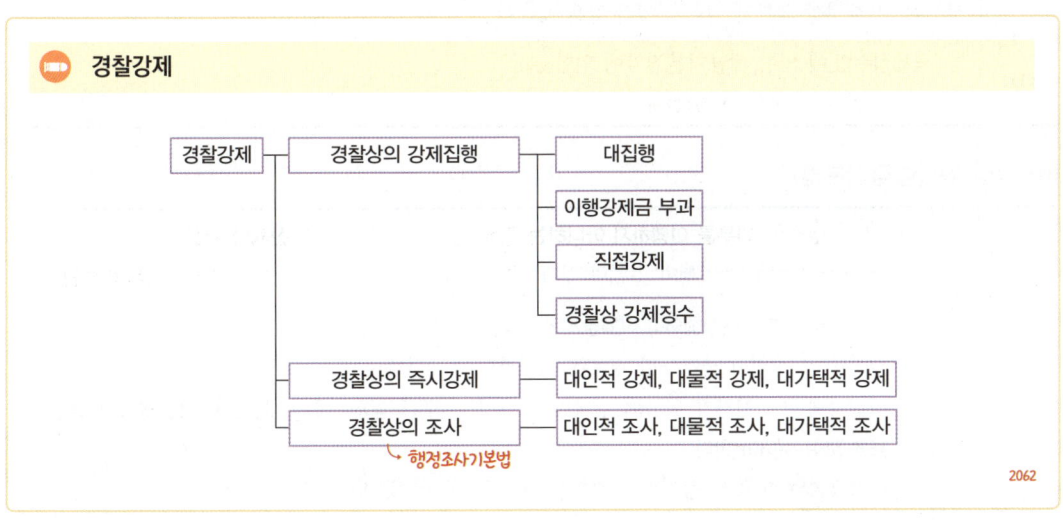

1 경찰상 강제집행

(1) 의의

> 경찰상 강제집행이란 경찰하명에 따른 경찰의무의 불이행이 있는 경우에 상대방의 신체 또는 재산이나 주거 등에 실력을 행사하여 경찰상 필요한 상태를 실현하는 작용으로 **직접적(대집행, 직접강제, 강제징수) 또는 간접적(집행벌=이행강제금 부과)** 실효성 확보수단이다. 2063

(2) 행정대집행

의의	① 의무자가 행정상 의무(법령등에서 직접 부과하거나 행정청이 법령등에 따라 부과한 의무를 말한다.)로서 타인이 대신하여 행할 수 있는 의무를 이행하지 아니하는 경우 법률로 정하는 다른 수단으로는 그 이행을 확보하기 곤란하고 그 불이행을 방치하면 공익을 크게 해칠 것으로 인정될 때에 **행정청이 의무자가 하여야 할 행위를 스스로 하거나 제3자에게 하게 하고 그 비용을 의무자로부터 징수하는 것**(행정기본법§30제1호) 2067·2070·2072 ② 신체검사·증인출석 의무와 같이 대체성이 없는 **비대체적 작위의무**는 **행정대집행의 대상이 될 수 없음** 2076
일반법	행정대집행법 2068
절차	대집행의 **계**고 → 대집행영장에 의한 **통**지 → 대집행의 **실**행 → **비**용징수 **계통실비** 2069
판례	관계 법령상 행정대집행의 절차가 인정되어 행정청이 행정대집행의 방법으로 건물의 철거 등 대체적 작위의무의 이행을 실현할 수 있는 경우에는 따로 민사소송의 방법으로 그 의무의 이행을 구할 수 없다. 한편 건물의 점유자가 철거 의무자일 때에는 건물철거의무에 퇴거의무도 포함되어 있는 것이어서 별도로 퇴거를 명하는 집행권원이 필요하지 않다(대판 2016다213916).

(3) 강제징수(행정기본법)

의의	의무자가 행정상 의무 중 **금전급부의무를 이행하지 아니하는 경우** 행정청이 의무자의 재산에 실력을 행사하여 그 행정상 의무가 실현된 것과 같은 상태를 실현하는 것(§30제4호) 2073
절차	① 「국세징수법」에 의한 체납처분절차에 의함 2071 ② **독촉 → 압류 → 매각 → 청산** 2074

(4) 직접강제(행정기본법)

의의	의무자가 행정상 **의무를 이행하지 아니하는 경우** 행정청이 의무자의 **신체나 재산**에 실력을 행사하여 그 행정상 의무의 이행이 있었던 것과 같은 상태를 실현하는 것(§30제3호) - **최후의 수단** 2075
절차 (§32)	① 직접강제는 **행정대집행이나 이행강제금**(과징금X)**부과의 방법**으로는 행정상 의무 이행을 확보할 수 없거나 그 실현이 불가능한 경우에 실시하여야 한다. 2084 ② 직접강제를 실시하기 위하여 현장에 파견되는 **집행책임자는 그가 집행책임자임을 표시하는 증표를 보여 주어야 한다.** ③ 직접강제의 계고 및 통지에 관하여는 제31조 제3항 및 제4항을 준용한다.
사례	도로의 위법 인공구조물에 대한 제거조치, 외국인의 강제퇴거, 무허가 영업소에 대한 폐쇄, 집회·시위 직접해산 2085

(5) 이행강제금 부과(집행벌, 금전벌) → 계속적, 장래적

의의 2079·2080·2082	의무자가 행정상 의무를 이행하지 아니하는 경우 행정청이 적절한 **이행기간을 부여**하고, 그 기한까지 행정상 의무를 이행하지 아니하면 **금전급부의무를 부과**하는 것(행정기본법§30제2호)
성질	의무자에게 **심리적 압박**을 가하는 **심리적 강제**임 → 장래에 향한 간접적 실효성(의무이행) 확보수단

부과 특징
(행정기본법
§31)
	② 행정청은 다음 각 호의 사항을 고려하여 이행강제금의 부과 금액을 **가중하거나 감경할 수 있다**.
	  1. 의무 불이행의 동기, 목적 및 결과
	  2. 의무 불이행의 정도 및 상습성
	  3. 그 밖에 행정목적을 달성하는 데 필요하다고 인정되는 사유
	③ 행정청은 이행강제금을 부과하기 전에 미리 의무자에게 적절한 이행기간을 정하여 그 기한까지 행정상 의무를 이행하지 아니하면 **이행강제금을 부과한다는 뜻을 문서**(구두X)**로 계고**(戒告)**하여야 한다**.
	④ 행정청은 의무자가 제3항에 따른 계고에서 정한 기한까지 행정상 의무를 이행하지 아니한 경우 이행강제금의 부과 금액·사유·시기를 문서로 명확하게 적어 의무자에게 통지하여야 한다.
	⑤ 행정청은 의무자가 **행정상 의무를 이행할 때까지 이행강제금을 반복하여 부과할 수 있다**. (없다X) 다만, 의무자가 의무를 이행하면 새로운 이행강제금의 부과를 즉시 중지하되, **이미 부과한 이행강제금은 징수**하여야 한다.2083
	⑥ 행정청은 이행강제금을 부과받은 자가 납부기한까지 이행강제금을 내지 아니하면 국세강제징수의 예 또는 「지방행정제재·부과금의 징수 등에 관한 법률」에 따라 징수한다. → 이행강제금 부과(집행벌)는 경찰벌과 병과해서 행할 수 있음 2077

판례	① 전통적으로 행정대집행은 대체적 작위의무에 대한 강제집행수단으로, 이행강제금은 부작위의무나 비대체적 작위의무에 대한 강제집행수단으로 이해되어 왔으나, 이는 이행강제금제도의 본질에서 오는 제약은 아니며, **이행강제금은 대체적 작위의무의 위반에 대하여도 부과될 수 있다**(대판 2001헌바80). ② 구 건축법상의 이행강제금은 구 건축법의 위반행위에 대하여 시정명령을 받은 후 시정기간 내에 당해 시정명령을 이행하지 아니한 건축주 등에 대하여 부과되는 **간접강제의 일종**으로서 그 이행강제금 납부의무는 상속인 기타의 사람에게 승계될 수 없는 **일신전속적인 성질**의 것이므로 이미 사망한 사람에게 이행강제금을 부과하는 내용의 처분이나 결정은 **당연 무효**이다(대판 2006마470). ③ 「건축법」상 **이행강제금**은 시정명령의 불이행이라는 과거의 위반행위에 대한 제재가 아니라, 시정명령을 이행하지 않고 있는 건축주등에 대하여 다시 상당한 이행기한을 부여하고 기한 안에 시정명령을 이행하지 않으면 이행강제금이 부과된다는 사실을 고지함으로써 **의무자에게 심리적 압박을 주어 시정명령에 따른 의무의 이행을 간접적으로 강제하는 행정상의 간접강제 수단에 해당한다**(대판2015두46598).

※ 과징금과 가산세는 행정상 강제에 포함되지 아니하는 독립적인 행정상 금전적 제재처분

과징금	원칙적으로 행정법상의 의무를 위반한 자에 대하여 당해 위반행위로 얻게 된 경제적 이익을 박탈하기 위한 목적으로 부과하는 금전적인 제재2060
가산세	개별 세법이 과세의 적정을 기하기 위하여 정한 의무의 이행을 확보할 목적으로 그 의무 위반에 대하여 세금의 형태로 가하는 행정상 제재2061

2 경찰상 즉시강제(행정기본법)

의의	현재의 급박한 행정상의 장해를 제거하기 위한 경우로서 **행정청이 미리 행정상 의무 이행을 명할 시간적 여유가 없는 경우나 그 성질상 행정상 의무의 이행을 명하는 것만으로는 행정목적 달성이 곤란한 경우**에 행정청이 곧바로 국민의 신체 또는 재산에 실력을 행사하여 행정목적을 달성하는 것(§30제5호) 예 감염병 환자의 즉각적인 강제격리 2092
구별개념	<u>의무의 존재와 불이행을 전제 X</u> 2062 ↳ 강제집행은 의무의 존재, 불이행을 전제 O
성질	권력적 **사실행위**로서 처분 → 항고소송의 대상 ↳ 법률관계의 변동을 가져오지 않음
절차 (§33)	① 즉시강제는 다른 수단으로는 행정목적을 달성할 수 없는 경우에만 허용되며, 이 경우에도 **최소한으로만 실시하여야 한다.** ② 즉시강제를 실시하기 위하여 현장에 파견되는 집행책임자는 그가 집행책임자임을 표시하는 증표를 보여 **주어야 하며**, 즉시강제의 이유와 내용을 **고지하여야 한다**. ③ 제2항에도 불구하고 집행책임자는 즉시강제를 하려는 재산의 소유자 또는 점유자를 알 수 없거나 현장에서 그 소재를 즉시 확인하기 어려운 경우에는 즉시강제를 **실시한 후**(실시하기전X) 집행책임자의 이름 및 그 이유와 내용을 **고지할 수 있다**. 다만, 다음 각 호에 해당하는 경우에는 게시판이나 인터넷 홈페이지에 게시하는 등 적절한 방법에 의한 공고로써 **고지를 갈음할 수 있다**. 1. 즉시강제를 실시한 후에도 재산의 소유자 또는 점유자를 알 수 없는 경우 2. 재산의 소유자 또는 점유자가 국외에 거주하거나 행방을 알 수 없는 경우 3. 그 밖에 **대통령령**으로 정하는 불가피한 사유로 고지할 수 없는 경우
한계	법령등	엄격한 법령등의 근거가 있어야 하며, 법령등의 수권이 있는 경우에도 당해 법령등의 내용에 적합하도록 하여야 함 2090·2091
	조리상	① **급박성의 원칙** : 위험발생의 개연성이 있어야 하며 단순히 위험발생의 가능성만으로 행해질 수 없다. ② **비례의 원칙** : 다른 수단으로는 행정목적을 달성할 수 없는 경우에만 허용되며 이 경우에도 최소한으로 실시하여야 한다. 따라서 강제집행이 가능한 경우 즉시강제가 인정되지 않는다. 2088 ③ **보충성의 원칙** ④ **소극성의 원칙**
	절차상	① **원칙** : 영장주의 적용 ② **예외** : 행정목적의 달성을 위하여 불가피하다고 인정할 합리적 이유가 있는 경우에 한하여 영장주의 예외 인정(절충설, 다수설) → 영장주의 예외 : 절충설(대법원) 2087

구제	행정쟁송	행정상 즉시강제는 **권력적 사실행위**로서 행정쟁송의 대상인 **'처분 등'에 해당**함[2086] → 그러나 즉시강제는 성질상 **단기간 내에 종료**되어 행정처분과 같이 취소·변경을 구할 **법률상의 이익이 존재하지 않는 것**이 대부분이어서, 행정소송을 제기할 수 없는 경우가 많음
	손해전보제도	① 행정상 즉시강제가 **위법** – 「국가배상법」에 의한 **손해배상** ② 행정상 즉시강제가 **적법** – 특별한 희생을 받은 경우 **손실보상** 청구 가능[2089]
	정당방위	즉시강제가 정당방위 요건에 해당하는 경우 가능 → 위법한 직무집행에 대한 저항은 공무집행방해죄를 구성하지 않음
판례		① 영장주의가 행정상 즉시강제에도 적용되는지에 관하여는 논란이 있으나, 행정상 즉시강제는 상대방의 임의이행을 기다릴 시간적 여유가 없을 때 하명 없이 바로 실력을 행사하는 것으로서, 그 본질상 급박성을 요건으로 하고 있어 법관의 영장을 기다려서는 그 목적을 달성할 수 없다고 할 것이므로, 원칙적으로 영장주의가 적용되지 않는다고 보아야 할 것이다(헌재 2000헌가12). ② 경찰관직무집행법 제4조 제1항 제1호에서 규정하는 술에 취한 상태로 인하여 자기 또는 타인의 생명·신체와 재산에 위해를 미칠 우려가 있는 피구호자에 대한 보호조치는 경찰 행정상 즉시강제에 해당한다(2012도11162). ③ 경찰관직무집행법 제6조 제1항 중 경찰관의 제지에 관한 부분은 범죄의 예방을 위한 경찰 행정상 **즉시강제에 관한 근거 조항**이다(2007도9794).[2093]

비교 경찰상 강제집행과 즉시강제

구 분		경찰상 강제집행[2066]	경찰상 즉시강제
차이점	의무존부	선행의무의 존재와 그 불이행을 전제 O	선행의무의 존재와 그 불이행을 전제 X[2095·2096]
	성격	강제집행과 그 전제인 의무를 명하는 행위는 **별개의 사실행위**이다.	즉시강제는 의무를 명하는 행위와 **결합된 작용**이다.
	법적근거 [2065]	• **일반법**: 행정대집행법, 국세징수법 • **개별법**: 도로교통법, 출입국관리법, 관세법, 식품위생법 등	• **일반법**: 경찰관 직무집행법 • **개별법**: 소방기본법, 식품위생법, 마약류 관리에 관한 법률 등
공통점		양자 모두 국민의 신체 또는 재산에 대하여 실력으로써 경찰상 필요한 상태를 실현시키는 **권력적 사실행위**라는 점에서 공통하다.	

3 경찰벌(행정벌) → 일시적, 과거적

의의		법규에 의한 명령·금지 등의 <u>의무위반</u>에 대하여 일반 사인에게 과하여지는 제재로서 **일반통치권에 의한 처벌**을 말한다. ↳ 불이행 X **판례** 어떤 행정법규 위반행위에 대하여 행정질서벌인 과태료를 과할 것인지 아니면 행정형벌을 과할 것인가는 입법재량에 속하는 문제이다(91헌바14).
특징		과거 의무위반에 대한 제재를 통해 **간접적**으로 행정법규의 실효성을 확보하는 수단
구별	권력의 기초 2099	① 징계벌 : **특별행정법관계**의 질서유지 → 경찰벌과 병과 가능 ② 경찰벌 : **일반통치권** 관계에서 의무위반자에 대한 제재
	제재의 목적 2064	① 이행강제금 : 장래의 실효성(의무이행) 확보 ② 경찰벌 : 과거의 행정법상 의무위반행위에 대한 제재
	부과대상 범죄	① 형사벌 : 법률의 규정과 관계없이 행위자체가 반도덕성·반사회성을 갖는 자연범 (예) 살인, 강도, 폭행) ② 경찰벌 : 법률의 규정에 의해 반도덕성·반사회성이 인정되는 법정범 (예) 속도위반, 신호위반)
종류 2097	경찰 형벌 2098	① **경찰법규** 위반에 대한 제재로서 사형, 징역, 금고, 자격상실, 자격정지, 벌금, 구류, 과료, 몰수 등 **형법 제41조에 규정된 형**을 과하는 경찰벌을 말함 ② 원칙적으로 **형법총칙의 규정이 적용**되며, 개별법에 특별한 규정이 있는 경우에는 그에 따름 ③ 원칙적으로 형사소송법에 의한 절차를 따르되, 예외적으로 즉결심판절차 또는 통고처분절차에 의해서 과하여지는 경우도 있음
	경찰 질서벌	① 경찰법상의 의무위반에 대한 제재로서 형법상의 **형벌이 아닌 과태료**를 과하는 경찰벌을 말함 ② 직접적으로 경찰목적을 침해하는 것이 아니라 **간접적**으로 질서유지에 장애를 줄 위험이 있는 경우에 과하는 제재 → 일종의 금전벌 ③ 과태료에 대하여는 **형법총칙이 적용되지 아니하며**, 과벌절차는 **질서위반행위규제법 및 비송사건절차법**이 정하는 바에 따름 **판례** 질서벌인 과태료를 납부한 후에 형사처벌을 한다고 하여 이를 일사부재리의 원칙에 반하는 것이라고 할 수 없다(96도158).
병과 여부	병과 X	형사벌과 경찰형벌
	병과 O	① 경찰형벌과 경찰질서벌 ② 형사벌과 징계벌 ③ 경찰벌과 이행강제금의 부과 2078 ④ 형사벌과 경찰질서벌

비교 경찰형벌과 경찰질서벌

구 분	경찰형벌	경찰질서벌
의 의	형법에 정해져 있는 **형벌**을 과하는 경찰벌	**과태료**를 과하는 경찰벌
형법총칙 적용여부	적용됨(고의·과실 필요)	적용 안 됨 (**고의·과실 불요**. 단, **질서위반행위규제법**의 대상이 되는 경우에는 고의·과실 필요)
처벌절차	① 원칙 : 형사소송법 적용 → 법원이 과함 ② 예외 : 통고처분, 즉결심판절차 → 행정청이 과할 수 있음	질서위반행위규제법, 비송사건절차법 적용
양자의 병과여부	① 학설 : 긍정설과 부정설이 대립 ② 판례 : 병과 인정(대판 96도158)	

※ 행정법규 위반행위에 대해 과태료를 과할 것인지 행정형벌을 과할 것인지는 **입법자의 입법재량**

질서위반행위규제법 _S급

목적 (§1)		질서위반행위의 성립요건과 **과태료**의 부과·징수 및 재판 등에 관한 사항을 규정하는 것을 목적으로 한다. →질서벌
적용범위	시간적 (§3)	① 질서위반행위의 성립과 과태료 처분은 **행위시**의 법률에 따른다. 2100 ↳ 처분시 X, 변경시 X ② **질서위반행위 후** 법률이 변경되어 그 행위가 질서위반행위에 해당하지 않거나, 과태료가 변경되기 전의 법률보다 **가볍게** 된 때 : **변경된 법률 적용**한다. 2101 ③ 과태료 처분이나 과태료 **재판이 확정된 후** 법률이 변경되어 **질서위반행위에 해당하지 아니하게 된 때** : 과태료의 **징수** 또는 **집행을 면제**한다. 2102 판례 질서위반행위에 대하여 과태료 부과의 근거 법률이 개정되어 행위 시의 법률에 의하면 과태료 부과대상이었지만 재판 시의 법률에 의하면 과태료 부과대상이 아니게 된 때에는 개정 법률의 부칙에서 종전 법률 시행 당시에 행해진 질서위반행위에 대해서는 행위 시의 법률을 적용하도록 특별한 규정을 두지 않은 이상 **재판 시**의 법률을 적용하여야 하므로 과태료를 부과할 수 없다(대판 2016마1626). 2104
	장소적 (§4) 2103	① 대한민국 영역 **안**에서 질서위반행위를 한 자에게 **적용한다**. (적용하지 아니한다 X) ② 대한민국 영역 **밖**에서 질서위반행위를 한 대한민국의 **국민**에게 **적용한다**. (적용하지 아니한다 X) ③ 대한민국 영역 **밖**에 있는 **대한민국의 선박 또는 항공기** 안에서 질서위반행위를 한 **외국인**에게 **적용한다**. (적용하지 아니한다 X)
법정주의(§6)		법률에 따르지 아니하고는 어떤 행위도 질서위반행위로 과태료를 부과하지 아니한다. 2105
고의·과실(§7)		고의 또는 과실이 없는 질서위반행위는 과태료를 **부과하지 아니한다**. (부과할 수 있다 X) 2106
위법성 착오 (§8)		자신의 행위가 위법하지 아니한 것으로 오인하고 행한 질서위반행위는 그 **오인에 정당한 이유가 있는 때에 한하여** 과태료를 부과하지 아니한다. 2107
책임연령(§9)		**14세가 되지 아니한 자**의 질서위반행위는 과태료를 부과하지 아니한다. 다만, 다른 법률에 특별한 규정이 있는 경우에는 그러하지 아니하다. 2108
심신장애 (§10)		① 심신장애로 인하여 행위의 옳고 그름을 판단할 능력이 없거나 그 판단에 따른 행위를 할 능력이 없는 자의 질서위반행위는 **과태료를 부과하지 아니한다**. (감경한다 X) 2109 ② 심신장애로 인하여 제1항에 따른 능력이 **미약한 자**의 질서위반행위는 과태료를 **감경**한다. ↳ 감면 X ③ 스스로 심신장애 상태를 일으켜 질서위반행위를 한 자에 대하여는 제1항 및 제2항을 적용하지 아니한다. 판례 심신장애라 함은 「형법」 제10조에 규정된 심신장애와 같은 의미로 생물학적 요인으로 인하여 정신병 또는 비정상적 정신상태와 같은 정신적 장애가 있는 외에, 심리학적 요인으로 인한 정신적 장애로 말미암아 사물에 대한 변별능력과 그에 따른 행위통제능력이 결여되거나 감소되었음을 요하므로, 정신적 장애가 있는 자라고 하여도 **범행 당시 정상적인 사물변별능력이나 행위통제능력이 있었다면 심신장애로 볼 수 없다**(대판 2006도7900).

법인의 처리 (§11)	법인의 대표자, 법인 또는 개인의 대리인·사용인 및 그 밖의 종업원이 업무에 관하여 **법인** 또는 그 개인에게 부과된 법률상의 의무를 위반한 때에는 **법인** 또는 그 개인에게 과태료를 부과한다.
다수인의 질서위반행위 가담 (§12)	① 2인 이상이 질서위반행위에 가담한 때에는 **각자가 질서위반행위**를 한 것으로 본다. ② 신분에 의하여 성립하는 질서위반행위에 신분이 없는 자가 가담한 때에는 **신분이 없는 자에 대하여도 질서위반행위가 성립한다.**2110 ③ 신분에 의하여 과태료를 감경 또는 가중하거나 과태료를 부과하지 아니하는 때에는 그 신분의 효과는 신분이 없는 자에게는 **미치지 아니한다.** ※ **신분**이란 남녀의 성별, 내외국인의 구별, 친족 관계, 공무원의 자격 등 인정관계인 특수한 지위 또는 상태를 말함
수개의 질서위반 행위 (§13)	① 하나의 행위가 2 이상의 질서위반행위에 해당하는 경우에는 각 질서위반행위에 대하여 정한 과태료 중 **가장 중한 과태료를 부과**한다.2111 ② 2 이상의 질서위반행위가 경합하는 경우에는 각 질서위반행위에 대하여 정한 과태료를 **각각 부과**한다.
과태료 시효 (§15)	과태료는 행정청의 과태료 부과처분이나 법원의 과태료 재판이 확정된 후 **5년간** 징수하지 아니하거나 집행하지 아니하면 시효로 인하여 소멸한다.2112
사전통지 등 (§16)	① 행정청이 질서위반행위에 대하여 과태료를 부과하고자 하는 때에는 미리 당사자(제11조 제2항에 따른 고용주등을 포함)에게 대통령령으로 정하는 사항을 통지하고, **10일 이상의** 기간을 정하여 의견을 제출할 기회를 **주어야 한다**. 이 경우 지정된 기일까지 의견 제출이 없는 경우에는 의견이 없는 것으로 본다.2113 ② 당사자는 의견 제출 기한 이내에 대통령령으로 정하는 방법에 따라 행정청에 의견을 진술하거나 필요한 자료를 **제출할 수 있다**. ③ 행정청은 제2항에 따라 당사자가 제출한 의견에 상당한 이유가 있는 경우에는 과태료를 부과하지 아니하거나 통지한 내용을 변경할 수 있다.2114
과태료의 부과 및 납부 (§17, 17의2)	① 행정청은 의견 제출 절차를 마친 후에 **서면**(당사자가 동의하는 경우 전자문서 포함)으로 과태료를 부과하여야 한다. ② 당사자는 납부대행기관을 통하여 신용카드, 직불카드 등으로 낼 수 있다. ③ 신용카드등으로 내는 경우에는 과태료 납부대행기관의 **승인일**을 납부일로 본다.
자진납부자 감경(§18)	① 행정청은 당사자가 의견 제출 기한 이내에 과태료를 자진하여 납부하고자 하는 경우에는 대통령령으로 정하는 바에 따라 **과태료를 감경**할 수 있다. ② 당사자가 제1항에 따라 감경된 과태료를 납부한 경우에는 해당 질서위반행위에 대한 과태료 부과 및 징수절차는 종료한다.2115
과태료 부과 제척기간(§19)	행정청은 질서위반행위가 종료된 날(다수인이 질서위반행위에 가담한 경우에는 최종행위가 종료된 날)부터 **5년**이 경과한 경우에는 해당 질서위반행위에 대하여 과태료를 부과할 수 없다.2118
이의제기 (§20)	① 행정청의 과태료 부과에 불복하는 당사자는 과태료 부과 통지를 받은 날부터 **60일** 이내에 **해당 행정청**에 **서면**으로 이의제기를 할 수 있다.2116 (상급행정청X, 관할 법원X) ② 이의제기가 있는 경우에는 행정청의 과태료 부과처분은 그 효력을 **상실한다**.2117 (상실하지 않는다X) ③ 당사자는 행정청으로부터 제21조 제3항에 따른 통지를 받기 전까지는 행정청에 대하여 서면으로 이의제기를 **철회할 수 있다**.

법원에 통보 (§21, 30)	이의제기를 받은 행정청은 이의제기를 받은 날부터 **14일 이내**에 이에 대한 의견 및 증빙서류를 첨부하여 관할 법원에 통보하여야 하며(예외사유: 1. 당사자가 이의제기를 철회한 경우, 2. 당사자의 이의제기에 이유가 있어 과태료를 부과할 필요가 없는 것으로 인정되는 경우), 법원은 행정청의 통보가 있는 경우 이를 즉시 **검사**에게 통지하여야 한다.
가산금 징수 및 체납처분 등(§24)	① 행정청은 당사자가 납부기한까지 과태료를 납부하지 아니한 때에는 납부기한을 경과한 날부터 체납된 과태료에 대하여 **100분의 3**에 상당하는 가산금을 징수한다. ② 체납된 과태료를 납부하지 아니한 때에는 납부기한이 경과한 날부터 매 **1개월**이 경과할 때마다 체납된 과태료의 **1천분의 12**에 상당하는 가산금을 가산하여 징수한다. 이 경우 중가산금을 가산하여 징수하는 기간은 **60개월**을 초과하지 못한다.

과태료의
징수유예
(§24의3)
	① 행정청은 당사자가 다음 각 호의 어느 하나에 해당하여 과태료(체납된 과태료와 가산금, 중가산금 및 체납처분비를 포함)를 납부하기가 곤란하다고 인정되면 **1년**의 범위에서 대통령령으로 정하는 바에 따라 과태료의 **분할납부나 납부기일의 연기**를 결정할 수 있다.
	  1. 「국민기초생활 보장법」에 따른 수급권자(2호~5호 생략)
	  6. 납부의무자 또는 그 동거 가족이 질병이나 중상해로 **1개월 이상**의 장기 치료를 받아야 하는 경우
	  7. 「채무자 회생 및 파산에 관한 법률」에 따른 개인회생절차개시결정자
	  8. 「고용보험법」에 따른 실업급여수급자
	  9. 그 밖에 제1호부터 제8호까지에 준하는 것으로서 **대통령령**으로 정하는 부득이한 사유가 있는 경우
	〈제9호에서 대통령령으로 정하는 부득이한 사유가 있는 경우〉
	  1. 도난 등으로 재산에 현저한 손실을 입은 경우
	  2. **사업이 중대한 위기에 처한 경우**
	  3. 과태료를 일시에 내면 생계유지가 곤란하거나 자금사정에 현저한 어려움이 예상되는 경우
	② 행정청은 ①에 따라 과태료의 분할납부나 납부기일의 연기를 결정하는 경우 그 기간을 그 징수유예등을 결정한 날의 **다음 날부터 9개월 이내**로 하여야 한다. 다만, 그 기간이 만료될 때까지 법 제24조의3 제1항에 따른 징수유예등의 사유가 해소되지 아니하는 경우에는 1회에 한정하여 **3개월**의 범위에서 그 기간을 연장할 수 있다(동법 시행령 §7의2).

심문 등 (§31)	① 법원은 심문기일을 열어 당사자의 진술을 들어야 한다(단, 제44조에서는 '법원은 상당하다고 인정하는 때에는 심문 없이 과태료 재판을 할 수 있다'고 규정하여 심문기일을 열지 아니하는 약식재판이 가능함). ② 법원은 검사의 의견을 구하여야 하고, **검사는 심문에 참여하여 의견을 진술하거나 서면으로 의견을 제출하여야 한다.**
과태료 재판 (§42, 43)	과태료 재판은 **검사의 명령으로써 집행**하며, **검사**는 과태료를 최초 부과한 행정청에 대하여 과태료 재판의 집행을 **위탁할 수 있고**, 위탁을 받은 행정청은 **국세 또는 지방세 체납처분의 예에 따라 집행**한다.

THEME 12 경찰(행정)작용에 대한 구제

 법령 자료(네이버 카페: 김재규 경찰학)

1 사전적 구제제도(행정절차법)_S급

(1) 목적, 적용 범위 등

목적(§1)	이 법은 행정절차에 관한 공통적인 사항을 규정하여 국민의 행정 참여를 도모함으로써 행정의 **공정성·투명성 및 신뢰성**을 확보하고 국민의 권익을 보호함을 목적으로 한다. 2122

정의(§2)	4. "**당사자등**"이란 다음 각 목의 자를 말한다.
	  가. 행정청의 처분에 대하여 직접 그 상대가 되는 당사자
	  나. 행정청이 직권으로 또는 신청에 따라 행정절차에 참여하게 한 이해관계인
	5. "**청문**"이란 행정청이 어떠한 처분을 하기 전에 당사자등의 의견을 직접 듣고 증거를 조사하는 절차를 말한다.
	6. "**공청회**"란 행정청이 공개적인 토론을 통하여 어떠한 행정작용에 대하여 당사자등, 전문지식과 경험을 가진 사람, 그 밖의 일반인으로부터 의견을 널리 수렴하는 절차를 말한다.
	7. "**의견제출**"이란 행정청이 어떠한 행정작용을 하기 전에 당사자등이 의견을 제시하는 절차로서 청문이나 공청회에 해당하지 아니하는 절차를 말한다.

적용 범위(§3)	**처분, 신고, 확약, 위반사실 등의 공표, 행정계획, 행정상 입법예고, 행정예고 및 행정지도**의 절차에 관하여 다른 법률에 **특별한 규정이 있는 경우를** 제외하고는 이 법에서 정하는 바에 따른다. 2123 (행정조사 X)
신의성실 및 신뢰보호(§4)	② 행정청은 법령등의 해석 또는 행정청의 관행이 일반적으로 국민들에게 받아들여졌을 때에는 **공익 또는 제3자**의 정당한 이익을 현저히 해칠 우려가 있는 경우를 제외하고는 새로운 해석 또는 관행에 따라 소급하여 불리하게 처리하여서는 아니 된다.
관할(§6)	① 행정청이 그 관할에 속하지 아니하는 사안을 접수하였거나 이송받은 경우에는 **지체 없이** 이를 관할 행정청에 이송하여야 하고 그 사실을 신청인에게 통지하여야 한다. 행정청이 접수하거나 이송받은 후 관할이 변경된 경우에도 또한 같다. ② 행정청의 관할이 분명하지 아니한 경우에는 해당 행정청을 공통으로 감독하는 **상급 행정청이 그 관할을 결정**하며, 공통으로 감독하는 상급 행정청이 없는 경우에는 **각 상급 행정청**이 협의하여 그 관할을 결정한다. 2124
행정청 간의 협조 등(§7)	① 행정청은 행정의 원활한 수행을 위하여 서로 협조하여야 한다.

행정응원 (§8)	① 행정청은 다음 각 호의 어느 하나에 해당하는 경우에는 다른 행정청에 행정응원(行政應援)을 요청할 수 있다. 　1. 법령등의 이유로 독자적인 직무 수행이 어려운 경우 　2. 인원·장비의 부족 등 사실상의 이유로 독자적인 직무 수행이 어려운 경우 　3. 다른 행정청에 소속되어 있는 전문기관의 협조가 필요한 경우 　4. 다른 행정청이 관리하고 있는 문서(전자문서를 포함한다. 이하 같다)·통계 등 행정자료가 직무 수행을 위하여 필요한 경우 　5. **다른 행정청의 응원을 받아 처리하는 것이 보다 능률적이고 경제적인 경우**[2125] ② 제1항에 따라 행정응원을 요청받은 행정청은 다음 각 호의 어느 하나에 해당하는 경우에는 응원을 거부할 수 있다. 　1. 다른 행정청이 보다 능률적이거나 경제적으로 응원할 수 있는 명백한 이유가 있는 경우 　2. **행정응원으로 인하여 고유의 직무 수행이 현저히 지장받을 것으로 인정되는 명백한 이유가 있는 경우**[2126] ③ 행정응원은 해당 직무를 직접 응원할 수 있는 행정청에 요청하여야 한다. ④ 행정응원을 요청받은 행정청은 응원을 거부하는 경우 그 사유를 응원을 요청한 행정청에 통지하여야 한다. ⑤ 행정응원을 위하여 파견된 직원은 응원을 요청한 **행정청**(원 소속 행정청 X)의 지휘·감독을 받는다. 다만, 해당 직원의 복무에 관하여 다른 법령등에 특별한 규정이 있는 경우에는 그에 따른다.[2127] ⑥ 행정응원에 드는 비용은 응원을 **요청한**(하는 X) 행정청이 부담하며, 그 부담금액 및 부담방법은 응원을 **요청한 행정청과 응원을 하는 행정청이 협의하여** 결정한다.[2128]

(2) 송달 및 기간

송달 (§14)	① **송달은 우편, 교부 또는 정보통신망 이용** 등의 방법으로 하되, 송달받을 자(대표자 또는 대리인을 포함한다)의 주소·거소(居所)·영업소·사무소 또는 전자우편주소(이하 "주소등"이라 한다)로 한다. 다만, 송달받을 자가 동의하는 경우에는 그를 **만나는 장소에서 송달**할 수 있다.[2129] ② **교부에 의한 송달은** 수령확인서를 받고 문서를 교부함으로써 하며, 송달하는 장소에서 송달받을 자를 만나지 못한 경우에는 그 사무원·피용자(被傭者) 또는 동거인으로서 사리를 분별할 지능이 있는 사람(이하 이 조에서 "사무원등"이라 한다)에게 문서를 교부할 수 있다. 다만, 문서를 송달받을 자 또는 그 사무원등이 정당한 사유 없이 송달받기를 거부하는 때에는 그 사실을 수령확인서에 적고, 문서를 송달할 장소에 놓아둘 수 있다. ③ **정보통신망을 이용한 송달은 송달받을 자**(행정청 X)**가 동의하는 경우에만** 한다. 이 경우 송달받을 자는 송달받을 전자우편주소 등을 지정하여야 한다. ④ 다음 각 호의 어느 하나에 해당하는 경우에는 송달받을 자가 알기 쉽도록 관보, 공보, 게시판, 일간신문 중 하나 이상에 공고하고 인터넷에도 공고하여야 한다. 　1. 송달받을 자의 주소등을 통상적인 방법으로 확인할 수 없는 경우 　2. 송달이 불가능한 경우 ⑥ 행정청은 송달하는 문서의 명칭, 송달받는 자의 성명 또는 명칭, 발송방법 및 발송 연월일을 확인할 수 있는 기록을 **보존하여야 한다.** (보존하지 않아도 된다 X)

송달의 효력 발생 (§15)	① 송달은 다른 법령등에 특별한 규정이 있는 경우를 제외하고는 해당 문서가 **송달**받을 자에게 **도달**(발신X)**됨으로써 그 효력이 발생**한다. ② 제14조 제3항에 따라 정보통신망을 이용하여 전자문서로 송달하는 경우에는 송달받을 자가 지정한 컴퓨터 등에 **입력된 때**에 도달된 것으로 본다. ③ 제14조 제4항의 경우에는 다른 법령등에 특별한 규정이 있는 경우를 제외하고는 **공고일부터 14일**이 **지난 때**에 그 효력이 발생한다. 다만, 긴급히 시행하여야 할 특별한 사유가 있어 효력 발생 시기를 달리 정하여 공고한 경우에는 그에 따른다.
기간 및 기한의 특례 (§16)	① 천재지변이나 그 밖에 당사자등에게 책임이 없는 사유로 기간 및 기한을 지킬 수 없는 경우에는 그 사유가 **끝나는 날**까지 기간의 진행이 정지된다. ② 외국에 거주하거나 체류하는 자에 대한 기간 및 기한은 행정청이 그 우편이나 통신에 걸리는 일수(日數)를 고려하여 정하여야 한다.

(3) 처분

처분의 신청 (§17)	① 행정청에 처분을 구하는 신청은 **문서**(구두 또는 문서X)로 하여야 한다. 다만, 다른 법령등에 특별한 규정이 있는 경우와 행정청이 미리 다른 방법을 정하여 공시한 경우에는 그러하지 아니하다. 2130 ② ①에 따라 처분을 신청할 때 전자문서로 하는 경우에는 행정청의 컴퓨터 등에 **입력된 때**에 신청한 것으로 본다. (발송한 때 X) ④ 행정청은 신청을 받았을 때에는 다른 법령등에 특별한 규정이 있는 경우를 **제외하고는** 그 접수를 **보류 또는 거부하거나 부당하게 되돌려 보내서는 아니 되며**, 신청을 접수한 경우에는 신청인에게 접수증을 **주어야 한다**. 다만, 대통령령으로 정하는 경우에는 접수증을 주지 아니할 수 있다. 2131 ⑤ 행정청은 신청에 구비서류의 미비 등 흠이 있는 경우에는 보완에 필요한 상당한 기간을 정하여 지체 없이 신청인에게 **보완을 요구하여야 한다**. (거부하여야 한다 X) 2131-1 ⑦ 행정청은 신청인의 편의를 위하여 **다른 행정청에 신청을 접수하게 할 수 있다.** 이 경우 행정청은 다른 행정청에 접수할 수 있는 신청의 종류를 미리 정하여 공시하여야 한다.
처리기간의 설정·공표(§19)	① 행정청은 신청인의 편의를 위하여 처분의 처리기간을 종류별로 미리 정하여 공표하여야 한다. ② 행정청은 부득이한 사유로 제1항에 따른 처리기간 내에 처분을 처리하기 곤란한 경우에는 해당 처분의 처리기간의 범위에서 **한 번만 그 기간을 연장**할 수 있다. ③ 행정청은 제2항에 따라 처리기간을 연장할 때에는 처리기간의 연장 사유와 처리 예정 기한을 지체 없이 신청인에게 **통지하여야 한다.** ④ 행정청이 정당한 처리기간 내에 처리하지 아니하였을 때에는 신청인은 해당 **행정청 또는 그 감독 행정청**에 신속한 처리를 요청할 수 있다. 2132
처분기준의 설정·공표 (§20)	① 행정청은 필요한 처분기준을 해당 처분의 성질에 비추어 되도록 구체적으로 정하여 공표하여야 한다. 처분기준을 변경하는 경우에도 **또한 같다.** (적용되지 않는다 X) ③ ①에 따른 처분기준을 공표하는 것이 해당 처분의 성질상 현저히 곤란하거나 공공의 안전 또는 복리를 현저히 해치는 것으로 인정될 만한 상당한 이유가 있는 경우에는 처분기준을 **공표하지 아니할 수 있다.**

처분의 사전 통지 (§21)	① 행정청은 당사자에게 의무를 부과하거나 권익을 제한하는 처분을 하는 경우에는 **미리 다음 각 호의 사항을 당사자등에게 통지하여야 한다.**2133 　1. 처분의 제목 　2. 당사자의 성명 또는 명칭과 주소 　3. 처분하려는 원인이 되는 사실과 처분의 내용 및 법적 근거 　4. 제3호에 대하여 의견을 제출할 수 있다는 뜻과 의견을 제출하지 아니하는 경우의 처리방법 　5. 의견제출기관의 명칭과 주소 　6. 의견제출기한 　7. 그 밖에 필요한 사항 ② 행정청은 청문을 하려면 청문이 **시작되는 날부터 10일 전**까지 제1항 각 호의 사항을 당사자등에게 통지하여야 한다.2134 ③ 제1항 제6호에 따른 기한은 의견제출에 필요한 기간을 **10일 이상**으로 고려하여 정하여야 한다.2135 ④ 다음 각 호의 어느 하나에 해당하는 경우에는 ①에 따른 **통지를 하지 아니할 수 있다.** (사전통지를 해야한다 X) 　1. **공공의 안전 또는 복리를 위하여 긴급히 처분을 할 필요가 있는 경우** 　2. 법령등에서 요구된 자격이 없거나 없어지게 되면 반드시 일정한 처분을 하여야 하는 경우에 그 자격이 없거나 없어지게 된 사실이 법원의 재판 등에 의하여 객관적으로 증명된 경우 　3. 해당 **처분의 성질상 의견청취가 현저히 곤란**하거나 명백히 불필요하다고 인정될 만한 상당한 이유가 있는 경우 ⑥ ④에 따라 사전 통지를 하지 아니하는 경우 행정청은 처분을 할 때 당사자등에게 통지를 하지 아니한 사유를 **알려야 한다.** 다만, 신속한 처분이 필요한 경우에는 처분 후 그 사유를 알릴 수 있다. (알릴 필요가 없다 X)
의견청취 (§22)	① 행정청이 처분을 할 때 다음 각 호의 어느 하나에 해당하는 경우에는 **청문(공청회 X)을 한다.** (할 수 없다 X) 　1. **다른 법령등에서 청문을 하도록 규정하고 있는 경우** 　2. **행정청이 필요하다고 인정하는 경우** 　3. 다음 각 목의 처분을 하는 경우 　　가. **인허가 등의 취소** 　　나. **신분·자격의 박탈** 　　다. 법인이나 조합 등의 설립허가의 취소 ② 행정청이 처분을 할 때 다음 각 호의 어느 하나에 해당하는 경우에는 **공청회(청문 X)**를 개최한다. 　1. 다른 법령등에서 공청회를 개최하도록 규정하고 있는 경우 　2. 해당 처분의 영향이 **광범위하여 널리 의견을 수렴**할 필요가 있다고 행정청이 인정하는 경우 　3. 국민생활에 큰 영향을 미치는 처분으로서 대통령령으로 정하는 처분에 대하여 **대통령령으로 정하는 수(30명) 이상의 당사자등**이 공청회 개최를 요구하는 경우 ③ 행정청이 당사자에게 의무를 부과하거나 권익을 제한하는 처분을 할 때 **제1항(청문) 또는 제2항(공청회)의 경우 외에는** 당사자등에게 **의견제출**의 기회를 **주어야 한다.**2137 ④ ①부터 ③까지의 규정에도 불구하고 제21조 제4항 각 호의 어느 하나에 해당하는 경우와 당사자가 의견진술의 기회를 포기한다는 뜻을 명백히 표시한 경우에는 의견청취를 하지 아니할 수 있다.

의견청취 (§22)	⑤ 행정청은 **청문·공청회 또는 의견제출**을 거쳤을 때에는 신속히 처분하여 해당 처분이 지연되지 아니하도록 하여야 한다.2137-1 ⑥ 행정청은 **처분 후 1년** 이내에 **당사자등이 요청하는 경우**에는 청문·공청회 또는 의견제출을 위하여 제출받은 서류나 그 밖의 물건을 반환하여야 한다.2137-2
처분의 이유 제시 (§23)	① 행정청은 **처분을 할 때**에는 다음 각 호의 어느 하나에 해당하는 경우를 제외하고는 당사자에게 그 근거와 이유를 **제시하여야 한다.** 　1. 신청 내용을 모두 그대로(상당부분X) 인정하는 처분인 경우 　2. 단순·반복적인 처분 또는 경미한 처분으로서 당사자가 그 이유를 명백히 알 수 있는 경우 　3. 긴급히 처분을 할 필요가 있는 경우 ② 행정청은 제1항 제2호 및 제3호의 경우에 처분 후 당사자가 요청하는 경우에는 그 **근거와 이유를 제시하여야 한다.**
처분의 방식 (§24)	① 행정청이 처분을 할 때에는 다른 법령등에 특별한 규정이 있는 경우를 제외하고는 **문서**로 하여야 하며, 다음 각 호의 어느 하나에 해당하는 경우에는 전자문서로 할 수 있다. (없다X) 2138 (구두X) 　1. **당사자등의 동의가 있는 경우** 　2. 당사자가 전자문서로 처분을 신청한 경우 **판례** 행정절차법 제24조 제1항 규정은 처분내용의 명확성을 확보하고 처분의 존부에 관한 다툼을 방지하여 처분상대방의 권익을 보호하기 위한 것이므로, 이를 위반한 처분은 하자가 **중대·명백하여 무효**이다(대법원 2017두38874).

(4) 의견제출 및 청문

의견제출 (§27)	① 당사자등은 처분 전에 그 처분의 관할 행정청에 **서면이나 말로 또는 정보통신망**을 이용하여 의견제출을 할 수 있다.2139
제출 의견의 반영 등(§27의2)	① 행정청은 처분을 할 때에 당사자등이 제출한 의견이 상당한 이유가 있다고 인정하는 경우에는 이를 **반영하여야 한다.** (할 수 있다X) ② 행정청은 당사자등이 제출한 의견을 반영하지 아니하고 처분을 한 경우 당사자등이 처분이 있음을 안 날부터 **90일 이내**에 그 이유의 설명을 요청하면 서면으로 그 이유를 알려야 한다. 다만, 당사자등이 동의하면 말, 정보통신망 또는 그 밖의 방법으로 알릴 수 있다.
청문 주재자 (§28)	③ 행정청은 청문이 시작되는 **날부터**(다음날X) **7일 전까지 청문 주재자**에게 청문과 관련한 필요한 자료를 미리 통지하여야 한다.2140
청문의 공개 (§30)	청문은 당사자가 공개를 신청하거나 청문 주재자가 필요하다고 인정하는 경우 **공개할 수 있다.** (비공개X, 하여야 한다X) 다만, **공익 또는 제3자의 정당한 이익**을 현저히 해칠 우려가 있는 경우에는 공개하여서는 아니 된다.
문서의 열람 및 비밀유지 (§37)	① 당사자등은 **의견제출의 경우**에는 처분의 사전 통지가 있는 날부터 의견제출기한까지, **청문의 경우**에는 청문의 통지가 있는 날부터 청문이 끝날 때까지 행정청에 해당 사안의 조사결과에 관한 문서와 그 밖에 해당 처분과 관련되는 문서의 열람 또는 복사를 요청할 수 있다. 이 경우 행정청은 **다른 법령에 따라 공개가 제한되는 경우를 제외**하고는 그 요청을 **거부할 수 없다.** (있다X) 2141·2142·2143

(5) 공청회

공청회 개최의 알림 (§38)	행정청은 공청회를 개최하려는 경우에는 공청회 개최 **14일 전**까지 당사자등에게 통지하고 관보, 공보, 인터넷 홈페이지 또는 일간신문 등에 공고하는 등의 방법으로 널리 알려야 한다(다시 정하는 경우 **7일 전**).

온라인공청회 (§38의2)	① 행정청은 **공청회와 병행하여서만** 정보통신망을 이용한 공청회(이하 "온라인공청회"라 한다)를 실시할 수 있다.
	② ①에도 불구하고 다음 각 호의 어느 하나에 해당하는 경우에는 **온라인공청회를 단독으로 개최할 수 있다**.
	  1. 국민의 생명·신체·재산의 보호 등 국민의 안전 또는 권익보호 등의 이유로 제38조에 따른 공청회를 개최하기 어려운 경우
	  2. 제38조에 따른 공청회가 행정청이 책임질 수 없는 사유로 개최되지 못하거나 개최는 되었으나 정상적으로 진행되지 못하고 무산된 횟수가 **3회 이상**인 경우
	  3. 행정청이 널리 의견을 수렴하기 위하여 온라인공청회를 단독으로 개최할 필요가 있다고 인정하는 경우. 다만, 제22조 제2항제1호 또는 제3호에 따라 공청회를 실시하는 경우는 **제외**한다.

공청회의 재개최 (§39의3)	행정청은 공청회를 마친 후 처분을 할 때까지 새로운 사정이 발견되어 공청회를 다시 개최할 필요가 있다고 인정할 때에는 **공청회를 다시 개최할 수 있다**.

(6) 확약 및 위반사실 등의 공표 등

확약 (§40의2)	① 법령등에서 당사자가 신청할 수 있는 처분을 규정하고 있는 경우 행정청은 당사자의 신청에 따라 장래에 어떤 처분을 하거나 하지 아니할 것을 내용으로 하는 의사표시(이하 "확약"이라 한다)를 할 수 있다.
	② 확약은 **문서(구두X)**로 하여야 한다.
	③ 행정청은 다른 행정청과의 협의 등의 절차를 거쳐야 하는 처분에 대하여 확약을 하려는 경우에는 확약을 하기 전에 그 절차를 거쳐야 한다.
	④ 행정청은 다음 각 호의 어느 하나에 해당하는 경우에는 확약에 기속되지 아니한다.
	  1. 확약을 한 후에 확약의 내용을 이행할 수 없을 정도로 법령등이나 사정이 변경된 경우
	  2. 확약이 위법한 경우
	⑤ 행정청은 확약이 제4항 각 호의 어느 하나에 해당하여 확약을 이행할 수 없는 경우에는 지체 없이 당사자에게 그 사실을 통지하여야 한다.

위반사실 등의 공표 (§40의3)	③ 행정청은 위반사실등의 공표를 할 때에는 **미리 당사자**에게 그 사실을 통지하고 **의견제출의 기회를 주어야 한다**. 다만, 다음 각 호의 어느 하나에 해당하는 경우에는 그러하지 아니하다.
	  1. 공공의 안전 또는 복리를 위하여 긴급히 공표를 할 필요가 있는 경우
	  2. 해당 공표의 성질상 의견청취가 현저히 곤란하거나 명백히 불필요하다고 인정될 만한 타당한 이유가 있는 경우
	  3. 당사자가 의견진술의 기회를 포기한다는 뜻을 명백히 밝힌 경우
	④ 제3항에 따라 의견제출의 기회를 받은 당사자는 공표 전에 관할 행정청에 **서면이나 말 또는 정보통신망**을 이용하여 의견을 제출할 수 있다.

위반사실 등의 공표 (§40의3)	⑦ 행정청은 위반사실등의 공표를 하기 전에 당사자가 공표와 관련된 의무의 이행, 원상회복, 손해배상 등의 조치를 마친 경우에는 위반사실등의 **공표를 하지 아니할 수 있다.** ⑧ 행정청은 공표된 내용이 사실과 다른 것으로 밝혀지거나 공표에 포함된 처분이 취소된 경우에는 그 내용을 정정하여, 정정한 내용을 지체 없이 해당 공표와 같은 방법으로 공표된 기간 이상 공표하여야 한다. 다만, 당사자가 원하지 아니하면 공표하지 아니할 수 있다.
행정계획 (§40의4)	행정청은 행정청이 수립하는 계획 중 **국민의 권리·의무에 직접 영향을 미치는 계획을 수립하거나 변경·폐지할 때에는** 관련된 여러 이익을 정당하게 형량하여야 한다.

(7) 행정지도

의의	① 행정지도란 행정기관이 그 소관 사무의 범위에서 일정한 행정목적을 실현하기 위하여 특정인에게 일정한 행위를 하거나 하지 아니하도록 **지도, 권고, 조언 등을 하는 행정작용**을 말한다(§2). → 비권력(권력X)적 사실행위 2144 ② **행정소송의 대상 X, 법률의 근거를 요하지 않음** ③ **위법한 행정지도**로 손해를 입으면 **국가배상책임**이 될 수 있음
원칙 (§48)	① 행정지도는 그 목적 달성에 필요한 최소한도에 그쳐야 하며, 행정지도의 상대방의 의사에 반하여 부당하게 강요하여서는 아니 된다. → 경찰비례(과잉금지)의 원칙, 임의성 원칙 2145 ② 행정기관은 행정지도의 상대방이 행정지도에 따르지 아니하였다는 것을 이유로 불이익한 조치를 하여서는 아니 된다. → 불이익조치금지 원칙 2146
방식 (§49)	① 행정지도를 하는 자는 그 상대방에게 그 행정지도의 취지 및 내용과 신분을 **밝혀야 한다**. ② 행정지도가 **말로** 이루어지는 경우에 상대방이 제1항의 사항을 **적은 서면의 교부를 요구**하면 그 행정지도를 하는 자는 직무 수행에 특별한 지장이 없으면 이를 **교부하여야 한다**. 2147·2149 → 할 수 있다 X
의견제출 (§50)	행정지도의 상대방은 해당 행정지도의 방식·내용 등에 관하여 행정기관에 **의견제출을 할 수 있다.** 없다 X 2148
공표 (§51)	행정기관이 같은 행정목적을 실현하기 위하여 **많은 상대방**에게 행정지도를 하려는 경우에는 특별한 사정이 없으면 행정지도에 공통적인 내용이 되는 사항을 **공표하여야 한다.**

2 사후적 구제제도_S급

(1) 손해배상(국가배상법)

배상책임 (§2)	① **국가나 지방자치단체**는 공무원 또는 공무를 위탁받은 사인이 직무를 집행하면서 고의 또는 과실로 법령을 위반하여 타인에게 손해를 입히거나, 「자동차손해배상 보장법」에 따라 손해배상의 책임이 있을 때에는 이 법에 따라 그 손해를 배상하여야 한다. 다만, **군인·군무원·경찰공무원 또는 예비군대원**이 전투·훈련 등 직무 집행과 관련하여 전사·순직하거나 공상을 입은 경우에 본인이나 그 유족이 다른 법령에 따라 재해보상금·유족연금·상이연금 등의 보상을 지급받을 수 있을 때에는 「**국가배상법**」 및 「**민법**」에 따른 손해배상을 청구할 수 없다(면책조항, 이중배상 금지). 2156·2157 (공공단체 X) (↳전투경찰순경도 포함) **판례** 경찰공무원이 낙석사고 현장 주변 교통정리를 위하여 사고현장 부근으로 이동하던 중 대형 낙석이 순찰차를 덮쳐 사망하자, **도로를 관리하는 지방자치단체가 면책조항을 주장한 사안에서**, 경찰공무원 등이 '전투·훈련 등 직무집행과 관련하여' 순직 등을 한 경우 같은 법 및 민법에 의한 손해배상책임을 청구할 수 없다고 정한 국가배상법 제2조 제1항 단서의 면책조항은 전투·훈련 또는 이에 준하는 직무집행뿐만 아니라 '일반 직무집행'에 관하여도 **국가나 지방자치단체의 배상책임을 제한하는 것이라고 해석**(대판 2010다85942) 2158 ② 제1항 본문의 경우에 공무원에게 **고의 또는 중대한 과실**이 있으면 국가나 지방자치단체는 그 공무원에게 **구상(求償)**할 수 있다. ③ 제1항 단서에도 불구하고 전사하거나 순직한 군인·군무원·경찰공무원 또는 예비군대원의 **유족은 자신의 정신적 고통에 대한 위자료를 청구할 수 있다.** 2157-1 **판례** **경찰공무원의 중과실**이란 공무원에게 통상 요구되는 정도의 상당한 주의를 하지 않더라도 약간의 주의를 한다면 손쉽게 위법·위해한 결과를 예견할 수 있는 경우임에도 만연히 이를 간과한 경우와 같이, **거의 고의에 가까운 현저한 주의를 결여한 상태**를 의미(대판 2011다34521). 2160 **판례** 공무원이 직무수행 중 불법행위로 타인에게 손해를 입힌 경우에 국가 등이 국가배상책임을 부담하는 외에 공무원 개인도 **고의 또는 중과실**이 있는 경우에는 불법행위로 인한 손해배상책임을 진다고 할 것이지만, 공무원에게 **경과실뿐인 경우**에는 공무원 **개인은 손해배상책임을 부담하지 아니한다.** 이는 공무원의 공무집행의 안정성을 확보하려는 데 있다 (대판 95다38677). 2161 | 구별 | 헌법(§29) | 국가배상법 | |---|---|---| | 배상주체 | 국가 또는 **공공단체** | 국가 또는 **지방자치단체**(공공단체 X) | | 배상유형 | 직무행위로 인한 손해배상청구권 | • 직무행위로 인한 손해배상청구권(§2) • 영조물의 하자로 인한 손해배상청구권(§5) | **판례** 국가배상법이 정한 손해배상청구의 요건인 '공무원의 직무'에는 **국가나 지방자치단체의** 권력적 작용뿐만 아니라 비권력적 작용도 포함되지만 **단순한 사경제의 주체로서 하는 작용은 포함되지 않는다**(대판 2002다10691). → 국가 또는 지방자치단체가 단순한 사경제의 주체로 활동하는 경우 그 손해배상 책임에는 국가배상법이 아닌 민법이 적용

배상책임 (§2)	판례 국가배상법 제2조 소정의 '**공무원**'이라 함은 국가공무원법이나 지방공무원법에 의하여 공무원으로서의 신분을 가진 자에 국한하지 않고, 널리 공무를 위탁받아 실질적으로 공무에 종사하고 있는 **일체의 자를 가리키는 것**으로서, 공무의 위탁이 일시적이고 한정적인 사항에 관한 활동을 위한 것이어도 달리 볼 것은 아니다(대판 98다39060). 판례 지방자치단체가 '교통할아버지 봉사활동 계획'을 수립한 후 관할 동장으로 하여금 '교통할아버지'를 선정하게 하여 어린이 보호, 교통안내, 거리질서 확립 등의 공무를 위탁하여 집행하게 하던 중 '교통할아버지'로 선정된 노인이 **위탁받은 업무 범위를 넘어 교차로 중앙에서 교통정리를 하다가 교통사고를 발생시킨 경우**, 지방자치단체가 「국가배상법」 제2조 소정의 **배상책임을 부담한다**(대판 98다39060).2161-1
배상기준 (§3)	생명·신체에 대한 침해와 물건의 멸실·훼손으로 인한 손해 외의 손해는 불법행위와 **상당한 인과관계가 있는 범위**에서 배상한다.2163
양도 등 금지 (§4)	생명·신체(재산 X)의 침해로 인한 국가배상을 받을 권리는 양도하거나 압류하지 못한다.
공공시설 등의 하자로 인한 책임 (§5)	① 도로·하천, 그 밖의 공공의 **영조물**의 설치나 관리에 하자가 있기 때문에 타인에게 손해를 발생하게 하였을 때에는 **국가나 지방자치단체**는 그 손해를 배상하여야 한다. → 영조물의 설치·관리상 하자의 책임은 공무원의 과실을 불문함(**무과실책임**)2165 → 영조물 : 도로 등 인공공물뿐만 아니라 하천 등 자연공물도 **영조물**에 포함됨2159 경찰차량 등 동산 및 동물도 영조물에 포함 ② 제1항을 적용할 때 손해의 원인에 대하여 책임을 질 자가 따로 있으면 국가나 지방자치단체는 그 자에게 **구상**할 수 있다.2164
비용부담자 등의 책임 (§6)	① 국가나 지방자치단체가 손해를 배상할 책임이 있는 경우 : 공무원의 선임·감독 또는 영조물의 설치·관리를 맡은 자와 공무원의 봉급·급여, 그 밖의 비용 또는 영조물의 설치·관리 비용을 부담하는 자가 동일하지 아니한 때 **그 비용을 부담하는** 자도 손해를 배상**하여야 한다**. ② 손해를 배상한 자는 내부관계에서 그 손해를 배상할 책임이 있는 자에게 구상할 수 있다. 판례 지방자치단체장이 설치하여 관할 시·도경찰청장에게 관리권한이 위임된 교통신호기의 고장으로 교통사고가 발생한 경우 궁극적인 배상책임은 영조물의 설치·관리 권한자로서 그 권한을 위임한 **지방자치단체**라 할 것이나, 경찰관들의 봉급을 부담하는 '**국가도 비용을 부담하는 자**'로서 손해를 배상하여야 한다(대판 99다11120).2165-1
외국인에 대한 책임 (§7)	이 법은 외국인이 피해자인 경우에는 해당 국가와 **상호 보증**이 있을 때에만 적용한다. 판례 외국인이 피해자인 경우 국가배상청구권은 해당 국가와 상호 보증이 있을 때에만 인정되므로, 그 상호보증은 외국의 법령, 판례 및 관례 등에 의하여 발생요건을 비교하여 인정되면 충분하고 **반드시 당사국과의 조약이 체결되어 있을 필요는 없으며**, 당해 외국에서 구체적으로 우리나라 국민에게 국가배상청구를 인정한 사례가 없더라도 실제로 인정될 것이라고 기대할 수 있는 상태이면 충분하다(대법원 2015. 6. 11., 선고, 2013다208388, 판결).2152
배상심의회 (§10)	① 국가나 지방자치단체에 대한 배상신청사건을 심의하기 위하여 **법무부**에 본부심의회를 둔다. 행정안전부 X 다만, 군인이나 군무원이 타인에게 입힌 손해에 대한 배상신청사건을 심의하기 위하여 **국방부**에 특별심의회를 둔다.2172
결정서의 송달 (§14)	① 심의회는 배상결정을 하면 그 결정을 한 날부터 1주일 이내에 그 결정정본(決定正本)을 신청인에게 송달하여야 한다. ② 제1항의 송달에 관하여는 **민사소송법**의 송달에 관한 규정을 준용한다.2173 행정소송법 X

> **plus** 국가배상법 관련 판례

1. 일반적으로 공무원이 직무를 집행함에 있어서 법령에 대한 해석이 그 문언 자체만으로는 명백하지 아니하여 여러 견해가 있을 수 있는 데다가 이에 대한 선례나 학설, 판례 등도 귀일된 바 없어 이의(異義)가 없을 수 없는 경우, 관계 국가공무원이 그 나름대로 신중을 다하여 합리적인 근거를 찾아 그 중 어느 한 견해를 따라 내린 해석이 후에 대법원이 내린 입장과 같지 않아 결과적으로 잘못된 해석에 돌아가고, 이에 따른 처리가 역시 결과적으로 위법하게 되어 그 법령의 부당집행이라는 결과를 가져오게 되었다고 하더라도 「국가배상법」상 공무원의 과실을 인정할 수는 없다 (대판 2019다277126).2150

2. 공무원에게 부과된 직무상 의무의 내용이 단순히 공공일반의 이익을 위한 것이거나 행정기관의 내부의 질서를 규율하기 위한 것이 아니고, 전적으로 또는 부수적으로 사회구성원 개인의 안전과 이익을 보호하기 위하여 설정된 것이라면, 공무원이 그와 같은 직무상 의무를 위반함으로 인하여 피해자가 입은 손해에 대하여는 상당인과관계가 인정되는 범위 내에서 국가나 지방자치단체가 손해배상책임을 지는 것이다(대판 2012다11297).2151

3. 국민의 생명, 신체 및 재산의 보호, 범죄의 예방·진압 및 수사, 기타 공공의 안녕과 질서유지 등의 직무를 수행하는 경찰은 「경찰관 직무집행법」, 「형사소송법」 등 관련 법령에서 부여한 여러 권한을 제반 상황에 대응하여 적절하게 행사하여 필요한 조치를 취할 수 있고, 그 권한은 일반적으로 경찰관의 전문적 판단에 기한 합리적인 재량에 위임되어 있지만, 경찰관에게 권한을 부여한 취지와 목적에 비추어 볼 때 구체적인 사정에 따라 경찰관이 그 권한을 행사하여 필요한 조치를 취하지 아니하는 것이 현저하게 불합리하다고 인정되는 경우에는 그러한 권한의 불행사는 직무상의 의무를 위반한 것이 되어 위법하게 된다(대판 2013다20427).2153

4. 국민의 생명·신체·재산 등에 관하여 절박하고 중대한 위험상태가 발생하였거나 발생할 우려가 있어서 국민의 생명·신체·재산 등을 보호하는 것을 본래적 사명으로 하는 국가가 초법규적, 일차적으로 그 위험 배제에 나서지 않으면 국민의 생명·신체·재산 등을 보호할 수 없는 경우에는 형식적 의미의 법령에 근거가 없더라도 국가나 관련 공무원에 대하여 그러한 위험을 배제할 작위의무를 인정할 수 있다. 공무원의 부작위를 이유로 국가배상책임을 인정할 것인지가 문제 되는 경우에 관련 공무원에 대하여 작위의무를 명하는 법령 규정이 없다면 공무원의 부작위로 침해된 국민의 법익 또는 국민에게 발생한 손해가 어느 정도 심각하고 절박한 것인지, 관련 공무원이 그와 같은 결과를 예견하여 결과를 회피하기 위한 조치를 취할 가능성이 있는지 등을 종합적으로 고려하여 판단하여야 한다 (대판 2017다290538).2166

5. 경찰관의 부작위를 이유로 한 국가배상책임을 인정하기 위한 요건으로서의 '법령 위반'이란 형식적 의미의 법령에 명시적으로 공무원의 작위의무가 규정되어 있는데도 이를 위반하는 경우를 의미하며, 인권존중·권력남용금지·신의성실과 같이 공무원으로서 마땅히 지켜야 할 준칙이나 규범을 지키지 않고 위반한 경우를 포함하여 널리 객관적인 정당성이 없는 행위를 한 경우를 포함한다(대판 2017다290538).2167

6. 경찰관의 직무집행이 법령이 정한 요건과 절차에 따라 이루어진 것이라면 특별한 사정이 없는 한 이는 법령에 적합한 것이고 그 과정에서 개인의 권리가 침해되었다고 하여 그 법령적합성이 곧바로 부정되는 것은 아니다(대판 94다2480).2168

7. 공무원에게 부과된 직무상 의무의 내용이 전적으로 또는 부수적으로 사회구성원 개인의 구체적 안전과 이익을 보호하기 위하여 설정된 것이라면, 공무원이 그와 같은 직무상 의무를 위반함으로써 개인이 입게 된 손해는 상당인과관계가 인정되는 범위 안에서 국가가 그에 대한 배상책임을 부담하여야 한다(대판 2005다48994).2169

8. 시위진압이 불필요하거나 또는 불법시위의 태양 및 시위 장소의 상황 등에서 예측되는 피해 발생의 구체적 위험성의 내용에 비추어 시위진압의 계속 수행 내지 그 방법 등이 현저히 합리성을 결하였다면 경찰관의 직무집행이 법령에 위반한 것이라고 할 수 있다(대판 94다2480).2170

9. 경찰관이 범인을 검거하면서 안면 부위를 향하여 가스총을 근접 발사하여 가스와 함께 발사된 고무마개가 범인의 눈에 맞아 실명한 경우 국가배상책임이 인정될 수 있다(대판 2002다57218).2171

(2) 행정심판(행정심판법)
↳ 형식적으로는 행정작용이나, 실질적으로는 사법작용이라는 특색을 가짐

목적 (§1)		이 법은 행정심판 절차를 통하여 행정청의 **위법 또는 부당**한 처분이나 부작위로 침해된 국민의 권리 또는 이익을 구제하고, 아울러 행정의 적정한 운영을 꾀함을 목적으로 한다.
정의 (§2)	처분	행정청이 행하는 구체적 사실에 관한 법집행으로서의 공권력의 행사 또는 그 거부, 그 밖에 이에 준하는 행정작용을 말한다.
	부작위	행정청이 당사자의 신청에 대하여 상당한 기간 내에 일정한 처분을 하여야 할 법률상 의무가 있는데도 처분을 하지 아니하는 것을 말한다.
	재결	행정심판의 청구에 대하여 행정심판위원회가 행하는 판단을 말한다.
	행정청	행정에 관한 의사를 결정하여 표시하는 국가 또는 지방자치단체의 기관, 그 밖에 법령 또는 자치법규에 따라 행정권한을 가지고 있거나 위탁을 받은 공공단체나 그 기관 또는 사인(私人)을 말한다.
행정 심판의 대상(§3)		① 행정청의 처분 또는 부작위에 대하여는 다른 법률에 특별한 규정이 있는 경우 외에는 이 법에 따라 행정심판을 청구할 수 있다. ② **대통령의 처분 또는 부작위**에 대하여는 다른 법률에서 행정심판을 청구할 수 있도록 정한 경우 외에는 **행정심판을 청구할 수 없다.** 2174
행정심판의 종류 (§5) 2175		행정심판의 종류는 다음 각 호와 같다. 1. **취소심판** : 행정청의 위법 또는 부당한 처분을 취소하거나 변경하는 행정심판 2176 2. **무효등확인심판** : 행정청의 처분의 효력 유무 또는 존재 여부를 확인하는 행정심판 3. **의무이행심판** : 당사자의 신청에 대한 행정청의 위법 또는 부당한 거부처분이나 부작위에 대하여 일정한 처분을 하도록 하는 행정심판

행정심판
위원회의
설치
(§6)
		① 다음 각 호의 행정청 또는 그 소속 행정청(행정기관의 계층구조와 관계없이 그 감독을 받거나 위탁을 받은 모든 행정청을 말하되, 위탁을 받은 행정청은 그 위탁받은 사무에 관하여는 위탁한 행정청의 소속 행정청으로 본다. 이하 같다)의 처분 또는 부작위에 대한 행정심판의 청구에 대하여는 다음 각 호의 **행정청**에 두는 **행정심판위원회**(중앙행정심판위원회 X)에서 심리·재결한다.
		  1. **감사원**, 국가정보원장, 그 밖에 대통령령으로 정하는 대통령 소속기관의 장
		  2. 국회사무총장·법원행정처장·헌법재판소사무처장 및 중앙선거관리위원회사무총장
		  3. 국가인권위원회, 그 밖에 지위·성격의 독립성과 특수성 등이 인정되어 대통령령으로 정하는 행정청
		② 다음 각 호의 행정청의 처분 또는 부작위에 대한 심판청구에 대하여는 「부패방지 및 국민권익위원회의 설치와 운영에 관한 법률」에 따른 **국민권익위원회**에 두는 **중앙행정심판위원회**에서 심리·재결한다. 2177 ↳경찰청 X ↳행정심판위원회 X
		  1. 제1항에 따른 행정청 외의 국가행정기관의 장 또는 그 소속 행정청 〈제2호, 제3호 생략〉
		④ 제2항 제1호에도 불구하고 대통령령으로 정하는 국가행정기관 소속 특별지방행정기관의 장의 처분 또는 부작위에 대한 심판청구에 대하여는 **해당 행정청의 직근 상급행정기관에 두는 행정심판위원회**에서 심리·재결한다.

중앙행정 심판위원회의 구성 (§8)	① 위원장 **1명을 포함**하여 **70명 이내**의 위원으로 구성하되, 위원 중 상임위원은 **4명 이내**로 한다.2178 ② 위원장은 국민권익위원회의 부위원장 중 **1명**이 되며, 위원장이 없거나 부득이한 사유로 직무를 수행할 수 없거나 위원장이 필요하다고 인정하는 경우에는 상임위원(상임으로 재직한 기간이 긴 위원 순서로, 재직기간이 같은 경우에는 연장자 순서로 한다)이 위원장의 직무를 대행한다.2179 ③ 상임위원은 중앙행정심판위원회 위원장의 제청으로 국무총리를 거쳐 대통령이 임명한다. ④ **중앙행정심판위원회의 비상임위원**은 제7조제4항 각 호의 어느 하나에 해당하는 사람 중에서 **중앙행정심판위원회 위원장의 제청**으로 **국무총리**가 성별을 고려하여 위촉한다.2180 ⑤ 중앙행정심판위원회의 회의는 위원장, 상임위원 및 위원장이 회의마다 지정하는 비상임위원을 포함하여 **총 9명**으로 구성(구성원 과반수의 출석과 출석위원 과반수의 찬성으로 의결)한다.
위원의 임기 (§9)	② 제8조 제3항에 따라 임명된 **중앙행정심판위원회 상임위원**의 임기는 **3년**으로 하며, **1차에 한하여 연임**할 수 있다.2181 ③ 제7조 제4항 및 제8조 제4항에 따라 **위촉된 위원(비상임위원)**의 임기는 **2년**으로 하되, **2차에 한하여 연임**할 수 있다.2182
청구의 적격 (§13)	① **취소심판**은 처분의 취소 또는 변경을 구할 법률상 이익이 있는 자가 청구할 수 있다. 처분의 효과가 기간의 경과, 처분의 집행, 그 밖의 사유로 소멸된 뒤에도 그 처분의 취소로 회복되는 법률상 이익이 있는 자의 경우에도 또한 같다. ② **무효등확인심판**은 처분의 효력 유무 또는 존재 여부의 확인을 구할 법률상 이익이 있는 자가 청구할 수 있다. ③ **의무이행심판**은 처분을 신청한 자로서 행정청의 거부처분 또는 부작위에 대하여 일정한 처분을 구할 법률상 이익이 있는 자가 청구할 수 있다.
법인이 아닌 사단 또는 재단의 청구인 능력(§14)	법인이 아닌 사단 또는 재단으로서 대표자나 관리인이 정하여져 있는 경우에는 **그 사단이나 재단의 이름**으로 심판청구를 할 수 있다.
피청구인의 적격 및 경정 (§17)	① 행정심판은 처분을 한 행정청(의무이행심판의 경우에는 청구인의 신청을 받은 행정청)을 피청구인으로 하여 청구하여야 한다. 다만, 심판청구의 대상과 관계되는 권한이 다른 행정청에 승계된 경우에는 권한을 승계한 행정청을 피청구인으로 하여야 한다. ② 청구인이 피청구인을 잘못 지정한 경우에는 위원회는 직권으로 또는 당사자의 신청에 의하여 결정으로써 **피청구인을 경정(更正)할 수 있다**. ③ 위원회는 제2항에 따라 피청구인을 경정하는 결정을 하면 결정서 **정본을 당사자**(종전의 피청구인과 새로운 피청구인을 포함한다. 이하 제6항에서 같다)**에게 송달**하여야 한다. ④ 제2항에 따른 결정이 있으면 종전의 피청구인에 대한 심판청구는 **취하**되고 종전의 피청구인에 대한 행정심판이 청구된 때에 **새로운 피청구인에 대한 행정심판이 청구된 것으로 본다**. ⑥ 당사자는 제2항 또는 제5항에 따른 위원회의 결정에 대하여 결정서 정본을 **받은 날부터 7일** 이내에 위원회에 이의신청을 할 수 있다.
심판청구서의 제출(§23)	① 행정심판을 청구하려는 자는 제28조에 따라 심판청구서를 작성하여 **피청구인이나 위원회**에 제출하여야 한다. 이 경우 피청구인의 수만큼 심판청구서 부본을 함께 **제출하여야 한다**.2184

심판청구의 기간 (§27)	① 행정심판은 처분이 있음을 **알게 된 날부터 90일** 이내에 청구하여야 한다. ② 청구인이 천재지변, 전쟁, 사변(事變), 그 밖의 불가항력으로 인하여 제1항에서 정한 기간에 심판청구를 할 수 없었을 때에는 그 사유가 **소멸한 날부터 14일** 이내에 행정심판을 청구할 수 있다. 다만, 국외에서 행정심판을 청구하는 경우에는 그 기간을 **30일**로 한다. ③ 행정심판은 처분이 **있었던 날부터 180일**이 지나면 청구하지 못한다. 다만, 정당한 사유가 있는 경우에는 그러하지 아니하다. ④ 제1항과 제2항의 기간은 **불변기간**으로 한다. ⑤ 행정청이 심판청구 기간을 제1항에 규정된 기간보다 **긴 기간으로 잘못 알린 경우** 그 잘못 알린 기간에 심판청구가 있으면 그 행정심판은 제1항에 규정된 기간에 **청구된 것으로 본다**. ⑥ 행정청이 심판청구 기간을 알리지 아니한 경우에는 제3항에 규정된 기간에 심판청구를 할 수 있다. ⑦ 제1항부터 제6항까지의 규정은 **무효등확인심판청구와 부작위에 대한 의무이행심판청구에는 적용하지 아니한다.**
심판청구의 방식(§28)	심판청구는 **서면**으로 하여야 한다.₂₁₈₃ (말 X)
집행정지 (§30)	① 심판청구는 처분의 효력이나 그 집행 또는 절차의 **속행(續行)**에 영향을 주지 아니한다.₂₁₈₄₋₁ (→ 집행부정지의 원칙) ② 위원회는 처분, 처분의 집행 또는 절차의 속행 때문에 **중대한 손해**가 생기는 것을 예방할 필요성이 긴급하다고 인정할 때에는 **직권으로 또는 당사자의 신청**에 의하여 처분의 효력, 처분의 집행 또는 절차의 속행의 전부 또는 일부의 정지(집행정지)를 결정할 수 있다.₂₁₈₅ (회복하기 어려운 손해 X) (→ 예외적으로 집행정지)
임시처분 (§31)	① 위원회는 처분 또는 부작위가 위법·부당하다고 상당히 의심되는 경우로서 처분 또는 부작위 때문에 당사자가 받을 우려가 있는 중대한 불이익이나 당사자에게 생길 급박한 위험을 막기 위하여 **임시지위를 정하여야 할 필요가 있는 경우**에는 직권으로 또는 당사자의 신청에 의하여 임시처분을 결정할 수 있다. ② 제1항에 따른 임시처분에 관하여는 제30조제3항부터 제7항까지를 준용한다. 이 경우 같은 조 제6항 전단 중 "중대한 손해가 생길 우려"는 "중대한 불이익이나 급박한 위험이 생길 우려"로 본다. ③ 제1항에 따른 임시처분은 제30조제2항에 따른 집행정지로 목적을 달성할 수 있는 경우에는 **허용되지 아니한다**.
직권심리 (§39)	위원회는 필요하면 당사자가 주장하지 아니한 사실에 대하여도 **심리**(판단 X)할 수 있다.
심리의 방식 (§40)	① 행정심판의 심리는 **구술심리나 서면심리**로 한다. 다만, 당사자가 구술심리를 신청한 경우에는 서면심리만으로 결정할 수 있다고 인정되는 경우 외에는 구술심리를 하여야 한다.
심판청구 등의 취하(§42)	① 청구인은 심판청구에 대하여 제7조 제6항 또는 제8조 제7항에 따른 의결이 있을 때까지 **서면**으로 심판청구를 취하할 수 있다. (→ 구두 X)

재결의 구분 (§43)	① 위원회는 심판청구가 **적법하지 아니하면** 그 심판청구를 **각하(却下)**한다. ② 위원회는 심판청구가 **이유가 없다고 인정하면** 그 심판청구를 **기각(棄却)**한다. ③ 위원회는 취소심판의 청구가 이유가 있다고 인정하면 **처분을 취소 또는 다른 처분으로 변경**하거나 처분을 다른 처분으로 변경할 것을 피청구인에게 명한다. ④ 위원회는 **무효등확인심판의 청구**가 이유가 있다고 인정하면 처분의 효력 유무 또는 처분의 존재 여부를 확인한다. 2187 ⑤ 위원회는 **의무이행심판의 청구**가 이유가 있다고 인정하면 지체 없이 신청에 따른 처분을 하거나 처분을 할 것을 피청구인에게 명한다. 2188
사정재결 (§44)	① 위원회는 심판청구가 이유가 있다고 인정하는 경우에도 이를 **인용(認容)**하는 것이 공공복리에 크게 위배된다고 인정하면 그 심판청구를 기각하는 재결(사정재결)을 **할 수 있다**. 이 경우 ↳하여야 한다 X 위원회는 **재결의 주문(主文)**에서 그 처분 또는 부작위가 위법하거나 부당하다는 것을 구체적으로 밝혀야 한다. 2189·2192 → 사정재결 이후에도 행정심판의 대상인 처분등의 효력은 유지 2194 ② 위원회는 제1항에 따른 재결을 할 때에는 청구인에 대하여 **상당한 구제방법을 취하거나 상당한 구제방법을 취할 것을 피청구인에게 명할 수 있다**. 2190 ③ 제1항과 제2항은 **무효등확인심판에는 적용하지 아니한다**. 2191 ※ 사정재결이란 심판청구가 이유 있는 경우에도 공익을 위하여 사익을 희생시키는 것이므로 위원회는 청구인이 받는 손해에 대하여 구제조치를 **취하여야 한다**.
재결기간 (§45)	① 재결은 피청구인 또는 위원회가 심판청구서를 받은 날부터 **60일 이내**에 하여야 한다. 다만, 부득이한 사정이 있는 경우에는 위원장이 직권으로 **30일을 연장할 수 있다**. 2192-1 ② 위원장은 제1항 단서에 따라 재결 기간을 연장할 경우에는 재결 기간이 **끝나기 7일 전까지** 당사자에게 알려야 한다.
재결의 방식 (§46)	① 재결은 **서면**으로 한다. 2193 ② 재결서에 적는 이유에는 주문 내용이 정당하다는 것을 인정할 수 있는 정도의 판단을 표시하여야 한다.
재결의 범위 (§47)	① 위원회는 심판청구의 대상이 되는 **처분 또는 부작위 외의 사항에 대하여는 재결하지 못한다**. ② **위원회는 심판청구의 대상이 되는 처분보다 청구인에게 불리한 재결을 하지 못한다**.
재결의 송달과 효력 발생(§48)	① 위원회는 **지체 없이** 당사자에게 재결서의 **정본**을 송달하여야 한다. 이 경우 중앙행정심판위 ↳등본 X 원회는 재결 결과를 소관 중앙행정기관의 장에게도 알려야 한다. 2195 ② 재결은 청구인에게 제1항 전단에 따라 **송달**되었을 때에 그 효력이 생긴다. ↳발송 X 판례 재결의 기속력은 재결의 주문 및 그 전제가 된 요건사실의 인정과 판단, 즉 처분 등의 구체적 위법사유에 관한 판단에만 미친다고 할 것이고, 종전 처분이 재결에 의하여 취소되었다 하더라도 **종전 처분시와는 다른 사유를 들어서 처분을 하는 것은 기속력에 저촉되지 않는다**(대판 2013다6759, 판결).
행정심판 재청구의 금지(§51)	심판청구에 대한 재결이 있으면 그 재결 및 같은 처분 또는 부작위에 대하여 다시 행정심판을 청구할 수 **없다**. (있다 X)

(3) 행정소송(행정소송법)

목적(§1)		이 법은 행정소송절차를 통하여 행정청의 **위법**한(→부당X) 처분 그 밖에 공권력의 행사·불행사등으로 인한 국민의 권리 또는 이익의 침해를 구제하고, 공법상의 권리관계 또는 법적용에 관한 다툼을 적정하게 해결함을 목적으로 한다.
종류(§3) 2197·2201	항고소송	행정청의 처분등이나 부작위에 대하여 제기하는 소송
	당사자소송	행정청의 처분등을 원인으로 하는 법률관계에 관한 소송 그 밖에 공법상의 법률관계에 관한 소송으로서 그 법률관계의 **한쪽 당사자를 피고로 하는 소송** **판례** 명예퇴직한 법관이 미지급 명예퇴직수당액에 대하여 가지는 권리는 명예퇴직수당 지급대상자 결정 절차를 거쳐 명예퇴직수당규칙에 의하여 확정된 공법상 법률관계에 관한 권리로서, 그 지급을 구하는 소송은 「행정소송법」의 **당사자소송**에 해당하며, 그 법률관계의 당사자인 국가를 상대로 제기하여야 한다(대법원 2016. 5. 24. 선고 2013두14863).2198
	민중소송	국가 또는 공공단체의 기관이 법률에 위반되는 행위를 한 때에 **직접 자기의 법률상 이익과 관계없이** 그 시정을 구하기 위하여 제기하는 소송
	기관소송	**국가 또는 공공단체의 기관상호간**에 있어서의 권한의 존부 또는 그 행사에 관한 다툼이 있을 때에 이에 대하여 제기하는 소송. 다만, 헌법재판소의 관장사항으로 되는 소송은 제외
항고소송의 종류(§4) 2199·2200	취소소송	행정청의 **위법**한(→부당X) 처분등을 취소 또는 변경하는 소송
	무효등 확인소송	행정청의 처분등의 효력 유무 또는 존재여부를 확인하는 소송
	부작위위법확인소송	행정청의 부작위가 위법하다는 것을 확인하는 소송
재판관할(§9)		① 취소소송의 제1심관할법원은 **피고의 소재지를 관할하는 행정법원**으로 한다. ② 제1항에도 불구하고 다음 각 호의 어느 하나에 해당하는 피고에 대하여 취소소송을 제기하는 경우에는 **대법원소재지를 관할하는 행정법원**에 제기할 수 있다. (해야 한다X) 　1. **중앙행정기관(경찰청장)**, 중앙행정기관의 부속기관과 합의제행정기관 또는 그 장 　2. 국가의 사무를 위임 또는 위탁받은 공공단체 또는 그 장 **예** 경찰청장을 피고로 하여 취소소송을 제기하는 경우, **대법원 소재지를 관할하는 행정법원이 제1심 관할 법원으로 될 수 있다.**2202
관련청구 소송의 이송 및 병합(§10)		① 취소소송과 다음 각호의 1에 해당하는 소송이 **각각 다른 법원에 계속되고 있는 경우**에 관련청구소송이 계속된 법원이 상당하다고 인정하는 때에는 당사자의 신청 또는 직권에 의하여 이를 **취소소송이 계속된 법원으로 이송할 수 있다.** 　1. 당해 처분등과 관련되는 손해배상·부당이득반환·원상회복등 청구소송 　2. 당해 처분등과 관련되는 취소소송 ② 취소소송에는 사실심의 변론종결시까지 관련청구소송을 병합하거나 피고외의 자를 상대로 한 관련청구소송을 **취소소송이 계속된 법원에 병합하여 제기할 수 있다.**

피고적격 (§13)	① 취소소송은 다른 법률에 특별한 규정이 없는 한 그 처분등을 행한 행정청을 피고로 한다. 다만, 처분등이 있은 뒤에 그 처분등에 관계되는 권한이 다른 행정청에 승계된 때에는 이를 **승계한 행정청을 피고로 한다.** ② 제1항의 규정에 의한 행정청이 없게 된 때에는 그 처분등에 관한 사무가 귀속되는 **국가 또는 공공단체를 피고로 한다.**
행정 심판과의 관계 (§18)	① 취소소송은 법령의 규정에 의하여 당해 처분에 대한 **행정심판을 제기할 수 있는 경우에도 이를 거치지 아니하고 제기할 수 있다.** 다만, 다른 법률에 당해 처분에 대한 행정심판의 재결을 거치지 아니하면 취소소송을 제기할 수 없다는 규정이 있는 때에는 그러하지 아니하다. [비교] 도로교통법 제142조에 따른 처분으로서 해당 처분에 대한 **행정소송은 행정심판의 재결(裁決)을 거치지 아니하면 제기할 수 없다.** → 혈중알콜농도 0.13%의 주취상태에서 차량을 운전하다가 적발된 乙에게 관할 경찰청장이 「도로교통법」에 의거 운전면허취소처분을 하였을 경우, 乙은 행정심판을 거치지 않고 바로 행정소송을 제기할 수 없다. 2206
제소기간 (§20)	① 취소소송은 **처분등이 있음을 안 날부터 90일 이내**에 제기하여야 한다. ↳ 행정심판청구가 있은 때의 기간은 재결서의 정본을 송달받은 날부터 90일 이내 ② 취소소송은 **처분등이 있은 날부터 1년**을 경과하면 이를 제기하지 못한다. ↳ 재결이 있은 날부터 1년 이내 다만, 정당한 사유가 있는 때에는 그러하지 아니하다. ③ 제1항의 규정에 의한 기간은 불변기간으로 한다. [판례] 처분이 있음을 안 날부터 90일 이내에 행정심판을 청구하지도 않고 취소소송을 제기하지도 않은 경우에는 그 후 제기된 취소소송은 제소기간을 경과한 것으로서 **부적법**하고, 처분이 있음을 안 날로부터 90일을 넘겨 청구한 부적법한 행정심판청구에 대한 재결이 있은 후 재결서를 송달받은 날부터 90일 이내에 원래의 처분에 대하여 취소소송을 제기하였다고 하여 **취소소송이 다시 제소기간을 준수한 것으로는 되는 것은 아니다**(대판 2011두 18786). [판례] 처분 당시에는 취소소송의 제기가 법제상 허용되지 않아 소송을 제기할 수 없다가 위헌결정으로 인하여 비로소 취소소송을 제기할 수 있게 된 경우, **객관적으로는 '위헌결정이 있는 날', 주관적으로 '위헌결정이 있음을 안 날'** 비로소 취소소송을 제기할 수 있게 되어 이때를 **제소기간의 기산점으로 삼아야 한다**(대판 2007두 20997).
집행정지 (§23)	① 취소소송의 제기는 처분등의 효력이나 그 집행 또는 절차의 속행에 **영향을 주지 아니한다.** → 집행부정지의 원칙 ② 취소소송이 제기된 경우에 처분등이나 그 집행 또는 절차의 속행으로 인하여 생길 **회복하기 어려운 손해**를 예방하기 위하여 **긴급한 필요**가 있다고 인정할 때에는 본안이 계속되고 있는 법원 ↳ 중대한 손해 X 은 당사자의 신청 또는 직권에 의하여 처분등의 효력이나 그 집행 또는 절차의 속행의 전부 또는 일부의 정지(집행정지)를 결정할 수 있다. → 예외적으로 집행정지 ③ 집행정지는 공공복리에 중대한 영향을 미칠 우려가 있을 때에는 허용되지 아니한다. ④ ②의 규정에 의한 집행정지의 결정을 신청함에 있어서는 그 이유에 대한 소명이 있어야 한다. ⑤ ②의 규정에 의한 **집행정지의 결정 또는 기각의 결정**에 대하여는 **즉시항고할 수 있다.** 이 경우 집행정지의 결정에 대한 즉시항고에는 결정의 집행을 정지하는 효력이 없다. [판례] 집행정지는 행정처분의 집행부정지원칙의 예외로서 인정되는 것이고 또 본안에서 원고가 승소할 수 있는 가능성을 전제로 한 권리보호수단이라는 점에 비추어 보면 집행정지사건 자체에 의하여도 신청인의 **본안청구가 적법한 것이어야 한다**는 것을 집행정지의 요건에 포함시켜야 할 것이다(대판 94두36).

집행정지의 취소(§24)	① 집행정지의 결정이 확정된 후 집행정지가 공공복리에 중대한 영향을 미치거나 그 정지사유가 없어진 때에는 당사자의 신청 또는 직권에 의하여 결정으로써 집행정지의 결정을 취소할 수 있다. ② 제1항의 규정에 의한 집행정지결정의 취소결정과 이에 대한 불복의 경우에는 제23조 제4항 및 제5항의 규정을 준용한다.
행정심판 기록의 제출 명령(§25)	① 법원은 **당사자의 신청이 있는 때**에는 결정으로써 재결을 행한 행정청에 대하여 행정심판에 관한 기록의 제출을 **명할 수 있다.** (하여야 한다 X) ② 제1항의 규정에 의한 제출명령을 받은 행정청은 지체없이 당해 행정심판에 관한 기록을 법원에 제출하여야 한다.
직권심리 (§26)	법원은 필요하다고 인정할 때에는 직권으로 증거조사를 할 수 있고, 당사자가 주장하지 아니한 사실에 대하여도 판단할 수 **있다.** (없다 X)
사정판결 (§28)	① 원고의 청구가 이유있다고 인정하는 경우에도 처분등을 취소하는 것이 현저히 공공복리에 적합하지 아니하다고 인정하는 때에는 **법원은 원고의 청구를 기각할 수 있다.** 이 경우 법원은 그 판결의 주문에서 그 처분등이 위법함을 명시하여야 한다. (할 수 있다 X) ② 법원이 제1항의 규정에 의한 판결을 함에 있어서는 **미리 원고가 그로 인하여 입게 될 손해의 정도와 배상방법 그 밖의 사정을** 조사하여야 한다. (조사할 수 있다 X) ③ 원고는 피고인 행정청이 속하는 국가 또는 공공단체를 상대로 손해배상, 제해시설의 설치 그 밖에 적당한 구제방법의 청구를 당해 취소소송등이 계속된 법원에 **병합하여 제기할 수 있다.** **판례** 사정판결에 있어서 처분의 위법 여부 판단의 기준시점은 **처분시**이나, 사정판결은 처분이후의 사정변경을 고려하는 취지에서 인정되는 것이므로 **사정판결의 필요성 판단의 기준시점은 변론종결시이다**(대판 69누29).
취소판결 등의 효력(§29)	① 처분등을 취소하는 확정판결은 **제3자**(당사자 X)에 대하여도 효력이 있다.
제3자에 의한 재심청구 (§31)	① 처분등을 취소하는 판결에 의하여 권리 또는 이익의 침해를 받은 제3자는 자기에게 책임없는 사유로 소송에 참가하지 못함으로써 판결의 결과에 영향을 미칠 공격 또는 방어방법을 제출하지 못한 때에는 이를 이유로 확정된 종국판결에 대하여 재심의 청구를 할 수 있다. ② 제1항의 규정에 의한 청구는 확정판결이 있음을 **안 날로부터 30일** 이내, 판결이 **확정된 날로부터 1년** 이내에 제기하여야 한다. ③ 제2항의 규정에 의한 기간은 불변기간으로 한다.
소송비용의 부담(§32)	취소청구가 제28조의 규정에 의하여 기각되거나 행정청이 처분등을 취소 또는 변경함으로 인하여 청구가 각하 또는 기각된 경우에는 소송비용은 **피고의 부담**으로 한다.

> **plus** 행정소송 관련 판례

1. 예산회계법 또는 지방재정법에 따라 지방자치단체가 당사자가 되어 체결하는 계약은 사법상의 계약일 뿐, 공권력을 행사하는 것이거나 공권력 작용과 일체성을 가진 것은 아니라고 할 것이므로 이에 관한 분쟁은 행정소송의 대상이 될 수 없다(대판 96누14708).
2. 도시계획구역 내 토지 등을 소유하고 있는 사람과 같이 당해 도시계획시설결정에 이해관계가 있는 주민으로서는 도시시설계획의 입안권자 내지 결정권자에게 도시시설계획의 입안 내지 변경을 요구할 수 있는 **법규상 또는 조리상의 신청권이 있고**, 이러한 신청에 대한 거부행위는 항고소송의 대상이 되는 행정처분에 해당한다(대판 2014두42742).
3. 피해자의 의사와 무관하게 주민등록번호가 유출된 경우에는 조리상 주민등록번호의 변경을 요구할 신청권을 인정함이 타당하고, 구청장의 주민등록번호 변경신청 거부행위는 항고소송의 대상이 되는 행정처분에 해당한다(대판 2013두2945).
4. **진정에 대한 국가인권위원회의 각하 및 기각결정**은 피해자인 진정인의 권리행사에 중대한 지장을 초래하는 것으로 항고소송의 대상이 되는 행정처분에 해당하므로, 그에 대한 다툼은 우선 **행정심판이나 행정소송**에 의하여 할 것이다(헌재 2013헌마214 등).
5. 국유재산법 제51조 제1항은 국유재산의 무단점유자에 대하여는 대부 또는 사용, 수익허가 등을 받은 경우에 납부하여야 할 대부료 또는 사용료 상당액 외에도 그 징벌적 의미에서 국가측이 일방적으로 그 2할 상당액을 추가하여 변상금을 징수토록 하고 있으며 동조 제2항은 변상금의 체납시 국세징수법에 의하여 강제징수토록 하고 있는 점 등에 비추어 보면 국유재산의 관리청이 그 무단점유자에 대하여 하는 변상금부과처분은 순전히 **사경제 주체로서 행하는 사법상의 법률행위**라 할 수 없고 이는 관리청이 공권력을 가진 우월적 지위에서 행한 것으로서 행정소송의 대상이 되는 행정처분이라고 보아야 한다(대판 87누1046).[2203]
6. 원천징수의무자가 비록 과세관청과 같은 행정청이라 하더라도 그의 원천징수행위는 법령에서 규정된 징수 및 납부의무를 이행하기 위한 것에 불과한 것이지, 공권력의 행사로서의 행정처분을 한 경우에 해당되지 아니한다(대판 89누4789).[2204]
7. 국립 교육대학 학생에 대한 **퇴학처분**은 학장이 교육목적실현과 학교의 내부질서유지를 위해 학칙 위반자인 재학생에 대한 구체적 법집행으로서 **행정처분에 해당한다**(대판 91누2144).[2205]

비교 행정심판과 행정소송

구 분	행정심판(행정심판법)	행정소송(행정소송법)
목 적	행정감독, 행정통제	행정구제, 권리구제
성 질	① 준사법작용 ② 실질적 의미의 사법작용 ③ 형식적 의미의 행정작용	① 사법작용 ② 형식적·실질적 의미의 사법작용
담당기관	행정심판위원회(행정기관)	법원(행정법원, 사법부)
대통령의 처분 / 부작위	심판대상이 아님	소송 대상

종 류	항고심판(§5) ┬ 취소심판
	     ├ 무효등확인심판
	     └ **의무이행심판**(부작위에 대한 의무이행심판 가능)
		① 항고소송 ┬ 취소소송
		     ├ 무효등확인소송
		     └ **부작위위법확인소송**
		      (의무이행소송 X)
		② 당사자소송
		③ 민중소송
		④ 기관소송

심리절차	① 서면심리 또는 구술심리 ② **비공개**의 원칙 2196	① 구두변론 ② **공개**의 원칙
쟁송사항	**위법**(법률문제) + **부당**(공익문제)	**위법**(법률문제)
제소 기간	① 행정심판은 처분이 있음을 알게 된 날부터 **90일**, 처분이 있었던 날부터 **180일**이 지나면 청구하지 못한다. ② 청구인이 천재지변, 전쟁, 사변, 그 밖의 불가항력으로 인하여 심판청구를 할 수 없었을 때에는 그 사유가 소멸한 날부터 **14일** 이내에 행정심판을 청구할 수 있다. 다만, 국외에서 행정심판을 청구하는 경우에는 그 기간을 **30일**로 한다. ③ 재결은 피청구인 또는 위원회가 심판청구서를 받은 날부터 **60일** 이내에 하여야 한다. 다만, 부득이한 사정이 있는 경우에는 위원장이 직권으로 **30일**을 연장할 수 있다.	처분 등(처분+재결)이 있음을 안 날 또는 재결서의 정본을 송달받은 날부터 **90일** 이내, 처분 또는 재결이 있은 날로부터 **1년** 이내 [주의] 무효등확인심판(소송), 부작위에 대한 의무이행심판, 부작위위법확인소송 : 기간 제한 없음. 단 거부처분에 대해서 의무이행심판의 경우에는 기간 제한이 있음
기판력	부정 (기속력 O)	인정
공통점	① 원고적격(법률상 이익이 있는 자) ② **집행부정지원칙** → 심판청구나 취소소송의 제기는 처분 등의 효력이나 그 집행 또는 절차의 속행에 영향을 주지 아니한다. ③ 청구(소)의 변경 ④ (보충적) 직권심리주의 ⑤ 구술심리 ⑥ 불이익변경금지 ⑦ 사정재결(판결) ⑧ **불고불리의 원칙**	

CHAPTER 05
경찰관 직무집행법_S급

- **01 제1조~제8조**
  - 목적(§1)
  - 직무범위(§2)
  - 불심검문(§3)
  - 보호조치(§4)
  - 위험 발생의 방지(§5)
  - 범죄의 예방과 제지(§6)
  - 위험방지를 위함 출입(§7)
  - 사실의 확인(§8)

- **02 제8의2**
  - 정보의 수집
  - 경찰관 정보수집 및 처리 등에 관한 규정

- **03 제10조**
  - 경찰장비의 사용(§10)
  - 경찰장구의 사용(§10의2)
  - 분사기 등의 사용(§10의3)
  - 무기의 사용(§10의4)
  - 경찰착용기록장치의 사용(§10의5,6,7)
  - 위해성 경찰장비의 사용기준 등에 관한 규정
  - 경찰물리력 행사의 기준과 방법에 관한 규칙

- **04 제11조의2, 3**
  - 손실보상(§11의2)
  - 범인검거 등 공로자 보상(§11의3)
  - 경찰관 직무집행법 시행령

- **05 제11조의4, 5**
  - 소송지원(§11의4)
  - 직무수행으로 인한 형의 감면(§11의5)

- **06 그 외 규정**
  - 국제협력(§8의3)
  - 유치장(§9)
  - 사용기록 보관(§11)
  - 벌칙(§12)

최신개정법령&무료자료 다운로드 등
네이버 김재규경찰학 카페(https://cafe.naver.com/ollaedu)

THEME 01 목적 및 직무의 범위

 법령 자료(네이버 카페: 김재규 경찰학)

1 목적(§1)

① 국민의 자유와 권리 및 모든 개인이 가지는 불가침의 기본적 **인권을 보호**하고 사회공공의 질서를 유지하기 위한 경찰관(경찰공무원만 해당한다)의 직무 수행에 필요한 사항을 규정함을 목적으로 한다.2209·2210
　→ 헌법§10·국가법§5
② 이 법에 규정된 경찰관의 직권은 그 직무 수행에 **필요한 최소한도에서 행사**되어야 하며 남용되어서는 아니 된다.2207
　→ 경찰비례원칙의 명시적 규정

2 직무의 범위(§2)2211

1. 국민의 생명·신체 및 재산의 보호
2. 범죄의 예방·진압 및 수사
2의2. **범죄피해자** 보호
　→ 피의자 X
3. 경비, 주요 인사 경호 및 대간첩·대테러 작전 수행 → 청와대 경호 X 2212
4. **공공안녕에 대한 위험의 예방과 대응을 위한** 정보의 수집·작성 및 배포
　→ 치안 X
5. 교통 단속과 교통 **위해의 방지**
　→ 질서유지 X
6. 외국 정부기관 및 국제기구와의 국제협력2213
7. 그 밖에 공공의 안녕과 질서 유지2214

[제2호(수사) 7호 관련 판례] 출입국관리공무원 외의 수사기관이 출입국사범에 관한 사건을 입건하였을 때에는 지체 없이 관할 지방출입국·외국인관서의 장에게 인계하여야 하지만(출입국관리법§101②), 동 규정이 일반사법경찰관리의 출입국사범에 대한 수사권한을 **배제하는 것은 아니다**(대판2008도7724).

판례 범죄의 예방·진압 및 수사는 경찰관의 직무에 해당하며(경찰관직무집행법 제2조 제2호), 그 직무행위의 구체적 내용이나 방법 등이 **경찰관의 전문적 판단에 기한 합리적인 재량에 위임**되어 있다(대판 2000다57856).

3 「경찰관 직무집행법」상 즉시강제 수단

대인적 즉시강제	① 불심검문(제3조, 임의설, 강제설, 설득행위설(다수설, 판례)) ② 보호조치(제4조) ③ 범죄예방 및 제지(제6조) : 직접적 실력행사 근거 ④ 경찰장구의 사용(제10조의2) ⑤ 분사기 등의 사용(제10조의3) ⑥ 무기의 사용(제10조의4)
대물적 즉시강제	임시영치(제4조 제3항) : **10일 이내**
대가택적 즉시강제	위험방지를 위한 출입(제7조)2215
대인·대물·대가택적 즉시강제	위험발생의 방지조치(제5조) : 간접적 실력행사 근거

THEME 02 불심검문 (§3)

> **조문학습** 경찰관 직무집행법 제3조(불심검문)
>
> ① 경찰관은 다음 각 호의 어느 하나에 해당하는 사람을 정지시켜 질문**할 수 있다**. (하여야 한다 X)
>   1. 수상한 행동이나 그 밖의 주위 사정을 합리적으로 판단하여 볼 때 어떠한 죄를 범하였거나 범하려 하고 있다고 의심할 만한 상당한 이유가 있는 사람
>   2. 이미 행하여진 범죄나 행하여지려고 하는 범죄행위에 관한 사실을 안다고 인정되는 사람
> ② 경찰관은 제1항에 따라 같은 항 각 호의 사람을 정지시킨 장소에서 질문을 하는 것이 **그 사람에게 불리하거나 교통에 방해가 된다고 인정될 때**(신원확인이 불가능하거나 X)에는 질문을 하기 위하여 가까운 **경찰서·지구대·파출소 또는 출장소**(지방해양경찰관서를 **포함**하며, 이하 "경찰관서"라 한다)로 동행할 것을 요구할 수 있다. 이 경우 동행을 요구받은 사람은 그 요구를 거절**할 수 있다**. (없다 X)
> ③ 경찰관은 제1항 각 호의 어느 하나에 해당하는 사람에게 **질문을 할 때**(진술거부권 고지 의무는 법률상 명시 X)에 그 사람이 **흉기**(흉기 이외의 일반소지품 X)를 가지고 있는지를 조사**할 수 있다**. (하여야 한다 X)
> ④ 경찰관은 제1항이나 제2항에 따라 질문을 하거나 동행을 요구할 경우 자신의 신분을 표시하는 증표를 제시하면서 소속과 성명을 밝히고 질문이나 동행의 목적과 이유를 설명**하여야 하며**, 동행을 요구하는 경우에는 동행 장소를 **밝혀야 한다**. (밝힐 수 있다 X)
> ⑤ 경찰관은 제2항에 따라 **동행한 사람**(동행 이후)의 가족이나 친지 등에게 동행한 경찰관의 신분, 동행 장소, 동행 목적과 이유를 **알리거나** 본인으로 하여금 즉시 연락할 수 있는 기회를 **주어야 하며**, **변호인의 도움을 받을 권리**가 있음을 **알려야 한다**. (알릴 필요는 없다 X)
> ⑥ 경찰관은 제2항에 따라 동행한 사람을 **6시간**을 초과하여 경찰관서에 머물게 할 수 없다.
> ⑦ 제1항부터 제3항까지의 규정에 따라 질문을 받거나 동행을 요구받은 사람은 **형사소송에 관한 법률**에 따르지 아니하고는 신체를 구속당하지 아니하며, 그 의사에 반하여 답변을 강요당하지 아니한다.

법적 성질	대인적 즉시강제(학설대립)2217
불심검문 대상자	경찰관은 다음 사람 정지시켜 질문**할 수 있다.** (하여야 한다 X) 2218 ① 수상한 행동이나 그 밖의 주위 사정을 **합리적**으로 판단하여 볼 때 어떠한 죄를 범하였거나 범하려 하고 있다고 의심할 만한 **상당한** 이유가 있는 사람 ② 이미 행하여진 범죄나 행하여지려고 하는 범죄행위에 관한 사실을 안다고 인정되는 사람2219
정지 및 질문	① 경찰관은 거동불심자라고 인정되는 때에는 그를 정지시켜 질문할 수 있다. ② 질문받는 사람은 답변을 강요당하지 아니한다. → 진술거부권을 고지할 필요는 없음 2223 → 불심검문 불응자에 대한 대응조치 및 처벌규정 없음
소지품검사	경찰관은 불심검문 대상자에게 질문을 할 때에 그 사람이 흉기를 가지고 있는지를 조사**할 수 있다.** (하여야 한다 X) → 경직법은 흉기 이외의 일반소지품 조사 규정을 두고 있지 않다. 2221·2222
증표제시	경찰관(정복, 사복 불문)은 질문을 하거나 동행을 요구할 경우 자신의 신분을 표시하는 **증표** (경찰공무원증 O, 흉장 X)를 제시하면서 소속과 성명을 밝히고 질문이나 동행의 목적과 이유를 설명하여야 하며, 동행을 요구하는 경우에는 동행 장소를 밝혀야 한다.2224

임의동행	동행 요구	① 불심검문 대상자를 정지시킨 장소에서 질문을 하는 것이 **그 사람에게 불리하거나 교통에 방해가 된다고 인정될 때** 동행할 것을 요구**할 수 있다.** ② 이 경우 동행을 요구받은 사람은 그 요구를 **거절할 수 있다.**2220 → 경찰공무원에게 임의동행 거절권 고지의무는 없다.
	동행 이후	**임의동행한 사람**의 가족이나 친지 등에게 동행한 경찰관의 신분, 동행 장소, 동행 목적과 이유를 알리거나 **본인**으로 하여금 즉시 연락할 수 있는 기회를 주어야 하며, 변호인의 도움을 받을 권리(진술거부권 X)가 있음을 알려야 한다.2227·2228·2229
	주의사항	① 동행한 사람을 **6시간**을 초과하여 경찰관서에 머물게 할 수 없다.2230 ② 동행을 요구받은 사람은 **형사소송에 관한 법률**에 따르지 아니하고는 신체를 구속당하지 아니하며, 그 의사에 반하여 답변을 강요당하지 아니한다.2231·2232

TIP 증표제시와 관련된 법과 판례

동법 시행령 (§5)	① 신분을 표시하는 증표는 경찰공무원의 공무원증으로 한다.2226 ② 반드시 증표제시(정복, 사복 불문) → 「경찰관 직무집행법」은 불심검문시 정복을 입은 경우에도 신분증명을 면제하는 규정을 두고 있지 않다.
주민등록법 (§26)	① 사법경찰관리가 범인을 체포하는 등 그 직무를 수행할 때에 17세 이상인 주민의 신원이나 거주 관계를 확인할 필요가 있으면 주민등록증등의 제시를 요구할 수 있다. 이 경우 사법경찰관리는 주민등록증등을 제시하지 아니하는 자로서 신원을 증명하는 증표나 그 밖의 방법에 따라 신원이나 거주 관계가 확인되지 아니하는 자에게는 범죄의 혐의가 있다고 인정되는 상당한 이유가 있을 때에 한정하여 인근 관계 관서에서 신원이나 거주 관계를 밝힐 것을 요구할 수 있다.2225 ② 사법경찰관리는 ①에 따라 신원 등을 확인할 때 친절과 예의를 지켜야 하며, **정복근무 중인 경우 외에는** 미리 신원을 표시하는 증표를 지니고 이를 관계인에게 내보여야 한다. → 정복근무시 증표제시 의무 X, 사복근무시 증표제시 의무 O

> **판례** 불심검문

1. 경찰관이 '불심검문 대상자' 해당 여부를 판단할 때에는 불심검문 당시의 구체적 상황은 물론 사전에 얻은 정보나 전문적 지식 등에 기초하여 불심검문 대상자인지를 객관적·합리적인 기준에 따라 판단하여야 하나, 반드시 불심검문 대상자에게 형사소송법상 체포나 구속에 이를 정도의 혐의가 있을 것을 요한다고 할 수는 없다(대판 2011도13999). 2233

2. 검문하는 사람이 경찰관이고 검문하는 이유가 범죄행위에 관한 것임을 피고인이 충분히 알고 있었다고 보이는 경우에는 신분증을 제시하지 않았다고 하여 그 불심검문이 위법한 공무집행이라고 할 수 없다(대판 2014도7976).

3. 임의동행은 상대방의 동의 또는 승낙을 그 요건으로 하는 것이므로 경찰관으로부터 임의동행 요구를 받은 경우 상대방은 이를 거절할 수 있을 뿐만 아니라 임의동행 후 언제든지 경찰관서에서 퇴거할 자유가 있다 할 것이고, 경찰관직무집행법 제3조 제6항이 임의동행한 경우 당해인을 6시간을 초과하여 경찰관서에 머물게 할 수 없다고 규정하고 있다고 하여 그 규정이 임의동행한 자를 6시간 동안 경찰관서에 구금하는 것을 허용하는 것은 아니다. (2) 피고인이 송도파출소까지 임의동행한 후 조사받기를 거부하고 파출소에서 나가려고 하다가 경찰관이 이를 제지하자 이에 항거하여 그 경찰관을 폭행한 경우라도 공무집행방해죄는 성립하지 않는다(대판 97도1240).

4. 형사소송법 제199조 제1항은 임의수사의 원칙을 명시하고 있는바, 수사관이 동행에 앞서 피의자에게 동행을 거부할 수 있음을 알려 주었거나 동행한 피의자가 언제든지 자유로이 동행과정에서 이탈 또는 동행장소로부터 퇴거할 수 있었음이 인정되는 등 오로지 피의자의 자발적인 의사에 의하여 수사관서 등에의 동행이 이루어졌음이 객관적인 사정에 의하여 명백하게 입증된 경우에 한하여, 그 적법성이 인정되는 것으로 봄이 상당하다. 형사소송법 제200조 제1항에 의하여 검사 또는 사법경찰관이 피의자에 대하여 임의적 출석을 요구할 수는 있겠으나, 그 경우에도 수사관이 단순히 출석을 요구함에 그치지 않고 일정 장소로의 동행을 요구하여 실행한다면 위에서 본 법리가 적용되어야 하고, 한편 행정경찰 목적의 경찰활동으로 행하여지는 경찰관직무집행법 제3조 제2항 소정의 질문을 위한 동행요구도 형사소송법의 규율을 받는 수사로 이어지는 경우에는 역시 위에서 본 법리가 적용되어야 한다(대판 2005도6810).

5. 상해사건을 신고받고 출동한 정복착용 경찰관들이 사건당사자인 피검문자의 경찰관 신분확인의 요구가 없는 상황에서 경찰공무원증 제시 없이 불심검문 하자 피검문자가 경찰관들을 폭행한 사안에서 당시 불심검문은 경찰관들이 경찰공무원증을 제시하지 않은 것은 공무집행방해죄 성립에 위법성을 인정할 수 없다(대판 2004도4029). → 정복근무 + 상대방의 불심검문 상황인지 : 증표제시하지 않아도 위법 아님 2234

6. 경찰관은 불심검문 대상자에게 질문을 하기 위하여 범행의 경중, 범행과의 관련성, 상황의 긴박성, 혐의의 정도, 질문의 필요성 등에 비추어 목적 달성에 필요한 최소한의 범위 내에서 사회통념상 용인될 수 있는 상당한 방법으로 대상자를 정지시킬 수 있고 질문에 수반하여 흉기의 소지 여부도 조사할 수 있다(대판 2011도13999). 2235

7. 미리 입수된 용의자에 대한 인상착의와 일부 일치하지 않는 부분이 있다고 하더라도 그것만으로 경찰관이 불심검문 대상자로 삼은 조치가 위법하다고 볼 수 없다(대판 2011도13999). 2236

8. 검문 중이던 경찰관들이, 자전거를 이용한 날치기 사건 범인과 흡사한 인상착의의 피고인이 자전거를 타고 다가오는 것을 발견하고 정지를 요구하였으나 멈추지 않아, 앞을 가로막고 소속과 성명을 고지한 후 검문에 협조해 달라는 취지로 말하였음에도 불응하고 그대로 전진하자, 따라가서 재차 앞을 막고 검문에 응하라고 요구하였는데, 범행의 경중, 범행과의 관련성, 상황의 긴박성, 혐의의 정도, 질문의 필요성 등에 비추어 경찰관들은 목적 달성에 필요한 최소한의 범위 내에서 사회통념상 용인될 수 있는 상당한 방법을 통하여 경찰관직무집행법 제3조 제1항에 규정된 자에 대해 의심되는 사항을 질문하기 위하여 정지시킨 것으로 보아야 한다 (적법한 불심검문)(대판 2010도6203).

THEME 03 보호조치(§4)

조문학습 경찰관 직무집행법 제4조(보호조치 등)

① **경찰관**은 수상한 행동이나 그 밖의 주위 사정을 합리적으로 판단해 볼 때 다음 각 호의 어느 하나에 해당하는 것이 명백하고 응급구호가 필요하다고 믿을 만한 상당한 이유가 있는 사람(이하 "구호대상자"라 한다)을 발견하였을 때에는 보건의료기관이나 공공구호기관에 긴급구호를 요청하거나 경찰관서에 보호하는 등 적절한 조치를 **할 수 있다.** (하여야 한다 X)
  1. **정신착란**을 일으키거나 술에 취하여 자신 또는 다른 사람의 **생명·신체·재산**에 위해를 끼칠 우려가 있는 사람
  2. **자살**을 시도하는 사람
  3. **미아, 병자, 부상자** 등으로서 적당한 보호자가 없으며 응급구호가 필요하다고 인정되는 사람. **다만, 본인이 구호를 거절하는 경우는 제외한다.**

② 제1항에 따라 긴급구호를 요청받은 보건의료기관이나 공공구호기관은 정당한 이유 없이 긴급구호를 거절할 수 **없다.** (있다 X)

③ **경찰관**은 제1항의 조치를 하는 경우에 구호대상자가 휴대하고 있는 무기·흉기 등 위험을 일으킬 수 있는 것으로 인정되는 물건을 **경찰관서**에 임시로 영치(領置)하여 놓을 수 있다.

④ **경찰관**은 제1항의 조치를 하였을 때에는 **지체 없이** 구호대상자의 가족, 친지 또는 그 밖의 연고자에게 그 사실을 알려야 하며, 연고자가 발견되지 아니할 때에는 구호대상자를 적당한 **공공보건의료기관이나 공공구호기관**에 즉시 인계**하여야 한다.** (할 수 있다 X)

⑤ **경찰관**은 제4항에 따라 구호대상자를 **공공보건의료기관이나 공공구호기관**에 인계하였을 때에는 **즉시** 그 사실을 소속 **경찰서장이나 해양경찰서장**에게 보고**하여야 한다.** (할 수 있다 X)

⑥ 제5항에 따라 보고를 받은 **소속 경찰서장**이나 해양경찰서장은 **대통령령**으로 정하는 바에 따라 구호대상자를 인계한 사실을 **지체 없이** 해당 **공공보건의료기관 또는 공공구호기관의 장 및 그 감독행정청**에 통보**하여야 한다.** (할 수 있다 X)

⑦ 제1항에 따라 구호대상자를 경찰관서에서 보호하는 기간은 **24시간**을 초과할 수 없고, 제3항에 따라 물건을 경찰관서에 임시로 영치하는 기간은 **10일**을 초과할 수 없다.

의 의		경찰관은 수상한 행동이나 그 밖의 주위 사정을 합리적으로 판단해 볼 때 보호조치대상자에 해당하는 것이 명백하고 응급구호가 필요하다고 믿을 만한 상당한 이유가 있는 사람을 발견하였을 때에는 보건의료기관이나 공공구호기관에 긴급구호를 요청하거나 경찰관서에 보호하는 등 적절한 조치를 **할 수 있다.**2240
보호조치 대상자 2248	강제보호조치 대상자 2246	① **정신착란**을 일으키거나 **술**에 취하여 자신 또는 다른 사람의 생명·신체·재산에 위해를 끼칠 우려가 있는 사람 2241·2242 ② **자살**을 시도하는 사람 **정술자** 2243·2244
	임의보호조치 대상자	③ **미아, 병자, 부상자** 등으로서 적당한 보호자가 없으며 응급구호가 필요하다고 인정되는 사람 → 다만, 본인이 구호를 거절하는 경우 보호할 수 없다. 2245·2247
보호조치 방법	긴급구호 요청	① 보건의료기관이나 공공구호기관에 긴급구호를 요청 ② ①에 따라 긴급구호를 요청받은 보건의료기관이나 공공구호기관은 정당한 이유 없이 긴급구호를 거절할 수 **없다.** (있다 X) 2249
	경찰관서에서 일시 보호	일시보호조치는 **24시간**을 초과할 수 없음 2255
긴급구호 요청 거부 시 처벌		긴급구호요청을 받은 기관은 정당한 이유 없이 이를 거절한 경우, ①「경찰관직무집행법」상 **처벌규정은 없다.** 2238 ②「응급의료에 관한 법률」제60조 제3항에 의거 **3년 이하의 징역** 또는 **3천만원 이하의 벌금** 2239
임시영치		물건을 **경찰관서**(공공보건의료기관이나 공공구호기관X)에 임시로 영치하는 기간은 **10일**을 초과할 수 없다. → 대물적 즉시강제 2250·2256·2257
보호조치	보호장소	보건의료기관, 공공구호기관, 경찰관서
	연고자 등에 통지	긴급구호 요청 또는 보호조치하였을 때에는 지체없이 피구호자의 가족·친지·그 밖의 연고자에게 그 사실을 알려야 하며, 연고자가 발견되지 아니한 때에는 구호대상자를 **공중보건의료기관이나 공공구호기관**에 즉시 **인계하여야 한다.** (할 수 있다 X) 2251·2252·2253 → 경찰관서 X
보고		① 경찰관은 구호대상자를 공공보건의료기관이나 공공구호기관에 인계하였을 때에는 즉시 그 사실을 소속 경찰서장이나 해양경찰서장에게 보고하여야 한다. ② 보고를 받은 소속 경찰서장이나 해양경찰서장은 대통령령으로 정하는 바에 따라 구호대상자를 인계한 사실을 **지체 없이** 해당 **공공보건의료기관 또는 공공구호기관의 장** 및 그 감독 행정청에 통보하여야 한다. 2254

> **판례** **보호조치**

1. 보호조치를 필요로 하는 피구호자에 해당하는지는 구체적인 상황을 고려하여 **경찰관 평균인을 기준**으로 판단하되, 그 판단은 보호조치의 취지와 목적에 비추어 현저하게 불합리하여서는 아니 되며, 피구호자의 가족 등에게 **피구호자를 인계할 수 있다면** 특별한 사정이 없는 한 경찰관서에서 피구호자를 보호하는 것은 허용되지 않는다(대판 2012도11162).[2260]

2. 경찰관직무집행법 제4조 제1항 제1호에서 규정하는 술에 취한 상태로 인하여 자기 또는 타인의 생명·신체와 재산에 위해를 미칠 우려가 있는 피구호자에 대한 **보호조치는 경찰 행정상 즉시강제에 해당**하므로, 그 조치가 불가피한 최소한도 내에서만 행사되도록 발동·행사 요건을 신중하고 엄격하게 해석하여야 한다. 따라서 '**술에 취한 상태**'란 피구호자가 술에 만취하여 **정상적인 판단능력이나 의사능력을 상실할 정도**에 이른 것을 말한다(대판 93도958).[2258·2259]

3. 「경찰관 직무집행법」상 정신착란자, 주취자, 자살기도자 등 응급의 구호를 요하는 자를 24시간을 초과하지 아니하는 범위내에서 경찰서에 **보호조치할 수 있는** 시설로 제한적으로 운영되는 경우를 제외하고는 구속영장을 발부받음이 없이 피의자를 보호실에 유치함은 영장주의에 위배되는 위법한 구금으로서 **적법한 공무수행이라고 볼 수 없다**(대판 93도958).[2261]

4. 주취 상태에서의 운전은 「도로교통법」에 의하여 금지되어 있는 범죄행위임이 명백하고 그로 인하여 자기 또는 타인의 생명이나 신체에 위해를 미칠 위험이 큰 점을 감안하면, **주취운전을 적발한 경찰관이 주취운전의 계속을 막기 위하여 취할 수 있는 조치로는**, 단순히 주취운전의 계속을 금지하는 명령 이외에 다른 사람으로 하여금 대신하여 운전하게 하거나 당해 주취운전자가 **임의로 제출한 차량열쇠를 일시 보관하면서 가족에게 연락하여 주취운전자와 자동차를 인수하게 하거나** 또는 주취 상태에서 벗어난 후 다시 운전하게 하며 그 주취 정도가 심한 경우에 경찰서에 일시 보호하는 것 등의 조치를 할 수 있다(대판 97다54482).[2262]

5. [1] 긴급구호권한과 같은 경찰관의 조치권한은 일반적으로 **경찰관의 전문적 판단에 기한 합리적인 재량에 위임**되어 있는 것이나, 불행사가 현저하게 불합리하다고 인정되는 경우, 불행사는 법령에 위반하는 행위에 해당하게 되어 국가배상법상의 다른 요건이 충족되는 한, 국가는 그로 인하여 피해를 입은 자에 대하여 **국가배상책임**을 부담한다.[2237]

    [2] [1]과 관련하여 정신질환자에 의한 집주인 살인범행에 앞서 그 구체적 위험이 객관적으로 존재하고 있었다고 보기 어려운 경우, 경찰관이 그때그때의 상황에 따라 그 정신질환자를 훈방하거나 일시 정신병원에 입원시키는 등 경찰관직무집행법의 규정에 의한 긴급구호조치를 취한 이상, **긴급구호권 불행사를 이유로 제기한 국가배상청구는 인정되지 않는다**(95다45927 판결).

6. 경찰관이 응급의 구호를 요하는 자를 보건의료기관에게 긴급구호요청을 하고, 보건의료기관이 이에 따라 치료행위를 하였다고 하더라도 국가와 보건의료기관 사이에 국가가 치료행위를 보건의료기관에 위탁하고 보건의료기관이 이를 승낙하는 내용의 **치료위임계약이 체결된 것으로는 볼 수 없다**(대판 1994.2.22. 93다4472).[2263]

THEME 04 위험발생의 방지(§5) (대인적·대물적·대가택적 즉시강제)

조문학습 경찰관 직무집행법 제5조(위험 발생의 방지 등)

① **경찰관**은 사람의 생명 또는 신체에 위해를 끼치거나 재산에 중대한 손해를 끼칠 우려가 있는 **천재(天災), 사변(事變)**, 인공구조물의 파손이나 붕괴, 교통사고, 위험물의 폭발, 위험한 동물 등의 출현, 극도의 혼잡, 그 밖의 위험한 사태가 있을 때에는 다음 각 호의 조치를 **할 수 있다.** (하여야 한다 X)
  1. 그 장소에 모인 사람, 사물(事物)의 관리자, 그 밖의 관계인에게 필요한 **경고**를 하는 것
  2. **긴급한** 경우에는 위해를 입을 우려가 있는 사람을 필요한 한도에서 **이동을 제한하거나 대피시키는 것** (매우 긴급 X)
  3. 위험한 상황의 **원인을 제공한 사람**을 그 장소에서 **퇴거**시키거나 그 장소에의 **접근을 금지**시키는 것
  4. 그 장소에 있는 사람, 사물의 관리자, 그 밖의 관계인에게 위해를 방지하기 위하여 필요하다고 인정되는 조치를 하게 하거나 직접 그 조치를 하는 것

② **경찰관서의 장**은 대간첩 작전의 수행이나 소요(騷擾) 사태의 진압을 위하여 필요하다고 인정되는 상당한 이유가 있을 때에는 대간첩 작전지역이나 경찰관서·무기고 등 **국가중요시설**에 대한 접근 또는 통행을 제한하거나 금지할 **수 있다.** (하여야 한다 X)

③ **경찰관**은 제1항의 조치를 하였을 때에는 **지체 없이** 그 사실을 소속 **경찰관서의 장**에게 보고하여야 한다.

④ 제2항의 조치를 하거나 제3항의 보고를 받은 **경찰관서의 장**은 관계 기관의 협조를 구하는 등 적절한 조치를 **하여야 한다.** (할 수 있다 X)

요건		경찰관은 사람의 생명 또는 신체에 위해를 끼치거나 재산에 중대한 손해를 끼칠 우려가 있는 **천재(天災), 사변(事變), 인공구조물의 파손이나 붕괴, 교통사고, 위험물의 폭발, 위험한 동물 등의 출현, 극도의 혼잡, 그 밖의 위험한 사태가 있을 때**에는 경고 등 조치를 할 수 있으며, 이러한 조치를 하였을 때에는 지체 없이 그 사실을 소속 **경찰관서의 장**에게 보고하여야 한다.₂₂₆₆
조치 수단 ₂₂₆₅·₂₂₆₇	경고	경찰관이 위험상태의 발생 장소에 모인 사람, 사물의 관리자와 그 밖의 관계인에게 필요한 **경고**를 발하는 것을 말한다.₂₂₆₈
	이동제한·대피	**긴급한**(매우 긴급 X) **경우에는** 위해를 입을 우려가 있는 사람을 필요한 한도에서 이동을 제한하거나 대피시키는 것을 말한다.
	퇴거·접근금지	위험한 상황의 **원인을 제공한 사람**을 그 장소에서 **퇴거**시키거나 그 장소에의 **접근을 금지**시키는 것을 말한다.
	직접조치 (위해방지조치)	위험상태의 발생 장소에 있는 사람, 사물의 관리자, 그 밖의 관계인에게 위해를 방지하기 위하여 필요하다고 인정되는 **조치를 하게 하거나, 직접 그 조치를 하는 것**을 말한다.
보고		경찰관은 위험발생의 방지 등의 조치를 하였을 때에는 지체 없이 그 사실을 소속 경찰관서의 장에게 보고하여야 한다.₂₂₇₀
관련 판례		1. 행정청이 행정대집행의 방법으로 건물철거의무의 이행을 실현할 수 있는 경우에는 건물철거 대집행 과정에서 부수적으로 건물의 점유자들에 대한 퇴거 조치를 할 수 있고, 점유자들이 적법한 행정대집행을 위력을 행사하여 방해하는 경우 형법상 공무집행방해죄가 성립하므로, 필요한 경우에는 '**경찰관 직무집행법**'에 근거한 위험발생 방지조치 또는 형법상 공무집행방해죄의 범행방지 내지 현행범체포의 차원에서 경찰의 도움을 받을 수도 있다(대판 2016다213916). 2. 공무집행방해죄는 공무원의 적법한 공무집행이 전제되어야 하고, 공무집행이 적법하기 위해서는 그 행위가 공무원의 **추상적 직무 권한에 속할 뿐만 아니라 구체적으로 그 권한 내에 있어야 하며,** 직무행위로서 중요한 방식을 갖추어야 한다. 추상적인 권한은 반드시 법령에 명시되어 있을 필요는 없다. 추상적인 권한에 속하는 공무원의 어떠한 공무집행이 적법한지는 행위 당시의 구체적 상황에 기초를 두고 객관적·합리적으로 판단해야 하고, 사후적으로 순수한 객관적 기준에서 판단할 것은 아니다(대판 2021도13883).₂₂₇₁ 3. 경찰관 직무집행법 제5조는 경찰관은 인명 또는 신체에 위해를 미치거나 재산에 중대한 손해를 끼칠 우려가 있는 위험한 사태가 있을 때에는 그 각 호의 조치를 취할 수 있다고 규정하여 형식상 경찰관에게 재량에 의한 직무수행권한을 부여한 것처럼 되어 있으나, 경찰관에게 그러한 권한을 부여한 취지와 목적에 비추어 볼 때 구체적인 사정에 따라 **경찰관이 그 권한을 행사하여 필요한 조치를 취하지 아니하는 것이 현저하게 불합리하다고 인정되는 경우**에는 그러한 권한의 불행사는 직무상의 의무를 위반한 것이 되어 **위법하게 된다**(대판 98다16890).₂₂₇₂

범죄의 예방과 제지(§6)

> **조문학습** 경찰관 직무집행법 제6조(범죄의 예방과 제지)
>
> **경찰관**이 범죄행위가 목전에 행하여지려고 하는 것을 인정하였을 때에 이를 예방하기 위해 **관계인**에게 필요한 **경고**를 하고 또 그 행위로 인하여 사람의 생명·신체에 위해를 끼치거나 **재산**에 중대한 손해를 끼칠 우려가 있는 **긴급한 경우**에는 그 행위를 **제지할 수 있다**.2273

판례 범죄의 예방과 제지

1. 경찰관의 경고나 제지는 범죄의 예방을 위하여 범죄행위에 관한 실행의 착수 전에 행하여질 수 있을 뿐만 아니라, 이후 범죄행위가 계속되는 중에 그 진압을 위하여도 당연히 **행하여질 수 있다고 보아야 한다**(대판 2013도643).2274

2. **경찰관의 제지에 관한 부분은** 범죄 예방을 위한 경찰 행정상 즉시강제, 즉 눈앞의 급박한 경찰상 장해를 제거할 필요가 있고 의무를 명할 시간적 여유가 없거나 의무를 명하는 방법으로는 그 목적을 달성하기 어려운 상황에서 의무불이행을 전제로 하지 않고 **경찰이 직접 실력을 행사하여 경찰상 필요한 상태를 실현하는 권력적 사실행위에 관한 근거조항이다**(대판 2016도19417).2282-1
   └→ 비권력적 X

3. 경찰관 직무집행법 제6조에 따른 경찰관의 제지 조치가 적법한 직무집행으로 평가되기 위해서는, 형사처벌의 대상이 되는 행위가 눈앞에서 막 이루어지려고 하는 것이 **객관적**으로 인정될 수 있는 상황이고,
   └→ 주관적 X
   그 행위를 당장 제지하지 않으면 곧 인명·신체에 위해를 미치거나 재산에 중대한 손해를 끼칠 우려가 있는 상황이어서, **직접 제지하는 방법 외에는 위와 같은 결과를 막을 수 없는 절박한 사태이어야 한다**. 다만 경찰관의 제지 조치가 적법한지는 **제지 조치 당시의 구체적 상황을 기초로 판단하여야 하고 사후적으로 순수한 객관적 기준에서 판단할 것은 아니다**(대판 2016도19417).2282-3

4. 주거지에서 음악 소리를 크게 내거나 큰 소리로 떠들어 이웃을 시끄럽게 하는 행위는 경범죄처벌법 제3조 제1항 제21호에서 경범죄로 정한 '인근소란 등'에 해당한다. 경찰관은 경찰관 직무집행법에 따라 **경범죄에 해당하는 행위를 예방·진압·수사하고, 필요한 경우 제지할 수 있다**(대판 2016도19417).2282-2
   └→ 경찰관의 직무상 권한이자 의무

5. 특정 지역에서의 불법집회에 참가하려는 것을 막기 위하여 **시간적·장소적으로 근접하지 않은 다른 지역에서 집회예정장소로 이동하는 것을 제지하는 것은** 제6조의 행정상 즉시강제인 **경찰관의 제지의 범위를 명백히 넘어 허용될 수 없다**(대판 2007도9794).2275·2276

6. 전투경찰대원들은 **'고착관리'**라는 명목으로 위 공소외 1 등 6명의 조합원을 방패로 에워싸 이동하지 못하게 하였다. 위 조합원들이 어떠한 범죄행위를 목전에서 저지르려고 하거나 이들의 행위로 인하여 인명·신체에 위해를 미치거나 재산에 중대한 손해를 끼칠 우려 등 **긴급한 사정이 있는 경우가 아닌데도** 방패를 든 전투경찰대원들이 위 조합원들을 둘러싸고 이동하지 못하게 가둔 행위는 **구 경찰관 직무집행법 제6조 제1항에 근거한 제지 조치라고 볼 수 없고, 이는 형사소송법상 체포에 해당한다**(대판 2013도2168).2281

주의 긴급한 사정이 있는 경우라면 제지에 해당

7. 경찰 병력이 행정대집행 직후 "A자동차 희생자 추모와 해고자 복직을 위한 범국민대책위원회"(이하 'A차 대책위'라 함)가 또다시 같은 장소를 점거하고 물건을 다시 비치하는 것을 막기 위해 당해 사건 장소를 미리 둘러싼 뒤 'A차 대책위'가 같은 장소에서 기자회견 명목의 집회를 개최하려는 것을 불허하면서 소극적으로 제지한 것은 범죄행위 예방을 위한 **경찰 행정상 즉시강제로서 적법한 공무집행에 해당한다**(대판 2018도2993).[2278]

8. 행정상 즉시강제는 그 본질상 행정 목적 달성을 위하여 불가피한 한도 내에서 예외적으로 허용되는 것이므로, 위 조항에 의한 경찰관의 제지 조치 역시 그러한 **조치가 불가피한 최소한도 내에서만 행사되도록 그 발동·행사 요건을 신중하고 엄격하게 해석하여야 한다**. 그러한 해석·적용의 범위 내에서만 우리 헌법상 신체의 자유 등 기본권 보장 조항과 그 정신 및 해석 원칙에 합치될 수 있다(대판 2007도9794).[2279]

9. 경찰관은 형사처벌의 대상이 되는 행위가 눈앞에서 막 이루어지려고 하는 것이 객관적으로 인정될 수 있는 상황이고 그 행위를 당장 제지하지 않으면 곧 인명·신체에 위해를 미치거나 재산에 중대한 손해를 끼칠 우려가 있는 상황이어서, 직접 제지하는 방법 외에는 위와 같은 결과를 막을 수 없는 **급박한 상태일 때에만** 경찰관 직무집행법 제6조에 의하여 적법하게 그 행위를 제지할 수 있고, 그 범위 내에서만 경찰관의 제지 조치가 **적법**하다고 평가될 수 있다(대판 2018다288631).[2280]

THEME 06 위험방지를 위한 출입(§7)

조문학습 경찰관 직무집행법 제7조(위험 방지를 위한 출입)

① 경찰관은 제5조 제1항·제2항 및 제6조에 따른 위험한 사태가 발생하여 사람의 생명·신체 또는 재산에 대한 위해가 **임박한 때**에 그 위해를 방지하거나 피해자를 구조하기 위하여 부득이하다고 인정하면 합리적으로 판단하여 필요한 한도에서 다른 사람의 **토지·건물·배 또는 차**에 출입할 수 있다.
② 흥행장(興行場), 여관, 음식점, 역, 그 밖에 많은 사람이 출입하는 장소의 관리자나 그에 준하는 관계인은 경찰관이 범죄나 사람의 생명·신체·재산에 대한 위해를 예방하기 위하여 해당 장소의 영업시간이나 **해당 장소가 일반인에게 공개된 시간**에 그 장소에 출입하겠다고 요구하면 정당한 이유 없이 그 요구를 거절할 수 **없다.** (있다 X)
③ **경찰관**은 대간첩 작전 수행에 필요할 때에는 작전지역에서 제2항에 따른 장소를 **검색**할 수 있다.
④ **경찰관**은 제1항부터 제3항까지의 규정에 따라 필요한 장소에 출입할 때에는 그 신분을 표시하는 증표를 **제시하여야 하며**(제시할 의무는 없으며 X), 함부로 관계인이 하는 정당한 업무를 방해해서는 아니 된다.

법적 성질	위험한 사태와 관련된 '위험방지를 위한 출입'은 **대가택적 즉시강제**이다. 따라서 행정조사상 출입과 달리 즉시강제이므로 상대방의 의사를 불문하고 출입할 수 있다. → 행정조사의 성격 X
내용	① 경찰관은 제5조 제1항·제2항 및 제6조에 따른 위험한 사태가 발생하여 사람의 **생명·신체** 또는 **재산**에 대한 위해가 임박한 때에 그 위해를 방지하거나 피해자를 구조하기 위하여 부득이하다고 인정하면 합리적으로 판단하여 필요한 한도에서 **다른 사람의 토지·건물·배 또는 차**에 출입할 수 있다. → 긴급출입 ② 흥행장, 여관, 음식점, 역, 그 밖에 많은 사람이 출입하는 장소의 관리자나 그에 준하는 관계인은 경찰관이 범죄나 사람의 생명·신체·재산에 대한 위해를 예방하기 위하여 해당 장소의 영업시간이나 해당 장소가 일반인에게 **공개된 시간**에 그 장소에 출입하겠다고 요구하면 정당한 이유 없이 그 요구를 **거절할 수 없다.** → 예방출입 ③ 경찰관은 대간첩 작전 수행에 필요할 때에는 작전지역에서 제2항에 따른 장소를 검색할 수 있다. → 긴급검색 ④ 경찰관은 ①부터 ③까지의 규정에 따라 필요한 장소에 출입할 때에는 그 신분을 표시하는 증표를 **제시하여야 하며** 함부로 관계인이 하는 정당한 업무를 방해해서는 아니 된다. → 제시할 필요 없다 X
사례	① 경찰관은 여관에 불이 나서 객실에 쓰러져 있는 사람이 있으면, 주인이 허락하지 않더라도 출입할 수 있다. → '위험방지를 위한 출입'은 대가택적 즉시강제이다. 따라서 행정조사상 출입과 달리 즉시강제이므로 **상대방의 의사를 불문하고 출입할 수 있음** ② 새벽 3시에 영업이 끝난 식당에 주인만 머무르는 경우라도, 경찰관은 범죄의 예방을 위해 출입을 요구할 수 없다. → 경찰관은 음식점에 영업시간 또는 공개된 시간 내에 위해 방지 목적으로 출입을 요구할 수 있고, 상대방은 정당한 이유가 없으면 이를 **거절할 수 없다.** 그러나 지문처럼 '영업이 끝난 식당에서 주인만 머무르는 경우'는 영업시간 또는 공개된 시간이 아니므로 경찰관은 범죄의 예방을 위해 **출입을 요구할 수 없음** ③ 무장공비가 도심에 출현하여 이들을 검거하기 위해 작전을 수행할 경우에 경찰관은 건물주의 허락이 없더라도 해당 작전 구역 안에 있는 영화관을 검색할 수 있다. → 경찰관은 대간첩 작전 수행에 필요할 때에는 작전지역에서 제2항에 따른 **장소를 검색할 수 있음** ④ 경찰관은 위험방지를 위해 영업중인 여관·음식점 등에 출입할 때에는 그 신분을 표시하는 **증표를 제시하여야 하며**, 함부로 관계인이 하는 정당한 업무를 방해해서는 아니 된다.

THEME 07 직무수행상의 사실확인 및 출석요구(§8)

> **조문학습** 경찰관 직무집행법 제8조(사실의 확인 등)
>
> ① **경찰관서의 장**은 직무 수행에 필요하다고 인정되는 상당한 이유가 있을 때에는 국가기관이나 공사(公私) 단체 등에 직무 수행에 관련된 사실을 조회**할 수 있다.** (하여야 한다 X) 다만, 긴급한 경우에는 소속 **경찰관**으로 하여금 현장에 나가 해당 기관 또는 단체의 장의 협조를 받아 그 사실을 확인하게 **할 수 있다.** (하여야 한다 X)
>
> ② **경찰관**은 다음 각 호의 직무를 수행하기 위하여 필요하면 관계인에게 출석하여야 하는 사유·일시 및 장소를 명확히 적은 출석 요구서를 보내 경찰관서에 출석할 것을 요구**할 수 있다.** (하여야 한다 X)
> 1. **미아**를 인수할 보호자 확인
> 2. **유실물**을 인수할 권리자 확인
> 3. **사고**로 인한 사상자(死傷者) 확인
> 4. **행정처분**을 위한 교통사고 조사에 필요한 사실 확인

사실의 조회 (경찰관서의 장)	**경찰관서의 장**은 직무 수행에 필요하다고 인정되는 상당한 이유가 있을 때에는 국가기관이나 공사 단체 등에 직무 수행에 관련된 **사실을 조회할 수 있다**. 다만, 긴급한 경우에는 소속 경찰관으로 하여금 현장에 나가 해당 기관 또는 단체의 장의 협조를 받아 그 사실을 확인하게 할 수 있다.2288 ↳경찰관 X　↳하여야 한다 X
출석요구 사유 (경찰관) 2289	- **미**아를 인수할 보호자 확인 - **유**실물을 인수할 권리자 확인 - **사**고로 인한 사상자 확인 - **행정처분**을 위한 교통사고 조사에 필요한 사실 확인　**유미야 행사가자** 　↳형사처분 X → 출석요구는 임의적인 것이므로 상대방의 동의를 구해야 함 2290

THEME 08 정보의 수집 등(§8의2)

> **조문학습** 경찰관 직무집행법 제8조의2(정보의 수집 등)
> ① 경찰관(경찰관서의 장X)은 범죄·재난·공공갈등 등 **공공안녕**(공공질서X)에 대한 위험의 예방과 대응을 위한 정보의 수집·작성·배포와 이에 수반되는 **사실의 확인**(사실조회X)을 할 수 있다.
> ② ①에 따른 정보의 구체적인 범위와 처리 기준, 정보의 수집·작성·배포에 수반되는 사실의 확인 절차와 한계는 **대통령령**(경찰관의 정보수집 및 처리 등에 관한 규정)으로 정한다.

1 경찰관의 정보수집 및 처리 등에 관한 규정(대통령령)

기본원칙 (§2)	① 공공안녕에 대한 위험의 예방과 대응을 위한 정보의 수집·작성·배포와 이에 수반되는 사실의 확인을 위해 경찰관이 수행하는 활동(이하 "정보활동"이라 한다)은 **국민의 자유와 권리를 보호**하는 것을 목적으로 해야 하며, 필요 최소한의 범위에 그쳐야 한다. (→국가의 존립과 기능을 보호X) ② 경찰관은 정보활동과 관련하여 다음 행위를 해서는 안 된다. 　1. **정치에 관여하기 위해 정보를 수집·작성·배포하는 행위** 　2. 법령의 직무 범위를 벗어나 개인의 동향 등을 파악하기 위해 사생활에 관한 정보를 수집·작성·배포하는 행위 　3. 상대방의 명시적 의사에 반해 자료 제출이나 의견 표명을 강요하는 행위 　4. **부당한** 민원이나 청탁을 직무 관련자에게 전달하는 행위 (→정당한X) 　5. 직무상 알게 된 정보를 누설하거나 개인의 이익을 위해 사용하는 행위 　6. 직무와 무관한 **비공식적** 직함을 사용하는 행위 (→공식적X)
수집 등 대상 정보의 구체적인 범위 (§3)	경찰관이 「경찰관 직무집행법」 제8조의2 제1항에 따라 수집·작성·배포할 수 있는 정보의 구체적인 범위는 다음과 같다. 　1. **범죄의 예방과 대응**에 필요한 정보 → 범죄수사에 필요한 정보X 　2. 「형의 집행 및 수용자의 처우에 관한 법률」 또는 「보호관찰 등에 관한 법률」에 따라 통보되는 정보의 대상자인 수형자·가석방자의 재범방지 및 피해자의 보호에 필요한 정보 　3. **국가중요시설의 안전 및 주요 인사의 보호에 필요한 정보** 　4. 방첩·대테러활동 등 국가안전을 위한 활동에 필요한 정보 　5. 재난·안전사고 등으로부터 국민안전을 확보하기 위한 정보 　6. 집회·시위 등으로 인한 공공갈등과 다중운집에 따른 질서 및 안전 유지에 필요한 정보 　7. 국민의 생명·신체·재산의 보호와 공공안녕에 대한 위험의 예방과 대응을 위한 정책에 관한 정보(해당 정책의 입안·집행·평가를 위해 객관적이고 필요한 사항에 관한 정보로 한정하며, 이와 직접적·구체적으로 관련이 없는 사생활·신조 등에 관한 정보는 제외한다)

수집 등 대상 정보의 구체적인 범위 (§3)	8. 도로 교통의 위해 방지·제거 및 원활한 소통 확보를 위한 정보 9. 「보안업무규정」에 따라 경찰청장이 위탁받은 신원조사 또는 「공공기관의 정보공개에 관한 법률」에 따른 공공기관의 장이 법령에 근거하여 요청한 사실의 확인을 위한 정보 10. 그 밖에 제1호부터 제9호까지에서 규정한 사항에 준하는 정보

정보의 수집 및 사실의 확인 절차 (§4)	① 경찰관은 법 제8조의2 제1항에 따라 정보를 수집하거나 정보의 수집·작성·배포에 수반되는 사실을 확인하려는 경우에는 상대방에게 자신의 신분을 밝히고 정보 수집 또는 사실 확인의 목적을 설명해야 한다. 이 경우 **강제적인 방법을 사용해서는 안 된다.**
	② ①의 전단에도 불구하고 다음 어느 하나에 해당하는 경우에는 같은 항 전단에서 규정한 절차를 **생략할 수 있다.**
	  1. 국민의 생명·신체의 안전이나 국가안보에 긴박한 위험이 발생할 우려가 있는 경우
	  2. 범죄의 대응을 위한 정보활동에 현저한 지장을 초래할 우려가 있는 경우
	③ 경찰관은 정보를 제공하거나 사실을 확인해 준 자가 신분이나 처우와 관련하여 불이익을 받지 않도록 비밀유지 등 필요한 조치를 해야 한다. 2294-1

정보수집등을 위한 출입의 한계 (§5)	경찰관은 다음 각 호의 장소에 상시적으로 출입해서는 안 되며, 정보활동을 위해 **필요한 경우에 한정하여 일시적으로만 출입**해야 한다. 2296 1. 언론·교육·종교·시민사회 단체 등 민간단체(자치단체X) 2. 민간기업(공기업X) 3. 정당의 사무소
정보의 작성 (§6)	경찰관은 수집한 정보를 작성할 때 객관적 사실에 기초해 중립적으로 작성해야 하며, 정치에 관여하는 등 특정한 목적을 가지고 그 내용을 왜곡해서는 안 된다.
수집·작성한 정보의 처리 (§7)	① 경찰관은 수집·작성한 정보를 그 목적 외의 용도로 사용해서는 안 된다. ② 경찰관은 공공안녕에 대한 위험의 예방과 대응을 위해 필요한 경우에는 수집·작성한 정보를 관계 기관 등에 통보할 수 있다. 2296-1 ③ 경찰관은 수집·작성한 정보가 그 목적이 달성되어 불필요하게 되었을 때에는 **지체 없이 그 정보를 폐기해야 한다.** 다만, 다른 법령에 따라 보존해야 하는 경우는 제외한다. 2297
위법한 지시의 금지 및 거부 (§8)	① 누구든지 정보활동과 관련하여 경찰관에게 이 영과 그 밖의 법령에 반하여 지시해서는 안 된다. ② 경찰관은 **명백히 위법한** 지시라고 판단되는 경우에는 그 집행을 <u>거부할 수 있다.</u> 2295 ↳ 하여야 한다 X

THEME 09 경찰장비의 사용

조문학습 경찰관 직무집행법 제10조, 제10조의2·3·4(5,6,7 생략)

제10조(경찰장비의 사용 등) ① 경찰관은 직무수행 중 경찰장비를 사용할 수 있다. 다만, 사람의 **생명이나 신체**(재산X)에 위해를 끼칠 수 있는 경찰장비(이하 이 조에서 "위해성 경찰장비"라 한다)를 사용할 때에는 **필요한 안전교육과 안전검사**를 받은 후 사용**하여야 한다.** (할 수 있다X)

② 제1항 본문에서 **"경찰장비"**란 무기, 경찰장구(警察裝具), 경찰착용기록장치, 최루제(催淚劑)와 그 발사장치, 살수차, 감식기구(鑑識機具), 해안 감시기구, 통신기기, 차량·선박·항공기 등 경찰이 직무를 수행할 때 필요한 장치와 기구를 말한다.

③ 경찰관은 경찰장비를 함부로 개조하거나 경찰장비에 임의의 장비를 부착하여 일반적인 사용법과 달리 사용함으로써 다른 사람의 생명·신체에 위해를 끼쳐서는 아니 된다.

④ **위해성 경찰장비**(모든장비X)는 필요한 최소한도에서 사용하여야 한다.

⑤ **경찰청장**은 위해성 경찰장비를 새로 도입하려는 경우에는 대통령령으로 정하는 바에 따라 **안전성 검사**를 실시하여 그 **안전성 검사**의 결과보고서를 국회 소관 상임위원회에 제출하여야 한다. 이 경우 **안전성 검사**에는 외부 전문가를 참여**시켜야 한다.** (시킬수있다X)

⑥ 위해성 경찰장비의 종류 및 그 사용기준, 안전교육·안전검사의 기준 등은 **대통령령**으로 정한다.

제10조의2(경찰장구의 사용) ① 경찰관은 다음 각 호의 직무를 수행하기 위하여 필요하다고 인정되는 **상당한 이유**가 있을 때에는 그 사태를 합리적으로 판단하여 필요한 한도에서 경찰장구를 사용할 수 **있다.** (없다X)

1. **현행범**이나 사형·무기 또는 **장기 3년 이상**의 징역이나 금고에 해당하는 죄를 범한 범인의 체포 또는 도주 방지
2. 자신이나 다른 사람의 **생명·신체**의 방어 및 보호
3. 공무집행에 대한 항거(抗拒) 제지

② 제1항에서 **"경찰장구"**란 경찰관이 휴대하여 범인 검거와 범죄 진압 등의 직무 수행에 사용하는 **수갑, 포승(捕繩), 경찰봉, 방패 등**을 말한다.

제10조의3(분사기 등의 사용) 경찰관은 다음 각 호의 직무를 수행하기 위하여 부득이한 경우에는 **현장 책임자**(해당 경찰관X)가 판단하여 필요한 최소한의 범위에서 분사기(「총포·도검·화약류 등의 안전관리에 관한 법률」에 따른 분사기를 말하며, 그에 사용하는 최루 등의 작용제를 포함한다. 이하 같다) 또는 최루탄을 사용**할 수 있다.**

1. 범인의 체포 또는 **범인의 도주 방지**(공무집행에 대한 항거의 제지X)
2. **불법집회·시위**로 인한 자신이나 다른 사람의 생명·신체와 재산 및 공공시설 안전에 대한 현저한 위해의 발생 억제

제10조의4(무기의 사용) ① 경찰관은 범인의 체포, **범인의 도주 방지**, 자신이나 다른 사람의 **생명·신체**의 (재산 X) 방어 및 보호, 공무집행에 대한 항거의 제지를 위하여 필요하다고 인정되는 상당한 이유가 있을 때에는 그 사태를 합리적으로 판단하여 필요한 한도에서 무기를 사용할 수 있다. 다만, 다음 각 호의 어느 하나에 해당할 때를 제외하고는 사람에게 위해를 끼쳐서는 아니 된다.
1. 「형법」에 규정된 **정당방위**와 **긴급피난**에 해당할 때
   (정당행위 X) (자구행위 X)
2. 다음 각 목의 어느 하나에 해당하는 때에 그 행위를 방지하거나 그 행위자를 체포하기 위하여 무기를 사용하지 아니하고는 다른 수단이 없다고 인정되는 상당한 이유가 있을 때
   가. 사형·무기 또는 **장기 3년 이상**의 징역이나 금고에 해당하는 죄를 범하거나 범하였다고 의심할 만한 충분한 이유가 있는 사람이 경찰관의 직무집행에 항거하거나 도주하려고 할 때
   나. 체포·구속영장과 압수·수색영장을 집행하는 과정에서 경찰관의 직무집행에 항거하거나 도주하려고 할 때
   다. 제3자가 가목 또는 나목에 해당하는 사람을 도주시키려고 경찰관에게 항거할 때
   라. 범인이나 소요를 일으킨 사람이 무기·흉기 등 위험한 물건을 지니고 경찰관으로부터 **3회 이상** 물건을 버리라는 명령이나 항복하라는 명령을 받고도 따르지 아니하면서 계속 항거할 때
3. 대간첩 작전 수행 과정에서 무장간첩이 항복하라는 경찰관의 명령을 받고도 따르지 아니할 때
② 제1항에서 **"무기"**란 사람의 생명이나 신체에 위해를 끼칠 수 있도록 제작된 **권총·소총·도검** 등을 말한다.
③ 대간첩·대테러 작전 등 국가안전에 관련되는 작전을 수행할 때에는 개인화기(個人火器) 외에 공용화기(共用火器)를 사용할 수 **있다.** (없다 X)

1 「경찰관 직무집행법」상 경찰장비(§10)

의의	**경찰장비란** 무기, 경찰장구, 경찰착용기록장치, 최루제와 그 발사장치, 살수차, 감식기구, 해안 감시기구, 통신기기, 차량·선박·항공기 등 경찰이 직무를 수행할 때 필요한 장치와 기구를 말한다.
사용	① 경찰관은 직무수행 중 경찰장비를 사용**할 수 있다.** 다만, 사람의 **생명이나 신체**(재산X)에 위해를 끼칠 수 있는 경찰장비를 사용할 때에는 필요한 안전교육과 안전검사를 받은 후 사용**하여야 한다.** ③ 경찰관은 경찰장비를 함부로 개조하거나 경찰장비에 임의의 장비를 부착하여 일반적인 사용법과 달리 사용함으로써 다른 사람의 생명·신체에 위해를 끼쳐서는 아니 된다. ④ **위해성 경찰장비**는 필요한 최소한도에서 사용하여야 한다. (모든장비X) ⑥ 위해성 경찰장비의 종류 및 그 사용기준, 안전교육·안전검사의 기준 등은 **대통령령(위해성 경찰장비의 사용기준 등에 관한 규정)**으로 정한다. **판례** [1] 위해성 경찰장비인 살수차와 물포는 필요한 최소한의 범위에서만 사용되어야 하고, 특히 인명 또는 신체에 위해를 가할 가능성이 더욱 커지는 직사살수는 타인의 법익이나 공공의 안녕질서에 **직접적이고 명백한 위험이 현존하는 경우**에 한해서만 사용이 가능하다고 보아야 한다. (단순히 위험이 존재하는 경우X) [2] 경찰관이 직사살수의 방법으로 집회나 시위 참가자들을 해산시키려면, 먼저 **집회 및 시위에 관한 법률 정한 해산 사유를 구체적으로 고지하는 적법한 절차**에 따른 해산명령을 시행한 후에 직사살수의 방법을 사용할 수 있다고 보아야 한다(대판 2015다236196). **판례** 경찰관이 농성 진압의 과정에서 경찰장비를 **위법**하게 사용함으로써 그 직무수행이 적법한 범위를 벗어난 것으로 볼 수밖에 없다면, 상대방이 그로 인한 생명·신체에 대한 위해를 면하기 위하여 직접적으로 대항하는 과정에서 경찰장비를 손상시켰더라도 이는 위법한 공무집행으로 인한 신체에 대한 현재의 부당한 침해에서 벗어나기 위한 행위로서 **정당방위에 해당**한다(대판 2016다26662).
안전성 검사	**경찰청장**은 위해성 경찰장비를 새로 도입하려는 경우 **안전성 검사**를 실시하여 그 **안전성 검사**의 결과보고서를 **국회 소관 상임위원회**에 제출하여야 한다. 이 경우 **안전성 검사**에는 외부 전문가를 참여시켜야 한다. (국가경찰위원회X)

2 「위해성 경찰장비의 사용기준 등에 관한 규정」상 경찰장비(대통령령)

위해성 경찰장비 종류 (§2)	경찰장구	**수**갑·**포**승·**호**송용포승·**경찰봉**·**호**신용경봉·**전**자충격기·**방**패 및 **전**자방패 **방전(된)경호포수**2305
	무기	권총·소총·기관총(기관단총포함)·산탄총·유탄발사기·박격포·3인치포·함포·크레모아·수류탄·폭약류 및 도검 2306·2307
	분사기·최루탄등	근접분사기·가스분사기·**가스발사총**(고무탄 발사겸용 포함) 및 최루탄(그 발사장치 포함)2308
	기타장비	가**스**차·살**수**차·특**수**진압차·**물**포·**석**궁·다목적**발**사기 및 도주차량**차단**장비 **석수물스발차단**2309
안전교육 (§17)	직무수행 중 위해성 경찰장비를 사용하는 경찰관은 위해성 경찰장비 사용을 위한 안전교육을 받아야 한다.2310 예 수갑을 사용하는 **경위 이하 소속 경찰관**은 경찰장비사용기관에서 사용요건과 사용방법에 대하여 **부서발령시 1회, 연간 1회 안전교육을 받아야 한다**[별표 1].2359	
위해성 경찰장비 안전검사(§18)	위해성 경찰장비를 사용하는 경찰관이 소속한 **국가경찰관서의 장**은 소속 경찰관이 사용할 위해성 경찰장비에 대한 안전검사를 실시**하여야 한다**.2311　　→경찰관X	
신규 도입 장비 안전성 검사 (§18의2)	① **경찰청장**은 위해성 경찰장비를 새로 도입하려는 경우에는 법 제10조 제5항에 따라 안전성 검사를 실시하여 새로 도입하려는 장비가 사람의 생명이나 신체에 미치는 영향을 평가**하여야 한다**.2312 ② ①에 따른 안전성 검사는 신규 도입 장비와 관련된 분야의 외부 전문가가 신규 도입 장비의 주요 특성이나 작동원리에 기초하여 제시하는 검사방법 및 기준에 따라 실시하되, 신규 도입 장비에 대하여 일반적으로 인정되는 합리적인 검사방법이나 기준이 있을 경우 그 검사방법이나 기준에 따라 안전성 검사를 **실시할 수 있다**. ③ 안전성 검사에 참여한 외부 전문가는 안전성 검사가 끝난 후 **30일** 이내에 신규 도입 장비의 안전성 여부에 대한 의견을 **경찰청장**에게 제출하여야 한다. ④ **경찰청장**은 신규 도입 장비에 대한 안전성 검사를 실시한 후 **3개월** 이내에 다음 각 호의 내용이 포함된 안전성 검사 결과보고서를 **국회 소관 상임위원회**에 제출하여야 한다.2313 　1. 신규 도입 장비의 주요 특성 및 기본적인 작동 원리 　2. 안전성 검사의 방법 및 기준 　3. 안전성 검사에 참여한 외부 전문가의 의견 　4. 안전성 검사 결과 및 종합 의견 　외부전문가 —30일→ 경찰청장 —3개월→ 국회 소관 상임위원회	
위해성 경찰 장비의 개조 등 (§19)	국가경찰관서의 장(경찰청장·해양경찰청장·시·도경찰청장·지방해양경찰청장·경찰서장 또는 해양경찰서장 기타 **경무관·총경·경정 또는 경감**을 장으로 하는 국가경찰관서의 장을 말한다)은 폐기대상인 위해성 경찰장비 또는 성능이 저하된 위해성 경찰장비를 **개조할 수 있으며**, 소속경찰관으로 하여금 이를 본래의 용법에 준하여 사용하게 할 수 있다.2314	
부상자에 대한 긴급조치(§21)	경찰관이 위해성 경찰장비를 사용하여 부상자가 발생한 경우에는 즉시 구호, 그 밖에 필요한 긴급조치를 **하여야 한다**.	

THEME 10 경찰장구의 사용

1 「경찰관 직무집행법」상 경찰장구의 사용(§10의2)

종류	"**경찰장구**"란 경찰관이 휴대하여 범인 검거와 범죄 진압 등의 직무 수행에 사용하는 **수갑, 포승, 경찰봉, 방패**(도경X) 등을 말한다.
요건	경찰관은 다음 각 호의 직무를 수행하기 위하여 필요하다고 인정되는 상당한 이유가 있을 때에는 그 사태를 합리적으로 판단하여 필요한 한도에서 경찰장구를 사용할 수 **있다**. 1. **현행범**이나 사형·무기 또는 장기 **3년 이상**의 징역이나 금고에 해당하는 죄를 범한 범인의 체포 또는 도주 방지 2. **자**신이나 다른 사람의 **생명·신체**(재산X)의 방어 및 보호 3. **공**무집행에 대한 항거의 제지 **공자는 현행범**

2 「위해성 경찰장비의 사용기준 등에 관한 규정」상 경찰장구의 사용

수갑등 사용기준 (§4,5)	① 경찰관(경찰공무원으로 한정)은 체포·구속영장을 집행하거나 신체의 자유를 제한하는 판결 또는 처분을 받은 자를 법률이 정한 절차에 따라 호송하거나 수용하기 위하여 필요한 때에는 **최소한의 범위안에서 수갑·포승 또는 호송용포승을 사용할 수 있다**. ② 경찰관은 **범인·술**에 취한 사람 또는 정신착란자의 자살 또는 자해기도를 방지하기 위하여 필요한 때에는 수갑·포승 또는 호송용포승을 사용할 수 있다. 이 경우 경찰관은 **소속 국가경찰관서의 장**(경찰청장·해양경찰청장·시·도경찰청장·지방해양경찰청장·경찰서장 또는 해양경찰서장 기타 경무관·총경·경정 또는 경감을 장으로 하는 국가경찰관서의 장을 말한다)에게 그 사실을 **보고해야 한다**. [판례] 수사기관에서 구속된 피의자의 도주, 항거 등을 억제하는데 필요하다고 인정할 상당한 이유가 있는 경우에는 필요한 한도 내에서 포승이나 수갑을 사용할 수 있는 것이며, 이러한 조치가 **무죄추정의 원칙에 위배되는 것이라고 할 수는 없다**(대판 96도561).
불법집회등에서의 경찰봉·호신용 경봉의 사용기준(§6)	경찰관은 **불법집회·시위**로 인하여 발생할 수 있는 타인 또는 경찰관의 **생명·신체**의 위해와 **재산·공공시설**의 위험을 방지하기 위하여 필요한 때에는 **최소한의 범위안에서 경찰봉 또는 호신용경봉을 사용할 수 있다**.
전자충격기등의 사용제한 (§8)	① 경찰관은 **14세 미만의 자** 또는 **임산부**에 대하여 전자충격기 또는 전자방패를 사용하여서는 아니된다. ┌ 70세 이상 X ② 경찰관은 전극침 발사장치가 있는 전자충격기를 사용하는 경우 상대방의 **얼굴**을 향하여 전극침을 **발사하여서는 아니된다**.

THEME 11 분사기 등의 사용

1 「경찰관 직무집행법」상 분사기 및 최루탄 사용(§10의3)

한계	경찰관은 다음 '요건'의 직무를 수행하기 위하여 부득이한 경우에는 **현장책임자**가 판단하여 필요한 최소한의 범위에서 분사기(「총포·도검·화약류 등의 안전관리에 관한 법률」에 따른 분사기를 말하며, 그에 사용하는 최루 등의 작용제를 포함한다) 또는 최루탄을 사용<u>할 수 있다</u>.2330 → 해당 경찰관 X → 하여야 한다 X
요건	1. 범인의 체포 도주의 방지 → 공무집행에 대한 항거의 제지 X 2329 2. 불법집회 시위로 인한 자신이나 다른 사람의 생명·신체와 재산 및 공공시설안전에 대한 현저한 위해의 발생을 억제2331

2 「위해성 경찰장비의 사용기준 등에 관한 규정」상 가스발사총등 사용제한(§12)

① 경찰관은 범인의 체포 또는 도주방지, 타인 또는 경찰관의 **생명·신체**(재산 X)에 대한 방호, **공무집행에 대한 항거의 억제**를 위하여 필요한 때에는 최소한의 범위안에서 가스발사총을 사용할 수 있다. 이 경우 경찰관은 1미터 이내의 거리에서 상대방의 얼굴을 향하여 이를 발사하여서는 <u>아니된다</u>.2332

② 경찰관은 최루탄발사기로 최루탄을 발사하는 경우 30도 이상의 발사각을 유지하여야 하고, 가스차·살수차 또는 특수진압차의 최루탄발사대로 최루탄을 발사하는 경우에는 15도 이상의 발사각을 유지하여야 한다.2333

	최루탄 발사**기**	최루탄 발사**대**(가스차·살수차 또는 특수진압차)
발사각	30도 이상 유지 기삼아	15도 이상 유지 대15

THEME 12 무기의 사용

1 「경찰관 직무집행법」상 무기의 사용 (§10의4)

무기의 정의		사람의 생명이나 신체에 위해를 끼칠 수 있도록 제작된 **권총·소총·도검 등**[2341]
요건	위해 수반 X	경찰관은 ㉠ 범인의 체포, ㉡ 범인의 도주 방지, ㉢ 자신이나 다른 사람의 **생명·신체**(↳재산X)의 방어 및 보호, ㉣ 공무집행에 대한 항거의 제지를 위하여 필요하다고 인정되는 상당한 이유가 있을 때에는 그 사태를 합리적으로 판단하여 필요한 한도에서 무기를 사용할 수 있다.[2334·2335·2336]

	위해 수반 O[2338]	① 형법에 규정된 **정당방위**와 **긴급피난**에 해당하는 때[2337] (↳정당행위X)
		② 다음 어느 하나에 해당하는 때에 그 행위를 방지하거나 행위자를 체포하기 위하여 무기를 사용하지 아니하고는 다른 수단이 없다고 인정되는 상당한 이유가 있는 때
		  1. 사형·무기 또는 **장기 3년 이상**의 징역이나 금고에 해당하는 범인을 체포하는 경우 경찰관의 직무집행에 항거하거나 도주하려고 할 때
		  2. 체포·구속영장과 압수·수색영장을 집행하는 과정에서 경찰관의 직무집행에 항거하거나 도주하려고 할 때
		  3. 제3자가 1 또는 2에 해당하는 사람을 도주시키려고 경찰관에게 항거할 때
		  4. 무기·흉기 등 위험한 물건을 지닌 범인·소요행위자가 경찰관으로부터 **3회 이상**의 물건을 버리라는 명령이나 항복하라는 명령을 받고도 따르지 아니하면서 계속 항거할 때[2339]
		③ 대간첩 작전 수행 과정에서 무장간첩이 항복하라는 경찰관의 명령을 받고도 따르지 아니할 때[2340]

2 「위해성 경찰장비의 사용기준 등에 관한 규정」상 무기사용(§9,10)

제9조(총기사용의 경고)
경찰관은 「경찰관 직무집행법」 제10조의4에 따라 사람을 향하여 권총 또는 소총을 발사하고자 하는 때에는 미리 구두 또는 공포탄에 의한 사격으로 상대방에게 **경고하여야 한다**. 다만, 다음 각 호의 어느 하나에 해당하는 경우로서 부득이한 때에는 **경고하지 아니할 수 있다**.
 1. 경찰관을 급습하거나 타인의 **생명·신체**에 대한 중대한 위험을 야기하는 범행이 목전에 실행되고 있는 등 상황이 급박하여 특히 경고할 시간적 여유가 없는 경우 (재산X) 2348
 2. 인질·간첩 또는 테러사건에 있어서 은밀히 작전을 수행하는 경우

제10조(권총 또는 소총의 사용제한)
① 경찰관은 법 제10조의4의 규정에 의하여 권총 또는 소총을 사용하는 경우에 있어서 범죄와 무관한 다중의 생명·신체에 위해를 가할 우려가 있는 때에는 이를 사용하여서는 아니된다. 다만, 권총 또는 소총을 사용하지 아니하고는 타인 또는 경찰관의 생명·신체에 대한 중대한 위험을 방지할 수 없다고 인정되는 때에는 필요한 최소한의 범위안에서 이를 사용할 수 있다.
② 경찰관은 총기 또는 폭발물을 가지고 대항하는 경우를 **제외**하고는 **14세 미만의 자** 또는 **임산부**에 대하여 **권총 또는 소총**을 발사하여서는 아니된다. (가스발사총X) 2349

	전자충격기등 사용제한	권총등 사용제한
14세 미만 자 또는 임산부	사용 불가(예외없음) ※얼굴을 향하여 전극침 발사X	원칙 - 사용 불가 예외 - 총기 또는 폭발물을 가지고 대항하는 경우 사용 가능

THEME 13 경찰착용기록장치의 사용

1 「경찰관 직무집행법」상 경찰착용기록장치의 사용(§10의5)

① 경찰관은 다음 각 호의 어느 하나에 해당하는 직무 수행을 위하여 필요한 경우에는 **필요한 최소한의 범위에서 경찰착용기록장치를** 사용할 수 있다.
  1. 경찰관이 「형사소송법」 제200조의2, 제200조의3, 제201조 또는 제212조에 따라 피의자를 체포 또는 구속하는 경우
  2. 범죄 수사를 위하여 필요한 경우로서 다음 **각 목의 요건을 모두 갖춘 경우**[2350]
  가. 범행 중이거나 범행 직전 또는 직후일 것
  나. 증거보전의 필요성 및 긴급성이 있을 것
  3. 제5조 제1항에 따른 인공구조물의 파손이나 붕괴 등의 위험한 사태가 발생한 경우
  4. 경찰착용기록장치에 기록되는 대상자(이하 이 조에서 "기록대상자"라 한다)로부터 그 기록의 요청 또는 동의를 받은 경우
  5. 제4조 제1항 각 호에 해당하는 것이 명백하고 응급구호가 필요하다고 믿을 만한 상당한 이유가 있는 경우
  6. 제6조에 따라 사람의 **생명·신체**에 위해를 끼치거나 **재산에 중대한 손해**를 끼칠 우려가 있는 범죄행위를 긴급하게 예방 및 제지하는 경우
  7. 경찰관이 「해양경비법」 제12조 또는 제13조에 따라 해상검문검색 또는 추적·나포하는 경우
  8. 경찰관이 「수상에서의 수색·구조 등에 관한 법률」에 따라 같은 법 제2조제4호의 수난구호 업무 시 수색 또는 구조를 하는 경우
  9. 그 밖에 제1호부터 제8호까지에 준하는 경우로서 **대통령령**으로 정하는 경우

> **경찰착용기록장치 운영 등에 관한 규정(대통령령)**
> **제2조(경찰착용기록장치의 사용)** 「경찰관 직무집행법」 제10조의5 제1항 제9호에서 "**대통령령으로 정하는 경우**"란 다음 각 호의 어느 하나에 해당하는 경우를 말한다.
>   1. 법 제2조에 따른 경찰관(경찰공무원만 해당한다.)의 직무수행 과정에서 **폭언·폭행 등이 발생했거나 발생할 우려가 있는 경우**
>   2. 다음 각 목의 어느 하나에 해당하는 행위를 긴급하게 예방 및 제지할 필요가 있는 경우
>   가. 「노인복지법」 제1조의2 제4호에 따른 **노인학대**
>   나. 「아동복지법」 제3조 제7호에 따른 **아동학대**
>   다. 「여성폭력방지기본법」 제3조 제1호에 따른 **여성폭력**
>   라. 「장애인복지법」 제2조 제3항에 따른 **장애인학대**
>   마. 「형의 집행 및 수용자의 처우에 관한 법률」 제126조의2 또는 「보호관찰 등에 관한 법률」 제55조의3에 따라 통보되는 정보의 대상자인 **수형자·가석방자의 재범**
>   바. 「특정범죄신고자 등 보호법」 제2조 제3호에 따른 **범죄신고자등에 대한 보복범죄**

3. 다음 각 목의 어느 하나에 해당하는 현장에서 범죄수사를 위하여 긴급히 증거를 수집하거나 현장 기록이 필요한 경우. **단, 가목 및 다목의 경우에는 범죄수사를 위하여 긴급히 증거를 수집할 필요가 있는 경우만 해당한다.**
   가. 「**도로교통법**」에 따른 교통법규 위반 행위 단속이 이루어지는 현장
   나. 「수산자원관리법」 제16조에 따른 경찰관의 불법어획물 방류명령이 이루어지는 현장
   다. 「**집회 및 시위에 관한 법률**」에 따른 집회·시위 현장
   라. 「풍속영업의 규제에 관한 법률」 제9조에 따라 같은 법 제3조의 준수 사항을 지키고 있는지 검사하는 현장
   마. 「해양경비법」 제14조 제1항에 따른 해상항행 보호조치가 이루어지는 현장
4. 다음 각 목의 어느 하나에 해당하는 활동을 하는 경우로서 범죄 발생 시 사회적 파급력·영향력이 높을 것으로 예상되는 경우
   가. 법 제2조 제3호에 따른 **주요 인사(人士) 경호**
   나. 「국민보호와 공공안전을 위한 테러방지법」 제2조 제6호에 따른 **대테러활동**
5. 「재난 및 안전관리 기본법」 제3조 제1호에 따른 재난이 발생한 현장에서 원활한 교통을 확보하고, 교통상의 위해를 방지하기 위하여 긴급하게 조치 또는 명령을 할 필요가 있는 경우
6. 그 밖에 명백히 사람의 생명·신체·재산의 이익을 위하여 급박하게 필요하다고 인정되는 경우

② 이 법에서 "**경찰착용기록장치**"란 경찰관이 신체에 착용 또는 휴대하여 직무수행 과정을 근거리에서 **영상·음성**으로 기록할 수 있는 기록장치 또는 그 밖에 이와 유사한 기능을 갖춘 기계장치를 말한다.[2351]

2 「경찰관 직무집행법」상 경찰착용기록장치의 사용 고지 등(§10의6)

① 경찰관이 경찰착용기록장치를 사용하여 기록하는 경우로서 **이동형 영상정보처리기기**로 사람 또는 그 사람과 관련된 사물의 영상을 촬영하는 때에는 불빛, 소리, 안내판 등 대통령령으로 정하는 바에 따라 **촬영 사실을 표시하고 알려야 한다.**

> **경찰착용기록장치 운영 등에 관한 규정(대통령령)**
> **제3조(경찰착용기록장치의 사용 고지 등)** 경찰관은 법 제10조의6제1항에 따라 경찰착용기록장치로 사람 또는 그 사람과 관련된 사물의 영상을 촬영하는 때에는 불빛, 소리, 안내판, 안내서면, 안내방송, 안내문구 부착 또는 이에 준하는 수단이나 방법으로 **촬영 사실을 표시하고 알려야 한다.**

② 제1항에도 불구하고 제10조의5 제1항 각 호에 따른 경우로서 불가피하게 고지가 곤란한 경우에는 제3항에 따라 영상음성기록을 전송·저장하는 때에 그 고지를 못한 사유를 기록하는 것으로 대체할 수 있다.

③ 경찰착용기록장치로 기록을 마친 영상음성기록은 **지체 없이** 제10조의7에 따른 영상음성기록정보 관리체계를 이용하여 영상음성기록정보 데이터베이스에 전송·저장하도록 **하여야 하며, 영상음성기록을 임의로 편집·복사하거나 삭제하여서는 아니 된다.**2352

> **경찰착용기록장치 운영 등에 관한 규정(대통령령)**
> **제5조(영상음성기록의 보관기간)** ① 경찰착용기록장치로 기록한 영상음성기록의 보관기간은 해당 기록을 법 제10조의6제3항에 따라 영상음성기록정보 데이터베이스에 **전송·저장한 날부터 30일**(해당 영상음성기록이 수사 중인 범죄와 관련된 경우 등 경찰청장 또는 해양경찰청장이 정하는 사항에 해당하는 경우에는 **90일**)로 한다.2355
> ② 제1항에도 불구하고 경찰청장, 해양경찰청장, 시·도경찰청장, 지방해양경찰청장, 중앙해양특수구조단장, 경찰서장 또는 해양경찰서장은 범죄수사를 위한 증거 보전이 필요한 경우 등 영상음성기록을 계속하여 보관할 필요가 있다고 인정하는 경우에는 **90일의 범위에서 한 차례만 보관기간을 연장할 수 있다.**

④ 그 밖에 경찰착용기록장치의 사용기준 및 관리 등에 필요한 사항은 **대통령령**으로 정한다.

> **경찰착용기록장치 운영 등에 관한 규정**
> **제4조(교육 훈련) 경찰청장 또는 해양경찰청장**은 경찰착용기록장치를 사용하는 경찰관을 대상으로 경찰착용기록장치 조작 방법, 사용 지침, 개인정보 보호 등에 관한 내용이 포함된 **교육을 실시해야 한다.**2354

3 「경찰관 직무집행법」상 영상음성기록정보 관리체계의 구축·운영(§10의7)

<u>**경찰청장 및 해양경찰청장**</u>은 경찰착용기록장치로 기록한 영상·음성을 저장하고 데이터베이스로 관리하는
↳ 시·도경찰청장 및 경찰서장 X
영상음성기록정보 관리체계를 구축·운영**하여야 한다.**2353

> **경찰착용기록장치 운영 등에 관한 규정(대통령령)**
> **제6조(안전성 확보 조치) 경찰청장 및 해양경찰청장**은 법 제10조의7에 따라 영상음성기록정보 관리체계를 구축·운영하는 경우 영상음성기록이 분실·도난·유출·위조·변조 또는 훼손되지 않도록 기관별로 관리책임자를 지정하는 등 안전성 확보에 필요한 **조치를 해야 한다.**

> **TIP** 경찰장비관리규칙(경찰청훈령)
>
> **제144조(경찰착용기록장치)** ① 경찰착용기록장치는 집중관리함을 원칙으로 하나, 운용부서에서 부서장의 책임하에 관리·운용하게 **할 수 있다.**
> ② 경찰착용기록장치는 잠금장치가 설치된 별도의 장소에 모아서 **보관해야 한다.**

> **판례**
>
> 1. 50cc 소형 오토바이 1대를 절취하여 운전중인 15~16세의 절도 혐의자 3인이 경찰관의 검문에 불응하며 도주하자, 경찰관이 체포 목적으로 오토바이의 바퀴를 조준하여 실탄을 발사하였으나 오토바이에 타고 있던 1인이 총상을 입게 된 경우, 비록 오토바이의 바퀴를 맞히려 시도하였더라도 근접한 거리에서 도주하는 혐의자 일행을 향하여 실탄을 발사한 행위는 사회통념상 **총기사용의 허용범위를 벗어난 것으로 위법**하다(대판 2003다57956). → 경찰관의 무기 사용이 특히 사람에게 위해를 가할 위험성이 큰 권총의 사용에 있어서는 그 요건을 더욱 엄격하게 판단하여야 한다. 2342·2343
> 2. 야간에 술이 취한 상태에서 병원에 있던 과도로 대형 유리창문을 쳐 깨뜨리고 자신의 복부에 칼을 대고 할복 자살하겠다고 난동을 부린 피해자가 출동한 2명의 경찰관들에게 칼을 들고 항거하였다고 하여도 위 경찰관 등이 공포를 발사하거나 소지한 가스총과 경찰봉을 사용하여 위 망인의 항거를 억제할 시간적 여유와 보충적 수단이 있었다고 보여지고, 또 부득이 총을 발사할 수 밖에 없었다고 하더라도 하체부위를 향하여 발사함으로써 그 위해를 최소한도로 줄일 여지가 있었다고 보여지므로, 칼빈소총을 1회 발사하여 피해자의 왼쪽 가슴 아래 부위를 관통하여 사망케 한 경찰관의 총기사용행위는 경찰 관직무집행법 제12조 소정의 **총기사용 한계를 벗어난 것이다**(대판 91다19913). 2344
> 3. 경찰관이 길이 40cm가량의 칼로 반복적으로 위협하며 도주하는 차량 절도 혐의자를 추적하던 중, 도주하기 위하여 등을 돌린 혐의자의 몸 쪽을 향하여 약 2m 거리에서 실탄을 발사하여 혐의자를 복부 관통상으로 사망케 한 경우, **경찰관의 총기사용은 사회통념상 허용 범위를 벗어난 것으로 위법**하다(대판 98다63445). 2346
> 4. 경찰관이 범인을 제압하는 과정에서 총기를 사용하여 범인을 사망에 이르게 한 경우, 경찰관이 총기사용에 이르게 된 동기나 목적, 경위 등을 고려하여 형사사건에서 무죄판결이 확정되었더라도 당해 **경찰관의 과실의 내용과 그로 인하여 발생한 결과가 중대하면 민사상 불법행위책임이 인정된다**(대판 2006다6713). 2345
> 5. 경찰관이 **신호위반을 이유로** 한 **정지명령에 불응하고** 도주하던 차량에 탑승한 동승자를 추적하던 중 몸에 지닌 각종 장비 때문에 거리가 점점 멀어져 추격이 힘들게 되자 수차례에 걸쳐 경고하고 **공포탄을 발사했음에도 불구하고 계속 도주하자 실탄을 발사하여 사망케 한 경우, 경찰관직무집행법 제10조의4에 정해진 총기 사용의 허용 범위를 벗어난 위법행위이다**(대판 98다61470). 2347

위해성 경찰장비의 사용기준 등에 관한 규정

가스차·특수 진압차· 물포의 사용 기준(§13)	① 경찰관은 불법집회·시위 또는 소요사태로 인하여 발생할 수 있는 타인 또는 경찰관의 생명·신체의 위해와 **재산·공공시설의 위험**을 억제하기 위하여 부득이한 경우에는 **현장책임자**의 판단에 의하여 필요한 최소한의 범위에서 **가스차를 사용할 수 있다.** 2356 ↳ 시·도경찰청장 X

살수차
사용기준
(§13의2)
	① 경찰관은 다음 각 호의 어느 하나에 해당하여 살수차 외의 경찰장비로는 그 위험을 제거·완화시키는 것이 현저히 곤란한 경우에는 **시·도경찰청장**의 명령에 따라 **살수차**를 배치·사용할 수 있다.
	  1. 소요사태로 인해 타인의 법익이나 **공공의 안녕질서에 대한 직접적인 위험이 명백**하게 초래되는 경우 2357 ↳ 간접적 X
	  2. 「통합방위법」에 따라 지정된 **국가중요시설에 대한 직접적인 공격행위**로 인해 해당 시설이 파괴되거나 기능이 정지되는 등 급박한 위험이 발생하는 경우
	② 경찰관은 살수차를 사용하는 경우 살수거리별 수압기준에 따라 살수해야 한다. 이 경우 사람의 생명 또는 신체에 치명적인 위해를 가하지 않도록 필요한 최소한의 범위에서 살수해야 한다.
	
	| 살수거리
		수압기준

10미터 이하	3바(bar) 이하
10미터 초과 20미터 이하	5바(bar) 이하
20미터 초과 25미터 이하	7바(bar) 이하
25미터 초과	13바(bar) 이하 | 2358 ③ 경찰관은 살수하는 것으로 위험을 제거·완화시키는 것이 곤란하다고 판단하는 경우에는 **시·도경찰청장**의 명령에 따라 필요한 최소한의 범위에서 최루액을 혼합하여 살수할 수 있다. 이 경우 최루액의 혼합 살수 절차 및 방법은 **경찰청장**이 정한다.
사용기록 보관 (§20)	① 위해성 경찰장비(**무기, 분사기·최루탄등, 살수차**)를 사용하는 경우 그 **현장책임자** 또는 **사용자**는 ↳ 가스차 X, 경찰장구 X 사용보고서를 작성하여 **직근상급 감독자**에게 보고하고, 직근상급 감독자는 이를 **3년간 보관하여야 한다.** 2360 ② 무기 사용보고를 받은 직근상급 감독자는 지체없이 지휘계통을 거쳐 **경찰청장** 또는 해양경찰청장에게 **보고하여야 한다.**

TIP 사용기록 보관 비교

경찰관 직무집행법 (§11)	**살수차, 분사기, 최루탄 또는 무기**를 사용하는 경우 그 **책임자**는 사용 일시·장소·대상, 현장책임자, 종류, 수량 등을 기록하여 보관하여야 한다. 2361
위해성경찰장비규정 (§20)	① 위해성 경찰장비(**무기, 분사기·최루탄등, 살수차**)를 사용하는 경우 그 **현장책임자** 또는 ↳ 가스차 X, 경찰장구 X **사용자**는 사용보고서를 작성하여 **직근상급 감독자**에게 보고하고, 직근상급 감독자는 이를 **3년간 보관하여야 한다.** ② 무기 사용보고를 받은 직근상급 감독자는 지체없이 지휘계통을 거쳐 **경찰청장** 또는 해양경찰청장에게 **보고하여야 한다.**

경찰 물리력 행사의 기준과 방법에 관한 규칙(경찰청예규)

1 목적(1.1)

이 규칙은 경찰관이 물리력 사용 시 준수하여야 할 기본원칙, 물리력 사용의 정도, 각 물리력 수단의 사용한계 및 유의사항을 규정함으로써 국민과 경찰관의 생명·신체(재산X)를 보호하고 인권을 보장하며 경찰 법집행의 정당성을 확보하는 데에 그 목적이 있다.2362

2 경찰 물리력 사용 시 유의사항(1.4)

1.4.1. 경찰관은 경찰청이 공인한 물리력 수단을 사용하여야 한다.
1.4.2. 경찰관은 성별, 장애, 인종, 종교 및 성정체성 등에 대한 선입견을 가지고 차별적으로 물리력을 사용하여서는 아니 된다.2363
1.4.3. 경찰관은 대상자의 신체 및 건강상태, 장애유형 등을 고려하여 물리력을 사용하여야 한다.
1.4.4. 경찰관은 이미 경찰목적을 달성하여 더 이상 물리력을 사용할 필요가 없는 경우에는 물리력 사용을 즉시 중단하여야 한다.2364
1.4.5. 경찰관은 대상자를 징벌하거나 복수할 목적으로 물리력을 사용하여서는 아니 된다.
1.4.6. 경찰관은 오직 상황의 빠른 종결이나, 직무수행의 편의를 위한 목적으로 물리력을 사용하여서는 아니 된다.

3 대상자 행위와 경찰 물리력 사용의 정도

경찰 물리력 사용의 정도(규칙 2.2.)		대상자 행위(규칙 2.1.)	
협조적 통제	'순응' 이상의 상태인 대상자에 대해 사용할 수 있는 물리력 수준으로서, 대상자의 협조를 유도하거나 협조에 따른 물리력을 말한다.	순응 협순	대상자가 경찰관의 지시, 통제에 따르는 상태를 말한다. 다만, 대상자가 경찰관의 요구에 즉각 응하지 않고 약간의 시간만 지체하는 경우는 '순응'으로 본다.2366
접촉 통제	'소극적 저항' 이상의 상태인 대상자에 대해 사용할 수 있는 물리력 수준으로서, 대상자 신체 접촉을 통해 경찰목적 달성을 강제하지만 **신체적 부상을 야기할 가능성은 극히 낮은** 물리력을 말한다.	소극적 저항 접소	① 대상자가 경찰관의 지시, 통제를 따르지 않고 비협조적이지만 경찰관 또는 제3자에 대해 **직접적인 위해를 가하지 않는 상태**를 말한다.2365·2367 ② 경찰관이 정당한 이동 명령을 발하였음에도 가만히 서 있거나 앉아 있는 등 전혀 움직이지 않는 상태, 일부러 몸의 힘을 모두 빼거나, 고정된 물체를 꽉 잡고 버팀으로써 움직이지 않으려는 상태 등이 이에 해당한다.
저위험 물리력	'적극적 저항' 이상의 상태인 대상자에 대해 사용할 수 있는 물리력 수준으로서, 대상자가 통증을 느낄 수 있으나 **신체적 부상을 당할 가능성은 낮은** 물리력을 말한다.	적극적 저항 저적	① 대상자가 자신에 대한 경찰관의 체포·연행 등 정당한 공무집행을 방해하지만 경찰관 또는 제3자에 대해 **위해 수준이 낮은 행위만을 하는 상태**를 말한다.2368 ② 대상자가 자신을 체포·연행하려는 경찰관으로부터 물리적으로 이탈하거나 도주하려는 행위, 체포·연행을 위해 팔을 잡으려는 경찰관의 손을 뿌리치거나, 경찰관을 밀고 잡아끄는 행위, 경찰관에게 침을 뱉거나 경찰관을 밀치는 행위 등이 이에 해당한다.
중위험 물리력	'폭력적 공격' 이상의 상태의 대상자에 대해 사용할 수 있는 물리력 수준으로서, 대상자에게 신체적 부상을 입힐 수 있으나 생명·신체에 대한 **중대한 위해 발생 가능성은 낮은** 물리력을 말한다.	폭력적 공격 중폭	① 대상자가 경찰관 또는 제3자에 대해 **신체적 위해를 가하는 상태**를 말한다.2369·2370 ② 대상자가 경찰관에게 폭력을 행사하려는 자세를 취하여 그 행사가 임박한 상태, 주먹·발 등을 사용해서 경찰관에 대해 신체적 위해를 초래하고 있거나 임박한 상태, 강한 힘으로 경찰관을 밀거나 잡아당기는 등 완력을 사용해 체포에서 벗어나려고 하는 상태 등이 이에 해당한다.
고위험 물리력	'치명적 공격' 상태의 대상자로 인해 경찰관 또는 제3자의 생명·신체에 급박하고 중대한 위해가 초래될 가능성이 있는 경우 최후의 수단으로 사용할 수 있는 물리력 수준으로서, 대상자의 **사망 또는 심각한 부상을 초래할 수 있는** 물리력을 말한다.2371	치명적 공격 고치	① 대상자가 경찰관 또는 제3자에 대해 **사망 또는 심각한 부상을 초래할 수 있는 행위를 하는 상태**를 말한다. ② 총기류(공기총·엽총·사제권총 등), 흉기(칼·도끼·낫 등), 둔기(망치· 쇠파이프 등)를 이용하여 경찰관, 제3자에 대해 위력을 행사하고 있거나 위해 발생이 임박한 경우, 경찰관이나 제3자의 목을 세게 조르거나 무차별 폭행하는 등 생명·신체에 대해 중대한 위해가 발생할 정도의 위험한 폭력을 행사하는 경우가 이에 해당한다.

4 물리력의 종류

협조적 통제 (2.2.1.)	가. 현장 임장 나. 언어적 통제 다. 체포 등을 위한 수갑 사용 라. 안내·체포 등에 수반한 신체적 물리력
접촉 통제 (2.2.2.)	가. 신체 일부 잡기·밀기·잡아끌기, 쥐기·누르기·비틀기 나. 경찰봉 양 끝 또는 방패를 잡고 대상자의 신체에 안전하게 밀착한 상태에서 대상자를 특정 방향으로 밀거나 잡아당기기
저위험 물리력 (2.2.3.)	가. 목을 압박하여 제압하거나 **관절을 꺾는 방법**, 팔·다리를 이용해 움직이지 못하도록 **조르는 방법**, 다리를 걸거나 들쳐 매는 등 균형을 무너뜨려 **넘어뜨리는 방법**, 대상자가 넘어진 상태에서 움직이지 못하게 위에서 **눌러 제압**하는 방법 나. 분사기 사용(다른 저위험 물리력 이하의 수단으로 제압이 어렵고, 경찰관이나 대상자의 부상 등의 방지를 위해 필요한 경우)
중위험 물리력 (2.2.4.)	가. 손바닥, 주먹, 발 등 신체부위를 이용한 가격₂₃₇₂ 나. 경찰봉으로 **중요부위가 아닌** 신체 부위를 찌르거나 가격 다. 방패로 강하게 압박하거나 세게 미는 행위 라. 전자충격기 사용
고위험 물리력 (2.2.5.)	1) 권총 등 총기류 사용 2) 경찰봉, 방패, 신체적 물리력으로 대상자의 신체 중요 부위 또는 급소 부위 가격, 대상자의 목을 강하게 조르거나 신체를 강한 힘으로 압박하는 행위

5 분사기 사용 한계 및 유의사항(규칙 3.7.2. 다목)

경찰관은 **정당방위나 긴급피난의 요건이 충족되지 않는 한**, 다음 어느 하나에 해당하는 상황에서는 분사기를 사용하여서는 아니 된다.
① **밀**폐된 공간에서의 사용(다만, 경찰 순찰차의 운행을 방해하는 대상자를 제압하기 위해 다른 물리력 사용이 불가능한 경우는 제외한다)
② 대상자가 수갑 또는 포승으로 **결**박되어 있는 경우(다만, 대상자의 행위로 인해 경찰관 또는 제3자에 대한 신체적 위해 발생 가능성 있는 경우는 제외한다)
③ 대상자의 '**소**극적 저항' 상태가 장시간 지속될 뿐 이를 즉시 중단시켜야 할 정도로 급박하거나 위험하지 않은 상황
④ 경찰관이 대상자가 **14세 미만**이거나 **임산부 또는 호흡기 질환**을 가지고 있음을 인지한 경우(다만, 대상자의 저항 정도가 <u>**고위험 물리력**</u>을 사용할 수밖에 없는 상황은 제외한다)   **밀결호소**
   └ 중위험 X

THEME 16 손실보상

조문학습 경찰관 직무집행법 제11조의2(손실보상)

① 국가는 경찰관의 적법한 직무집행으로 인하여 다음 각 호의 어느 하나에 해당하는 **손실**을 입은 자에 대하여 정당한 보상을 **하여야 한다.** (하지 않을 수 있다 X) (손해 X)
   1. 손실발생의 원인에 대하여 책임이 없는 자가 생명·신체 또는 재산상의 손실을 입은 경우(손실발생의 원인에 대하여 책임이 없는 자가 경찰관의 직무집행에 자발적으로 협조하거나 물건을 제공하여 생명·신체 또는 재산상의 손실을 입은 경우를 **포함**한다)
   2. 손실발생의 원인에 대하여 책임이 있는 자가 자신의 책임에 상응하는 정도를 초과하는 생명·신체 또는 재산상의 손실을 입은 경우
② 제1항에 따른 보상을 청구할 수 있는 권리는 손실이 **있음을 안 날부터 3년**, 손실이 **발생한 날부터 5년**간 행사하지 아니하면 시효의 완성으로 소멸한다.
③ 제1항에 따른 손실보상신청 사건을 심의하기 위하여 손실보상심의위원회를 둔다.
④ **경찰청장, 해양경찰청장, 시·도경찰청장 또는 지방해양경찰청장**(경찰서장 X)은 제3항의 손실보상심의위원회의 심의·의결에 따라 보상금을 지급하고, 거짓 또는 부정한 방법으로 보상금을 받은 사람에 대하여는 해당 보상금을 환수**하여야 한다.** (할 수 있다 X)
⑤ 보상금이 지급된 경우 손실보상심의위원회는 대통령령으로 정하는 바에 따라 **국가경찰위원회 또는 해양경찰위원회**에 심사자료와 결과를 보고하여야 한다. 이 경우 **국가경찰위원회 또는 해양경찰위원회**는 손실보상의 적법성 및 적정성 확인을 위하여 필요한 자료의 제출을 요구할 수 있다.
⑥ 경찰청장, 해양경찰청장, 시·도경찰청장 또는 지방해양경찰청장은 제4항에 따라 보상금을 반환하여야 할 사람이 대통령령으로 정한 기한까지 그 금액을 납부하지 아니한 때에는 국세강제징수의 예에 따라 징수할 수 있다.
⑦ 제1항에 따른 손실보상의 기준, 보상금액, 지급 절차 및 방법, 제3항에 따른 손실보상심의위원회의 구성 및 운영, 제4항 및 제6항에 따른 환수절차, 그 밖에 손실보상에 관하여 필요한 사항은 **대통령령**으로 정한다.

1 경찰관 직무집행법(§11의2)

대상	국가는 경찰관의 **적법**한 직무집행으로 인하여 다음 어느 하나에 해당하는 **손실**을 입은 자에 대하여 정당한 보상을 **하여야 한다.** (할 수 있다 X) ※위법 X ※손해 X	
	책임이 없는 자	생명·신체 또는 **재산**상의 손실을 입은 경우(손실발생의 원인에 대하여 책임이 없는 자가 경찰관의 직무집행에 자발적으로 협조하거나 물건을 제공하여 생명·신체 또는 재산상의 손실을 입은 경우를 포함)2373
	책임이 있는 자	자신의 책임에 상응하는 정도를 **초과하는** 생명·신체 또는 **재산**상의 손실을 입은 경우2374·2375
청구기한	① 손실이 있음을 **안 날부터 3년** ※발생한 날부터 X ② 손실이 **발생한 날부터 5년**간 행사하지 아니하면 시효의 완성으로 소멸2376 ※있음을 안 날부터 X	
환수	**경찰청장, 해양경찰청장, 시·도경찰청장 또는 지방해양경찰청장**은 손실보상심의위원회의 심의·의결에 따라 보상금을 지급하고, 거짓 또는 부정한 방법으로 보상금을 받은 사람에 대하여는 해당 보상금을 환수**하여야 한다.**2378	
기타	① 손실보상신청 사건을 심의하기 위하여 손실보상심의위원회를 **둔다.** (둘 수 있다 X)2377 ② 보상금이 지급된 경우 손실보상심의위원회는 대통령령으로 정하는 바에 따라 **국가경찰위원회 또는 해양경찰위원회**에 심사자료와 결과를 보고하여야 한다. 이 경우 **국가경찰위원회 또는 해양경찰위원회**는 손실보상의 적법성 및 적정성 확인을 위하여 필요한 자료의 제출을 요구할 수 있다.2379 ③ **경찰청장, 해양경찰청장, 시·도경찰청장 또는 지방해양경찰청장**은 보상금을 반환하여야 할 사람이 **대통령령으로 정한 기한**까지 그 금액을 납부하지 아니한 때에는 **국세강제징수의 예**에 따라 징수할 수 있다.2380 동법 시행령 제17조의2(보상금의 환수절차) ② "대통령령으로 정한 기한"이란 제1항에 따른 통지일부터 **40일** 이내의 범위에서 **손실보상 결정권자**가 정하는 기한을 말한다. ④ 손실보상의 기준, 보상금액, 지급 절차 및 방법, 손실보상심의위원회의 구성 및 운영, 환수절차, 그 밖에 손실보상에 관하여 필요한 사항은 **대통령령**으로 정한다.2381 ※경직법 시행령	

2 「경찰관 직무집행법 시행령」상 손실보상 관련 규정

손실보상의 기준·보상 금액 (§9)	① 법 제11조의2 제1항에 따라 손실보상을 할 때 물건을 멸실·훼손한 경우에는 다음 각 호의 기준에 따라 보상한다.
	  1. **손실을 입은 물건을 수리할 수 있는 경우** : 수리비에 상당하는 금액2382
	  2. **손실을 입은 물건을 수리할 수 없는 경우** : 손실을 입은 당시의 해당 물건의 교환가액2383
	  3. **영업자가 손실을 입은 물건의 수리나 교환으로 인하여 영업을 계속할 수 없는 경우** : 영업을 계속할 수 없는 기간 중 영업상 이익에 상당하는 금액2384
	② 물건의 멸실·훼손으로 인한 **손실 외의 재산상 손실**에 대해서는 **직무집행과 상당한 인과관계가 있는 범위**에서 보상한다.2385
	③ 법 제11조의2 제1항에 따라 손실보상을 할 때 **생명·신체상**의 손실의 경우에는 별표의 기준에 따라 보상한다.
	④ 법 제11조의2 제1항에 따라 보상금을 지급받을 사람이 동일한 원인으로 다른 법령에 따라 보상금 등을 지급받은 경우 그 보상금 등에 **상당하는 금액을 제외**하고 보상금을 **지급한다**.

손실보상의 지급절차· 방법 (§10)	① 경찰관의 **적법한 직무집행으로 인하여** 발생한 손실을 보상받으려는 사람(이하 "청구인"이라 한다)은 별지 제4호서식의 보상금 지급 청구서에 손실내용과 손실금액을 증명할 수 있는 서류를 첨부하여 다음 각 호의 어느 하나에 해당하는 자에게 제출해야 한다.2386
	  1. **경찰청장 또는 해양경찰청장**
	  2. 손실보상청구 사건 발생지를 관할하는 시·도경찰청, 지방해양경찰청 또는 경찰관서의 장. 다만, 직무를 집행한 경찰관이 손실보상청구 사건 발생지를 관할하는 시·도경찰청, 지방해양경찰청 또는 경찰관서 소속이 아닌 경우에는 해당 경찰관이 소속된 시·도경찰청, 지방해양경찰청 또는 경찰관서의 장을 포함한다.
	② ①에 따라 보상금 지급 청구서를 받은 **경찰청장, 해양경찰청장, 시·도경찰청장, 지방해양경찰청장 또는 경찰관서의 장**은 해당 청구서를 손실보상청구 사건을 심의할 손실보상심의위원회가 설치된 경찰청, 해양경찰청, 시·도경찰청 또는 지방해양경찰청의 장(이하 "손실보상 결정자"라 한다)에게 보내야 한다.
	③ ① 또는 ②에 따라 보상금 지급 청구서를 받은 손실보상 결정권자는 「민원 처리에 관한 법률」 제10조의2에 따른 본인정보 공동이용 또는 「전자정부법」 제36조 제1항에 따른 행정정보의 공동이용을 통하여 다음 각 호의 행정정보를 확인해야 한다. 다만, 청구인이 확인에 동의하지 않으면 해당 서류를 직접 첨부하도록 해야 한다.
	  1. 주민등록표 등본
	  2. 가족관계증명서
	  3. 자동차등록증(자동차와 관련하여 재산상 손실이 발생한 경우로 한정한다)
	④ ① 또는 ②에 따라 보상금 지급 청구서를 받은 손실보상 결정권자는 특별한 사유가 없으면 보상금 지급 청구서를 **받은 날부터 60일** 이내에 손실보상심의위원회의 심의·의결에 따라 보상 여부 및 보상금액을 결정해야 한다. 다만, 부득이한 사유로 **60일** 이내에 결정할 수 없을 때에는 그 기간이 **끝나는 날의 다음 날부터 20일**의 범위에서 결정기간을 **한 차례만 연장할 수 있다**.

	⑤ ① 또는 ②에 따라 보상금 지급 청구서를 받은 손실보상 결정권자는 청구인에게 자료 보완을 요구할 수 있으며, 보완된 자료의 제출에 걸리는 기간은 ④에 따른 보상 여부 및 보상금액 결정기간에 산입(算入)하지 않는다.
	⑥ 손실보상 결정권자는 다음 각 호의 어느 하나에 해당하는 경우에는 그 청구를 **각하(却下)** 하는 결정을 해야 한다.2387
	  1. 청구인이 같은 청구 원인으로 보상신청을 하여 보상금 지급 여부에 대하여 결정을 받은 경우. 다만, **기각 결정**을 받은 청구인이 손실을 증명할 수 있는 새로운 증거가 발견되었음을 소명(疎明)하는 경우는 **제외**한다.
	  2. 손실보상 청구가 요건과 절차를 갖추지 못한 경우. 다만, 그 잘못된 부분을 시정할 수 있는 경우는 **제외**한다.
	⑦ 손실보상 결정권자는 다음 각 호의 구분에 따라 그 결정 내용(제2호의 경우에는 그 사유를 **포함**한다)을 청구인에게 통지해야 한다.
	  1. ④에 따른 보상 여부 및 보상금액 결정 또는 ⑥에 따른 **각하 결정**에 대해서는 **결정일부터 10일** 이내에 통지
	  2. ④단서에 따른 결정기간 **연장 결정**에 대해서는 **지체 없이 통지**
	⑧ 손실보상 결정권자는 ⑦에 따른 통지를 하는 경우 **서면, 전자우편, 문자메시지 등 청구인이 요청하는 방법**으로 **할 수 있으며**, 별도로 요청하는 방법이 없는 경우에는 다음 각 호의 구분에 따른 **서면**으로 통지한다.2388
	  1. 보상금을 지급하기로 결정한 경우: 별지 제5호서식의 보상금 지급 결정 통지서
	  2. 보상금을 지급하지 않기로 결정하거나 보상금 지급 청구를 각하하는 경우: 별지 제6호서식의 보상금 지급 청구 기각·각하 결정 통지서
	  3. 보상금 지급 청구 결정기간을 연장하기로 결정한 경우: 별지 제7호서식의 손실보상 결정기간 연장 통지서
	⑨ 손실보상 결정권자는 특별한 사유가 없으면 보상금을 지급하기로 **결정한 날부터 30일** 이내에 이를 지급하되, 지급방법은 그 보상금을 지급받을 사람이 지정하는 예금계좌(「우체국예금·보험에 관한 법률」에 따른 체신관서 또는 「은행법」에 따른 은행의 계좌를 말한다)에 입금하는 방법으로 한다. 다만, 부득이한 사유가 있는 경우에는 그 보상금을 지급받을 사람의 신청에 따라 **현금으로 지급**할 수 있다.
	⑩ 보상금은 **일시불**로 지급하되, 예산 부족 등의 사유로 일시불로 지급할 수 없는 특별한 사정이 있는 경우에는 **그 보상금을 지급받을 사람의 동의**를 받아 분할하여 지급할 수 있다.2389
	⑪ 보상금을 지급받은 사람은 보상금을 지급받은 원인과 동일한 원인으로 인한 부상이 악화되거나 새로 발견되어 다음 각 호의 어느 하나에 해당하는 경우에는 보상금의 추가 지급을 청구할 수 있다. 이 경우 보상금 지급 청구, 보상금액 결정, 보상금 지급 결정에 대한 통지, 보상금 지급 방법 등에 관하여는 ①부터 ⑩까지의 규정을 준용한다.
	  1. 별표 제2호에 따른 부상등급이 변경된 경우(부상등급 외의 부상에서 제1급부터 제8급까지의 등급으로 변경된 경우를 포함한다)
	  2. 별표 제2호에 따른 부상등급 외의 부상에 대해 부상등급의 변경은 없으나 보상금의 추가 지급이 필요한 경우
	⑫ ①부터 ⑪까지에서 규정한 사항 외에 손실보상의 청구 및 지급에 필요한 사항은 **경찰청장 또는 해양경찰청장**이 정한다.

손실보상의 지급절차· 방법 (§10)	

3 손실보상심의위원회(경찰관 직무집행법 시행령)

설치(§11)	① 소속 경찰관의 직무집행으로 인하여 발생한 손실보상청구 사건을 심의하기 위하여 **경찰청, 시·도경찰청**(경찰서X)에 손실보상심의위원회(이하 "위원회"라 한다)를 설치한다.2390 ② 위원회는 위원장 1명을 포함한 **7명 이상 9명 이내**의 위원으로 성별을 고려하여 구성한다. 다만, 청구금액이 100만원 이하인 사건에 대해서는 제3항 제1호에 해당하는 **위원 3명**으로만 구성할 수 있다. ③ ②본문에 따른 위원회의 위원은 다음 각 호의 어느 하나에 해당하는 사람 중에서 **손실보상 결정권자**가 위촉하거나 임명한다. 이 경우 위원의 과반수는 경찰관이 아닌 사람으로 해야 한다.2392 　1. 소속 경찰관 　2. 판사·검사 또는 변호사로 **5년** 이상 근무한 사람 　3. 「고등교육법」 제2조에 따른 학교에서 법학 또는 행정학을 가르치는 **부교수**(정교수X) 이상으로 **5년** 이상 재직한 사람2393 　4. 경찰 업무와 손실보상에 관하여 학식과 경험이 풍부한 사람 ④ 위촉위원의 임기는 **2년**으로 한다. ⑤ 위원회의 사무를 처리하기 위하여 위원회에 간사 1명을 두되, 간사는 소속 경찰관 중에서 **손실보상 결정권**자가 지명한다.
위원장(§12)	① 위원회의 **위원장**(이하 "보상위원장"이라 한다)은 위원 중에서 손실보상 결정권자가 지명한 사람이 된다.2394 ② 보상위원장은 위원회를 대표하며, 위원회의 업무를 총괄한다. ③ 보상위원장이 부득이한 사유로 직무를 수행할 수 없는 때에는 보상위원장이 **미리 지명한 위원**이 그 직무를 대행한다.2391
회의(§13)	② 위원회의 회의는 **재적위원 과반수의 출석**으로 개의(開議)하고, 출석위원 과반수의 찬성으로 의결한다.2395

THEME 17 범인검거 등 공로자 보상

조문학습 경찰관 직무집행법 제11조의3(범인검거 등 공로자 보상)

① 경찰청장, 해양경찰청장, 시·도경찰청장, 지방해양경찰청장, 경찰서장 또는 해양경찰서장(이하 이 조에서 "경찰청장등"이라 한다)은 다음 각 호의 어느 하나에 해당하는 사람에게 보상금을 지급<u>할 수 있다</u>.
  하여야 한다 X
  1. 범인 또는 범인의 소재를 신고하여 검거하게 한 사람
  2. 범인을 검거하여 경찰공무원에게 인도한 사람
  3. 테러범죄의 예방활동에 현저한 공로가 있는 사람
  4. 그 밖에 제1호부터 제3호까지의 규정에 준하는 사람으로서 대통령령으로 정하는 사람
② **경찰청장등**은 제1항에 따른 보상금 지급의 심사를 위하여 대통령령으로 정하는 바에 따라 각각 **보상금심사위원회**를 설치·운영하여야 한다.
③ 제2항에 따른 보상금심사위원회는 위원장 1명을 포함한 **5명** 이내의 위원으로 구성한다.
④ 제2항에 따른 보상금심사위원회의 위원은 **소속 경찰공무원** 중에서 경찰청장등이 임명한다.
⑤ **경찰청장등**은 제2항에 따른 보상금심사위원회의 심사·의결에 따라 보상금을 지급하고, 거짓 또는 부정한 방법으로 보상금을 받은 사람에 대하여는 해당 보상금을 환수<u>한다</u>. (할 수 있다 X)
⑥ **경찰청장등**은 제5항에 따라 보상금을 반환하여야 할 사람이 대통령령으로 정한 기한까지 그 금액을 납부하지 아니한 때에는 국세강제징수의 예에 따라 징수할 수 있다.
⑦ 제1항에 따른 보상 대상, 보상금의 지급 기준 및 절차, 제2항 및 제3항에 따른 보상금심사위원회의 구성 및 심사사항, 제5항 및 제6항에 따른 환수절차, 그 밖에 보상금 지급에 관하여 필요한 사항은 **대통령령**으로 정한다.

1 경찰관 직무집행법(§11의3)

보상금 지급 대상	경찰청장, 해양경찰청장, 시·도경찰청장, 지방해양경찰청장, 경찰서장 또는 해양경찰서장("경찰청장 등"이라 함)은 다음 각 호의 어느 하나에 해당하는 사람에게 보상금을 **지급할 수 있다**. (하여야 한다 X) 1. 범인 또는 범인의 소재를 신고하여 검거하게 한 사람 2. 범인을 검거하여 경찰공무원에게 인도한 사람 3. 테러범죄의 예방활동에 현저한 공로가 있는 사람 2396 4. 그 밖에 제1호부터 제3호까지의 규정에 준하는 사람으로서 대통령령으로 정하는 사람 **동법 시행령상 범인검거 등 공로자 보상금 지급 대상자(§18)** 동법 제11조의3 제1항 제4호에서 "대통령령으로 정하는 사람"이란 다음 각 호의 어느 하나에 해당하는 사람을 말한다. 1. 범인의 **신원을 특정할 수 있는 정보**를 제공한 사람 2. **범죄사실을 입증하는 증거물**을 제출한 사람 3. 그 밖에 범인 검거와 관련하여 경찰 수사 활동에 협조한 사람 중 보상금 지급 대상자에 해당한다고 보상금심사위원회가 인정하는 사람 2396-1
보상금 지급·환수	① **경찰청장등**은 보상금 지급의 심사를 위하여 대통령령으로 정하는 바에 따라 각각 보상금심사위원회를 설치·운영하여야 한다. 2397 ② **경찰청장등**은 보상금심사위원회의 심사·의결에 따라 보상금을 지급하고, 거짓 또는 부정한 방법으로 보상금을 받은 사람에 대하여는 해당 보상금을 **환수한다**. (할 수 있다 X) 2400 ③ **경찰청장등**은 보상금을 반환하여야 할 사람이 **대통령령으로 정한 기한**까지 그 금액을 납부하지 아니한 때에는 국세강제징수의 예에 따라 징수할 수 있다. **동법 시행령 제21조의2(범인검거 등 공로자 보상금의 환수절차)** ② "대통령령으로 정한 기한"이란 제1항에 따른 통지일부터 **40일** 이내의 범위에서 **경찰청장등**이 정하는 기한을 말한다. 2401 ④ 보상 대상, 보상금의 지급 기준 및 절차, 보상금심사위원회의 구성 및 심사사항, 환수절차, 그 밖에 보상금 지급에 관하여 필요한 사항은 대통령령으로 정한다.
지급기준	보상금의 최고액은 **5억원**으로 하며, 구체적인 보상금 지급 기준은 **경찰청장 또는 해양경찰청장**이 정하여 고시한다. 2402
지급절차	경찰청장등은 보상금 지급사유가 발생한 경우에는 직권으로 또는 보상금을 지급받으려는 사람의 신청에 따라 소속 보상금심사위원회의 심사·의결을 거쳐 보상금을 지급한다. 2402-1

2 범인검거 등 공로자 보상에 관한 규정

지급기준	사형, 무기징역 또는 무기금고, 장기 10년 이상의 징역 또는 금고에 해당하는 범죄2404	
	사형, 무기징역 또는 무기금고, **장기 10년 이상**의 징역 또는 금고에 해당하는 범죄	500만원 이하
	장기 10년 미만의 징역 또는 금고에 해당하는 범죄	300만원 이하
	장기 5년 미만의 징역 또는 금고, 장기 10년 이상의 자격정지 또는 벌금형	100만원 이하
지급제한	① 동일한 사람에게 지급결정일을 기준으로 연간(1월 1일부터 12월 31일까지를 말한다) **5회**를 초과하여 보상금을 지급할 수 없다.2405 ② 보상금 지급 심사·의결을 거쳐 지급이 이루어진 이후에는 동일한 사건에 대하여 보상금을 지급할 수 없다. 다만, 해당 사건의 추가 범인 검거 또는 추가 증거 확보 등에 있어 현저한 공로가 있다고 인정되는 경우에는 특별검거보상금을 제외하고 보상금의 지급기준에서 추가 지급할 수 있다.2406 ③ 범인검거 등 공로자가 **2명 이상**인 경우에는 각자의 공로, 당사자 간의 분배 합의 등을 감안해서 **배분하여 지급할 수 있다.**	

비교 손실보상심의위원회와 보상금심사위원회

	손실보상심의위원회	보상금심사위원회
근거	경찰관직무집행법(동 시행령)	경찰관직무집행법 시행령(동 시행령)
설치	경찰청, 시·도경찰청	경찰청장, 시·도경찰청장, **경찰서장**
구성	위원장 1명 포함 **7명 이상 9명 이내**(성별고려) 다만, 청구금액 **100만원 이하** → 위원 **3명**으로 구성	위원장 1명 포함 **5명 이내**2398
위원장	손실보상 결정권자가 지명한 사람	경찰청장등 소속 과장급 이상의 경찰공무원 중에서 경찰청장이 임명하는 사람 **경찰청장등** : 경찰청장, 해양경찰청장, 시·도경찰청장, 지방해양경찰청장, 경찰서장 또는 해양경찰서장
위원 위촉 임명	손실보상 결정권자가 위촉하거나 임명 (위원의 과반수는 경찰관이 아닌 사람)	소속경찰공무원 중에서 경찰청장, 시·도경찰청장 또는 **경찰서장**이 임명2399
임기	위촉위원의 임기 **2년**	
회의	재적위원 과반수의 출석 개의, 출석위원 과반수의 찬성	재적위원 과반수의 찬성

THEME 18 소송지원 및 형의 감면

소송 지원 (§11의4)	경찰청장과 해양경찰청장은 경찰관이 제2조(직무 범위) 각 호에 따른 직무의 수행으로 인하여 **민·형사상** 책임과 관련된 소송을 수행할 경우 변호인 선임 등 소송 수행에 필요한 지원을 할 수 있다. (하여야 한다 X) 2407
직무 수행으로 인한 형의 감면 (§11의5) 2409	다음 각 호의 범죄가 행하여지려고 하거나 행하여지고 있어 타인의 **생명·신체**(재산 X)에 대한 위해 발생의 우려가 명백하고 긴급한 상황에서, 경찰관이 그 위해를 예방하거나 진압하기 위한 행위 또는 범인의 검거 과정에서 경찰관을 향한 **직접적인 유형력 행사에 대응**하는 행위를 하여 그로 인하여 **타인**(경찰관 자신 X)에게 피해가 발생한 경우, 그 경찰관의 직무수행이 불가피한 것이고 필요한 **최소한의 범위**에서 이루어졌으며 해당 경찰관에게 **고의 또는 중대한 과실**(경미한 과실 X)이 없는 때에는 그 정상을 참작하여 형을 **감경하거나 면제할 수 있다.** (하여야 한다 X) 2408 1. 형법상 **살인의 죄, 상해와 폭행의 죄**, 강간과 추행의 죄 중 강간에 관한 범죄, 절도와 강도의 죄 중 **강도에 관한 범죄** 및 이에 대하여 다른 법률에 따라 **가중처벌하는 범죄** 2. 가정폭력범죄, 아동학대범죄

THEME 19 경찰관 직무집행법 기타 규정

국제협력 (§8의3)	**경찰청장**은 이 법에 따른 경찰관의 직무수행을 위하여 외국 정부기관, 국제기구 등과 자료 교환, 국제협력 활동 등을 **할 수 있다.** 2410
유치장 (§9)	법률에서 정한 절차에 따라 체포·구속된 사람 또는 신체의 자유를 제한하는 판결이나 처분을 받은 사람을 수용하기 위하여 **경찰서와 해양경찰서**(시·도경찰청 X)에 유치장을 **둔다**(둘 수 있다 X). 2411
벌 칙 (§12)	이 법에 규정된 경찰관의 의무를 위반하거나 직권을 남용하여 다른 사람에게 해를 끼친 사람은 **1년 이하의 징역이나 금고 또는 300만원 이하의 벌금**에 처한다. 2412

「경찰관 직무집행법」 개정 연혁에 따른 주요내용

제정(1953년)	본법은 경찰관이 국민의 생명, 신체, 재산의 보호와 범죄의 예방, 공안의 유지 기타 법령집행 등의 직무를 충실히 수행하기 위하여 필요한 조치를 규정함을 목적(제1조)
1차(1981년)	① 유치장 설치근거 마련 ② 경찰관이 경찰장구를 사용하는 것에 대한 근거규정 신설
2차(1988년)	① '임의동행을 거부할 자유와 언제든지 경찰관서로부터 퇴거할 자유가 있음을 고지하도록'하는 규정이 신설 → 이후 1991년 개정시 동규정이 삭제됨 ② '**임의동행을 한 경우** 변호인의 조력을 받을 권리가 있음을 고지'하는 규정을 신설
3차(1989년)	최루탄의 사용요건과 방법 규정(최루탄 사용의 근거조항 신설)
4차(1991년)	① 임의동행시 동행을 거부할 자유와 언제든지 경찰관서로부터 퇴거할 자유가 있음을 고지하도록 한 규정 삭제 ② 임의동행을 한 경우 3시간을 초과하여 경찰관서에 머물게 할 수 없도록 하던 것을 6시간으로 연장함 ③ 경찰관의 경찰장구사용의 요건에 현행범을 추가(경찰장구 사용요건 완화)
5차(1996년)	경찰관직무집행법상의 경찰관서에 해양경찰관서를 포함함(해양경찰도 경직법 적용)
6~9차 개정 생략	
10차(2013년)	경찰관의 적법한 직무집행으로 인하여 재산상 손실이 발생한 경우 국가가 그 손실을 보상하도록 하기 위해 경찰관직무집행법 제11조의2 손실보상 규정 신설
11차(2014년 5월)	① 대테러 작전 수행 및 국제협력 관련 규정을 경찰관의 직무 범위에 추가함(제2조) ② 경찰청장은 경찰관의 직무수행을 위하여 **외국 정부기관, 국제기구등과의 자료 교환, 국제협력 활동**을 할 수 있도록 함(제8조의2 신설) ③ 경찰장비의 종류에 살수차를 명시하고, 살수차 사용시 사용일시 등을 기록하여 보관하도록 함(제10조 제2항 및 제11조) ④ **외국 정부기관 및 국제기구와의 국제협력이 추가됨**
12차 및 13차 개정 생략	
14차(2018년 4월)	경찰관의 직무에 '**범죄피해자 보호**'가 추가됨[2413]
15차(2018년 12월)	'재산상 손실 외에 생명 또는 신체상의 손실에 대하여도 보상'하도록 하는 규정 신설
16차 2020년 개정	① '경찰의 **인권보호 의무**(제1조)'가 처음 명시됨 ② **치안정보의 수집·작성 및 배포는 공공안녕에 대한 위험의 예방과 대응을 위한 정보**의 수집·작성 및 배포로 개정

PART 5

분야별 경찰활동

CHAPTER 01
생활안전경찰

- 01 지역경찰
- 02 경범죄 처벌법
- 03 풍속영업의 규제에 관한 법률
- 04 성매매알선 등 행위의 처벌에 관한 법률
- 05 총포·도검·화약류 등의 안전관리에 관한 법률
- 06 경비업(경비업법)
- 07 유실물법
- 08 소년경찰
- 09 청소년 보호법
- 10 아동·청소년 성보호에 관한 법률
- 11 실종아동등의 보호 및 지원에 관한법률과 실종아동등 및 가출인 업무처리 규칙

THEME 01 지역경찰

1 「지역경찰의 조직 및 운영에 관한 규칙」상 관련 내용 _A급

정의 (§2)	1. "**지역경찰관서**"란 「국가경찰과 자치경찰의 조직 및 운영에 관한 법률」 제30조 제3항 및 「경찰청과 그 소속기관 직제」 제43조에 규정된 **지구대 및 파출소**를 말한다. 2414
설치 및 폐지 (§4)	**시·도경찰청장**(경찰서장 X)은 인구, 면적, 행정구역, 교통·지리적 여건, 각종 사건사고 발생 등을 고려하여 경찰서의 관할구역을 나누어 지역경찰관서를 설치한다. 2415
하부조직(§6) 2416·2433	② **순찰팀의 수**는 지역 치안수요 및 인력여건 등을 고려하여 **시·도경찰청장**이 결정한다. ③ **관리팀 및 순찰팀의 인원**은 지역 치안수요 및 인력여건 등을 고려하여 **경찰서장**이 결정한다.
지휘 및 감독(§9)	**경찰서장**은 지역경찰관서의 운영에 관하여 총괄 지휘·감독한다. 2417 └ 지역경찰관서장 X
근무형태 및 시간 (§21)	① **지역경찰관서장은 일근근무를 원칙**으로 한다. 다만, 경찰서장은 필요하다고 인정되는 경우에는 지역경찰관서장의 근무시간을 조정하거나, 시간외·휴일 근무 등을 명할 수 있다. ② **관리팀은 일근근무를 원칙**으로 한다. 다만, 지역경찰관서장은 필요하다고 인정되는 경우에는 근무시간을 조정하거나, 시간외·휴일 근무 등을 명할 수 있다. ③ **순찰팀장 및 순찰팀원은 상시·교대근무**(일근근무 X)를 원칙으로 하며, 근무교대 시간 및 휴게 시간, 휴무횟수 등 구체적인 사항은 「국가공무원 복무규정」 및 「경찰기관 상시근무 공무원의 근무시간 등에 관한 규칙」이 규정한 범위 안에서 **시·도경찰청장**(경찰서장 X)이 정한다. 2418 ④ **치안센터 전담근무자의 근무형태 및 근무시간**은 치안센터의 종류 및 운영시간 등을 고려하여 제1항부터 제3항까지의 규정을 준용하여 **경찰서장**이 정한다.
일일근무 지정 (§29)	① 지역경찰관서장은 지역경찰관서 및 치안센터의 설치목적, 근무인원, 치안수요, 기타 업무량 등을 고려하여 근무의 종류 및 실시 기준을 정한다. ③ 순찰팀장은 관리팀원에게 행정근무를 지정하고, 순찰팀원에게 상황 또는 순찰근무 지정하는 것을 원칙으로 하되, 필요한 경우에는 다른 근무를 지정하거나 병행하여 수행하도록 지정할 수 있다. 2419 ④ 순찰근무의 근무종류 및 근무구역은 지역 치안이 효율적으로 수행될 수 있도록 시간대별·장소별 치안수요, 각종 사건사고 발생, 순찰 인원 및 가용 장비, 관할 면적 및 교통·지리적 여건 사항을 고려하여 지정하여야 한다. 2420 ⑥ **지역경찰관리자**(지역경찰관서장 및 순찰팀장)는 신고출동태세 유지 등을 위해 필요한 경우에는 휴게 및 식사시간도 **대기 근무**로 지정할 수 있다. 2421 └ 기타근무 X
지역경찰의 동원 (§31)	지역경찰 동원은 **근무자 동원을 원칙**으로 하되, 불가피한 경우에 한하여 **비번자, 휴무자 순**으로 동원할 수 있다. 2422

정원관리(§37)	시·도경찰청장은 소속 시·도경찰청의 지역경찰 정원 충원 현황을 **연 2회 이상** 점검하고 현원이 정원에 미달할 경우, 지역경찰 정원충원 대책을 수립, 시행하여야 한다.2423
교육(§39)	① **시·도경찰청장 및 경찰서장**은 지역경찰의 올바른 직무수행 및 자질 향상을 위해 필요한 교육을 실시하여야 한다. ② 교육시간, 방법, 내용 등 지역경찰 교육과 관련된 세부적인 기준은 **경찰청장**이 따로 정한다.2424 ↳ 시·도경찰청장 X
근무일지의 기록·보관(§42)	① 지역경찰은 근무 중 주요사항을 **근무일지(을지)**에 기재하여야 한다.2425 ③ 근무일지는 **3년간** 보관한다.2426

2 경찰기관 상시근무 공무원의 근무시간 등에 관한 규칙

제2조(정의) 이 규칙에서 사용하는 용어는 다음과 같다.
1. "**상시근무**"라 함은 일상적으로 24시간 계속하여 대응·처리해야 하는 업무를 수행하거나 **긴급하고 중대한 치안상황에 대비하기 위하여 야간, 토요일 및 공휴일에 관계없이 상시적으로 업무를 수행**하는 근무형태를 말한다.2427
2. "**교대근무**"라 함은 **근무조를 나누어 일정한 계획에 의한 반복주기에 따라 교대로 업무를 수행**하는 근무형태를 말한다.
3. "**휴무**"라 함은 근무일에 해당함에도 불구하고 누적된 피로 회복 등 건강유지를 위하여 **일정시간 동안 근무에서 벗어나 자유롭게 쉬는 것**을 말한다.
4. "**비번**"이라 함은 교대근무자가 일정한 계획에 따라 다음 근무시작 전까지 자유롭게 쉬는 것을 말한다.2428
5. "**휴게시간**"이라 함은 **근무도중 자유롭게 쉬는 시간**을 말하며 **식사시간을 포함**한다.2429
6. "**대기**"라 함은 신고사건 출동 등 치안상황에 대응하기 위하여 **일정시간 지정된 장소에서 근무태세를 갖추고 있는 형태의 근무**를 말한다.2430

3 지역경찰의 직무(지역경찰의 조직 및 운영에 관한 규칙 §5~8) _A급

구 분	직 무
지역경찰관서장 (지구대장, 파출소장) (치안센터 X)	1. 관내 치안상황의 분석 및 대책 수립 2. 지역경찰관서의 시설·예산·장비의 관리2432 3. 소속 지역경찰의 근무와 관련된 제반사항에 대한 지휘 및 감독2431 4. 경찰 중요 시책의 홍보 및 협력치안 활동2434
순찰**팀장**	1. 근무교대 시 주요 취급사항 및 장비 등의 **인수**인계 확인 2. 관리팀원 및 순찰팀원에 대한 **일일**근무 지정 및 지휘·감독 3. 관내 중요 사건 발생 시 **현장** 지휘 4. 지역경찰관서장 부재 시 업무 **대행** 5. 순찰팀원의 업무역량 향상을 위한 **교육** 인수팀장 일일현장대행교육2434
관리팀	문서의 접수 및 처리, **시설 및 장비의 관리**, 예산의 집행 등 지역경찰관서의 행정업무
순찰팀	순찰팀은 범죄예방 순찰, 각종 사건사고에 대한 초동조치 등 현장 치안활동을 담당2435
부팀장	순찰팀장을 보좌하고 순찰팀장 부재 시 업무를 대행

4 지역경찰 근무의 종류(§22~28) _A급 2436·2444

구 분	근무 내용
행정근무	1. **문**서의 접수 및 처리 2. 시설·장비의 관리 및 **예**산의 집행 3. 각종 현황, 통계, 자료, **부**책 관리 2443 4. 기타 행정업무 및 지역경찰관서장이 **지**시한 업무 **문예부지** 2438
상황근무 2440	1. 시설 및 장비의 작동 여부 확인 2442 2. **방문민원 및 각종 신고사건의 접수 및 처리** 2437 3. 요보호자 또는 피의자에 대한 보호·감시 4. 중요 사건·사고 발생 때 보고 및 전파 2439 5. 기타 필요한 문서의 작성
순찰근무 2443	1. 주민여론 및 범죄첩보 수집 2441 2. 각종 사건·사고 발생 때 초동조치 및 보고, 전파 3. 범죄 예방 및 위험발생 방지 활동 4. **범법자의 단속 및 검거** ※ 112순찰근무 및 야간 순찰근무는 반드시 2인 이상 합동 지정하여야 한다. 5. 경찰방문 및 방범진단 6. 통행인 및 차량에 대한 검문검색 등
경계근무 (반드시 2인 이상 합동 지정)	1. 범법자 등 단속·검거하기 위한 통행인 및 차량, **선박** 등에 대한 **검문검색** 및 후속조치 2. **비상 및 작전사태 등 발생할 때 차량, 선박 등의 통행 통제** 2445
대기근무	지정된 장소에서 휴식을 취하되, 무전기를 청취하며 **10분** 이내 출동이 가능한 상태를 유지 2446
기타 근무	치안상황에 효과적으로 대응하기 위하여 지역경찰 관리자가 지정하는 근무로 위의 근무형태에 **해당하지 않는** 근무

행상순경대기

5 치안센터(지역경찰의 조직 및 운영에 관한 규칙)_B급

설치 (§10)	시·도경찰청장은 지역치안을 효율적으로 수행하기 위하여 지역경찰관서장 소속하에 치안센터를 설치할 수 있다.2447	
소속 및 관할 (§11)	① 치안센터는 지역경찰관서장의 소속 하에 두며, 치안센터의 인원, 장비, 예산 등은 지역경찰관서에서 통합 관리한다. ② 치안센터의 관할구역은 소속 지역경찰관서 관할구역의 일부로 한다. ③ **치안센터 관할구역의 크기**는 설치목적, 배치 인원 및 장비, 교통·지리적 요건 등을 고려하여 **경찰서장**이 정한다.	
종류 (§15~18)	① 치안센터는 설치목적에 따라 **검문소형과 출장소형**으로 구분한다. ② **출장소형 치안센터**는 지리적 여건·치안수요 등을 고려하여 필요한 경우 **직주일체형으로 운영**할 수 있다.2450	
	검문소형 (§16)	검문소형 치안센터는 적의 침투 예상로 또는 주요 간선도로의 취약요소 등에 교통통제 요소 등을 고려하여 설치한다.
	출장소형 (§17)	① 출장소형 치안센터는 지역 치안활동의 효율성 및 주민 편의 등을 고려하여 필요한 지역에 설치한다. ② 출장소형 치안센터 근무자는 관할 내 주민여론 청취 등 지역사회 경찰활동, 방문 민원 접수 및 처리, 범죄예방 순찰 및 위험발생 방지, 지역경찰관서에서 즉시 출동하기 어려운 사건·사고 발생 시 초동조치 등의 임무를 수행한다.2449 [직주일체형](§18) ① 직주일체형 치안센터는 출장소형 치안센터 중 근무자가 치안센터 내에서 거주하면서 근무하는 형태의 치안센터를 말한다. ② 직주일체형 치안센터에는 **배우자와 함께 거주함을 원칙**으로 하며, 배우자는 근무자 부재시 방문 민원 접수·처리 등 보조 역할을 수행한다. ③ 치안센터에 배치된 근무자는 근무 종료 후에도(휴무일은 제외) *(포함X)* 관할구역 내에 위치하며 지역경찰관서와 연락체계를 유지하여야 한다.2448
직주일체형 치안센터 근무자의 특례(§19)	**경찰서장**은 직주일체형 치안센터에서 거주하는 근무자의 배우자에게 조력사례금을 **지급하여야 하며**, 지급 기준 및 금액은 **경찰청장**이 정한다.2451	

6 112 신고 _s급

(1) 112신고의 운영 및 처리에 관한 법률

정의(§2)	1. "112"란 「전기통신사업법」 제48조에 따른 전기통신번호자원 관리계획에 따라 부여하는 특수번호인 112를 말한다. 2. "112신고"란 범죄나 각종 사건·사고 등 위급한 상황이 발생하였거나 발생할 것이 예상될 때 그 피해자 또는 이를 인지한 사람이 112를 이용한 음성, 문자 신고와 그 밖의 인터넷, 영상, 스마트기기 등을 통하여 신고하는 것을 말한다.
국민의 권리와 의무 (§4)	② 누구든지 범죄나 각종 사건·사고 등 위급한 상황에 대응하기 위한 목적 외의 다른 목적으로 112신고를 하거나 이를 거짓으로 꾸며 112신고를 하여서는 아니 된다. → 위반하여 범죄나 각종 사건·사고 등 위급한 상황을 거짓으로 꾸며 112신고를 한 사람에게는 500만원 이하의 과태료를 부과한다(§18①).
112치안 종합상황실의 설치·운영(§6)	① 경찰청장, 시·도경찰청장 및 경찰서장(이하 "경찰청장등"이라 한다)은 112신고의 신속한 접수·처리와 이를 위한 112신고 정보의 분석·판단·전파 및 공유·이관, 상황관리, 현장 지휘·조정·통제 및 공동대응 등의 업무를 수행하기 위하여 112치안종합상황실을 설치·운영하여야 한다. **동법 시행령** 제2조(112치안종합상황실의 설치·운영) ① 「112신고의 운영 및 처리에 관한 법률」(이하 "법"이라 한다) 제6조 제1항에 따른 112치안종합상황실(이하 "112치안종합상황실"이라 한다)은 **경찰청, 시·도경찰청 및 경찰서**에 설치한다.
112신고의 접수 등(§7)	① 경찰청장등은 112신고를 받으면 <u>「국가경찰과 자치경찰의 조직 및 운영에 관한 법률」 제4조 제1항</u>에 따른 경찰사무의 구분이나 현장 출동이 필요한 지역의 <u>관할에 관계없이</u> 해당 112신고를 신속하게 접수하여 처리하여야 한다. ↳ 경찰관 직무집행법 제2조 X ↳ 관할의 관계를 고려하여 X
112신고에 대한 조치(§8)	① **경찰청장등**은 112신고가 접수된 때에는 경찰관을 현장에 신속하게 출동시켜 위험 발생의 방지, 범죄의 예방·진압, 구호대상자의 구조 등 필요한 조치를 하게 하여야 한다. ② 제1항에 따라 필요한 조치를 한 경찰관은 해당 112신고와 관련하여 **범죄의 혐의가 있다고 인정할 만한 상당한 이유**가 있어 계속 수사할 필요가 있는 경우 **지체 없이** 해당 **수사기관에 인계하여야 한다.** ③ **경찰관**은 필요한 조치를 할 때 사람의 생명·신체 또는 재산에 대한 급박한 위해가 발생할 우려가 있는 경우에는 그 위해를 방지하거나 피해자를 구조하기 위하여 부득이하다고 인정하면 합리적으로 판단하여 필요한 한도에서 다른 사람의 토지·건물 또는 그 밖의 물건을 일시 사용, 사용의 제한 또는 처분을 하거나 다른 사람의 토지·건물·배 또는 차에 출입할 수 있다. → 정당한 사유 없이 토지·물건 등의 일시사용, 사용의 제한, 처분 또는 토지·건물·배 또는 차에 출입을 거부 또는 방해한 자에게는 300만원 이하의 과태료를 부과한다(§18②). ④ **경찰청장등**은 112신고를 처리하는 과정에서 재난·재해, 범죄 또는 그 밖의 위급한 상황이 ↳ 경찰관 X 발생하여 사람의 생명·신체를 위험하게 할 것으로 인정할 때에는 일정한 구역을 정하여 그 구역에 있는 사람에게 그 구역 밖으로 피난할 것을 명할 수 있다. → 정당한 사유 없이 피난 명령을 위반한 자에게는 100만원 이하의 과태료를 부과한다(§18③).

112신고자에 대한 보호 등 (§10)	② **경찰청장등**은 다음 각 호의 어느 하나에 해당하는 경우를 제외하고 112신고에 사용된 전화번호, 112신고자의 이름·주소·성별·나이·음성과 그 밖에 112신고자를 특정하거나 유추하는 데 사용될 수 있는 일체의 정보(이하 "112신고자 정보"라 한다)를 **수집·이용 또는 제공하여서는 아니 된다.** 1. 112신고의 처리를 위하여 112신고자 정보를 활용하는 경우 2. 112신고자가 동의하는 경우 3. 이 법 또는 다른 법률에 특별한 규정이 있는 경우 ③ **누구든지** ②에 따른 112신고자 정보를 112신고 접수·처리 이외의 목적에 이용하여서는 아니 된다. → 위반하여 112신고자 정보를 목적 외의 용도로 이용한 자는 **5년 이하의 징역 또는 5천만원 이하의 벌금**에 처한다(§17).
출동 현장의 촬영·관리(§11)	① **경찰청장등**은 112신고를 처리할 때 **112치안종합상황실에서 출동 현장의 상황 등을 실시간으로 확인하고 지휘하기 위한 목적**으로 순찰차 등에 영상촬영장치를 설치하여 출동 현장을 촬영할 수 있다.₂₄₅₄ ② 제1항에 따라 수집된 영상정보의 보관·이용·폐기의 기간·방법·절차, 그 밖에 필요한 사항은 **대통령령**으로 정한다. **동법 시행령** **제5조(출동 현장의 촬영·관리)** ① **경찰청장등**은 법 제11조 제1항에 따라 경찰차량 또는 무인비행장치에 영상촬영장치를 설치하거나 경찰관이 영상촬영장치를 착용 또는 휴대하도록 하여 출동 현장을 촬영할 수 있다.₂₄₅₆ ② 제1항에 따라 출동 현장을 촬영할 때에는 불빛, 소리, 안내판, 안내서면, 안내방송 또는 그 밖에 이에 준하는 수단이나 방법으로 출동 현장에 있는 사람이 촬영 사실을 쉽게 알 수 있도록 **표시하고 알려야 한다.**₂₄₅₇ ③ 경찰청장등은 제2항에 따른 방법으로 촬영 사실을 표시하거나 알리기 어려운 경우에는 **개인정보 보호위원회가 구축하는 인터넷 사이트**에 촬영 사실을 **미리**(사후 X) 공지하는 방법으로 **알릴 수 있다.** (알려야 한다. X)₂₄₅₈ ④ ①에 따라 수집된 영상정보의 보관기간은 촬영일부터 **30일**(1년X)로 한다. 다만, 범죄 수사를 위해 영상정보의 보관이 필요한 경우 등 경찰청장등이 필요하다고 인정하는 경우에는 **30일**(1년X)의 범위에서 보관기간을 연장할 수 있다.₂₄₅₉
112신고의 기록·보존 등 (§12)	① **경찰청장등**은 112신고의 접수·처리 상황을 제13조에 따른 112시스템에 입력·녹음·녹화 등의 방법으로 기록하고 보존하여야 한다. **동법 시행령** **제6조(112신고의 기록·보존 등)** ① 법 제12조 제1항에 따른 112신고 접수·처리 상황 기록의 보존기간은 다음 각 호의 구분에 따른다. 1. 112신고 접수 및 처리와 관련된 **112시스템 입력자료: 3년**. 다만, 단순 민원·상담 등 **경찰청장**이 정하는 경미한 내용의 112신고의 경우에는 **1년**으로 한다.₂₄₆₀ 2. 112신고 접수 및 처리와 관련된 **녹음·녹화자료: 3개월**

112신고의
기록·보존 등
(§12)
	② 제1항에도 불구하고 범죄 수사를 위해 기록의 보존이 필요한 경우 등 **경찰청장등**이 필요하다고 인정하는 경우에는 다음 각 호의 구분에 따른 범위에서 112신고 접수·처리 상황 기록의 보존기간을 **연장할 수 있다.** 2461
	  1. 제1항 제1호의 경우: **2년**. 다만, 제1항 제1호 단서에 해당하는 경우에는 **1년**으로 한다.
	  2. 제1항 제2호의 경우: **3개월**
	② ①에 따른 112신고 접수·처리 상황의 기록 방법·범위, 보존기간, 관리 및 폐기 등에 필요한 사항은 **대통령령**으로 정한다.

112시스템의
구축·운영(§13)
	① **경찰청장**은 112신고의 접수·처리, 112신고 정보의 공유·이관 및 공동대응 등에 필요한 정보시스템(이하 "112시스템"이라 한다)을 구축·운영하여야 한다.
	② ①에 따른 112시스템의 구축·운영에 필요한 사항은 **대통령령**으로 정한다.
	
	동법 시행령
	제7조(112시스템의 구축·운영) ① **경찰청장**은 법 제13조제1항에 따라 다음 각 호의 사항이 포함된 112시스템을 **구축·운영해야 한다.**
	  1. 112신고의 접수·처리에 관한 사항
	  2. 112신고 정보의 공유·이관에 관한 사항
	  3. 112신고 관계 기관과의 공동대응 또는 협력에 관한 사항
	  4. 법 제14조 제1항에 따른 다른 정보시스템과의 연계에 관한 사항
	  5. 그 밖에 112시스템의 구축·운영에 필요한 사항
	② **경찰청장**은 112시스템의 효율적 운영을 위해 필요한 경우에는 112시스템의 운영 상황 등을 점검하여 112시스템 보완·개선 계획을 **수립·시행할 수 있다.**
	③ 제1항 및 제2항에서 규정한 사항 외에 112시스템의 구축·운영에 필요한 사항은 **경찰청장**이 정한다.

112신고자 포상 (§16)	① **경찰청장등**은 112신고를 통하여 범죄를 예방하고 다른 사람의 생명·신체 및 재산을 보호하는 데 기여한 공이 큰 112신고자에 대하여 **포상을 하거나 예산의 범위에서 포상금을 지급할 수 있다.** **동법 시행령** **제12조(112신고자 포상금의 지급 기준 등)** ① 법 제16조 제1항에 따른 포상금의 최고액은 **5천만원**으로 하며, 구체적인 포상금 지급 기준은 **경찰청장**이 정하여 고시한다. ② 제1항에 따른 포상금은 다른 법령에 따른 보상금·포상금 또는 구조금 등과 **중복하여 지급할 수 없다.** **제13조(112신고자 포상금의 지급 절차 등)** ① **경찰청장등**은 포상금 지급사유가 발생한 경우에는 **직권**으로 또는 포상금을 지급받으려는 사람의 신청에 따라 보상금심사위원회의 심사·의결을 거쳐 포상금을 지급한다.

(2) 112치안종합상황실 운영 및 신고처리 규칙

신고의 접수 (§6)	① 112신고는 법 제7조 제1항에 따라 현장출동이 필요한 지역의 **관할과 관계없이** 신고를 받은 경찰관서에서 신속하게 접수한다. ② 경찰관서 방문 등 112신고 외의 방법으로 범죄나 각종 사건·사고 등 위급한 상황이 발생하였거나 발생할 것이 예상된다는 신고를 **접수한 경찰관**은 **소속 경찰관서의 112시스템에 신고내용을 입력해야 한다.**2463 ③ **경찰청장등**은 112신고자에게 처리결과 통보를 할 경우 **서면(전자문서를 포함한다), 전화, 문자 메시지 등의 방법**으로 할 수 있다. 이 경우 **서면**으로 하는 통보의 요청, 통보여부 결정, 통보의 방법, 비용의 부담은 「공공기관의 정보공개에 관한 법률」에 따른다.

112신고의
대응체계
(§7)
	① **경찰청장**은 영 제3조 제2항에 따라 112신고 내용의 긴급성과 출동 필요성 등을 고려하여 112신고 대응 코드(code)를 다음 각 호와 같이 분류한다.
	  1. **코드 0 신고**: 코드 1 신고 중 이동성 범죄, 강력범죄 현행범인 등 신고 대응을 위해 **실시간 전파**가 필요한 경우2464
	  2. **코드 1 신고** : 생명·신체에 대한 위험 발생이 **임박하거나 진행 중 또는 그 직후인 경우 및 현행범인인 경우**
	  3. **코드 2 신고** : 생명·신체에 대한 **잠재적 위험**이 있는 경우 및 범죄예방 등을 위해 필요한 경우
	  4. **코드 3 신고** : 즉각적인 현장조치는 **불필요**하나 수사, 전문상담 등이 필요한 경우2465
	  5. **코드 4 신고** : 긴급성이 없는 **민원·상담 신고**
	② 112근무요원은 영 제3조 제3항에 따라 112시스템에 신고내용을 입력할 경우 112신고 내용의 긴급성과 출동 필요성 등을 고려하여 제1항 각 호의 어느 하나에 해당하는 112신고 대응 코드를 부여한다.
	③ 112근무요원은 112신고가 완전하게 수신되지 않는 경우와 같이 정확한 신고내용을 파악하기 힘든 경우라도 신속한 처리를 위해 우선 임의의 112신고 대응 코드를 부여할 수 있다.2466
	④ 112근무요원 및 출동 경찰관은 112신고 대응 코드를 변경할 만한 사실을 추가로 확인한 경우 **이미 분류된 112신고 대응 코드를 다른 112신고 대응 코드로 변경할 수 있다.**2467

지령 (§8)	① 법 제7조 제1항에 따라 112신고를 접수한 112근무요원은 접수한 신고의 내용이 **코드 0 신고부터 코드 3 신고**의 유형에 해당하는 경우에는 출동 경찰관에게 출동할 장소, 신고내용, 신고유형 등을 고지하고 신고의 현장출동, 조치, 종결하도록 지령해야 한다. ② 112근무요원은 접수한 신고의 내용이 **코드 4 신고**의 유형에 해당하는 경우에는 출동 경찰관에게 지령하지 않고 자체 종결하거나, 담당 부서 또는 112신고 관계 기관에 신고내용을 통보하여 처리하도록 조치해야 한다.2468

현장출동
(§13)
	① 제8조 제1항의 지령을 받은 출동 경찰관은 신고유형에 따라 다음 각 호의 기준에 따라 현장에 출동해야 한다.
	  1. **코드 0 신고 및 코드 1 신고** : 코드 2 신고, 코드 3 신고 및 다른 업무의 처리에 우선하여 출동
	  2. **코드 2 신고** : 코드 0 신고, 코드 1 신고 및 다른 중요한 업무의 처리에 지장을 초래하지 않는 범위 내에서 출동
	  3. **코드 3 신고** : 당일 근무시간 내에 출동
	② 출동 경찰관은 소관 업무나 관할 등을 이유로 출동을 거부하거나 지연 출동해서는 안 된다.

현장보고
(§14)
	① 출동 경찰관은 112치안종합상황실에 다음 각 호의 보고를 해야 한다.
	  1. **최초보고**: 출동 경찰관은 112신고 현장에 도착한 즉시 도착 사실과 함께 현장 상황을 간략히 보고
	  2. **수시보고**: 현장 상황에 변화가 발생하거나 지원이 필요한 경우 수시로 보고
	  3. **종결보고**: 현장 초동조치가 종결된 경우 확인된 사건의 진상, 사건의 처리내용 및 결과 등을 상세히 보고
	② 제1항에도 불구하고 현장 상황이 급박하여 신속한 현장 조치가 필요한 경우 **우선 조치 후 보고할 수 있다.**[2469]

112신고의 종결 (§16)	112근무요원은 다음 각 호의 경우 112신고처리를 **종결할 수 있다.** 1. 사건이 해결된 경우[2470] 2. 신고자가 신고를 취소한 경우. 다만, 신고자와 취소자가 동일인인지 여부 및 취소의 사유 등을 파악하여 신고취소의 진의 여부를 확인해야 한다. 3. 허위·오인으로 인한 신고인 경우 또는 신고내용이 경찰 소관이 아님이 확인된 경우 4. 현장에 출동하였으나 사건 내용을 확인할 수 없으며, 사건이 실제 발생하였다는 사실도 확인되지 않는 경우 5. 주무부서의 계속적 조치가 필요한 경우 및 추가적 수사의 필요 등으로 사건 해결에 장시간이 소요되어 해당 부서로 인계하여 처리하는 것이 효과적인 경우 6. 그 밖에 112치안종합상황실장(상황팀장)이 초동조치가 종결된 것으로 판단하는 경우

자료보존기간
(§20)
	① 법 제12조 제1항 및 영 제6조 제1항의 규정에 따른 112신고 접수·처리자료의 보존기간은 다음 각 호의 구분에 따른다.[2471]
	  1. 112시스템 입력자료: 112신고 대응 **코드 0·코드 1·코드 2**로 분류한 자료는 **3년간**, **코드 3·코드 4**로 분류한 자료는 **1년간 보존**
	  2. 녹음·녹화자료: **3개월간 보존**
	  3. 그 밖에 문서 및 일지: 「공공기록물 관리에 관한 법률」에서 정하는 바에 따라 보존
	비교 영 제6조 제1항 규정에 따른 입력자료: **3년**, 단순 민원·상담 등: **1년**, 녹음·녹화자료: **3개월**[2460]

112근무요원의 전문성 확보 (§25)	① 112근무요원의 근무기간은 **2년 이상**으로 한다.[2462] ② 경찰청장은 112근무요원의 전문성 제고를 위해 112근무요원 **전문인증제**를 운영할 수 있다.

THEME 02 경범죄 처벌법 _S급

1 성격 및 특징

성격	광의의 형법, 형법의 보충법, 일반법(특별법X) 2472
특징	① 죄를 짓도록 시키거나(교사) 도와준 사람(방조)은 죄를 지은 사람(정범)에 준하여 벌한다(§4). 2473 ② 사람을 벌할 때에는 그 사정과 형편을 헤아려서 그 형을 **면제**하거나 **구류와 과료를 함께** 과할 수 있다(§5). 2475 (↳ 감면 X) ③ 범칙금을 납부한 사람은 그 범칙행위에 대하여 다시 처벌받지 아니한다(§8). ④ 미수범처벌 규정이 없고 추상적 위험범이다. 2474

2 종류(§3)

① 10만원 이하의 벌금·구류·과료	40개 조항 2477·2478·2479	① 범칙행위 O (통고처분 가능) ② 주거가 일정한 경우 현행범체포 불가능
② 20만원 이하의 벌금·구류·과료	1. **업**무방해 2481 2. 거짓**광고** 2480·2483 3. **암표**예매 4. 출판물의 **부**당게재 등 **부업으로 암표광고** 2482	① 범칙행위 O (통고처분 가능) ② 주거가 일정한 경우 현행범체포 **불가능** ※ **암표매매**는 흥행장, 경기장 등 특정 장소(대면)에서 거래행위를 처벌, 비대면은 **처벌 X** 2484
③ 60만원 이하의 벌금·구류·과료	1. 관공서에서의 **주취소란** 2485 2. 거짓신고	① 경범죄 제3조 제3항은 통고처분 항목에 해당되지 않는다. → 범칙행위 X (통고처분 불가능) 2476 ② 주거가 일정한 경우라도 **현행범체포 가능** (형사소송법 제214조가 적용되지 않아 **주거불명 여부와 관계없이** 현행범 체포가 가능함에 유의) 2486·2487·2488

3 경범죄 처벌법 관련 판례

1. 버스정류장 등지에서 소매치기를 할 생각으로 은밀히 성명불상자들의 뒤를 따라다녔다 하더라도 성명불상자들이 이를 의식하지 못한 이상 **불안감조성에 해당하지 아니한다**(99도2034). 2489
2. 낮에 자신의 집 앞 복도에서 타인과 실랑이를 벌이며 욕설을 섞어 조용히 하라는 말 한두 마디를 한 행위는 경범죄처벌법상 **인근소란행위에 해당하지 않는다**(2008도8793).
3. 막연히 전동차 구내에서 선교활동을 한 행위는 경범죄 처벌법을 위반한 행위가 아니다(2003도4148).
4. 「경범죄 처벌법」위반자가 서명 후 위반자용 용지와 은행납부용 용지를 지급받자 화를 참지 못하여 통고처분 용지를 찢은 경우 **공용서류무효죄는 성립하지 아니한다**(98도4350). 2490

4 범칙자와 통고처분

범칙자 (§6)	범칙자	범칙행위를 한 사람으로서 제외대상을 **제외**한 사람을 말한다.
	제외자 상구피18	1. 범칙행위를 **상습**적으로 하는 사람 2493 2. 죄를 지은 동기나 수단 및 결과를 헤아려볼 때 **구류처분**을 하는 것이 적절하다고 인정되는 사람 3. **피**해자가 있는 행위를 한 사람 4. **18세 미만**인 사람 2492
통고처분 (행정처분) (§7)	통고처분 부과	**경찰서장**, 해양경찰서장 및 제주특별자치도지사 또는 철도특별사법경찰대장은 범 └ 경찰청장 X 칙자로 인정되는 사람에 대하여 **서면**으로 범칙금을 납부할 것을 통고**할 수 있다**. 2495
	제외자 2491·2494	1. 통고처분서 받기를 거부한 사람 2. 주거 또는 신원이 확실하지 아니한 사람 3. 그 밖에 통고처분을 하기가 매우 어려운 사람

5 범칙금의 납부 및 즉결심판 청구(§8~§9)

1차 납부	① 통고처분서를 받은 사람은 통고처분서를 받은 날부터 **10일 이내**에 경찰청장·해양경찰청장 또는 철도특별사법경찰대장이 지정한 은행, 그 지점이나 대리점, 우체국 또는 제주특별자치도지사가 지정하는 금융기관이나 그 지점에 범칙금을 납부하여야 한다. 다만, 천재지변이나 그 밖의 부득이한 사유로 말미암아 그 기간 내에 범칙금을 납부할 수 없을 때에는 그 부득이한 사유가 없어지게 된 날부터 **5일 이내**에 납부하여야 한다. 2496 ② 범칙금을 납부한 사람은 그 범칙행위에 대하여 다시 처벌받지 아니한다. 2499 ③ 범칙금은 신용카드, 직불카드 등으로 낼 수 있다(단, **분할납부 할 수 없음, 승인일이 납부일**임).
2차 납부	1차 납부의 기간내에 납부하지 아니한 사람은 납부기간의 마지막 날의 **다음 날부터 20일 이내**에 통고받은 범칙금의 **100분의 20**을 더한 금액을 납부하여야 한다. 2497 예 A가 1월 13일에 경범죄 처벌법위반으로 통고처분을 받은 경우 1차 납부기일은 1월 23일이고, 납부기간에 범칙금을 납부하지 아니한 사람은 납부기간의 마지막날의 다음날부터 20일 이내에 납부하여야 하므로 2차 납부기일은 2월 12일이다(휴일, 공휴일 고려치 않음). 2498
즉결 심판 청구	① **경찰서장** 등은 다음 어느 하나에 해당하는 사람에 대하여는 **지체없이** 즉결심판을 청구해야 함. 다만, 즉결심판이 청구되기 전까지 통고받은 범칙금에 **100분의 50**을 더한 금액을 납부한 사람에 대하여는 그러하지 아니한다. 1. 통고처분서 받기를 거부한 사람 2500 2. 주거 또는 신원이 확실하지 아니한 사람 3. 그 밖에 통고처분을 하기가 매우 어려운 사람 4. 납부기간에 범칙금을 납부하지 아니한 사람 ② 즉결심판이 청구된 피고인이 통고받은 범칙금에 **100분의 50**을 더한 금액을 납부하고 그 증명서류를 **즉결심판 선고 전까지** 제출하였을 때에는 경찰서장 등은 즉결심판 청구를 **취소해야 한다**. 2501 판례 경찰서장이 범칙행위에 대하여 통고처분을 한 이상 통고처분에서 정한 범칙금 납부기간까지는 원칙적으로 경찰서장은 즉결심판을 청구할 수 없다(대판 2017도13409). 2502

6 즉결심판에 관한 절차법 _B급

즉결심판의 대상 (§2)	지방법원, 지원 또는 시·군법원의 판사는 즉결심판절차에 의하여 피고인에게 **20만원** 이하의 **벌금, 구류 또는 과료**에 처할 수 있다. ↳자격상실X, 자격정지X
서류·증거물의 제출 (§4)	**경찰서장**은 즉결심판의 청구와 동시에 즉결심판을 함에 필요한 서류 또는 증거물을 **판사**에게 제출**하여야 한다.** → 공소장일본주의 예외
청구의 기각 등 (§5)	① 판사는 사건이 즉결심판을 할 수 없거나 즉결심판절차에 의하여 심판함이 적당하지 아니하다고 인정할 때에는 결정으로 **즉결심판의 청구를 기각하여야 한다.** ② 판사가 즉결심판청구를 **기각**하는 결정을 한 경우 경찰서장은 **지체없이** 사건을 **관할 지방검찰청 또는 지청의 장**에게 송치**하여야 한다.** ↳법원X
개정 (§7)	즉결심판절차에 의한 심리와 재판의 선고는 **공개된 법정**에서 행하되, 그 법정은 경찰관서 **외**의 장소에 설치되어야 한다. ↳비공개X
즉결심판서 (§12)	피고인이 범죄사실을 자백하고 정식재판의 청구를 포기한 경우에는 제11조의 기록작성을 생략하고 즉결심판서에 선고한 주문과 적용법조를 명시하고 판사가 기명·날인한다. → 피고인은 정식재판의 청구를 포기할 수 있다.
정식재판의 청구 (§14)	① 정식재판을 청구하고자 하는 피고인은 즉결심판의 선고·고지를 받은 날부터 **7일** 이내에 정식재판청구서를 **경찰서장**에게 제출하여야 한다. ↳판사X ② 경찰서장은 판사가 **무죄·면소 또는 공소기각**을 선고하였을 때에는 **7일** 이내에 정식재판을 청구할 수 있다. ↳청구 기각 결정X ③ 판사는 정식재판청구서를 받은 날부터 **7일** 이내에 **경찰서장**에게 정식재판청구서를 첨부한 사건기록과 증거물을 송부한다. ④ 피고인은 정식재판의 청구를 **포기할 수 있다.** **판례** 피고인이 즉결심판에 대하여 제출한 정식재판청구서에 피고인의 자필로 보이는 이름이 기재되어 있고 그 옆에 서명이 되어 있어 위 서류가 작성자 본인인 피고인의 진정한 의사에 따라 작성되었다는 것을 명백하게 확인할 수 있으며 형사소송절차의 명확성과 안정성을 저해할 우려가 없으므로, 정식재판청구는 **적법**하다고 보아야 한다(대판 2017모3458).
유치명령 등 (§17)	판사는 구류의 선고를 받은 피고인이 일정한 주소가 없거나 또는 도망할 염려가 있을 때에는 **5일**을 초과하지 아니하는 기간 경찰서 유치장에 유치할 것을 **명령할 수 있다.** 다만, 이 기간은 선고기간을 초과할 수 없다.

풍속영업의 규제에 관한 법률_B급

1 풍속영업의 범위

1. 「게임산업진흥에 관한 법률」상 **게임제공업 및 복합유통게임제공업**2513
2. 「영화 및 비디오물의 진흥에 관한 법률」상 **비디오물감상실업**2514
3. 「음악산업진흥에 관한 법률」상 **노래연습장업**2517
4. 「공중위생관리법」상 **숙박업, 목욕장업, 이용업** 중 대통령령으로 정하는 것2515
5. 「식품위생법」상 **단란주점영업 및 유흥주점영업**2518
6. 「체육시설의 설치·이용에 관한 법률」상 **무도학원업 및 무도장업**, 골프장, 골프연습장2516
[주의] 다중이용업소의 안전관리에 관한 특별법 – 스크린골프장(가상체험 체육시설업)
7. **여성가족부장관**이 고시한 영업
(예) 성기구 취급업소, 키스방, 대딸방, 전립선마사지, 유리방, 성인PC방, 휴게텔, 인형체험방)
→ 티켓다방, 농어촌 민박, 미용업, 카페, 사행행위영업, 일반음식점영업 등은 풍속영업이 아님

2 풍속영업자의 준수(금지) 사항 및 처벌

금지 사항	처벌
풍속영업을 하는 자(풍속영업자) 및 대통령령으로 정하는 종사자는 풍속영업을 하는 장소(풍속영업소)에서 다음 각 호의 행위를 하여서는 아니 된다. 1. 「성매매알선 등 행위의 처벌에 관한 법률」 제2조 제1항 제2호에 따른 성매매알선 등행위	3년 이하의 징역 또는 **3천만원** 이하의 벌금
2. 음란행위를 하게 하거나 이를 알선 또는 제공하는 행위 3. 음란한 문서·도화·영화·음반·비디오물, 그 밖의 음란한 물건에 대한 다음 행위 　가. **반포·판매·대여**(제작 X)하거나 이를 하게 하는 행위 　나. 관람·열람하게 하는 행위 　다. 반포·판매·대여·관람·열람의 목적으로 진열하거나 보관하는 행위 4. 도박이나 그 밖의 사행(射倖)행위를 하게 하는 행위	3년 이하의 징역 또는 **2천만원** 이하의 벌금

3 풍속영업규제에 관련된 판례

1. '풍속영업을 영위하는 자'는 풍속영업의 범위에 속하는 영업을 실제로 하는 자이므로, 그 풍속영업자가 지켜야 할 준수사항도 실제로 하고 있는 영업형태에 따라 정하여지는 것이므로 **유흥주점영업허가를 받았다고 하더라도 실제로는 노래연습장 영업을 하고 있다면 유흥주점영업에 따른 영업자 준수사항을 지켜야 할 의무가 있다고 할 수 없다**(97도1873).[2520]
2. 풍속영업법 제3조 제1호의2[개정법 제2호]에서 규정하고 있는 '음란행위'란 **사회 평균인의 입장**에서 성욕을 자극하여 성적 흥분을 유발하고 정상적인 성적 수치심을 해하였다고 평가될 수 있는지를 기준으로 판단하여야 한다(2010도10171).
3. 나이트클럽 무용수인 피고인이 무대에서 공연하면서 **겉옷을 모두 벗고 성행위와 유사한 동작을 연출하거나 속옷에 부착되어 있던 모조 성기를 수차례 노출**한 경우, 풍속영업법 제3조 제1호의2[개정법 제2호]에서 정한 **음란행위에 해당한다**(2010도 10171).
4. TV방송프로그램이 기억·저장되어 있는 방송사업자의 테이프 또는 디스크 등의 유형물은 풍속영업법 제3조 제2호[개정법제3호]에서 규정하는 '기타 물건'에 해당하고, 방송 시청자가 관람하는 대상은 유형물에 고정된 방송프로그램 그 자체라고 할 수 있으므로, 풍속영업소인 **숙박업소에서 음란한 외국의 위성방송프로그램을 수신하여 투숙객 등으로 하여금 시청하게 하는 행위**는 풍속영업법제3조 제2호에 규정된 '**음란한 물건**'을 관람하게 하는 행위에 해당한다(2009도4545).[2519]
5. 모텔에 동영상 파일 재생장치인 **디빅 플레이어(DivX Player)를 설치**하고 투숙객에게 그 비밀번호를 가르쳐 주어 저장된 음란 동영상을 관람하게 한 경우, 이는 풍속영업법 제3조 제2호[개정법 제3호]가 금지하고 있는 **음란한 비디오물을 풍속영업소에서 관람하게 한 행위에 해당한다**(2008도3975).[2523]
6. 유흥주점 여종업원들이 **웃옷을 벗고 브래지어만 착용하거나 치마가 허벅지가 다 드러나도록 걷어 올리고 가슴이 보일 정도로 어깨끈을 밑으로 내린 채** 손님을 접대한 경우, 위 종업원들의 행위는 풍속영업 법 제3조 제1호[개정법 제2호]에 정한 '**음란행위**'에 해당한다고 보기 어렵다(2006도3119).
7. 풍속영업자가 자신이 운영하는 여관에서 **친구들과 일시 오락 정도에 불과한 도박**을 한 경우, 형법상 도박죄는 성립하지 아니하고 풍속영업법위반죄의 구성요건에는 해당하나 **사회상규에 위배되지 않는 행위로서 위법성이 조각된다**(2003도6351).

성매매알선 등 행위의 처벌에 관한 법률 _A급

1 용어의 정의(§2)

성매매	성매매 알선 등 행위
불특정인(특정인 X)을 상대로 금품 그 밖의 재산상의 이익을 수수·약속하고 다음 각목의 어느 하나에 해당하는 행위를 하거나 그 상대방이 되는 것 가. **성교행위** 나. 구강·항문 등 신체의 일부 또는 도구를 이용한 **유사성교행위** 2524	가. 성매매를 알선·권유·유인 또는 강요하는 행위 나. 성매매의 **장소를 제공**하는 행위 2525 다. 성매매에 제공되는 **사실을 알면서** 자금·토지 또는 건물을 제공하는 행위

2 내용

성매매피해자(§2)	1. 위계, 위력, 그 밖에 이에 준하는 방법으로 성매매를 강요당한 사람 2. **업무관계, 고용관계, 그 밖의 관계로 인하여 보호 또는 감독하는 사람에 의하여 마약·향정신성의약품 또는 대마에 중독되어 성매매를 한 사람** 2526 3. 미성년자, 사물을 변별하거나 의사를 결정할 능력이 없거나 미약한 사람 또는 대통령령으로 정하는 중대한 장애가 있는 사람으로서 성매매를 하도록 알선·유인된 사람 4. 성매매 목적의 인신매매를 당한 사람
성매매피해자에 대한 처벌특례(§6)	① 성매매피해자의 성매매는 **처벌하지 아니한다.** (감경한다 X) 2527 ② 검사 또는 사법경찰관은 수사과정에서 피의자 또는 참고인이 성매매피해자에 해당한다고 볼 만한 상당한 이유가 있을 때에는 지체 없이 법정대리인, 친족 또는 변호인에게 통지하고, 신변보호, 수사의 비공개, 친족 또는 지원시설·성매매피해상담소에의 인계 등 그 보호에 필요한 조치를 하여야 한다. 다만, 피의자 또는 참고인의 사생활 보호 등 부득이한 사유가 있는 경우에는 통지하지 아니할 수 있다. 2528
신뢰관계에 있는 사람의 동석(§8)	① **법원은 신고자등을 증인으로 신문할 때**에는 직권으로 또는 본인·법정대리인이나 검사의 신청에 의하여 신뢰관계에 있는 사람을 동석하게 할 수 있다. ② **수사기관은 신고자등을 조사할 때**에는 직권으로 또는 본인·법정대리인의 신청에 의하여 신뢰관계에 있는 사람을 동석하게 할 수 있다. 2529
심리의 비공개(§9)	법원은 신고자등의 사생활이나 신변을 보호하기 위하여 필요하면 결정으로 심리를 공개하지 아니할 수 있다. 2530

불법원인으로 인한 채권무효 (§10)	다음에 해당하는 사람이 그 행위와 관련하여 성을 파는 행위를 하였거나 할 사람에게 가지는 채권은 **그 계약의 형식이나 명목에 관계없이 무효**로 한다. 그 채권을 양도하거나 그 채무를 인수한 경우에도 또한 같다. 1. 성매매알선 등 행위를 한 사람 2. 성을 파는 행위를 할 사람을 고용·모집하거나 그 직업을 소개·알선한 사람 3. 성매매 목적의 인신매매를 한 사람
보호처분의 기간 (§15)	성매매가 이루어질 우려가 있다고 인정되는 장소나 지역에의 출입금지·보호관찰 및 성매매피해상담소에의 상담위탁에 따른 보호처분 기간은 **6개월**, 사회봉사·수강명령은 **100시간**을 각각 초과할 수 없다.2531
벌칙(§19)	① 다음 각 호의 어느 하나에 해당하는 사람은 **3년 이하의 징역 또는 3천만원 이하의 벌금**에 처한다. 　1. 성매매알선 등 행위를 한 사람 　2. 성을 파는 행위를 할 사람을 모집한 사람 　3. 성을 파는 행위를 하도록 직업을 소개·알선한 사람 ② 다음 각 호의 어느 하나에 해당하는 사람은 **7년 이하의 징역 또는 7천만원 이하의 벌금**에 처한다. 　1. 영업으로 성매매알선 등 행위를 한 사람2532 　2. 성을 파는 행위를 할 사람을 모집하고 그 대가를 지급받은 사람 　3. 성을 파는 행위를 하도록 직업을 소개·알선하고 그 대가를 지급받은 사람
몰수 및 추징 (§25)	성매매강요·알선·광고·권유 등의 죄를 범한 사람이 그 범죄로 인하여 얻은 금품이나 그 밖의 **재산은 몰수하고, 몰수할 수 없는 경우에는 그 가액을 추징**한다.
형의 감면 (§26)	이 법에 규정된 죄를 범한 사람이 수사기관에 **신고하거나 자수**한 경우에는 **형을 감경하거나 면제할 수 있다**. → 임의적 감면 2533

3 판례

1. 성매매업소 업주 A가 성매매를 알선하였으나 손님이 성매매 여성이 마음에 들지 않는다며 거절하여 **성교에 이르지 못하였더라도** 당사자간 의사연결로 더이상 알선자의 개입 없이도 윤락행위에 이를 정도라면 **알선행위로 처벌할 수 있다**(대판 2004도8808).
2. A가 영업으로 성매매를 알선하고, 성매매에 이용되는 **건물을 제공한 행위도** 하였다면, 모두 '**성매매 알선 등**' **행위에 포함되지만** 사실관계와 주체, 행위태양이 다르고, 두 행위가 필연적 관련성이 있다고 볼 수 없으므로 **포괄일죄가 아니다**(대판 2010도6090).
3. 성매매의 상대방에 대해 '**불특정인을 상대로**'라는 것은 행위 당시에 상대방이 특정되지 않았다는 의미가 아니라, 그 행위의 **대가인 금품 기타 재산상의 이익에 주목적**을 두고 상대방의 특정성을 중시하지 않는다는 의미라고 보아야 한다(대판 2015도1185).

THEME 05 총포·도검·화약류 등의 안전관리에 관한 법률_B급

1 용어 정리(§2)

총포	권총, 소총, 기관총, 포, 엽총, 금속성 탄알이나 가스 등을 쏠 수 있는 장약총포, 공기총(가스를 이용하는 것을 **포함**) 및 **총포신·기관부 등 그 부품**으로서 **대통령령**으로 정하는 것을 말한다.
도검	① 칼날의 길이가 **15센티미터 이상**인 칼·검·창·치도·비수 등으로서 성질상 흉기로 쓰이는 것 ② 칼날의 길이가 **15센티미터 미만**이라 할지라도 흉기로 사용될 위험성이 뚜렷한 것 중에서 대통령령으로 정하는 것을 말한다. ③ 잭나이프 : 칼날의 길이가 **6센티미터** 이상의 것 재육 ④ 비출나이프 : 칼날의 길이가 **5.5센티미터** 이상이고, **45도** 이상 자동으로 펴지는 장치가 있는 것 ⑤ 그 밖의 **6센티미터** 이상의 칼날이 있는 것으로서 흉기로 사용될 위험성이 뚜렷이 있는 도검
화약류	화약, 폭약 및 **화공품**을 말한다.
분사기	사람의 활동을 일시적으로 곤란하게 하는 최루 또는 질식 등을 유발하는 작용제를 분사할 수 있는 기기를 말한다(총포형, 막대형, 만년필형, 기타 휴대형). 다만, **살균·살충용 및 산업용 분사기를 제외**한다.
전자충격기	사람의 활동을 일시적으로 곤란하게 하거나 인명에 위해를 주는 전류를 방류할 수 있는 기기로서 **대통령령**으로 정하는 것을 말한다. └ 총포형, 막대형, 기타 휴대형 다만, 산업용 및 의료용 전자충격기를 제외
석궁	활과 총의 원리를 이용하여 화살 등의 물체를 발사하여 인명에 위해를 줄 수 있는 것으로서 대통령령으로 정하는 것을 말한다.

2 소지

판매업의 허가(§6)		총포·도검·화약류·분사기·전자충격기·석궁의 **판매업을 하려는 자**는 판매소마다 행정안전부령으로 정하는 바에 따라 판매소의 소재지를 관할하는 **시·도경찰청장의 허가**를 받아야 한다.
소지 허가 (§12)	시·도경찰청장	권총·소총·기관총·어획총·사격총, 포
	경찰서장	① 엽총·가스발사총·공기총·마취총·도살총·산업용총·구난구명총 또는 그 부품 ② 도검·화약류·분사기·전자충격기·석궁
갱신 (§16)		총포의 소지허가를 받은 자는 **허가를 받은 날로부터 3년**마다 이를 갱신하여야 한다.

3 결격사유

소지 금지 (§13)	1. 20세 미만인 자. 다만, 대한체육회장이나 특별시·광역시·특별자치시·도 또는 특별자치도의 체육회장이 추천한 선수 또는 후보자가 사격경기용 총을 소지하려는 경우는 제외한다. 3. 금고 이상의 실형을 선고받고 그 집행이 끝나거나(집행이 끝난 것으로 보는 경우를 포함한다) 면제된 날부터 **5년**이 지나지 아니한 자 4. 이 법을 위반하여 **벌금형**을 선고받고 **5년**이 지나지 아니한 자 **5벌소지**₂₅₃₉ 6. 이 법을 위반하여 **금고 이상**의 형의 **집행유예**를 선고받고 그 유예기간이 끝난 날부터 **3년**이 지나지 아니한 자₂₅₄₀
취급금지 (§19)	1. **18세 미만**의 사람(선수 또는 후보자가 사격경기용 총포나 석궁을 소지하는 경우는 제외) 2. 제조업자·소지자 등의 결격사유에 해당하는 사람
제조 금지 (§5)	1. **금고 이상**의 실형을 선고받고 그 집행이 끝나거나 집행을 받지 아니하기로 확정된 후 **3년**이 지나지 아니한 자 (자격정지 X) **3금제조**₂₅₃₈ 2. 금고 이상의 형의 집행유예를 선고받고 그 유예기간이 끝난 날부터 **1년**이 지나지 아니한 자 3. 심신상실자, 마약·대마·향정신성의약품 또는 알코올 중독자, 그 밖에 이에 준하는 정신장애인 4. 20세 미만인 자

4 「총포·도검·화약류 등의 안전관리에 관한 법률」 주요 내용

총포·화약류의 폐기(§20)	**화약류를 폐기하려는 자**는 행정안전부령으로 정하는 바에 따라 그 **폐기하려는 곳을 관할하는 경찰서장**에게 신고하여야 한다. 다만, 제조업자가 제조과정에서 생긴 화약류를 그 제조소 안에서 폐기하는 경우에는 그러하지 아니하다.₂₅₄₁₋₁
발견·습득의 신고 등(§23)	누구든지 유실(遺失)·매몰(埋沒) 또는 정당하게 관리되고 있지 아니하는 총포·도검·화약류·분사기·전자충격기·석궁이라고 인정되는 물건을 발견하거나 습득하였을 때에는 **24시간 이내**에 가까운 경찰관서에 신고하여야 하며, 경찰공무원(의무경찰을 포함한다)의 지시 없이 이를 만지거나 옮기거나 두들기거나 해체하여서는 아니 된다.₂₅₄₂
화약류 사용(§18)	화약류를 발파하거나 연소시키려는 자는 **행정안전부령**으로 정하는 바에 따라 화약류의 사용장소를 관할하는 **경찰서장**의 화약류 사용허가를 받아야 한다.₂₅₄₁
화약류 운반(§26)	화약류를 운반하려는 사람은 행정안전부령(운반개시 **1시간 전**까지)으로 정하는 바에 따라 **발송지를 관할하는 경찰서장**에게 신고하여야 한다. 다만, 대통령령으로 정하는 수량 이하의 화약류를 운반하는 경우에는 그러하지 아니하다.₂₅₄₃
완성검사 (§43)	제조업자, 판매업자 또는 화약류저장소설치자는 그 허가를 받은 날부터 **1년 이내**에 그 시설 또는 설비에 대하여 허가관청의 검사를 받아야 하며, 그 검사에 합격한 후가 아니면 업무를 시작하거나 시설 또는 설비를 사용할 수 없다. 다만, 허가관청은 부득이한 사유가 있는 경우에는 **1년**을 초과하지 아니하는 범위에서 그 기간을 연장할 수 있다.₂₅₄₄
벌칙(§72)	총포·화약류의 제조방법이나 설계도 등의 정보를 인터넷 등 정보통신망에 게시·유포한 사람은 **3년 이하의 징역 또는 700만원 이하의 벌금**에 처함 → 수갑·포승, 유해화학물질 등은 「총포·도검·화약류 등의 안전관리에 관한 법률」의 규율대상 X

THEME 06 경비업(경비업법) _S급

1 종류(§2 제1호)

시설경비	경비를 필요로 하는 **시설 및 장소**(경비대상시설)에서의 도난·화재 그 밖의 혼잡 등으로 인한 위험발생을 방지하는 업무2546
호송경비	**운반 중**에 있는 현금·유가증권·귀금·상품 그 밖의 **물건**에 대하여 도난·화재등 위험발생을 방지하는 업무2552
신변보호	사람의 생명이나 **신체**(재산X)에 대한 위해의 발생을 방지하고 그 **신변**을 보호하는 업무2547·2551
기계경비	경비대상시설에 설치한 기기에 의하여 감지·송신된 정보를 그 **경비대상시설 외**(내 X)의 장소에 설치한 관제시설의 기기로 수신하여 도난·화재 등 위험발생을 방지하는 업무2548·2549 ※ 기계경비업의 허가를 받은 법인이 기계경비업무의 수행을 위한 관제시설을 신설·이전 또는 폐지한 때에는 **시·도경찰청장**에게 **신고**(허가X)하여야 함2557
특수경비	**공항**(항공기를 **포함**(제외 X))등 대통령령이 정하는 국가중요시설의 경비 및 도난·화재 그 밖의 위험발생을 방지하는 업무2550
혼잡·교통유도 경비	도로에 접속한 공사현장 및 사람과 차량의 통행에 위험이 있는 장소 또는 도로를 점유하는 행사장 등에서 교통사고나 그 밖의 혼잡 등으로 인한 위험발생을 방지하는 업무

신호시특기잡2545

2 집단민원 현장(§2 제5호)2553

"집단민원현장"이란 다음 각 목의 장소를 말한다.
가. 「노동조합 및 노동관계조정법」에 따라 노동관계 당사자가 노동쟁의 조정신청을 한 사업장 또는 쟁의행위가 발생한 사업장
나. 「도시 및 주거환경정비법」에 따른 정비사업과 관련하여 이해대립이 있어 다툼이 있는 장소
다. 특정 시설물의 설치와 관련하여 민원이 있는 장소
라. 주주총회와 관련하여 이해대립이 있어 다툼이 있는 장소
마. 건물·토지 등 부동산 및 동산에 대한 소유권·운영권·관리권·점유권 등 법적 권리에 대한 이해대립이 있어 다툼이 있는 장소
바. **100명 이상**의 사람이 모이는 국제·문화·예술·체육 행사장
사. 「행정대집행법」에 따라 대집행을 하는 장소

※ **집단민원현장이 아닌 장소** : 여러 사람이 공동의 목적을 가지고 광장 등 일반인이 자유로이 통행할 수 있는 곳에서 행진 등으로 불특정한 여러 사람의 의견에 영향을 주고 있는 장소 X, 「집회 및 시위에 관한 법률」에 따른 집회 또는 시위가 금지되는 장소 X

3 경비업법 주요내용

법인(§3)	경비업은 **법인**이 아니면 이를 영위할 수 **없다**.

경비업의 허가 (§4)	① 경비업을 영위하고자 하는 법인은 도급받아 행하고자 하는 경비업무를 특정하여 그 법인의 주사무소의 소재지를 관할하는 **시·도경찰청장의 허가**를 받아야 한다. 도급받아 행하고자 하는 경비업무를 변경하는 경우에도 또한 같다.
	② 제1항에 따른 허가를 받으려는 법인은 다음 각 호의 요건을 갖추어야 한다.
	  1. 대통령령으로 정하는 **1억원 이상**의 자본금의 보유
	  2. 다음 각 목의 경비인력 요건
	    가. 시설경비업무 : 경비원 **10명 이상 및 경비지도사 1명 이상**
	    나. 시설경비업무 외의 경비업무 : 대통령령으로 정하는 경비 인력
	  3. 대통령령으로 정하는 시설과 장비의 보유
	  4. 그 밖에 경비업무 수행을 위하여 대통령령으로 정하는 사항

신고사항 (§4③)	경비업의 허가를 받은 법인은 다음 각호의 1에 해당하는 때에는 **시·도경찰청장**에게 **신고**하여야 한다. 1. 영업을 폐업하거나 휴업한 때 2. 법인의 명칭이나 대표자·임원을 변경한 때 3. 법인의 주사무소나 출장소를 신설·이전 또는 폐지한 때 4. 기계경비업무의 수행을 위한 관제시설을 신설·이전 또는 폐지한 때 5. 특수경비업무를 개시하거나 종료한 때 6. 그 밖에 대통령령이 정하는 중요사항을 변경한 때
허가의 유효기간 등(§6)	경비업 허가의 유효기간은 **허가받은 날부터 5년**으로 한다.
경비업자의 의무 (§7)	② 경비업자는 경비업무를 성실하게 수행하여야 하고, 도급을 의뢰받은 경비업무가 **위법 또는 부당**한 것일 때에는 이를 **거부하여야 한다**. ⑥ 경비업자는 집단민원현장에 경비원을 배치하는 때에는 **경비지도사를 선임**하고 그 장소에 배치하여 행정안전부령으로 정하는 바에 따라 경비원을 지도·감독하게 하여야 한다.
경비원의 복장 등 (§16)	경비업자는 경찰공무원 또는 군인의 제복과 색상 및 디자인 등이 명확히 구별되는 소속 경비원의 복장을 정하고 이를 확인할 수 있는 사진을 첨부하여 주된 사무소를 관할하는 **시·도경찰청장**에게 행정안전부령으로 정하는 바에 따라 **신고하여야 한다**.
경비원의 장비 등 (§16의2)	① 경비원이 휴대할 수 있는 장비의 종류는 경적·단봉·분사기 등 행정안전부령으로 정하되, **근무 중에만 이를 휴대할 수 있다**. ④ 경비원은 경비업무를 위하여 필요하다고 인정되는 상당한 이유가 있을 때에는 **필요한 최소한도에서 ①의 장비를 사용할 수 있다**.

4 결격사유(§10)

경비지도사 또는 일반 경비원 결격사유 (§10)	1. **18세 미만인 사람** 또는 **피성년후견인** 2. **파산선고를 받고 복권되지 아니한 자**[2564] 3. **금고 이상의 실형**의 선고를 받고 그 집행이 종료(집행이 종료된 것으로 보는 경우를 포함한다)되거나 집행이 면제된 날부터 **5년**이 지나지 아니한 자 4. **금고 이상**의 형의 **집행유예선고**를 받고 그 유예기간 중에 있는 자[2565] 5. 범죄단체 등의 조직 등에 해당하는 죄 및 강간 등 성범죄에 해당하는 죄를 범하여 벌금형을 선고받은 날부터 **10년**이 지나지 아니하거나 금고 이상의 형을 선고받고 그 집행이 종료된(종료된 것으로 보는 경우를 포함) 날 또는 집행이 유예·면제된 날부터 **10년**이 지나지 아니한 자 6. 절도와 강도의 죄에 해당하는 죄를 범하여 벌금형을 선고받은 날부터 **5년**이 지나지 아니하거나 금고 이상의 형을 선고받고 그 집행이 유예된 날부터 **5년**이 지나지 아니한 자 7. **강간 등 성범죄에 해당하는 죄**를 범하여 치료감호를 선고받고 그 집행이 종료된 날 또는 집행이 면제된 날부터 **10년**이 지나지 아니한 자 또는 **절도와 강도의 죄에 해당하는 죄**를 범하여 치료감호를 선고받고 그 집행이 면제된 날부터 **5년**이 지나지 아니한 자 8. **경비업법이나 경비업법에 따른 명령**을 위반하여 **벌금형을 선고**받은 날부터 **5년**이 지나지 아니하거나 **금고 이상**의 형을 선고받고 그 **집행이 유예**된 날부터 **5년**이 지나지 아니한 자
특수경비원 결격사유	1. **18세 미만이거나 60세 이상**인 사람 또는 **피성년후견인** 2. 심신상실자, 알코올 중독자 등 대통령령으로 정하는 정신적 제약이 있는 자 3. **일반경비원 결격사유에 해당**하는 자(제2호 ~ 제8호)[2564] 4. 금고 이상의 형의 **선고유예**를 받고 그 유예기간중에 있는 자 5. 행정안전부령이 정하는 신체조건에 미달되는 자

THEME 07 유실물법 _B급

구분	내용
의의	유실물이란 점유자의 의사에 의하지 않거나 타인에게 절취된 것이 아니면서 우연히 그 지배에서 벗어난 동산을 말하며, **점유자의 의사에 의하여 버린 물건이나 도품은 유실물에 해당하지 않는다.**2568
적용대상	습득물, 유실물, 준유실물, 매장물 ※ 유기동물은 「동물보호법」의 규정에 따라 처리됨2569
습득신고	① 습득자는 미리 신고하여 습득물에 관한 모든 권리를 포기하고 의무를 지지 아니할 수 있다(§7).2573 ② 습득일부터 7일 이내에 절차를 밟지 아니한 자는 보상금을 받을 권리 및 습득물의 소유권을 취득할 권리를 상실한다(§9).2574
습득물 매각 (§2)	경찰서장은 보관한 **물건이 멸실되거나 훼손될 우려가 있을 때** 또는 **보관에 과다한 비용이나 불편이 수반**될 때에는 경찰서 인터넷홈페이지에 유실물에 관한 정보를 게시하는 방법으로 매각할 수 있다.2570
유실물의 소유권 취득 등	① 유실물은 법률에 정한 바에 의하여 공고한 후 **6개월 내**에 그 소유자가 권리를 주장하지 아니하면 습득자가 그 소유권을 취득한다(민법 제253조).2578 ② 물건의 소유권을 취득한 자가 그 취득한 날부터 **3개월 이내**에 물건을 경찰서 또는 자치경찰단으로부터 받아가지 아니할 때에는 그 소유권을 상실한다(§14).2577
보상금 (§4,6)	물건의 반환을 받는 자는 물건가액의 **100분의 5 이상 100분의 20 이하**의 범위에서 보상금을 습득자에게 지급해야 한다. 다만, **국가·지방자치단체 기타 대통령령이 정하는 공공기관은 보상금을 청구할 수 없다.**2571·2572 [유실물습득자의 보상금 청구가 불가능한 경우] 1. 습득한 유실물, 장물 등을 횡령함으로써 처벌당한 자 2. 습득일로부터 **7일 이내**에 습득물을 반환 또는 제출하지 않은 자 3. 국가, 지방자치단체(타인 X)가 습득한 경우 4. 착오로 인하여 점유한 타인의 물건인 경우2576
선박, 차량, 건축물 등에서의 습득 (§10)	① 관리자가 있는 선박, 차량, 건축물, 그 밖에 일반인의 통행을 금지한 구내에서 타인의 물건을 습득한 자는 그 물건을 관리자에게 인계하여야 한다. ② ①의 경우에는 선박, 차량, 건축물 등의 점유자를 습득자로 한다. 자기가 관리하는 장소에서 타인의 물건을 습득한 경우에도 같다. ③ 이 경우에 보상금은 ②의 **점유자와 실제로 물건을 습득한 자가 반씩 나누어야 한다.**
준유실물 (§12)	착오로 점유한 물건, 타인이 놓고 간 물건이나 일실(逸失)한 가축에 관하여는 이 법 및 「민법」 제253조를 준용한다. 다만, **착오로 점유한 물건에 대하여는 제3조의 비용과 제4조의 보상금을 청구할 수 없다.**

THEME 08 소년경찰 _B급

1 소년법 주요내용

소년 및 보호자(§2)	이 법에서 "**소년**"이란 **19세 미만**인 자를 말하며, "**보호자**"란 법률상 감호교육(監護敎育)을 할 의무가 있는 자 또는 현재 감호하는 자를 말한다.2579
보호의 대상과 송치 및 통고(§4)	① 다음 각 호의 어느 하나에 해당하는 소년은 소년부의 보호사건으로 **심리한다**. 　1. 죄를 범한 소년(범죄소년) 　2. 형벌 법령에 저촉되는 행위를 한 **10세 이상 14세 미만**인 소년(촉법소년) 　3. 다음 각 목에 해당하는 사유가 있고 그의 성격이나 환경에 비추어 앞으로 형벌 법령에 저촉되는 행위를 할 우려가 있는 **10세 이상인 소년**(우범소년) 　　가. 집단적으로 몰려다니며 주위 사람들에게 불안감을 조성하는 성벽(性癖)이 있는 것 　　나. **정당한 이유 없이 가출하는 것**2580 　　다. 술을 마시고 소란을 피우거나 유해환경에 접하는 성벽이 있는 것 ② 제1항 **제2호 및 제3호**에 해당하는 소년이 있을 때에는 **경찰서장**은 직접 **관할 소년부**에 송치하여야 한다.2581
이송(§6)	소년부는 사건이 그 관할에 속하지 아니한다고 인정하면 결정으로써 그 사건을 관할 소년부에 이송하여야 한다.2582
보호처분의 결정(§32)	③ **사회봉사명령**의 처분은 **14세 이상**의 소년에게만 할 수 있다. ④ **수강명령 및 장기 소년원 송치**의 처분은 **12세 이상**의 소년에게만 할 수 있다.
보호처분의 취소(§38)	① 보호처분이 계속 중일 때에 사건 본인이 처분 당시 **19세 이상**인 것으로 밝혀진 경우에는 소년부 판사는 결정으로써 그 보호처분을 취소하고 법률에 따라 처리하여야 한다.

2 소년형사절차의 특례

사형·무기형의 완화(§59)	**죄를 범할 당시**(판결당시 X) **18세 미만**인 소년에 대하여는 사형 또는 무기형으로 처할 때에는 **15년의 유기징역**(유기형 X)으로 한다. 단, **특정강력범죄**를 범한 소년에 대해서는 **20년의 유기징역**으로 한다(특정강력범죄의 처벌에 관한 특례법 제4조).
상대적 부정기형(§60)	소년이 법정형 **장기 2년** 이상의 유기형에 해당하는 죄를 범한 때에는 그 형의 범위 안에서 장기와 단기를 정하여 선고하되 **장기는 10년, 단기는 5년**을 초과하지 못한다. 단, **특정강력범죄**를 범한 소년에 대해서는 **장기는 15년, 단기는 7년**을 초과하지 못한다.
환형처분의 금지(§62)	**18세 미만**의 소년에 대하여는 노역장 유치를 하지 못한다.
자유형 집행의 분리(§63)	징역 또는 금고를 선고받은 소년에 대하여는 특별히 설치된 교도소 또는 일반 교도소 안에 특별히 분리된 장소에서 그 형을 집행한다. 다만, 소년이 형의 집행 중에 **23세**가 되면 일반 교도소에서 집행할 수 있다.2583
보호처분과 형의 집행(§64)	보호처분이 계속 중일 때에 **징역, 금고 또는 구류**를 선고받은 소년에 대하여는 **먼저 그 형을 집행**한다.

THEME 09 청소년 보호법 _A급

1 청소년 유해업소(§2)

청소년 출입·고용금지업소	청소년 고용금지업소 (출입은 가능)
① **일반게임제공업 및 복합유통게임제공업** 중 대통령령으로 정하는 것 ② **사행행위영업** ③ **유흥주점영업, 단란주점영업** ④ **비디오물감상실업·제한관람가비디오물소극장업 및 복합영상물제공업** ⑤ 노래연습장업(다만, 청소년실은 출입 가능) ⑥ 무도학원업 및 무도장업 ⑦ 전기통신설비를 갖추고 불특정한 사람들 사이의 음성대화 또는 화상대화를 매개하는 것을 주된 목적으로 하는 영업(예 전화방, 화상대화방) ⑧ 성적 서비스를 제공하는 영업 ⑨ 성기구 판매업소 ⑩ 「한국마사회법」 따른 장외발매소 ⑪ 「경륜·경정법」 따른 장외매장 ⑫ 여성가족부장관이 고시한 영업(예 성기구 취급업소, 키스방, 대딸방, 전립선마사지, 유리방, 성인PC방, 휴게텔, 인형체험방)	① **청소년게임제공업 및 인터넷컴퓨터게임시설제공업** ② 숙박업(민박, 휴양콘도미니엄업, 국제회의산업육성에 관한 법률 적용받는 숙박시설 제외) ③ 이용업(다만, 다른 법령에 따라 취업이 금지되지 아니한 남자 청소년을 고용하는 경우는 제외) ④ 목욕장업 중 안마실을 설치하여 영업을 하거나 또는 개별실로 구획하여 하는 영업 ⑤ 티켓다방, 소주방, 호프, 카페(식품위생법) ⑥ **비디오물소극장업** ⑦ 유해화학물질 영업(유독물을 직접 사용하지 아니하는 장소에서 이루어지는 영업 제외) ⑧ **유료 만화대여업**

※ 업소의 구분은 그 업소가 영업을 할 때 다른 법령에 따라 요구되는 허가·인가·등록·신고 등의 여부와 관계없이 **실제로 이루어지고 있는 영업행위를 기준**으로 한다.

2 「청소년 보호법」 관련 판례

- **18세 미만**의 청소년에게 술을 판매함에 있어 민법상 법정대리인의 동의 : 행위가 정당화될 수는 없다(대법원 99도2151).
- 일반음식점의 실제의 영업형태 중에서는 주간에는 주로 음식류를 조리·판매하고 야간에는 주로 주류를 조리·판매하는 형태도 있을 수 있는데,
  - **주류를 조리·판매하는 야간의 영업형태** : 청소년보호법상 청소년고용금지업소에 해당
  - **주로 음식류를 조리·판매하는 주간의 영업형태** : 청소년보호법상 청소년고용금지업소에 해당하지 아니한다 (대법원 2003도6282).
- 청소년이 '티켓걸'로서 노래연습장 또는 유흥주점에서 손님들의 흥을 돋우어 주고 시간당 보수를 받은 사안 : 청소년보호법위반(대법원 2005도3801)
- 「청소년 보호법」상의 '청소년'에 해당하는지의 판단 기준 : **실제의 나이를 기준**(호적 등 공부상의 나이가 아님) (대구지방법원 2009노1765)

3 청소년 보호법상 출입 및 통행 제한

청소년 고용 금지 및 출입 제한 등(§29)	① **청소년유해업소의 업주와 종사자는** 제1항부터 제3항까지에 따른 나이 확인을 위하여 필요한 경우 주민등록증이나 그 밖에 나이를 확인할 수 있는 증표(이하 이 항에서 "증표"라 한다)의 제시를 요구할 수 있으며, 증표 제시를 요구받고도 정당한 사유 없이 증표를 제시하지 아니하는 사람에게는 그 업소의 출입을 **제한할 수 있다.**2586 ⑥ **청소년유해업소의 업주와 종사자는** 그 업소에 **대통령령**으로 정하는 바에 따라 청소년의 출입과 고용을 제한하는 내용을 **표시하여야 한다.**2587
청소년 통행 금지·제한구역의 지정 등(§31)	① **특별자치시장·특별자치도지사·시장·군수·구청장**(구청장은 자치구의 구청장을 말하며, 이하 "**시장·군수·구청장**"이라 한다)은 청소년 보호를 위하여 필요하다고 인정할 경우 청소년의 정신적·신체적 건강을 해칠 우려가 있는 구역을 **청소년 통행금지구역** 또는 **청소년 통행제한구역으로 지정하여야 한다.**2588 ④ 시장·군수·구청장 및 관할 경찰서장은 청소년이 청소년 통행금지구역 또는 통행제한구역을 통행하려고 할 때에는 통행을 막을 수 있으며, 통행하고 있는 청소년은 해당 구역 밖으로 나가게 할 수 있다.

4 청소년유해행위와 위반자에 대한 처벌(§30, §55~58)

청소년유해행위	처벌
1. 영리를 목적으로 청소년으로 하여금 신체적인 접촉 또는 은밀한 부분의 노출 등 성적 접대행위를 하게 하거나 이러한 행위를 알선·매개하는 행위(**성적접대행위금지**)2599	1년 이상 10년 이하의 징역
2. 영리를 목적으로 청소년으로 하여금 손님과 함께 술을 마시거나 노래 또는 춤 등으로 손님의 유흥을 돋우는 접객행위를 하게 하거나 이러한 행위를 알선·매개하는 행위(**유흥접객행위금지**)2600·2625 3. 영리나 흥행을 목적으로 청소년에게 음란한 행위를 하게 하는 행위(**음란행위금지**)2601	10년 이하의 징역
4. 영리나 흥행을 목적으로 청소년의 장애나 기형 등의 모습을 일반인들에게 관람시키는 행위(**장애기형관람행위금지**) 5. 청소년에게 구걸을 시키거나 청소년을 이용하여 구걸하는 행위(**구걸행위금지**)2602 6. 청소년을 학대하는 행위(**청소년학대행위금지**)	5년 이하의 징역
7. 영리를 목적으로 청소년으로 하여금 거리에서 손님을 유인하는 행위를 하게 하는 행위2603 8. 청소년을 남녀 혼숙하게 하는 등 풍기를 문란하게 하는 영업행위를 하거나 이를 목적으로 장소를 제공하는 행위2604 9. 주로 차 종류를 조리·판매하는 업소에서 청소년으로 하여금 **영업장을 벗어나** 차종류를 배달하는 행위를 하게 하거나 이를 조장하거나 묵인하는 행위2605	3년 이하의 징역 또는 3천만원 이하의 벌금

→ 청소년으로 하여금 시장·군수·구청장이 지정한 청소년 통행금지구역 또는 청소년 통행제한구역을 통행하게 하는 행위는 특별히 청소년유해행위라고 할 수 없음

아동·청소년의 성보호에 관한 법률_A급

1 위반행위 및 미수처벌

위반행위	미수 처벌

① 폭행 또는 협박으로 아동·청소년을 강간한 사람(§7①~⑤)
② 아동·청소년에 대하여 폭행이나 협박으로 다음 각 호의 어느 하나에 해당하는 행위를 한 자
  1. 구강·항문 등 신체(성기는 제외한다)의 내부에 성기를 넣는 행위
  2. 성기·항문에 손가락 등 신체(성기는 제외한다)의 일부나 도구를 넣는 행위
③ 아동·청소년에 대하여 「형법」 제298조(강제추행)의 죄를 범한 자
④ 아동·청소년에 대하여 「형법」 제299조(준강간, 준강제추행)의 죄를 범한 자
⑤ 위계(僞計) 또는 위력으로써 아동·청소년을 간음하거나 아동·청소년을 추행한 자2606
	O

① 아동·청소년성착취물을 제작·수입 또는 수출한 자(§11①)(소지 X) 2611 ② 아동·청소년성착취물을 이용하여 그 아동·청소년을 협박한 자(§11의2①) ③ 협박으로 그 아동·청소년의 권리행사를 방해하거나 의무 없는 일을 하게 한 자(§11의2②)	O
아동·청소년의 성을 사는 행위 또는 아동·청소년성착취물을 제작하는 행위의 대상이 될 것을 알면서 아동·청소년을 매매 또는 국외에 이송하거나 국외에 거주하는 아동·청소년을 국내에 이송한 자(§12①)	O

① 다음 각 호의 어느 하나에 해당하는 자(§14①1호~4호)
  1. 폭행이나 협박으로 아동·청소년으로 하여금 아동·청소년의 성을 사는 행위의 상대방이 되게 한 자2608
  2. 선불금(先拂金), 그 밖의 채무를 이용하는 등의 방법으로 아동·청소년을 곤경에 빠뜨리거나 위계 또는 위력으로 아동·청소년으로 하여금 아동·청소년의 성을 사는 행위의 상대방이 되게 한 자
  3. 업무·고용이나 그 밖의 관계로 자신의 보호 또는 감독을 받는 것을 이용하여 아동·청소년으로 하여금 아동·청소년의 성을 사는 행위의 상대방이 되게 한 자
  4. **영업으로 아동·청소년을 아동·청소년의 성을 사는 행위의 상대방이 되도록 유인·권유한 자**2614
주의 영업으로 아동·청소년의 성을 사는 행위를 하도록 유인·권유 또는 강요한 자(§14②제1호, 미수 처벌 X)
② 제1항 제1호부터 제3호까지의 죄를 범한 자가 그 대가의 전부 또는 일부를 받거나 이를 요구 또는 약속한 때(§14②)
	O

① **19세 이상의 사람이** 성적 착취를 목적으로 아동·청소년에게 다음 각 호의 어느 하나에 해당하는 행위를 한 경우
  1. 성적 욕망이나 수치심 또는 혐오감을 유발할 수 있는 대화를 지속적 또는 반복적으로 하거나 그러한 대화에 지속적 또는 반복적으로 참여시키는 행위
  2. 제2조 제4호 각 목의 어느 하나에 해당하는 행위를 하도록 유인·권유하는 행위
② **19세 이상의 사람이 16세 미만인 아동·청소년**에게 제1항 각 호의 어느 하나에 해당하는 행위를 한 경우(§15의2)
	O

영리를 목적으로 아동·청소년성착취물을 판매·대여·배포·제공하거나 이를 목적으로 소지·운반하거나 공연히 전시 또는 상영한 자(§11②)2615	X
① 아동·청소년의 성을 사는 행위를 한 자(§13①②)2612 ② 아동·청소년의 성을 사기 위하여 아동·청소년을 유인하거나 성을 팔도록 권유한 자2613	X
아동·청소년의 성을 사는 행위의 장소를 제공하는 행위를 업으로 하는 자(§15①1호)2607	X

TIP 아동·청소년의 성보호에 관한 법률상 벌칙규정

구분	내용
아동·청소년에 대한 강간·강제추행 등(§7)	폭행 또는 협박으로 아동·청소년을 강간한 사람은 **무기 또는 5년 이상의 징역**에 처한다.[2623]
아동·청소년성착취물의 제작·배포 등(§11)	① 아동·청소년성착취물을 제작·수입 또는 수출한 자는 **무기 또는 5년 이상의 징역**에 처한다.[2617·2618] ⑦ 상습적으로 제1항의 죄를 범한 자는 그 죄에 대하여 정하는 **형의 2분의 1까지 가중**한다.
아동·청소년성착취물을 이용한 협박·강요(§11의2)	① 아동·청소년성착취물을 이용하여 그 아동·청소년을 협박한 자는 **3년 이상의 유기징역**에 처한다. ② 제1항에 따른 협박으로 그 아동·청소년의 권리행사를 방해하거나 의무 없는 일을 하게 한 자는 **5년 이상의 유기징역**에 처한다. ④ **상습**적으로 제1항 및 제2항의 죄를 범한 자는 그 죄에 대하여 정하는 **형의 2분의 1까지 가중**한다.
알선영업행위 등(§15)	아동·청소년의 성을 사는 행위의 장소를 제공하는 행위를 업으로 하는 자는 **7년 이상의 유기징역**에 처한다.
피해자 등에 대한 강요행위(§16)	폭행이나 협박으로 아동·청소년대상 성범죄의 피해자 또는 「아동복지법」 제3조 제3호에 따른 보호자를 상대로 합의를 강요한 자는 **7년 이하의 징역**에 처한다.[2621·2622]

2 성매매와 아동·청소년의 성을 사는 행위의 비교

구분	성매매	아동·청소년의 성을 사는 행위
대상	불특정인	특정인이라도 무관
행위	① 성교행위 ② 구강, 항문 등 신체의 일부 또는 도구를 이용한 유사 성교 행위	① 성교행위 ② 구강·항문 등 신체의 일부나 도구를 이용한 유사 성교 행위[2626] ③ 신체의 전부 또는 일부를 접촉·노출하는 행위로서 일반인의 성적 수치심이나 혐오감을 일으키는 행위 ④ 자위행위
대상자	제한 없음	19세 미만의 아동·청소년
처벌	1년 이하의 징역이나 300만원 이하의 벌금·구류 또는 과료(성을 산 사람과 판 사람 모두 처벌)	1년 이상 10년 이하의 징역 또는 2천만원 이상 5천만원 이하의 벌금(**성을 산 사람만 처벌하고, 판 아동·청소년은 불벌**)
적용	성매매알선 등 행위의 처벌에 관한 법률에서 규정한 사항에 관하여 아동·청소년의 성보호에 관한 법률에 특별한 규정이 있는 경우에는 아동·청소년의 성보호에 관한 법률이 정하는 바에 따른다.	

3 특례규정 등

구분	내용
아동·청소년의 성을 사는 행위 등 (§13 ③)	16세 미만의 아동·청소년 및 장애 아동·청소년을 대상으로 제1항(아동·청소년의 성을 사는 행위) 또는 제2항(아동·청소년의 성을 사기 위하여 아동·청소년을 유인하거나 성을 팔도록 권유한 자)의 죄를 범한 경우에는 그 죄에 정한 형의 **2분의 1까지 가중처벌**한다.
신고의무자의 성범죄(§18)	신고의무자가 자기의 보호·감독 또는 진료를 받는 아동·청소년을 대상으로 성범죄는 형의 **2분의 1까지 가중처벌**한다.
형법상 감경규정에 관한 특례 (§19)	음주 또는 약물로 인한 심신장애 상태에서 아동·청소년대상 성폭력범죄를 범한 때에 「형법」 제10조 제1항·제2항(심신장애인) 및 제11조(청각 및 언어 장애인)를 **적용하지 아니할 수 있다.**[2627]
공소시효에 관한 특례 (§20)	① 아동·청소년대상 성범죄의 공소시효는 해당 성범죄로 피해를 당한 아동·청소년이 **성년에 달한 날** 부터 진행한다.[2628] ② 제7조(아동·청소년에 대한 강간·강제추행 등)의 죄는 디엔에이(DNA)증거 등 그 죄를 증명할 수 있는 과학적인 증거가 있는 때에는 공소시효가 **10년 연장**된다.[2629] ③ **13세 미만**의 사람 및 **신체적인 또는 정신적인 장애**가 있는 아동·청소년에 대하여 성폭력 범죄를 저지른 사람은 **공소시효를 적용하지 아니한다.** ④ ①과 ②에도 불구하고 **강간등 살인·치사 및 강간 등 살인죄, 아동·청소년성착취물의 제작·배포 등은 공소시효를 적용하지 아니한다.**[2630]
형벌과 수강 명령 등의 병과(§21)	법원은 아동·청소년대상 성범죄를 범한 「소년법」 제2조의 소년(**19세 미만**인 자)에 대하여 형의 선고를 유예하는 경우에는 **반드시 보호관찰을 명하여야 한다.**[2631]
친권상실청구 등 (§23)	아동·청소년대상 성범죄 사건을 수사하는 검사는 그 사건의 가해자가 피해아동등·청소년의 친권자나 후견인인 경우에 법원에 친권상실선고 또는 후견인 변경 결정을 청구**하여야 한다.** 다만, 친권상실선고 또는 후견인 변경 결정을 하여서는 아니 될 특별한 사정이 있는 경우에는 그러하지 아니하다.
영상물의 촬영·보존 등 (§26)	① 아동·청소년대상 성범죄 피해자의 진술내용과 조사과정은 비디오녹화기 등 영상물 녹화장치로 **촬영·보존하여야 한다.** ③ ①도 불구하고 피해아동·청소년 또는 그 법정대리인(법정대리인이 가해자이거나 가해자의 배우자인 경우는 **제외**)이 이를 **원하지 아니하는 의사를 표시하는 경우**에는 **영상녹화를 하여서는 아니 된다.**[2632]
신뢰관계에 있는 사람의 동석 (§28)	① 법원은 피해아동·청소년을 증인으로 신문하는 경우에 검사, 피해자 또는 법정대리인이 신청하는 경우에는 재판에 지장을 줄 우려가 있는 등 부득이한 경우가 아니면 피해자와 신뢰관계에 있는 사람을 동석하게 **하여야 한다.** 수사기관이 피해자를 조사하는 경우에도 이를 준용한다. ③ 법원과 수사기관은 피해자와 신뢰관계에 있는 사람이 피해자에게 불리하거나, 피해자가 원하지 아니하는 경우에는 동석하게 하여서는 아니 된다.

4 아동·청소년대상 디지털 성범죄의 수사특례

신분비공개 수사 (§25의2)	내용	① 사법경찰관리는 디지털 성범죄에 대하여 **신분을 비공개**하고 범죄현장(정보통신망을 포함한다) 또는 **범인으로 추정되는 자들에게 접근**하여 범죄행위의 증거 및 자료 등을 수집(신분비공개수사)**할 수 있다**.2633 **신분비공개수사의 방법(아청법 시행령 §5의3)** ① 신분 비공개는 경찰관임을 밝히지 않거나 부인(경찰관 외의 신분을 고지하는 방식을 **포함**한다)하는 방법으로 한다. ↳ 제외 X ② 법 제25조의2 제1항에 따른 접근은 대화의 구성원으로서 관찰하는 등 대화에 참여하거나 아동·청소년 성착취물, 「성폭력범죄의 처벌 등에 관한 특례법」 제14조 제2항의 촬영물 또는 복제물(복제물의 복제물을 포함한다)을 구입하거나 무상으로 제공받는 등의 방법으로 한다.
	비공개 수사대상 범죄	1. 제11조의 죄(아동·청소년성착취물의 제작·배포 등) 1의2. 제15조의2의 죄(아동·청소년에 대한 성착취 목적 대화 등) ↳ 정보통신망을 통하여 한 행위에 한정 2. 아동·청소년에 대한 「성폭력범죄의 처벌 등에 관한 특례법」상 제14조(카메라 등을 이용한 촬영) 제2항 및 제3항의 죄
신분위장 수사 (§25의2)	내용	② 사법경찰관리는 디지털 성범죄를 계획 또는 실행하고 있거나 실행하였다고 의심할 만한 충분한 이유가 있고, 다른 방법으로는 그 범죄의 실행을 저지하거나 범인의 체포 또는 증거의 수집이 어려운 경우에 한정하여 수사 목적을 달성하기 위하여 부득이한 때에는 다음 각 호의 행위를 **할 수 있다**.
	위장행위	1. 신분을 위장하기 위한 문서, 도화 및 전자기록 등의 작성, 변경 또는 행사 2. 위장 신분을 사용한 계약·거래 3. 아동·청소년성착취물 또는 「성폭력범죄의 처벌 등에 관한 특례법」 제14조 제2항의 촬영물 또는 복제물(복제물의 복제물을 포함)의 소지, 판매 또는 광고2634
수사특례 절차 (§25의3)		① 사법경찰관리가 **신분비공개수사**를 진행하고자 할 때에는 사전에 상급 경찰관서 수사부서의 장의 승인을 받아야 한다. 이 경우 그 수사기간은 **3개월**을 초과할 수 없다.2635 ③ 사법경찰관리는 **신분위장수사**를 하려는 경우에는 검사에게 신분위장수사에 대한 허가를 신청하고, 검사는 법원에 그 허가를 청구한다. ⑦ **신분위장수사**의 기간은 **3개월**을 초과할 수 없으며, 그 수사기간 중 수사의 목적이 달성되었을 경우에는 즉시 종료하여야 한다. ⑧ ⑦에도 불구하고 제25조의2 제2항(**신분위장수사**)의 요건이 존속하여 그 수사기간을 연장할 필요가 있는 경우에는 사법경찰관리는 소명자료를 첨부하여 **3개월**의 범위에서 수사기간의 연장을 검사에게 신청하고, 검사는 법원에 그 연장을 청구한다. 이 경우 신분위장수사의 총 기간은 **1년**을 초과할 수 없다.

긴급 신분 비공개수사 (§25의4)	① 사법경찰관리는 디지털 성범죄에 대하여 긴급을 요하는 때에는 상급 경찰관서 수사부서의 장의 승인 없이 **신분비공개수사**를 할 수 있다. ② 사법경찰관리는 제1항에 따른 신분비공개수사 개시 후 **지체 없이 상급 경찰관서 수사부서의 장**에게 보고하여야 하고, 사법경찰관리는 **48시간 이내**에 상급 경찰관서 수사부서의 장의 승인을 받지 못한 때에는 즉시 신분비공개수사를 중지하여야 한다.
긴급신분 위장수사 (§25의5)	① 사법경찰관리는 제25조의2 제2항(신분위장수사)의 요건을 구비하고, 제25조의3(수사특례절차)에 따른 절차를 거칠 수 없는 긴급을 요하는 때에는 법원의 허가 없이 **신분위장수사**를 할 수 있다. ② 사법경찰관리는 ①에 따른 신분위장수사 개시 후 **지체 없이** 검사에게 허가를 신청하여야 하고, 사법경찰관리는 **48시간 이내**에 법원의 허가를 받지 못한 때에는 즉시 신분위장수사를 중지하여야 한다.[2636]
사용제한 (§25의6)	사법경찰관리가 제25조의2부터 제25조의5까지에 따라 수집한 증거 및 자료 등은 다음 각 호의 어느 하나에 해당하는 경우 외에는 사용할 수 없다. 1. 신분비공개수사 또는 신분위장수사의 목적이 된 디지털 성범죄나 이와 관련되는 범죄를 수사·소추하거나 그 **범죄를 예방**하기 위하여 사용하는 경우 2. 신분비공개수사 또는 신분위장수사의 목적이 된 디지털 성범죄나 이와 관련되는 범죄로 인한 **징계절차**에 사용하는 경우 3. 증거 및 자료 수집의 대상자가 제기하는 **손해배상청구소송**에서 사용하는 경우 4. 그 밖에 다른 법률의 규정에 의하여 사용하는 경우
국가경찰 위원회와 국회의 통제 (§25의7)	① **국가수사본부장**은 신분비공개수사가 종료된 즉시 대통령령으로 정하는 바에 따라 **국가경찰위원회**에 수사 관련 자료를 보고하여야 한다. ② **국가수사본부장**은 대통령령으로 정하는 바에 따라 **국회 소관 상임위원회**에 신분비공개수사 관련 자료를 **반기별**로 보고하여야 한다.[2637]

5 「아동·청소년의 성보호에 관한 법률」 관련 판례

1. 제작한 영상물이 객관적으로 아동·청소년이 등장하여 성적 행위를 하는 내용을 표현한 영상물에 해당하는 한 대상이 된 **아동·청소년의 동의하에 촬영한 것이라거나 사적인 소지·보관을 1차적 목적으로 제작한 것**이라고 하여 '아동·청소년성착취물'에 해당하지 아니한다거나 이를 '제작'한 것이 아니라고 할 수 **없다**(대판 2014도17346).

2. **아동·청소년이 이미 성매매 의사를 가지고 있었던 경우에도** 그러한 아동·청소년에게 금품이나 그 밖의 재산상 이익, 직무·편의제공 등 대가를 제공하거나 약속하는 등의 방법으로 성을 팔도록 권유하는 행위는 **'성을 팔도록 권유하는 행위'에 포함된다**(대판 2011도3934).

3. 성을 사는 행위를 알선하는 행위를 업으로 하는 자가 성매매알선을 위한 종업원을 고용하면서 **고용대상자에 대하여 연령확인의무의 이행을 다하지 아니한 채** 아동·청소년을 고용하였다면, 특별한 사정이 없는 한 적어도 아동·청소년의 성을 사는 행위의 알선에 관한 **미필적 고의는 인정된다**(대판 2014도5173).

4. (1) 아동·청소년의 성을 사는 행위를 알선하는 행위를 업으로 하는 사람이 알선의 대상이 **아동·청소년임을 인식하면서 알선행위를 하였다면**, 아동·청소년의 성을 사는 행위를 한 사람이 **상대방이 아동·청소년임을 인식하고 있었는지 여부는 알선행위를 한 사람의 책임에 영향을 미칠 이유가 없다.**
   (2) 아동·청소년의 성을 사는 행위를 알선하는 행위를 업으로 하여 아동·청소년의 성보호에 관한 법률 제15조 제1항 제2호의 위반죄가 성립하기 위해서는 알선행위를 업으로 하는 사람이 아동·청소년을 알선의 대상으로 삼아 그 성을 사는 행위를 알선한다는 것을 인식하여야 하지만, 이에 더하여 알선행위로 아동·청소년의 **성을 사는 행위를 한 사람이 상대방이 아동·청소년임을 인식하여야 한다고 볼 수는 없다**(대판 2015도15664).

5. 성인 남성 A가 가출하여 잘 곳이 없는 **15세 여고생과 사전에 대가를 주고 성관계를 하자는 약속 없이** 만나 숙소와 차비 명목의 금전을 제공하고 성관계를 한 경우, A의 행위는 법령에서 규정한 아동·청소년의 성을 사는 행위의 대가 중 **'편의제공'에 속한다**(대판 2002도83). 즉, 청소년의 성을 사는 행위를 한 것으로 볼 수 있다.

6. 성인 남성 B가 인터넷 채팅사이트를 통하여, 성매매 의사를 가지고 성매수자를 찾고 있던 청소년 갑과 성매매 장소, 대가 등에 관하여 구체적으로 정한 후 약속장소 인근에 도착하여 甲에게 전화로 요구 사항을 지시하였지만 **성관계를 하지 못했다 하더라도** 사전에 성매매의사를 가진 청소년이었고, 실제 성관계 여부와 상관없이 **'성을 팔도록 권유한 행위'에 해당한다**(대판 2011도3934).

7. 피고인이 아동·청소년 또는 아동·청소년으로 인식될 수 있는 사람 부근에서 그들 몰래 본인의 신체 일부를 노출하거나 또는 자위행위를 하는 내용일 뿐 **아동·청소년이 성적 행위를 하는 내용을 표현한 것이 아닌 필름 또는 동영상은 아동·청소년성착취물에 해당한다고 보기 어렵다**(대판 2013도502).

THEME 11 「실종아동등의 보호 및 지원에 관한 법률」과 「실종아동등 및 가출인 업무처리 규칙」_S급

1 실종아동등의 보호 및 지원에 관한 법률(§2)

아동등	① **실종 당시** 18세 미만의 아동 ↳ 신고당시 X ② 「장애인복지법」 제2조의 장애인 중 **지적장애인·자폐성장애인 또는 정신 장애인** ③ 「치매관리법」 제2조 제2호 **치매환자**2642·2643
실종 아동등	약취·유인 또는 유기되거나 사고를 당하거나 가출하거나 길을 잃는 등의 사유로 인하여 **보호자로부터 이탈된 아동**2644
보호자	① 친권자·후견인, 그 밖에 다른 법률에 의하여 아동등 보호 또는 부양할 의무가 있는 자 ② **보호시설의 장 또는 종사자는 제외**2645
보호시설	① 「사회복지사업법」 제2조 제4호에 따른 사회복지시설 ② **인가·신고 등이 없이** 아동등을 보호하는 시설로서 사회복지시설에 준하는 시설2646

2 실종아동등 및 가출인 업무처리 규칙(§2)

찾는 실종아동등	보호자가 찾고 있는 실종아동등2647
보호 실종아동등	보호자가 **확인되지 않아** 경찰관이 보호하고 있는 실종아동등2648
장기 실종아동등	보호자로부터 **신고를 접수한지** 48시간이 경과한 후에도 발견되지 않은 찾는 실종아동등2649 ↳ 이탈한지 X
가출인	**신고 당시** 보호자로부터 이탈된 **18세 이상**의 사람2650 ↳ 실종 X
발생지	① 실종아동등 및 가출인이 실종·가출 전 최종적으로 **목격되었거나, 목격되었을 것으로 추정**하여 신고자 등이 진술한 장소 ② 신고자 등이 최종 목격 장소를 진술하지 못하거나, 목격되었을 것으로 추정되는 장소가 대중교통시설 등일 경우 또는 실종·가출 발생 후 **1개월**이 경과한 때에는 실종아동등 및 가출인의 **실종 전 최종 주거지**2651
발견지	① 실종아동등 또는 가출인을 발견하여 **보호 중인 장소** ↳ 발견한 장소 X ② 발견한 장소와 보호 중인 장소가 서로 다른 경우 – **보호 중인 장소**2652·2653
국가경찰 수사 범죄	「자치경찰사무와 시·도자치경찰위원회의 조직 및 운영 등에 관한 규정」 제3조 제1호부터 제5호까지 또는 제6호 나목의 범죄가 **아닌 범죄**

3 「실종아동등 및 가출인 업무처리 규칙」상 정보시스템 운영(규칙 §6)

실종아동등 프로파일링시스템	① 사용 : **경찰관서 내에서만** ② 통제 : 경찰관서의 장은 업무담당자 지정하여 접근 관리 권한 부여	(운영) 경찰청 **생활안전** **교통국장** 2654
인터넷안전드림 (실종아동찾기센터 홈페이지)	① 사용 : **누구든지 사용(공개)** ② 정보의 제공 : 실종아동등의 신고 또는 예방·홍보 관련자료 ③ 경찰관서의 장은 본인 또는 보호자의 동의를 받아 **실종아동등 프로파일링시스템에서 데이터베이스로 관리하는** 실종아동등 및 보호시설 무연고자 자료를 인터넷 안전드림에 공개할 수 있다(§7 ④). 2655	

4 실종아동등 프로파일링 시스템 주요 내용(규칙 §7)

입력대상 **보실가** 2656	1. **실**종아동등 2. **가**출인 3. **보**호시설입소자중 보호자가 확인되지 않는 사람(보호시설 무연고자) 2657
반드시 입력하지 않을 수 있는 대상	② 경찰관서의 장은 실종아동등 또는 가출인에 대한 신고를 접수한 후 신고대상자가 다음 각 호의 어느 하나에 해당하는 경우에는 신고 내용을 실종아동등 프로파일링시스템에 **입력하지 않을 수 있다.** 1. 채무관계 해결, 형사사건 당사자 소재 확인 등 실종아동등 및 가출인 발견 외 다른 목적으로 신고된 사람 2. 수사기관으로부터 지명수배 또는 지명 통보된 사람 2661 3. 허위로 신고된 사람 4. 보호자가 가출시 동행한 아동 5. 그 밖에 신고내용을 종합하였을 때 입력대상이 아니라고 판단되는 사람
등록된 자료의 보존기관	③ 실종아동등 프로파일링시스템에 등록된 자료의 보존기간은 다음 각 호와 같다. 다만, 대상자가 사망하거나 보호자가 삭제를 요구한 경우는 **즉시 삭제하여야 한다.** 1. 발견된 **18세 미만** 아동 및 가출인 : 수배 해제 후로부터 **5년간 보관** 2658 2. 발견된 지적·자폐성·정신 장애인 등 및 치매환자 : 수배 해제 후로부터 **10년간 보관** 3. 미발견자 : **소재 발견 시**까지 보관 2659 4. 보호시설 무연고자 : 본인 요청시 **즉시** 삭제
등록된 자료의 삭제	⑤ **경찰관서의 장**은 다음 각 호의 어느 하나에 해당하는 때에는 지체 없이 인터넷 안전드림에 공개된 자료를 **삭제하여야 한다.** 2660 1. 찾는실종아동등을 발견한 때 2. 보호실종아동등 또는 보호시설 무연고자의 보호자를 확인한 때 3. 본인 또는 보호자가 공개된 자료의 삭제를 요청하는 때
등록된 자료의 해제 (§8)	경찰관서의 장은 다음 각 호의 어느 하나에 해당하는 경우에는 등록된 자료를 해제하여야 한다. 1. 찾는실종아동등 및 가출인의 소재를 발견한 경우 2. 보호실종아동등의 신원을 확인하거나 보호자를 확인한 경우 3. 허위 또는 오인신고인 경우 4. 지명수배 또는 지명통보 대상자임을 확인한 경우 5. 보호자가 해제를 요청한 경우 – **해제 요청 사유의 진위 여부를 확인한 후 해제**

5 신고의무자(실종아동등의 보호 및 지원에 관한 법률)

신고의무자 (§6①)	신고의무자는 그 직무를 수행하면서 실종아동등임을 알게 되었을 때에는 **경찰청장**이 구축하여 운영하는 신고체계(경찰신고체계)로 **지체없이 신고하여야 한다.** → 위반 시 **200만 원 이하의 과태료**(§19②) 1. **보호시설의 장 또는 그 종사자**2662 2. 아동복지법 제13조에 따른 **아동복지전담공무원**2663 3. 청소년 보호법 제35조에 따른 **청소년 보호·재활센터의 장 또는 그 종사자**2664 4. 사회복지사업법 제14조에 따른 **사회복지전담공무원**2665 5. 의료법 제3조에 따른 **의료기관에서 업무를 하는 의료인, 종사자 및 의료기관의 장**2666 6. 업무·고용 등의 관계로 사실상 아동등을 보호·감독하는 사람2667
미신고 보호행위의 금지(§7)	누구든지 정당한 사유 없이 실종아동등을 경찰관서의 장에게 신고하지 아니하고 보호할 수 없음 → 위반 시 **5년 이하의 징역 또는 5천만 원 이하의 벌금**(§17)
실종아동등의 조기 발견을 위한 사전 신고증 발급 등 (§7의2)2668	① 경찰청장은 실종아동등의 조속한 발견과 복귀를 위하여 아동등의 보호자가 신청하는 경우 아동등의 지문 및 얼굴 등에 관한 정보(이하 "지문등정보"라 한다)를 제8조의2에 따른 정보시스템에 등록하고 아동등의 보호자에게 **사전신고증을 발급할 수 있다.**
유전자검사의 실시(§11)	① 경찰청장은 실종아동등의 발견을 위하여 다음 각 호의 어느 하나에 해당하는 자로부터 유전자검사대상물을 **채취할 수 있다.**2669 1. 보호시설의 입소자나 「정신건강증진 및 정신질환자 복지서비스 지원에 관한 법률」 제3조 제5호에 따른 정신의료기관의 입원환자 중 보호자가 확인되지 아니한 아동등 2. **실종아동등을 찾고자 하는 가족** 3. 그 밖에 보호시설의 입소자였던 무연고아동

6 수색 또는 수사의 실시 등(실종아동등의 보호 및 지원에 관한 법률 §9)

① **경찰관서의 장**은 실종아동등의 발생 신고를 접수하면 **지체없이**(24시간 X) 수색 또는 수사의 실시 여부를 **결정하여야 한다.**2670
② 경찰관서의 장은 실종아동등(범죄로 인한 경우를 **제외**)의 조속한 발견을 위하여 필요한 때에는 개인위치정보사업자에게 실종아동등의 개인위치정보의 제공을 요청할 수 있다. 이 경우 경찰관서의 장의 요청을 받은 자는 「통신비밀보호법」 제3조에도 불구하고 정당한 사유가 없으면 이에 **따라야 한다.**2671
③ ②의 요청을 받은 자는 그 실종아동등의 동의 없이 개인위치정보등을 수집할 수 있으며, **실종아동등의 동의가 없음을 이유로** 경찰관서의 장의 요청을 거부하여서는 아니 된다.
④ 경찰관서의 장과 경찰관서에 종사하거나 종사하였던 자는 실종아동등을 찾기 위한 목적으로 제공받은 개인위치정보등을 실종아동등을 찾기 위한 목적 외의 용도로 이용하여서는 아니 되며, 경찰관서의 장은 목적을 달성하였을 때에는 **지체 없이 파기하여야 한다.**2672 (1년간 X, 보관 X)
⑤ ①의 수색 또는 수사 등에 필요한 사항은 **행정안전부령**으로 정하고, 제2항에 따른 개인위치정보등의 제공을 요청하는 방법 및 절차, 제4항에 따른 파기 방법 및 절차 등에 필요한 사항은 **대통령령**으로 정한다.

7 신고에 대한 조치(실종아동등 및 가출인 업무처리 규칙)

신고접수증 발급(§7)	⑥ 실종아동등 또는 가출인에 대한 신고를 접수하거나, 실종아동등 프로파일링시스템에 신고 내용이 입력되어 있는 것을 확인한 경찰관은 **보호자가 요청하는 경우**에는 별지 제1호 서식의 신고접수증을 **발급할 수 있다.**[2673]
신고 접수(§10)	① 실종아동등 신고는 **관할에 관계 없이** 실종아동찾기센터, 각 시·도경찰청 및 경찰서에서 **전화, 서면, 구술 등의 방법**으로 접수하며, 신고를 접수한 경찰관은 범죄와의 관련 여부 등을 확인해야 한다.[2674]
신고에 대한 조치 등(§11)	⑤ 경찰관서의 장은 실종아동등에 대하여 현장 탐문 및 수색 후 그 결과를 즉시 보호자에게 통보하여야 한다. 이후에는 실종아동등 프로파일링시스템에 등록한 날로부터 **1개월**까지는 **15일에 1회, 1개월**이 경과한 후부터는 **분기별 1회** 보호자에게 **추적 진행사항**을 통보한다.[2675] ⑥ 경찰관서의 장은 찾는실종아동등을 **발견하거나**, 보호실종아동등의 **보호자를 발견한 경우**에는 실종아동등 프로파일링시스템에서 **등록 해제**하고, 해당 실종아동등에 대한 **발견 관서와 관할 관서가 다른 경우**에는 발견과 관련된 사실을 **관할 경찰관서의 장**에게 **지체 없이** 알려야 한다.

TIP 각종 연령 기준

법 률	정 의	연 령
형법	형사미성년자	14세 미만인 자를 말한다.
민법	미성년자	19세 미만인 사람(자)를 말한다.
소년법	소년	
아동·청소년의 성보호에 관한 법률	아동·청소년	
청소년 기본법	청소년	9세 이상 24세 이하(미만 X)인 사람을 말한다. 다만, 다른 법률에서 청소년에 대한 적용을 다르게 할 필요가 있는 경우에는 따로 정할 수 있다.
청소년 보호법	청소년	19세 미만인 사람을 말한다. 다만, 19세가 되는 해의 1월 1일을 맞이한 사람은 제외한다. → 연 19세 미만[2624]
음악산업진흥에 관한 법률		
게임산업진흥에 관한 법률		
영화 및 비디오물의 진흥에 관한 법률		
공연법		
아동복지법	아동	18세 미만인 사람을 말한다.
아동학대범죄의 처벌 등에 관한 특례법	아동	

CHAPTER 02 수사경찰

01 가정폭력범죄의 처벌등에 관한 특례법

02 아동학대범죄의 처벌 등에 관한 특례법

03 스토킹범죄의 처벌 등에 관한 법률

04 성폭력범죄의 처벌 등에 관한 특례법

05 특정중대범죄 피의자 등 신상정보 공개에 관한 법률

06 범죄피해자 보호법

07 마약류사범 수사

THEME 01 가정폭력범죄의 처벌 등에 관한 특례법 _S급

 법령 자료(네이버 카페: 김재규 경찰학)

1 가정폭력범죄의 개념

정의 (§2)	1. "**가정폭력**"이란 가정구성원 사이의 신체적, 정신적 또는 재산상 피해를 수반하는 행위를 말한다.2677 4. "**가정폭력행위자**"란 가정폭력범죄를 범한 사람 및 가정구성원인 공범을 말한다.2682 5. "**피해자**"란 가정폭력범죄로 인하여 **직접적**(간접적 X)으로 피해를 입은 사람을 말한다. 8. "**아동**"이란 **18세 미만**인 사람을 말한다.
가정구성원 (§2)	가. 배우자(**사실상 혼인관계에 있는 사람을 포함**) 또는 **배우자였던 사람**2678·2681 나. 자기 또는 배우자와 직계존비속관계(**사실상의 양친자관계를 포함**)에 있거나 **있었던 사람**2679 다. 계부모와 자녀의 관계 또는 적모(嫡母)와 서자(庶子)의 관계에 있거나 **있었던 사람**2683 라. **동거하는 친족** └ 동거하는 친족 관계에 있었던 자 X 2680
가정폭력범죄 (§2)	가. (존속, 중, 특수)상해, (존속, 특수)폭행 등 나. (존속, 영아)유기, 학대 등 다. (존속, 중, 특수)체포, 감금 등 라. 협박 등 마. 강간, 추행(강간등 살인치사상)등, 미성년자등에 대한 간음, 유사강간 등 바. (사자, 출판물)명예훼손, 모욕 등 사. 주거침입의 죄(주거침입, 퇴거불응, 주거·신체 수색) 아. 강요죄와 미수범 자. 공갈죄·특수공갈죄와 미수범 차. 재물손괴·특수재물손괴 카. 카메라 등을 이용한 촬영죄(성폭력처벌법 제14조)와 미수범 타. 불법정보의 유통금지 등 위반죄(정보통신망법 §74 : 공포심이나 불안감을 유발하는 부호·문언·음향·화상 또는 영상을 반복적으로 상대방에게 도달하도록 하는 내용의 정보를 유통) 파. 가목부터 타목까지의 죄로서 다른 법률에 따라 가중처벌되는 죄 ┌───┐ │ 사기 / 절도 / 횡령 / 배임 / 강도 / 살인 / 약취·유인 / 인질강요 / 상해치사 / 폭행치사상 / 체포·감금등의 치사상 / 업무방해 / 공무집행방해 / 중손괴 │ │ → 가정폭력범죄에 해당하지 않음 2692·2693·2694·2695·2696·2697 │ └───┘
다른법률과의 관계 (§3)	가정폭력범죄에 대하여는 이 법을 우선 적용한다. 다만, 아동학대범죄에 대하여는 「아동학대 범죄의 처벌 등에 관한 특례법」을 우선 적용한다.2684

형벌과 수강명령 등의 병과(§3의2)	① 법원은 가정폭력행위자에 대하여 유죄판결(선고유예는 **제외**)을 선고하거나 약식 명령을 고지하는 경우에는 200시간의 범위에서 재범예방에 필요한 수강명령(「보호관찰 등에 관한 법률」에 따른 수강명령) 또는 가정폭력 치료프로그램의 이수명령을 **병과할 수 있다**. (포함 X) ④ ①에 따른 수강명령 또는 이수명령은 형의 집행을 유예할 경우에는 그 집행유예기간 내에, 징역형의 실형을 선고할 경우에는 형기 내에, 벌금형을 선고하거나 약식명령을 고지할 경우에는 형 확정일부터 6개월 이내에 각각 집행한다.
신고 (§4)	① 누구든지 가정폭력범죄를 알았을 때는 신고할 수 있다. (하여야 한다 X) ② 아동, 60세 이상의 노인, 그 밖에 정상적인 판단능력이 결여된 사람의 치료 등을 담당하는 의료인 및 의료기관의 장 등은 직무를 수행하면서 가정폭력범죄를 알게 된 경우에는 정당한 사유가 없으면 즉시 수사기관에 신고하여야 한다. (할 수 있다 X)
고소의 특례 (§6)	① 피해자 또는 그 법정대리인은 가정폭력행위자를 고소할 수 있다. 피해자의 법정대리인이 가정폭력행위자인 경우 또는 가정폭력행위자와 공동으로 가정폭력범죄를 범한 경우에는 피해자의 친족이 고소할 수 있다. (없다 X) ② 피해자는 가정폭력행위자가 자기 또는 배우자의 직계존속인 경우에도 고소할 수 있다. 법정대리인이 고소하는 경우에도 또한 같다. ③ 피해자에게 고소할 법정대리인이나 친족이 없는 경우에 이해관계인이 신청하면 검사는 10일 이내에 고소할 수 있는 사람을 지정하여야 한다. (할 수 있다 X)
사건송치 (§7)	**사법경찰관은** 가정폭력범죄를 신속히 수사하여 사건을 검사에게 송치하여야 한다. 이 경우 사법경찰관은 해당 사건을 가정보호사건으로 처리하는 것이 적절한지에 관한 의견을 제시할 수 있다.

2 「가정폭력범죄의 처벌 등에 관한 특례법」상 가정폭력 신고처리 절차

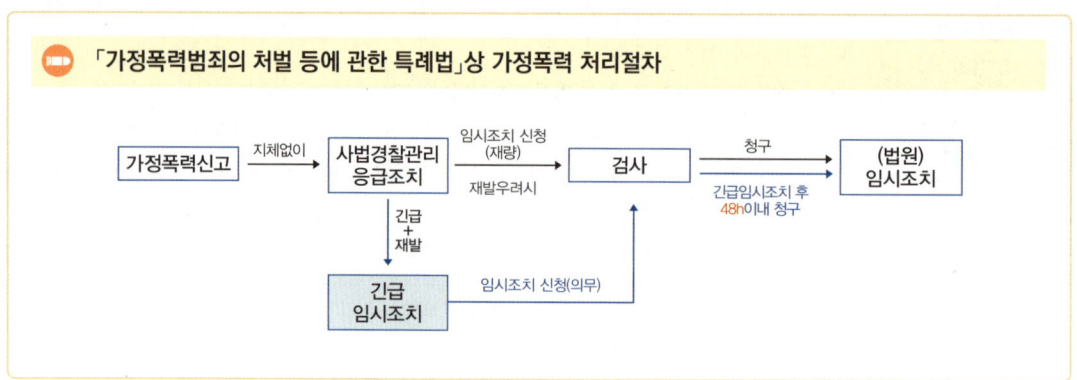

응급조치 (§5)	진행 중인 가정폭력범죄에 대하여 신고를 받은 **사법경찰관리**는 즉시 현장에 나가서 다음 각 호의 조치를 **하여야 한다.** 2698·2706 1. 폭력행위의 제지, 가정폭력행위자·피해자의 분리 1의2. 「형사소송법」 제212조에 따른 현행범인의 체포 등 범죄수사 2. 피해자를 가정폭력 관련 상담소 또는 **보호시설로 인도** ← 피해자가 동의한 경우 2699 3. 긴급치료가 필요한 피해자를 의료기관으로 인도 2700 4. 폭력행위 재발 시 임시조치를 신청할 수 있음을 통보 5. 피해자보호명령 또는 신변안전조치를 청구할 수 있음을 고지
임시조치 청구 (§8)	① 검사는 가정폭력범죄가 **재발될 우려**가 있다고 인정하는 경우에는 **직권**으로 또는 사법경찰관의 **신청**에 의하여 법원에 제29조 제1항 제1호·제2호 또는 제3호의 **임시조치를 청구할 수 있다.** (사법경찰관은 직권으로 법원에 임시조치를 청구할 수 없다.) 2701 1. 피해자 또는 가정구성원의 주거 또는 점유하는 방실로부터의 퇴거 등 격리 2. 피해자 또는 가정구성원이나 그 주거·직장 등에서 100미터 이내의 접근 금지 3. 피해자 또는 가정구성원에 대한 전기통신을 이용한 접근 금지 2703 ② **검사**는 가정폭력행위자가 임시조치를 위반하여 가정폭력범죄가 **재발**될 우려가 있다고 인정하는 경우에는 직권으로 또는 사법경찰관의 신청에 의하여 **법원에 국가경찰관서의 유치장 또는 구치소에의 유치의 임시조치를 청구할 수 있다.** ③ ① 및 ②의 경우 **피해자 또는 그 법정대리인**은 검사 또는 사법경찰관에게 ① 및 ②에 따른 **임시조치의 청구 또는 그 신청을 요청하거나 이에 관하여 의견을 진술할 수 있다.**
긴급임시조치 (§8의2)	① 사법경찰관은 응급조치에도 불구하고 가정폭력범죄가 재발될 우려가 있고, **긴급을 요하여** 법원의 **임시조치 결정을 받을 수 없을 때에는 직권 또는 피해자나 그 법정대리인의 신청에 의하여 긴급임시조치를 할 수 있다.** 2705 1. 피해자 또는 가정구성원의 주거 또는 점유하는 방실로부터의 **퇴거 등 격리** 2. 피해자 또는 가정구성원이나 그 주거·직장 등에서 100미터 이내의 접근 금지 3. 피해자 또는 가정구성원에 대한 「전기통신기본법」 제2조 제1호의 **전기통신을 이용한 접근 금지** ② 사법경찰관은 ①에 따라 긴급임시조치를 한 경우에는 즉시 긴급임시조치결정서를 작성하여야 한다. ③ ②에 따른 긴급임시조치결정서에는 범죄사실의 요지, 긴급임시조치가 필요한 사유 등을 기재하여야 한다. 2708 ※ 정당한 사유 없이 제8조의2 제1항에 따른 긴급임시조치(검사가 제8조의3제1항에 따른 임시조치를 청구하지 아니하거나 법원이 임시조치의 결정을 하지 아니한 때는 제외한다)를 이행하지 아니한 사람은 **300만원 이하의 과태료**를 부과한다.

구분	내용
긴급임시 조치·임시 조치 청구 (§8의3)	① 사법경찰관이 긴급임시조치를 한 때에는 **지체 없이** 검사에게 임시조치를 신청하고, 신청 받은 **검사는 법원에 임시조치를 청구하여야 한다.** (청구할수있다X) 이 경우 임시조치의 청구는 긴급임시조치를 한 때부터 **48시간 이내**에 청구하여야 하며, 긴급임시조치결정서를 첨부하여야 한다. ② ①에 따라 임시조치를 청구하지 아니하거나 법원이 임시조치의 결정을 하지 아니한 때에는 **즉시** 긴급임시조치를 **취소하여야 한다.**

임시조치
(§29)
	① **판사는** 가정보호사건의 원활한 조사·심리 또는 피해자 보호를 위하여 필요하다고 인정하는 경우에는 결정으로 가정폭력행위자에게 다음 각 호의 어느 하나에 해당하는 임시조치를 **할 수 있다.** (하여야 한다X)
	  1. 피해자 또는 가정구성원의 주거 또는 점유하는 방실로부터의 퇴거 등 격리
	  2. 피해자 또는 가정구성원이나 그 주거·직장 등에서 **100미터 이내**의 접근 금지
	  3. 피해자 또는 가정구성원에 대한 전기통신을 이용한 접근 금지 (2개월 (2회)연장 가능)
	  4. 의료기관이나 그 밖의 요양소에의 위탁
	  5. 국가경찰관서의 유치장 또는 구치소에의 유치 (1개월 (1회)연장 가능)
	  6. 상담소등에의 상담위탁
	⑤ 제1항 제1호부터 제3호까지의 임시조치기간은 **2개월**, 같은 항 제4호부터 제6호까지의 임시조치기간은 **1개월**을 초과할 수 없다. 다만, 피해자의 보호를 위하여 그 기간을 연장할 필요가 있다고 인정하는 경우에는 결정으로 제1항 제1호부터 제3호까지의 임시조치는 **두 차례만**, 같은 항 제4호부터 제6호까지의 임시조치는 **한 차례만** 각 기간의 범위에서 연장할 수 있다.
	※ 정당한 사유 없이 제29조 제1항 제1호부터 제3호까지의 어느 하나에 해당하는 임시조치를 이행하지 아니한 가정폭력행위자는 **1년 이하의 징역 또는 1천만원 이하의 벌금 또는 구류**에 처한다(제63조 제2항).

가정보호사건
처리
(§9)
	① **검사**(사법경찰관X)는 가정폭력범죄로서 사건의 성질·동기 및 결과, 가정폭력행위자의 성행 등을 고려하여 이 법에 따른 보호처분을 하는 것이 적절하다고 인정하는 경우에는 가정보호사건으로 처리할 수 있다. 이 경우 **검사는 피해자의 의사를 존중하여야 한다.**
	② 다음 각 호의 경우에는 ①을 적용할 수 있다.
	  1. 피해자의 고소가 있어야 공소를 제기할 수 있는 가정폭력범죄에서 고소가 없거나 취소된 경우
	  2. 피해자의 명시적인 의사에 반하여 공소를 제기할 수 없는 가정폭력범죄에서 피해자가 처벌을 희망하지 아니한다는 명시적 의사표시를 하였거나 처벌을 희망하는 의사표시를 철회한 경우

THEME 02 아동학대범죄의 처벌 등에 관한 특례법 _S급

 법령 자료(네이버 카페: 김재규 경찰학)

1 아동학대범죄의 개념

목적 (§1)	아동학대범죄의 처벌 및 그 절차에 관한 특례와 피해아동에 대한 보호절차 및 아동학대행위자에 대한 보호처분을 규정함으로써 아동을 보호하여 아동이 건강한 사회 구성원으로 성장하도록 함을 목적으로 한다. 2710
정의(§2)	1. "아동"이란 **18세 미만**의 사람을 말한다. 2711 2. "보호자"란 친권자, 후견인, 아동을 보호·양육·교육하거나 그러한 의무가 있는 자 또는 업무·고용 등의 관계로 사실상 아동을 보호·감독하는 자를 말한다. 3. "아동학대"란 「아동복지법」 제3조 제7호에 따른 아동학대를 말한다. 다만, 「유아교육법」과 「초·중등교육법」에 따른 **교원의 정당한 교육활동과 학생생활지도는 아동학대로 보지 아니한다.** 5. "아동학대행위자"란 아동학대범죄를 **범한 사람 및 그 공범**을 말한다. 6. "피해아동"이란 아동학대범죄로 인하여 **직접적(간접적 X)**으로 피해를 입은 아동을 말한다. 2711-1
다른 법률과의 관계(§3)	아동학대범죄에 대하여는 이 법을 우선 적용한다. 다만, 「성폭력범죄의 처벌 등에 관한 특례법」, 「아동·청소년의 성보호에 관한 법률」에서 가중처벌되는 경우에는 그 법에서 정한 바에 따른다. 2712
아동복지시설의 종사자 등에 대한 가중처벌(§7)	**아동학대 신고의무자가 보호하는 아동**에 대하여 아동학대범죄를 범한 때에는 그 죄에 정한 형의 **2분의 1까지 가중한다.** 2713
형벌과 수강명령 등의 병과(§8)	① 법원은 아동학대행위자에 대하여 유죄판결(선고유예를 **제외(포함 X)**)을 선고하거나 약식명령을 고지하면서 200시간의 범위에서 재범예방에 필요한 수강명령 또는 아동학대 치료프로그램의 이수명령을 **병과할 수 있다.** 2714 ② 아동학대행위자에 대하여 제1항의 **수강명령**은 형의 집행을 유예할 경우에 그 **집행유예기간 내에서** 병과하고, **이수명령**은 벌금형 또는 징역형의 실형(實刑)을 선고하거나 약식명령을 고지할 경우에 **병과한다.**
신고의무 (§10)	① **누구든지** 아동학대범죄를 알게 된 경우나 그 의심이 있는 경우에는 시·도, 시·군·구(자치구를 말한다) 또는 수사기관에 **신고할 수 있다.** ② 다음 각 호의 어느 하나에 해당하는 사람이 직무를 수행하면서 아동학대범죄를 알게 된 경우나 그 의심이 있는 경우에는 시·도, 시·군·구 또는 수사기관에 즉시 **신고하여야 한다.** 　1. 「아동복지법」 제10조의2에 따른 아동권리보장원 및 가정위탁지원센터의 장과 그 종사자 　2. 아동복지시설의 장과 그 종사자(아동보호전문기관의 장과 그 종사자는 **제외**) 　3. 「아동복지법」 제13조에 따른 아동복지전담공무원 −이하 생략−

신고의무 (§10)	③ **누구든지** 제1항 및 제2항에 따른 신고인의 인적 사항 또는 신고인임을 미루어 알 수 있는 사실을 다른 사람에게 알려주거나 공개 또는 보도하여서는 아니 된다. ④ 제2항에 따른 신고가 있는 경우 시·도, 시·군·구 또는 수사기관은 정당한 사유가 없으면 **즉시 조사 또는 수사에 착수**하여야 한다. ※ 피해아동등이 보호자의 학대를 당연하게 받아들이고 이를 학대로 인식하지 못하는 **미인지성**(은폐성X) 때문에 「아동학대범죄의 처벌 등에 관한 특례법」은 아동학대 신고의무자를 광범위하게 규정하고 있다. 2717
고소의 특례 (§10의4)	① 피해아동 또는 그 법정대리인은 아동학대행위자를 고소할 수 있다. 피해아동의 법정대리인이 아동학대행위자인 경우 또는 아동학대행위자와 공동으로 아동학대범죄를 범한 경우에는 피해아동의 친족이 고소할 수 있다. ② 피해아동은 「형사소송법」 제224조에도 불구하고 아동학대행위자가 자기 또는 배우자의 직계존속인 경우에도 고소할 수 있다. ③ 피해아동에게 고소할 법정대리인이나 친족이 없는 경우에 이해관계인이 신청하면 **검사는 10일** 이내에 고소할 수 있는 사람을 지정**하여야 한다**. 2715 ↳ 수사기관X ↳ 할 수 있다X
증인 (§17의2)	**검사는** 아동학대범죄사건의 증인이 피고인 또는 그 밖의 사람으로부터 생명·신체에 해를 입거나 입을 염려가 있다고 인정될 때에는 **관할 경찰서장**에게 증인의 신변안전을 위하여 필요한 조치를 할 것을 **요청하여야 한다**. 2716

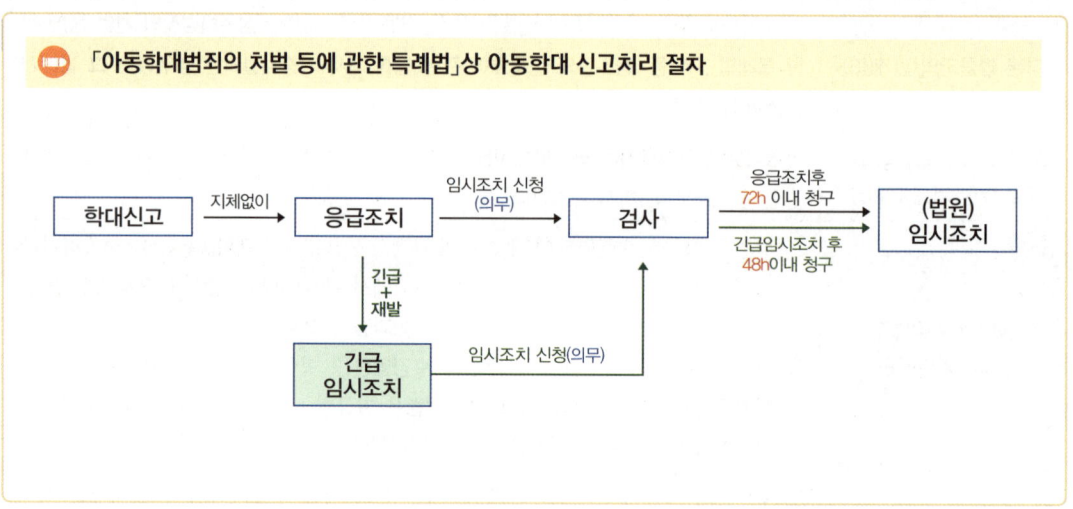

「아동학대범죄의 처벌 등에 관한 특례법」상 아동학대 신고처리 절차

현장출동 (§11)	① 아동학대범죄 신고를 접수한 사법경찰관리나 아동학대전담공무원은 **지체 없이** 아동학대범죄의 현장에 출동하여야 한다. 이 경우 수사기관의 장이나 시·도지사 또는 시장·군수·구청장은 서로 동행하여 줄 것을 요청할 수 있으며, 그 요청을 받은 수사기관의 장이나 시·도지사 또는 시장·군수·구청장은 정당한 사유가 없으면 사법경찰관리나 아동학대전담공무원이 아동학대범죄 현장에 동행하도록 조치하여야 한다. 2718 ② 아동학대범죄 신고를 접수한 사법경찰관리나 아동학대전담공무원은 아동학대범죄가 행하여지고 있는 것으로 신고된 현장 또는 피해아동을 보호하기 위하여 필요한 장소에 출입하여 아동 또는 아동학대행위자 등 관계인에 대하여 조사를 하거나 질문을 할 수 있다. 다만, **아동학대전담공무원(사법경찰관리X)** 은 피해아동의 보호, 「아동복지법」 제22조의4의 사례관리계획에 따른 사례관리를 위한 범위에서만 아동학대행위자 등 관계인에 대하여 **조사 또는 질문을 할 수 있다.** 2719 ⑦ ①에 따른 현장출동이 **동행하여 이루어지지 아니한 경우** 수사기관의 장이나 시·도지사 또는 시장·군수·구청장은 현장출동에 따른 **조사 등의 결과를 서로에게 통지하여야 한다.** 2720 ↳ 할수있다 X

응급조치
(§12)
2722
	① 현장에 출동하거나 아동학대범죄 현장을 발견한 경우 또는 학대현장 이외의 장소에서 학대피해가 확인되고 재학대의 위험이 급박·현저한 경우, 사법경찰관리 또는 아동학대전담공무원은 피해아동등의 보호를 위하여 즉시 **응급조치를 하여야 한다.** 이 경우 제3호 또는 제5호의 조치를 하는 때에는 피해아동등의 이익을 최우선으로 고려하여야 하며, 피해아동등을 보호하여야 할 필요가 있는 등 특별한 사정이 있는 경우를 제외하고는 **피해아동등의 의사를 존중** 하여야 한다. 2721
	
	   1. 아동학대범죄 행위의 제지
	   2. 아동학대행위자를 피해아동등으로부터 격리
	   3. **피해아동등을 아동학대 관련 보호시설로 인도** 2733
	   4. 긴급치료가 필요한 피해아동을 의료기관으로 인도 2724
	   5. **피해아동등을 연고자 등에게 인도** → 3호와 5호는 피해아동의 의사존중(동의X) 2723
	                                                                     72h 이내 (48h연장가능)
	
	② 사법경찰관리나 아동학대전담공무원은 제1항 제3호부터 제5호까지 피해아동등을 분리·인도하여 보호하는 경우 지체 없이 피해아동등을 인도받은 보호시설·의료시설의 소재지 또는 연고자 등의 주거지를 관할하는 시·도지사 또는 시장·군수·구청장에게 그 사실을 통보하여야 한다. 2725
	③ 제1항 **제2호부터 제5호까지의** 규정에 따른 응급조치는 **72시간**을 넘을 수 없다. 다만, 본문의 기간에 공휴일이나 토요일이 **포함**되는 경우로서 피해아동등의 보호를 위하여 필요하다고 인정되는 경우에는 **48시간**의 범위에서 그 기간을 연장할 수 있다. 2726
	⑤ **사법경찰관리 또는 아동학대전담공무원**이 제1항에 따라 응급조치를 한 경우에는 즉시 응급조치결과보고서를 작성하여야 한다. 이 경우 사법경찰관리가 응급조치를 한 경우에는 관할 경찰서의 장이 시·도지사 또는 시장·군수·구청장에게, 아동학대전담공무원이 응급조치를 한 경우에는 소속 시·도지사 또는 시장·군수·구청장이 관할 경찰서의 장에게 작성된 응급조치결과보고서를 **지체 없이 송부하여야 한다.** 2727
	⑨ 사법경찰관리나 아동학대전담공무원은 제1항 제5호의 조치를 하는 경우 **연고자 등의 동의를 얻어** 가정폭력범죄, 아동학대범죄 등 범죄경력을 확인하는 등 피해아동등의 보호를 위하여 필요한 조치를 **할 수 있다.**

구분	내용
긴급임시 조치 (§13)	① 사법경찰관은 응급조치에도 불구하고 아동학대범죄가 **재발**될 우려가 있고, **긴급**을 요하여 법원의 임시조치 결정을 받을 수 없을 때에는 직권이나 피해아동등, 그 법정대리인(아동학대행위자를 제외한다), 변호사, 시·도지사, 시장·군수·구청장 또는 아동보호전문기관의 장의 신청에 따라 제19조 제1항 제1호부터 제3호까지의 어느 하나에 해당하는 조치를 **할 수 있다.** 2728·2729 ② **사법경찰관**은 긴급임시조치를 한 경우에는 즉시 긴급임시조치결정서를 작성하여야 하고, 그 내용을 시·도지사 또는 시장·군수·구청장에게 지체 없이 **통지하여야 한다.** 2730 ③ ②에 따른 긴급임시조치결정서에는 범죄사실의 요지, 긴급임시조치가 필요한 사유, 긴급임시조치의 내용 등을 기재하여야 한다. ※ 정당한 사유 없이 제13조 제1항에 따른 긴급임시조치를 이행하지 아니한 사람은 **1천만원 이하의 과태료**를 부과한다(제63조 제1항 제4호).
임시조치 청구(§14)	**검사**는 아동학대범죄가 **재발**될 우려가 있다고 인정하는 경우에는 직권으로 또는 사법경찰관이나 보호관찰관의 신청에 따라 **법원에 임시조치를 청구할 수 있다.**
응급조치· 긴급임시 조치 후 임시 조치의 청구 (§15)	① 사법경찰관이 응급조치 또는 긴급임시조치를 하였거나 시·도지사 또는 시장·군수·구청장으로부터 응급조치가 행하여졌다는 통지를 받은 때에는 지체 없이 검사에게 임시조치의 청구를 신청**하여야 한다.** ② ①의 신청을 받은 검사는 임시조치를 청구하는 때에는 응급조치가 있었던 때부터 **72시간**(응급조치 기간이 연장된 경우에는 그 기간) 이내에, 긴급임시조치가 있었던 때부터 **48시간** 이내에 하여야 한다. 이 경우 응급조치결과보고서 및 긴급임시조치결정서를 첨부하여야 한다. ┌ 응급조치 후 : 72h이내 └ 긴급임시조치 후 : 48h이내 ③ **사법경찰관**은 검사가 임시조치를 청구하지 아니하거나 법원이 임시조치의 결정을 하지 아니한 때에는 즉시 그 긴급임시조치를 **취소하여야 한다.**

임시조치
(§19)
	① 판사는 아동학대범죄의 원활한 조사·심리 또는 피해아동등의 보호를 위하여 필요하다고 인정하는 경우에는 결정으로 아동학대행위자에게 다음 각 호의 어느 하나에 해당하는 조치(이하 "임시조치"라 한다)를 할 수 있다. 2731
	  1. 피해아동등 또는 가정구성원의 주거로부터 퇴거 등 격리 ┐
	  2. 피해아동등 또는 가정구성원의 주거, 학교 또는 보호시설 등에서 ├ 2개월
	     100미터 이내의 접근 금지 (2회연장가능)
	  3. 피해아동등 또는 가정구성원에 대한 전기통신을 이용한 접근 금지 ┘ 2736
	  4. 친권 또는 후견인 권한 행사의 제한 또는 정지 2736 ┐
	  5. 아동보호전문기관 등에의 상담 및 교육 위탁 2735 ├ 2개월
	  6. 의료기관이나 그 밖의 요양시설에의 위탁 (1회연장가능)
	  7. 경찰관서의 유치장 또는 구치소에의 유치 2734 ┘ 2731
	③ 판사는 피해아동등에 대하여 제12조 제1항 제2호부터 제5호까지의 규정에 따른 응급조치가 행하여진 경우에는 임시조치가 **청구된 때로부터 24시간 이내**에 임시조치 여부를 결정하여야 한다.
	④ ①의 각 호의 규정에 따른 임시조치기간은 **2개월**을 초과할 수 없다. 다만, 피해아동등의 보호를 위하여 그 기간을 연장할 필요가 있다고 인정하는 경우에는 결정으로 제1항 제1호부터 제3호까지의 규정에 따른 임시조치는 **두 차례만**, 같은 항 제4호부터 제7호까지의 규정에 따른 임시조치는 **한 차례만** 각 기간의 범위에서 연장할 수 있다.
	※ 제19조 제1항 제1호부터 제4호까지의 어느 하나에 해당하는 임시조치를 이행하지 아니한 아동학대행위자는 **2년 이하의 징역 또는 2천만원 이하의 벌금 또는 구류**에 처한다(제59조 제1항 제1호).

THEME 03 스토킹범죄의 처벌 등에 관한 법률 _S급

 법령 자료(네이버 카페: 김재규 경찰학)

목적(§1)	이 법은 스토킹범죄의 처벌 및 그 절차에 관한 특례와 스토킹범죄 피해자에 대한 보호절차를 규정함으로써 피해자를 보호하고 건강한 사회질서의 확립에 이바지함을 목적으로 한다.	
정의(§2)	스토킹행위	상대방의 **의사에 반(反)**하여 정당한 이유 없이 다음 각 목의 어느 하나에 해당하는 행위를 하여 상대방에게 불안감 또는 공포심을 일으키는 것을 말한다. 가. 상대방 또는 그의 동거인, 가족(이하 "상대방등"이라 한다)에게 접근하거나 따라다니거나 진로를 막아서는 행위 나. 상대방등의 주거, 직장, 학교, 그 밖에 일상적으로 생활하는 장소(이하 "상대방등의 주거등"이라 한다) 또는 그 부근에서 기다리거나 지켜보는 행위 다. 상대방등에게 우편·전화·팩스 또는「정보통신망 이용촉진 및 정보보호 등에 관한 법률」제2조 제1항 제1호의 정보통신망을 이용하여 물건이나 글·말·부호·음향·그림·영상·화상(이하 "물건등"이라 한다)을 도달하게 하거나 정보통신망을 이용하는 프로그램 또는 전화의 기능에 의하여 글·말·부호·음향·그림·영상·화상이 상대방등에게 나타나게 하는 행위 라. 상대방등에게 직접 또는 제3자를 통하여 물건등을 도달하게 하거나 주거등 또는 그 부근에 물건등을 두는 행위 → **스토킹범죄의 처벌 등에 관한 법률은 주거 등 침입에 이르지 않는 행위를 스토킹행위로 규율하고 있다.** 마. 상대방등의 주거등 또는 그 부근에 놓여져 있는 물건등을 훼손하는 행위 바. 다음의 어느 하나에 해당하는 상대방등의 정보를 정보통신망을 이용하여 제3자에게 제공하거나 배포 또는 게시하는 행위 　1)「개인정보 보호법」제2조 제1호의 개인정보 　2)「위치정보의 보호 및 이용 등에 관한 법률」제2조 제2호의 개인위치정보 　3) 1) 또는 2)의 정보를 편집·합성 또는 가공한 정보(해당 정보주체를 식별할 수 있는 경우로 한정한다) 사. 정보통신망을 통하여 상대방등의 이름, 명칭, 사진, 영상 또는 신분에 관한 정보를 이용하여 자신이 상대방등인 것처럼 가장하는 행위
	스토킹범죄	**지속적 또는 반복적**으로 스토킹행위를 하는 것을 말한다.
	피해자	스토킹범죄로 **직접적**인 피해를 입은 사람을 말한다.
	피해자등	피해자 및 스토킹행위의 상대방을 말한다.
응급조치(§3)	**사법경찰관리**는 진행 중인 스토킹행위에 대하여 신고를 받은 경우 즉시 현장에 나가 다음 각 호의 조치를 **하여야 한다**. 1. 스토킹행위의 제지, 향후 스토킹행위의 중단 통보 및 스토킹행위를 지속적 또는 반복적으로 할 경우 처벌 서면경고 2. 스토킹행위자와 피해자등의 분리 및 범죄수사 3. 피해자등에 대한 긴급응급조치 및 잠정조치 요청의 절차 등 안내 4. 스토킹 피해 관련 상담소 또는 보호시설로의 **피해자등 인도**(피해자등 동의 필요)	

긴급응급
(임시X)조치
(§4)
	① **사법경찰관**은 스토킹행위 신고와 관련하여 스토킹행위가 **지속적 또는 반복적**으로 행하여질 우려가 있고 스토킹범죄의 예방을 위하여 **긴급을 요하는 경우** 스토킹행위자에게 직권으로 또는 스토킹행위의 상대방이나 그 법정대리인 또는 스토킹행위를 신고한 사람의 요청에 의하여 다음 각 호에 따른 조치를 할 수 있다.[2741]
	
	   1. 스토킹행위의 상대방등이나 그 주거등으로부터 100미터 이내의 접근 금지
	   2. 스토킹행위의 상대방등에 대한 전기통신을 이용한 접근 금지
	
	② 사법경찰관은 제1항에 따른 조치(이하 "긴급응급조치"라 한다)를 하였을 때에는 **즉시** 스토킹행위의 요지, 긴급응급조치가 필요한 사유, 긴급응급조치의 내용 등이 포함된 긴급응급조치결정서를 작성하여야 한다.
	※ 긴급응급조치(검사가 제5조 제2항에 따른 긴급응급조치에 대한 사후승인을 청구하지 아니하거나 지방법원 판사가 같은 조 제3항에 따른 승인을 하지 아니한 경우는 제외)를 이행하지 아니한 사람은 **1년 이하의 징역 또는 1천만원 이하의 벌금**에 처한다(§20③).

긴급응급 조치 승인 신청(§5)	① 사법경찰관은 긴급응급조치를 하였을 때에는 **지체 없이** 검사에게 해당 긴급응급조치에 대한 사후승인을 **지방법원 판사**에게 청구하여 줄 것을 신청하여야 한다. ② 제1항의 신청을 받은 검사는 긴급응급조치가 있었던 때부터 **48시간 이내**에 지방법원 판사에게 해당 긴급응급조치에 대한 사후승인을 청구한다. 이 경우 긴급응급조치결정서를 첨부하여야 한다.[2742] ③ 지방법원 판사는 스토킹행위가 지속적 또는 반복적으로 행하여지는 것을 예방하기 위하여 필요하다고 인정하는 경우에는 제2항에 따라 청구된 **긴급응급조치를 승인**할 수 있다. ④ 사법경찰관은 검사가 제2항에 따라 긴급응급조치에 대한 사후승인을 청구하지 아니하거나 **지방법원 판사**가 제2항의 청구에 대하여 사후승인을 하지 아니한 때에는 즉시 그 긴급응급조치를 취소하여야 한다.[2743] ⑤ **긴급응급조치기간**은 **1개월**을 초과할 수 없다.[2744]
긴급응급 조치의 통지 등 (§6)	① 사법경찰관은 긴급응급조치를 하는 경우에는 스토킹행위의 상대방등이나 그 법정대리인에게 통지하여야 한다. ② 사법경찰관은 긴급응급조치를 하는 경우에는 해당 긴급응급조치의 대상자에게 조치의 내용 및 불복방법 등을 고지하여야 한다.
긴급응급 조치의 변경 등(§7)	② 스토킹행위의 상대방등이나 그 법정대리인은 제4조 제1항 제1호의 긴급응급조치가 있은 후 스토킹행위의 상대방등이 주거등을 옮긴 경우에는 **사법경찰관**에게 긴급응급조치의 **변경을 신청할 수 있다.**[2745] ③ 스토킹행위의 상대방이나 그 법정대리인은 긴급응급조치가 필요하지 아니한 경우에는 **사법경찰관**에게 해당 긴급응급조치의 **취소를 신청할 수 있다.** ④ **사법경찰관**은 정당한 이유가 있다고 인정하는 경우에는 직권으로 또는 ②부터 ③까지의 규정에 따른 신청에 의하여 해당 긴급응급조치를 취소할 수 있고, **지방법원 판사**의 승인을 받아 긴급응급조치의 종류를 변경할 수 있다. (↳ 검사 X)

잠정조치 청구(§8)	① **검사는** 스토킹범죄가 재발될 우려가 있다고 인정하면 직권 또는 사법경찰관의 신청에 따라 **법원에** 제9조 제1항 각 호의 조치(**잠정조치**)를 청구할 수 있다.₂₇₄₆ ② 피해자 또는 그 법정대리인은 검사 또는 사법경찰관에게 제1항에 따른 조치의 청구 또는 그 신청을 요청하거나, 이에 관하여 의견을 진술할 수 있다. ③ 사법경찰관은 제2항에 따른 신청 요청을 받고도 제1항에 따른 신청을 하지 아니하는 경우에는 검사에게 그 사유를 보고하여야 하고, 피해자 또는 그 법정대리인에게 그 사실을 지체 없이 알려야 한다. ④ 검사는 제2항에 따른 청구 요청을 받고도 제1항에 따른 청구를 하지 아니하는 경우에는 피해자 또는 그 법정대리인에게 그 사실을 지체 없이 알려야 한다.

잠정조치
(§9)
	① 법원은 스토킹범죄의 원활한 조사·심리 또는 피해자 보호를 위하여 필요하다고 인정하는 경우에는 결정으로 스토킹행위자에게 잠정조치를 할 수 있다.
	   1. 피해자에 대한 스토킹범죄 중단에 관한 **서면**(구두X) 경고 [2750]
	   2. 피해자 또는 그의 동거인, 가족이나 그 주거등으로부터 100미터 이내의 접근 금지
	   3. 피해자 또는 그의 동거인, 가족에 대한 전기통신을 이용한 접근 금지₂₇₄₇ 〕3개월 (2회연장 가능)
	   3의2. 위치추적 전자장치(이하 "전자장치"라 한다)의 부착
	   4. 국가경찰관서의 유치장 또는 구치소에의 유치₂₇₃₈ — 1개월
	② ① 각 호의 잠정조치는 병과(倂科)할 수 있다.
	⑤ 법원은 잠정조치를 결정한 경우에는 검사와 피해자 또는 그의 동거인, 가족, 그 법정대리인에게 통지하여야 한다.
	⑦ 제1항 제2호·제3호 및 제3호의2에 따른 잠정조치기간은 **3개월**, 같은 항 제4호에 따른 잠정조치기간은 **1개월**을 초과할 수 없다. 다만, 법원은 피해자의 보호를 위하여 그 기간을 연장할 필요가 있다고 인정하는 경우에는 결정으로 제1항 제2호·제3호 및 제3호의2에 따른 잠정조치에 대하여 두 차례에 한정하여 **각 3개월**의 범위에서 연장할 수 있다.₂₇₄₈
	※ 제9조 제1항 제2호 또는 제3호의 잠정조치를 이행하지 아니한 사람은 **2년 이하의 징역 또는 2천만원 이하의 벌금**에 처한다(§20②).₂₇₄₉

잠정조치의 집행 등 (§10)	① 법원은 잠정조치 결정을 한 경우에는 **법원공무원, 사법경찰관리, 구치소 소속 교정직공무원 또는 보호관찰관**으로 하여금 집행하게 할 수 있다. ③ 피해자 또는 그의 동거인, 가족, 그 법정대리인은 제9조 제1항 제2호의 잠정조치 결정이 있은 후 피해자 또는 그의 동거인, 가족이 주거등을 옮긴 경우에는 법원에 잠정조치 결정의 **변경을 신청할 수 있다.**
전담조사제 (§17)	① **검찰총장**은 각 지방검찰청 검사장에게 스토킹범죄 전담 검사를 지정하도록 하여 특별한 사정이 없으면 스토킹범죄 전담 검사가 피해자를 조사하게 하여야 한다. ② **경찰관서의 장**(국가수사본부장, 시·도경찰청장 및 경찰서장을 의미)은 스토킹범죄 전담 사법경찰관을 지정하여 특별한 사정이 없으면 스토킹범죄 전담 사법경찰관이 **피해자**를 조사하게 하여야 한다.
스토킹범죄 (§18)	① 스토킹범죄를 저지른 사람은 **3년 이하의 징역 또는 3천만원 이하의 벌금**에 처한다.₂₇₃₉ ② **흉기 또는 그 밖의 위험한 물건을 휴대하거나 이용**하여 스토킹범죄를 저지른 사람은 **5년 이하의 징역 또는 5천만원 이하의 벌금**에 처한다.₂₇₄₀

벌칙(§20)	① 다음 각 호의 어느 하나에 해당하는 사람은 **3년 이하의 징역 또는 3천만원 이하의 벌금**에 처한다. 1. 제9조 제4항을 위반하여 전자장치의 효용을 해치는 행위를 한 사람 2. 제17조의3 제1항을 위반하여 피해자등의 주소, 성명, 나이, 직업, 학교, 용모, 인적사항, 사진 등 피해자등을 특정하여 파악할 수 있게 하는 정보 또는 피해자등의 사생활에 관한 비밀을 공개하거나 다른 사람에게 누설한 사람 3. 제17조의3 제2항을 위반하여 피해자등의 주소, 성명, 나이, 직업, 학교, 용모, 인적 사항, 사진 등 피해자등을 특정하여 파악할 수 있게 하는 정보를 신문 등 인쇄물에 싣거나 「방송법」 제2조 제1호에 따른 방송 또는 정보통신망을 통하여 공개한 사람 ④ 제19조 제1항에 따라 이수명령을 부과받은 후 정당한 사유 없이 보호관찰소의 장 또는 교정시설의 장의 이수명령 이행에 관한 지시에 따르지 아니하여 「보호관찰 등에 관한 법률」 또는 「형의 집행 및 수용자의 처우에 관한 법률」에 따른 경고를 받은 후 다시 정당한 사유 없이 이수명령 이행에 관한 지시를 따르지 아니한 경우에는 다음 각 호에 따른다. 1. 벌금형과 병과된 경우에는 **500만원 이하의 벌금**에 처한다. 2. 징역형의 실형과 병과된 경우에는 **1년 이하의 징역 또는 1천만원 이하의 벌금**에 처한다.

Chapter 02

	가정폭력	아동학대	스토킹범죄
응급조치	1. 폭력행위의 제지, 행위자·피해자의 분리 1-2. 현행범 체포 등 범죄수사 2. 피해자보호시설 인도(동의요) 3. 의료기관으로 인도 4. 재발시 임시조치 신청할 수 있음을 통보 5. 피해자보호명령 또는 신변안전조치 청구 고지	1. 아동학대범죄 행위의 제지 2. 피해아동등으로부터 격리 3. 보호시설 인도 4. 의료기관으로 인도 5. 연고자 등에게 인도(3호와 5호는 피해아동의 의사존중)	1. 스토킹행위의 제지, 향후 스토킹행위의 중단 통보 및 스토킹행위를 지속적 또는 반복적으로 할 경우 처벌 서면경고 2. 스토킹행위자와 피해자등의 분리 및 범죄수사 3. 스토킹행위자에 대한 긴급응급조치 및 잠정조치 절차 등 안내 4. 상담소 또는 보호시설로의 피해자등 인도(동의요)
긴급임시조치 / 긴급응급조치	사유 : (응급조치 후) 폭력 재발+긴급 1. 주거로부터 퇴거 등 격리 2. 100미터 이내 접근 금지 3. 전기통신을 이용한 접근 금지	사유 : (응급조치 후) 학대재발 우려, 48h 범위 내 연장 가능 (2~5호는 72h 초과 금지, 의사존중) 1. 주거로부터 퇴거 등 격리 2. 100미터 이내 접근 금지 3. 전기통신을 이용한 접근 금지	사유 : 지속·반복 우려+긴급 1. 스토킹행위 상대방등이나 그 주거등으로부터 100미터 이내 접근 금지 2. 전기통신을 이용한 접근 금지
긴급조치 후 승인신청			긴급응급조치를 하였을 때에는 지체 없이 검사에게 해당 긴급응급조치에 대한 사후승인을 지방법원 판사에게 청구할 것을 신청(의무)
임시조치 / 잠정조치 신청·청구	신청 · 검사의 직권 or 사경관의 신청에 따라 청구 가능 · 긴급임시조치 후 48h 이내에 임시조치청구 신청(의무) 청구 · 긴급임시조치를 한 때에는 임시조치 청구	신청 · 검사의 직권 or 사경관의 신청에 따라 청구 가능 · 긴급임시조치를 한 때에는 지체없이 검사에게 임시조치를 신청할 것 청구 · 응급조치 또는 긴급임시조치 후 - 72h 이내청구 · 긴급임시조치 후 - 48h 이내에 청구	잠정조치 청구 검사는 스토킹범죄가 재발될 우려가 있다고 인정하면 직권 또는 사법경찰관의 신청에 따라 법원에 제2조 제호의 조치(이하 "잠정조치"라 한다)를 청구할 수 있다 (긴급응급조치기간은 1개월을 초과 불가)
임시조치(판사) / 잠정조치(법원)	1. 주거 또는 방실로부터의 퇴거 등 격리 2. 100미터 이내 접근금지 3. 전기통신을 이용한 접근금지 4. 의료기관이나 그밖의 요양소에의 위탁 5. 유치장 또는 구치소의 유치 6. 상담소등에의 상담위탁	1. 주거로부터 퇴거 등 격리 2. 100미터 이내 접근금지 3. 전기통신을 이용한 접근금지 4. 친권 또는 후견인 권한 행사의 제한 및 정지 5. 아동보호전문기관 등에의 상담 및 교육 위탁 6. 의료기관이나 그밖의 요양시설에의 위탁 7. 경찰관서의 유치장 또는 구치소에의 유치	1. 피해자에 대한 스토킹범죄 중단에 관한 서면 경고 2. 피해자 또는 그의 동거인, 가족이나 그 주거등으로부터 100미터 이내 접근 금지 3. 피해자 또는 그의 동거인, 가족에 대한 전기통신을 이용한 접근 금지 3의2. 위치추적 전자장치(이하 "전자장치"라 한다)의 부착 4. 국가경찰관서의 유치장 또는 구치소에의 유치

THEME 04 성폭력범죄의 처벌 등에 관한 특례법 _A급

1 내용

미수범을 처벌하지 않는 범죄 (§15)	① **업**무상 위력 등에 의한 추행(제10조) ② **공**중 밀집 장소에서의 추행(제11조) ③ **성적 목적**을 위한 다중이용장소 침입행위(제12조) ④ **통신매체**를 이용한 음란행위(제13조) **공업지구 성적목적 통신매체 미수범 없음** → 위 범죄를 제외한 모든 범죄의 **미수범은** 처벌한다.
형벌과 수강명령 등의 병과(§16)	① 법원이 성폭력범죄를 범한 사람에 대하여 형의 선고를 유예하는 경우에는 **1년 동안** 보호관찰을 받을 것을 **명할 수 있다.** 다만, 성폭력범죄를 범한 「소년법」 제2조에 따른 소년에 대하여 형의 선고를 유예하는 경우에는 반드시 보호관찰을 **명하여야 한다.** ② 법원이 성폭력범죄를 범한 사람에 대하여 유죄판결(선고유예는 **제외**(포함X))을 선고하거나 약식명령을 고지하는 경우에는 **500시간**의 범위에서 재범예방에 필요한 **수강명령** 또는 성폭력 치료프로그램의 **이수명령**을 **병과하여야 한다.** ⑤ ②에 따른 수강명령 또는 이수명령은 형의 집행을 유예할 경우에는 그 **집행유예기간 내**에, 벌금형을 선고하거나 약식명령을 고지할 경우에는 **형 확정일부터 6개월 이내**에, 징역형 이상의 실형(實刑)을 선고할 경우에는 **형기 내**에 각각 집행한다.
고소(§18)	자기 또는 배우자의 직계존속을 고소할 수 있다.
감경규정에 관한 특례 (§20)	**음주 또는 약물로 인한 심신장애 상태**에서 성폭력범죄(음행매개, 음화반포등, 음화제조등, 공연음란의 죄는 **제외**한다)를 범한 때에는 형법상 심신상실자, 심신미약자 및 청각 및 언어장애인 감경규정을 적용하지 아니**할 수 있다.** (하여야 한다X)
공소시효 특례 (§21)	① **미성년자에 대한 성폭력범죄**의 공소시효는 성폭력범죄로 피해를 당한 **미성년자가 성년에 달한 날부터 진행한다.** 2756 ② 제2조 제3호 및 제4호의 죄(강간, 강제추행, 강간 등 살인·치사 등)와 제3조부터 제9조까지의 죄(특수강간 등)는 디엔에이(DNA)증거 등 그 죄를 증명할 수 있는 과학적인 증거가 있는 때에는 공소시효가 **10년 연장**된다. 2751 ③ **13세 미만**의 사람 및 **신체적인 또는 정신적인 장애**가 있는 사람에 대하여 성폭력 범죄를 저지른 사람은 **공소시효를 적용하지 아니한다.** 2752·2753·2754·2755 ④ ①과 ②에도 불구하고 **강간등 살인·치사 및 강간 등 살인죄는 공소시효를 적용하지 아니**한다.
전담조사제 (§26②)	**경찰청장**은 각 경찰서장으로 하여금 성폭력범죄 전담 사법경찰관을 지정하도록 하여 특별한 사정이 없으면 이들로 하여금 **피해자**를 조사하게 **하여야 한다.** (할 수 있다X) 2757 ↳ 피의자X
변호사 선임의 특례 (§27)	① 성폭력범죄의 피해자 및 그 법정대리인은 형사절차상 입을 수 있는 피해를 방어하고 법률적 조력을 보장하기 위하여 변호사를 선임**할 수 있다.** (하여야 한다X) ② ①에 따른 변호사는 검사 또는 사법경찰관의 피해자등에 대한 조사에 참여하여 의견을 진술할 수 있다. 다만, **조사 도중에는 검사 또는 사법경찰관의 승인**을 받아 의견을 진술할 수 있다.

수사 및 재판 절차에서의 배려 (§29②)	수사기관과 법원은 성폭력범죄의 **피해자**를 조사하거나 심리·재판할 때 피해자가 편안한 상태에서 진술할 수 있는 환경을 조성하여야 하며, 조사 및 심리·재판 횟수는 **필요한 범위에서 최소한**(3회 미만 X)으로 하여야 한다.2758

영상물 촬영·보존 (§30)	① 검사 또는 사법경찰관은 **19세미만피해자등**의 진술 내용과 조사 과정을 영상녹화장치로 녹화(녹음이 포함된 것을 말하며, 이하 "영상녹화"라 한다)하고, 그 영상녹화물을 보존**하여야 한다. (할 수 있다 X)** 2759
	② 검사 또는 사법경찰관은 **19세미만피해자등**을 조사하기 전에 다음 각 호의 사실을 피해자의 나이, 인지적 발달 단계, 심리 상태, 장애 정도 등을 고려한 적절한 방식으로 피해자에게 설명하여야 한다.
	  1. 조사 과정이 영상녹화된다는 사실
	  2. 영상녹화된 영상녹화물이 증거로 사용될 수 있다는 사실
	③ ①에도 불구하고 **19세미만피해자등** 또는 그 법정대리인(법정대리인이 가해자이거나 가해자의 배우자인 경우는 **제외**)이 이를 **원하지 아니하는 의사를 표시하는 경우**에는 **영상녹화를 하여서는 아니 된다.**
	④ **검사 또는 사법경찰관**은 ①에 따른 영상녹화를 마쳤을 때에는 지체 없이 피해자 또는 변호사 앞에서 **봉인**하고 피해자로 하여금 **기명날인 또는 서명**하게 하여야 한다.2760
	⑤ **검사 또는 사법경찰관**은 ①에 따른 영상녹화 과정의 진행 경과를 조서(별도의 서면을 **포함**)에 기록한 후 수사기록에 편철하여야 한다.
	⑥ ⑤에 따라 영상녹화 과정의 진행 경과를 기록할 때에는 다음 각 호의 사항을 **구체적으로 적어야 한다.**2761
	  1. 피해자가 영상녹화 장소에 도착한 시각
	  2. 영상녹화를 시작하고 마친 시각
	  3. 그 밖에 영상녹화 과정의 진행경과를 확인하기 위하여 필요한 사항

영상녹화물의 증거능력 특례 (§30의2)	① 제30조 제1항에 따라 **19세미만피해자등**의 진술이 영상녹화된 영상녹화물은 같은 조 제4항부터 제6항까지에서 정한 절차와 방식에 따라 영상녹화된 것으로서 다음 각 호의 어느 하나의 경우에 **증거로 할 수 있다.**2762
	  1. 증거보전기일, 공판준비기일 또는 공판기일에 그 내용에 대하여 피의자, 피고인 또는 변호인이 피해자를 신문할 수 있었던 경우. 다만, 증거보전기일에서의 신문의 경우 법원이 피의자나 피고인의 방어권이 보장된 상태에서 **피해자에 대한 반대신문이 충분히 이루어졌다고 인정하는 경우로 한정**한다.
	  2. 19세미만피해자등이 다음 각 목의 어느 하나에 해당하는 사유로 공판준비기일 또는 공판기일에 출석하여 진술할 수 없는 경우. 다만, **영상녹화된 진술 및 영상녹화가 특별히 신빙(信憑)할 수 있는 상태에서 이루어졌음이 증명된 경우로 한정**한다.
	    가. 사망
	    나. 외국 거주
	    다. 신체적, 정신적 질병·장애
	    라. 소재불명
	    마. 그 밖에 이에 준하는 경우

전문가의 의견 조회 (§33 ④)	피해자가 13세 미만이거나 신체적인 또는 정신적인 장애로 사물을 변별하거나 의사를 결정할 능력이 미약한 경우에는 관련 전문가에게 피해자의 정신·심리 상태에 대한 진단 소견 및 진술 내용에 관한 의견을 조회하여야 한다. (할수있다X)
신뢰관계에 있는 사람의 동석 (§34)	① 법원은 다음 각 호의 어느 하나에 해당하는 피해자를 증인으로 신문하는 경우에 검사, 피해자 또는 그 법정대리인이 신청할 때에는 재판에 지장을 줄 우려가 있는 등 부득이한 경우가 아니면 피해자와 신뢰관계에 있는 사람을 동석하게 하여야 한다. (할수있다X) 1. 제3조부터 제8조까지, 제10조, 제14조, 제14조의2, 제14조의3, 제15조(제9조의 미수범은 제외한다) 및 제15조의2에 따른 범죄의 피해자 2. 19세미만피해자등 ③ 법원과 수사기관은 피해자와 신뢰관계에 있는 사람이 피해자에게 불리하거나 피해자가 원하지 아니하는 경우에는 동석하게 하여서는 아니 된다.2763
수사과정 참여 (§36 ①)	검사 또는 사법경찰관은 성폭력범죄의 피해자가 19세미만피해자등인 경우 형사사법절차에서의 조력과 원활한 조사를 위하여 직권이나 피해자, 그 법정대리인 또는 변호사의 신청에 따라 진술조력인으로 하여금 조사과정에 참여하여 의사소통을 중개하거나 보조하게 할 수 있다. (하여야한다X) 다만, 피해자 또는 그 법정대리인이 이를 원하지 아니하는 의사를 표시한 경우에는 그러하지 아니하다.
증거보전 특례 (§41)	피해자나 그 법정대리인 또는 사법경찰관은 피해자가 공판기일에 출석하여 증언하는 것에 현저히 곤란한 사정이 있을 때에는 그 사유를 소명하여 제30조에 따라 영상녹화된 영상녹화물 또는 그 밖의 다른 증거에 대하여 해당 성폭력범죄를 수사하는 검사에게 「형사소송법」 제184조(증거보전의 청구와 그 절차)제1항에 따른 **증거보전의 청구**를 할 것을 요청할 수 있다. 이 경우 피해자가 19세미만피해자등인 경우에는 공판기일에 출석하여 증언하는 것에 현저히 곤란한 사정이 있는 것으로 본다.

2 신상정보 등록

신상정보 등록대상자 (§42)	① **원칙** : 등록대상 성범죄로 유죄판결이나 약식명령이 확정된 자 또는 공개명령이 확정된 자는 등록대상자가 된다. ② **예외** : 동법 제12조(성적 목적을 위한 다중이용장소 침입행위), 제13조(통신매체를 이용한 음란행위)의 범죄 및 「아동·청소년의 성보호에 관한 법률」 제11조 제3항(아동·청소년성착취물의 배포·제공하거나 이를 목적으로 광고·소개하거나 공연히 전시 또는 상영한 자) 및 제5항(아동·청소년성착취물을 구입하거나 아동·청소년성착취물임을 알면서 이를 소지·시청한 자)의 범죄로 벌금형을 선고받은 자는 제외대상이다(동법 제42조 제1항 단서).

신상정보
제출의무
(§43)
	① 등록대상자는 판결이 확정된 날부터 **30일 이내**에 기본신상정보를 자신의 **주소지를 관할하는 경찰관서의 장**에게 제출하여야 한다.2764
	   1. 성명, 2. 주민등록번호, 3. 주소 및 실제거주지, 4. 직업 및 직장 등의 소재지, 5. 연락처(전화번호, 전자우편주소를 말한다)
	   6. 신체정보(키와 몸무게), 7. 소유차량의 등록번호
	③ 등록대상자는 ①에 따라 제출한 기본신상정보가 변경된 경우에는 그 사유와 변경내용을 변경사유가 발생한 날부터 **20일 이내**에 ①에 따라 제출하여야 한다.2765
	④ 등록대상자는 제1항에 따라 기본신상정보를 제출한 경우에는 **그 다음 해부터 매년 12월 31일까지**(최초 등록일부터 1년마다 X) 주소지를 관할하는 경찰관서에 출석하여 경찰관서의 장으로 하여금 자신의 정면·좌측·우측 상반신 및 전신 컬러사진을 촬영하여 전자기록으로 저장·보관하도록 하여야 한다.2766
	⑥ 등록대상자에 대한 기본신상정보를 **송달**할 때에 관할경찰관서의 장은 등록대상자에 대한 「형의 실효 등에 관한 법률」 제2조 제5호에 따른 **범죄경력자료를 함께 송달하여야 한다**.2767

출입국 시 신고의무 (§43의2)	① 등록대상자가 **6개월 이상** 국외에 체류하기 위하여 출국하는 경우에는 미리 관할경찰관서의 장에게 체류국가 및 체류기간 등을 **신고하여야 한다**.2768 ② ①에 따라 신고한 등록대상자가 입국하였을 때에는 특별한 사정이 없으면 **14일** 이내에 **관할경찰관서의 장**에게 입국 사실을 신고하여야 한다. ①에 따른 신고를 하지 아니하고 출국하여 **6개월 이상** 국외에 체류한 등록대상자가 입국하였을 때에도 또한 같다.
등록대상자의 신상정보 등록 (§44)	**법무부장관**은 송달받은 정보와 등록대상자 정보를 등록하여야 한다.
신상등록 면제 (§45의2)	신상정보 등록의 원인이 된 성범죄로 형의 선고를 유예받은 사람이 선고유예를 받은 날부터 **2년**이 경과하여 「형법」 제60조에 따라 면소된 것으로 간주되면 신상정보 등록을 면제한다.2769
등록정보의 공개 (§47)	② 등록정보의 공개는 **여성가족부장관**이 집행한다. ③ 법무부장관은 등록정보의 공개에 필요한 정보를 여성가족부장관에게 송부하여야 한다.2770
비밀준수 (§48)	등록대상자의 신상정보의 등록·보존 및 관리 업무에 종사하거나 종사하였던 자는 직무상 알게 된 등록정보를 누설하여서는 아니 된다.2771

# THEME 05 특정중대범죄 피의자 등 신상정보 공개에 관한 법률

정의(§2)	이 법에서 **"특정중대범죄"**란 다음 각 호의 어느 하나에 해당하는 죄를 말한다. 1. 「형법」 제2편제1장 내란의 죄 및 같은 편 제2장 외환의 죄 2. 「형법」 제114조(범죄단체 등의 조직)의 죄 3. 「형법」 제119조(폭발물 사용)의 죄 4. 「형법」 제164조(현주건조물 등 방화)제2항의 죄 5. 「형법」 제2편 제25장 상해와 폭행의 죄 중 제258조(중상해, 존속중상해), 제258조의2(특수상해), 제259조(상해치사) 및 제262조(폭행치사상)의 죄. 다만, 제262조(폭행치사상)의 죄의 경우 중상해 또는 사망에 이른 경우에 한정한다. 6. 「특정강력범죄의 처벌에 관한 특례법」 제2조의 특정강력범죄 7. 「성폭력범죄의 처벌 등에 관한 특례법」 제2조의 성폭력범죄 8. 「아동·청소년의 성보호에 관한 법률」 제2조 제2호의 아동·청소년대상 성범죄. 다만, 같은 법 제13조, 제14조 제3항, 제15조 제2항·제3항 및 제15조의2의 죄는 제외한다. 9. 「마약류 관리에 관한 법률」 제58조의 죄. 다만, 같은 조 제4항의 죄는 제외한다. 10. 「마약류 불법거래 방지에 관한 특례법」 제6조 및 제9조 제1항의 죄 11. 제1호부터 제10호까지의 죄로서 다른 법률에 따라 가중처벌되는 죄
다른 법률과의 관계(§3)	수사 및 재판 단계에서 신상정보의 공개에 대하여는 다른 법률의 규정에도 불구하고 **이 법을 우선 적용한다.** (그 법률에 따른다 X) 2772
피의자의 신상정보 공개(§4)	① 검사와 사법경찰관은 다음 각 호의 요건을 모두 갖춘 특정중대범죄사건의 **피의자의 얼굴, 성명 및 나이**(이하 "신상정보"라 한다)를 공개할 수 있다. 다만, **피의자가 미성년자인 경우에는 공개하지 아니한다.** (아니할 수 있다 X) 2773 1. 범행수단이 잔인하고 중대한 피해가 발생하였을 것(제2조 제3호부터 제6호까지의 죄에 한정한다) 2. 피의자가 그 죄를 범하였다고 믿을 만한 충분한 증거가 있을 것 3. 국민의 알권리 보장, 피의자의 재범 방지 및 범죄예방 등 오로지 공공의 이익을 위하여 필요할 것 ② 검사와 사법경찰관은 제1항에 따라 신상정보 공개를 결정할 때에는 범죄의 중대성, 범행 후 정황, 피해자 보호 필요성, 피해자(피해자가 사망한 경우 피해자의 유족을 포함한다)의 의사 등을 종합적으로 고려하여야 한다. 2774 ③ 검사와 사법경찰관은 제1항에 따라 신상정보를 공개할 때에는 피의자의 인권을 고려하여 신중하게 결정하고 이를 남용하여서는 아니 된다. ④ 제1항에 따라 **공개하는 피의자의 얼굴**은 특별한 사정이 없으면 공개 결정일 **전후 30일 이내**의 모습으로 한다. 이 경우 검사와 사법경찰관은 다른 법령에 따라 적법하게 수집·보관하고 있는 사진, 영상물 등이 있는 때에는 이를 활용하여 공개할 수 있다. 2775

피의자의 신상정보 공개(§4)	⑤ 검사와 사법경찰관은 제1항에 따라 피의자의 얼굴을 공개하기 위하여 필요한 경우 피의자를 식별할 수 있도록 피의자의 얼굴을 촬영할 수 있다. 이 경우 **피의자는 이에 따라야 한다.**2776 ⑥ 검사와 사법경찰관은 제1항에 따라 피의자의 신상정보 공개를 결정하기 전에 피의자에게 의견을 진술할 기회를 **주어야 한다.** 다만, **신상정보공개심의위원회에서 피의자의 의견을 청취한 경우에는 이를 생략할 수 있다.** ⑦ 검사와 사법경찰관은 피의자에게 신상정보 공개를 통지한 날부터 **5일 이상**의 유예기간을 두고 신상정보를 공개하여야 한다. 다만, **피의자가 신상정보 공개 결정에 대하여 서면으로 이의 없음을 표시한 때에는 유예기간을 두지 아니할 수 있다.**2777 ⑧ 검사와 사법경찰관은 정보통신망을 이용하여 그 신상정보를 **30일간 공개한다.** ⑨ 신상정보의 공개 등에 관한 절차와 방법 등 그 밖에 필요한 사항은 **대통령령**으로 정한다.
피고인의 신상정보 공개(§5)	① **검사**는 공소제기 시까지 특정중대범죄사건이 아니었으나 재판 과정에서 특정중대범죄사건으로 공소사실이 변경된 사건의 피고인으로서 제4조 제1항 각 호의 요건을 모두 갖춘 피고인에 대하여 피고인의 현재지 또는 최후 거주지를 관할하는 법원에 신상정보의 공개를 청구할 수 있다. 다만, 피고인이 미성년자인 경우는 제외한다.

피의자에
대한
보상(§6)
	① 피의자로서 이 법에 따라 신상정보가 공개된 자 중 검사로부터 불기소처분을 받거나 사법경찰관으로부터 불송치결정을 받은 자는 「형사보상 및 명예회복에 관한 법률」에 따른 형사보상과 별도로 국가에 대하여 신상정보의 공개에 따른 보상을 청구할 수 있다. 다만, 신상정보가 공개된 이후 불기소처분 또는 불송치결정의 사유가 있는 경우와 해당 불기소처분 또는 불송치결정이 종국적인 것이 아니거나 「형사소송법」 제247조(기소편의주의)에 따른 것일 경우에는 그러하지 아니하다.
	② 다음 각 호의 어느 하나에 해당하는 경우에는 제1항에 따른 **보상의 전부 또는 일부를 지급하지 아니할 수 있다.**
	  1. 본인이 수사 또는 재판을 그르칠 목적으로 거짓 자백을 하거나 다른 유죄의 증거를 만듦으로써 신상정보가 공개된 것으로 인정되는 경우
	  2. 보상을 하는 것이 선량한 풍속이나 그 밖에 사회질서에 위배된다고 인정할 특별한 사정이 있는 경우
	③ ①에 따른 보상을 할 때에는 **1천만원 이내**에서 모든 사정을 고려하여 타당하다고 인정하는 금액을 보상한다. 이 경우 신상공개로 인하여 발생한 재산상의 손실액이 증명되었을 때에는 그 손실액도 보상한다.

신상정보 공개심의 위원회(§8)	① **검찰총장 및 경찰청장**(법무부장관 X)은 제4조에 따른 신상정보 공개 여부에 관한 사항을 심의하기 위하여 신상정보공개심의위원회를 **둘 수 있다.**2778 ② 신상정보공개심의위원회는 위원장을 포함하여 **10인 이내의 위원**으로 구성한다. ③ 신상정보공개심의위원회는 신상정보 공개 여부에 관한 사항을 심의할 때 피의자에게 의견을 진술할 기회를 **주어야 한다.** ④ 신상정보공개심의위원회 위원 또는 위원이었던 사람은 심의 과정에서 알게 된 비밀을 외부에 공개하거나 누설하여서는 아니 된다. → 위반시 **1년 이하의 징역이나 금고 또는 1천만원 이하의 벌금**에 처함

THEME 06 범죄피해자 보호법 _A급

목적 (§1)	이 법은 범죄피해자 보호·지원의 기본 정책 등을 정하고 타인의 범죄행위로 인하여 **생명·신체**(재산 X)에 피해를 받은 사람을 구조(救助)함으로써 범죄피해자의 복지 증진에 기여함을 목적으로 한다.
기본이념(§2)	① 범죄피해자는 범죄피해 상황에서 빨리 벗어나 인간의 존엄성을 보장받을 권리가 있다. ② 범죄피해자의 명예와 사생활의 평온은 보호되어야 한다. ③ 범죄피해자는 해당 사건과 관련하여 각종 법적 절차에 참여할 권리가 있다.
정의 (§3)	1. "**범죄피해자**"란 타인의 범죄행위로 피해를 당한 사람과 그 배우자(**사실상의 혼인관계를 포함**(제외 X)), 직계친족 및 형제자매를 말한다. 2. "**범죄피해자 보호·지원**"이란 범죄피해자의 손실 복구, 정당한 권리 행사 및 복지 **증진에 기여**하는 행위를 말한다. 다만, 수사·변호 또는 재판에 부당한 영향을 미치는 행위는 포함되지 아니한다. ↳ 복지 증진을 제외 X 3. "**범죄피해자 지원법인**"이란 범죄피해자 보호·지원을 주된 목적으로 설립된 비영리법인을 말한다. 4. "**구조대상 범죄피해**"란 대한민국의 영역 안에서 또는 대한민국의 영역 밖에 있는 대한민국의 선박이나 항공기 안에서 행하여진 사람의 생명 또는 신체를 해치는 죄에 해당하는 행위(「형법」 제9조, 제10조 제1항, 제12조, 제22조 제1항에 따라 처벌되지 아니하는 행위를 포함하며, 같은 법 제20조 또는 제21조 제1항에 따라 처벌되지 아니하는 행위 및 과실에 의한 행위는 제외한다)로 인하여 **사망하거나 장해 또는 중상해**를 입은 것을 말한다. 5. "**장해**"란 범죄행위로 입은 부상이나 질병이 치료(그 증상이 고정된 때를 포함한다)된 후에 **남은 신체의 장해로서 대통령령으로 정하는** 경우를 말한다. 6. "**중상해**"란 범죄행위로 인하여 신체나 그 생리적 기능에 손상을 입은 것으로서 대통령령으로 정하는 경우를 말한다. ② 제1항 제1호에 해당하는 사람 외에 범죄피해 방지 및 범죄피해자 구조 활동으로 **피해를 당한 사람도 범죄피해자**로 본다.
국민의 책무(§6)	국민은 범죄피해자의 명예와 사생활의 평온을 해치지 아니하도록 유의하여야 하고, 국가 및 지방자치단체가 실시하는 범죄피해자를 위한 정책의 수립과 추진에 최대한 협력하여야 한다.
형사절차 참여보장(§8)	① **국가는** 범죄피해자가 해당 사건과 관련하여 수사담당자와 상담하거나 재판절차에 참여하여 진술하는 등 형사절차상의 권리를 행사할 수 있도록 **보장하여야 한다.** ② **국가는** 범죄피해자가 요청하면 가해자에 대한 수사 결과, 공판기일, 재판 결과, 형 집행 및 보호관찰 집행 상황 등 형사절차 관련 정보를 대통령령으로 정하는 바에 따라 **제공할 수 있다.** ↳ 제공하여야 한다 X

범죄피해자에 대한 정보제공 (§8의2)	① 국가는 수사 및 재판 과정에서 다음 각 호의 정보를 범죄피해자에게 **제공하여야 한다**.
	  1. 범죄피해자의 해당 재판절차 참여 진술권 등 형사절차상 범죄피해자의 권리에 관한 정보
	  2. 범죄피해 구조금 지급 및 범죄피해자 보호·지원 단체 현황 등 범죄피해자의 지원에 관한 정보
	  3. 그 밖에 범죄피해자의 권리보호 및 복지증진을 위하여 필요하다고 인정되는 정보

신변보호 (§9)	**국가 및 지방자치단체는** 범죄피해자가 형사소송절차에서 한 진술이나 증언과 관련하여 보복을 당할 우려가 있는 등 범죄피해자를 보호할 필요가 있을 경우에는 적절한 조치를 **마련하여야 한다**.2786
기본계획수립 (§12)	**법무부장관은** 범죄피해자 보호위원회의 심의를 거쳐 범죄피해자 보호·지원에 관한 기본계획을 **5년마다** 수립하여야 한다.
구조금의 종류 등 (§17)	① 구조금은 **유족구조금·장해구조금 및 중상해구조금**으로 구분한다.2786-1

구조금을 지급하지 아니할 수 있는 경우(§19)	① 범죄행위 당시 구조피해자와 가해자 사이에 다음 각 호의 어느 하나에 해당하는 친족관계가 있는 경우에는 **구조금을 지급하지 아니한다**. (아니할 수 있다 X)
	  1. 부부(사실상의 혼인관계를 포함한다)
	  2. 직계혈족
	  3. **4촌 이내의 친족**2786-2
	  4. 동거친족
	② 범죄행위 당시 구조피해자와 가해자 사이에 제1항 각 호의 어느 하나에 해당하지 아니하는 친족관계가 있는 경우에는 **구조금의 일부를 지급하지 아니한다**.
	③ 구조피해자가 다음 각 호의 어느 하나에 해당하는 행위를 한 때에는 **구조금을 지급하지 아니한다**.2786-3
	  1. 해당 범죄행위를 교사 또는 방조하는 행위
	  2. **과도한 폭행·협박 또는 중대한 모욕 등 해당 범죄행위를 유발하는 행위**
	  3. 해당 범죄행위와 관련하여 현저하게 부정한 행위
	  4. 해당 범죄행위를 용인하는 행위
	  5. 집단적 또는 상습적으로 불법행위를 행할 우려가 있는 조직에 속하는 행위(다만, 그 조직에 속하고 있는 것이 해당 범죄피해를 당한 것과 관련이 없다고 인정되는 경우는 제외한다)
	  6. 범죄행위에 대한 보복으로 가해자 또는 그 친족이나 그 밖에 가해자와 밀접한 관계가 있는 사람의 생명을 해치거나 신체를 중대하게 침해하는 행위
	④ 구조피해자가 다음 각 호의 어느 하나에 해당하는 행위를 한 때에는 **구조금의 일부를 지급하지 아니한다**. (전부 X)
	  1. **폭행·협박 또는 모욕 등 해당 범죄행위를 유발하는 행위**
	  2. 해당 범죄피해의 발생 또는 증대에 가공(加功)한 부주의한 행위 또는 부적절한 행위

손해배상과의 관계(§21)	국가는 구조피해자나 유족이 해당 구조대상 범죄피해를 원인으로 하여 손해배상을 받았으면 그 범위에서 **구조금을 지급하지 아니한다**.2787

외국인에 대한 구조(§23)	구조피해자 또는 그 유족이 외국인인 때에는 **다음 각 호의 어느 하나에 해당하는 경우에만 이 법을 적용**한다. 1. 해당 국가의 상호 보증이 **있는** 경우2788 (없는 X) 2. 해당 외국인이 구조대상 범죄피해 발생 당시 대한민국 국민의 배우자이거나 대한민국 국민과 혼인관계(사실상의 혼인관계를 **포함**한다)에서 출생한 자녀를 양육하고 있는 자로서 다음 각 목의 어느 하나에 해당하는 체류자격을 가지고 있는 경우 　가. 영주자격 　나. 장기체류자격으로서 법무부령으로 정하는 체류자격
구조금의 지급신청 (§25)	① 구조금을 받으려는 사람은 **법무부령**으로 정하는 바에 따라 그 주소지, 거주지 또는 범죄 발생지를 관할하는 지구심의회에 신청하여야 한다.2789 ② 제1항에 따른 신청은 해당 구조대상 범죄피해의 발생을 **안 날부터 3년이 지나거나** 해당 구조대상 범죄피해가 **발생한 날부터 10년이 지나면 할 수 없다.**
소멸시효 (§31)	구조금을 받을 권리는 그 구조결정이 해당 신청인에게 **송달된 날부터 2년**간 행사하지 아니하면 시효로 인하여 소멸된다.2790 (발송된 날부터 X, 1년 X)
구조금 수급권의 보호(§32)	구조금을 받을 권리는 **양도하거나 담보로 제공하거나 압류할 수 없다.**

마약류사범 수사 _S급

1 마약의 개념

개념	강력한 진통작용과 마취작용을 지니며 계속 사용하면 습관성과 탐닉성(정신적·신체적 의존성)이 생기게 하는 물질을 말한다.
종류	① 양귀비, 아편, 코카잎(葉) ② 양귀비·아편 및 코카잎**(대마 X)** 에서 추출되는 모든 알카로이드 및 그와 동일한 화학적 합성품으로서 대통령령으로 정하는 것2793 ③ ① 및 ②에 열거된 것과 동일하게 남용되거나 또는 해독작용을 일으킬 우려가 있는 화학적 합성품으로서 대통령령으로 정하는 것 ④ ① 내지 ③에 열거된 것을 함유하는 혼합물질 또는 혼합체제. 다만 다른 약물이나 물질과 혼합되어 ①부터 ③까지에 열거된 것으로 다시 제조하거나 제제할 수 없고, 그것에 의하여 **신체적 또는 정신적 의존성을 일으키지 아니하는 것으로서 총리령으로 정하는 것(한외마약)은 제외**한다. **판례** 마약류 매매 여부가 쟁점이 된 사건에서 매도인으로 지목된 피고인이 수수사실을 부인하고 있고 이를 뒷받침할 금융자료 등 객관적 물증이 없는 경우, 마약류를 매수하였다는 사람의 진술만으로 유죄를 인정하기 위해서는 그 사람의 진술이 **증거능력이 있어야 함은 물론 합리적인 의심을 배제할 만한 신빙성이 있어야 한다**(대법원 2014. 4. 10. 2014도1779).2794

2 마약류의 분류

마약	천연마약	양귀비, 생아편, 몰핀, **코데인**, 테바인, **코카인**, 크랙 등2796
	합성마약	페치딘계, 메사돈계, 프로폭시펜, 아미노부텐, 모리피난, 벤조모르핀 등
	반합성마약	**헤로인**, 히드로모르핀, **옥시코돈**, 하이드로폰 등2798
향정신성의 약품	각성제	메스암페타민(히로뽕), 암페타민류
	환각제	L.S.D, 페이요트, 사일로사이빈, 메스카린 등
	억제제	바르비탈염제류제, 벤조다이아핀제제
대마 2792	대마초	대마의 잎이나 꽃을 말린 것**(마리화나)**
	대마수지(해시시)	대마의 꽃대 부분에서 얻은 진액으로 만든 것
	대마수지기름 (해시시 미네랄 오일)	기름(oil) 형태의 것 ※ **대마초의 종자·뿌리 및 성숙한 대마초의 줄기와 그 제품은 제외**2791

※ **한외마약** : 일반약품에 마약성분을 미세하게 혼합한 약물로 신체적·정신적 의존성을 일으킬 염려가 없어 감기약 등으로 판매되는 합법의약품(코데날, 코데잘, 코데솔, 유코데, 세코날 등)으로 마약에 포함되지 않는다.2795·2797

3 향정신성의약품

메스암페타민 (필로폰, 히로뽕)	① **강한 각성작용**으로 의식이 뚜렷해지고 잠이 오지 않으며 피로감이 없어짐 ② 식욕감퇴, 환시, 환청, 편집증세, 과민반응, 피해망상증 등을 경험함
LSD	① LSD는 곡물의 곰팡이, 보리 맥각에서 발견되어 이를 분리·가공·합성한 것으로 **무색·무취·무미함** ② **환각제 중 가장 강력한 효과**를 나타내며, 미량을 유당·각설탕·과자·빵 등에 첨가시켜 먹거나 우편·종이 등의 표면에 묻혔다가 뜯어서 입에 넣는 방법으로 복용하기도 함 [2799·2800] ③ 동공확대, 심박동 및 혈압상승, 수전증, 오한 등의 증상 ④ LSD는 내성이나 심리적 **의존성이 있지만 금단현상은 일으키지 않는다**고 알려져 있으며, 일부 남용자들은 실제로 사용하지 않는데도 환각현상을 경험하는 **플래시백 현상**을 일으키기도 함 [2801·2816]
엑스터시	① 엑스터시(MDMA 또는 XTC)는 1914년 **독일**에서 **식욕감퇴제**로 개발되었으나 1980년대 마약으로 변질됨 [2802] ② 기분이 좋아지는 약, **포옹마약(Hug Drug), 클럽마약**, 도리도리 등으로 지칭되며, 복용하면 신체적 접촉 욕구가 강하게 발생함 [2804] ③ 복용자는 테크노, 라이브, 파티장 등에서 막대사탕을 물고 있거나 물을 자주 마시는 등의 행위를 함 [2806]
야바 (YABA)	① 태국 등 동남아 지역에서 주로 생산되어 유흥업소 종사자, 육체노동자 등을 중심으로 급속히 확산됨 ② 카페인, 에페드린, 밀가루 등에 **필로폰**을 혼합한 것으로 **순도가 20~30% 정도로 낮음** [2807] ③ 원재료가 화공약품인 관계로 양귀비의 작황에 좌우되는 **헤로인**과는 달리 **안정적인 밀조**가 가능함
GHB (물뽕)	'**데이트 강간 약물**'이라고도 불리는데, **무색무취**로써 **짠맛**이 나는 액체로 소다수 등의 음료에 타서 복용하며 '물같은 히로뽕'이라는 뜻에서 '**물뽕**' [2808·2809·2810·2811]
덱스트로 메트로판 (러미라)	① 진해거담제로서 의사의 처방전으로 약국에서 구입 가능함 [2817] ② **강한** 중추신경 억제성 진해작용이 있으나 **의존성과 독성은 없어** 코데인 대용으로 널리 시판 [2803·2813·2814] ③ 청소년들이 소주에 타서 마시기도 하는데 이를 '**정글쥬스**'라고도 함 [2805·2809]
카리소프로돌	① 카리소프로돌(일명 S정)은 중추신경에 작용하여 골격근 이완의 효과가 있으며, 과다사용시 치명적으로 인사불성, 혼수쇼크, 호흡저하를 가져오며 사망에까지 이를 수 있음 [2815] ② 금단증상으로는 온몸이 뻣뻣해지고 뒤틀리며, **혀꼬부라지는 소리** 등을 하게 됨 [2812]
프로포폴	프로포폴(propofol)은 흔히 **수면마취제라고 불리는 정맥마취제**로서 수면내시경 등에 사용되나, 환각제 대용으로 오·남용되는 사례가 있어 향정신성의약품으로 지정되어 관리되고 있음 [2818]
사일로시빈	아열대 지역에서 나는 버섯으로부터 얻어지는 향정신의약품
메스카린	선인장인 페이요트에서 추출·합성 [2819]
펜터민 [2820]	① 알약의 모양이 나비모양처럼 생겼다고 하여, 일명 '나비약'이라고 불리는 마약성 식욕억제제의 성분이다. ② 중추신경을 흥분시켜서 식욕을 사라지게 하여 체중감량의 효과가 있다. ③ 다량을 복용하거나 장기 복용하면 환청, 환각, 망상, 중독 등의 부작용이 있다.

CHAPTER 03
경비경찰

01 경비경찰 대상·특징

02 경비경찰의 조직 및 수단

03 행사안전경비(혼잡경비)

04 선거경비

05 집회·시위의 관리

06 재난 및 안전관리 기본법

07 경찰작전(통합방위법)

08 경찰비상업무규칙

09 대테러 업무

10 경호경비

11 청원경찰

경비경찰 대상·특징 _B급

1 경비경찰의 특징

복합기능적 활동	경비사태가 발생한 후에 진압뿐만 아니라 특정한 사태가 발생하기 전에 **경계·예방**의 역할을 수행한다는 점에서 복합기능적 활동임2821
현상유지적 활동	① 경비활동은 기본적으로 현재의 질서상태를 보존하는 것에 가치를 둠 ② 이때 현상유지적 질서유지활동은 정태적·소극적인 개념은 아니며 새로운 변화와 발전을 보장하기 위한 기초를 다진다는 의미에서 **동태적·적극적**인 의미의 **현상유지작용**이라고 볼 수 있음2823
즉시적(즉응적) 활동	① 경비사태에 대하여 기한을 정하여 진압할 수 없으며 즉시 출동하여 **신속하게 조기제압**을 해야 함2824 ※ 경비경찰은 다중범죄, 테러, 경호상 위해나 경찰작전상황 등이 발생하였을 경우 즉시 출동하여 **신속하게 조기진압**해야 하는 복합기능적인 활동이라는 특징을 갖는다. (X)2822
조직적 부대활동	경비경찰은 개인적인 활동으로 이루어지기보다는 **항상 부대활동**으로 훈련을 하고 근무를 하며, 경비사태 발생시 조직적이고 집단적이며 물리적인 힘으로 대처하는 것이 특징
하향적 명령에 의한 활동	① 경비경찰은 지휘관의 **하향적 명령에 의한 활동**(하의상달 X) ② 부대원의 재량은 상대적으로 적고, 계선을 강조하며, 활동 결과에 대한 책임은 지휘관이 지는 경우가 많음2825 cf. 지휘관을 한 사람만 두어야 한다는 것은 조직운영 원리 중에 하나인 '지휘관 단일성의 원칙'을 말함 2826
사회전반적 안녕목적의 활동	경비경찰의 활동대상은 공공의 안녕과 질서를 유지하는 것을 목적으로 하므로 결과적으로 사회전체의 질서를 파괴하는 범죄를 대상으로 작용한다는 점에서 경비경찰의 임무는 **국가목적적** 치안의 수행이라고 할 수 있음

2 경비경찰의 한계

법규상 한계	경비경찰권의 행사는 반드시 그 활동에 대한 **법적인 근거**를 요하며, 그렇지 않은 경우에는 위법한 경찰권의 행사가 되어 **사법심사의 대상이 됨**
조리상 한계	① 경찰권 행사의 목적·성질에 비추어 필요한 일정 한도 내에서 그쳐야 한다는 조리상의 한계 내에서 행사되어야 함2827 ② 경찰 소극목적의 원칙, 경찰공공의 원칙, 경찰비례의 원칙, 경찰책임의 원칙, 경찰평등의 원칙2828·2829·2830·2831

※ 위법한 경비활동으로 인한 손해배상 – 국가배상법 제2조/ **피고 : 국가(대한민국)**

THEME 02 경비경찰의 조직 및 수단 _A급

1 조직운영의 원리

부대단위 활동의 원칙	① 부대단위로 활동할 때에는 **반드시 지휘관**이 있어야 함2833 ② 부대단위로 업무가 수행되므로 주로 하명에 의하여 임무가 이루어지고 **부대활동의 성패는 지휘관에 의하여 좌우됨** → 지휘관 단일성 X 2839 ③ 부대는 지휘관, 대원, 장비 보급지원체계를 갖추고 **하명에 의해 임무를 수행**해야 함2832
지휘관 단일성의 원칙	① 긴급하고 **신속한** 경비업무의 효율적인 처리를 위하여 **지휘관을 한 사람만 두어야 한다**는 의미 → 폭동 진압과 같은 긴급한 상황에서는 지휘관의 신속한 결단과 명확한 지침이 필요2835·2840 ② 위원회 또는 집단지휘체제를 구성해서는 효율적인 업무수행이 어렵다는 것을 의미 → 즉, 의사결정은 신중하고 합리적으로 결정해야 하지만, 결정사항에 대한 집행은 지휘관 한 사람에 의해야 한다는 원칙(**의사결정의 과정에서까지 단일해야 한다는 의미는 아님**)2841 ③ **지시는 한 사람**에 의해서 행해져야 하고, **보고도 한 사람**을 통해서 이루어져야 함2838
체계통일성의 원칙	상하계급 간 일정한 관계가 형성되고 **책임과 임무의 분담이 명확히** 이루어지고 **명령과 복종의 체계가 통일**되어야 함2836·2837　↳ 임무의 중복부여 X
치안협력성의 원칙	업무수행과정에서 국민의 경찰에 대한 신뢰를 바탕으로 한 국민과 협력을 이루어야 하고, 협력체계를 조성하는 것은 어디까지나 **임의적으로 하여야 하고 강제적 협조는 안 됨**2834·2835·2842

2 경비경찰의 수단

(1) 경비수단의 원칙

균형의 원칙	주력부대와 예비대를 적절하게 활용, **한정된 경력으로 최대의 성과** (한정의 원칙 X) 2843·2846 ※ 경비수단의 원칙 중 '균형의 원칙'은 작전시의 변수의 발생은 사회적으로 큰 파장을 미칠 수 있으므로 경찰병력이나 군중들을 사고 없이 **안전하게 진압**하여야 한다는 원칙이다. (X)2844
위치의 원칙	군중보다 유리한 **지점과 위치를 확보**하여 작전수행이나 진압을 용이하게 함 ※ 경비수단의 원칙 중 '위치의 원칙'은 상대방의 저항력이 가장 **허약한 시점을 포착**하여 집중적이고 강력한 실력행사를 하여야 한다는 원칙이다. (X)2845
적시의 원칙	**상대의 허약한 시점**을 포착하여 실력행사(적시타의 묘)2847
안전의 원칙	사고 없는 안전한 작전을 수행2848

(2) 경비수단의 종류

간접적 실력행사	경고	① 사실상의 통지행위(주의 및 일정한 행위 촉구)이며 **임의처분**에 해당 ② 근거 : 「**경찰관 직무집행법**」 제5조(위험발생의 방지)₂₈₅₂ ③ 경비사태를 **예방·경계·진압**하기 위하여 발할 수 있는 조치임
직접적 실력행사	제지 ₂₈₅₁ ₂₈₅₃	① 직접적 실력행사(**대인적 즉시강제**)₂₈₄₉ ② 근거 : 「**경찰관 직무집행법**」 제6조 ③ 제지의 방법 : 반드시 필요한 한도 내에서 그쳐야 함(비례의 원칙) ④ 무기 사용가능 : 무기사용요건 및 **합리성·필요성·상당성·보충성의 원칙** 등이 엄격히 적용됨
	체포	① 직접적 실력행사(상대방의 신체를 구속하는 강제처분) ② 근거 : 「**형사소송법**」제212조 ↑ 경찰관 직무집행법 ✕ ₂₈₅₀ ③ 체포는 명백한 위법일 때 실력을 행사하는 행위임

※ 실력행사에는 **정해진 순서는 없음**(주어진 경비상황이 경비수단의 행사요건에 해당하는지 여부에 따라 적절히 행사할 수 있음)₂₈₅₄

THEME 03 행사안전경비(혼잡경비)_B급

1 의의

① 대규모의 공연, 기념행사, 경기대회, 제례의식 등 기타 각종 행사를 위해 모인 **미조직된 군중**에 의하여 발생하는 인위적·자연적 혼란상태를 사전에 예방·경계하고 위험한 사태가 발생한 경우 신속히 조치하여 확대되는 것을 방지하는 경비경찰활동 2856·2857
 └ 조직화된 군중 X
② 특별히 개인이나 단체의 **불법행위를 전제로 하지 않음** 2855

2 부대의 편성과 배치

① 부대는 군중이 입장하기 **전**에 사전에 배치하고 경력은 단계별로 탄력적으로 운용 2858
② 관중석에 배치되는 예비대는 단시간 내에 혼란예상지역에 도달할 수 있도록 **통로 주변 등**(행사장 앞쪽 X)에 배치 2860
③ 예비대의 운용여부 판단은 **경찰판단**하에 실시할 사항이며, 주최 측과 협조할 사항은 행사진행 과정 파악,
 └ 주최측 X
경비원 활용 권고, 자율적 질서유지 등이 있음 2859

3 군중정리의 원칙 2861

밀도의 희박화	① 가급적 많은 사람이 모이는 것을 회피케 함(제한된 면적이 많이 모이면 충돌혼잡야기) ② 모이는 장소에 **사전에 블럭화** 예 바리게이트 설치 2862·2864
이동의 일정화	군중들을 **일정**(여러 X) 방향으로 이동시켜 주위의 상황을 파악할 수 있는 여건을 조성함 2863
경쟁적 사태의 해소	경쟁적 사태는 남보다 먼저 가려고 하는 군중의 심리상태로 순서에 의하여 움직일 때 순조롭게 모든 일이 잘될 수 있다는 것을 납득시켜야 함(**차분한 목소리로 안내방송**) 2865·2866
지시의 철저	계속적이고도 자세한 안내방송으로 지시를 철저히 2867

4 행사안전경비 활동 근거 및 내용

공연법	공연장	가. 공연장운영자는 화재나 그 밖의 재해를 예방하기 위하여 그 공연장 종업원의 임무·배치 등 **재해대처계획**을 수립하여 매년 **관할 특별자치시장·특별자치도지사·시장·군수·구청장**에게 신고**하여야 한다**. 이 경우 특별자치시장·특별자치도지사·시장·군수·구청장은 신고받은 재해대처계획을 **관할 소방서장과 관할 경찰서장에게 통보하여야 한다**(§11①).₂₈₆₉ ↳ 관할 시·도경찰청장 X 나. 공연장운영자는 공연장 무대에 방화막(화재로 인한 화염 및 연기의 관람석 확산을 막기 위하여 설치하는 내화성의 막을 말함)을 설치하여야 한다. 다만, 공연장의 규모·형태 및 구조 등 대통령령으로 정하는 기준에 미달하는 공연장의 공연장운영자는 제외한다(§11의7①). ※ 재해대처계획을 수립, 신고 또는 보완하지 아니한 자, 방화막을 설치하지 아니한 자 : **2천만원 이하**의 **과태료** 부과(§43)₂₈₇₀ ↳ 벌금 X
	공연장 외 (시행령 §9)	**공연장 외의 시설**이나 장소에서 **1천명 이상**의 관람이 예상되는 공연을 하려는 자는 해당 시설이나 장소 운영자와 공동으로 공연 개시 **14일 전**까지 재해대처계획을 **관할 특별자치시장·특별자치도지사·시장·군수 또는 구청장**에게 신고**하여야 하며**, 신고한 사항을 변경하려는 경우에는 해당 공연 **7일 전**까지 **변경신고**를 **하여야 한다**.₂₈₇₁ ↳ 관할 소방서장 X
경비업법 시행령 (§30)		① **시·도경찰청장 또는 경찰서장**은 행사장, 그 밖에 많은 사람이 모이는 시설 또는 장소(이하 "행사장등"이라 한다)에서 혼잡 등으로 인한 위험의 발생을 방지하기 위하여 경비가 필요하다고 인정하는 경우에는 행사의 주최자나 시설 또는 장소의 관리자에게 행사장등에 경비원을 배치하도록 **요청할 수 있다**. ② **시·도경찰청장 또는 경찰서장**은 ①에 따른 요청을 할 때 행사의 주최자나 시설 또는 장소의 관리자에게 행사장등에 경비원을 배치할 수 없다고 판단되는 경우에는 행사개최일 또는 많은 사람이 모이는 날 **1일 전**까지 그 사실을 통지해 줄 것을 함께 **요청할 수 있다**.₂₈₇₂
경찰관 직무집행법		제5조(위험발생의 방지 등), 제6조(범죄의 예방과 제지), 제7조(위험방지를 위한 출입)₂₈₆₈

THEME 04 선거경비 _A급

1 선거경비의 의의 및 기본원칙

의의	**종합적인** 경비활동(행사안전경비, 대테러경비, 경호경비, 다중범죄진압 등)이 요구되는 경비활동 ↳ 대테러경비에 준하는 X
기본 원칙	통상 선거기간 **개시일**부터 개표 **종료시**까지 **비상근무체제** ① 선거기간 **개시일** ~ 선거 **전일** : **경계강화기간** 2874 ② **선거일**(06:00) ~ 개표 종료시 : **갑호**비상 실시 2875

2 선거기간 및 선거운동(공직선거법)

선거기간 (§33) 2878·2879	대통령	23일(후보자 등록 마감일의 다음 날부터 선거일까지)
	국회의원 및 지방자치단체 의원 및 장	14일(후보자 등록 마감일 후 6일부터 선거일까지)
선거운동기간 (§59)	① 원칙 : **선거기간 개시일부터 선거일 전일까지**에 한하여 할 수 있다. 2876 ② 예외 : **예비후보자의 선거운동** 등의 경우에는 이러한 선거운동기간의 예외가 인정	

3 신변보호

대통령후보자	① 후보자 : **을호** 경호 → 당선된 자 : **갑호** 경호 2877 ② 신변보호 기간 : **후보등록 시**부터 당선 확정시 까지 2881 ↳ 공고 시 X, 후보자등록의 다음날부터 X ③ 신변보호 방법 : **24시간** 근접하여 실시 (대통령선거 후보자가 **경호를 원치 않더라도** 항상 직원을 대기시켜 **유세기간에 근접 배치함**)
국회의원 후보자	후보자가 **원할 경우**에 각 선거구를 관할하는 경찰서에서 신변보호요원을 **적정 수 배치함** 2880
비고	「공직선거법」에는 공직후보자에 대한 **신변 보호규정 X** – 보호 필요성이 있을 경우 「**경찰관직무집행법**」상 **위험발생방지 차원**에서 실시

4 투표소 경비(공직선거법)
→ 투표소와 개표소 개념 구분하기

특징	① 선거관리위원회가 **자체경비** ② 경찰은 돌발 상황에 대비하여 순찰 및 바로 출동태세를 갖추어야 함 ③ 경찰은 112 순찰차를 투표소 밖에 배치하여 거점근무 및 순찰을 실시 2885
투표소 등의 질서유지 (§164)	① **투표관리관 또는 투표사무원**은 투표소의 질서가 심히 문란하여 공정한 투표가 실시될 수 없다고 인정하는 때에는 투표소의 질서를 유지하기 위하여 **정복을 한 경찰공무원** 또는 **경찰관서장**에게 **원조를 요구**할 수 있다. (무장 정복경찰 2명 고정 배치X) 2882·2883 ←사복X ② 원조요구를 받은 경찰공무원 또는 경찰관서장은 **즉시** 이에 따라야 한다. ③ 투표소안에 들어간 경찰공무원 또는 경찰관서장은 **투표관리관의 지시**를 받아야 하며, 질서가 회복되거나 **투표관리관의 요구**가 있는 때에는 **즉시** 투표소안에서 퇴거하여야 한다.
투표소내외에서의 소란언동금지(§166)	투표소안에서 또는 투표소로부터 100미터안에서 소란한 언동을 하거나 특정 정당이나 후보자를 지지 또는 반대하는 언동을 하는 자가 있는 때에는 **투표관리관 또는 투표사무원**은 이를 제지하고, 그 명령에 불응하는 때에는 투표소 또는 그 제한거리 밖으로 퇴거하게 할 수 있다. 이 경우 투표관리관 또는 투표사무원은 필요하다고 인정하는 때에는 정복을 한 경찰공무원 또는 경찰관서장에게 원조를 요구할 수 있다. 2884
투표함 등의 송부 (§170)	투표함을 송부하는 때에는 후보자별로 투표참관인 1인과 호송에 필요한 **정복을 한 경찰공무원을 2인**에 한하여 동반**할 수 있다.** (하여야 한다X)

5 개표소 경비(3선 개념) 2888

제1선 (개표소 내부) (공직선거법 §183)	① 선거관리위원장의 책임 ② **선거관리위원회위원장이나 위원**은 개표소의 질서가 심히 문란하여 공정한 개표가 진행될 수 없다고 인정하는 때에는 개표소의 질서유지를 위하여 **정복을 한 경찰공무원** 또는 **경찰관서장**에게 원조를 **요구할 수 있다.** 2886 ③ 원조요구를 받은 경찰공무원 또는 경찰관서장은 **즉시** 이에 따라야 한다. ←경찰서장X ④ 요구에 의하여 개표소 안에 들어간 경찰공무원 또는 경찰관서장은 **선거관리위원회위원장**의 지시를 받아야 하며, 질서가 회복되거나 **위원장**의 요구가 있는 때에는 **즉시** 개표소에서 퇴거**하여야 한다.** (할 수 있다X) 2887 ←위원X ⑤ <u>원조요구를 받은 경찰관의 경우를 제외</u>하고는 누구든지 개표소 안에서 무기나 흉기 또는 폭발물을 지닐 수 없다. 2893 ←원칙적으로 무기등을 휴대X
제2선 (울타리 내곽)	① 선거관리위원회와 **합동**으로 출입자를 통제 ② 2선의 출입문은 되도록 **정문만을 사용**하고 기타 출입문은 시정함 2889
제3선(울타리 외곽)	검문조·순찰조를 운영하여 위해 불심자 접근을 차단함 2890
안전 유지	선관위 요청시 경찰은(선관위원회X) **소방·한전 등 유관기관과 협조**하여 개표소 내·외곽에 대한 사전 안전검측을 실시하고, 안전을 유지 2892
우발상황의 대비	신속대응팀 및 예비대 출동대기하고 상황발생시 사후 사법처리를 위한 채증조를 운영 2891

THEME 05 집회·시위의 관리 _A급

1 다중범죄의 의의

특정 집단의 주의·주장을 관철하기 위한 어느 정도 **조직된** 다수에 의한 **불법집단**행동임(반드시 지도자가 있어야 하는 것은 아님)
↳ 미조직 X

2 다중범죄의 특징

확신적 행동성	자신의 사고가 **정의라는 확신**을 가지고 행동하므로 과감하고 전투적인 경우가 많음 (**투신이나 분신자살 등이 그 대표적인 예**)
조직적 연계성	다중범죄는 **특정한 조직에 기반**을 두고 뚜렷한 목적의식을 가지고 있으므로 소속되어 있는 단체의 설치목적이나 활동방침을 분명하게 파악하는 것이 사태의 진상파악에 도움이 됨
부화뇌동적 파급성	다중범죄의 발생은 군중심리의 영향을 많이 받아 일단 발생하면 **부화뇌동**으로 인하여 갑자기 확대될 수도 있음
비이성적 단순성	시위군중은 행동에 대한 의혹이나 불안을 갖지 않고 과격·단순하게 행동하며 **비이성적**인 경우가 많아 **주장 내용이 편협하고 타협, 설득이 어려움** ↳ 이성적 X

3 다중범죄의 정책적 치료법(정책적 해결)

선수승화법	특정 사안의 불만집단에 대한 정보활동을 강화하여 **사전에 불만 및 분쟁요인을 찾아내어 해소**해 주는 방법 예) 재개발과 관련하여 세입자들의 대규모 시위가 예상되어 사전에 불만을 제거하는 행위
전이법	① 다중범죄의 발생 징후나 이슈가 있을 때 집단이나 국민들의 관심을 집중시킬 수 있는 경이적인 사건을 폭로하거나 규모가 큰 행사를 개최함으로써 **원래의 이슈가 상대적으로 약화**되도록 하는 방법임 예) 대규모 반정부 시위가 예고되자, 대통령이 남북정상회담을 공개하는 행위 ※ 전이법은 불만집단과 이에 반대하는 대중의견을 크게 부각시켜 불만집단이 자진해산 및 분산하게 하는 정책적 치료법이다. (X)
지연정화법	불만집단의 고조된 주장을 **시간을 끌어** 이성적으로 사고할 기회를 부여하고 정서적으로 감정을 둔화시켜서 **흥분을 가라앉게 하는 방법임**
경쟁행위법	불만집단과 이에 **반대하는 대중의견을 크게 부각**시켜 불만집단이 위압되어 자진해산 분산되도록 하는 방법임 예) 지하철 노조 파업시 반대하는 대중의견을 언론에 노출시켜 스스로 파업을 철회하는 경우

4 진압의 원칙(물리적 해결)

(1) 진압의 기본원칙

봉쇄·방어	중요시설 등의 점거를 시도할 경우 **사전에 부대가 점령하거나 바리케이드 등으로 봉쇄**
차단·배제	군중이 집결 전 **중간에서 차단**하는 방법(중요 목지점 검문 등)[2902] 예 대규모 시위대가 지하철로 이동하면서 하차하여 불법시위를 할 것이 명백한 경우 경찰이 지하철역에 요구하여 무정차 통과토록 조치하였다면 경찰관직무집행법 제6조(범죄의 예방과 제지)에 근거한 조치로 볼 수 있다.
세력분산	일단 집결한 시위대를 장비 등을 사용하여 수개의 소집단으로 분산[2901]
주동자 격리	주모자를 사전에 검거, 군중과 격리를 통해 집단적 결속력 **약화** (강화 X)

(2) 진압의 3대원칙[2903]

신속한 해산	시위군중은 군중심리로 격화·확대되기 쉽고 파급성이 강하므로 초기단계부터 신속히 해산
주모자 체포	주동적으로 행동하는 자부터 체포하여 분리
재집결 방지	재집결 가능성 높은 곳에 순찰과 검문검색 강화

신주재

총알암기 경비경찰 원칙 정리

조직운영의 원리	경비수단의 원칙	군중정리의 원칙	진압의 기본원칙	진압의 3대원칙
부대단위 활동의 원칙 **지**휘관 단일성의 원칙 **체**계통일성의 원칙 **치**안협력성의원칙	**균**형의 원칙 **위**치의 원칙 **적**시의 원칙 **안**전의 원칙	**밀**도의 희박화 **이**동의 일정화 **경**쟁적 사태의 해소 **지**시의 철저	**봉**쇄·방어 **차**단·배제 **세**력분산 **주**동자 격리	**신**속한 해산 **주**모자 체포 **재**집결 방지
부지체치	균위적안	밀이경지	봉차세주	신주재

THEME 06 재난 및 안전관리 기본법 _A급

1 주요내용

정의 (§3)	재난	**자**연재난, **사**회재난(인적재난X)으로 구분됨　　**사자재난**2904
	재난관리	재난의 **예방·대비·대응 및 복구**(평가X)를 위하여 하는 모든 활동2905
	안전관리	재난이나 그 밖의 각종 사고로부터 사람의 생명·신체 및 재산의 안전을 확보하기 위하여 하는 모든 활동2906
	긴급구조기관	소방청·소방본부 및 소방서를 말함2907
	긴급구조지원기관	긴급구조에 필요한 인력·시설 및 장비, 운영체계 등 긴급구조능력을 보유한 기관이나 <u>대통령령으로 정하는 기관</u>이나 단체 ↳경찰청
	재난안전데이터	정보처리능력을 갖춘 장치를 통하여 생성 또는 처리가 가능한 형태로 존재하는 재난 및 안전관리에 관한 정형 또는 비정형의 모든 자료를 말한다.
업무 총괄(§6)		**행정안전부장관**은 국가 및 지방자치단체가 행하는 재난 및 안전관리 업무를 총괄·조정한다.2908 ↳경찰청장X
중앙재난안전 대책본부 (§14)	설치	대통령으로 정하는 대규모 재난의 대응·복구 등에 관한 사항을 총괄·조정하고 필요한 조치를 하기 위하여 **행정안전부**(국무조정실X)에 **중앙재난안전대책본부(중앙대책본부)**를 둔다.2909
	구성	중앙대책본부에 본부장과 차장을 둔다.
	본부장	① **원칙 : 행정안전부장관** ② 예외 ㉠ 해외재난 : **외교부장관**2910 　　　　㉡ 방사능재난 : **중앙방사능방재대책본부장** 　　　　㉢ 범정부적 차원의 통합 대응이 필요한 경우 또는 행정안전부장관이 국무총리에게 건의하는 경우 : **국무총리**
재난사태 선포 (§36)		① **행정안전부장관**(국무총리X)은 대통령령으로 정하는 재난이 발생하거나 발생할 우려가 있는 경우 사람의 생명·신체 및 재산에 미치는 중대한 영향이나 피해를 줄이기 위하여 긴급한 조치가 필요하다고 인정하면 **중앙위원회의 심의**를 거쳐 **재난사태를 선포할 수 있다**. 다만, **행정** 　　　　　　　　　　　　　　　　　　　　　　　　　↳특별재난지역X **안전부장관**(국무총리X)은 재난상황이 긴급하여 중앙위원회의 심의를 거칠 시간적 여유가 없다고 인정하는 경우에는 **중앙위원회의 심의를 거치지 아니하고 재난사태를 선포할 수 있다**.2911 ③ ①에도 불구하고 **시·도지사**는 관할 구역에서 재난이 발생하거나 발생할 우려가 있는 등 대통령으로 정하는 경우 사람의 생명·신체 및 재산에 미치는 중대한 영향이나 피해를 줄이기 위하여 긴급한 조치가 필요하다고 인정하면 **시·도위원회의 심의**를 거쳐 재난사태를 선포할 수 있다. 이 경우 **시·도지사는 지체 없이 그 사실을 행정안전부장관에게 통보하여야 한다**.

특별재난지역
(§60)
	① **중앙대책본부장**은 대통령령으로 정하는 규모의 재난이 발생하여 국가의 안녕 및 사회질서의 유지에 중대한 영향을 미치거나 피해를 효과적으로 수습하기 위하여 특별한 조치가 필요하다고 인정하거나 지역대책본부장의 요청이 타당하다고 인정하는 경우에는 **중앙위원회의 심의를 거쳐** 해당 지역을 **특별재난지역**으로 선포할 것을 **대통령**에게 **건의할 수 있다.**2912
	② ①에도 불구하고 대규모 인명피해가 발생하는 등 시급하게 특별재난지역으로 선포할 필요가 있는 경우로서 중앙대책본부장의 요청(국무총리가 중앙대책본부장의 권한을 행사하는 경우는 **제외**)을 받아 중앙위원회의 심의를 거칠 시간적 여유가 없다고 중앙위원회의 위원장이 인정하는 경우 중앙대책본부장은 **중앙위원회의 심의를 거치지 아니하고 해당 지역을 특별재난지역으로 선포할 것을 대통령에게 건의할 수 있다.**
	③ ①에 따라 대통령령으로 재난의 규모를 정할 때에는 다음 각 호의 사항을 고려하여야 한다.
	  1. 인명 또는 재산의 피해 정도
	  2. 재난지역 관할 지방자치단체의 재정 능력
	  3. 재난으로 피해를 입은 구역의 범위
	④ ①에 따라 특별재난지역의 선포를 건의받은 **대통령**은 해당 지역을 특별재난지역으로 **선포**할 수 있다.
	⑤ **지역대책본부장**은 관할지역에서 발생한 재난으로 인하여 ①에 따른 사유가 발생한 경우에는 **중앙대책본부장**에게 특별재난지역의 선포 건의를 요청할 수 있다.

2 재난관리체계

예방 또는 완화단계	① 재난요인을 사전에 제거하려는 행위, 피해 가능성을 최소화하는 행위, 또한 그 피해를 분산시키는 과정임. ② **정부합동안전 점검**, 재난관리체계 등의 평가 활동이 있음2914
대비단계	① 재난발생을 예상하여 그 피해를 최소화하고, 원활한 대응을 위한 준비를 수행하는 과정 ② 각 기능별 재난대응 활동계획 작성, **재난분야 위기관리 매뉴얼 작성**, 재난대비훈련 등이 있음2913
대응단계	① 실제로 재난이 발생했을 때 수행해야 할 행동을 의미함 ② **응급조치, 긴급구조** 등이 있음
복구단계	① 재난으로 인한 혼란상태가 상당히 안정되고 응급적인 인명구조와 재산의 보호활동이 이루어진 후에 재난 전의 정상상태로 회복시키기 위한 여러 활동을 말함 ② **재난피해조사**, 특별재난지역 선포 등이 있음2915·2916

3 경찰통제선

① 통제선은 보통 제1통제선과 제2통제선으로 구분하여 운용함2917
  ㉠ 제1통제선 : **소방**담당(통제관 : 소방서장, 소방본부장)
  ㉡ 제2통제선 : **경찰**담당(통제관 : 경찰서장, 시·도경찰청장)
② 설치범위는 구조 및 복구작업에 지장이 없도록 초기단계부터 <u>충분히 넓게함</u> *상황의 진전에 따라 축소·확대가능*
③ 입구는 **1개** 원칙(필요시 반대편에 1개 추가), 정복경찰 배치

4 위험경보의 발령 및 위험구역 설정

위험경보 발령 (§38)	**재난관리주관기관의 장**은 대통령령으로 정하는 재난에 대한 징후를 식별하거나 재난발생이 예상되는 경우에는 그 위험 수준, 발생 가능성 등을 판단하여 그에 부합되는 조치를 할 수 있도록 위기경보를 발령할 수 있으며, 위기경보는 재난 피해의 전개 속도, 확대 가능성 등 재난상황의 심각성을 종합적으로 고려하여 관심·주의·경계·심각으로 구분할 수 있다.
대피명령 (§40)	**시장·군수·구청장과 지역통제단장**(대통령령으로 정하는 권한을 행사하는 경우에만 해당)은 재난이 발생하거나 발생할 우려가 있는 경우에 사람의 생명 또는 신체나 재산에 대한 위해를 방지하기 위하여 필요하면 해당 지역 주민이나 그 지역 안에 있는 사람에게 대피하도록 명하거나 선박·자동차 등을 그 소유자·관리자 또는 점유자에게 대피시킬 것을 명할 수 있다. 이 경우 미리 대피장소를 지정할 수 있다.2918
위험구역 설정 (§41)	**시장·군수·구청장과 지역통제단장**(대통령령으로 정하는 권한을 행사하는 경우에만 해당)은 재난이 발생하거나 발생할 우려가 있는 경우에 사람의 생명 또는 신체에 대한 위해 방지나 질서의 유지를 위하여 필요하면 위험구역을 설정하고, 응급조치에 종사하지 아니하는 사람에게 '위험구역에서의 퇴거 또는 대피조치'를 명할 수 있다.
강제대피 조치 (§42)	① **시장·군수·구청장과 지역통제단장**(대통령령으로 정하는 권한을 행사하는 경우에만 해당)은 대피명령을 받은 사람 또는 위험구역에서의 퇴거나 대피명령을 받은 사람이 그 명령을 이행하지 아니하여 위급하다고 판단되면 그 지역 또는 위험구역 안의 주민이나 그 안에 있는 사람을 강제로 대피 또는 퇴거시키거나 선박·자동차 등을 견인시킬 수 있다. ※ 경찰관서의 장 X ② 시장·군수·구청장 및 지역통제단장은 ①에 따라 주민 등을 강제로 대피 또는 퇴거시키기 위하여 필요하다고 인정하면 관할 경찰관서의 장에게 필요한 인력 및 장비의 지원을 요청할 수 있다.
통행제한 (§43)	① **시장·군수·구청장과 지역통제단장**(대통령령으로 정하는 권한을 행사하는 경우에만 해당)은 응급조치에 필요한 물자를 긴급히 수송하거나 진화·구조 등을 하기 위하여 필요하면 대통령령으로 정하는 바에 따라 경찰관서의 장에게 도로의 구간을 지정하여 해당 긴급수송 등을 하는 차량 외의 차량의 통행을 금지하거나 제한하도록 요청할 수 있다. ② ①에 따른 요청을 받은 경찰관서의 장은 특별한 사유가 없으면 요청에 따라야 한다.

경찰작전(통합방위법)_A급

1 통합방위기구

통합방위 협의회	중앙 (§4)	① **국무총리 소속**(대통령X)으로 중앙 통합방위협의회를 둔다.2919 ② 의장 : **국무총리**2922
	지역 (§5)	① 시도지사 소속(특별시·광역시·특별자치시·도·특별자치도)으로 통합방위협의회(시·도협의회)를 둔다. ② 의장 : **시·도지사**2920
통합방위본부 (§8)		① 합동참모본부에 통합방위본부를 둔다. ② 통합방위본부에는 **본부장과 부본부장 1명**씩을 두되, 통합방위본부장은 **합동참모의장**이 되고 부본부장은 합동참모본부에서 군사작전에 대한 기획 등 작전 업무를 총괄하는 **참모 부서의 장**이 된다. 2921·2923
대피명령(§17)		**시·도지사** 또는 **시장·군수·구청장**은 통합방위사태가 선포된 때에는 인명·신체에 대한 위해를 방지하기 위하여 즉시 작전지역에 있는 주민이나 체류 중인 사람에게 **대피할 것을 명**할 수 있다. 2925 → 대피명령을 위반하는 경우 300만원 이하의 벌금 2926

2 통합방위사태

유형 (§2)	갑종 사태	일정한 조직체계를 갖춘 적의 대규모 병력 침투 또는 대량살상무기 공격 등의 도발로 발생한 비상사태로서 **통합방위본부장 또는 지역군사령관**의 지휘·통제 하에 통합방위작전을 수행하여야 할 사태를 말한다. **통지**2927
	을종 사태	일부 또는 여러 지역에서 적이 침투·도발하여 **단기간 내에** 치안이 회복되기 어려워 **지역군사령관**의 지휘·통제 하에 통합방위작전을 수행하여야 할 사태를 말한다. 지2928
	병종 사태	적의 침투·도발 위협이 예상되거나 소규모의 적이 침투하였을 때에 **지역군사령관, 시·도경찰청장 또는 함대사령관**의 지휘·통제 하에 통합방위작전을 수행하여 단기간 내에 치안이 회복될 수 **있는 사태**를 말한다. 지시함2929 ↳ 없는 사태 X

	사유	건의권자	선포권자
선포 (§12) 2938	• 갑종사태에 해당하는 상황이 발생 • **2 이상**의 특별시·광역시·특별자치시·도·특별자치도에 걸쳐 **을종**사태에 해당하는 상황이 발생2931	**국방부장관** ↳ 국무총리를 거쳐 2930	(중앙협의회와 국무회의 심의거쳐) **대통령** 2934
	2 이상의 특별시·광역시·도·특별자치도에 걸쳐 **병종**사태에 해당하는 상황이 발생2933 2935	**행정안전부장관 또는 국방부장관** ↳ 국무총리를 거쳐 2932	
	을종사태나 병종사태에 해당하는 상황이 발생한 때2936	**시·도경찰청장, 지역군사령관 또는 함대사령관**	(시·도 협의회의 심의 거쳐) **시·도지사** 2937

3 통합방위작전(§15)

통합방위작전 관할구역	① 지상 관할구역: 특정경비지역, 군관할지역 및 경찰관할지역 ② 해상 관할구역: 특정경비해역 및 일반경비해역 ③ 공중 관할구역: 비행금지공역(空域) 및 일반공역
통합방위작전 수행권자	② **지역군사령관**, **시·도경찰청장** 또는 **함**대사령관은 통합방위사태가 선포된 때에는 즉시 다음의 구분에 따라 통합방위작전(공군작전사령관의 경우에는 통합방위 지원작전)을 신속하게 수행하여야 한다. **지시함** 　1. 경찰관할지역: 시·도경찰청장 　2. 특정경비지역 및 군관할지역: 지역군사령관 　3. 특정경비해역 및 일반경비해역: 함대사령관 　4. 비행금지공역 및 일반공역: 공군작전사령관 다만, **을종사태**가 선포된 경우에는 **지역군사령관**이 통합방위작전을 수행하고, **갑종사태가** 선포된 경우에는 **통합방위본부장 또는 지역군사령관**이 통합방위작전을 수행한다. **통지**

4 국가중요시설 경비(§21)

의미 (§2)	**국가중요시설**이란 공공기관, 공항·항만, 주요산업시설 등 적에 의하여 점령 또는 파괴되거나 기능이 마비될 경우 국가안보와 국민생활에 심각한 영향을 미치는 시설을 말한다. ※ 재해에 의한 중요시설 침해의 방지도 중요시설 경비의 범주에 포함
경비 (§21)	① **국가중요시설의 관리자(소유자를 포함)**는 경비·보안 및 방호책임을 지며, 통합방위사태에 대비하여 **자체방호계획**을 수립하여야 한다. 이 경우 국가중요시설의 관리자는 자체방호계획을 수립하기 위하여 필요하면 시·도경찰청장 또는 지역군사령관에게 협조를 **요청할 수 있다.** (요청하여야 한다 X) ② **시·도경찰청장 또는 지역군사령관**은 통합방위사태에 대비하여 국가중요시설에 대한 **방호지원계획**을 수립·시행하여야 한다. ③ 국가중요시설의 **평시 경비·보안활동**에 대한 지도·감독은 **관계 행정기관의 장과 국가정보원장**이 수행한다. ④ 국가중요시설은 **국방부장관**이 관계 행정기관의 장 및 **국가정보원장**과 협의하여 지정한다. (국가정보원장 X) (국방부장관 X) ⑤ 국가중요시설의 자체방호, 방호지원계획, 그 밖에 필요한 사항은 **대통령령**으로 정한다.

THEME 08 경찰비상업무규칙 _A급

1 용어정의(§2)

비상상황	대간첩·테러, 대규모 재난 등의 긴급 상황이 발생하거나 발생할 우려가 있는 경우 또는 다수의 경력을 동원해야 할 치안수요가 발생하여 치안활동을 강화할 필요가 있는 때를 말한다.
지휘선상 위치 근무	비상연락체계를 유지하며 유사시 **1시간 이내**에 현장지휘 및 현장근무가 가능한 장소에 위치하는 것을 말한다. (2시간 이내 X)
정위치 근무	감독순시·현장근무 및 사무실 대기 등 관할구역 내에 위치하는 것을 말한다.
정착근무	사무실 또는 상황과 관련된 현장에 위치하는 것을 말한다.
필수요원	경찰관 등 중 경찰기관의 장이 지정한 자로 비상소집 시 **1시간 이내**에 응소하여야 할 자를 말한다.
일반요원	필수요원을 **제외한** 경찰관 등으로 비상소집 시 **2시간 이내**에 응소하여야 할 자를 말한다.
가용경력	총원에서 휴가·출장·교육·파견 등을 **제외**하고 실제 동원될 수 있는 모든 인원을 말한다. (포함 X)
소집관	비상근무발령권자로부터 권한을 위임받아 비상근무발령에 따른 비상소집을 지휘·감독하는 주무 참모 또는 상황관리관(상황관리관의 임무를 수행하는 자를 포함)을 말한다.

2 근무방침과 비상등급 등

근무방침 (§3)	① 비상근무는 비상상황 하에서 업무 수행의 효율화를 위해 발령한다.₂₉₅₈ ② 비상근무 대상은 **경비·작전·안보·수사·교통** 또는 재난관리 업무와 관련한 비상상황에 국한한다. 다만, **두 종류 이상의 비상상황이 동시에 발생한 경우**에는 긴급성 또는 중요도가 상대적으로 더 큰 비상상황(주된 비상상황)의 비상근무로 통합·실시한다.₂₉₅₉ ③ 적용지역은 전국 또는 일정지역(시·도경찰청 또는 경찰서 관할)으로 구분한다. 다만, 2개 이상의 지역에 관련되는 상황은 **바로 위의 상급 기관**에서 **주관**하여 실시한다.	
비상근무의 종류 및 등급 (§4)	비상 근무 2960	1. 경비 소관 : 경비, 작전, 재난비상 2. 안보 소관 : 안보비상 3. 수사 소관 : 수사비상 4. 교통 소관 : 교통비상
	비상 등급 2961	1. 갑호 비상 2. 을호 비상 3. 병호 비상 4. 경계 강화 5. 작전준비태세(작전비상시 적용)
발령 (§5⑥)	비상근무를 발령할 경우에는 정황의 특수성을 감안하여 비상근무의 목적이 원활히 달성될 수 있도록 적정한 인원, 계급, 부서를 동원하여 **불필요한 동원**이 없도록 해야 한다.₂₉₆₅ └ 최대한 동원 X	
연습상황 부여금지(§8)	비상근무기간 중에는 비상근무 발령자의 지시 또는 승인 없이 연습상황을 부여하여서는 아니 된다. 다만, 경계강화, 작전준비태세의 경우에는 그러하지 아니하다.	

3 비상근무 발령 및 해제

발령
권자
(§5)
	① 비상근무의 발령권자는 다음과 같다.
	   1. 전국 또는 2개 이상 시·도경찰청 관할지역 : **경찰청장**
	   2. 시·도경찰청 또는 2개 이상 경찰서 관할지역 : **시·도경찰청장**2963
	   3. 단일 경찰서 관할지역 : **경찰서장**
	② **비상근무의 발령권자**는 비상상황이 발생하여 비상근무를 실시하고자 할 경우에는 비상근무의 목적, 지역, 기간 및 동원대상(해당 부서, 지휘관 및 참모의 범위 등을 **포함**한다)등을 특정하여 별지 제1호 서식의 비상근무발령서에 의하여 비상근무를 발령한다.2964
	③ ①의 제2호(시·도경찰청 또는 2개 이상 경찰서 관할지역)·3호(단일 경찰서 관할지역)의 경우 비상근무 발령권자는 비상구분, 실시목적, 기간 및 범위, 경력 및 장비동원사항 등을 **바로 위의 상급 기관의 장**에게 보고하여 사전에 승인을 얻어야 한다. 다만, 긴급을 요하는 경우에는 비상근무를 발령하고, 사후에 승인을 얻을 수 있다.
	④ 자치경찰사무와 관련이 있는 비상근무가 발령된 경우에는 해당 시·도경찰청장은 자치경찰위원회에 그 발령사실을 통보한다.

해제 (§6)	① 비상근무의 발령권자는 비상상황이 종료되는 즉시 비상근무를 해제하고, 비상근무 해제 시 ①의 제2호(시·도경찰청 또는 2개 이상 경찰서 관할지역)·제3호(단일 경찰서 관할지역)의 발령권자는 **6시간** 이내에 해제일시, 사유 및 비상근무결과 등을 **바로 위의 상급 기관의 장**에게 보고한다.2965-1 ② 제5조 제2항 및 제3항에 따라 비상근무의 발령권자가 비상근무를 발령한 경우 바로 위의 상급 기관의 장은 비상근무의 적정성을 판단하여 비상근무의 해제를 **지시할 수 있으며** 지시를 받은 **비상근무의 발령권자**는 즉시 비상근무를 **해제해야** 한다.

4 근무요령(§7)2966

	가용경력 동원	지휘관과 참모의 근무형태
갑호 비상	100%(연가 **중지**)	정착근무 – 상황과 관련된 현장에 위치
을호 비상	50%(연가 **중지**)	정위치근무 – 관할구역 내에 위치2967
병호 비상	30%(연가 **억제**)2968	**정위치** 또는 **지휘선상** 위치 근무
경계 강화	X	**지휘선상 위치 근무**(정위치 근무 X) – 1시간 이내에 현장지휘 및 현장근무가 가능한 장소에 위치2969
작전준비태세	X	비상연락망 구축하고 신속한 응소체제 유지2970

5 비상근무의 종류별 정황(§4③[별표1])

구분		내용
경비비상	갑호	• 계엄이 선포되기 전의 치안상태 • 대규모 집단사태·테러·재난 등의 발생으로 치안질서가 극도로 혼란하게 되었거나 그 **징후가 현저한 경우** • 국제행사·기념일 등을 전후하여 치안수요의 **급증**으로 경력을 동원할 필요가 있는 경우
	을호	• 대규모 집단사태·테러·재난 등의 발생으로 치안질서가 혼란하게 되었거나 그 **징후가 예견되는 경우**₂₉₇₂ • 국제행사·기념일 등을 전후하여 치안수요가 **증가**하여 경력을 동원할 필요가 있는 경우
	병호	• 집단사태·테러·재난 등의 발생으로 치안질서의 **혼란이 예견되는 경우** • 국제행사·기념일 등을 전후하여 치안수요가 **증가**하여 경력을 동원할 필요가 있는 경우₂₉₇₁
작전비상	갑호	대규모 적정(敵情)이 발생하였거나 발생 **징후가 현저한 경우**₂₉₇₄
	을호	적정이 발생하였거나 일부 적의 침투가 **예상되는 경우**₂₉₆₂
	병호	정·첩보에 의해 적 침투에 대비한 고도의 **경계강화가 필요한 경우**
안보비상	갑호	간첩 또는 정보사범 색출을 위한 경계지역 내 검문검색 필요시₂₉₇₃
	을호	상기 상황하에서 특정지역·요지에 대한 검문검색 필요시
수사비상	갑호	사회이목을 집중시킬만한 중대범죄 발생시₂₉₇₅
	을호	중요범죄 사건발생시
교통비상	갑호	농무, 풍수설해 및 화재 등에 따른 대규모 교통사고 등 교통혼란이 발생하였거나 발생할 가능성이 현저한 경우
	을호	농무, 풍수설해, 화재 등에 따른 교통혼란 발생이 예상되는 경우₂₉₇₆
재난비상	갑호	대규모 재난의 발생으로 치안질서가 극도로 혼란하게 되었거나 그 **징후가 현저한 경우**
	을호	대규모 재난의 발생으로 치안질서가 혼란하게 되었거나 그 징후가 **예견되는 경우**
	병호	재난의 발생으로 치안질서의 **혼란이 예견되는 경우**
경계강화 (기능 공통)		"병호"비상보다는 낮은 단계로, 별도의 경력동원 없이 평상시보다 치안활동을 강화할 필요가 있을 때
작전준비태세 (작전비상시 적용)		"경계강화"를 발령하기 이전에 별도의 경력동원 없이 필요한 작전사항을 미리 조치할 필요가 있을 때

THEME 09 대테러 업무_A급

1 각국의 대테러 조직[2977]

구 분	내 용
SAS (영국)	제2차 세계대전 중 북아프리카 전선의 적 후방에서 작전을 하기 위해서 1941년에 창설. 제2차 대전 후에는 테러진압 부대로 운영되었음. 세계 최초의 전문화된 특수부대로서, 오늘날 여러 다른 나라들의 비슷한 특수부대의 모델이 되었음
SWAT (미국)	SWAT(Special Weapons And Tactics)는 미국 각 주립 경찰서 내에 조직된 특공팀으로서 1967년에 창설
GSG-9 (독일)	**1972년 뮌헨올림픽**에서 「검은 9월단」에 의한 이스라엘 선수 테러사건 발생 후 대테러부대의 필요성을 절감한 서독정부는 연방국경경비대(BGS) 안에 200명으로 구성된 특수부대인 GSG-9를 창설하였다.
GIGN (프랑스)	GIGN(Groupement D'Intervention De La Gendarmerie Nationale)는 사우디아라비아 대사관 점거사건 직후인 1973년에 창설(**국가헌병(군인)대 : GIGN, 경찰대테러부대 : GIPN**)

2 경찰특공대

편 제	① 1983년에 86아시안게임과 88올림픽게임을 대비하여 창설 ② 경찰청특공대인 **KNP868부대**는 대테러 예방 및 대응을 위해 만들어진 특수부대임[2978] ③ 출동에 관한 사항은 경찰청장이 결정하며, 무력진압작전은 대테러 대책위원회에서 결정함
임 무	① 1차적인 임무는 인질구출작전, 그 밖의 대통령과 외국의 주요 국빈을 경호하는 임무도 수행 ② 지역적 활동범위 : 국내로 한정 / **해외작전** : 군 특수기동타격대인 **707대**로 활동의 이원화 ③ 대테러 전술 및 장비를 개발하고 폭발물 탐지견을 운용, 테러사건 발생시 테러범죄 진압 및 피해방지 활동을 함

3 국민보호와 공공안전을 위한 테러방지법

테러단체(§2)	국제연합(UN)(국가정보원X)이 지정한 테러단체를 말한다.2979
테러위험인물(§2)	테러단체의 조직원이거나 테러단체 선전, **테러자금 모금·기부**, 그 밖에 테러 예비·음모·선전·선동을 하였거나 하였다고 의심할 상당한 이유가 있는 사람을 말한다.2980
외국인테러전투원(§2)	테러를 실행·계획·준비하거나 테러에 참가할 목적으로 **국적국이 아닌 국가의 테러단체에 가입**하거나 **가입**하기 위하여 **이동** 또는 이동을 시도하는 **내국인·외국인**을 말한다.
대테러활동(§2)	제1호의 테러 관련 정보의 수집, 테러위험인물의 관리, 테러에 이용될 수 있는 위험물질 등 테러수단의 안전관리, 인원·시설·장비의 보호, 국제행사의 안전확보, 테러위협에의 대응 및 무력진압 등 테러 예방과 대응에 관한 제반 활동을 말한다.
대테러조사(§2)	대테러활동에 필요한 정보나 자료를 수집하기 위하여 현장조사·문서열람·시료채취 등을 하거나 조사대상자에게 자료제출 및 진술을 요구하는 활동을 말한다.
국가테러대책위원회(§5)	대테러활동에 관한 정책의 중요사항을 심의·의결하기 위하여 국가테러대책위원회를 두고, 위원장은 **국무총리**로 한다.2981
대테러센터(§6)	① 대테러활동과 관련하여 다음 각 호의 사항을 수행하기 위하여 **국무총리 소속**으로 관계기관 **공무원**(민간위원X)으로 구성되는 대테러센터를 둔다. 1. 국가 대테러활동 관련 임무분담 및 협조사항 실무 조정 2. **장단기 국가대테러활동 지침 작성·배포** 2982 3. 테러경보 발령 4. 국가 중요행사 대테러안전대책 수립 5. 대책위원회의 회의 및 운영에 필요한 사무의 처리 6. 그 밖에 대책위원회에서 심의·의결한 사항
대테러 인권보호관(§7)	관계기관의 대테러활동으로 인한 국민의 기본권 침해 방지를 위하여 대책위원회 소속으로 대테러 **인권보호관 1명**을 둔다.2983
테러위험인물에 대한 정보 수집 등(§9)	① **국가정보원장**은 테러위험인물에 대하여 출입국·금융거래 및 통신이용 등 관련 정보를 **수집할 수 있다.** (수집하여야 한다X)2984 ④ **국가정보원장**은 대테러활동에 필요한 정보나 자료를 수집하기 위하여 대테러조사 및 테러위험인물에 대한 추적을 할 수 있다. 이 경우 사전 또는 사후에 **대책위원회 위원장**에게 보고하여야 한다.2985
테러예방을 위한 안전관리대책의 수립(§10)	**관계기관의 장**은 대통령령으로 정하는 국가중요시설과 많은 사람이 이용하는 시설 및 장비(이하 "테러대상시설"이라 한다)에 대한 테러예방대책과 테러의 수단으로 이용될 수 있는 폭발물·총기류·화생방물질, 국가 중요행사에 대한 안전관리대책을 **수립하여야 한다.** 2986
외국인테러전투원에 대한 규제(§13)	① 관계기관의 장은 외국인테러전투원으로 출국하려 한다고 의심할 만한 상당한 이유가 있는 내국인·외국인에 대하여 일시 출국금지를 **법무부장관**에게 요청할 수 있다.2987 ② ①에 따른 일시 출국금지 기간은 **90일**로 한다(연장요청 가능).2988

신고자 보호 및 포상금(§14)	② 관계기관의 장은 테러의 계획 또는 실행에 관한 사실을 관계기관에 신고하여 테러를 사전에 예방할 수 있게 하였거나, 테러에 가담 또는 지원한 사람을 신고하거나 체포한 사람에 대하여 대통령령으로 정하는 바에 따라 포상금을 **지급할 수 있다**.2989 (지급하여야 한다 X)
테러피해의 지원 (§15)	테러로 인하여 **신체 또는 재산**(명예 X)의 피해를 입은 국민은 관계기관에 즉시 신고하여야 한다. 다만, 인질 등 부득이한 사유로 신고할 수 없을 때에는 법률관계 또는 계약관계에 의하여 보호의무가 있는 사람이 이를 알게 된 때에 즉시 신고하여야 한다.2990
특별위로금 (§16)	테러로 인하여 생명의 피해를 입은 사람의 유족 또는 신체상의 장애 및 장기치료가 필요한 피해를 입은 사람에 대해서는 그 피해의 정도에 따라 등급을 정하여 **특별위로금**을 **지급할 수 있다**. 다만, 「여권법」 제17조 제1항 단서에 따른 **외교부장관의 허가**를 받지 아니하고 방문 및 체류가 금지된 국가 또는 지역을 방문·체류한 사람에 대해서는 **그러하지 아니하다**.2991
테러단체구성죄 (§17)	① 테러단체 구성죄는 미수범, 예비 또는 음모 모두 처벌한다.2992·2993 ② 테러단체 구성죄 등은 대한민국 영역 **밖에서** 저지른 외국인에게도 **국내법**을 적용한다 (§19).2994

THEME 10 경호경비 _B급

1 경호의 의의

경호	경호란 경호 대상자의 생명과 신체에 가하여지는 위해를 방지하거나 제거하고, 특정 지역을 경계·순찰 및 방비하는 등의 모든 안전활동으로 경호는 경비와 호위를 포함한다.2996
경비	생명·재산을 보호하기 위하여 **특정한 지역**을 경계·순찰·방비하는 행위2995
호위	**신체**에 대하여 직접적으로 가해지는 위해를 근접에서 방지 또는 제거하는 행위

2 경호의 대상

국내 요인	갑호	① 대통령과 그 가족 ② 대통령 당선인과 그 가족 ③ 전직 대통령과 그 배우자(그 가족X)(퇴임 후 10년 이내) ④ 임기만료 전에 퇴임, 재직 중 사망한 경우(퇴임일로부터 5년) ⑤ **퇴임 후 사망한 경우** ↳ 퇴임 일부터 기산하여 10년을 넘지 아니하는 범위에서 사망 후 5년 ⑥ 대통령 권한대행과 그 배우자	대통령실 소속 경호처 경호2997
	을호	국회의장, 대법원장, 국무총리, 헌법재판소장, 전직 대통령(퇴임 후 10년 경과), **대통령선거 후보자**	경찰경호
	병호	갑호, 을호 외에 경찰청장이 필요하다고 인정한 사람	
국외 요인	국빈 A~C등급	대통령, 국왕, 행정수반 등(경호처장이 등급 분류)	대통령실 소속 경호처 경호
	외빈 A·B등급	왕족, 국제기구대표, 기타 장관급 이상 외빈(경찰청장이 등급 분류)	경찰경호

TIP 리마증후군과 스톡홀름 증후군

리마 증후군	**인질범(테러범) → 인질** 동화되어 공격적인 태도가 완화되는 현상(페루)3014·3016
스톡홀름 증후군	① **인질 → 인질범** 동화되어 경찰에 적대감을 갖게 되는 현상(스웨덴)3015 ② 오귀인효과

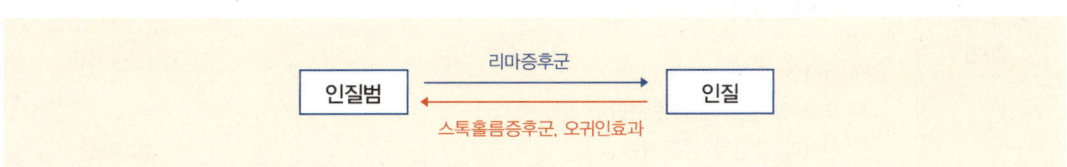

3 경호의 4대 원칙

자기희생의 원칙	피경호자는 신변의 안전이 보호·유지되어야 한다는 것으로서, 경호원은 피경호자가 위기에 처했을 때는 **육탄방어의 정신으로 피경호자를 보호**해야 함
자기담당구역 책임의 원칙	경호원은 각자 자기담당구역 내에서 일어나는 어떠한 사태에 대하여 자기가 책임을 지고 해결하여야 한다는 것으로, **자기책임구역을 이탈해서는 안 됨**
하나의 통제된 지점을 통한 접근의 원칙	피경호자와 접근할 수 있는 통로는 경호상 **통제된 유일한 통로여야 한다**는 것으로 하나의 통제된 출입문이나 통로를 통한 접근도 반드시 경호원에 의하여 확인된 후 허가절차를 밟아 이루어져야 함
목표물 보존의 원칙	암살기도자 또는 위해를 가할 가능성 있는 불순분자로부터 피경호자를 떼어 놓는 원칙으로 다음과 같은 사항이 고려되어야 함 ① 행차 코스, 행사할 예정인 장소 등은 **비공개**되어야 함 ② 동일한 장소에 수차 행차하였던 곳은 가급적 **변경**하여야 함 ③ 대중에게 노출된 도보행차는 가급적 **제한**되어야 함

4 행사장 경호

제1선
(안전구역 : 내부)
	① **절대안전 확보구역**
	② 피경호자가 위치하는 내부로서 옥내일 경우에는 건물자체를 말하며, 옥외일 경우에는 본부석이 통상적으로 해당한다.
	③ 이것은 요인의 승·하차장, 동선 등의 취약개소로 피경호자에게 직접적으로 위해를 가할 수 있는 거리 내의 지역이다.
	④ 경호에 대한 주관 및 책임은 **경호처**이고 경찰은 경호실이 요청한 때 경력 및 장비를 지원한다.
	⑤ 역할
	  ㉠ **출입**자 통제관리
	  ㉡ **MD** 설치 운용
	  ㉢ **비**표 확인 및 출입자 감시　　　　　　　　　　　　　　　**MB출입**

제2선
(경비구역 : 내곽)
	① **주경비지역**
	② 제1선을 제외한 행사장 중심으로 소총유효사거리 내외의 취약개소
	③ 경호책임은 **경찰**이 담당하고 군부대 내일 경우에는 군이 책임진다.
	④ 역할
	  ㉠ **바**리케이드 등 장애물 설치
	  ㉡ **돌**발사태 대비 예비대 운영 및 **구**급차, **소**방차 대기　　　**돌바구소**

제3선
(경계구역 : 외곽)
	① **조기경보지역**
	② 행사장 중심으로 적의 접근을 조기에 경보하고 차단하기 위하여 설정된 선
	③ 주변 동향파악과 직시고층건물 및 감제고지에 대한 안전확보, **우발사태에 대비책을 강구한다.**
	④ 통상 **경찰**이 책임진다.
	⑤ 역할
	  ㉠ **감**시조 운영
	  ㉡ 도보 등 원거리 **기**동순찰조 운영
	  ㉢ 원거리 불심자 검문**차단**　　　　　　　　　　　　　　　**감기차단**

THEME 11 청원경찰 _S급

1 직무 및 한계(청원경찰법)

직무 (§3)	① 청원경찰은 **청원경찰의 배치 결정을 받은 자**(청원주)와 배치된 기관·시설 또는 사업장 등의 구역을 관할하는 **경찰서장**의 감독을 받아 그 경비구역만의 경비를 목적으로 필요한 범위에서 「**경찰관 직무집행법**」에 따른 경찰관의 직무를 수행한다. 3018 ② 청원경찰이 직무를 수행할 때에는 경비 목적을 위하여 필요한 최소한의 범위에서 하여야 한다(동법 시행규칙 §21 ①). ③ 청원경찰은 「경찰관 직무집행법」에 따른 직무 외의 수사활동 등 사법경찰관리의 직무를 수행해서는 아니 된다(동법 시행규칙 §21 ②).
한계	① 장소적 한계 : 경비구역 내에 한하여 직무를 수행 ② 사항적 한계 : 수사경찰 직무 X 　　　　　　　직권을 남용할 때 「**청원경찰법**」에 의하여 처벌됨

2 청원경찰의 배치순서

청원주	⇨	시·도경찰청장	⇨	청원주	⇨	시·도경찰청장	⇨	청원주
배치신청		배치결정		임용신청		임용승인		임용

3 청원경찰법 및 청원경찰법 시행령

배치신청 (§4)	① 청원경찰을 배치받으려는 자는 대통령령으로 정하는 바에 따라 관할 **시·도경찰청장**에게 청원경찰 배치를 신청하여야 한다. 3019 ② 시·도경찰청장은 ①의 청원경찰 배치 신청을 받으면 **지체 없이** 그 배치 여부를 결정하여 신청인에게 알려야 한다. ③ 시·도경찰청장은 청원경찰 배치가 필요하다고 인정하는 기관의 장 또는 시설·사업장의 경영자에게 청원경찰을 배치할 것을 **요청**할 수 있다. 3020 (→명령X)
임용 (§5)	① 청원경찰은 **청원주가 임용**하되, 임용을 할 때에는 미리 **시·도경찰청장의 승인**을 받아야 한다. 3021 ② 「국가공무원법」 제33조 각 호의 어느 하나의 결격사유에 해당하는 사람은 청원경찰로 임용될 수 없다. 3022 ③ 청원경찰의 임용자격·임용방법·교육 및 보수에 관하여는 **대통령령**으로 정한다. ④ 청원경찰의 복무에 관하여는 「**국가공무원법**」 제57조(복종의 의무), 제58조 제1항(직장이탈금지), 제60조(비밀엄수의무) 및 「**경찰공무원법**」 제24조(거짓 보고등의 금지)를 준용한다. 3023 ※ 청원주가 시·도경찰청장의 임용승인에 의하여 청원경찰을 임용한 때에는 임용한 날부터 **10일 이내**에 그 임용사항을 관할 경찰서장을 거쳐 시·도경찰청장에게 보고하여야 한다(시행령 §4). 3035 ※ 청원주는 청원경찰을 신규로 배치하거나 이동배치하였을 때에는 배치지(이동배치의 경우에는 종전의 배치지)를 관할하는 **경찰서장**에게 그 사실을 통보하여야 한다(시행령 §6). 3036
징계 (§5의2)	① **청원주**는 청원경찰이 직무상의 의무를 위반하거나 직무를 태만히 한 때, 품위를 손상하는 (→경찰서장X) 행위를 한 때에는 대통령령으로 정하는 징계절차를 거쳐 징계처분을 하여야 한다. 3024 ② 청원경찰에 대한 징계의 종류는 **파면, 해임, 정직, 감봉 및 견책**으로 구분한다. (강등X) 3025
제복 착용과 무기 휴대 (§8)	① 청원경찰은 근무 중 제복을 착용**하여야 한다**. 3027 ② 청원경찰이 그 배치지의 특수성 등으로 특수복장을 착용할 필요가 있을 때에는 청원주는 시·도경찰청장의 승인을 받아 특수복장을 착용하게 할 수 있다(시행령§14). 3037 ③ 시·도경찰청장은 청원경찰이 직무를 수행하기 위하여 필요하다고 인정하면 청원주의 신청을 받아 관할 경찰서장으로 하여금 청원경찰에게 무기를 대여하여 지니게 **할 수 있다**. →청원경찰은 직무수행 중 무기 사용 권한이 있다고 보아야 함 3026·3028 ※ 청원주는 「총포·도검·화약류 등의 안전관리에 관한 법률」에 따른 분사기의 소지허가를 받아 청원경찰로 하여금 그 분사기를 휴대하여 직무를 수행하게 할 수 있다(시행령§15). 3038
감독 (§9의3)	① **청원주**는 항상 소속 **청원경찰**의 근무 상황을 감독하고, 근무 수행에 필요한 교육을 하여야 한다. ② **시·도경찰청장**은 청원경찰의 효율적인 운영을 위하여 **청원주를** 지도하며 감독상 필요한 명령을 할 수 있다. ③ **관할 경찰서장**은 **매달 1회 이상** 청원경찰을 배치한 경비구역에 대하여 복무규율과 근무사항, 무기의 관리 및 취급사항에 대해 감독**하여야 한다**(시행령 §17). 3039
직권남용 금지 등 (§10)	① 청원경찰이 직무를 수행할 때 직권을 남용하여 국민에게 해를 끼친 경우에는 **6개월 이하**의 징역이나 금고에 처한다. 3029 (→1년이하X) ② 청원경찰 업무에 종사하는 사람은 「형법」이나 그 밖의 법령에 따른 벌칙을 적용할 때에는 공무원으로 본다.

배상책임 (§10의2)	청원경찰(국가기관이나 지방자치단체에 근무하는 청원경찰은 제외한다)의 직무상 불법행위에 대한 배상책임에 관하여는 「민법」(국가배상법X)의 규정을 따른다.3030 **판례** 국가나 지방자치단체에서 근무하는 청원경찰은 국가공무원법이나 지방공무원법상 공무원은 아니지만 다른 청원경찰과는 달리 임용권자가 행정기관의 장이고, 국가나 지방자치단체에게서 보수를 받으며, 산업재해보상보험법이나 근로기준법이 아닌 공무원연금법에 따른 재해보상과 퇴직급여를 지급받고, 직무상 불법행위에 대하여도 민법이 아닌 국가배상법이 적용되는 등 특징이 있으며, 그 외 임용자격, 직무, 복무의무 내용 등을 종합하여 볼 때, 그 근무관계를 **사법상 고용계약관계로 보기는 어렵다**(부산고등법원 2011.11.2.선고, 2011누1870).3031
의사에 반한 면직 (§10의4)	① 청원경찰은 **형의 선고, 징계처분 또는 신체상·정신상의 이상**으로 직무를 감당하지 못할 때를 제외하고는 그 의사(意思)에 반하여 면직(免職)되지 아니한다. ② **청원주**가 청원경찰을 면직시켰을 때에는 그 사실을 관할 경찰서장을 거쳐 시·도경찰청장에 (시·도경찰청장 X) 게 보고하여야 한다.3032
배치의 폐지 등(§10의5)	① **청원주**는 청원경찰이 배치된 시설이 폐쇄되거나 축소되어 청원경찰의 배치를 폐지하거나 배치인원을 감축할 필요가 있다고 인정하면 청원경찰의 배치를 폐지하거나 배치인원을 감축할 수 있다. 다만, 청원주는 다음 각 호의 어느 하나에 해당하는 경우에는 청원경찰의 배치를 폐지하거나 배치인원을 **감축할 수 없다.** 1. 청원경찰을 대체할 목적으로 「경비업법」에 따른 특수경비원을 배치하는 경우3033 2. 청원경찰이 배치된 기관·시설 또는 사업장 등이 배치인원의 변동사유 없이 다른 곳으로 이전하는 경우 ② ①에 따라 청원주가 청원경찰을 폐지하거나 감축하였을 때에는 청원경찰 배치 결정을 한 **경찰관서의 장**에게 알려야 하며, 그 사업장이 제4조 제3항에 따라 **시·도경찰청장이 청원경찰의 배치를 요청한 사업장**일 때에는 그 폐지 또는 감축 사유를 구체적으로 밝혀야 한다.3034
임용자격 (시행령 §3)	① 청원경찰의 임용자격은 **18세 이상**인 사람3040 ② **행정안전부령**으로 정하는 신체조건에 해당하는 사람 → 신체가 건강하고 팔다리가 완전할 것, 시력(교정시력을 포함한다)은 양쪽 눈이 각각 0.8 이상일 것

CHAPTER 04
교통경찰

- 01 도로
- 02 도로교통법상 용어정리
- 03 자전거등
- 04 차마의 통행방법
- 05 긴급자동차
- 06 어린이 통학버스 및 어린이 통학용자동차
- 07 어린이·노인 및 장애인 보호구역
- 08 음주운전 및 난폭운전
- 09 운전면허
- 10 운전면허 행정처분
- 11 교통사고 용어 정리
- 12 처벌특례 12개 항목
- 13 교통관련 판례

THEME 01 도로_A급

1 도로의 정의

도로	「도로법」에 의한 도로, 「유료도로법」에 의한 유료도로, 「농어촌도로정비법」에 따른 농어촌도로, 그 밖에 현실적으로 불특정 다수의 사람 또는 차마의 통행을 위하여 공개된 장소3041
도로 외의 장소에서의 단속	① 유료주차장 내에서 음주운전을 하다가 적발 ② XX대학교 구내에서 마약을 과다복용하고 운전을 하다가 적발 ③ 아파트 지하주차장에서 보행자를 충격하여 다치게 한 후 적절한 조치 없이 현장을 이탈하여 적발 ④ 출입금지된 초등학교 교내에서 운전면허를 취득하기 위해 운전연습을 하다가 신고를 통해 적발 → ①, ②, ③, ④의 위반장소는 「도로교통법」이 적용되는 도로라고 볼 수는 없다. 다만, 음주·약물 운전 및 조치불이행 교통사고, 음주측정거부의 경우 **도로 외의 장소에서 발생하더라도 처벌이 가능**하므로 ①, ②, ③의 경우 단속이 가능한 반면, ④와 같은 무면허 운전은 단속할 수 없다. 단, **형사처벌만 가능하며 운전면허 행정처분은 불가함**3042·3043·3121

2 관련 판례

1. 「도로교통법」상 **도로가 아닌 곳에서 술에 취한 상태에서의 운전은 음주운전으로는 처벌**할 수 있지만 **운전면허의 정지 또는 취소처분을 부과할 수는 없다**(대판2018두42771).3044
2. 아파트 단지 내 통행로가 왕복 4차선의 외부도로와 직접 연결되어 있고, 외부차량의 통행에 제한이 없으며, 별도의 **주차관리인이 없다면** 「도로교통법」상 **도로에 해당한다**(대법원 2010. 9. 9. 2010도6579).3284

THEME 02 도로교통법상 용어 정의(도로교통법 제2조) _S급

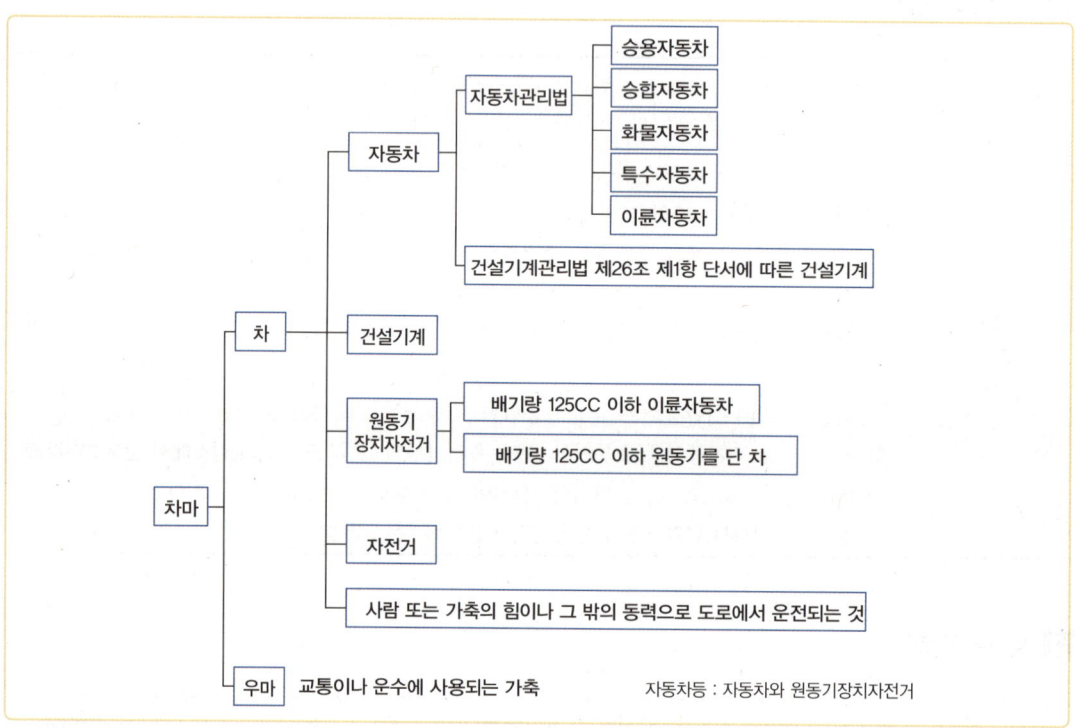

자동차전용도로	**자동차만** 다닐 수 있도록 설치된 도로_3045
고속도로	**자동차의 고속 운행에만** 사용하기 위하여 지정된 도로_3046
차도	**연석선**(차도와 보도를 구분하는 돌 등으로 이어진 선을 말함), 안전표지 또는 그와 비슷한 인공구조물을 이용하여 경계(境界)를 표시하여 **모든 차**가 통행할 수 있도록 설치된 **도로의 부분**을 말한다._3047
중앙선	차마의 통행 방향을 명확하게 구분하기 위하여 도로에 **황색 실선이나 황색 점선 등의 안전표지로 표시한 선 또는 중앙분리대나 울타리 등으로 설치한 시설물**을 말한다. 다만, 제14조 제1항 후단에 따라 가변차로가 설치된 경우에는 신호기가 지시하는 진행방향의 가장 왼쪽에 있는 **황색 점선**을 말한다. └ 실선 X
차로	차마가 한 줄로 도로의 정하여진 부분을 통행하도록 **차선(車線)으로 구분한 차도의 부분**을 말한다.
차선	**차로와 차로**를 구분하기 위하여 그 경계지점을 안전표지로 표시한 선을 말한다. └ 차도 X

자전거 횡단도	자전거 및 개인형 이동장치가 일반도로를 횡단할 수 있도록 안전표지로 표시한 도로의 부분을 말한다.3048	
보도	**연석선**, 안전표지나 그와 비슷한 인공구조물로 경계를 표시하여 **보행자**(유모차, 보행보조용 의자차, 노약자용 보행기 등 **행정안전부령**으로 정하는 기구·장치를 이용하여 통행하는 사람 및 제21호의3에 따른 실외이동로봇을 **포함**)가 **통행할 수 있도록 한 도로**의 부분을 말한다.3049 〔제외 X〕	
길가장자리 구역	보도와 차도가 **구분되지 아니한** 도로에서 보행자의 안전을 확보하기 위하여 안전표지 경계를 표시한 **도로의 가장자리** 부분을 말한다.3050 〔구분된 X〕	
교차로	'십'자로, 'T'자로나 그 밖에 둘 이상의 도로(보도와 차도가 구분되어 있는 도로에서는 차도)가 교차하는 부분을 말한다.3051	
회전교차로	교차로 중 차마가 원형의 교통섬(차마의 안전하고 원활한 교통처리나 보행자 도로횡단의 안전을 확보하기 위하여 교차로 또는 차도의 분기점 등에 설치하는 섬 모양의 시설을 말한다)을 중심으로 **반시계방향**으로 통행하도록 한 원형의 도로를 말한다.	
안전지대	도로를 횡단하는 보행자나 통행하는 차마의 안전을 위하여 **안전표지나 이와 비슷한 인공구조물로 표시한 도로의 부분**을 말한다.3052	
안전표지	교통안전에 필요한 주의·규제·지시 등을 표시하는 표지판이나 도로의 바닥에 표시하는 기호·문자 또는 선 등을 말한다.3053	
	주의표지	도로상태가 위험하거나 도로 또는 그 부근에 **위험물이 있는 경우**에 필요한 안전조치를 할 수 있도록 이를 도로사용자에게 알리는 표지
	규제표지	도로교통의 안전을 위하여 각종 제한·금지 등의 **규제를 하는 경우**에 이를 도로사용자에게 알리는 표지
	지시표지	도로의 통행방법·통행구분 등 도로교통의 안전을 위하여 **필요한 지시**를 하는 경우에 도로사용자가 이에 따르도록 알리는 표지
	보조표지	주의표지·규제표지 또는 지시표지의 **주기능을 보충**하여 도로사용자에게 알리는 표지
	노면표시	도로교통의 안전을 위하여 각종 주의·규제·지시 등의 내용을 **노면에 기호·문자 또는 선으로 도로사용자에게 알리는 표지**
	주규지보노	
차마	"차"란 **자동차·건설기계·원동기장치자전거·자전거, 사람 또는 가축의 힘이나 그 밖의 동력으로 도로에서 운전되는 것**. 다만, 철길이나 가설된 선을 이용하여 운전되는 것, 유모차, 보행보조용 의자차, 노약자용 보행기 제21호의3에 따른 실외이동로봇 등 행정안전부령으로 정하는 기구·장치는 **제외**한다.	
	"우마"란 교통이나 운수에 사용되는 가축을 말한다.	
자동차	철길이나 가설된 선을 이용하지 아니하고 원동기를 사용하여 운전되는 차(**견인되는 자동차도 자동차의 일부로 본다.**)로서 자동차관리법 제3조의 규정에 따른 **승용자동차·승합자동차·화물자동차·특수자동차·이륜자동차 및** 건설기계관리법 제26조 제1항 단서에 따른 건설기계를 말한다. 다만, **원동기장치자전거는 제외**한다.3054	

자율주행 시스템	「자율주행자동차 상용화 촉진 및 지원에 관한 법률」제2조 제1항 제2호에 따른 자율주행시스템을 말한다. 이 경우 그 종류는 **완전 자율주행시스템, 부분 자율주행시스템** 등 **행정안전부령**으로 정하는 바에 따라 세분할 수 있다.	
	자율주행자동차 운전자의 준수사항 등 (동법 제56조의2)	① 행정안전부령으로 정하는 **완전 자율주행시스템에 해당하지 아니하는**(완전 자율주행시스템을 갖춘 X) 자율주행시스템을 갖춘 자동차의 운전자는 **자율주행시스템의 직접 운전 요구에 지체 없이 대응**하여 조향장치, 제동장치 및 그 밖의 장치를 직접 조작하여 **운전하여야 한다.**3055 ② 운전자가 자율주행시스템을 사용하여 운전하는 경우에는 **휴대용 전화 사용, 영상표시장치 및 영상표시장치**를 조작에 **적용하지 아니한다(=사용할 수 있다).**3056
	자율주행 시스템의 종류 (동 시행규칙 제2조의2)	1. 부분 자율주행시스템 : 지정된 조건에서 자동차를 운행하되 작동한계상황 등 필요한 경우 운전자의 개입을 요구하는 자율주행시스템3057 2. 조건부 완전자율주행시스템 : 지정된 조건에서 운전자의 개입 없이 자동차를 운행하는 자율주행시스템 3. 완전 자율주행시스템 : 모든 영역에서 운전자의 개입 없이 자동차를 운행하는 자율주행시스템
자율주행 자동차	「자동차관리법」제2조 제1호의3에 따른 자율주행자동차로서 자율주행시스템을 갖추고 있는 자동차를 말한다.	
원동기 장치 자전거	자동차관리법 제3조에 따른 이륜자동차 가운데 배기량 **125시시 이하**(전기를 동력으로 하는 경우에는 최고정격출력 11키로와트 이하)의 **이륜자동차**와, 배기량 **125시시 이하**(전기를 동력으로 하는 경우에는 최고 정격출력 11키로와트 이하)의 **원동기를 단 차**를 말한다.3058	
개인형 이동 장치	배기량 125시시 이하의 원동기장치자전거 중 시속 **25킬로미터 이상**으로 운행할 경우 전동기가 작동하지 아니하고 차체중량이 **30킬로그램 미만**인 것으로서 **행정안전부령**으로 정하는 것을 말한다. 대통령령 X	
자전거	「자전거 이용 활성화에 관한 법률」제2조 제1호 및 제1호의2에 따른 **자전거 및 전기자전거**를 말한다.	
자동차등	**자동차와 원동기장치자전거**를 말한다.	
자전거등	**자전거와 개인형 이동장치**를 말한다.	
어린이 통학버스	「유아교육법」에 따른 유치원 및 유아교육진흥원, 「초·중등교육법」에 따른 초등학교, 특수학교, 대안학교 및 외국인학교 등의 시설 가운데 **어린이(13세 미만의 사람)**를 교육대상으로 하는 시설에서 어린이의 통학 등(**현장체험학습 등 비상시적으로 이루어지는 교육활동을 위한 이동을 제외한다**)에 이용되는 자동차와 여객자동차 운수사업법 제4조 제3항에 따른 여객자동차운송사업의 한정면허를 받아 어린이를 여객대상으로 하여 운행되는 운송사업용 자동차를 말한다. ※ 영유아 - **6세 미만**인 사람(§11), 노인 - **65세 이상**인 사람(§11) 3059	
주 차	운전자가 승객을 기다리거나 화물을 싣거나 차가 고장나거나 그 밖의 사유로 차를 계속 정지 상태에 두는 것 또는 운전자가 **차에서 떠나서 즉시 그 차를 운전할 수 없는 상태**에 두는 것을 말한다.	

정 차	운전자가 **5분**을 초과하지 아니하고 차를 정지시키는 것으로서 주차 외의 정지 상태를 말한다.3060
운 전	**도로(도로 외의 곳·술에 취한 상태에서의 운전 금지·과로한 때 등의 운전 금지·사고발생 시의 조치·벌칙의 경우에는 도로 외의 곳을 포함)**에서 차마 또는 노면전차를 그 본래의 사용방법에 따라 사용하는 것**(조종 또는 자율주행시스템을 사용하는 것을 포함)**을 말한다.3061
초보 운전자	처음 운전면허를 받은 날(처음 운전면허를 받은 날부터 2년이 지나기 전에 운전면허의 취소처분을 받은 경우에는 그 후 다시 운전면허를 받은 날을 말한다)부터 **2년이 지나지 아니한 사람**을 말한다. 이 경우 **원동기장치자전거면허**만 받은 사람이 원동기장치자전거면허 외의 운전면허를 받은 경우에는 처음 운전면허를 받은 것으로 본다.
보행자 전용도로	보행자만 다닐 수 있도록 안전표지나 그와 비슷한 인공구조물로 표시한 도로를 말한다.3062
모범 운전자	무사고운전자 또는 유공운전자의 표시장을 받거나 **2년 이상 사업용 자동차 운전**에 종사하면서 교통사고를 일으킨 전력이 없는 사람으로서 **경찰청장**이 정하는 바에 따라 선발되어 교통안전 봉사활동에 종사하는 사람을 말한다.3063
음주운전 방지장치	술에 취한 상태에서 자동차등을 운전하려는 경우 시동이 걸리지 아니하도록 하는 것으로서 행정안전부령으로 정하는 것을 말한다.

THEME 03 자전거등 _B급

1 통행방법 특례(§13의2)

① 자전거등의 운전자는 자전거도로(자전거만 통행할 수 있도록 설치된 전용차로를 포함)가 따로 있는 곳에서는 그 자전거도로로 통행**하여야 한다**.3070
② 자전거등의 운전자는 자전거도로가 설치되지 아니한 곳에서는 **도로 우측 가장자리**에 붙어서 통행하여야 한다.3071
③ 자전거등의 운전자는 길가장자리구역(안전표지로 자전거등의 통행을 금지한 구간은 제외)을 통행할 수 있다. 이 경우 자전거등의 운전자는 보행자의 통행에 방해가 될 때에는 **서행하거나 일시정지**하여야 한다.3072
④ 자전거등의 운전자는 안전표지로 자전거등의 통행이 허용된 경우 등에는 보도를 통행할 수 있다. 이 경우 자전거등의 운전자는 보도 중앙으로부터 차도 쪽 또는 안전표지로 지정된 곳으로 **서행**하여야 하며, 보행자의 통행에 방해가 될 때에는 **일시정지**하여야 한다.
⑤ 자전거등의 운전자는 안전표지로 통행이 허용된 경우를 제외하고는 **2대 이상이 나란히 차도를 통행하여서는 아니 된다**.3073
⑥ 자전거등의 운전자가 횡단보도를 이용하여 도로를 횡단할 때에는 자전거등에서 **내려서 자전거등을 끌거나 들고 보행**하여야 한다.3074
※ 자전거등의 운전자는 서행하거나 정지한 다른 차를 앞지르려면 **제1항(좌측으로 통행)**에도 불구하고 앞차의 **우측**(좌측X)으로 통행할 수 있다. 이 경우 자전거등의 운전자는 정지한 차에서 승차하거나 하차하는 사람의 안전에 유의하여 **서행하거나 필요한 경우 일시정지하여야 한다**(동법 제21조 제2항).3075

2 준수사항(§50)

④ 자전거등의 운전자는 자전거도로 및 「도로법」에 따른 도로를 운전할 때에는 행정안전부령으로 정하는 인명보호 장구를 착용하여야 하며, 동승자에게도 이를 착용하도록 하여야 한다.3076
⑦ 자전거등의 운전자는 행정안전부령으로 정하는 크기와 구조를 갖추지 아니하여 교통안전에 위험을 초래할 수 있는 자전거등을 운전하여서는 아니 된다.
⑧ 자전거등의 운전자는 약물의 영향과 그 밖의 사유로 정상적으로 운전하지 못할 우려가 있는 상태에서 자전거등을 운전하여서는 아니 된다.
⑨ 자전거등의 운전자는 밤에 도로를 통행하는 때에는 전조등과 미등을 켜거나 야광띠 등 발광장치를 착용하여야 한다.3077

3 개인형 이동장치(PM)(도로교통법)

① 개인형 이동장치(PM)이란 「도로교통법」상 원동기장치자전거 중 차체중량이 30kg 미만이고 시속 25km 이상으로 운행할 경우 원동기가 작동하지 아니한 것 중 행정안전부령으로 정한 것을 말한다.
② 개인형 이동장치(PM)는 **「특정범죄 가중처벌 등에 관한 법률」상 도주차량 가중처벌 규정이 적용**된다.
③ 개인형 이동장치는 '자전거등'의 범위에 포함되며 또한 '자동차등'의 범위에도 포함되는 개념이므로 「특정범죄 가중처벌 등에 관한 법률」상 '자동차등'으로 규정된 조항을 적용받는다. 즉 개인형 이동장치(PM)는 **이중적 지위**를 취하고 있다.
④ 개인형 이동장치(PM)는 음주운전에 해당하는 경우 범칙금 10만원, 측정거부의 경우 범칙금 13만원이 부과된다.
⑤ 어린이의 보호자는 **도로에서** 어린이가 **자전거**를 타거나 행정안전부령으로 정하는 위험성이 큰 움직이는 놀이기구를 타는 경우에는 어린이의 안전을 위하여 행정안전부령으로 정하는 **인명보호 장구를 착용하도록 하여야 한다**(§11③).
⑥ 어린이의 보호자는 도로에서 어린이가 개인형 이동장치를 운전하게 하여서는 아니 된다.
→ 보호자는 어린이가 인명보호 장구를 착용하여도 도로에서 이동형 장치를 운전하게 해서는 아니된다(§11④). 3080
→ 위반시 20만원 이하의 과태료(도로교통법 §160② 9호)
⑦ 개인형 이동장치의 운전자는 **행정안전부령**(대통령령X)으로 정하는 승차정원을 초과하여 동승자를 태우고 개인형 이동장치를 운전하여서는 아니 된다(§50 ⑩). 3082

4 자전거와 개인형이동장치(PM)의 범칙금 [도로교통법 시행령 별표8] 3081

구분	자전거	개인형 이동장치(PM)
음주운전	3만원	10만원
음주측정거부	10만원	13만원
약물 등 사유로 정상적으로 운전하지 못할 우려 있는 상태에서 운전	10만원	10만원
무면허		10만원(원동기면허 이상 소지)

보충 도로교통법은 제156조 및 제157조 각 호에 해당하는 죄를 범칙행위로 규정하고 이에 대하여 통고처분을 하도록 규정하고 있음.

통고처분은 경미한 범죄에 대한 일종의 구제적(선처적) 의미를 가지는 제도로서, 도로교통법 제156조 및 제157조에 해당하는 죄(**20만원 이하의 벌금, 구류, 과료를 규정하고 있음**)에 대하여 모두 즉심으로 넘긴다면, 형사절차에 따른 번거로움과 전과자 양산 등의 문제가 발생.

㉠ 자전거음주운전 및 측정거부 시 처벌은 도교법 제156조 제11호 및 제12호에서 **20만원 이하의 벌금, 구류, 과료**로 정하고 있고. 3078·3079
㉡ 범칙금은 도로교통법 시행령 [별표 8]에서 자전거음주운전 **3만원**(64의2호), 자전거음주측정 거부 **10만원**(64의3호)으로 정하고 있음

THEME 04 차마의 통행방법 _B급

1 정차 및 주차의 금지

정차 및 주차의 금지 장소 (§32)	5 미터 이내의 곳	1. 교차로의 가장자리나 **도로의 모퉁이**로부터 2. 「**소방**기본법」에 따른 소방용수시설 또는 비상소화장치가 설치된 곳 **소방모 5m 이내 주정금지** 3089
	10 미터 이내의 곳	1. **건널목**의 가장자리 또는 횡단보도로부터 3090 2. **버스**여객자동차의 정류지(停留地)임을 표시하는 기둥이나 표지판 또는 선이 설치된 곳 → 다만, 버스여객자동차의 운전자가 그 버스여객자동차의 운행시간 중에 운행노선에 따르는 정류장에서 승객을 태우거나 내리기 위하여 차를 정차하거나 주차하는 경우에는 그러하지 아니함 3. **안전**지대가 설치된 도로에서는 그 안전지대의 사방으로부터 3091 **버스건널목안전 10m 이내 주정금지**
	\multicolumn{2}{l}{• 교차로·횡단보도·건널목이나 보도와 차도가 구분된 도로의 보도(주차장법에 따라 차도와 보도에 걸쳐서 설치된 노상주차장은 제외) • 시장등이 지정한 어린이 보호구역}
주차 금지 장소 (§33)	5 미터 이내의 곳	1. 도로공사 하고 있는 경우에는 그 공사 구역의 양쪽 가장자리 3086 2. **다중이용업소**의 영업장이 속한 건축물로 소방본부장의 요청에 의하여 **시·도경찰청장**이 지정한 곳 3087
	\multicolumn{2}{l}{• 터널 안 및 다리 위 3085·3086 • 시·도경찰청장이 도로에서의 위험을 방지하고 교통의 안전과 원활한 소통을 확보하기 위하여 필요하다고 인정하여 지정한 곳 3088}

2 차마의 통행방법 관련 판례

1. 공사관계로 3m 정도 협소한 도로를 진행하는 차는 후방차량이 추월하리라 예견하여 **후방주시할 의무는 없다**(대판 82도1853).
2. **앞지르기가 금지된 비탈길의 고갯마루 부근에서 앞차가 진로를 양보**하였더라도 **앞지르기할 수 없다**(대판 2004도8062).
3. 편도 1차로 도로에서 정차한 버스를 앞서가기 위하여 황색실선의 중앙선을 넘어가는 행위는 허용되지 않는 것이므로 **중앙선침범이 적용된다**(대판 97도927).
4. **앞지르기가 금지되는** 도로의 구부러진 곳이라는 규정은 입법목적과 다른 조항과의 관련하에서의 합리적인 해석의 가능성, 입법기술상의 한계 등을 고려할 때, 어떠한 행위가 이에 해당하는지 의심을 가질 정도로 불명확한 개념이라고 볼 수 없으므로 죄형법정주의의 한 내용인 **형벌법규의 명확성의 원칙에 반한다고 할 수는 없다**(헌재 99헌가4).
5. 신호등이 설치되어 있지 않은 횡단보도로 실제 중앙선이 그어져 있지 않다고 하더라도 횡단보도를 제외한 도로에는 황색실선의 중앙선이 곧바로 이어져 설치되어 있기 때문에 좌회전이 금지된 장소인 점을 미루어 짐작할 수 있을 때 횡단보도의 표시를 위하여 부득이 중앙선인 황색실선을 설치하지 못하였다고 하더라도 중앙선의 연장으로 보아 **중앙선침범운행으로 처리하는 것이 합리적이다**.
6. 신호기에 의하여 차로의 진행방향을 지시하는 가변차로가 설치된 경우 신호기가 지시하는 진행방향의 가장 왼쪽의 황색점선을 중앙선으로 보아 이를 위반할 경우 중앙선침범으로 보아야 한다.
7. **부득이한 사정으로 중앙선을 침범**하여 교통사고를 야기한 경우 중앙선침범에 해당하지 않는다(대판 90도1918).
8. 교차로 진입 직전에 백색실선이 설치되어 있으나 **교차로에서의 진로변경을 금지하는 내용의 안전표지가 개별적으로 설치되어 있지 않은 경우**, 자동차 운전자가 교차로에서 진로변경을 시도하다가 야기한 교통사고가 교통사고처리 특례법 제3조 제2항 단서 제1호에서 정한 '도로교통법 제5조에 따른 통행금지를 내용으로 하는 안전표지가 표시하는 **지시를 위반하여 운전한 경우'에 해당하지 않는다**(대판 2015도3107).
9. 회전교차로에 설치된 회전교차로표지 및 유도표시가 화살표 방향과 반대로 진행하지 말 것을 지시하는 내용의 안전표지에 해당하며, 회전교차로에 설치된 **회전교차로 표지 및 유도표시에 표시된 화살표 방향과 반대로 진행하는** 것이 교통사고처리특례법 제3조 제2항 단서 제1호에서 정한 '도로교통법 제5조에 따른 통행금지를 내용으로 하는 **안전표지가 표시하는 지시를 위반하여 운전한 경우'에 해당**한다(대판 2017도9392).
10. 황색실선이나 황색점선으로 된 중앙선이 설치된 도로의 어느 구역에서 좌회전이나 유턴이 허용되어 중앙선이 백색 점선으로 표시되어 있는 경우, 그 지점에서 **안전표지에 따라 좌회전이나 유턴을 하기 위하여 중앙선을 넘어 운행하다가 반대편 차로를 운행하는 차량과 충돌하는 교통사고를 낸 것이 교통사고처리 특례법에서 규정한 중앙선침범에 해당하지 않는다**(대판 2016도18941).
11. 도로 정비작업이 마무리되지 않아 정지선과 횡단보도가 없는 사거리 교차로의 신호등이 황색 등화로 바뀐 상태에서 교차로에 진입하였다가 상대 차량을 충격하여 상해를 입게 함과 동시에 상대차량을 손괴한 경우, 교차로 진입 전 **정지선과 횡단보도가 설치되어 있지 않더라도 황색 등화를 보고서도 교차로 직전에 정지하지 않았다면 신호를 위반**한 것이다(대판 2018도14262).
12. 교차로에 **교통섬**이 설치되고 그 오른쪽으로 직진 차로에서 분리된 우회전차로가 설치된 경우, 우회전 차로가 아닌 직진 차로를 따라 우회전하는 행위는 **교차로 통행방법을 위반**한 것이다(대판 2011도9821).

THEME 05 긴급자동차 _A급

1 긴급자동차의 종류

도로교통법상 긴급자동차 (§2)	가. 소방차 나. 구급차 다. 혈액 공급차량 라. 그 밖에 대통령령으로 정하는 자동차

법정긴급자동차 (시행령 §2①)	1. 경찰용 자동차 중 범죄수사, 교통단속, 그 밖의 긴급한 경찰업무 수행에 사용되는 자동차
	2. 국군 및 주한 국제연합군용 자동차 중 군 내부의 질서 유지나 부대의 질서 있는 이동을 유도하는 데 사용되는 자동차
	3. 수사기관의 자동차 중 범죄수사를 위하여 사용되는 자동차
	4. 다음 각 목의 어느 하나에 해당하는 시설 또는 기관의 자동차 중 도주자의 체포 또는 수용자, 보호관찰 대상자의 호송·경비를 위하여 사용되는 자동차
	    가. 교도소·소년교도소 또는 구치소
	    나. 소년원 또는 소년분류심사원
	    다. 보호관찰소
	5. 국내외 요인에 대한 경호업무 수행에 공무로 사용되는 자동차

사용하는 사람 또는 기관 등의 신청에 의하여 시·도경찰청장이 지정하는 경우 (시행령 §2①) 3093	6. 전기사업, 가스사업, 그 밖의 공익사업을 하는 기관에서 위험 방지를 위한 응급작업에 사용되는 자동차 7. 민방위업무를 수행하는 기관에서 긴급예방 또는 복구를 위한 출동에 사용되는 자동차 8. 도로관리를 위하여 사용되는 자동차 중 도로상의 위험을 방지하기 위한 응급작업에 사용되거나 운행이 제한되는 자동차를 단속하기 위하여 사용되는 자동차 3097 9. 전신·전화의 수리공사 등 응급작업에 사용되는 자동차 10. 긴급한 우편물의 운송에 사용되는 자동차 11. 전파감시업무에 사용되는 자동차
긴급자동차로 간주하는 자동차 (시행령 §2②)	1. 제1항 제1호에 따른 경찰용 긴급자동차에 의하여 유도되고 있는 자동차 3092 2. 제1항 제2호에 따른 국군 및 주한 국제연합군용의 긴급자동차에 의하여 유도되고 있는 국군 및 주한 국제연합군의 자동차 3094 3. 생명이 위급한 환자 또는 부상자나 수혈을 위한 혈액을 운송 중인 자동차 3095

2 긴급자동차의 우선과 특례

의의	긴급자동차란 소방차·구급차·혈액 공급차량, 그 밖에 대통령령으로 정하는 자동차로서 그 본래의 긴급한 용도로 사용되고 있는 자동차
우선통행 (§29)	① 긴급자동차는 긴급하고 부득이한 경우에는 **도로의 중앙이나 좌측 부분을 통행할 수 있다.** ② 긴급자동차는 이 법이나 이 법에 따른 명령에 따라 정지하여야 하는 경우에도 불구하고 긴급하고 부득이한 경우에는 **정지하지 아니할 수 있다.** ③ 긴급자동차의 운전자는 제1항이나 제2항의 경우에 교통안전에 특히 주의하면서 **통행하여야 한다.** ④ 교차로나 그 부근에서 긴급자동차가 접근하는 경우에는 차마와 노면전차의 운전자는 교차로를 피하여 **일시정지하여야 한다.**

특례 (§30)	1. 자동차등의 속도 제한. 다만, 긴급자동차에 대하여 속도를 제한한 경우에는 같은 조의 규정을 적용 2. 앞지르기의 금지 3. 끼어들기의 금지	(1~3호) 모든 긴급자동차 **적용하지 아니함**(= 특례가 인정됨)
	4. 신호위반 5. 보도침범 6. 중앙선 침범 7. 횡단 등의 금지 8. 안전거리 확보 등 9. 앞지르기 방법 등 10. 정차 및 주차의 금지 11. 주차금지 12. 고장 등의 조치	소방차, 구급차, 혈액공급차량 자동차와 대통령령으로 정하는 경찰용 자동차(경찰용 자동차 중 범죄수사, 교통단속, 그 밖의 긴급한 경찰업무 수행에 사용되는 자동차)에 대해서만 (4~12호) **적용하지 아니함**

감면규정 (§158의2)	긴급자동차[제2조 제22호 가목부터 다목까지의 자동차(소방차, 구급차, 혈액 공급차량)와 대통령령으로 정하는 경찰용 자동차만 해당함]의 운전자가 그 차를 **본래의 긴급한 용도로 운행하는 중**에 교통사고를 일으킨 경우에는 그 긴급활동의 시급성과 불가피성 등 정상을 참작하여 제151조(대물사고) 또는 「교통사고처리 특례법」 제3조 제1항(대인사고) 또는 「특정범죄 가중처벌 등에 관한 법률」 제5조의13에 따른 **형을 감경하거나 면제할 수 있다.** (하여야 한다 X)

THEME 06 어린이통학버스 및 어린이통학용 자동차_B급

개념	어린이(13세 미만)를 대상으로 하는 시설에서 어린이 통학 등에 이용되는 자동차로서 신고된 자동차
신고 (§52)	① 어린이통학버스를 운영하려는 자는 미리 **관할 경찰서장에게 신고하고 신고증명서를 발급받아야** 한다. → 신고하지 아니하고 운행한 운영자에게는 **500만원 이하의 과태료**를 부과한다(§160① 제7호).3111 ② 어린이통학버스를 운영하는 자는 어린이통학버스 안에 ①에 따라 발급받은 신고증명서를 항상 갖추어 두어야 한다. ③ 어린이통학버스로 사용할 수 있는 자동차는 **승차정원 9인승**(어린이 1명을 승차정원 1명) 이상의 자동차로 한정한다. ④ 누구든지 ①에 따른 신고를 하지 아니하거나 「여객자동차 운수사업법」 제4조 제3항에 따라 어린이를 여객대상으로 하는 한정면허를 받지 아니하고 어린이통학버스와 비슷한 도색 및 표지를 하거나 이러한 도색 및 표지를 한 자동차를 운전하여서는 아니 된다.
특별보호 (§51)	① 어린이통학버스가 도로에 정차하여 어린이가 타고 내리는 중임을 표시하는 장치를 가동 중인 때에는 어린이통학버스가 정차한 차로와 그 차로의 바로 옆 차로를 통행하는 차의 운전자는 어린이통학버스에 이르기 전에 **일시 정지**하여 안전을 확인한 후 서행하여야 한다.3108 (↳ 서행 X) ② 위 ①의 경우 중앙선이 설치되지 아니한 도로와 편도 1차로인 도로에서는 반대방향에서 진행하는 차의 운전자도 어린이통학버스에 이르기 전에 **일시 정지**하여 안전을 확인한 후 서행하여야 한다.3109 (↳ 서행 X) ③ **모든 차의 운전자**는 어린이 또는 영유아를 태우고 있다는 표시를 하고 도로를 통행하는 **'어린이통학버스'를 앞지르지 못한다.**3110
운영자 의무 (§53)	① 어린이통학버스를 운영하는 사람과 운전하는 사람 및 보호자는 어린이통학버스 안전교육을 받아야 한다(동법 §53의3 ①).3112 ② 어린이통학버스를 운전하는 사람은 어린이나 영유아가 어린이통학버스를 탈 때에는 승차한 모든 어린이나 영유아가 좌석안전띠를 매도록 한 후에 출발하여야 하며, 내릴 때에는 보도나 길가장자리구역 등 자동차로부터 안전한 장소에 도착한 것을 확인한 후에 출발하여야 한다.3113 ③ 어린이 통학버스는 교통사고로 인한 피해를 전액 배상할 수 있도록 「보험업법」에 따른 보험 또는 「여객자동차 운수사업법」에 따른 공제조합에 가입되어 있어야 한다(동법 시행령 §31).3114

THEME 07 어린이·노인 및 장애인 보호구역의 지정 및 관리에 관한 규칙 B급

1 보호구역의 지정 및 조치

	관리주체	보호구역의 설치 및 조치
보호구역 지정(§3⑥) 3115	시장 등 (관할 시·도경찰청장 또는 경찰서장과 협의)	• 원칙 : 출입문을 중심 - 반경 300미터 이내 보호구역으로 지정 • 예외 : 필요한 경우 반경 500미터 이내의 도로에 대해서도 보호구역으로 지정가능 → 최대 500m까지 가능
보호구역에서 필요한 조치 (§9①)	시·도경찰청장이나 경찰서장 3117	• 보호구역에서 구간별·시간대별로 조치를 **할 수 있다**. (하여야 한다 X) ① 차마의 통행을 금지하거나 제한하는 것 ② 차마의 정차나 주차를 금지하는 것 ③ 운행속도를 시속 **30킬로미터** 이내로 제한하는 것 ④ **이면도로**를 일방통행로로 지정·운영하는 것 3116 └ 간선도로 X

> **심화** 도로교통법
>
> **경찰서장**은 도로에서의 위험을 방지하고 교통의 안전과 원활한 소통을 확보하기 위하여 필요하다고 인정할 때에는 우선 보행자, 차마 또는 노면전차의 통행을 금지하거나 제한한 후 그 도로 관리자와 협의하여 금지 또는 제한의 대상과 구간 및 기간을 정하여 **도로의 통행을 금지하거나 제한할 수 있다**(동법 제6조 제2항).
> **시장등**은 교통사고의 위험으로부터 어린이를 보호하기 위하여 필요하다고 인정하는 경우에는 「유아교육법」 제2조에 따른 유치원의 주변도로 가운데 일정 구간을 어린이 보호구역으로 지정하여 자동차등과 노면전차의 통행속도를 **시속 30킬로미터 이내**로 제한할 수 있다(동법 제12조 제1항).
> **경찰청장**은 고속도로의 원활한 소통을 위하여 특히 필요한 경우에는 고속도로에 **전용차로를 설치**할 수 있다(동법 제61조 제1항).

2 어린이 보호구역에서 어린이 치사상의 가중처벌(특가법 §5의13)

> **자동차등**의 운전자가 **어린이 보호구역**에서 어린이의 안전에 유의하면서 운전하여야 할 의무를 위반하여 **어린이**(13세 미만인 사람)에게 「교통사고처리 특례법」 제3조 제1항의 죄를 범한 경우에는 다음 각 호의 구분에 따라 가중처벌한다.
> 1. 어린이를 **사망**에 이르게 한 경우에는 **무기 또는 3년 이상의 징역**에 처한다.
> 2. 어린이를 **상해**에 이르게 한 경우에는 **1년 이상 15년 이하의 징역 또는 500만원 이상 3천만원 이하의 벌금**   └ 과태료 X
> ※ 본조가 적용되는 경우 「교통사고처리특례법」보다 **우선**하여 적용
> ※ 어린이보호구역의 적용시간은 **오전 8시**부터 **오후 8시**까지

음주운전 및 난폭운전_A급

1 술에 취한 상태에서의 운전 금지(§44)

① 누구든지 술에 취한 상태에서 자동차등(「건설기계관리법」 제26조 제1항 단서에 따른 건설기계 외의 건설기계를 포함(=모든건설기계)), 노면전차 또는 자전거를 운전하여서는 아니 된다. 경운기, 트랙터는 주취운전 처벌 X 3122·3123·3124
② 경찰공무원은 교통의 안전과 위험방지를 위하여 필요하다고 인정하거나 제1항을 위반하여 술에 취한 상태에서 자동차등, 노면전차 또는 자전거를 운전하였다고 인정할 만한 상당한 이유가 있는 경우에는 운전자가 술에 취하였는지를 호흡조사로 측정할 수 있다. 이 경우 운전자는 경찰공무원의 측정에 응하여야 한다. 3118

판례 음주운전 신고를 받고 출동한 경찰관이 만취한 상태로 시동이 걸린 차량 운전석에 앉아 있는 甲을 발견하고 음주측정을 위해 하차를 요구하는 것만으로는 「도로교통법」 제44조 제2항이 정한 음주측정에 관한 직무에 착수하였다고 할 수 있다(대판 2020도7193). 3119
↳ 할 수 없다 X

③ 제2항에 따른 측정 결과에 불복하는 운전자에 대하여는 그 운전자의 동의를 받아 혈액 채취 등의 방법으로 다시 측정할 수 있다.
④ 제1항에 따라 운전이 금지되는 술에 취한 상태의 기준은 운전자의 혈중알코올농도가 0.03퍼센트 이상인 경우로 한다. 3120 ※ 만취상태기준 : 0.08% 이상
⑤ 술에 취한 상태에 있다고 인정할 만한 상당한 이유가 있는 사람은 자동차등, 노면전차 또는 자전거를 운전한 후 제2항 또는 제3항에 따른 측정을 곤란하게 할 목적으로 추가로 술을 마시거나 혈중알코올농도에 영향을 줄 수 있는 의약품 등 행정안전부령으로 정하는 물품을 사용하는 행위(음주측정방해행위)를 하여서는 아니 된다.
⑥ 제2항 및 제3항에 따른 측정의 방법, 절차 등 필요한 사항은 행정안전부령으로 정한다.

2 음주운전 처벌 기준(§148의2)

혈중알코올농도(음주운전)		형벌기준	행정처분
1회 위반	0.03% 이상 ~ 0.08% 미만	1년 이하의 징역이나 500만원 이하의 벌금	면허정지
	0.08% 이상 ~ 0.20% 미만	1년 이상 2년 이하의 징역이나 500만원 이상 1천만원 이하의 벌금 3125	면허취소
	0.20% 이상	2년 이상 5년 이하의 징역이나 1천만원 이상 2천만원 이하의 벌금	
	음주측정거부, 음주측정방해행위	1년 이상 5년 이하의 징역이나 500만원 이상 2천만원 이하의 벌금 3126	
10년 내 (2회이상 음주 또는 측정 거부 위반)	0.03% ~ 0.2% 미만	1년 이상 5년 이하의 징역이나 500만원 이상 2천만원 이하의 벌금	면허취소
	0.2% 이상	2년 이상 6년 이하의 징역이나 1천만원 이상 3천만원 이하의 벌금	
	음주측정거부, 음주측정방해행위	1년 이상 6년 이하의 징역이나 500만원 이상 3천만원 이하의 벌금	

3 위험운전치사상죄(특가법 §5의11)

① **음주 또는 약물의 영향**으로 정상적인 운전이 곤란한 상태에서 **자동차(원동기장치자전거를 포함)**를 운전하여 사람을 상해, 사망에 이르게 한 사람
② 음주운전으로 인피사고를 내었으나 **음주측정에 불응하면** 이 법률 규정으로 **처벌**
③ 덤프트럭 등 「도로교통법」상 자동차로 인정되는 10종의 건설기계도 처벌대상
④ 운전자가 정상적인 운전이 곤란해야 처벌됨
⑤ 음주인피사고 후 도주하면 「특정범죄 가중처벌 등에 관한 법률」 제5조의3(도주차량 운전자의 가중처벌)과 「도로교통법」 제44조(술에 취한 상태에서의 운전금지)만 적용하고 이 법률 규정은 적용하지 않음

TIP 음주측정 요령(교통단속처리지침 §30)

① 피측정자의 입안의 잔류 알콜을 헹궈낼 수 있도록 **음용수 200ml을 제공.**
② 음주측정 **1회(1인 X)**당 1개의 음주측정용 불대(Mouth Piece)를 사용
③ 명시적인 의사표시를 하지 않으면서 경찰관이 음주측정 불응에 따른 불이익을 **5분 간격으로 3회 이상 고지(15분 경과)**했음에도 계속 음주측정에 응하지 않은 때에는 음주측정거부자로 처리

4 난폭운전

제46조의3(난폭운전 금지) 자동차등**(개인형 이동장치는 제외한다)**의 운전자는 다음 각 호 중 둘 이상의 행위를 연달아 하거나, 하나의 행위를 지속 또는 반복하여 다른 사람에게 위협 또는 위해를 가하거나 교통상의 위험을 발생하게 하여서는 아니 된다.
1. 신호 또는 지시 위반 2. 중앙선 침범 3. 속도의 위반 4. 횡단·유턴·후진 금지 위반
5. 안전거리 미확보, 진로변경 금지 위반, 급제동 금지 위반 6. 앞지르기 방법 또는 앞지르기의 방해금지 위반
7. 정당한 사유 없는 소음 발생 8. 고속도로에서의 앞지르기 방법 위반 9. 고속도로등에서의 횡단·유턴·후진 금지 위반

5 음주운전과 죄수관계

① 무면허 + 음주 : 무면허운전죄와 음주운전죄는 **상상적 경합관계**
② 무면허 운전은 운전한 날마다 무면허운전죄 성립
③ 음주상태로 일정기간 계속하여 운전하다 1회 음주측정 : 음주운전행위는 **포괄일죄**
④ 음주 + 음주측정거부 : **실체적 경합관계**
⑤ 특가법(위험운전치사상) + 도교법(음주) : **실체적 경합관계**

6 음주운전방지장치 3130

(1) 음주운전 방지장치 부착 조건부 운전면허를 받은 운전자등의 준수사항(§50의3)

① 제80조의2에 따라 음주운전 방지장치 부착 조건부 운전면허를 받은 사람이 자동차등을 운전하려는 경우 음주운전 방지장치를 설치하고, **시·도경찰청장**에게 등록하여야 한다. 등록한 사항 중 행정안전부령으로 정하는 중요한 사항을 변경할 때에도 또한 같다. 다만, 제2항에 따라 음주운전 방지장치가 설치·등록된 자동차등을 운전하려는 경우에는 그러하지 아니하다. → 등록하지 아니하고 운전한 경우는 **운전면허의 취소 사유**이다.

② 「여객자동차 운수사업법」에 따른 여객자동차 운수사업자의 사업용 자동차, 「화물자동차 운수사업법」에 따른 화물자동차 운수사업자의 사업용 자동차 및 그 밖에 대통령령으로 정하는 자동차등에 음주운전 방지장치를 설치한 자는 **시·도경찰청장**에게 등록하여야 한다. 등록한 사항 중 행정안전부령으로 정하는 중요한 사항을 변경할 때에도 또한 같다.

③ 제80조의2에 따라 음주운전 방지장치 부착 조건부 운전면허를 받은 사람은 음주운전 방지장치가 설치되지 아니하거나 설치기준에 적합하지 아니한 음주운전 방지장치가 설치된 자동차등을 운전하여서는 아니 된다. → 위반시 **1년 이하의 징역이나 300만원 이하의 벌금**에 처하고, **운전면허 취소 사유**이다.

④ 누구든지 다음 각 호의 어느 하나에 해당하는 경우를 제외하고는 자동차등에 설치된 음주운전 방지장치를 해체하거나 조작 또는 그 밖의 방법으로 효용을 해치는 행위를 하여서는 아니 된다.
  1. 음주운전 방지장치의 점검 또는 정비를 위한 경우
  2. 폐차하는 경우
  3. 교육·연구의 목적으로 사용하는 등 대통령령으로 정하는 사유에 해당하는 경우
  4. 제82조 제2항 제10호에 따른 음주운전 방지장치의 부착 기간이 경과한 경우
  → 4항을 위반하여 음주운전 방지장치를 해체·조작하거나 그 밖의 방법으로 효용을 해친 자는 **3년 이하의 징역 또는 3천만원 이하의 벌금**에 처한다.
  → 4항을 위반하여 장치가 해체·조작되었거나 효용이 떨어진 것을 알면서 해당 장치가 설치된 자동차등을 운전한 자는 **1년 이하의 징역 또는 300만원 이하의 벌금**에 처하고, **운전면허 취소 사유**이다.

⑤ 누구든지 음주운전 방지장치 부착 조건부 운전면허를 받은 사람을 대신하여 음주운전 방지장치가 설치된 자동차등을 운전할 수 있도록 해당 장치에 호흡을 불어넣거나 다른 부정한 방법으로 음주운전 방지장치가 설치된 자동차등에 시동을 거는 행위를 하여서는 아니 된다.
  → 위반시 **1년 이하의 징역 또는 300만원 이하의 벌금**에 처한다.

⑥ 제1항 및 제2항에 따라 음주운전 방지장치의 설치 사항을 **시·도경찰청장**에게 등록한 자는 **연 2회 이상** 음주운전 방지장치 부착 자동차등의 운행기록을 **시·도경찰청장**에게 제출하여야 하며, 음주운전 방지장치의 정상 작동여부 등을 점검하는 검사를 받아야 한다.
  → 위반시 **500만원 이하의 과태료**를 부과한다.

⑦ 제1항 및 제2항에 따른 음주운전 방지장치 설치 기준·방법 및 등록 기준·등록 절차, 제6항에 따른 운행기록 제출 및 검사의 시기·방법, 그 밖에 필요한 사항은 행정안전부령으로 정한다.

(2) 음주운전 방지장치 부착 조건부 운전면허(§80의2)

① 제44조 제1항, 제2항 또는 제5항을 위반(**자동차등 또는 노면전차를 운전한 경우로 한정한다. 다만, 개인형 이동장치를 운전한 경우는 제외**)한 날부터 **5년 이내**에 다시 같은 조 제1항, 제2항 또는 제5항을 위반하여 운전면허 취소처분을 받은 사람이 자동차등을 운전하려는 경우에는 **시·도경찰청장**으로부터 음주운전 방지장치 부착 조건부 운전면허를 받아야 한다.
② 음주운전 방지장치는 제82조 제2항 제1호부터 제9호까지에 따라 조건부 운전면허 발급 대상에게 적용되는 운전면허 결격기간과 같은 기간 동안 부착하며, 운전면허 결격기간이 종료된 **다음 날부터** 부착기간을 산정한다.
③ 제1항에 따른 조건부 운전면허의 범위·발급·종류 등에 필요한 사항은 **행정안전부령**으로 정한다.

7 음주운전 관련 판례

1. 피고인의 음주와 음주운전을 목격한 참고인이 있는 상황에서 경찰관이 음주 및 음주운전 종료로부터 약 5시간 후 집에서 자고 있는 피고인을 연행하여 음주측정을 요구한 데에 대하여 피고인이 불응한 경우, 「도로교통법」상 **음주측정불응죄가 성립**한다(대판 2000도6026).3241

2. 음주감지기에서 음주반응이 나온 경우, 그것만으로 술에 취한 상태에 있다고 인정할 만한 상당한 **이유가 있다고 볼 수 없다**(대판 2002도6632).3226

3. '도로교통법 제44조 제1항을 2회 이상 위반한 사람'에 대하여 비형벌적인 반복 음주운전 방지 수단에 대한 충분한 고려 없이, 가중처벌의 요건이 되는 과거 음주운전 금지규정 위반 전력 등과 관련하여 아무런 제한을 두지 않음으로써 가중처벌할 필요가 없거나 죄질이 비교적 가벼운 유형의 재범 음주운전 행위에 대해서까지 일률적으로 가중처벌하도록 한 것은 형벌 본래의 기능에 필요한 정도를 현저히 일탈하는 과도한 법정형(2년 이상 5년 이하의 징역 또는 1천만 원 이상 2천만 원 이하의 벌금)을 정하고 있다. 그러므로 **책임과 형벌 간의 비례원칙에 위배**된다(헌재 2019헌바446).3240

4. 위드마크 공식은 운전자가 음주한 상태에서 운전한 사실이 있는지에 대한 경험법칙에 의한 증거수집 방법에 불과하므로, 경찰공무원에게 위드마크 공식의 존재 및 나아가 호흡측정에 의한 혈중알코올농도가 음주운전 처벌기준 수치에 미달하였더라도 위드마크 공식에 의한 역추산 방식에 의하여 운전 당시의 혈중알코올농도를 산출할 경우 그 결과가 음주운전 처벌기준 수치 이상이 될 가능성이 있다는 취지를 운전자에게 **미리 고지하여야 할 의무는 없다**(대판 2017도661).3230

4-1. 위드마크 공식을 사용해 운전 당시 혈중알코올농도를 추산하는 경우로서 알코올의 분해소멸에 따른 혈중알코올농도의 감소기(위드마크 제2공식, 하강기)에 운전이 이루어진 것으로 인정되는 경우에는 음주 시작 시점부터 곧바로 생리작용에 의하여 분해소멸이 시작되는 것으로 보아야 한다. **이와 다르게 인정하려면 과학적 증명 또는 객관적인 반대 증거가 있거나 특별한 사정이 있어야 한다**(대판 2021도14074).3231

5. 경찰관이 음주운전 단속시 운전자의 요구에 따라 곧바로 채혈을 실시하지 않은 채 호흡측정기에 의한 음주측정을 하고 1시간 12분이 경과한 후에야 채혈을 하였다는 사정만으로는 위 행위가 법령에 위배된다거나 객관적 정당성을 상실하여 운전자가 음주운전 단속과정에서 받을 수 있는 권익이 현저하게 **침해되었다고 단정하기 어렵다**(대판 2006다32132).3232

6. 음주종료 후 4시간 정도 지난 시점에서 물로 입 안을 헹구지 아니한 채 호흡측정기로 측정한 혈중알코올농도 수치가 0.05%로 나타난 사안에서, 위 증거만으로는 피고인이 혈중알코올 농도 0.05% 이상의 **술에 취한 상태에서 자동차를 운전하였다고 인정하기 어렵다**(대판 2009도1856).3233

7. 경찰관이 술에 취한 상태에서 자동차를 운전한 것으로 보이는 피고인을 「경찰관 직무집행법」에 따른 보호조치 대상자로 보아 경찰관서로 데려온 직후 음주측정을 요구하였는데 피고인이 불응하여 음주측정불응죄로 기소된 사안에서, 위법한 보호조치 상태를 이용하여 음주측정 요구가 이루어졌다는 등의 특별한 사정이 없는 한 피고인의 행위는 **음주측정불응죄에 해당**한다(대판 2011도4328).

8. 음주측정을 위하여 운전자를 강제로 연행할 때 준수하여야 하는 **절차를 위반한 경우 위법한 체포에 해당**하더라도 음주측정 요구에 불응한 행위를 음주측정거부죄와 음주측정 요구과정에서 행하여진 공무집행방해행위는 **적법절차를 위반한 음주측정거부죄와 이에 대한 공무집행방해행위는 처벌받지 않는다**(대판 2012도11162).

9. 운전자가 경찰공무원으로부터 음주측정을 요구받고 호흡측정기에 숨을 내쉬는 시늉만 하는 등 형식적으로 음주측정에 응하였을 뿐 경찰공무원의 거듭된 요구에도 불구하고 호흡측정기에 음주 측정수치가 나타날 정도로 숨을 제대로 불어넣지 아니하였다면 이는 **실질적으로 음주측정에 불응한 것과 다를 바 없다**(대판 99도5210).

10. 음주운전과 관련한 도로교통법 위반죄의 범죄수사를 위하여 미성년자인 피의자의 혈액채취가 필요한 경우에도 피의자에게 의사능력이 있다면 피의자 본인만이 혈액채취에 관한 유효한 동의를 할 수 있고, 피의자에게 의사능력이 없는 경우에도 명문의 규정이 없는 이상 법정대리인이 피의자를 **대리하여 동의할 수는 없다**(대판 2013도1228).

11. 특별한 이유 없이 호흡측정기에 의한 측정에 불응하는 운전자에게 경찰공무원이 혈액채취에 의한 측정방법이 있음을 고지하고 그 선택 여부를 물어야 할 **의무가 없다**(대판 2002도4220).

12. 교통사고로 흉골 골절 등으로 상해를 입은 피고인의 골절부위와 정도에 비추어 음주측정 당시 통증으로 인하여 깊은 호흡을 하기 어려웠고 그 결과 음주측정이 제대로 되지 아니하였던 것으로 보이므로 피고인이 **음주측정에 불응한 것이라고 볼 수는 없다**(대판 2005도7125).

13. 운전자가 음주측정을 요구하는 경찰공무원의 1차 측정에만 불응하였을 뿐 곧이어 이어진 2차 측정에는 응한 경우와 같이 측정거부가 일시적인 것에 불과한 경우라면 **음주측정불응죄가 성립한다고 볼 것은 아니다**(대판 2013도8481).

14. 음주운전 시점과 혈중알코올농도의 측정 시점 사이에 시간 간격이 있고 그때가 혈중알코올농도의 상승기로 보이는 경우라 하더라도, 그러한 사정만으로 무조건 실제 운전 시점의 혈중알코올농도가 처벌기준치를 초과한다는 점에 대한 **증명이 불가능하다고 볼 수는 없다**(대판 2014도3360).

15. 경찰공무원이 술에 취한 상태에 있다고 인정할만한 상당한 이유가 있는 운전자에게 음주 여부를 확인하기 위하여 음주측정기에 의한 측정의 사전단계로 음주감지기에 의한 시험을 요구하는 경우, 그 시험 결과에 따라 음주측정기에 의한 측정이 예정되어 있고 운전자가 그러한 사정을 인식하였음에도 음주감지기에 의한 시험에 명시적으로 불응함으로써 음주측정을 거부하겠다는 의사를 표명하였다면, **음주감지기에 의한 시험을 거부한 행위도 음주측정기에 의한 측정에 응할 의사가 없음을 객관적으로 명백하게 나타낸 것으로 볼 수 있다**(대판 2017도12949).

16. 신체 이상 등의 사유로 호흡조사에 의한 음주측정에 응할 수 없는 운전자가 '혈액채취에 의한 측정'을 거부하거나 이를 불가능하게 한 경우, **음주측정에 불응한 것으로 볼 수 없다**(대판 2010도2935).

17. 「도로교통법」에 규정된 음주측정은 성질상 강제될 수 있는 것이 아니며 궁극적으로 당사자의 자발적인 협조가 필수적인 것이므로 이를 두고 법관의 영장을 필요로 하는 강제처분이라 할 수 없다. 따라서 주취운전의 혐의자에게 영장없는 음주측정에 응할 의무를 지우고 이에 불응한 사람을 처벌한다고 하더라도 **영장주의에 위배되지 아니한다**(헌법재판소 96헌가11).

18. 음주감지기 시험에서 음주반응이 나왔다고 할지라도, 그것만으로 바로 운전자가 술에 취한 상태에 있다고 인정할 만한 **상당한 이유가 있다**고 볼 수는 없다(대판 2002도4220).3249

19. 호흡측정기에 의한 음주측정치와 혈액검사에 의한 음주측정치가 불일치할 경우 **혈액검사에 의한 음주측정치가 우선**한다(대판 2003도6905).3250

20. 오토바이를 운전하여 자신의 집에 도착한 상태에서 단속경찰관으로부터 주취운전에 관한 증거 수집을 위한 음주측정을 위하여 인근 파출소까지 동행하여 줄 것을 요구받고 이를 명백하게 거절하였음에도 위법하게 체포·감금된 상태에서 이 사건 음주측정요구를 받게 되었으므로, 그와 같은 음주측정요구에 응하지 않았다고 하여 피고인을 **음주측정거부에 관한 도로교통법 위반죄로 처벌할 수 없다**(대판 2004도8404).3252

21. 「형사소송법」규정에 위반하여 수사기관이 법원으로부터 영장 또는 감정처분허가장을 발부받지 아니한 채 피의자의 동의 없이 피의자의 신체로부터 혈액을 채취하고 더구나 사후적으로도 지체 없이 이에 대한 영장을 발부받지도 아니하고서 그 강제채혈한 피의자의 혈액 중 알코올농도에 관한 감정결과보고서 등은 **피고인이나 변호인의 증거동의가 있다고 하더라도 유죄의 증거로 사용할 수 없다**(대판 2011도15258).3253

22. 운전자가 음주운전으로 교통사고를 야기한 후, 차에서 내려 피해자(진단 3주)에게 '왜 와서 들이받냐'라는 말을 하고, 교통사고 조사를 위해 경찰서에 가자는 경찰관의 지시에 순순히 응하여 순찰차에 스스로 탑승하여 경찰서까지 갔을 뿐 아니라 경찰서에서 조사받으면서 사고 당시 상황에 대한 자신의 주장을 정확하게 진술하였다면, 비록 경찰관이 작성한 주취운전자 정황진술보고서에는 '언행상태'란에 '발음 약간 부정확', '보행상태'란에 '비틀거림이 없음', '운전자 혈색'란에 '안면 홍조 및 눈 충혈'이라고 기재되어 있다고 하더라도 음주로 인한 특정범죄 가중처벌 등에 관한 법률 위반(위험운전치사상)이 아니라 **도로교통법 위반(음주운전)으로 처벌**해야 한다(대판 2017도15519 판결).3254

THEME 09 운전면허_A급

1 운전면허 구분(§80)

운전면허 종별	운전면허 구분		운전할 수 있는 차의 종류

제1종	대형면허		• 승용자동차 • 승합자동차 • 화물자동차3139·3144
			• 건설기계
			  - 덤프트럭, 아스팔트살포기, 노상안정기
			  - 콘크리트믹서트럭, 콘크리트펌프, 천공기(트럭적재식)
			  - 콘크리트믹서트레일러, 아스팔트콘크리트재생기
			  - 도로보수트럭, **3톤 미만의 지게차, 트럭지게차**3133
			• 특수자동차[대형견인차, 소형견인차 및 구난차를 제외한다]3146
			• 원동기장치자전거

	특수면허	대형3144 견인차	• 견인형 특수자동차 • 제2종보통면허로 운전할 수 있는 차량
		소형 견인차	• 총중량 **3.5톤** 이하의 견인형 특수자동차3158 • 제2종보통면허로 운전할 수 있는 차량3138
		구난차	• 구난형 특수자동차 • 제2종보통면허로 운전할 수 있는 차량
	보통면허		• 승용자동차 • 승차정원 **15명** 이하의 **승**합자동차3132·3139·3142 • 적재중량 **12톤** 미만의 **화**물자동차3132·3137·3141·3142 • 건설기계(도로를 운행하는 3톤 미만의 지게차에 한함)3160 • 총중량 **10톤** 미만의 **특**수자동차(구난차등은 제외한다)3134·3145 • 원동기장치자전거
	소형면허		• 3륜화물자동차 • 3륜승용자동차 • 원동기장치자전거3140
제2종	보통면허 3143		• 승용자동차3147 • 승차정원 **10명** 이하의 **승**합자동차3148·3151·3152·3153·3155 • 적재중량 **4톤** 이하의 **화**물자동차3149·3152·3153·3156 • 총중량 **3.5톤** 이하의 **특**수자동차(구난차등은 제외한다) **승화특** 3152 • 원동기장치자전거3150
	소형면허		• 이륜자동차(운반차를 포함) → **배기량 125cc 초과의 이륜자동차**3135·3136 • 원동기장치자전거3154
	원동기장치 자전거면허		• 원동기장치자전거

연습면허	제1종 보통	• 승용자동차 • 승차정원 **15명 이하**의 승합자동차 • 적재중량 **12톤 미만**의 화물자동차
	제2종 보통	• 승용자동차 • 승차정원 10명 이하의 승합자동차 • 적재중량 4톤 이하의 화물자동차

1종보통	구분	2종보통
15명 이하	승합자동차	10명 이하
12톤 미만	화물	4톤 이하
10톤 미만	특수자동차	3.5톤 이하

2 운전면허 결격사유(§82)

1. **18세 미만**인 사람(다만, 원동기장치자전거는 **16세 미만**인 사람)
2. 교통상의 위험과 장해를 일으킬 수 있는 정신질환자 또는 뇌전증 환자로서 대통령령으로 정하는 사람
3. 듣지 못하는 사람(제1종 운전면허 중 **대형면허·특수면허**만 해당), 앞을 보지 못하는 사람(한쪽 눈만 보지 못하는 사람의 경우에는 제1종 운전면허 중 **대형면허·특수면허**만 해당)이나 그 밖에 대통령령으로 정하는 신체장애인
4. 양쪽 팔의 팔꿈치관절 이상을 잃은 사람이나 양쪽 팔을 전혀 쓸 수 없는 사람(다만, 본인의 신체장애 정도에 적합하게 제작된 자동차를 이용하여 정상적인 운전을 할 수 있는 경우는 예외)
5. 교통상의 위험과 장해를 일으킬 수 있는 마약·대마·향정신성의약품 또는 알코올중독자로서 대통령령으로 정하는 사람
6. 제1종 대형면허 또는 제1종 특수면허를 받으려는 경우 **19세 미만**이거나 자동차(이륜자동차 제외)의 운전경험이 1년 미만인 사람
7. 대한민국의 국적을 가지지 아니한 사람 중 외국인등록을 하지 아니한 사람(외국인등록이 면제된 사람은 제외)이나 국내거소신고를 하지 아니한 사람

3 연습운전면허(§81)

구분	내용
내용	• 시·도경찰청장이 발급 • 연습운전면허는 그 면허를 받은 날부터 **1년** 동안 효력을 가짐. 다만, 연습운전면허를 받은 날부터 1년 이전이라도 제1종 보통면허 또는 제2종 보통면허를 받은 경우 연습운전면허는 그 효력을 잃음
준수 사항	• 운전면허를 받은 날부터 **2년**이 경과한 사람(운전면허 정지 기간 중인 사람을 제외한다. 연습하고자 하는 자동차를 운전할 수 있는 운전면허에 한함)과 함께 타서 그의 지도를 받아야 함 • 사업용자동차를 운전하는 등 주행연습 외의 목적으로 운전하여서는 안됨(시행규칙 제55조 제2호) • '주행연습' 표지를 붙여야 함 • 준수사항 중 하나라도 위반하면 해당 연습운전면허는 **취소**됨 (무효 X)
위반시 조치	• 시·도경찰청장은 연습운전면허를 발급받은 사람이 운전 중 고의 또는 과실로 교통사고를 일으키거나 「도로교통법」이나 「도로교통법」에 따른 명령 또는 처분을 위반한 경우에는 연습운전면허를 **취소하여야 한다**(§93). • 연습운전면허를 받은 사람이 i) 도로교통공단의 도로주행시험을 담당하는 사람, 자동차운전학원의 강사, 전문학원의 강사 또는 기능검정원의 지시에 따라 운전하던 중 교통사고를 일으킨 경우, ii) 도로가 아닌 곳에서 교통사고를 일으킨 경우, iii) 교통사고를 일으켰으나 물적 피해만 발생한 경우에는 연습운전면허를 취소하지 않는다(시행령 §59).

4 국제운전면허증(§96~98)

의의		국제운전면허는 모든 국가에서 통용되는 것이 아니라 **「도로교통에 관한 협약」** 등에 가입된 국가에 한하여 통용된다.
국내에서 발급	신청	운전면허를 받은 사람이 국외에서 운전을 하기 위하여 국제운전면허증을 발급받으려면 **시·도경찰청장**에게 신청하여야 한다.
	유효기간	발급받은 날부터 **1년**
	취소 및 정지	• 국제운전면허증을 발급받은 사람의 국내운전면허의 효력이 없어지거나 취소된 때에는 그 효력을 잃는다. • 국제운전면허증을 발급받은 사람의 국내운전면허의 효력이 정지된 때에는 그 정지기간 동안 그 효력이 정지된다.
국외에서 발급	유효기간	국내에 **입국한 날부터 1년**
	특징	• 국제운전면허증을 외국에서 발급받은 사람 또는 상호인정외국면허증으로 운전하는 사람은 「여객자동차 운수사업법」 또는 「화물자동차 운수사업법」에 따른 사업용 자동차를 운전할 수 없다. 다만, **대여사업용 자동차를 임차하여 운전하는 경우**에는 그러하지 아니하다. • 고의·과실로 교통사고를 일으키거나 도로교통법을 위반한 경우 등 주소지를 관할하는 시·도경찰청장은 1년을 넘지 아니하는 범위에서 국제운전면허증에 의한 자동차등의 운전을 **금지**할 수 있다. (취소, 정지 X)

5 임시운전증명서(§91)

발급사유	면허증의 재발급, 적성검사, 갱신, 취소 및 정지처분대상이 된 때
유효기간	• 20일 이내(운전면허 정지·취소처분 시 40일 이내) 경찰서장이 20일의 범위 안에서 연장 가능 3175 • 유효 기간 중 운전면허증과 동일효력이 있음 3176

6 운전면허증의 갱신과 정기적성검사(§87)

갱신 기간 3177	운전면허 시험에 합격한 날부터 10년이 되는 날이 속하는 해의 1월 1일부터 12월 31일까지 갱신 | 65세 미만 | 65세 이상 75세 미만 | 75세 이상 | | 10년 | 5년 | 3년 |
적성 검사 기간	② 다음 각 호의 어느 하나에 해당하는 사람은 제1항에 따른 운전면허증 갱신기간에 대통령령으로 정하는 바에 따라 **한국도로교통공단이 실시하는 정기 적성검사**를 받아야 한다. 1. 제1종 운전면허를 받은 사람 2. 제2종 운전면허를 받은 사람 중 운전면허증 갱신기간에 **70세 이상**인 사람 3178

7 운전면허 관련 판례

1. **제1종 보통면허로 운전할 수 있는 차량을 운전면허 정지기간 중에 운전한 경우**에 이와 관련된 **원동기장치자전거면허까지 취소**할 수 있다(대판 97누2313).
2. 운전면허증 소지자가 운전면허증만 꺼내 보아도 쉽게 알 수 있는 정도의 노력조차 기울이지 않고, 적성검사기간 도래 여부에 관한 확인을 게을리하여 기간이 도래하였음을 알지 못하였더라도 적성검사기간 내에 적성검사를 받지 않는 것에 대한 **미필적 고의는 있다 볼 수 있다**(대판 2012도8374).
3. '운전면허를 받지 아니하고'라는 법률문언의 통상적 의미에 '**운전면허를 받았으나 그 후 운전면허의 효력이 정지된 경우**'가 당연히 포함된다 할 수 없다(대판 2011도7725). 3295

운전면허 행정처분결과에 따른 결격대상자 및 결격기간(§82)

내용	결격기간
① 무면허 운전(정지 기간 중 운전, 운전면허 발급제한 기간 중 국제운전면허증으로 자동차 등 운전), 음주운전, 음주측정 방해행위 및 과로·약물운전, 공동위험행위로 사람을 사상한 후 구호조치 없이 도주한 경우3182 ② 음주운전(음주측정 방행행위 포함)으로 인한 사망사고의 경우	5년
5년의 제한사유 **이외의** 사유로 교통사고로 사람을 사상한 후에 구호조치 없이 도주한 경우	4년
① 음주운전(측정거부, 무면허로 음주운전 포함), 음주측정 방행행위로 **2회** 이상 교통사고 야기한 경우 → 취소된 날부터3181 ② 자동차등을 이용하여 범죄행위를 하거나 다른 사람의 자동차등을 훔치거나 빼앗은 사람이 **무면허 운전**하는 경우 → 위반한 날부터3185	3년
① 무면허운전, 면허정지기간 중 운전 또는 면허발급제한기간 중 국제운전면허증으로 운전금지규정을 **3회** 이상 위반하여 운전 → 위반한 날 또는 취소된 날3179 ② **2회** 이상의 음주운전(측정거부 포함), 음주측정 방해행위(무면허운전 함께 위반한 경우 포함) → 취소된 날부터3184 ③ **2회** 이상의 공동위험행위(무면허운전 함께 위반한 경우 포함) → 취소된 날부터3186 ④ 다른 사람의 자동차를 훔치거나 빼앗은 경우3180 → **훔친 경우** 이를 운전하여 운전면허 취소·정지 처분을 받은 사실이 있는 사람이 다시 자동차 등을 훔치고 이를 운전하여 취소한 경우에만 적용 ⑤ **운전면허시험에 대리응시한 경우**3183 ⑥ 음주운전 또는 음주측정거부, 음주측정 방해행위를 위반하여 운전 중 **교통사고**	2년
① 무면허운전 ((ㄱ) 정지기간 중 운전, (ㄴ) 운전면허 발급제한 기간 중 국제운전면허증으로 자동차 등 운전한 자 포함) → 위반한 날부터 ② 공동위험행위로 운전면허가 취소된 경우 원동기장치자전거면허 취득 결격기간	1년
1년의 운전면허발급제한기간에 해당하는 사유로 면허가 취소된 자가 **원동기장치자전거 면허**를 취득(단, 공동위험행위로 면허 취소된 자는 제외)	6개월
운전면허효력 정지처분을 받고 있는 경우	그 정지기간
국제운전면허증 또는 상호인정외국면허증으로 운전하는 운전자가 운전금지 처분을 받은 경우	그 금지기간
음주운전 방지장치를 부착(조건부 운전면허 제외)3187	그 부착기간

※ 단 벌금 미만의 형 확정, 선고유예판결 확정, 기소유예나 소년법 제32조에 따른 보호처분 결정이 있는 경우 예외3180·3181·3182·3183

※ 결격기간이 끝났다 하여도 운전면허 취소처분 받은 이후 특별교통안전 의무교육을 반드시 이수 후 취득해야 함

THEME 11 운전면허 행정처분 _B급

1 적용범위

① 법규위반 또는 사고야기에 대하여 그 위반의 경중, 피해의 정도 등에 따라 벌점을 부여하고, 부여된 벌점에 따라 운전면허 정지 또는 취소 등의 행정처분을 부과함
② 위반의 정도가 중한 경우 1회의 위반으로도 운전면허를 취소할 수 있음
③ 운전면허증 소지자는 면허증의 반납사유가 발생한 날로부터 **7일 이내 반납**하여야 함 3188
④ **운전면허시험에서 부정행위**를 하여 해당 시험이 무효로 처리된 사람은 그 처분이 있은 날부터 **2년간** 해당 시험에 응시하지 못한다(§84의2). 3189

2 사고에 따른 벌점기준 3191

구 분		벌 점	내 용
인적피해 교통사고	사망 1명마다	90	사고발생 시부터 **72시간** 이내(국내기준)에 사망한 때 (OECD기준 : 30일)
	중상 1명마다	15	**3주 이상**의 치료를 요하는 의사의 진단이 있는 사고
	경상 1명마다	5	**3주 미만 5일 이상**의 치료를 요하는 의사의 진단이 있는 사고
	부상신고 1명마다	2	**5일 미만**의 치료를 요하는 의사의 진단이 있는 사고

TIP 누산점수관리

기간	벌점 또는 누산점수
1년간	121점 이상
2년간	201점 이상
3년간	271점 이상

3 음주운전으로 운전면허 취소처분 또는 정지처분을 받은 경우 감경 등

감경사유	1. 운전이 가족의 생계를 유지할 중요한 수단이 되는 경우 2. 모범운전자로서 처분당시 **3년 이상** 교통봉사활동에 종사하고 있는 경우 3. 교통사고를 일으키고 도주한 운전자를 검거하여 **경찰서장** 이상의 표창을 받은 사람
감경 제외 사유	1. 혈중알코올농도가 0.1퍼센트를 초과하여 운전한 경우 2. **음주**운전 중 **인적피해** 교통사고를 일으킨 경우 3. 경찰관의 음주측정요구에 불응하거나 도주한 때 또는 단속경찰관을 폭행한 경우 4. 과거 **5년 이내에 3회 이상**의 **인적피해**(물적X) 교통사고의 전력이 있는 경우 5. 과거 **5년 이내에 음주운전**의 전력이 있는 경우

4 통고처분

범칙행위	① 「도로교통법」 제156조 및 제157조 각 항목의 죄에 해당하는 위반행위를 의미함 ② 범칙행위란 **20만원 이하의 벌금이나 구류 또는 과료**에 해당하는 위반행위
범칙자 제외사유	1. 범칙행위 당시 운전면허증 등(운전면허증, 국제운전면허증, 건설기계조종사면허증) 또는 이를 갈음하는 증명서를 제시하지 못하거나 운전자 신원 및 운전면허 확인을 위한 질문에 응하지 아니한 운전자 2. 범칙행위로 교통사고를 일으킨 사람
통고처분 제외자	1. 성명이나 주소가 확실하지 아니한 사람 2. 달아날 우려가 있는 사람 3. 범칙금 납부통고서를 받기를 거부한 사람

※ 범칙금 납부 방식은 경범죄 통고처분과 동일

5 통고처분 관련 판례

1. 통고처분을 받게 된 범칙행위와 「교통사고처리 특례법」 제3조 제1항 위반죄는 그 행위의 성격 및 내용이나 죄질, 피해법익 등에 현저한 차이가 있어 동일성이 인정되지 않는 별개의 범죄행위라고 보아야 할 것이므로, **통고처분**을 받아 범칙금을 납부하였다고 하더라도 **업무상과실치상죄로 처벌**하는 것이 **이중처벌에 해당한다고 볼 수 없다**(대판 2006도4322).
2. 한국인이 외교관의 지시에 따라 **외교차량을 공무로 운전**하던 중 교통법규를 위반하였다면 주한공관 차량의 한국인 운전자에 대해서는 **관할권 면제가 인정되지 않는다**.

6 교통안전교육

① 운전면허를 받으려는 사람은 대통령령으로 정하는 바에 따라 시험에 응시하기 전에 다음 각 호의 사항에 관한 **교통안전교육(1시간)을 받아야 한다.** 다만, 특별교통안전 의무교육을 받은 사람 또는 자동차운전 전문학원에서 학과교육을 수료한 사람은 그러하지 아니하다.3201

② 다음 각 호의 어느 하나에 해당하는 사람은 대통령령으로 정하는 바에 따라 **특별교통안전 의무교육을 받아야 한다.**

   1. 운전면허 취소처분을 받은 사람(제93조 제1항 제9호 또는 제20호에 해당하여 운전면허 취소처분을 받은 사람은 제외한다)으로서 운전면허를 다시 받으려는 사람

   2. 운전면허효력 정지처분을 받게 되거나 받은 사람으로서 그 정지기간이 끝나지 아니한 사람

   3. 운전면허 취소처분 또는 운전면허효력 정지처분(운전면허효력 정지처분 대상인 경우로 한정한다)이 면제된 사람으로서 면제된 날부터 1개월이 지나지 아니한 사람

   4. 운전면허효력 정지처분을 받게 되거나 받은 초보운전자로서 그 정지기간이 끝나지 아니한 사람3202

③ 다음 각 호의 어느 하나에 해당하는 사람이 시·도경찰청장에게 신청하는 경우에는 대통령령으로 정하는 바에 따라 **특별교통안전 권장교육을 받을 수 있다.** 이 경우 권장교육을 받기 전 1년 이내에 해당 교육을 받지 아니한 사람에 한정한다.

   1. 교통법규 위반 등 제2항제2호 및 제4호에 따른 사유 외의 사유로 인하여 운전면허효력 정지처분을 받게 되거나 받은 사람

   2. 교통법규 위반 등으로 인하여 운전면허효력 정지처분을 받을 가능성이 있는 사람

   3. 특별교통안전 의무교육을 받은 사람

   4. 운전면허를 받은 사람 중 교육을 받으려는 날에 **65세 이상**인 사람3203

④ **75세 이상**인 사람으로서 운전면허를 받으려는 사람은 시험에 응시하기 전에, 운전면허증 갱신일에 75세 이상인 사람은 운전면허증 갱신기간 이내에 각각 다음 각 호의 사항에 관한 **교통안전교육을 받아야 한다.**3200

   1. 노화와 안전운전에 관한 사항

   2. 약물과 운전에 관한 사항

   3. 기억력과 판단능력 등 인지능력별 대처에 관한 사항

   4. 교통관련 법령 이해에 관한 사항

⑤ 긴급자동차의 운업무에 종사하는 사람은 **정기적으로** 긴급자동차 안전운전 등에 관한 **교육을 받아야 한다.**3204

   1. **신규 교통안전교육** : 긴급자동차를 운전하려는 사람을 대상으로 운전을 하기 전에 실시하는 교육, **3시간 이상**

   2. **정기 교통안전교육** : 긴급자동차를 운전하는 사람을 대상으로 **3년** 마다 정기적으로 실시하는 교육, **2시간 이상**

THEME 12 「교통사고처리 특례법」 제3조 제2항의 처벌특례 12개 항목 _A급

1. **신**호·지시위반 사고₃₂₂₀
2. **중**앙선침범, 고속도로·자동차전용도로에서의 횡단, 유턴 후진 위반₃₂₁₂·₃₂₂₂
3. 과**속**사고(**20km/h 초과**)₃₂₁₁·₃₂₁₈
4. **앞**지르기 방법·금지 시기·장소 위반사고 또는 끼어들기의 금지₃₂₁₉ → 고속도로에서의 앞지르기 방법을 위반하여 운전한 경우₃₂₂₃
5. **철**길건널목 통과방법 위반사고₃₂₁₃·₃₂₁₅
6. **횡**단보도 보행자 보호의무 위반사고₃₂₁₄   *인피사고시 적용
7. **무**면허운전 중 사고
8. **음**주·약물 운전 및 음주측정 거부
9. **보**도침범·보도 횡단방법 위반사고₃₂₂₅
10. **승**객추락방지 의무 위반사고₃₂₁₆
11. **어린이**보호구역 주의의무 위반사고 → 어린이에 대한 사고만 해당
12. **적**재화물추락사고 교통사고 처리 관련 법률₃₂₁₀

무적 어린이 승객 앞 횡단 보도 철길건널목 신중2 음주

1 교통사고 처리시스템

도로교통법	제148조	물피 + 도주 경우 적용
특정범죄가중처벌 등에 관한 법률	제5조의3	인피 + 도주 경우 적용
	제5조의11	음주·약물 + 인피 경우 적용(도주X)
	제5조의 13	자동차 등 + 어린이보호구역 + 13세 미만 + 인피

THEME 13 교통관련 판례_S급

1 운전

1. **내리막길에 주차**되어 있는 자동차의 핸드 브레이크를 풀어 **타력주행**을 하는 행위는 운전에 해당하지 않는다 (대판 98다30834).
2. **화물차를 주차한 상태에서 적재된 상자** 일부가 떨어지면서 지나가던 피해자에게 상해를 입힌 경우, **교통사고로 볼 수 없다**(대판 2009도2390).
3. 약물 등의 영향으로 정상적으로 운전하지 못할 우려가 있는 상태에서 자동차등을 운전하였다고 인정하려면, 약물 등의 영향으로 인하여 '**정상적으로 운전하지 못할 우려가 있는 상태**'에서 운전을 하면 바로 성립하고, 현실적으로 '정상적으로 운전하지 못할 상태'에 이르러야만 하는 것은 아니다(대판 2010도11272).
4. 어떤 사람이 자동차를 움직이게 할 의도 없이 다른 목적을 위하여 자동차의 원동기(모터)의 시동을 걸었는데, 실수로 기어 등 자동차의 발진에 필요한 장치를 건드려 원동기의 추진력에 의하여 자동차가 움직이거나 또는 불안전한 주차상태나 도로여건 등으로 인하여 자동차가 움직이게 된 경우는 **자동차의 운전에 해당하지 아니한다**(대법원 2004. 4.23. 2004도1109).

2 무면허 운전

1. 특정범죄가중처벌등에관한법률위반(도주차량)으로 **운전면허취소처분을 받은 자가 자동차를 운전**하였다고 하더라도 그 후 피의사실에 대하여 **무혐의 처분**을 받고 이를 근거로 행정청이 운전면허 취소처분을 철회하였다면, 위 운전행위는 **무면허운전에 해당하지 않는다**(대판 2007도9220).
2. **연습운전면허**를 받은 사람이 도로에서 주행연습을 함에 있어서 준수사항을 지키지 않았다고 하더라도 준수사항을 지키지 않은 데에 따른 제재를 가할 수 있음은 별론으로 하고 그 운전을 무면허운전이라고 할 수는 없다(대판 2000도5540).
3. 「도로교통법」 및 관련 법령에는 연습운전면허를 발급받은 사람이 본인에게 귀책사유가 없는 경우 등 대통령령으로 정하는 경우를 제외하고, 운전 중 고의 또는 과실로 교통사고를 일으키거나 「도로교통법」이나 동법에 따른 명령 또는 처분을 위반한 경우에 시·도경찰청장은 연습운전면허를 취소하여야 한다고 규정하고 있으므로, **연습운전면허를 받은 사람이 운전을 함에 있어 주행연습 외의 목적으로 운전하여서는 아니된다는 준수사항을 지키지 않았다고 하더라도 무면허운전으로 처벌할 수는 없다**(대판 2013도15031).
4. 법무부장관이 발급한 사증없이 입국심사를 받지 않고 국내에 입국한 후 1년 이내에 자동차를 운전하였고, 운전을 하기전에 외국에서 국제운전면허증(상호인정외국면허증)을 발급받았다 하더라도, 출입국관리법에 따른 정상적인 입국심사절차를 거치지 아니하고 불법으로 입국하였다면 국제운전면허증을 소지하고 있다 하더라도 **도로교통법 위반(무면허운전)에 해당**한다(대판 2017도9230).
5. 음주운전과 달리 **무면허운전**은 '**도로에서 운전**'한 경우에만 적용되므로 아파트 주차장의 경우 이곳이 도로인지 여부는 아파트 주민이나 그와 관련된 용건이 있는 사람만 이용할 수 있는지, 경비원 등이 자체적으로 관리하는 지, 아파트 단지와 주차장의 규모와 형태, 차단 시설이 설치되어 있는지, 아파트 단지 주민이 아닌 외부인이 주차장을 이용할 수 있는지, 아파트 단지와 주차장의 진·출입에 관한 구체적인 관리·이용 상황 등을 근거로 종합적으로 판단하여야 한다(대판 2017도17762).
6. 무면허운전으로 인한 도로교통법위반죄에 있어서는 어느 날에 운전을 시작하여 다음날까지 동일한 기회에 일련의 과정에서 계속 운전을 한 경우 등 특별한 경우를 제외하고는 **사회통념상 운전한 날을 기준으로 운전한 날마다 1개의 운전행위가 있다고 보는 것이 상당하다**(대법원 2002. 7.23. 2001도6281).

3 주의의무

1. 고속도로를 운전하는 자동차 운전자에게 도로상에 장애물이 나타날 것을 예견하여 제한속도 이하로 감속 시행할 **주의의무가 있다고 할 수 없으므로**, 원심이 고속도로상에서 도로를 횡단하는 피해자 A를 피고인이 운전하는 화물자동차로 충격하여 사망케 하였다는 공소사실에 대하여 무죄를 선고한 제1심 판결을 유지한 조치는 정당하다(대법원 1981. 12. 8. 81도1808).3257·3258

2. 특별한 사정이 없는 한 반대차로를 운행하는 차가 갑자기 **중앙선을 넘어올 것까지 예견하여 감속해야 할 주의의무는 없다**(대법원 1985.12.24. 85다카562).3259

3. 횡단보도에서 보행자 신호가 녹색에서 적색신호로 깜박거릴 때 **운전자의 주의의무가 있다**(대법원 1986. 5. 27. 86도549).3260·3261

4. 전날 밤에 주차해 둔 차량을 그 다음날 아침에 출발하기에 앞서 차체 밑에 장애물이 있는지 여부를 확인하여야 할 **주의의무가 있다**(대법원 1988. 9. 27. 88도833).3262

5. **보행자신호가 적색인 경우** 반대차로 상에서 정지하여 있는 차량의 뒤로 보행자가 횡단보도를 건너올 수 있다는 것까지 예상할 **주의의무는 없다**(대법원 1993. 2. 23. 92도2077).3263

6. 주취운전자에 대한 경찰관의 권한 행사가 법률상 경찰관의 재량에 맡겨져 있다고 하더라도, 그러한 권한을 행사하지 아니한 것이 구체적인 상황 하에서 현저하게 합리성을 잃은 경우에는 경찰관의 직무상 의무를 위배한 것으로서 위법하다. 음주운전으로 적발된 주취운전자가 도로 밖으로 차량을 이동하겠다며 단속경찰관으로부터 보관 중이던 차량열쇠를 반환 받아 몰래 차량을 운전하여 가던 중 사고를 일으켰다면, 주의의무를 게을리한 경찰관의 직무상 의무위반에 의한 **국가배상 책임이 인정된다**(대법원 1998. 5. 8. 97다54482).3264

7. 고속도로를 운행하는 자동차의 운전자로서는 일반적인 경우에 고속도로를 횡단하는 보행자가 있을 것까지 예견하여 보행자와의 충돌사고를 예방하기 위하여 급정차 등의 조치를 취할 수 있도록 대비하면서 **운전할 주의의무가 없고**, 다만 고속도로를 무단횡단하는 보행자를 충격하여 사고를 발생시킨 경우라도 운전자가 상당한 거리에서 보행자의 무단횡단을 미리 예상할 수 있는 사정이 있었고, 그에 따라 즉시 감속하거나 급제동하는 등의 조치를 취하였다면 보행자와의 충돌을 피할 수 있었다는 등의 특별한 사정이 인정되는 경우에만 **자동차 운전자의 과실이 인정될 수 있다**(대판 2000도2671).3265·3266

8. 편도 5차선 도로의 1차로를 신호에 따라 진행하던 자동차 운전자에게 도로의 오른쪽에 연결된 소방도로에서 오토바이가 나와 맞은편 쪽으로 가기 위해 편도 5차선 도로를 대각선 방향으로 가로 질러 진행하는 경우까지 예상하여 진행할 **주의의무는 없다**(대법원 2007. 4. 26. 2006도9216).3267

9. 앞차가 빗길에 미끄러져 비정상적으로 움직일 때는 진로를 예상할 수 없으므로 뒤따라가는 차량의 운전자는 이러한 사태에 대비하여 **속도를 줄이고 안전거리를 확보해야 할 주의의무가 있다**(대법원 2007. 10. 26. 2005도8822).3269

4 「교통사고처리 특례법」 관련

1. 화물차 적재함에서 작업하던 피해자가 차에서 내린 것을 확인하지 않은 채 출발함으로써 피해자가 추락하여 상해를 입게 된 경우, 교통사고처리특례법 제3조 제2항 단서 제10호 소정의 의무를 위반하여 운전한 경우에 **해당하지 않는다**(대법원 2000. 2. 22. 99도3716).3270
2. 교차로의 차량신호등이 적색이고 교차로에 연접한 횡단보도 보행등이 녹색인 경우에 차량 운전자가 위 횡단보도 앞에서 정지하지 아니하고 횡단보도를 지나 우회전하던 중 업무상과실치상의 결과가 발생하면 교통사고처리 특례법 제3조 제1항, 제2항 단서 제1호의 **'신호위반'에 해당**하고, 이때 위 신호위반 행위가 교통사고 발생의 직접적인 원인이 된 이상 사고장소가 횡단보도를 벗어난 곳이라 하여도 위 신호위반으로 인한 업무상과실치상죄가 성립함에는 지장이 없다(대법원 2011. 7. 28. 2009도8222).3271
3. (1) 적색등화에 신호에 따라 진행하는 다른 차마의 교통을 방해하지 아니하고 우회전할 수 있다는 구 도로교통법 시행규칙 [별표 2]의 취지는 차마는 적색등화에도 원활한 교통소통을 위하여 우회전을 할 수 있되, 신호에 따라 진행하는 다른 차마의 신뢰 및 안전을 보호하기 위하여 다른 차마의 교통을 잘 살펴 방해하지 아니하여야 할 안전운전의무를 부과한 것이고, 다른 차마의 교통을 방해하게 된 경우에 신호위반의 책임까지 지우려는 것은 아니다. (2) 택시 운전자인 피고인이 교차로에서 적색등화에 우회전하다가 신호에 따라 진행하던 피해자 운전의 승용차를 충격하여 그에게 상해를 입힌 경우, 이는 교통사고처리 특례법 제3조 제2항 단서 제1호에서 정한 **'신호위반'으로 인한 사고에 해당하지 아니한다**(대법원 2011. 7. 28. 2011도3970).3272

5 보행자 보호

1. **모든 차의 운전자는** 보행자보다 먼저 횡단보행자용 신호기가 설치되지 않은 횡단보도에 진입한 경우에도, 보행자의 횡단을 방해하지 않거나 통행에 위험을 초래하지 않을 상황이 아니고서는, 차를 일시정지하는 등으로 **보행자의 통행이 방해되지 않도록 할 의무가 있다**(대판 2020도8675).3281
2. 모든 차의 운전자는 신호기의 지시에 따라 횡단보도를 횡단하는 보행자가 있을 때에는 횡단보도 진입 선후를 불문하고 일시정지하는 등의 조치를 취함으로써 보행자의 통행이 방해되지 아니하도록 하여야 한다. 다만 자동차가 횡단보도에 먼저 진입한 경우로서 그대로 진행하더라도 **보행자의 횡단을 방해하거나 통행에 아무런 위험을 초래하지 아니할 상황이라면 그대로 진행할 수 있다**(대판 2016도17442).
3. 피고인이 횡단보도를 걷던 보행자 A를 들이받아 그 충격으로 횡단보도 밖에서 A와 동행하던 B를 밀려 넘어져 상해를 입은 경우, 위 사고는 피고인이 횡단보도 보행자 A에 대하여 도로교통법 제27조 제1항에 따른 주의의무를 위반하여 운전한 업무상 과실로 야기되었고, B의 상해는 이를 직접적인 원인으로 하여 발생하였으므로 피고인의 행위는 교통사고처리 특례법 제3조 제2항 단서 제6호에서 정한 횡단보도 **보행자 보호의무의 위반행위**에 해당한다(대판 2009도12671).
4. 운전자 乙이 보행신호등의 **녹색등화 점멸신호 중**에 횡단보도를 통행하던 C를 운전차량으로 충격하여 상해를 입게 한 경우(**충격 당시 여전히 녹색등화 점멸신호 중이었음**) 횡단보도 **보행자 보호의무 위반**에 해당한다(대판 2009. 5. 14. 2007도9598).3282
5. 피해자가 보행신호등의 **녹색등화가 점멸**되고 있는 상태에서 횡단보도를 횡단하기 시작하여 횡단을 완료하기 전에 **보행신호등이 적색등화로 변경된 후 차량신호등의 녹색등화에 따라서 직진하던 피고인 운전차량에 충격**된 경우에, 피해자는 신호기가 설치된 횡단보도에서 녹색등화의 점멸신호에 위반하여 횡단보도를 통행하고 있었던 것이어서 횡단보도를 통행중인 보행자라고 보기는 어렵다고 할 것이므로, 피고인에게 운전자로서 사고발생방지에 관한 업무상 주의의무위반의 과실이 있음은 별론으로 하고 도로교통법 제24조 제1항[개정법 제27조 제1항] 소정의 **보행자보호 의무를 위반한 잘못이 있다고는 할 수 없다**(대판 2001도2939).
6. 보행신호등의 **녹색등화의 점멸신호 전에 횡단을 시작하였는지 여부를 가리지 아니하고** 보행신호등의 녹색등화가 점멸하고 있는 동안에 횡단보도를 통행하는 모든 보행자는 횡단보도에서의 **보행자 보호의무의 대상이** 된다(대판 2007도9598).

6 도주

1. 사고 운전자가 교통사고 현장에서 **동승자로 하여금 운전자라고 허위신고**하도록 하였다면 이후 사고장소를 이탈하지 아니한 채 보험회사에 사고접수를 하고 경찰조사 이후 자수한 경우라도 「특정범죄 가중처벌 등에 관한 법률」상 **도주한 때로 볼 수 없다**(대판 2008도8627).
2. 교통사고 야기자가 피해자를 병원에 후송하기는 하였으나 조사 경찰관에게 사고사실을 부인하고 **자신을 목격자**라고 하면서 참고인 조사를 받고 귀가한 경우, 「특정범죄 가중처벌 등에 관한 법률」 제5조의3 제1항 소정의 '**도주**'에 **해당**한다(대판 2002도5748).3289
3. 교회 주차장에서 교통사고를 야기하여 사람을 다치게 하고도 구호조치 없이 **도주한 경우 도주차량에 해당**된다(대판 2004도3600).3292
4. 사고 후 **자신의 명함을 주고 택시에게 피해자 이송의뢰**를 하였으나 경찰이 도착하기 전에는 병원에 가지 않겠다고 하여 이송을 못하고 있는 사이 현장을 이탈할 경우 **도주차량에 해당**된다(대판 2004도250).3291
5. 교통사고를 야기한 운전자가 피해자를 **병원에 후송한 후 신원을 밝히지 아니한 채 도주한 경우 도주차량에 해당**된다(대판 97도2475).3293
6. 사고를 야기한 후 자신의 범행을 은폐하기 위해 목격자라고 경찰에 **허위신고한 경우 도주차량에 해당**된다(대판 96도1997).
7. 교통사고로 인한 **물적 피해가 경미**하고, 파편이 도로상에 비산되지도 않았다고 하더라도, 가해차량이 즉시 **정차하는 등 필요한 조치를 취하지 아니한 채 그대로 도주한 경우**에는 「도로교통법」 제54조 제1항 **위반죄가 성립**한다(대판 2009도787).3280
8. 만취 운전자가 교통사고 직후 **취중상태에서 사고현장으로 부터 수십 m까지 혼자 걸어가**다 수색자에 의해 현장으로 붙잡힌 경우 **도주의사가 있다고 인정**된다(대판 2005도4459).

7 신고 · 조치의무

1. 「도로교통법」 제54조 제2항에서 규정한 '신고의무'는 교통사고가 발생한 때에 이를 지체없이 경찰공무원 또는 경찰관서에 알려서 피해자의 구호, 교통질서의 회복 등에 관한 적절한 조치를 취하게 함으로써 도로상의 소통장해를 제거하고 피해의 확대를 방지하여 교통질서의 유지 및 안전을 도모하는데 그 입법취지가 있으므로 「도로교통법」 제54조 제2항 단서에서 '운행 중인 차만 손괴된 것이 분명하고 도로에서의 위험방지와 원활한 소통을 위하여 필요한 조치를 한 경우에는 그러하지 아니하다'는 규정에 해당되는 "단순물피교통사고"는 '신고의무'가 없다(대판 2013도15500).
2. 「도로교통법」 제54조 제2항(교통사고 신고의무)은 교통상황에 비추어 교통질서의 혼란과 마비를 사전에 방지하기 위하여 **피해자의 구호 및 교통질서의 회복을 위한 조치가 필요한 상황에서만 적용**되고 형사책임과 관련되는 사항의 신고에는 적용되지 않는 것으로 해석하는 한 「헌법」에 위반되지 않는다.
3. 교통사고 피해자가 2주간의 치료를 요하는 경미한 상해를 입었다는 사정만으로 사고 당시 **피해자를 구호할 필요가 없었다고 단정 지을 수 없다**(대판 2008도1339).3276
4. 도로교통법 제54조 제1항, 제2항이 규정한 교통사고 발생시의 구호조치의무 및 신고의무는 교통 사고의 결과가 피해자의 구호 및 교통질서의 회복을 위한 조치가 필요한 상황인 이상 그 의무는 교통사고를 발생시킨 당해 차량의 운전자에게 그 사고발생에 있어서 **고의 · 과실 혹은 유책 · 위법의 유무에 관계없이 부과된 의무라고 해석함이 타당**하고, 당해 사고의 발생에 귀책사유가 없는 경우에도 위 의무가 없다 할 수 없다(대판 2015도12451).3286

8 인과관계

1. 앞차를 뒤따라 진행하는 차량의 운전자는 앞차에 의하여 전방의 시야가 가리는 관계상 앞차의 어떠한 돌발적인 운전 또는 사고에 의해 자기 차량에 연쇄적인 사고가 일어나지 않도록 앞차와 충분한 **안전거리를 유지하는 등 주의의무**가 있으므로, 선행 차량에 이어 후행 피고인 운전차량이 피해자를 연속하여 역과하는 과정에서 **피해자가 사망한 경우 피고인 운전 차량의 역과와 피해자의 사망 사이에는 인과관계**가 있다(대판 2001도5005).
2. **피고인이 운행하던 오토바이**로 도로를 횡단하던 **피해자를 충격**하여 피해자로 하여금 반대차선의 1차 선상에 넘어지게 하여, 피해자가 **반대 차선**을 운행하던 **자동차에 역과되어 사망**한 경우 **인과관계**가 있다(대판 90도580).
3. 선행 교통사고와 후행 교통사고 중 어느 쪽이 원인이 되어 피해자가 사망에 이르게 되었는지 밝혀지지 않는 경우 후행 교통사고를 일으킨 사람의 과실과 피해자의 사망 사이에 인과관계가 인정되기 위해서는 **후행 교통사고를 일으킨 사람이 주의의무를 게을리하지 않았다면 피해자가 사망에 이르지 않았을 것이라는 사실이 증명**되어야 하고, 그 **증명책임**은 **검사에게** 있다(대판 2005도8822).3268
4. 차량 운행 도중 브레이크 고장시에 사이드브레이크를 조작하지 않거나, 제한속도를 넘어서 운전하였다는 것이 사고의 직접 원인이 되지 아니한 때에는 사고에 대한 책임이 없다(대판 89도1174).
5. 주차금지된 장소가 아닌 곳에서 주차한 화물차를 충격하여 오토바이 운전자가 사망한 사안에 대하여 주차행위와 사고발생과의 인과관계가 없다고 보아 **교통사고처리특례법위반혐의에 대하여 무죄라고 할 수 없다**(대판 96도2030). → 인과관계가 없다고 보아 무죄를 선고한 원심판결을 심리미진 등을 이유로 파기한 사례

9 교통사고 판례

1. 교차로 직전의 횡단보도에 따로 **차량보조등이 설치되어 있지 아니한 경우**, 교차로 차량신호등이 적색이고 횡단보도 보행등이 녹색인 상태에서 횡단보도를 지나 우회전하다가 사람을 다치게 한 경우 「교통사고처리 특례법」상 특례조항인 **신호위반에 해당**한다(대판 2009도8222).
2. 자동차 운전자가 고속도로 또는 자동차전용도로가 아닌 **일반도로의 중앙선 우측 차로 내에서 후진**하는 행위는 「교통사고처리 특례법」 제3조 제2항 단서 제2호의 **규정을 위반한 것으로 볼 수 없다**(대판 2010도3436).
3. 자전거를 운전하던 중 전방주시를 게을리한 과실로 보행자를 충격하여 상해를 발생시킨 교통사고에서 자전거는 '일상생활 중 우연한 사고로 타인의 신체장애 및 재물 손해에 대해 부담하는 **법률상 배상책임액을 1억원 한도 내에서 전액배상**'하는 보험에 가입한 경우 「교통사고처리특례법」 제4조 제1항, 제2항의 '보험'에 해당하지 않는다. 이 '보험'은 피해자의 교통사고 손해배상금 전액에 대한 권리를 가리키는 것으로 1억원이 초과하는 손해에 대하여 보상받을 수 없으므로 해당하지 않는다(대판 2011도6273).
4. 교통사고처리특례법 제4조 제1항 본문은 차의 운전자에 대한 공소제기 조건을 정한 것이고, 교통사고처리특례법 제2조 제2호는 '교통사고'란 차의 교통으로 인하여 사람을 사상하거나 물건을 손괴하는 것을 말한다 규정하고 있는데, 여기서 '**차의 교통**'은 차량을 운전하는 행위 및 그와 동일하게 평가할 수 있을 정도로 밀접하게 관련된 행위를 모두 포함하고 있다(대판 2016도21034).[3297]
5. 동승자가 교통사고 후 운전자와 공모하여 **도주행위에 단순하게 가담하였다는 이유만으로는**, 특정범죄가중처벌등에관한법률위반(도주차량)죄의 **공동정범으로 처벌할 수 없다**(대판 2007도2919).
6. 「특정범죄 가중처벌 등에 관한 법률」 제5조의3 **도주차량죄의 교통사고**는 「도로교통법」이 정하는 **도로에서의 교통사고로 제한되지 않는다**(대판 2004도3600).[3277]
7. 횡단보도 보행자에 대한 운전자의 업무상 주의의무 위반행위와 상해의 결과 사이에 직접적인 원인관계가 존재하는 한 횡단보도 **보행자가 아닌 제3자에게 상해가 발생한 경우라도** 「교통사고처리 특례법」상 특례조항에 **해당**한다(대판 2009도12671).
8. 고속도로 2차로를 따라 자동차를 운전하다가 1차로를 진행하던 A의 차량 앞에 급하게 끼어든 후 곧바로 정차하여, A의 차량 및 이를 뒤따르던 차량 두 대는 급정차하였으나, 그 뒤를 따라오던 B의 차량이 앞의 차량들을 연쇄적으로 추돌케 하여 B를 사망에 이르게 하고 나머지 차량 운전자 등 피해자들에게 상해를 입혔다면 **일반교통방해치사상죄로 처벌**된다(대판 2014도6206).
9. 사고를 야기한 후 자신의 범행을 은폐하기 위해 **목격자라고 경찰에 허위신고**한 경우 특정범죄 가중처벌 등에 관한 법률위반(**도주차량**)에 해당한다(대법원 2003. 3.25. 2002도5748).[3289]
10. 제1종보통 운전면허와 제1종대형 운전면허를 취득한 자가 대형화물자동차를 운전하다가 교통사고를 낸 것과 관련하여 행정청이 운전면허정지처분을 하면서 면허의 종별을 기재하지 않고 면허번호만을 특정한 경우, 위 각 운전면허가 1개의 면허번호에 의하여 통합관리되고 있다고 하더라도 운전면허정지처분의 대상은 **제1종 대형 운전면허에 국한되므로 제1종보통 운전면허는 정지되지 않는다**(대판 2000두5425).[3290]

CHAPTER **05**

정보경찰

01 정보의 특징

02 정보의 분류

03 정보의 순환

04 정보경찰의 업무(활동)

05 집회 및 시위에 관한 법률

THEME 01 정보의 특징 _B급

1 첩보와 정보의 차이

구분	첩보(Information)	정보(Intelligence)
정확성	**부정확**한 견문지식을 포함3299	객관적으로 평가된 **정확**한 지식
완전성	기초적·단편적·불규칙적·미확인 상태의 지식	특정한 사용목적에 맞도록 평가·분석·종합·해석하여 만든 완전한 지식
적시성	시간에 구애받지 않고 **과거와 현재의 것을 불문**	정보사용자가 필요로 하는 적시에 제공되어야 하는 적시성이 특히 요구
생산과정의 특수성	협동작업이 아닌 단편적이고 개인의 식견에 의한 지식	정보의 요구·첩보수집 및 정보의 생산·배포 등의 과정을 거치면서 여러 사람의 협동작업을 통하여 생산
목적성	사용자의 목적에 맞지 않음	사용자의 목적에 맞도록 작성된 지식
기술과 절차	처리절차 불문	처리절차 강조

※ 수집된 첩보는 **평가 → 분석 → 종합 → 해석** 과정을 통해 정보로 전환한다.

2 정보가치에 대한 평가요소(정보의 질적 요건)3305

적실성	정보가 **당면한 현안 문제와 얼마나 관련되는가**의 문제(적합성 또는 관련성)3304
정확성	① 정보가 **사실(fact)과 얼마나 일치되는가**의 문제3301 ② 정확한 정보 = 철저한 사전준비 + 정보의 객관성에 대한 평가(수집경로의 다양화 통한 정확성 확보) 예 징기스칸이 전쟁 전 첩보수집을 한 후 여러 경로로 확인
적시성	① 정보는 **사용자**가 필요한 **시기에 제공될 때** 그 가치가 높아짐3302 (생산자 X) ② 좋은 정보의 제1조건
완전성	① 주제와 관련하여 **모든 사항이 망라(포함)** 되어 추가정보가 필요로 하지 않은 상태 ② 최대한 완전한 지식이어야 하나, 절대적 완전성을 뜻하는 것이 아님 ※ 정보의 완전성을 지나치게 추구하다 보면 정보를 필요로 하는 시기, 즉 적시성을 놓칠 수 있는데, 이것이 정보의 완전성과 적시성과의 딜레마이다.
객관성	① 정보는 국익증대와 안보추구라는 차원에서 완전한 객관적 입장을 유지해야 함3303 ② 생산자나 사용자의 의도에 따라 정보가 **주관적으로 왜곡**되면 선호정책의 합리화 도구로 전락될 수 있음

THEME 02 정보의 분류 _B급

1 정보분류의 기준

분류	종류 및 내용
성질(사용수준)	전략정보(국가정보), 전술정보(부문정보)3307
사용목적	적극정보(정책정보), 소극정보(보안정보)3306
수집활동 3309	**인간정보(HUMINT)**: • HUMINT는 대인접촉을 수단으로 하는 정보수집기법 또는 수집된 정보 그 자체를 말함 • 장점 : 역공작은 휴민트만 가능, 첩보의 기본(인간이 아니면 수집불가 정보 있음) • 단점 : 배신, 이중스파이 등 **기술정보**: • 원칙적 법원의 통제받는 정보 • 종류 — 영상정보 – 인공위성으로 수집한 정보, 레이더로 수집한 정보 / 신호정보 – 인간의 음성, 모스부호, 전화통신
분석형태(기능)	기본정보(과거), 현용정보(현재), 판단정보(미래)
정보출처	근본·부차적 출처, 정기·우연출처, 비밀·공개출처
정보요소	정치·경제·사회·군사·과학·산업정보3308

2 분석형태에 따른 분류(켄트)3311

기본정보(과거)	현용정보(현재)	판단정보(미래)3312
• 과거의 사실이나 사건들에 대한 **정적인 상태**를 기술하여 놓은 정보 • 국가안보와 정책결정에 필요한 모든 정보를 망라하여 놓음으로써 정보사용자가 이를 참고하거나 정보생산자가 정보의 평가나 분석을 위해 활용	• 모든 사물이나 상태의 **동적인 상태**를 현재의 시점에서 기술한 정보 • 대부분의 국가정보기관은 현용정보를 생산하는데 역점을 둠 • 경찰의 정보상황보고(속보)	• 과거와 현재를 바탕으로 하여 미래의 가능성을 예측한 평가 정보 → **정보생산자의 능력과 재능을 가장 많이 필요로 함** • 정책결정자에게 정책의 결정에 필요한 분석 자료를 제공 • 종합적 분석과 과학적 추론을 필요로 하는 가장 정선된 형태의 정보

3 출처에 따른 분류

구 분	내 용
근본 출처정보 (직접정보)	정보를 수집에 있어서 중간매체가 개입되지 않는 경우의 정보(정보관 직접 체험 정보) → 신빙성과 내용의 신뢰성 면에서 부차적 정보보다 우위
부차적 출처정보 (간접정보)	중간매체가 있는 경우의 정보(TV, 라디오, 신문 등) → 해당 매체의 **주관이나 편견이 개입**될 소지가 있다는 면에서 근본출처정보에 비해 출처의 신빙성과 내용의 신뢰성이 낮게 평가될 여지가 있음3313
정기출처정보	① 정기적으로 정보를 획득할 수 있는 출처로부터 얻은 정보 ② 공개출처정보 - 정기간행물, 일간신문, 정시뉴스 　비밀출처정보 - 정기적으로 정보를 제공하는 공작원(agent) 또는 협조자 ③ **우연정보에 비해 출처의 신빙성·내용의 신뢰성 우위**3314
우연출처정보	정보관이 의도한 정보입수의 시점과는 무관하게 **부정기적**으로 얻어지는 정보3316
비밀출처정보	① 외부로부터 강력히 보호를 받아야 하는 출처의 정보 ② 국가정보기관과 부문정보기관에서 정보의 수집과 생산 등에 종사하는 정보관이 대표적 예 정보관이 비밀리에 관리하는 공작원, 협조자, 귀순자, 외교관, 주재관 등
공개출처정보	① 정보출처에 대한 별도의 조치없이 **상시적으로 정보를 획득할 것이 기대되는 정보**3315 ② 전체 생산 국가정보의 약 75%에서 많게는 90%가 공개출처정보 ③ 미디어(신문, 잡지, TV, 인터넷 정보 등), 공공자료(정부 보고서, 청문회 자료, 국회 회의록 등), 논문과 학술회의 자료 등 다양한 종류와 출처가 있음

4 사용목적(대상)에 따른 분류

구 분	내 용
적극정보	① 국가이익의 증대를 위한 정책의 입안과 계획 수립 및 정책계획의 수행에 있어서 필요한 정보 ② 정치, 경제, 군사, 과학, 기타 각 분야의 국가정책들이 적극정보가 추구하는 정보요소들이며 그 정책과의 연관성을 강조하여 **정책정보**라고 부르기도 함 ③ 주요정책 수행상의 문제점, 정책과 관련된 민심의 동향이나 여론 등
소극정보 (보안정보)	① 국가의 안전을 유지하는 **국가경찰기능의 기초**가 되는 정보 ② 적극정보와 대비되는 개념으로서 소극정보, 방첩정보 또는 대(對)정 등의 용어들과 호환가능 ③ 보안정보의 목적은 **국가의 안전보장에 위해가 되는 모든 대내외 세력에 대한 정보활동**과 국가의 보안적 취약성에 대한 분석과 판단에 있음3310 예 ㉠ 자국민 또는 자국 내 거주하는 외국인의 테러 정보 　㉡ 외국에서 침투하는 간첩, 기타 비밀활동자의 색출을 위한 정보 　㉢ 밀입국자, 밀수업자, 마약거래자의 예방과 적발을 위한 정보

THEME 03 정보의 순환 _A급

1 정보의 순환과정 개관 3317

정보요구 단 계	① **정보의 사용자가** 필요성의 결정에 따라 첩보의 수집활동을 집중 **지시하는 단계** (정보순환과정 중 최초의 단계, 정보활동의 기초단계) ② 소순환과정 : 첩보 기본요소 결정 → 첩보 수집계획서 작성 → 명령·하달 → 수집활동에 대한 조정·감독 3319
↓	
첩보수집 단 계	① 수집기관이 수집지시 및 수집요구에 의해 첩보를 수집하고 이를 지시 또는 요구한 사용자에게 제공하는 단계(정보순환과정 중 **가장 중요하고 어려운 단계**) 3320 ② 소순환과정 : 출처의 개척 → 첩보의 수집 → 첩보의 전달 또는 첩보의 수집계획 → 출처개척 → 획득 → 전달
↓	
정보생산 단 계	① 수집된 첩보를 기록·평가·조사·분석·결론 도출 과정을 통해 정보로 전환하여 처리하는 단계 ② 소순환과정 : 선택 → 기록 → 평가 → 분석 → 종합 → 해석
↓	
정보배포 단 계	생산된 정보가 정보를 필요로 하는 정보의 사용권자에게 배포되는 단계

> **TIP** 정보순환과정의 특징
>
> ① 정보의 순환과정은 요구, 수집, 생산, 배포의 4단계를 거침
> ② 각 단계는 각각 소순환과정을 거치며 전체 순환과정에 연결됨
> ③ 정보의 순환은 연속적 또는 동시에 이루어질 수도 있음 3318
> ④ 첩보가 정보화되려면 정보의 순환과정을 거쳐야 함

2 정보의 요구

(1) 정보요구 방법(수단)

구 분	내 용
국가정보목표 우선순위 (PNIO)	① 국가안전보장이나 정책에 관련되는 '**국가정보목표의 우선순위**'3321·3323 ② 정부에서 기획된 연간 기본정책을 수행함에 있어 필요로 하는 자료를 목표로 하여 선정
첩보기본요소 (EEI)	① '**각 정보기관별 정보활동을 위한 일반 지침**'(우선적으로 수집하여야 할 주요 첩보요소)·계속적·반복적으로 수집되어야 할 사항들을 요구하는 방법 ② 정보관들은 EEI에 따라 일상적으로 정보활동을 수행 [주의] 정보기관의 활동은 주로 SRI에 의함3327·3331
특별첩보요구 (SRI)	정보사용자가 필요 시 '특정 사안에 대해 단기적 필요에 따라 특별히 요구하는 구체적이고 단발적인 첩보 요구'3324
기타정보요구 (OIR) 3322	① PNIO에 누락된 주요 정보 목표로서 **정보상황의 변화에 따라 불가피하게 수정이 필요하거나 이를 위한 정보가 절실히 요구될 때** PNIO에 우선하여 이를 충족시키기 위한 정보요구 ② 일시적이라는 특징은 SRI와 비슷하지만 SRI에 비해서는 광범위하고 장기적인 정보요구

(2) EEI와 SRI의 비교

EEI(첩보기본요소)	SRI(특별첩보요구)
① 첩보기본요소의 약어 ② 우선적으로 필요로 하는 가장 기본적인 사항으로 **첩보수집계획서의 핵심**3326 ③ 일반적인 내용으로 **계속적·반복적**으로 수집할 사항3333 ④ 사전에 첩보수집계획서 작성3330·3332 ⑤ 광범위한 지역에 걸쳐 수집되어야 할 항시적 요구 사항3335	① 특별첩보요구의 약어 ② **임시적, 돌발적이며 단기적 문제해결**을 위한 첩보요구3329 ③ 수시로 단편적 사항에 대하여 요구되는 것이 원칙 - 정보사용자들은 필요 시 **수시로 SRI를 활용하여 정보를 요구** ④ 비교적 구체성·전문성이 요구3328 ⑤ 사전 수집계획서는 **불요**3325

3 정보의 생산

(1) 의의

① 정보생산 = **정보작성**
② 정보순환과정에서 **가장 중심이 되며, 학문적 성격이 가장 많이 요구되는 단계임**
③ 정보의 생산단계에서 **선택 → 기록 → 평가 → 분석 → 종합 → 해석**의 소순환과정을 통해 생산됨[3337]
④ 정보생산의 소순환과정은 항상 순차적으로 이루어지는 것이 아니라 **거의 동시작용으로 이루어 짐**

(2) 정보의 생산단계[3336]

선택	입수된 각종의 첩보 중에서 긴급성·유용성·신뢰성·적합성 등을 제1차적으로 평가하여 필요한 자료를 **가려내는 과정**
기록	당장 사용할 필요가 없는 첩보이거나 이미 사용된 첩보는 **기록**하여 관리
평가	첩보의 출처에 대한 신뢰성 및 내용에 대한 사실적 **타당성을 판정**하는 생산과정
분석	평가단계에서 정선된 첩보를 가지고 정보요구를 해결하기 위한 가설들을 **논리적으로 검증**하는 일련의 과정
종합	평가와 분석을 통하여 증명된 사실을 근거로 정보를 생산하기 위하여 **결집시키는 과정**
해석	분석·종합된 모든 살아있는 정보내용을 상황과 배경지식에 결합시켜 그 의의와 중요성을 결정하고 건전한 **결론을 도출**

4 정보의 배포

(1) 정보배포의 원칙3342

필요성	정보는 반드시 알아야 할 필요가 있는 대상에게만 알려야 한다는 원칙3346
적시성	정보는 정책결정과정에서 정보사용자가 **사용하고자 하는 시간에 맞추어 배포**되어야 함3345
보안성	정보의 누설로 인하여 가치 상실 등의 결과를 예방하기 위해 **보안대책을 강구**하여야 함3344
계속성	특정 정보가 필요한 정보사용자에게 배포되었다면, 그 정보의 내용이 변화되었거나 관련 내용이 추가적으로 입수되었거나 할 경우 정보는 **계속적으로 사용자에게 배포**되어야 함3343
적당성	정보는 사용자의 능력과 상황에 맞추어서 적당한 양을 조절하여 필요한 만큼만 배포하여야 함

(2) 정보의 배포수단

브리핑	① 정보사용자 또는 다수 인원에 대하여 개인의 정보내용을 요약하여 구두로 설명하는 것 ② 통상 **강연식**이거나 **문답식**으로 진행되며 시간을 절감하는데 이점이 있고 특히 현용정보의 배포수단으로써 많이 이용된다.3348
메모	① **정보분석관이 가장 많이 활용하는 방법**으로 정보사용자 또는 관계기관에 대하여 메모의 형식으로 정보를 배포하는데, 신속성이 생명이다.3349 ② 정기간행물에 적절히 포함시킬 수 없는 긴급한 정보, 즉 현용정보를 전달하는데 주로 사용한다.
일일 정보보고서	① **매일 24시간**에 걸친 정치, 경제, 사회, 문화 등 제반 정세의 변화를 중점적으로 망라한 보고서 ② 사전에 고안된 양식에 의해 매일 작성되어 제한된 대상에게 배포되며 대부분 현용정보이므로 신속한 전달이 중요시됨3350
특별 보고서	축적된 정보가 다수의 사람이나 기관에게 **이해관계**가 있거나 가치가 있을 때에 사용하는 정보의 배포수단이다.3351

> **TIP** 정보생산자와 정보사용자3352

정보사용자로부터의 장애요인	정보생산자로부터의 장애요인
① 정책결정자의 시간적 제약성 ② 정책결정자의 선호정보 ③ 정책결정자의 자존심 ④ 정보에 대한 과도한 기대 ⑤ 판단정보의 소외	① 다른 정보와의 경쟁 ② 편향적 분석의 문제 ③ 적시성의 문제 ④ 적합성의 문제 ⑤ 판단의 불명확성

THEME 04 정보경찰의 업무(활동) _A급

1 정보보고서의 종류

견문수집보고 (견문수집보고서)	경찰관이 견문을 통해 수집한 자료를 정리 기술한 보고서 3356
정보 상황보고(서)	① 현용정보의 일종으로 '상황속보' 또는 '속보'(제1보, 제2보의 형식) ② 신속성이기 때문에 보고 형식을 가리지 않지만, 6하원칙에 맞춰 보고하는 것이 원칙
정보 판단(대책)서	타 견문과 자료 종합·분석하여 작성한 보고서로 지휘관으로 하여금 경력동원 등 상황에 대한 조치를 요하는 보고서 3355
정책 정보보고서	정부정책·치안정책의 시행과정에서 나타나는 문제점과 개선책을 수집·분석한 보고서 3353

2 정보보고서 작성시 판단을 나타내는 용어 **판예전추우**

판단됨	어떤 징후가 나타나거나 상황이 전개될 것이 **거의 확실시되는** 근거가 있는 경우 3358
예상됨	첩보 등을 분석한 결과 **단기적**으로 어떤 상황이 전개될 것이 **비교적 확실한** 경우
전망됨	과거의 움직임이나 현재의 동향, 미래의 계획 등으로 미루어 **장기적으로 활동의 윤곽이 어떠하리라는 예측**을 할 경우 3359
추정됨	구체적인 근거 없이 현재 나타난 동향의 원인·배경 등을 **다소 막연히 추측**할 경우 3357
우려됨	구체적인 징후는 없으나 전혀 그 가능성을 배제하기 곤란하여 **최소한의 대비**가 필요한 경우 3360

※ '우려 - 추정 - 전망 - 예상 - 판단' 순으로 **확률이 높아짐** 3361

3 신원조사(보안업무규정 §36,37)

목적 및 실시	① **국가정보원장**은 제3조 제2호(국가안전보장에 한정된 국가 기밀을 취급하는 인원)에 해당하는 사람의 **충성심·신뢰성** 등을 확인하기 위하여 신원조사를 한다. 3363·3364 ② **관계 기관의 장**은 신원조사대상자에 해당하는 사람에 대하여 **국가정보원장에게** 신원조사를 **요청해야 한다.**
대상자 3365	1. **공무원 임용예정자**(국가안전보장에 한정된 국가 기밀을 취급하는 직위에 임용될 예정인 사람으로 한정한다) 2. 비밀취급 인가 예정자 3. 국가보안시설·보호장비를 관리하는 기관 등의 장(해당 국가보안시설 등의 관리 업무를 수행하는 소속 직원을 포함) 4. 그 밖에 다른 법령에서 정하는 사람이나 각급 기관의 장이 국가보안상 필요하다고 인정하는 사람
신원조사 결과처리 3366	① **국가정보원장**은 신원조사 결과 국가안전보장에 해를 끼칠 정보가 있음이 확인된 사람에 대해서는 관계 기관의 장에게 그 사실을 **통보하여야 한다.** ② 통보를 받은 관계 기관의 장은 신원조사 결과에 따라 필요한 보안대책을 **마련하여야 한다.**

집회 및 시위에 관한 법률_S급

1 용어의 정리(§2)

옥외 집회	의의	천장이 **없거나** 사방이 폐쇄되지 아니한 장소에서 여는 집회를 말한다.3378
	신고	① 원칙 : 신고대상 ② 예외 : **학문·예술·체육·종교·의식·친목·오락·관혼상제 및 국경행사**에 관한 옥외집회는 **신고 X** 옥내집회는 원칙적으로 신고대상이 아니지만, 집회 후 행진하는 경우 또는 행진만 하는 경우는 신고하여야 한다.
	판례	1. 「집회 및 시위에 관한 법률」상 집회의 개념에 대해 '특정 또는 불특정 다수인이 공동의 의견을 형성하여 이를 대외적으로 표명할 목적 아래 일시적으로 일정한 장소에 모이는 것'이라고 설시하고 있어 **판례에 의할 때 집회의 개념적 요소는 '다수인'**, **'공동의 목적'**, **'일시적 회합'**이라고 할 수 있다(대판2008도3014, 대판2007도1649).3368 2. 집회란 특정 또는 불특정 다수인이 공동의 의견을 형성하여 이를 대외적으로 표명할 목적 아래 일시적으로 일정한 장소에 모이는 것을 말하고, 모이는 장소나 사람의 다과에 제한이 있을 수 없으므로, **2인이 모인 집회도 집시법의 규제 대상**이 된다(대판 2010도11381).3375
시위	의의	**여러 사람**이 공동의 목적을 가지고 도로, 광장, 공원 등 일반인이 자유로이 통행할 수 있는 장소를 행진하거나 위력 또는 기세를 보여, 불특정한 여러 사람의 의견에 영향을 주거나 제압을 가하는 행위를 말한다.3367
	1인 시위	① 현행 집시법상 **1인 시위는 집회·시위 X** 3370 ② 인간띠잇기, 혼합 1인 시위 : 집시법 적용을 적극 검토 ③ 릴레이 시위 : 집시법 적용이 곤란
	플래시몹	집회로 인정될 경우에는 미신고 집회로 **처벌** 가능하다.
	판례	1. 집시법상의 시위는 반드시 '일반인이 자유로이 통행할 수 있는 장소'에서 이루어져야 한다거나 '행진'등 장소 이동을 동반해야만 성립하는 것은 아니다(헌재 2010헌가2). 2. 헌재는 「집회 및 시위에 관한 법률」 제2조 제2호의 '시위'의 개념에 대해 **공중이 자유로이 통행할 수 있는 장소라는 장소적 제한개념은 시위라는 개념의 요소라고 볼 수 없다.**"라고 판시한 바 있다(헌재 91헌바14).3369
주최자	의의	자기 이름으로 자기 책임 아래 집회나 시위를 여는 사람이나 단체를 말한다.3380
	주관자	**주최자**는 **주관자**를 따로 두어 집회 또는 시위의 실행을 맡아 관리하도록 위임할 수 있다. 이 경우 **주관자**는 그 위임의 범위 안에서 **주최자로 본다**.3379
	자격	자격에는 아무 제한이 없다. **범죄 수배자, 외국인 및 법인격 유무 불문하고 모두 신고가능**

질서 유지인	① 주최자가 자신을 보좌하여 집회 또는 시위의 질서를 유지하게 할 목적으로 임명한 자를 말한다.3381 ② 질서유지인은 참가자 등이 질서유지인임을 쉽게 알아볼 수 있도록 완장, 모자, 어깨띠, 상의 등을 착용하여야 한다(§17).3382 ③ **18세 이상**의 사람을 질서유지인으로 임명**할 수 있다**(§16). ④ 관할경찰관서장은 집회 또는 시위의 주최자와 협의하여 질서유지인의 수(數)를 적절하게 조정할 수 있다(§17④).
질서 유지선	관할 경찰서장이나 시·도경찰청장이 적법한 집회 및 시위를 보호하고 질서유지나 원활한 교통 소통을 위하여 집회 또는 시위의 장소나 행진 구간을 일정하게 구획하여 설정한 띠, 방책(防柵), 차선 등의 경계 표지를 말한다. → **사람의 대열, 버스 등 차량은 사용 불가** 3383
경찰관서	국가경찰관서를 말한다.3384 **(지방자치경찰관서 X)**

> **관련판례**
>
> 1. 외형상 기자회견이라는 형식을 띠었지만, 용산철거를 둘러싸고 철거민의 입장을 옹호하면서 검찰에 수사기록을 공개하라는 내용의 공동 의견을 형성하여 이를 대외적으로 표명할 목적 아래 일시적으로 일정한 장소에 모인 것은 「집회 및 시위에 관한 법률」상 **집회에 해당**한다(대법원 2012. 11. 15. 선고 2011도6301).3372
> 2. 장례에 관한 옥외집회 도중 노제를 하면서 망인에 대한 **추모 수준을 넘어서는 내용**의 현수막과 피켓을 들고 행진을 한 것은 「집회 및 시위에 관한 법률」상 '**시위**'에 해당한다(대법원 2012. 4.26. 2011도6294).3477
> 3. 인터넷카페 회원 10여 명과 함께 불특정 다수의 시민들이 지나는 명동 한복판에서 퍼포먼스 형태의 **플래시몹(flash mob) 방식**으로 노조설립신고를 노동부가 반려한 데 대한 규탄 모임을 진행한 경우 「집회 및 시위에 관한 법률」상 '**옥외집회**'에 해당한다(대법원 2013. 3.28. 2011도2393).3376
> 4. 집회의 자유는 집회를 통하여 형성된 의사를 집단적으로 표현하고 이를 통하여 불특정 다수인의 의사에 영향을 줄 자유를 포함하므로 이를 내용으로 하는 **시위의 자유 또한 집회의 자유를 규정한 헌법 제21조 제1항에 의하여 보호되는 기본권**이다(헌법재판소 2014. 3.27. 2010헌가2).3377

2 집회·시위 방해금지

방해금지(§3)	① 누구든지 폭행, 협박, 그 밖의 방법으로 평화적인 집회 또는 시위를 방해하거나 질서를 문란하게 하여서는 아니 된다. ② 누구든지 폭행, 협박, 그 밖의 방법으로 집회 또는 시위의 주최자나 질서유지인의 이 법의 규정에 따른 임무 수행을 방해하여서는 아니 된다. ③ 집회 또는 시위의 주최자는 평화적인 집회 또는 시위가 방해받을 염려가 있다고 인정되면 관할 경찰관서에 그 사실을 알려 보호를 요청할 수 있다. 이 경우 관할 경찰관서의 장은 정당한 사유 없이 보호 요청을 거절하여서는 아니 된다. 3385
처벌 (§22①)	① 또는 ②를 위반한 자는 **3년 이하의 징역** 또는 **300만원 이하의 벌금**에 처한다. 다만, **군인·검사 또는 경찰관**이 ① 또는 ②를 위반한 경우에는 **5년 이하의 징역**에 처한다. 3386·3387

3 특정인 참가 및 출입

참가배제 (§4)	집회 또는 시위의 주최자 및 질서유지인은 특정한 사람이나 단체가 집회나 시위에 참가하는 것을 막을 수 있다.
기자출입 (§4)	언론사의 기자는 출입이 보장되어야 하며, 이 경우 **기자는 신분증을 제시하고 기자임을 표시한 완장을 착용**하여야 한다. 3388
경찰관 출입 (§19)	① 경찰관은 집회 또는 시위의 주최자에게 알리고 그 집회 또는 시위의 장소에 **정복**을 입고 출입할 수 있다. 다만, 옥내집회 장소에 출입하는 것은 직무 집행을 위하여 긴급한 경우에만 할 수 있다. 3389 ② 집회나 시위의 주최자, 질서유지인 또는 장소관리자는 질서를 유지하기 위한 경찰관의 직무집행에 협조하여야 한다. → 협조하지 않아도 처벌규정은 없음

4 집회·시위 신고 및 처리절차

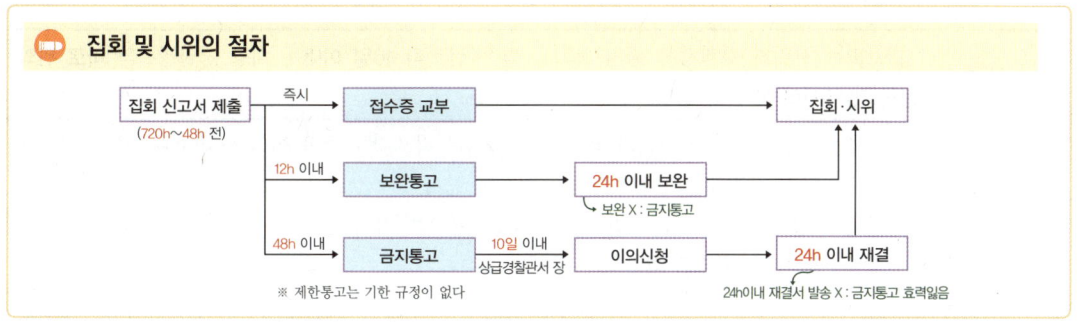

집회 및 시위의 절차

신고 (§6①)	신고서 제출	옥외집회나 시위를 주최하려는 자는 신고서를 옥외집회나 시위를 시작하기 **720시간** 전부터 **48시간** 전에 관할 **경찰서장에게 제출**하여야 한다. 3392·3393	
	관할 경합시	두 곳 이상의 경찰서 관할	관할 **시·도경찰청장에게 제출** 3390
		두 곳 이상의 시·도경찰청 관할	**주최지를 관할**하는 시·도경찰청장에게 제출 3391·3394
	신고사항	1. 목적 2. 일시(필요한 시간을 포함한다) 3. 장소 4. 주최자(단체인 경우 그 대표자 포함), 연락책임자, 질서유지인에 관한 사항 (주소, 성명, 직업, 연락처) 5. 참가 예정인 단체와 인원 6. 시위의 경우 그 방법(진로와 약도를 포함)	
신고 처리	접수증교부 (§6②)	관할경찰관서장은 신고서를 접수하면 신고자에게 접수 일시를 적은 **접수증을 즉시 내주어야 한다.** 3395	
	보완통고 (§7)	① 관할경찰관서장은 신고서의 기재 사항에 미비한 점을 발견하면 접수증을 교부한 때부터 **12시간** 이내에 주최자에게 **24시간**을 기한으로 그 기재 사항을 보완할 것을 통고할 수 있다. 3396 ② ①에 따른 보완 통고는 보완할 사항을 분명히 밝혀 **서면**으로 주최자 또는 연락책임자에게 송달하여야 한다. 3398 ↳ 서면 또는 구두 X	
	금지통고 (§8①)	원칙	금지통고 사유에 해당하는 경우 신고서를 접수한 때부터 **48시간 이내**에 집회 또는 시위를 금지할 것을 주최자에게 통고할 수 있다. 3399
		예외 3400	다만, 집회 또는 시위가 집단적인 **폭행, 협박, 손괴, 방화** 등으로 공공의 안녕 질서에 직접적인 위험을 초래한 경우에는 남은 기간의 해당 집회 또는 시위에 대하여 신고서를 접수한 때부터 **48시간**이 지난 경우에도 금지 통고를 할 수 있다.
		사유	1. 헌법재판소의 결정에 따라 해산된 정당의 목적을 달성하기 위한 집회 또는 시위, 집회·시위 금지시간 또는 집회·시위 시위금지장소 위반된다고 인정될 때 2. 신고서 기재 사항을 보완하지 아니한 때 3. 교통 소통을 위해 금지할 집회 또는 시위라고 인정될 때
		판례	1. 신고서의 기재사항에 미비한 점이 보완되지 않는 경우 관할 경찰서장이 집회 또는 시위의 금지를 통고할 수 있도록 규정하고 있는데, 이러한 금지통고가 **헌법에서 금하고 있는 사전허가**가 되지 않기 위하여는 경찰서장이 집회의 실질적 내용에까지 들어가 그 위법 여부를 판단하여 허부를 결정하여서는 안 된다 (서울고등법원 98누11290). 3397 2. 헌법 제21조 제2항의 '**허가**'는 '행정청이 주체가 되어 집회의 허용 여부를 사전에 결정하는 것'으로서 행정청에 의한 **사전허가는 헌법상 금지**되지만, **입법자가 법률로써 일반적으로 집회를 제한하는 것은 헌법상 '사전허가금지'에 해당하지 않는다**(헌재 2011헌가29). 3401

5 이의신청(§9)

이의신청	집회 또는 시위의 주최자는 금지 통고를 받은 날부터 **10일 이내**에 해당 경찰관서의 **바로 위의 상급경찰관서의 장**에게 이의를 신청할 수 있다.3402
재결기한	① 이의 신청을 받은 경찰관서의 장은 접수 일시를 적은 접수증을 이의 신청인에게 즉시 내주고 접수한 때부터 **24시간 이내**에 재결을 하여야 한다. ② 이 경우 접수한 때부터 24시간 이내에 재결서를 발송하지 아니하면 관할경찰관서장의 **금지 통고는 소급하여 그 효력을 잃는다**.3403
재결효과	① 이의 신청인은 금지 통고가 위법하거나 부당한 것으로 재결되거나 그 효력을 잃게 된 경우 처음 신고한 대로 집회 또는 시위를 개최할 수 있다.3404 ② 다만, 금지 통고 등으로 시기를 놓친 경우에는 일시를 새로 정하여 집회 또는 시위를 시작하기 **24시간** 전에 관할경찰관서장에게 신고함으로써 집회 또는 시위를 개최할 수 있다.3405

6 철회신고 및 중복된 신고처리

중복 신고 (§8)		② 관할경찰관서장은 집회 또는 시위의 시간과 장소가 중복되는 **2개 이상**의 신고가 있는 경우 그 목적으로 보아 서로 상반되거나 방해가 된다고 인정되면 각 옥외집회 또는 시위 간에 시간을 나누거나 장소를 분할하여 개최하도록 권유하는 등 각 옥외집회 또는 시위가 서로 방해되지 아니하고 평화적으로 개최·진행될 수 있도록 노력하여야 한다. ③ 관할경찰관서장은 ②에 따른 권유가 받아들여지지 아니하면 **뒤에 접수된 옥외집회 또는 시위**에 대하여 그 집회 또는 시위의 금지를 통고**할 수 있다.** → 상대적 금지 3407 ④ ③에 따라 뒤에 접수된 옥외집회 또는 시위가 금지 통고된 경우 먼저 신고를 접수하여 옥외집회 또는 시위를 개최할 수 있는 자는 집회 시작 **1시간 전**에 관할경찰관서장에게 집회 개최 사실을 통지하여야 한다. **보충** 과태료(§26) ① 제8조 제4항에 해당하는 먼저 신고된 옥외집회 또는 시위의 주최자가 정당한 사유 없이 제6조 제3항을 위반한 경우에는 **100만원 이하의 과태료**를 부과한다. ② 제1항에 따른 과태료는 대통령령으로 정하는 바에 따라 **시·도경찰청장 또는 경찰서장**이 부과·징수한다.
철회신고 (§6)	신고	③ 주최자는 신고한 옥외집회 또는 시위를 하지 아니하게 된 경우에는 신고서에 적힌 집회 일시 **24시간 전**에 그 철회사유 등을 적은 철회신고서를 관할경찰관서장에게 **제출하여야 한다.** 3408 → 제출할 수 있다 X
	통지	④ 철회신고서를 받은 관할경찰관서장은 금지 통고를 한 집회나 시위가 있는 경우에는 그 금지 통고를 받은 **주최자**에게 ③에 따른 사실을 **즉시** 알려야 한다. → 질서유지인 X → 24시간 X
	재개최	⑤ ④에 따라 통지를 받은 주최자는 그 금지 통고된 집회 또는 시위를 최초에 신고한 대로 개최할 수 있다. 다만, 금지 통고 등으로 시기를 놓친 경우에는 일시를 새로 정하여 집회 또는 시위를 시작하기 **24시간 전**에 관할경찰관서장에게 신고서를 제출하고 집회 또는 시위를 개최할 수 있다. → 위반하여도 제재처분 없음
관련판례		집회의 신고가 경합할 경우 특별한 사정이 없는 한 관할경찰관서장은 집회 및 시위에 관한 법률(이하 '집시법'이라 한다) 제8조 제2항의 규정에 의하여 신고 순서에 따라 뒤에 신고된 집회에 대하여 금지통고를 할 수 있지만, 먼저 신고된 집회의 참여예정인원, 집회의 목적, 집회개최장소 및 시간, 집회 신고인이 기존에 신고한 집회 건수와 실제로 집회를 개최한 비율 등 먼저 신고된 집회의 실제 개최 가능성 여부와 양 집회의 상반 또는 방해가능성 등 제반 사정을 확인하여 먼저 신고된 집회가 다른 집회의 개최를 봉쇄하기 위한 허위 또는 가장 집회신고에 해당함이 객관적으로 분명해 보이는 경우에는, 뒤에 신고된 집회에 다른 집회금지 사유가 있는 경우가 아닌 한, 관할경찰관서장이 단지 먼저 신고가 있었다는 이유만으로 뒤에 신고된 집회에 대하여 집회 자체를 금지하는 통고를 하여서는 아니 되고, 설령 이러한 금지통고에 위반하여 집회를 개최하였다고 하더라도 그러한 행위를 집시법상 **금지통고에 위반한 집회개최행위에 해당한다고 보아서는 아니 된다**(대법원 2014. 12. 11. 선고, 2011도13299, 판결). 3409

7 집회·시위 금지

절대적 집회·시위 금지(§5)	1. 헌법재판소의 결정에 따라 해산된 정당의 목적을 달성하기 위한 집회 또는 시위3410 2. 집단적인 폭행, 협박, 손괴, 방화 등으로 공공의 안녕 질서에 직접적인 위협을 끼칠 것이 명백한 집회 또는 시위3411	
상대적 집회·시위 금지(§8⑤)	1. 신고서에 적힌 장소가 다른 사람의 주거지역이나 이와 유사한 장소로서 집회나 시위로 재산 또는 시설에 심각한 피해가 발생하거나 사생활의 평온을 뚜렷하게 해칠 우려가 있는 경우 2. 신고장소가 「초·중등교육법」상 <u>학교의 주변 지역</u>으로서 집회 또는 시위로 학습권을 뚜렷이 침해할 우려가 있는 경우 (↳대학교 X) 3. 신고장소가 「군사기지 및 군사시설 보호법」상 군사시설의 주변 지역으로서 집회 또는 시위로 시설이나 군 작전의 수행에 심각한 피해가 발생할 우려가 있는 경우	
금지시간 (§10)	옥외집회	**24시간 언제나 가능**3413 (헌법불합치결정에 따른 개정이 이루어지지 않아 효력을 상실)
	시위	**해가 진 후부터는 같은 날 24시까지만 가능** (현행법상 '24시 이후부터 해가 뜨기 전'까지는 시위를 할 수 없다)
금지장소 (§11)	누구든지 다음 각 호의 어느 하나에 해당하는 청사 또는 저택의 경계 지점으로부터 **100 미터 이내**의 장소에서는 옥외집회 또는 시위를 하여서는 아니 된다.3417 1. **국회의사당**. 다만, **다음 각 목의 어느 하나에 해당하는 경우**로서 국회의 기능이나 안녕을 침해할 우려가 없다고 인정되는 때에는 그러하지 아니하다.3415 　가. 국회의 활동을 방해할 우려가 없는 경우 　나. 대규모 집회 또는 시위로 확산될 우려가 없는 경우 2. **각급 법원, 헌법재판소**. 다만, **다음 각 목의 어느 하나에 해당하는 경우**로서 각급 법원, 헌법재판소의 기능이나 안녕을 침해할 우려가 없다고 인정되는 때에는 그러하지 아니하다.3416 　가. 법관이나 재판관의 직무상 독립이나 구체적 사건의 재판에 영향을 미칠 우려가 없는 경우 　나. 대규모 집회 또는 시위로 확산될 우려가 없는 경우 3. **대법원장 공관, 헌법재판소장 공관**(대통령 관저 X, 국회의장 공관 X) 　보충 **대통령 관저, 국회의장 공관**의 경계 지점으로부터 100미터 이내의 장소에서 일체의 집회를 하지 못하도록 하는 것은 **입법목적 달성을 위한 적합한 수단(목적의 정당성, 수단의 적합성)**이다. 그러나 **침해의 최소성 원칙 및 법익균형성 원칙**에 반한다는 측면에서 **대통령 관저, 국회의장 공관**의 경계 지점으로부터 100미터 이내의 장소에서 **옥외집회 또는 시위를 할 수 있다.**3418·3419 4. **국무총리 공관**. 다만, **다음 각 목의 어느 하나에 해당하는 경우**로서 국무총리 공관의 기능이나 안녕을 침해할 우려가 없다고 인정되는 때에는 그러하지 아니하다. 　가. 국무총리를 대상으로 하지 아니하는 경우 　나. 대규모 집회 또는 시위로 확산될 우려가 없는 경우 5. **국내 주재 외국의 외교기관이나 외교사절의 숙소**. 다만, **다음 각 목의 어느 하나에 해당하는 경우**로서 외교기관 또는 외교사절 숙소의 기능이나 안녕을 침해할 우려가 없다고 인정되는 때에는 그러하지 아니하다. 　가. 해당 외교기관 또는 외교사절의 숙소를 대상으로 하지 아니하는 경우 　나. 대규모 집회 또는 시위로 확산될 우려가 없는 경우 　다. 외교기관의 업무가 없는 휴일에 개최하는 경우3420	

관련판례

1. 옥외집회 또는 시위 당시의 구체적인 상황에 비추어 볼 때 옥외집회 또는 시위의 신고사항 미비점이나 신고범위 일탈로 인하여 타인의 법익 그 밖의 공공의 안녕질서에 대하여 직접적인 위험이 초래된 경우에 비로소 그 위험의 방지·제거에 적합한 제한조치를 취할 수 있되, 그 조치는 **법령에 의하여 허용되는 범위 내에서 필요한 최소한도**에 그쳐야 할 것이다(대판 98다20929).

2. 구「집회 및 시위에 관한 법률」에 의하여 금지되어 그 주최 또는 참가행위가 형사처벌의 대상이 되는 위법한 집회·시위가 장차 특정지역에서 개최될 것이 예상된다고 하더라도, 이와 **시간적·장소적으로 근접하지 않은** 다른 지역에서 그 집회·시위에 참가하기 위하여 출발 또는 이동하는 행위를 함부로 제지하는 것은「경찰관 직무집행법」제6조 제1항의 행정상 즉시 강제인 경찰관의 제지의 범위를 명백히 넘어 **허용될 수 없다**(대판 2007도9794).

3. 집회의 자유는 집회에 참가하지 못하게 하는 국가의 강제를 금지할 뿐 아니라, 예컨대 **집회장소로의 여행을 방해하거나, 집회장소로부터 귀가하는 것을 방해하거나, 집회참가자에 대한 검문의 방법으로 시간을 지연시킴으로써 집회장소에 접근하는 것을 방해하는 것은 금지**된다(헌재 2014헌가3).

4. 행진시위의 참가자들이 일부 구간에서 감행한 전차선 점거행진, 도로점거 연좌시위 등의 행위는 당초 신고된 범위를 현저히 일탈하거나 구「집회 및 시위에 관한 법률」제12조의 규정에 의한 조건을 중대하게 위반한 것으로서 그로 인하여 **도로의 통행이 불가능하게 되거나 현저하게 곤란하게 된 이상「형법」제185조 소정의 일반교통방해죄에 해당한다고 할 것이다**(대판 2006도755).

5. 옥외집회 또는 시위 참가자들이 **교통혼잡이 야기되었다고 볼 만한 사정은 없으나 이미 신고한 행진 경로를 따라 행진로인 하위 1개 차로에서 약 3시간 30분 동안 이루어진 집회시간 동안 2회에 걸쳐 약 15분 동안 연좌하였다는 사실만으로도 주최행위가 신고한 목적, 일시, 방법 등의 범위를 뚜렷이 벗어나는 경우에 해당하지 아니한다**(대판 2009도10425).

6. 서울광장을 경찰버스로 둘러싸면서 일반시민들이 통행할 수 있는 통로를 내지 않았다 하더라도 서울광장 인근에서 일부 시민들이 폭력행위를 저질렀다면 대규모의 불법·폭력 집회나 시위를 막아 시민들의 생명·신체와 재산을 보호한다는 공익은 중요한 것이지만, 당시의 상황에 비추어 볼 때 이러한 공익의 존재 여부나 그 실현 효과는 다소 가상적이고 추상적인 것이라고 볼 여지도 있고, 비교적 덜 제한적인 수단에 의하여도 상당 부분 달성될 수 있었던 것으로 보여 일반 시민들이 입은 실질적이고 현존하는 불이익에 비하여 결코 크다고 단정하기 어려우므로 **법익의 균형성 요건을 충족하였다고 할 수 없다**(헌법재판소 2009헌마406).

7. 당초 옥외집회를 개최하겠다고 신고하였지만 그 **신고 내용과 달리 아예 옥외집회는 개최하지 아니한 채** 신고한 장소와 인접한 건물 등에서 **옥내집회만을 개최한 경우**에는 그것이 건조물침입죄 등 다른 범죄를 구성함은 별론으로 하고, 신고한 옥외집회를 개최하는 과정에서 그 **신고범위를 일탈한 행위를 한 데 대한 집시법 위반죄로 처벌할 수는 없다**(대판 2011도13023).

8. 집회의 자유가 가지는 헌법적 가치와 기능, 집회에 대한 허가 금지를 선언한 헌법정신, 신고제도의 취지 등을 종합하여 보면, 신고는 행정관청에 집회에 관한 구체적인 정보를 제공함으로써 공공질서의 유지에 협력하도록 하는 데 의의가 있는 것으로 집회의 허가를 구하는 신청으로 변질되어서는 아니 되므로, **신고를 하지 아니하였다는 이유만으로 옥외집회 또는 시위를 헌법의 보호 범위를 벗어나 개최가 허용되지 않는 집회 내지 시위라고 단정할 수 없다**(대판 2018다288631).

8 집회·시위 제한

구분	내용
교통 소통을 위한 제한 (§12)	① 관할경찰관서장은 대통령령으로 정하는 주요 도시의 주요 도로에서의 집회 또는 시위에 대하여 교통 소통을 위하여 필요하다고 인정하면 이를 금지하거나 교통질서 유지를 위한 조건을 붙여 제한할 수 있다. ② 집회 또는 시위의 주최자가 질서유지인을 두고 도로를 행진하는 경우에는 ①에 따른 금지를 할 수 없다. 다만, 해당 도로와 주변 도로의 교통 소통에 장애를 발생시켜 **심각한 교통 불편을 줄 우려가 있으면** ①에 따른 금지를 할 수 있다.3422

소음도 구분		대상지역	대상지역		
			주간(07:00~해지기 전)	야간(해진 후~24:00)	심야(00:00~07:00)
대상 소음도	등가 소음도 (Leq)	주거지역, 학교, 종합병원	60dB 이하	50dB 이하	45dB 이하
		공공도서관	60dB 이하	55dB 이하	
		그 밖의 지역	70dB 이하	60dB 이하	
	최고 소음도 (Lmax)	주거지역, 학교, 종합병원	80dB 이하	70dB 이하	65dB 이하
		공공도서관	80dB 이하	75dB 이하	
		그 밖의 지역	90dB 이하		

구분	내용

확성기 등의 사용제한 (§14)	1. 확성기등의 소음은 관할 경찰서장(현장 경찰공무원)이 측정한다.3431
	2. 소음 측정 장소는 피해자가 위치한 건물의 외벽에서 소음원 방향으로 **1 ~ 3.5m 떨어진 지점**으로 하되, 소음도가 높을 것으로 예상되는 지점의 지면 위 **1.2 ~ 1.5m 높이**에서 측정한다. 다만, 주된 건물의 경비 등을 위하여 사용되는 부속 건물, 광장·공원이나 도로상의 영업시설물, 공원의 관리사무소 등은 소음 측정 장소에서 **제외**한다.3432
	3. 제2호의 장소에서 확성기등의 대상소음이 있을 때 측정한 소음도를 측정소음도로 하고, 같은 장소에서 확성기등의 대상소음이 없을 때 **5분간** 측정한 소음도를 배경소음도로 한다.3433 이 경우 배경소음도가 위 표의 등가소음도 기준보다 큰 경우에는 배경소음도의 소수점 첫째 자리에서 올림한 값을 등가소음도 기준으로 하고, 등가소음도 기준에서 **20dB**을 더한 값을 최고소음도 기준으로 한다.
	5. 등가소음도는 **10분간**(소음 발생 시간이 **10분 이내**인 경우에는 그 발생 시간 동안) 측정한다. 다만, 다음 각 목에 해당하는 대상 지역의 경우에는 등가소음도를 **5분간**(소음 발생 시간이 **5분 이내**인 경우에는 그 발생 시간 동안을 말한다) 측정한다.3438
	   가. 주거지역, 학교, 종합병원 나. 공공도서관
	6. 최고소음도는 확성기등의 대상소음에 대해 매 측정 시 발생된 소음도 중 가장 높은 소음도를 측정하며, 동일한 집회·시위에서 측정된 최고소음도가 **1시간 내에 3회 이상** 위 표 및 제3호 후단에 따른 최고소음도 기준을 초과한 경우 소음기준을 위반한 것으로 본다. 다만, 다음 각 목에 해당하는 대상 지역의 경우에는 **1시간 내에 2회 이상** 위 표 및 제3호 후단에 따른 최고소음도 기준을 초과한 경우 소음기준을 위반한 것으로 본다.
	   가. 주거지역, 학교, 종합병원 나. 공공도서관
	7. 다음 각 목에 해당하는 행사(중앙행정기관이 개최하는 행사만 해당)의 진행에 영향을 미치는 소음에 대해서는 그 행사의 개최시간에 한정하여 위 표의 주거지역의 소음기준(학교, 병원, 도서관X)을 적용한다.3434
	   가. 「국경일에 관한 법률」제2조에 따른 국경일의 행사
	   나. 「각종 기념일 등에 관한 규정」별표에 따른 각종 기념일 중 주관 부처가 국가보훈부인 기념일의 행사

적용의 배제 (§15)	학문, 예술, 체육, 종교, 의식, 친목, 오락, 관혼상제 및 국경행사에 관한 집회에는 제6조부터 제12조까지의 규정을 **적용하지 아니한다**.3425

적용 X	옥외집회 및 시위의 신고, 시위의 금지시간, 장소, 교통소통을 위한 제한
적용 O	확성기 등의 사용제한, 질서유지선 설정3424

9 질서유지선

설정 (§20, 시행령 §13①)	① 신고를 받은 관할경찰관서장은 집회 및 시위의 보호와 공공의 질서 유지를 위하여 필요하다고 인정하면 **최소한의 범위를 정하여** 질서유지선을 설정할 수 있다. → 최대한 X → 모든 집회·시위 시에는 반드시 설치 X 1. 집회·시위의 장소를 한정하거나 집회·시위의 참가자와 일반인을 구분할 필요가 있을 경우 2. 집회·시위의 참가자를 일반인이나 차량으로부터 보호할 필요가 있을 경우 3. 일반인의 통행 또는 교통 소통 등을 위하여 필요할 경우
고지 (시행령§13②)	② 질서유지선의 설정 고지는 **서면**으로 하여야 한다. → 주최자 또는 연락책임자(질서유지인 X)에게 이를 알려야 한다. 다만, 집회 또는 시위 장소의 상황에 따라 질서유지선을 **새로 설정하거나 변경하는 경우**에는 집회 또는 시위의 장소에 있는 경찰공무원이 **구두**로 알릴 수 있다.
관련판례	① 질서유지선이 집회 및 시위의 보호와 공공의 질서유지를 위하여 필요하다고 인정되는 최소한의 범위를 정하여 설정되고 「집회 및 시위에 관한 법률 시행령」 관련 조항에서 정한 사유에 해당한다면, **집회 또는 시위가 이루어지는 장소 외곽의 경계지역뿐 아니라 집회 또는 시위의 장소 안에도 설정할 수 있다**(대판 2016도21311). ② 경찰관들이 옥외집회 또는 시위 장소에서 줄지어 서는 등의 방법으로 소위 '사실상 질서유지선'의 역할을 수행한다고 하더라도 이를 가리켜 「집회 및 시위에 관한 법률」에서 정한 **질서유지선이라고 할 수는 없다**(대판 2016도21311).

10 보완·금지 통고서 송달(시행령 §3, 7)

신고서를 접수한 관할 경찰관서장은 보완 통고서 및 집회 또는 시위의 금지·제한서를 주최자나 연락책임자의 책임 있는 사유로 주최자나 연락책임자에게 직접 송달할 수 없는 때에는 다음의 방법으로 송달할 수 있다.

주최자가 단체	주최자 또는 연락책임자의 **대리인이나 단체의 사무소에서 근무하는** 직원에게 전달하되, 대리인 또는 사무소에서 근무하는 직원에게 전달할 수 없는 때에는 단체의 사무소가 있는 건물의 관리인이나 건물 소재지의 통장 또는 반장에게 전달할 수 있다.
주최자가 개인	주최자 또는 연락책임자의 **세대주나 가족 중 성년자**에게 전달하되, 주최자 또는 연락책임자의 세대주나 가족 중 성년자에게 전달할 수 없는 때에는 주최자 또는 연락책임자가 거주하는 건물의 관리인이나 건물 소재지의 통장 또는 반장에게 전달할 수 있다.

11 집시법상 처벌규정

먼저 신고된 옥외집회 또는 시위의 주최자가 정당한 사유 없이 철회신고서 미제출한 경우(중복된 2개 이상의 집회·시위 신고의 경우만 적용)	100만원 이하의 과태료
집회·시위를 방해한 자 (**가중처벌** - 군인·검사·경찰관이 위반한 경우에는 5년 이하의 징역)	3년 이하의 징역 또는 300만원 이하의 벌금
1. 설정한 질서유지선의 효용을 해친 자 2. 확성기등 사용제한 위반 3. 주최자 또는 질서유지인이 참가 배제하였지만 그 집회·시위에 참가한 자 4. 해산명령에 불응한 자	6개월 이하의 징역 또는 50만원 이하의 벌금·구류 또는 과료

12 집회 또는 시위 해산(§20)

해산절차	종결선언 요청 → 자진해산 요청 → 해산명령(3회 이상) → 직접해산₃₄₅₅
해산대상	1. 제5조 제1항(절대적 집회·시위 금지), 제10조(금지시간) 본문 또는 제11조(금지장소)를 위반한 집회 또는 시위 2. 신고를 하지 아니하거나 제8조(금지 또는 제한통고) 또는 제12조(교통소통을 위한 제한)에 따라 금지된 집회 또는 시위 3. 교통 소통 등 질서 유지에 직접적인 위험을 명백하게 초래한 집회 또는 시위 4. 종결 선언을 한 집회 또는 시위 5. 제16조 제4항(주최자의 준수사항) 각 호의 어느 하나에 해당하는 행위로 질서를 유지할 수 없는 집회 또는 시위
해산명령	• 관할 경찰관서장은 해산사유에 해당하는 집회·시위에 대하여는 상당한 시간 이내에 자진 해산할 것을 요청하고 이에 따르지 아니하면 해산을 명할 수 있다. → 관할 경찰관서장 또는 관할 경찰관서장으로부터 권한을 부여받은 국가경찰공무원은 집회 또는 시위를 해산 시키는 주체가 될 수 있다. ₃₄₆₁·₃₄₆₂ • 해산명령은 참가자들이 충분히 인식할 수 있도록 적절한 방법으로 적절한 간격을 두고 반드시 **3회 이상** 고지하여야 한다. • 집회·시위가 해산명령을 받았을 때에는 모든 참가자는 지체없이 해산하여야 한다.

13 해산절차(동법 시행령 §17)

종결 선언 요청	• 주최자에게 집회 또는 시위의 종결 선언을 요청하되, 주최자의 소재를 알 수 없는 경우에는 주관자·연락책임자 또는 질서유지인을 통하여 종결 선언을 요청할 수 있다. • 종결 선언의 요청 생략 가능 : 절대적 집회·시위 금지, 금지시간 또는 금지장소를 위반한 집회 또는 시위, 신고를 하지 아니하거나 금지 또는 제한통고 또는 교통소통을 위한 제한에 따라 금지된 집회 또는 시위, 종결 선언을 한 집회 또는 시위, 주최자·주관자·연락책임자 및 질서유지인이 집회 또는 시위 장소에 없는 경우**(종결 선언 요청을 생략할 수 있음)**₃₄₅₈
자진 해산 요청	종결 선언 요청에 따르지 아니하거나 종결 선언에도 불구하고 집회 또는 시위의 참가자들이 집회 또는 시위를 계속하는 경우에는 **직접 참가자들**에 대하여 자진 해산할 것을 요청한다.₃₄₅₇ → 반드시 자진해산 용어 사용 X, 언행 중 취지 포함 O / 직접 집회주최자 X
해산명령 및 직접 해산	자진 해산 요청에 따르지 아니하는 경우에는 세 번 이상 자진 해산할 것을 명령하고, 참가자들이 해산명령에도 불구하고 해산하지 아니하면 직접 해산시킬 수 있다.₃₄₅₉

> **관련판례**

1. 「집회 및 시위에 관한 법률」과 「동시행령」이 **해산명령**을 할 때 **그 사유를 구체적으로 고지**하도록 명시적으로 규정하고 있지 않지만, 법원은 구체적으로 고지하도록 판시하고 있다(대판 2011도7193).[3475]

2. **미신고 옥외집회 또는 시위**로 인하여 타인의 법익이나 **공공의 안녕 질서에 대한 직접적인 위험이 명백하게 초래된 경우**에는 집시법 제20조 제1항 제2호에 기하여 해산을 명할 수 있고, 이러한 요건을 갖춘 해산명령에 불응하는 경우에는 집시법 제24조 제5호에 의하여 **처벌할 수 있다**(대판 2010도6388).[3476]

3. 반드시 '**자진해산**'이라는 용어를 사용하여 요청할 필요는 없고, 그 때 해산을 요청하는 언행 중에 **스스로 해산하도록** 청하는 취지가 포함되어 있으면 된다(대판 2000도2172).[3465]

4. 타인이 관리하는 건조물에서 **옥내집회를 개최하는 경우**에도 타인의 법익 침해나 기타 공공의 안녕질서에 대하여 **직접적이고 명백한 위험을 초래**하는 때에는 해산명령의 대상이 된다(대판 2010도14545).[3463]

5. 해산명령의 대상은 '집회 또는 시위' 자체이므로 해산명령의 방법은 그 대상인 집회나 시위의 **참가자들 전체 무리나 집단에 고지, 전달하는 방법**으로 행하여야 한다(대판 2017도 19737).[3464]

6. 집회·시위 참가자들이 관할 경찰관서에 신고하지 않고 집회를 개최한 경우, 그 옥외집회 또는 시위로 인하여 타인의 법익이나 공공의 안녕질서에 대한 **직접적인 위험이 명백하게 초래되지 않은 상황**에서 경찰이 '미신고집회'라는 사유로 자진 해산 요청을 한 후, '불법적인 행진시도', '불법 도로 점거로 인한 도로교통법 제68조 제3항 제2호 위반'이라는 사유로 3회에 걸쳐 해산명령을 하였더라도 **정당한 해산명령에 해당하지 않는다**(대판 2014헌바492).[3460]

7. 사전 금지 또는 제한된 집회라 하더라도 실제 이루어진 집회가 당초 신고 내용과 달리 타인의 법익이나 **공공의 안녕질서에 직접적이고 명백한 위험을 초래하지 않은 경우**, 사전에 금지통고된 집회라는 이유만으로 해산을 명하고 이에 불응하였다고 **처벌할 수는 없다**. 나아가 집회 금지통고는 관할 경찰서장이 집회신고를 접수한 후 집시법상 집회 사전금지조항에 근거하여 집회 주최자 등에게 해당 집회를 금지한다는 사실을 알리는 행정처분이므로 그 자체를 **헌법에 위배되는 제도라고 볼 수 없다**(대법원 2011.10.13. 2009도13846).[3466·3474]

8. 집회의 금지와 해산은 원칙적으로 공공의 안녕질서에 대한 **직접적인 위협이 명백**하게 존재하는 경우에 한하여 허용될 수 있고, 집회의 자유를 보다 적게 제한하는 다른 수단, 예컨대 시위 참가자수의 제한, 시위 대상과의 거리 제한, 시위 방법, 시기, 소요시간의 제한 등 조건을 붙여 집회를 허용하는 가능성을 모두 소진한 후에 비로소 고려될 수 있는 **최종적인 수단이다**(헌재 2000헌바67, 83).[3467]

9. 차도의 통행방법으로 신고하지 아니한 '삼보일배 행진'을 하여 차량의 통행을 방해한 사안에서, 그 시위 방법이 장소, 태양, 내용, 방법과 결과 등에 비추어 사회통념상 용인될 수 있는 다소의 피해를 발생시킨 경우, 신고제도의 목적 달성을 심히 곤란하게 하는 정도에 이른다고 볼 수 없어 사회상규에 위배되지 않는 **정당행위에 해당한다**(대판 2009도840).[3468]

CHAPTER 06
안보경찰

01 방첩활동

02 보안수사(국가보안법)

03 보안관찰(보안관찰법)

04 남북교류협력(남북교류협력에 관한 법률)

05 북한이탈 주민의 보호(북한이탈주민의 보호 및 정착지원에 관한 법률)

THEME 01 방첩활동 _C급

1 방첩의 기본원칙

완전협조의 원칙	전문기관인 방첩기관과 보조기관 및 일반대중과 완전협조가 이루어져야 함
치밀의 원칙	간첩침투는 치밀한 계획 하에 교묘한 방법으로 이루어지므로 이에 대한 방첩활동은 더욱 치밀한 계획과 준비가 필요함
계속접촉의 원칙	간첩 등의 용의자를 발견하더라도 즉시 검거하지 않고 조직망 전체가 완전히 파악될 때까지 계속 유·무형의 접촉을 함3481 ※ 계속접촉 유지단계 : 탐지 → 판명 → 주시 → 이용 → 검거

완치계

2 방첩의 수단3483

적극적 수단	① 침투되어 있는 적 및 적의 공작망을 분쇄하기 위하여 취하는 **공격적인 수단** ② 첩보수집, **첩보공작 분석, 대상인물 감시, 침투공작**, 역용공작, 간첩신문 등
소극적 수단	① 우리 측을 보호하기 위해 자체 보안기능을 작동하는 **방어적 조치수단** ② 정보 및 자재보안의 확립, 인원 및 시설보안의 확립, **보안업무 규정화**, 입법사항 건의 등
기만적 수단	① 비밀이 노출될 가능성이 있는 상황 하에서 **우리 측이 기도한 바를 적이 오인**하도록 하는 방해조치 ② **허**위정보의 유포, **유**언비어의 유포, **양**동간계시위 등 **기만한 허유양**3482

TIP 심리전의 기술(선전)

백색선전	① **출처를 밝히면서** 하는 선전 ② 장점 : 주제의 선전과 용어사용에 제한을 받지만 신뢰도가 높음3500·3504·3506 ③ 단점 : 적국 내에서 실시가 불가능
흑색선전	① **출처를 위장하여** 행하는 선전 ② 장점 : **적국 내에서도 수행가능**, 즉각적이고 집중적인 효과를 거둘 수 있음3503 ③ 단점 : 노출 위험이 있음(상당한 주의 필요)
회색선전	① **출처를 밝히지 않고** 행하는 선전3505 ② 장점 : 선전이라는 선입견을 주지 않고도 효과를 거둘 수 있음3502 ③ 단점 : **적이 역선전**을 할 경우 대항이 어려움3498·3499

3 방첩의 대상

(1) 간첩망의 형태 _A급

삼각형 지삼아!	① 간첩이 **3명 이내**의 공작원을 포섭하여 지휘, 포섭된 공작원 간 **횡적연락 차단**3494 (**지**하당 구축에 많이 사용) ↳종적 X ② 장점 : 보안유지가 잘되고 일망타진 가능성은 적음 ③ 단점 : 활동범위가 좁고 공작원 검거시 간첩 정체가 쉽게 노출됨3484·3485	
써클형 첩써	① **합법적 신분**을 이용 침투(**첩**보전에서 많이 이용)3489 ② 장점 : 간첩활동이 자유롭고 대중적 조직과 동원이 가능 ③ 단점 : 간첩의 정체 노출 시 외교적 문제가 야기될 수 있음	
단일형 대단한데	① 단독활동, **대남간첩이 가장 많이 사용**하고 있는 형태 ② 장점 : 보안유지 및 신속한 활동이 가능 ③ 단점 : 활동범위가 좁고 공작성과가 비교적 낮음3486·3491	
피라미드형 3487·3492·3493	① 간첩이 주공작원 **2~3명**을 두고 그 밑에 각각 **2~3명** 행동공작원이 있음 ② 장점 : 일시에 많은 공작을 입체적으로 수행할 수 있고 활동범위가 넓음 ③ 단점 : 행동의 노출이 쉽고 일망타진 가능성이 높으며 조직구성에 많은 시간 소요됨	
레포형	**피라미드형** 조직에서 간첩과 주공작원 간, 행동공작원 상호 간에 **연락원**을 두고 종횡으로 연결3488·3490 ↳삼각형 X ※ 레포 : 연락, 연락원을 뜻하는 공산당 용어로서 현재는 사용하지 않음	

(2) 태업

의 의	대상국가의 **방위력** 또는 **전쟁수행능력**을 직·간접적으로 손상시키기 위한 일체의 행위3485	
대 상	① 가치성(전략·전술적 가치가 있을 것) ② 용이성(태업에 필요한 기구를 용이하게 입수할 수 있고 접근이 가능할 것) ③ 대체곤란성(일단 파괴되면 수리·대체하기 어렵고 많은 시간이 소요될 것)	
형 태	물리적 태업	방화·폭파·기계 태업 등
	심리적 태업	유언비어 유포 등의 선전태업, 경제 질서 혼란을 초래하는 경제태업, 정치태업

(3) 전복

의 의	폭력수단을 사용하는 위헌적인 방법으로써 **정권을 탈취**하는 행위를 말함	
형 태	국가전복	정치권력을 획득하기 위해 **피지배자가 지배자를 타도**하고 정권을 탈취하는 무력 투쟁
	정부전복	**동일 계급 내**의 일부세력이 권력을 강화하거나 새로운 정권을 획득할 목적으로 타 계급을 기습하는 행위3496
수 단	전위당 조직, 통일전선 구성, 선전·선동, 테러전술, 파업과 폭동, 게릴라 전술 등	

THEME 02 보안수사

1 국가보안법의 특징 _S급

목적 (§1)	이 법은 국가의 안전을 위태롭게 하는 반국가활동을 규제함으로써 국가의 안전과 국민의 생존 및 자유를 확보함을 목적으로 한다.3520
고의범	고의범만을 처벌 (과실범 처벌 X)3508·3510
예비·음모의 확장	**반**국가단체구성·가입죄, **목**적수행, **자**진지원, **잠**입·탈출, **이**적단체구성, **무**기류 등의 **편**의제공 <mark>반목자잠이무편</mark>
편의제공죄	종범이 아니라 별개의 **독립된 편의제공죄로 처벌**
범죄의 선동·선전 및 권유	별도의 범죄로 규정하여 처벌
불고지에 대한 형사책임	국가안보를 위해서 전 국민에게 범죄고지의무 부과 – **반**국가단체구성등의 죄, **목**적수행, **자**진지원 <mark>반목자</mark>
자격정지의 병과	유기징역형 선고 시 그 형의 **장기 이하**의 자격정지3509
재범자의 특수가중	**5년이** 경과하지 않은 자가 국가보안법상 일정범죄 재범시 – **법정최고형을 사형으로 규정**3511
몰수·추징 및 압수물의 특별처분	**필요적** 몰수·추징3512
참고인 구인	참고인으로 출석요구를 받은 자가 정당한 이유없이 **2회 이상** 출석요구에 불응할 때에는 관할법원판사의 구속영장을 받아 **구인 가능**3514
피의자 구속기간의 연장	① 사법경찰관의 구속기간은 1차 연장 : 최장 **20일** (원칙 10일 + 연장 10일)3515 ② 검사의 구속기간은 2차 연장 : 최장 **30일** (원칙 10일 + 연장 10일 + 연장 10일) ※ **국가보안법상 구속기간 연장이 불가능한 범죄** <mark>찬불특무</mark> ③ **찬**양·고무 등(제7조), **불**고지죄(제10조) : 위헌(헌재 90헌마82) ④ **특**수직무유기죄(제11조), **무**고날조죄(제12조) : 연장 규정 없음
공소보류3516	① 공소제기 없이 **2년이** 경과시 소추 불가능3517 ② **공소보류 취소 가능** : 법무부장관이 정한 「감시·보도에 관한 규칙」에 위반시3518 ③ 공소보류가 취소된 경우에는 **동일한 범죄사실로 재차 구속 가능**3519

보상금 지급	상금 (§21)	이 법의 죄를 범한 자를 수사기관 또는 정보기관에 통보하거나 체포한 자에게는 대통령령이 정하는 바에 따라 상금을 **지급한다(필요적 지급)**.3521
	보로금 (§22)	① 반국가단체나 그 구성원 또는 그 지령을 받은 자로부터 금품을 취득하여 수사기관 또는 정보기관에 제공한 자에게는 그 가액의 **2분의 1**에 상당하는 범위안에서 보로금을 지급할 수 있다. 반국가단체의 구성원 또는 그 지령을 받은 자가 제공한 때에도 또한 같다.3522 ② 보로금의 청구 및 지급에 관하여 필요한 사항은 **대통령령**(법무부령 X)으로 정한다.3523
	보상 (§23)	이 법의 죄를 범한 자를 신고 또는 체포하거나 이에 관련하여 상이를 입은 자와 사망한 자의 유족은 대통령령이 정하는 바에 따라 보상**할 수 있다**.
	국가보안 유공자 심사위원회(§24)	이 법에 의한 상금과 보로금의 지급 및 제보상대상자를 심의·결정하기 위하여 **법무부장관 소속**하에 국가보안유공자 심사위원회를 둔다.3524

총알정리 국가보안법 주요 내용

주체제한 3543	① 목적수행죄 – 반국가단체의 구성원 또는 그 지령을 받은 자 ② 자진지원죄 – 반국가단체의 구성원 또는 그 지령을 받은 자 **이외의 자** ③ 허위사실날조·유포죄 – 이적단체의 구성원 ④ 특수직무유기죄 – 범죄수사 또는 정보의 직무에 종사하는 공무원 ⑤ (직권남용) 무고·날조죄 – 범죄수사 또는 정보의 직무에 종사하는 공무원이나 이를 보조하는 자 또는 이를 지휘하는 자
목적범	자진지원죄, 특수 잠입·탈출죄, 이적단체 구성·가입죄, 이적표현물 제작 등 죄, 무고·날조죄, 각 죄의 예비·음모에 관한 죄
예비·음모 처벌	반국가단체구성·가입죄(반국가단체가입권유죄 X), 목적수행, 자진지원, 잠입·탈출, 이적단체구성, 무기류 등의 편의제공(단순 편의제공 X) → 반국가단체의 가입권유죄는 **미수범만 처벌**
감면규정 3544	**임의적 감면** : (본범과 친족관계) 장소제공 등 편의제공, 특수직무유기 **필요적 감면** – 불고지죄(본범과 친족관계) 　　　　　　– 자수 또는 이 법을 범한 타인을 고발하거나 방해한 때(§16)3513

2 국가보안법 내용 _A급

(1) 반국가단체 구성등(§3)

의의	반국가단체란 **정부**를 참칭하거나 국가를 변란할 것을 목적으로 하는 국내외 결사 또는 집단으로서 지휘통솔체제를 갖춘 단체 (국가X)
성립요건	① 정부를 참칭하거나 국가를 변란할 것을 목적으로 할 것 ② **정부참칭** : 합법적인 절차에 의하지 아니하고 임의로 정부를 조직하여 진정한 정부인양 사칭하는 것 ③ **국가변란** : 정부를 전복하여 새로운 정부를 조직하는 것 ④ 정부참칭과 국가변란의 **목적은 반드시 직접적**일 것 ⑤ **국가변란⊂국헌문란**(형법§91) ⑥ 결사 또는 집단일 것(일정한 공동목적의 수행을 위하여 조직, 계속성 있어야 함) ⑦ 지휘통솔체제를 갖출 것(2인 이상의 특정 다수인 사이에 단체의 내부질서를 유지하고, 그 단체를 주도하기 위하여 일정한 위계 및 분담 등의 체계를 갖춘 결합체)
벌칙	① 행위자의 지위와 관여한 정도에 따라 **형벌의 차등**을 둠 ② **반국가단체의 구성·가입죄**는 미수뿐만 아니라 예비·음모도 처벌. **반국가단체의 가입권유죄**는 미수범만 처벌하고, 예비·음모는 처벌하지 않음

(2) 목적수행죄(§4)

의의		반국가단체의 구성원이나 그 지령을 받은 자가 그 단체의 목적수행을 위하여 행하는 간첩·인명살상·시설파괴 등을 함으로 성립하는 범죄
주체(제한)		**반국가단체의 구성원이나 그 지령을 받은 자** → 반국가단체로부터 직접 지령을 받은 자뿐만 아니라 지령을 받은 자로부터 **다시 받은 자도 포함**
목적수행 간첩죄	객체	① 군사상 기밀 (순수한 군사사항 + 우리나라의 국익 내지 국방정책상 필요한 모든 기밀) ② 일반인에게 널리 알려진 공지의 사실, 물건 또는 지식에 속하지 아니할 것
	처벌	간첩죄에 대한 법정형을 기밀의 등급에 따라 구분하여 처벌
간첩방조죄		방조의 의사(**의사없는 경우 편의제공죄**), 간첩죄와 대등한 독립범죄로 처벌 (종범감경X)

(3) 자진지원죄(§5①)

주체(제한)	반국가단체의 구성원 또는 그 지령을 받은 자 **이외의 자**
목적범	반국가단체나 그 구성원 또는 그 지령을 받은 자를 지원한다는 목적(목적 달성여부 불문)
처벌	목적수행죄와 동일 처벌

(4) 금품수수죄 (§5②)

의의	국가의 존립·안전이나 자유민주적 기본질서를 위태롭게 한다는 **정을 알면서** 반국가단체의 구성원이나 그 지령을 받은 자로부터 금품을 수수함으로써 성립
성립 요건	① 주체제한 X(반국가단체의 구성원도 가능) ② 금품 - 반드시 환금성이나 경제적 가치가 있어야 하는 것은 아님(음식물 접대 등 향응 수수도 금품) **판례** 수수액이나 가치는 물론 그 목적도 가리지 아니하고, 그 금품수수가 대한민국을 해할 의도가 있는 경우에 한하는 것도 아니다(대판 95조1624).

(5) 잠입·탈출죄(§6)

단순잠입·탈출죄	국가의 존립·안전이나 자유민주적 기본질서를 위태롭게 한다는 정을 알면서 반국가단체의 **지배하에 있는 지역**으로부터 잠입하거나 **그 지역**으로 탈출함으로써 성립 → 10년 이하의 징역에 처함 〈외국인의 경우〉 ① 단순잠입죄 : 반국가단체 지배하의 지역으로부터 대한민국에 들어온 이상 외국인이 어디에 체류하다 왔는지와 상관없이 성립 ② 단순탈출죄 : 국내 거주 외국인 → 북한 : '탈출'개념에 해당 O 　　　　　　　 외국 거주 외국인 → 북한 : '탈출'개념에 해당 X
특수잠입·탈출죄	반국가단체나 그 구성원의 **지령을 받거나 받기 위하여 또는 목적수행을 협의하거나 협의하기 위하여** 잠입하거나 탈출함으로써 성립 → **사형·무기 또는 5년 이상의 징역에 처함** ※ **단순잠입·탈출**은 반드시 반국가단체의 지배하에 있는 지역으로부터 잠입하거나 탈출하여야 하나, **특수잠입·탈출**은 반국가단체의 지배하에 있는 지역이 아니라도 무방함

(6) 찬양·고무 등(§7)

이적동조 등 (제1항)		반국가단체나 그 구성원 또는 지령을 받은 자의 활동을 찬양·고무·선전·동조하거나 국가변란을 선전·선동하는 행위
이적단체구성·가입죄 (제3항)	개념	이적찬양·고무·선전·동조 또는 국가변란 선전·선동의 행위를 목적으로 하는 단체를 구성하거나 이에 가입함으로써 성립
	구성 요건	① 주체 제한X ② 이적단체는 별개의 반국가단체의 존재를 전제로 함
	처벌	① 미수처벌, 예비·음모 처벌(제7조 중에서 유일하게 예비·음모 처벌) ② 행위자의 지위와 역할의 차이에 따른 법정형의 구별 X
허위사실 날조·유포 (제4항)		① 주체제한 : 이적단체 구성원에 한정 ② 미수처벌
안보위해문건 제작 등 (제5항)	구성 요건	① 객체 : 도화, 컴퓨터 디스켓, 문서, 영화·사진의 필름, 음반 등(**명의의 유무**를 불문하며 초고, 초안, 사본 등도 해당) ② 목적범 : 제7조 제1,3,4항의 이적행위를 할 목적
	처벌	① 목적하는 행위의 위험성의 정도에 따라 구별하여 처벌한다. ② 미수범 처벌

(7) 회합 · 통신죄(§8)

의의	국가의 존립·안전이나 자유민주적 기본질서를 위태롭게 한다는 **정을 알면서** 반국가단체의 구성원 또는 그 지령을 받은 자와 회합·통신, 기타의 방법으로 연락하는 행위3538
성립요건	① 본죄의 주체는 제한이 없으므로 반국가단체 구성원 상호간에도 가능 ② **단순한 신년인사나 안부**를 전하는 편지는 본죄 구성 X ③ 판례는 사교적·의례적 행위가 아닌 경우 기본적으로 위험성을 인정하고 있음
처벌	미수처벌

(8) 편의제공죄(§9)

구성요건	① 주체 : 제한 X ② 객체 : 국가보안법 제3조부터 제8조까지의 범죄 ③ 행위태양 : 제1항 – 총포 등의 무기제공 　　　　　　제2항 – 기타 방법으로 편의제공 ※ '제공'은 **적극적인 행위**만 요하기 때문에 부작위 같은 소극적인 행위는 해당 X
처벌	① 제1·2항 미수처벌, 단, 제1항만 예비·음모 처벌 ② 제2항 : 본범과 친족관계있을 시 형을 감면 가능(제1항은 특례규정 X) ③ 종범의 성격을 가지나, 「형법」상 종범과는 달리 **본범의 실행 착수 전 또는 범행종료 후에도 성립**

(9) 불고지죄(§10)_S급

반목자오이필감

개념	반국가단체를 구성하거나 반국가단체에 가입한 자 또는 그 구성원, 구성원으로부터 지령을 받은 자의 일정한 범죄행위 또는 그들에 대한 자진지원행위를 알면서도 그 사실을 수사기관에 신고하지 아니함으로써 성립함(불가비호성)3541
대상범죄	제3조(**반**국가단체구성등), 제4조(**목**적수행), 제5조 제1항(**자**진지원)·제3항(자진지원 미수범)·제4항(자진지원 예비·음모)3540
주관적 요건	구성요건적 고의외 별도의 동기, 목적을 요하지 않음
처벌	① 국가보안법 중 유일하게 **벌금형** 규정(**5년** 이하의 징역 또는 **200만원** 이하의 **벌금**) ② 본범과 친족관계가 있는 때에는 **필요적 감면**3539

(10) 특수직무유기죄(§11), 무고 · 날조죄(§12)

특수 직무유기	주체(제한)	범죄수사 또는 정보의 직무에 종사하는 공무원에 국한
	객체	국가보안법의 죄를 범한 자
	감면규정	특수직무유기죄를 범한 자가 본범과 친족관계에 있는 때에는 그 형을 감경 또는 면제할 수 있다. (감경 또는 면제한다 X)3542
무고·날조		① 타인으로 하여금 형사처벌을 받게 할 목적으로 국가보안법에 규정된 죄에 대하여 무고·위증하거나 증거를 날조·인멸·은닉하는 행위를 처벌하는 규정이다. ② 제2항(직권남용 무고·날조) : 주체제한 O

THEME 03 보안관찰(보안관찰법) _A급

1 보안관찰의 의의 및 특성

의의	① 특정범죄를 범한 자의 재범의 위험성을 예방하고, 건전한 사회복귀를 촉진하는 것을 목적으로 하는 **대인적 보안처분**3545·3552 ② 반국가사범에 대한 관찰, 지도, 경고 등의 조치를 내용으로 함 3551
특성	① 특별 예방적 처분(재범방지, 양심의 자유를 보장한 헌법에 위반된다고 할 수 없음) ② 사회 보호적 처분(형벌과 병과해도 일사부재리의 원칙에 위배 X) 3553

2 보안관찰 해당범죄 3546·3550

	해당범죄 3547·3549	제외
형법	① 내란목적살인죄　② 외환유치죄 ③ 여적죄　　　　　④ 모병이적죄 ⑤ 시설제공이적죄　⑥ 시설파괴이적죄 ⑦ 물건제공이적죄　⑧ 간첩죄	**내**란죄, **일**반이적죄, **전시**군수계약불이행죄　**내일전시**
군형법	① 반란죄 ② 반란목적군용물탈취죄 ③ 군대 및 군용시설제공죄 ④ 군용시설 등 파괴죄 ⑤ 간첩죄 ⑥ **일반이적죄** ⑦ 이적목적반란불보고죄(§9②)	**단**순반란불보고죄(§9①)　**단군**
국가 보안법	① 목적수행죄　　② 자진지원죄 ③ 금품수수죄　　④ 잠입탈출죄 ⑤ 무기편의제공죄	**반**국가단체 구성·가입·권유죄 **찬**양·고무죄, **회**합·통신죄, **무**고·날조죄　**반찬회무**

※ 형법상 일반이적죄는 보안관찰 해당범죄 X, 군형법상 일반이적죄는 보안관찰 해당범죄 O 3548

3 보안관찰 처분

청구권자	검사
처분권자	법무부장관
기간	2년₃₅₅₅
기간 갱신	① 법무부장관은 검사의 청구가 있는 때에는 보안관찰처분심의위원회의 의결을 거쳐 그 기간을 갱신할 수 있음(§5) ② **갱신횟수에는 제한이 없다.**₃₅₅₆
대상자	① 보안관찰해당범죄 또는 이와 경합된 범죄로 ② **금고 이상**(자격정지 X)의 형의 선고를 받고₃₅₅₄ ③ 그 형기 합계가 **3년 이상**인 자로서 형의 전부 또는 일부의 집행을 **받은** 사실이 있는 자 (면제받은 X)
재범의 위험성	① 보안관찰처분대상자 중 보안관찰해당범죄를 다시 범할 위험성이 있다고 인정할 충분한 이유가 있어 **재범의 방지를 위한 관찰이 필요**한 자에 대하여는 보안관찰처분을 함 ② 보안관찰처분을 받은 자는 보안관찰법이 정하는 바에 따라 소정의 사항을 주거지 관할 경찰서장에게 신고하고, 재범방지에 필요한 범위 안에서 그 지시에 따라 보안관찰을 받아야 함
결정절차	대상자의 **신고** → 검사(사법경찰관리)의 보안관찰처분 사안의 **조사** → 사법경찰관리의 보안관찰처분 사안의 **송치** → 검사의 보안관찰처분의 **청구** → (보안관찰처분심의위원회의 심의·의결) 법무부장관의 보안관찰처분의 **결정** → **이의신청** → **기간갱신**₃₅₆₄

4 보안관찰 처분 절차

청구(§7)	보안관찰처분청구는 **검사**가 행한다.
청구의 방법(§8)	보안관찰처분청구는 **검사**가 보안관찰처분청구서를 **법무부장관**에게 제출함으로써 행한다. 3563
조사(§9)	① 검사는 보안관찰처분청구를 위하여 필요한 때에는 보안관찰처분대상자, 청구의 원인이 되는 사실과 보안관찰처분을 필요로 하는 자료를 조사할 수 있다. ② 사법경찰관리는 검사의 지휘를 받아 조사를 할 수 있다. **[사안의 조사 (시행규칙§2)]** 1. **대상자** : 형사법상의 피의자가 아니라 보안관찰법상의 '용의자'로 강제수사는 불가능하고, 대상자의 협조로 사안조사를 진행한다. 2. **사안의 종류** : 사안은 보안관찰처분 청구, 취소청구, 기간갱신청구, 면제결정청구, 면제결정취소청구, 면제결정신청으로 구분 3. **검사**는 기간갱신사안의 조사를 종결한 때에는 보안관찰처분의 기간만료 2월 전까지 법무부장관에게 보안관찰처분 기간갱신을 청구하여야 한다. 다만, 기간갱신 청구의 필요가 없다고 인정하는 경우에는 그 청구를 하지 아니하는 조치를 할 수 있다 (시행규칙§33).
심사(§10)	**법무부장관**은 처분청구서와 자료에 의하여 청구된 사안을 심사한다.
면제 (§11)	**요건**: **법무부장관**은 보안관찰처분대상자중 다음 각호의 요건을 갖춘 자에 대하여는 보안관찰처분을 하지 아니하는 결정을 **할 수 있다**. 1. 준법정신이 확립되어 있을 것 2. 일정한 주거와 생업이 있을 것 3. 대통령령이 정하는 신원보증이 있을 것 **결정**: 법무부장관은 요건을 갖춘 보안관찰처분대상자의 신청이 있을 때에는 부득이한 사유가 있는 경우를 제외하고는 **3월 내**에 보안관찰처분면제 여부를 결정하여야 한다. 3560 **취소**: 면제결정을 받은 자가 그 면제결정요건에 해당하지 아니하게 된 때에는 검사의 청구에 의하여 법무부장관은 면제결정을 **취소할 수 있다**. 3561
결정 (§14)	① 보안관찰처분에 관한 결정은 위원회의 의결을 거쳐 **법무부장관**이 행한다. ② 법무부장관은 위원회의 의결과 다른 결정을 할 수 없다. 다만, 보안관찰처분대상자에 대하여 위원회의 의결보다 유리한 결정을 하는 때에는 그러하지 아니하다. 3570
취소 및 갱신 (§16)	① 검사는 법무부장관에게 보안관찰처분의 취소 또는 기간의 갱신을 청구할 수 있다. ② 법무부장관은 ①의 청구를 받은 때에는 위원회의 의결을 거쳐 이를 심사·결정하여야 한다.
집행 (§17)	① 보안관찰처분의 집행은 **검사**가 지휘한다. ② ①의 지휘는 결정서등본을 첨부한 서면으로 하여야 한다. ③ **검사**는 피보안관찰자가 **도주하거나 1월 이상** 그 소재가 불명한 때에는 보안관찰처분의 집행중지결정을 할 수 있다. 그 사유가 소멸된 때에는 지체없이 그 결정을 **취소하여야 한다**. 3572
구제 (§23)	법무부장관의 결정을 받은 자가 그 결정에 이의가 있을 때에는 「**행정소송법**」이 정하는 바에 따라 결정이 집행된 날로부터 **60일 이내**에 **서울고등법원**에 소를 제기할 수 있다. 3578
기간의 계산 (§25)	보안관찰처분의 기간은 보안관찰처분 결정을 집행하는 날부터 계산한다. 이 경우 **초일은 산입**한다. 3579

5 보안관찰처분심의위원회

설 치	법무부에 설치(심의·의결 기관)
구 성	① 위원회는 위원장 1인 **법무부차관**과 6인의 위원으로 구성 3565·3566 (법무부장관 X) ② 위원은 **법무부장관**의 **제청**으로 대통령이 임명 또는 위촉 3567 ③ 의결 : 위원장을 포함한 재적위원 과반수의 출석으로 개의 출석위원 과반수의 찬성 3569
임 기	위촉된 위원의 임기는 2년(공무원인 위원은 그 직을 면한 때에는 위원의 자격을 상실) ※ 위원장이 사고가 있을 때에는 미리 그가 지정한 위원이 그 직무를 대행
심의·의결 사항 3568	① 보안관찰처분결정 또는 보안관찰처분 청구기각 결정 ② 보안관찰처분 면제결정 또는 그 취소결정 ③ 보안관찰처분 취소결정 또는 기간의 갱신 결정

6 신고사항

(1) 보안관찰처분 대상자 신고 3571

대상자 신고	보안관찰처분대상자는 대통령령이 정하는 바에 따라 그 형의 집행을 받고 있는 교도소, 소년교도소, 구치소, 유치장 또는 군교도소에서 출소전에 거주예정지 기타 대통령령으로 정하는 사항을 교도소등의 장을 경유하여 거주예정지 관할경찰서장에게 신고
출소사실 신고	출소 후 **7일 이내**에 그 거주예정지 관할경찰서장에게 출소사실을 신고 3557

(2) 피보안관찰자 신고의무

최초 신고		보안관찰처분결정고지를 받은 날부터 **7일 이내**에 등록기준지, 주거, 성명, 생년월일 등 소정사항을 신고하여야 한다(§18①). 3573
정기 신고		보안관찰처분결정고지를 받은 날이 속한 달부터 **매 3월**이 되는 달의 말일까지 **3월간**의 주요활동사항 등 소정사항을 신고하여야 한다(§18②). 3574
수시 신고	변동사항 신고	최초 신고사항에 변동이 있을 때에는 **7일 이내**에 신고하여야 한다. 3575
	주거지 이전·여행 신고	주거지를 **이전**하거나 **국외여행** 또는 **10일 이상** 주거를 이탈하여 여행하고자 할 때에는 미리 거주예정지, 여행예정지 등을 신고하여야 한다. 3577

THEME 04 남북교류협력(남북교류협력에 관한 법률) _B급

정의(§2)	"반출·반입"이란 매매, 교환, 임대차, 사용대차, 증여, 사용 등을 목적으로 하는 남한과 북한 간의 물품등의 이동(단순히 제3국을 거치는 물품등의 이동을 **포함**한다.)을 말한다.
다른 법률과 관계(§3)	남북간 왕래 및 교역 등에 대해서는 「국가보안법」, 「여권법」, 「대외무역법」 등 관련 법률보다 **본 법률이 우선** 적용됨

남북한 방문 (§9)	① 남한의 주민이 북한을 방문하거나 북한의 주민이 남한을 방문하려면 대통령령으로 정하는 바에 따라 **통일부장관의 방문승인**을 받아야 하며, 통일부장관이 발급한 증명서를 소지하여야 한다. → 승인 받지않고 북한방문시 3년 이하의 징역 또는 3천만원 이하의 벌금
	② 남한 주민이 북한을 방문하고자 하는 경우 방문 7일 전까지 통일부장관에게 '방문승인 신청서'를 제출해야 한다(동법 시행령§12).
	③ 방문증명서는 유효기간을 정하여 북한방문증명서와 남한방문증명서로 나누어 발급하며, 다음 각 호와 같이 구분한다.
	  1. 한 차례만 사용할 수 있는 방문증명서
	  2. 복수방문증명서
	④ 복수방문증명서의 유효기간은 5년 이내로 하며, 5년의 범위에서 연장할 수 있다.
	⑤ 통일부장관은 거짓이나 그 밖의 부정한 방법으로 방문승인을 받은 경우에는 그 승인을 취소하여야 한다.
	⑥ 다음 각호의 재외국민이 외국에서 북한을 왕래할 때에는 **통일부장관이나 재외공관의 장**에게 신고하여야 한다. 다만, 외국을 거치지 아니하고 남한과 북한을 직접 왕래할 때에는 ①에 따라 발급된 방문증명서를 소지하여야 한다.
	  1. 외국정부로부터 영주권을 취득하였거나 이에 준하는 장기체류허가를 받은 사람
	  2. 외국에 소재하는 외국법인 등에 취업하여 업무수행의 목적으로 북한을 방문하는 사람

남북한 주민접촉 (§9의2)	남한의 주민이 북한의 주민과 회합·통신, 그 밖의 방법으로 접촉하려면 **통일부장관**에게 미리 신고하여야 한다. 다만, **대통령령**으로 정하는 부득이한 사유에 해당하는 경우에는 접촉한 후에 신고할 수 있다.
외국 거주 동포의 출입 보장(§10)	외국 국적을 보유하지 아니하고 대한민국의 여권을 소지하지 아니한 외국 거주 동포가 남한을 왕래하려면 「**여권법**」에 따른 **여행증명서**를 소지하여야 한다.
남북거래원칙 (§12)	남한과 북한 간의 거래는 국가 간의 거래가 아닌 **민족내부의 거래**로 본다.
관련판례	7·4 남북공동성명이 있었고 남북 사이의 화해와 불가침 및 교류협력에 관한 합의서가 체결 및 발효되었다고 하여도 그로 인해 「국가보안법」이 규범력을 상실한 것으로 볼 수는 없다(대판 99도4027).

THEME 05 북한이탈주민의 보호(북한이탈주민의 보호 및 정착지원에 관한 법률) _A급

1 용어의 정의(§2)

북한이탈주민	군사분계선 이북지역(북한)에 주소, 직계가족, 배우자, 직장 등을 두고 있는 사람으로서 북한을 벗어난 후 **외국 국적을 취득하지 아니한 사람**3597
보호대상자	이 법에 따라 보호 및 지원을 **받는**(받을 예정인 X) 북한이탈주민3598
정착지원시설	보호대상자의 보호 및 정착지원을 위하여 설치·운영하는 시설
보호금품 └ 구호물품 X	이 법에 따라 보호대상자에게 지급하거나 빌려주는 금전 또는 물품3599

2 주요내용

적용범위(§3)	대한민국의 보호를 받으려는 **의사를 표시한 북한이탈주민**에 대하여 적용
기본원칙(§4)	① 대한민국은 보호대상자를 **인도주의**(상호주의 X)에 입각하여 특별히 보호한다.3600 ② 대한민국은 외국에 체류하고 있는 북한이탈주민의 보호 및 지원 등을 위하여 외교적 노력을 다하여야 한다.3601 ③ 보호대상자는 대한민국의 자유민주적 법질서에 적응하여 건강하고 문화적인 생활을 할 수 있도록 노력하여야 한다.3602 ④ **통일부장관**은 북한이탈주민에 대한 보호 및 지원 등을 위하여 북한이탈주민의 실태를 파악하고, 그 결과를 정책에 반영하여야 한다.3603
국가 및 지방 자치단체의 책무(§4의2)	**국가 및 지방자치단체**는 보호대상자의 성공적인 정착을 위하여 보호대상자의 보호·교육·취업·주거·의료 및 생활보호 등의 지원을 지속적으로 추진하고 이에 필요한 재원을 안정적으로 확보하기 위하여 노력하여야 한다.3604
기본계획 (§4의3)	① **통일부장관**은 북한이탈주민 보호 및 정착지원협의회의 심의를 거쳐 보호대상자의 보호 및 정착지원에 관한 기본계획을 **3년**마다 수립·시행하여야 한다.3616 ③ **통일부장관**은 관계 중앙행정기관의 장 및 지방자치단체의 장과 협의하여 기본계획에 따른 연도별 시행계획을 수립·시행하여야 한다.
보호기준 등 (§5)	② 이 법에 따른 보호 및 정착지원은 **원칙적으로 개인**을 단위로 하되, 필요하다고 인정하는 경우에는 대통령령으로 정하는 바에 따라 세대를 단위로 할 수 있다.3605 ③ 보호대상자를 정착지원시설에서 보호하는 기간은 **1년 이내**로 하고, 거주지에서 보호하는 기간은 **5년**으로 한다. 다만, 특별한 사유가 있는 경우에는 북한이탈주민 대책협의회의 심의를 거쳐 그 기간을 단축하거나 연장할 수 있다.3606 ④ 보호대상자는 특별한 사유가 있는 경우에는 제3항 단서에 따른 보호 기간의 단축 또는 연장을 **통일부장관**에게 요청할 수 있다. ⑤ **통일부장관**은 제3항 단서에 따른 보호 기간의 연장과 관련하여 보호 기간의 종료 시점, 보호 기간의 연장 요청 절차 등 대통령령으로 정하는 사항을 보호 기간 종료 전에 보호대상자에게 **알려야 한다**.

북한이탈주민 대책협의회 (§6)	① 북한이탈주민에 관한 정책을 협의·조정하고 보호대상자의 보호 및 정착지원에 관한 사항을 심의하기 위하여 통일부에 북한이탈주민 보호 및 정착지원협의회(이하 "협의회"라 한다)를 둔다. ② 협의회는 위원장 **1명을 포함한 40명 이내**의 위원으로 구성한다. 이 경우 특별시·광역시·특별자치시·도·특별자치도 소속 공무원을 포함한다. ③ 위원장은 **통일부차관**이 되며, 협의회의 업무를 총괄한다.
보호신청 (§7)	① 북한이탈주민으로서 이 법에 따라 보호를 받으려는 사람은 재외공관이나 그 밖의 행정기관의 장에게 보호를 **직접 신청**하여야 한다. 다만, 보호를 직접 신청하지 아니할 수 있는 대통령령으로 정하는 사유가 있는 경우에는 그러하지 아니하다. ② 보호신청을 받은 재외공관장 등은 지체없이 그 사실을 소속 중앙행정기관의 장을 거쳐 **통일부장관과 국가정보원장**에게 통보**하여야 한다.** ④ ②에 따라 통보를 받은 **국가정보원장**은 보호신청자에 대하여 보호결정 등을 위하여 필요한 조사 및 일시적인 신변안전조치 등 임시보호조치를 한 후 지체 없이 그 결과를 **통일부장관**에게 통보**하여야 한다.**
보호결정 (§8)	① **통일부장관**은 **국가정보원장**의 통보를 받으면 협의회의 심의를 거쳐 보호 여부를 결정한다. 다만, 국가안전보장에 현저한 영향을 줄 우려가 있는 사람에 대하여는 **국가정보원장**이 그 보호 여부를 결정하고, 그 결과를 지체없이 **통일부장관**과 **보호신청자**에게 통보하거나 알려야 한다.
보호결정의 기준 (§9)	① 다음에 해당하는 사람은 보호대상자로 결정하지 아니할 수 있다. 　1. **항**공기납치, 마약거래, 테러, 집단살해 등 국제형사범죄자　**비위3항** 　2. 살인 등 중대한 **비**정치적 범죄자 　3. **위**장탈출 혐의자 　5. 국내 입국 후 **3년**이 지나서 보호신청한 사람 　6. 그 밖에 국가안전보장·질서유지·공공복리에 대한 중대한 위해 발생 우려, 보호신청자의 경제적 능력 및 해외체류 여건 등을 고려하여 보호대상자로 정하는 것이 부적당하거나 보호 필요성이 현저히 부족하다고 대통령령으로 정하는 사람 ② **제1항 제5호의 경우** 북한이탈주민에게 대통령령으로 정하는 부득이한 사정이 있는 경우에는 그러하지 아니하다. ③ **통일부장관**은 국가안전보장·질서유지 등을 위하여 필요한 경우에는 협의회의 심의를 거쳐 **제1항 제1호 또는 제2호**에 해당하는 사람을 관할 수사기관에 수사의뢰하거나 그 밖의 필요한 조치를 할 수 있다. ④ **통일부장관**은 북한이탈주민으로서 제1항 각 호의 어느 하나에 해당하여 보호대상자로 결정되지 아니한 사람에게는 필요한 경우 보호 및 지원을 할 수 있다.
학력 인정 (§13)	보호대상자는 대통령령으로 정하는 바에 따라 북한이나 외국에서 이수한 학교 교육의 과정에 상응하는 학력을 인정받을 수 있다.
자격 인정 (§14)	① 보호대상자는 관계 법령에서 정하는 바에 따라 북한이나 외국에서 취득한 자격에 상응하는 자격 또는 그 자격의 일부를 인정받을 수 있다. ② **통일부장관**은 자격 인정 신청자에게 대통령령으로 정하는 바에 따라 자격 인정을 위하여 필요한 보수교육 또는 재교육을 실시할 수 있다.
직업훈련(§16)	**통일부장관**은 직업훈련을 희망하는 보호대상자등에 대하여 직업훈련을 실시할 수 있다.

특별임용 (§18)	① 북한에서의 자격이나 경력이 있는 사람 등 북한이탈주민으로서 공무원으로 채용하는 것이 필요하다고 인정되는 사람에 대하여는 북한을 벗어나기 전의 자격·경력 등을 고려하여 공무원으로 특별임용할 수 있다. ② 북한의 군인이었던 보호대상자가 국군에 편입되기를 희망하면 북한을 벗어나기 전의 계급, 직책 및 경력 등을 고려하여 국군으로 특별임용할 수 있다.
거주지 보호 (§22)	**통일부장관**은 보호대상자가 정착지원시설로부터 그의 거주지로 전입한 후 정착하여 스스로 생활하는 데 장애가 되는 사항을 해결하거나 그 밖에 자립·정착에 필요한 보호를 할 수 있다.
거주지에서의 신변보호 (§22의2)	① 통일부장관은 보호대상자가 거주지로 전입한 후 그의 신변안전을 위하여 **국방부장관이나 경찰청장**에게 협조를 요청할 수 있으며, 협조 요청을 받은 국방부장관이나 경찰청장은 이에 협조한다. ② 신변보호에 필요한 사항은 **통일부장관**이 국방부장관, 국가정보원장 및 경찰청장과 협의하여 정한다. 이 경우 해외여행에 따른 신변보호에 관한 사항은 **외교부장관과 법무부장관**의 의견을 들을 수 있다. ③ **통일부장관**은 협의회의 심의를 거쳐 **5년**의 범위에서 신변보호기간을 정한다. 이 경우 통일부장관은 보호대상자의 의사를 고려하여야 한다. ④ **통일부장관**은 보호대상자의 의사, 신변보호의 지속 필요성 등을 고려하여 협의회의 심의를 거쳐 신변보호기간을 연장할 수 있다. 다만, **통일부장관**은 연장된 기간의 종료 전이라도 보호대상자가 요청하는 경우에는 협의회의 심의를 거쳐 신변보호를 종료할 수 있다. ⑤ 신변보호기간 및 연장된 기간이 종료된 이후 보호대상자는 **통일부장관**에게 신변보호 재실시를 요청할 수 있다. 이 경우 **통일부장관**은 신변보호의 필요성 등을 고려하여 협의회의 심의를 거쳐 **5년의 범위**에서 신변보호 재실시 여부를 결정한다. ※ 신변보호 협조 요청을 받은 국방부장관이나 경찰청장은 거주지에서의 신변보호를 하는 경우 보호대상자의 인권을 보호하기 위해 노력해야 한다(시행령§42①). ※ **국가정보원장**은 정착지원시설에서 보호를 받는 보호대상자가 그 정착지원시설로부터 그의 거주지로 전입하려는 경우 그 사실을 **통일부장관에게** 알려야 한다(시행령§42②).
주거지원 등	① 취업 알선을 받으려는 보호대상자는 취업신청서를 통일부장관에게 제출하여야 한다(시행령§35①). ② 보호대상자의 연령·세대구성 등을 고려하여 예산의 범위에서 전용면적 85제곱미터 이하의 주택을 무상으로 제공하거나 임대에 필요한 지원을 할 수 있다(시행령§38①).

CHAPTER 07
외사관리

- 01 다문화 사회
- 02 국적법
- 03 외국인의 입국과 출국(출입국관리법)
- 04 여권(여권법)
- 05 외국인의 체류(출입국관리법)
- 06 국제형사경찰기구(인터폴)
- 07 국제형사사법공조(법)
- 08 범죄인 인도법
- 09 주한미군지위협정(SOFA)
- 10 외국인 등 관련범죄에 관한 특칙
- 11 경찰청 과 그 소속기관 직제(부록)

최신개정법령&무료자료 다운로드 등
네이버 김재규경찰학 카페(https://cafe.naver.com/ollaedu)

다문화 사회_B급

1 다문화사회 접근유형

자유주의적 다문화주의	① **동화주의**(assimilationism) ② 차별을 금지하고 사회참여를 위해 기회평등을 보장 ③ 소수 인종과 문화적 소수자에 대한 **기회평등**이라는 측면에서 접근3629 ④ 소수 인종 집단 고유의 문화와 가치를 인정하지만, 시민생활이나 공적 생활에서는 **주류 사회의 문화, 언어, 사회습관에 따를 것을 요구함**3628
급진적 다문화주의	① 다문화주의는 '차이에 대한 권리'로 해석, 소수자의 문화적 권리와 결부시켜 이해3630 ② 주류 사회의 양식을 부정하고 독자적인 방식을 추구하는 움직임으로 **소수민족에 의한 문화주의를 의미** ③ 대표사례 : 미국 – 흑인과 원주민에 의한 '격리주의 운동'3631
조합주의적 다문화주의	① **다원주의** ② 자유주의적 다문화주의와 급진적 다문화주의의 **절충**적 형태 ③ **결과에 있어서의 평등** 보장이라는 측면에서 접근3632 ④ 소수집단의 사회참가를 촉진하기 위해 적극적인 재정적·법적 원조3633 ⑤ 다언어방송, 다언어의사소통, 다언어문서, 다언어 및 다문화 교육 등을 추진 ⑥ 사적 영역에서 소수민족 학교나 공공단체에 대해 지원하기도 함

국적법 _B급

귀화에 의한 국적 취득 (§4 ①)	대한민국 국적을 취득한 사실이 **없는** 외국인은 법무부장관의 귀화허가를 받아 대한민국 국적을 취득할 수 있다.
일반귀화 요건(§5)	1. **5년 이상** 계속하여 대한민국에 주소가 있을 것 2. 대한민국에서 영주할 수 있는 체류자격을 가지고 있을 것 3. 대한민국의 **민법**상 성년일 것 4. 법령을 준수하는 등 **법무부령**으로 정하는 품행 단정의 요건을 갖출 것 5. 자신의 자산이나 기능에 의거하거나 생계를 같이하는 가족에 의존하여 생계를 유지할 능력이 있을 것 6. 국어능력과 대한민국의 풍습에 대한 이해 등 대한민국 국민으로서의 기본 소양을 갖추고 있을 것 7. 귀화를 허가하는 것이 국가안전보장·질서유지 또는 공공복리를 해치지 아니한다고 **법무부장관**이 인정할 것
간이귀화 요건 (§6)	① 다음 어느 하나에 해당하는 외국인으로서 대한민국에 **3년 이상** 계속하여 주소가 있는 사람은 '**5년 이상** 계속하여 대한민국에 주소가 있을 것 또는 대한민국에서 영주할 수 있는 체류자격을 가지고 있을 것'이라는 요건을 갖추지 아니하여도 귀화허가를 받을 수 있다. 1. 부 또는 모가 대한민국의 국민이었던 사람 2. 대한민국에서 출생한 사람으로서 부 또는 모가 대한민국에서 출생한 사람 3. 대한민국 국민의 양자로서 입양 당시 대한민국의 「민법」상 성년이었던 사람 ② **배우자가 대한민국의 국민인 외국인으로서** 다음 각 호의 어느 하나에 해당하는 사람은 '**5년 이상** 계속하여 대한민국에 주소가 있을 것 또는 대한민국에서 영주할 수 있는 체류자격을 가지고 있을 것'이라는 요건을 갖추지 아니하여도 귀화허가를 받을 수 있다. 1. 그 배우자와 혼인한 상태로 대한민국에 **2년 이상** 계속하여 주소가 있는 사람 2. 그 배우자와 혼인한 후 **3년**이 지나고 혼인한 상태로 대한민국에 **1년 이상** 계속하여 주소가 있는 사람
국적취득자 외국국적 포기의무(§10)	대한민국 국적을 취득한 외국인으로서 외국 국적을 가지고 있는 자는 대한민국 국적을 취득한 날부터 **1년 내**에 그 외국 국적을 포기하여야 한다.
복수국적자의 국적선택의무 (§12)	**만 20세**가 되기 전에 복수국적자가 된 자는 **만 22세**가 되기 전까지, **만 20세**가 된 후에 복수국적자가 된 자는 그 때부터 **2년 내**에 하나의 국적을 선택하여야 한다. 다만, 법무부장관에게 대한민국에서 외국 국적을 행사하지 아니하겠다는 뜻을 서약한 복수국적자는 제외한다.
대한민국 국적의 선택 절차(§13)	출생 당시에 모가 자녀에게 외국 국적을 취득하게 할 목적으로 외국에서 체류 중이었던 사실이 인정되는 자는 외국 국적을 포기한 경우에만 **대한민국 국적을 선택한다는 뜻을 신고할 수 있다.**
외국국적 취득에 따른 국적상실(§15)	대한민국의 국민으로서 **자진하여** 외국 국적을 취득한 자는 그 **외국 국적을 취득한 때**에 대한민국 국적을 상실한다.
복수국적자의 법적 지위(§11의2)	중앙행정기관의 장이 복수국적자를 외국인과 동일하게 처우하는 내용으로 법령을 제정 또는 개정하려는 경우에는 미리 **법무부장관**과 협의하여야 한다.

외국인의 입국과 출국(출입국관리법)_A급

1 외국인의 입국

외국인의 입국 (§7)	① 외국인이 입국할 때에는 유효한 여권과 **법무부장관**이 발급한 **사증**을 가지고 있어야 한다.3639 (외교부장관 X)
	② 다음 각 호의 어느 하나에 해당하는 외국인은 ①에도 불구하고 **사증 없이 입국할 수 있다(무사증 입국사유)**.3641
	  1. 재입국허가를 받은 사람 또는 재입국허가가 면제된 사람으로서 그 허가 또는 면제받은 **기간이 끝나기 전**에 입국하는 사람
	  2. 대한민국과 사증면제협정을 체결한 국가의 국민으로서 면제대상이 되는 사람
	  3. 국제친선, 관광 또는 대한민국의 이익 등을 위하여 입국하는 사람으로서 **대통령령**으로 정하는 바에 따라 따로 입국허가를 받은 사람
	
	동법 시행령 제8조(국제친선 등을 위한 입국허가)
	1. 외국정부 또는 국제기구의 업무를 수행하는 사람으로서 부득이한 사유로 사증을 가지지 아니하고 입국하려는 사람
	2. **30일**의 범위 내에 대한민국을 관광하거나 통과할 목적으로 입국하려는 사람(B-2)
	3. 그 밖에 법무부장관이 대한민국의 이익 등을 위하여 그 입국이 필요하다고 인정하는 사람3640
	
	  4. 난민여행증명서를 발급받고 출국한 후 그 유효기간이 끝나기 전에 입국하는 사람

사증(§8)	① 제7조에 따른 사증은 1회만 입국할 수 있는 **단수사증**과 2회 이상 입국할 수 있는 **복수사증**으로 구분한다.
	
	  단수사증: 외국인입국허가서의 유효기간은 **3개월**로 하며, **1회** 입국에만 효력을 가짐
	  복수사증: **외교(A-1), 공무(A-2), 협정(A-3)**의 체류자격에 해당하는 사람으로서 대한민국에 주재하기 위하여 입국하려는 사람에 대한 **외국인입국허가서**의 유효기간은 **3년**으로 하며, **2회 이상** 입국할 수 있는 효력을 가짐(동시행령 §10④)
	
	② **법무부장관**은 사증발급에 관한 권한을 대통령령으로 정하는 바에 따라 **재외공관의 장**에게 위임할 수 있다.3642 (외교부장관 X)

2 외국인의 입국금지 사유(출입국관리법 §11①)

법무부장관은 다음에 해당하는 외국인에 대하여는 입국을 금지할 수 있다.
1. 감염병환자, 마약류중독자, 그 밖에 공중위생상 위해를 끼칠 염려가 있다고 인정되는 사람
2. 「총포·도검·화약류 등의 안전관리에 관한 법률」에서 정하는 총포·도검·화약류 등을 위법하게 가지고 입국하려는 사람
3. 대한민국의 이익이나 공공의 안전을 해치는 행동을 할 염려가 있다고 인정할 만한 상당한 이유가 있는 사람
4. 경제질서 또는 사회질서를 해치거나 선량한 풍속을 해치는 행동을 할 염려가 있다고 인정할 만한 상당한 이유가 있는 사람
5. 사리 분별력이 없고 국내에서 체류활동을 보조할 사람이 없는 정신장애인, 국내체류비용을 부담할 능력이 없는 사람, 그 밖에 구호가 필요한 사람
6. 강제퇴거명령을 받고 출국한 후 **5년**이 지나지 아니한 사람
7. 1910년 8월 29일부터 1945년 8월 15일까지 사이에 일본등의 정부의 지시를 받거나 그 정부와 연계하여 인종, 민족, 종교, 국적, 정치적 견해 등을 이유로 사람을 학살·학대하는 일에 관여한 사람
8. 1부터 7까지의 규정에 준하는 사람으로서 법무부장관이 그 입국이 적당하지 아니하다고 인정하는 사람

3 입국 시 생체정보의 제공 등(출입국관리법 §12의2)

정보제공 (원칙)	입국하려는 외국인은 입국심사를 받을 때 법무부령으로 정하는 방법으로 생체정보를 제공하고 본인임을 확인하는 절차에 **응하여야 한다**.	
	정보 미제공시	출입국관리공무원은 입국을 허가하지 **아니할 수 있다**.
	자료제출의 요청	법무부장관은 관계행정기관이 보유하고 있는 외국인의 지문 및 얼굴에 관한 자료의 제출을 **요청할 수 있다**.
면제 (예외)	1. **17세 미만**인 사람 2. 외국정부 또는 국제기구의 업무를 수행하기 위하여 입국하는 사람과 그 동반 가족 3. 외국과의 우호 및 문화교류 증진, 경제활동 촉진 또는 대한민국의 이익 등을 고려하여 면제하는 것이 필요하다고 **대통령령**으로 정하는 사람	

4 외국인의 상륙 종류와 기간(출입국관리법 §14~16의2)

종류	허가사유	허가기간	허가권자
승무원상륙	1. **외국인승무원**이 승선 중인 선박 등이 대한민국의 출입국항에 정박하고 있는 동안 **휴양 등의 목적**으로 상륙하고자 하는 때 2. 외국인승무원이 대한민국의 출입국항에 입항할 예정이거나 정박 중인 선박등으로 옮겨 타고자 하는 때 3646	**15일** 3652·3653	출입국 관리 공무원
관광상륙	**관광을 목적**으로 대한민국과 외국 해상을 국제적으로 순회하여 운항하는 여객운송선박에 승선한 **외국인 승객**이 상륙하고자 하는 때	**3일** 3654	
긴급상륙	선박등에 타고 있는 외국인(승무원 포함)이 질병이나 그 밖의 사고로 **긴급히 상륙**할 필요가 있다고 인정될 때 3647	**30일**	
재난상륙	조난을 당한 선박등에 타고 있는 외국인(승무원 포함)을 **긴급히 구조**할 필요가 있다고 인정할 때 3645	**30일** 3648	지방 출입국· 외국인 관서의 장
난민임시 상륙 3649	선박등에 타고 있는 외국인이 난민법 제2조 제1호에 규정된 이유나 그 밖에 이에 준하는 이유로 그 생명·신체 또는 신체의 자유를 침해받을 공포가 있는 영역에서 도피하여 곧바로 대한민국에 비호를 신청하는 경우 ※ 허가시 법무부장관의 승인을 요함(**법무부장관**은 외교부장관과 협의) 3650	**90일** 3651	
기간연장	각각 그 허가 기간만큼 연장 가능(동법 시행령 §21)		

승관긴재난

5 외국인의 출국정지(출입국관리법)

원칙	출국의 자유(체류국은 외국인의 출국을 금지할 수 없음)	
출국정지사유 (동법 시행령 §36)	① **법무부장관**은 다음의 경우에 해당하는 외국인에 대하여 출국을 정지할 수 있다. 1. 형사재판에 계속 중인 사람 2. 징역형이나 금고형의 집행이 끝나지 아니한 사람 3655 3. 벌금(1천만원)이나 추징금(2천만원)을 내지 아니한 사람 4. 국세·관세(5천만원) 또는 지방세(3천만원)를 정당한 사유 없이 그 납부기한까지 내지 아니한 사람 5. 양육비 채무자 중 양육비이행심의위원회의 심의·의결을 거친 사람 6. 1부터 5까지의 규정에 준하는 사람으로서 대한민국의 이익이나 공공의 안전 또는 경제질서를 해칠 우려가 있어 그 출국이 적당하지 아니하다고 법무부령으로 정하는 사람	**3개월**
	7. 범죄수사를 위하여 출국이 적당하지 아니하다고 인정되는 사람	**1개월**
긴급출국정지 (§29의2)	**수사기관**은 범죄 피의자인 외국인이 제4조의6 제1항(사형·무기 또는 **장기 3년 이상**의 징역이나 금고)에 해당하는 경우에는 제29조 제2항에도 불구하고 출국심사를 하는 **출입국관리 공무원**에게 출국정지를 요청할 수 있다.	

※ 강제출국은 형벌이 아닌 행정행위임

6 내국인의 출국금지(출입국관리법)

사유 및 기간 (§4)	1. 형사재판에 계속 중인 사람 2. 징역형이나 금고형의 집행이 끝나지 아니한 사람₃₆₅₆ 3. 대통령령으로 정하는 금액 이상의 벌금(1천만원)이나 추징금(2천만원)을 내지 아니한 사람₃₆₆₀ 4. 대통령령으로 정하는 금액 이상의 국세·관세(5천만원) 또는 지방세(3천만원)를 정당한 사유 없이 그 납부기한까지 내지 아니한 사람₃₆₆₁ 5. 양육비 채무자 중 양육비이행심의위원회의 심의·의결을 거친 사람 6. 「근로기준법」 제43조의2에 따라 명단이 공개된 체불사업주 7. 1부터 6까지의 규정에 준하는 사람으로서 대한민국의 이익이나 공공의 안전 또는 경제질서를 해칠 우려가 있어 그 출국이 적당하지 아니하다고 법무부령으로 정하는 사람	6개월₃₆₅₇
	8. **범죄수사**를 위하여 출국이 적당하지 아니하다고 인정되는 사람₃₆₆₂	1개월
	9. 다만, 다음에 해당하는 사람은 다음에 정한 기간으로 함 ㉠ 소재를 알 수 없어 기소중지 또는 수사중지(피의자중지로 한정)된 사람 또는 도주 등 특별한 사유가 있어 수사진행이 어려운 사람 : **3개월 이내**₃₆₅₈ ㉡ 기소중지 또는 수사중지(피의자중지로 한정)된 경우로서 **체포영장 또는 구속영장이 발부된 사람 : 영장 유효기간 이내**₃₆₅₉	
연장 (§4의2)	① **법무부장관**은 출국금지기간을 초과하여 계속 출국을 금지할 필요가 있다고 인정하는 경우에는 그 기간을 **연장할 수 있다.** ② 출국금지를 요청한 기관의 장은 출국금지기간이 끝나기 **3일 전**까지 **법무부장관**에게 출국금지 기간을 연장하여 줄 것을 요청하여야 한다.₃₆₆₃	
출국금지의 해제(§4의3)	① **법무부장관**은 출국금지 사유가 없어졌거나 출국을 금지할 필요가 없다고 인정할 때에는 즉시 출국금지를 해제하여야 한다.₃₆₆₄	
이의신청 (§4의5)	① 출국이 금지되거나 출국금지기간이 연장된 사람은 출국금지결정이나 출국금지기간 연장의 통지를 받은 날 또는 그 사실을 안 날부터 **10일 이내**에 **법무부장관**에게 출국금지결정이나 출국금지기간 연장결정에 대한 이의를 신청할 수 있다.₃₆₆₇ ② **법무부장관**은 제1항에 따른 이의신청을 받으면 그 날부터 **15일 이내**에 이의신청의 **타당성 여부를 결정**하여야 한다. 다만, 부득이한 사유가 있으면 **15일의 범위에서 한 차례만 그 기간을 연장**할 수 있다. ③ **법무부장관**은 제1항에 따른 이의신청이 이유 있다고 판단하면 즉시 출국금지를 해제하거나 출국금지기간의 연장을 철회하여야 하고, 그 이의신청이 이유 없다고 판단하면 이를 기각하고 당사자에게 그 사유를 서면에 적어 통보하여야 한다.	
긴급 출국금지 (§4의6)	① **수사기관**은 범죄 피의자로서 사형·무기 또는 **장기 3년 이상**의 징역이나 금고에 해당하는 죄를 범하였다고 의심할 만한 상당한 이유가 있고, 피의자가 증거를 인멸할 염려 또는 도망하거나 도망 우려 있는 때, 긴급한 필요가 있는 때에는 출국심사를 하는 **출입국관리공무원**에게 출국 금지를 요청할 수 있다. ③ 수사기관은 긴급출국금지를 요청한 때로부터 **6시간 이내**에 법무부장관에게 긴급출국금지 승인을 요청하여야 한다.₃₆₆₅ ④ **법무부장관**은 수사기관이 긴급출국금지 승인 요청을 하지 아니한 때에는 출국금지를 해제하여야 한다. 수사기관이 긴급출국금지 승인을 요청한 때로부터 **12시간 이내**에 법무부장관으로부터 긴급출국금지 승인을 받지 못한 경우에도 또한 같다.₃₆₆₆ ⑤ ④에 따라 출국금지가 해제된 경우에 수사기관은 동일한 범죄사실에 관하여 다시 긴급출국금지 요청을 할 수 없다.	

THEME 04 여권(여권법) _B급

1 주요내용

의의	① 국외여행을 인정하는 본국의 일방적 증명서 ② 외국인이 타국에 입국하기 위해서는 그의 소속 국가로부터 여권을 발급받아야 한다.		
발급권자 (§3)	① **외교부장관**이 발급[지방자치단체의 장에게 대행하게 할 수 있다(§21).] ② 외교관여권 발급은 외교부에서만 발급할 수 있다.		
종류 (§4)	신분에 의한 분류	일반여권	10년 이내(18세 미만인 사람 : 5년)3671
		관용여권	5년 이내3672
		외교관여권	5년 이내(특별사절 등은 수행기간에 따라 1년 또는 2년)3673
	사용횟수에 의한 분류	단수여권	1회에 한하여 외국여행을 할 수 있는 여권
		복수여권	• 유효기간 만료일까지 • 횟수에 제한 없이 외국여행을 할 수 있는 여권
	※ **긴급여권** : 단수여권(1회) (일반여권, 관용여권, 외교관 여권을 발급받거나, 재발급 받을 시간적 여유가 없는 경우 긴급한 발급이 필요하다고 인정되어 발급함)		

발급·재발급
거부
(거부 가능)
(§12)
3674
	① **외교부장관**은 다음 각 호의 어느 하나에 해당하는 사람에 대하여는 **여권의 발급 또는 재발급**을 거부할 수 있다.
	  1. **장기 2년 이상**의 형(刑)에 해당하는 죄로 인하여 기소(起訴)되어 있는 사람 또는 **장기 3년 이상**의 형에 해당하는 죄로 인하여 기소중지 또는 수사중지(피의자중지로 한정한다)되거나 체포영장·구속영장이 발부된 사람 중 **국외에 있는 사람**
	  2. 제24조부터 제26조까지의 죄를 범하여 실형을 선고받고 그 집행이 끝나거나(집행이 끝난 것으로 보는 경우를 포함한다) 집행이 면제되지 아니한 사람
	  2의2. 제2호의 죄를 범하여 형의 **집행유예**를 선고받고 그 유예기간 중에 있는 사람
	  3. 제2호의 죄 외의 죄를 범하여 금고 이상의 실형을 선고받고 그 집행이 끝나거나(집행이 끝난 것으로 보는 경우를 포함한다) 집행이 면제되지 아니한 사람
	  3의2. 제2호의 죄 외의 죄를 범하여 **금고 이상의 형의 집행유예**를 선고받고 그 유예기간 중에 있는 사람
	  4. **국외에서** 대한민국의 안전보장·질서유지나 통일·외교정책에 중대한 침해를 일으킬 우려가 있는 경우로서 다음 각 목의 어느 하나에 해당하는 사람
	    가. 출국할 경우 테러 등으로 생명이나 신체의 안전이 침해될 위험이 큰 사람
	    나. 「보안관찰법」 제4조에 따라 보안관찰처분을 받고 그 기간 중에 있으면서 같은 법 제22조에 따라 경고를 받은 사람		

효력상실 (§13)		여권이 발급된 날부터 **6개월**이 지날 때까지 신청인이 그 여권을 받아가지 아니한 때에는 그 효력을 잃는다.3670
증명서 (§14)		② 여행증명서의 유효기간은 **1년 이내**로 하되, 그 여행증명서의 발급 목적을 이루면 그 효력을 잃는다.
여권 등의 반납 (§19)		① **외교부장관**은 여권이나 여행증명서를 반납시킬 필요가 있다고 인정하면 여권 등의 명의인에게 반납에 필요한 적정한 기간을 정하여 여권 등의 반납을 명할 수 있다. ② **관계 행정기관의 장**은 **장기 2년 이상**의 형에 해당하는 죄로 인하여 기소되는 등의 일정 사유에 해당하는 때에는 **외교부장관**에게 여권 등의 발급·재발급의 거부·제한이나 유효한 여권의 반납명령을 요청할 수 있다(동법 시행령§23).
휴대 및 제시의무 (출입국 관리법 §27)	휴대	대한민국에 체류하는 외국인은 항상 여권·선원신분증명서·외국인입국허가서·외국인등록증·모바일외국인등록증 또는 상륙허가서를 지니고 있어야 한다.
	휴대예외	**17세 미만**인 외국인의 경우에는 그러하지 아니한다.3675
	제시의무	외국인은 출입국관리공무원이나 권한 있는 공무원이 그 직무수행과 관련하여 여권 등의 제시를 요구하면 여권 등을 **제시하여야 한다**.3676
	휴대·제시 요구 위반	**100만 원 이하의 벌금**(과태료 X)에 처한다(§98).3677

> **TIP** 여권에 갈음하는 증명서
>
> **여행증명서, 난민여행증명서**, 국제연합통행증3668
>   → 유효기간 : 1년3669 → 3년
> ※ 선원신분증명서, 선원수첩, 인터폴신분증, 사증, 난민인증서 등은 여권을 대신할 수 있는 증명서가 아니다.

2 여행경보제도

(1) 여행경보 단계별 안전대책(여행경보제도 운영지침 §3,5) 남황적흑 유자권금

여행경보단계		해외체류자	해외여행 예정자
1단계	**남**색경보(여행**유**의)	신변안전 위험 요인 숙지·대비3680	
2단계	**황**색경보(여행**자**제)	신변안전 특별유의3682	불필요한 여행 자제3679
3단계	**적**색경보(출국**권**고)	긴급용무가 아닌한 출국	여행취소·연기
4단계	**흑**색경보(여행**금**지)	즉시 대피·철수	여행금지 준수

(2) 특별여행주의보(동지침 §3, 5, 6)

> ① 특별한 주의가 요구되는 위험 또는 그 징후가 나타난 경우로서, 단기적으로 긴급한 위험에 대하여 발령3681
> ② 여행예정자 또는 체류자의 행동요령은 **황색경보(여행자제) 이상 적색경보(출국권고) 이하**에 준하는 효과 발생3678
> ③ 특별여행주의보는 발령일로부터 **90일**을 초과하지 않는 범위 내에서 자동 해제 일자를 설정하여야 한다.

# THEME 05 외국인의 체류(출입국관리법) _A급

1 개설

체류	① 외국인은 그 체류자격과 체류기간의 범위에서 대한민국에 체류할 수 있다(§17). ② 대한민국에 체류하는 외국인이 그 체류자격에 해당하는 활동과 함께 다른 체류자격에 해당하는 활동을 하려면 대통령령으로 정하는 바에 따라 미리 **법무부장관**의 **체류자격 외 활동허가**를 받아야 한다(§20).	
체류자격 부여 (§23)	다음의 어느 하나에 해당하는 외국인이 제10조에 따른 체류자격을 가지지 못하고 대한민국에 체류하게 되는 경우에는 다음의 구분에 따른 기간 이내에 대통령령으로 정하는 바에 따라 체류자격을 받아야 한다.	
	1. 대한민국에서 출생한 외국인	출생한 날부터 **90일**
	2. 대한민국에서 체류 중 대한민국의 국적을 상실하거나 이탈하는 등 그 밖의 사유가 발생한 외국인	그 사유가 발생한 날부터 **60일**

2 외국인의 장기체류 자격(출입국관리법 시행령 별표 1의2)

구분	내용
A-1 (외교)	대한민국정부가 접수한 외국정부의 외교사절단이나 영사기관의 구성원, 조약 또는 국제관행에 따라 외교사절과 동등한 특권과 면제를 받는 사람과 그 가족
A-2 (공무)	대한민국정부가 승인한 외국정부 또는 국제기구의 공무를 수행하는 사람과 그 가족 3686
A-3 (협정)	대한민국정부와의 협정에 따라 외국인등록이 면제되거나 면제할 필요가 있다고 인정되는 사람과 그 가족
D-2 (유학)	전문대학 이상의 교육기관 또는 학술연구기관에서 정규과정의 교육을 받거나 특정 연구를 하려는 사람 3689
E-2 (회화지도)	법무부장관이 정하는 자격요건을 갖춘 외국인으로서 외국어 전문학원, 초등학교 이상의 교육기관 및 부설어학연구소, 방송사 및 기업체 부설 어학연수원, 그 밖에 이에 준하는 기관 또는 단체에서 외국어 회화지도에 종사하려는 사람 3685
E-6 (예술흥행)	수익이 따르는 음악, 미술, 문학 등의 예술활동과 수익을 목적으로 하는 연예, 연주, 연극, 운동경기, 광고·패션모델, 그 밖에 이에 준하는 활동을 하려는 사람 3683
E-8 (계절근로)	법무부장관이 관계 중앙행정기관의 장과 협의하여 정하는 농작물 재배·수확(재배·수확과 연계된 원시가공 분야를 포함한다) 및 수산물 원시가공 분야에서 취업 활동을 하려는 사람으로서 법무부장관이 인정하는 사람
E-9 (비전문취업)	「외국인근로자의 고용 등에 관한 법률」에 따른 국내 취업요건을 갖춘 사람(일정 자격이나 경력 등이 필요한 전문 직종에 종사하려는 사람은 제외) 3684
F-6 (결혼이민)	1. 국민의 배우자 2. 국민과 혼인관계(사실혼 포함)에서 출생한 자녀를 양육하고 있는 부 또는 모로서 법무부장관이 인정하는 사람 3687 3. 국민인 배우자와 혼인한 상태로 국내에 체류하던 중 그 배우자의 사망이나 실종, 그 밖에 자신에게 책임이 없는 사유로 정상적인 혼인관계를 유지할 수 없는 사람으로서 법무부장관이 인정하는 사람

3 외국인의 강제퇴거(출입국관리법)

의의	① 체류국 정부가 체류 중인 외국인에게 체류국 영역 밖으로 퇴거를 명하는 **행정행위**3700 ② 강제퇴거 사유가 동시에 형사처분 사유가 되는 경우에는 **병행 처벌**할 수 있음3691
대상 (§46) 3698	1. 유효한 여권과 사증 없이 입국하는 사람 2. 허위초청 등의 금지 규정을 위반한 외국인 또는 허위초청 등의 행위로 입국한 외국인 3. 입국금지 해당사유가 입국 후에 발견되거나 발생한 사람3696 4. 입국심사 또는 선박 등의 제공 금지 규정을 위반한 사람 5. 지방출입국·외국인관서의 장이 붙인 조건부 입국 허가조건을 위반한 사람 6. 상륙허가를 받지 아니하고 상륙한 사람 7. 지방출입국·외국인관서의 장 또는 출입국관리공무원이 붙인 상륙 허가조건을 위반한 사람 8. 체류 및 활동범위, 외국인 고용제한, 체류자격 외 활동, 체류자격 부여, 체류자격 변경허가, 체류기간 연장허가 규정을 위반한 사람 9. 허가를 받지 아니하고 근무처를 변경·추가하거나 허가를 받지 아니한 외국인을 고용·알선한 사람 10. 거소 또는 활동범위의 제한이나 그 밖의 준수사항을 위반한 사람 10의2. 허위서류 제출 등의 금지규정을 위반한 외국인 11. 출국심사 규정을 위반하여 출국하려고 한 사람3697 12. 외국인등록 의무를 위반한 사람 12의2. 외국인등록증 등의 채무이행 확보수단 제공 등의 금지규정을 위반한 외국인 13. **금고 이상의 형**을 선고받고 **석방된 사람**3692 14. 자살 또는 자해행위를 하려는 경우, 다른 사람에게 위해를 가하거나 가하려는 경우, 출입국관리공무원의 직무집행을 정당한 사유 없이 거부 또는 기피하거나 방해하는 경우, 앞의 나열한 경우 외에 시설 및 다른 사람의 안전과 질서를 현저히 해치는 행위를 하거나 하려는 경우 15. 그 밖에 제1호부터 제10호까지, 제10호의2, 제11호, 제12호, 제12호의2, 제13호 또는 제14호에 준하는 사람으로서 **법무부령**으로 정하는 사람 〈동조 제2항〉 1. **영주자격**을 가진 사람으로 형법상 내란의 죄 또는 외환의 죄를 범한 사람 2. **영주자격**을 가진 사람으로 **5년 이상**의 징역 또는 금고의 형을 선고받고 석방된 사람 중 법무부령으로 정하는 사람 3. **영주자격**을 가진 사람으로 선박 등의 제공 금지 규정을 위반하거나 교사 또는 방조한 사람
조사 (§47)	**출입국관리공무원**은 제46조 제1항 각 호의 어느 하나에 해당된다고 의심되는 외국인(이하 "용의자"라 한다)에 대하여는 그 사실을 **조사할 수 있다**.3693
보호 (§51)	① **출입국관리공무원**은 외국인이 제46조 제1항 각 호의 어느 하나에 해당된다고 의심할 만한 상당한 이유가 있고 도주하거나 도주할 염려가 있으면 **지방출입국·외국인관서의 장**으로부터 보호명령서를 발급받아 그 외국인을 **보호할 수 있다**.3694

보호기간 및 보호장소 (§52)	① 제51조에 따라 보호된 외국인의 강제퇴거 대상자 여부를 심사·결정하기 위한 보호기간은 **10일 이내**로 한다. 다만, 부득이한 사유가 있으면 **지방출입국·외국인관서의 장의 허가**를 받아 10일을 초과하지 아니하는 범위에서 **한 차례만 연장할 수 있다.**3699
심사 후의 절차(§59)	② **지방출입국·외국인관서의 장**은 심사 결과 용의자가 제46조 제1항 각 호의 어느 하나에 해당한다고 인정되면 강제퇴거명령을 할 수 있다.
강제퇴거 명령서의 집행 (§62)	① 강제퇴거명령서는 **출입국관리공무원이 집행**한다.3695 └ 예외적으로 사법경찰관리가 의뢰시 집행 가능

4 외국인 등록 (출입국관리법)

등록 대상 (§31)	외국인이 입국한 날부터 **90일을 초과**하여 대한민국에 체류하려면 대통령령으로 정하는 바에 따라 입국한 날부터 **90일 이내**에 그의 체류지를 관할하는 지방출입국·외국인관서의 장에게 외국인등록을 하여야 한다.
제외 대상 (§31)	1. 주한외국공관(대사관·영사관 포함)과 국제기구의 직원 및 그의 가족3702 2. 외교관 또는 영사와 유사한 특권 및 면제를 누리는 사람과 그의 가족 3. 대한민국정부가 초청한 사람 등으로서 **법무부령**으로 정하는 사람
외국인 등록증 발급(§33)	외국인등록을 받은 지방출입국·외국인관서의 장은 대통령령으로 정하는 바에 따라 그 외국인에게 외국인등록증을 **발급하여야 한다.** 다만, 그 외국인이 **17세 미만**인 경우에는 발급하지 아니할 수 있다.

> **TIP** 벌칙, 고발(출입국관리법 §94, 101)
>
> ① 불법체류자 고용시 **3년 이하의 징역 또는 3천만원 이하의 벌금**3703
> ② 출입국관리공무원 외의 수사기관이 제1항에 해당하는 사건을 입건(立件)하였을 때에는 지체 없이 관할 지방출입국·외국인관서의 장에게 인계하여야 한다.3704

국제형사경찰기구(인터폴, ICPO) _S급

1 주요내용

법적 지위	① 회원국 정부가 어떤 권리나 권위를 위임하지 않고 인터폴 헌장과 회원국 자체 내의 현행법 범위 내에서 그 기능을 수행 ② 형사범 체포 및 구속 등에 대한 권한은 없음(국제 수사기구 아님) 3727
발전과정	**1914년 모나코** 3705 ① 국제형사경찰회의 개최 ② 내용 : 국제범죄 기록보관소 설립, 범죄인 인도절차의 표준화 등에 대하여 논의 → 국제경찰협력의 기초가 됨 **1923년 비엔나** 3706 (제네바 X) ① 제2차 국제형사경찰회의 개최(19개국 경찰기관장 참석) ② 내용 : 국제형사경찰위원회(ICPC) 창립 ③ 한계 : 유럽대륙 위주의 기구였다는 **지역적 한계성** **1956년 비엔나** ① 제25차 국제형사경찰위원회 개최 ② 내용 : 국제형사경찰기구(ICPO) 발족(당시 사무총국 **파리**에 둠) 3707·3708·3709 (현재는 리옹)
조직	**총회 (General Assembly)**: 인터폴의 전반적인 시책과 원칙을 결정하는 **최고 의결기관** **집행위원회 (Executive Committee)**: ① 총회에서 선출되는 13명의 위원으로 구성 ② 총재는 4년, 3명의 부총재 및 집행위원은 3년 임기로 각각 선출된다. 3717 ③ 제한적 심의기관으로 총회 결정사항의 이행 여부 확인, 총회의 제안준비, 총회에 제출될 활동계획 및 예산안 승인, 사무총국운영에 대한 감독업무를 수행한다. 3719 **사무총국 (General Secretariat)**: ① **상설** 행정기관임과 동시에 기술기관으로서 총회와 집행위원회에서 결정된 사항을 행하며, 국제경찰협력에 있어 중추적 역할을 수행 ② 업무 : **국제수배서 발부** **국가중앙사무국 (NCB: National Central Bureau)**: 회원국 정부가 **자국 내에 설치**한 국제경찰협력 상설 경찰부서 3718

※ 기타 유로폴, 아세아폴 등을 조직하여 국제범죄에 공동으로 대응하고 있음

> **TIP** 인터폴 내용
>
> ① 국가중앙사무국(NCB)은 회원국에 설치된 상설 경찰협력부서로 우리나라의 경우 경찰청 국제협력관 국제공조담당관이 설치되어 있다.3711
> ② 우리나라는 1964년에 가입하였으며, 대한민국 국가중앙사무국장은 경찰청 국제협력관이다.3710
> ③ 인터폴의 공용어는 **영어, 불어, 스페인어, 아랍어**이다.3715
> ④ 인터폴 회원국 간에는 정치, 군사, 종교 및 인종적 사항에 대해서는 어떠한 관여나 활동도 금지하고 있다.3716

2 회원국 간 협조의 기본원칙3712

주권의 존중	협력은 각 회원국 경찰기관이 자국의 영토 내에서 자국법에 의해 취할 수 있는 조치들에 기초함
일반형법의 집행	인터폴의 활동범위는 일반범죄와 관련된 범죄의 예방과 진압에 국한됨
보편성	모든 회원국은 타 회원국과 협력할 수 있으며, 그러한 협력은 **지리적 또는 언어적 요소**에 의해 방해받아서는 안됨
평등성	모든 회원국은 **재정** 분담금의 규모와 관계없이 동일한 혜택과 지원을 받을 수 있음 **재정평등**3714
타 기관과의 협력	각국 국가중앙사무국(N.C.B)을 통한 협력은 일반범죄의 예방과 진압에 관계되는 모든 정부기관에 확대됨
협력방법의 융통성 (유연성)3713	업무방법은 비록 정형성과 연속성을 확보하기 위한 위의 원칙들에 의해 기속되지만, 각국의 다양한 경찰 조직구조와 상황을 충분히 고려하여 유연하게 행해져야 함

3 국제수배서의 종류(경찰청 국제공조수사 매뉴얼)

종류3720	목적	요건(인터폴 사무총국 규정)
적색수배서 (Red Notice)3726	수배자 체포 및 범죄인 인도	우리나라의 적색수배서 발부요건 장기 2년 이상 징역이나 금고에 해당하는 죄를 범하여 체포영장·구속영장 또는 형집행장이 발부된 자 중 ① 범죄단체 조직·가입·활동 ② 살인·상해·강도 등 강력범죄 ③ 강간·강제추행 등 성범죄 ④ 마약류 제조, 수출·입, 유통행위(단, 마약류 단순 구매·소지·투약 제외) ⑤ 전화금융사기 또는 범죄금액 5억원 이상 경제범죄 ⑥ 범죄금액 100억원 이상 사이버도박 운영 ⑦ 산업기술 유출 등 지식재산 범죄 ⑧ 그 밖에 사안의 중대성 등을 고려, 적색수배가 특별히 필요하다고 인정되는 자
청색수배서 (Blue Notice)3722	범죄관련인 소재확인	• 유죄판결을 받은 자, 수배자, 피의자, 참고인 등 **범죄 관련자**일 것 • **소재확인**을 위한 범죄사실 특정 등 충분한 자료가 제공될 것
녹색수배서 (Green Notice)3724	우범자 정보제공	• 법집행기관에 의해 공공안전에 위협이 되는 인물로 평가될 것 • **우범자 판단**에 전과 등 충분한 자료가 뒷받침될 것
황색수배서 (Yellow Notice) 3721·3723	실종자 소재확인	• 경찰에 신고되었을 것 • 성인의 경우 사생활 보호 관련 법률 위반 없을 것 • 충분한 자료가 제공되었을 것
흑색수배서 (Black Notice)3725	변사자 신원확인	• 경찰에 의해 변사체 발견이 확인되었을 것 • 충분한 정보가 제공될 것
오렌지색수배서 (Orange Notice)	위험물질 경고	법집행기관에 의해 공공안전에 급박한 위험이라고 평가될 것
보라색수배서 (Purple Notice)	범죄수법 정보 제공	• 수법·대상등이 회원국 들의 관심을 끌 수 있는 범죄일 것 • 충분한 자료가 제공될 것
UN특별수배서	UN 안보리 제재 대상 정보 제공	인터폴과 UN안보리의 협의사항에 따라 발부
은색 수배서 (Silver Notice)	범죄수익과 자산을 추적·동결·환수	각종 범죄수익과 자산을 추적·동결·환수하기 위한 목적으로 마련된 신종 수배서

국제형사사법공조(법) _A급

기본원칙	상호주의 (§4)	공조조약이 체결되어 있지 아니한 경우에도 동일하거나 유사한 사항에 관하여 대한민국의 공조요청에 따른다는 요청국의 보증이 있는 경우에는 이 법을 적용한다는 원칙3729·3730
	쌍방 가벌성 원칙	형사사법공조의 대상범죄는 **피요청국과 요청국 모두에서 처벌** 가능한 범죄이어야 한다는 원칙
	특정성 원칙	요청국이 공조에 따라 취득한 증거를 공조요청의 대상이 된 **범죄 이외**의 수사나 재판에 사용하여서는 안 된다는 원칙3728
공조조약과 관계(§3)		공조에 관하여 공조조약에 이 법과 다른 규정이 있는 경우에는 그 규정에 따른다. → **공조조약이 우선 적용**3731
공조의 범위 (§5)		공조의 범위는 다음 각 호와 같다. 1. 사람 또는 물건의 소재에 대한 수사 2. 서류·기록의 제공 3. 서류 등의 송달 4. **증거 수집, 압수·수색 또는 검증**3732 5. 증거물 등 물건의 인도(引渡) 6. 진술 청취, 그 밖에 요청국에서 증언하게 하거나 수사에 협조하게 하는 조치
공조 제한 (임의적) (§6)		다음의 어느 하나에 해당하는 경우에는 공조를 하지 **아니할 수 있다.** 1. 대한민국의 주권, 국가안전보장, 안녕질서 또는 미풍양속을 해칠 우려가 있는 경우3733·3765 2. 인종, 국적, 성별, 종교, 사회적 신분 또는 특정 사회단체에 속한다는 사실이나 정치적 견해를 달리한다는 이유로 처벌되거나 형사상 불리한 처분을 받을 우려가 있다고 인정되는 경우3737 3. 공조범죄가 정치적 성격을 지닌 범죄이거나, 공조요청이 정치적 성격을 지닌 다른 범죄에 대한 수사 또는 재판을 할 목적으로 한 것이라고 인정되는 경우3734 4. 공조범죄가 **대한민국의 법률에 의하여는** 범죄를 구성하지 아니하거나 공소를 제기할 수 없는 범죄인 경우3735 (요청국의 법률에 의하여 X) 5. 이 법에 요청국이 보증하도록 규정되어 있음에도 불구하고 요청국의 보증이 없는 경우3736
공조 연기 (§7)		대한민국에서 **수사가 진행 중이거나 재판에 계속된 범죄**에 대하여 외국의 공조요청이 있는 경우에는 그 수사 또는 재판 절차가 끝날 때까지 **공조를 연기할 수 있다.**3738

공조 절차	외국의 요청에 따른 수사공조 (§11,13,17)	① 공조요청국 → **외교부장관** → **법무부장관** → 지방검찰청 검사장 또는 고위공직자범죄수사처장 → 검사 → 경찰 ② 공조요청 접수 및 요청국에 대한 공조 자료의 송부는 **외교부장관**이 한다. 단, 긴급 또는 특별한 사정이 있는 경우 법무부장관이 외교부장관 동의를 받아 이를 할 수 있다.3739 ③ 요청국에 대한 공조는 **대한민국의 법률**에서 정하는 방식으로 한다. 단, 요청국 방식으로 가능하다(요청한 공조방식이 대한민국법률에 저촉되지 아니하는 경우). ④ 검사는 공조에 필요한 자료를 수집하기 위하여 관계인의 출석을 요구하여 진술을 들을 수 있고, 감정·통역 또는 번역을 촉탁할 수 있으며, 서류나 그 밖의 물건의 소유자·소지자 또는 보관자에게 그 제출을 요구하거나, 행정기관이나 그 밖의 공사단체에 공조에 필요한 사실을 조회하거나 필요한 사항의 보고를 요구할 수 있다.3740 ⑤ 검사는 공조에 필요한 경우에는 판사에게 청구하여 발급받은 영장에 의하여 압수·수색 또는 검증을 할 수 있다.3741 ⑥ 검사는 요청국에 인도하여야 할 증거물 등이 법원에 제출되어 있는 경우에는 **법원**의 인도허가 결정을 받아야 한다.3743 (법무부장관 X) ⑦ 검사는 사법경찰관리를 지휘하여 제1항의 수사를 하게 할 수 있고, 사법경찰관은 검사에게 신청하여 검사의 청구로 판사가 발부한 영장에 의하여 제2항에 따른 압수·수색 또는 검증을 할 수 있다.3742
	외국에 대한 수사공조 (§30, 31, 38)	① 경찰서 → 검사 또는 고위공직자범죄수사처장 → 대검찰청 → **법무부장관** → **외교부장관** → 상대국주재 한국대사관 → 상대국 외교부장관 → 상대국 경찰기관 ② 공조요청서를 받은 **법무부장관은** 외국에 공조요청하는 것이 타당하다고 인정하는 경우에는 그 공조요청서를 **외교부장관**에게 송부하여야 한다. 단, 긴급 또는 특별한 사정 있는 경우 공조서를 직접 외국에 송부가능(외교부장관 동의)하다. ③ **외교부장관**은 법무부장관으로부터 송부받은 요청서를 **외국**에 송부하여야 한다. 단, 공조요청이 타당하지 않은 경우 법무부장관과 협의하여야 한다. ④ **행정안전부장관**은 국제형사경찰기구로부터 외국의 형사사건 수사에 대하여 협력을 요청받거나 국제형사경찰기구에 협력을 요청하는 경우에는 국제범죄의 정보 및 자료 교환, 국제범죄의 동일증명 및 전과 조회, 국제범죄에 관한 사실 확인 및 그 조사등의 조치를 취할 수 있다.3744

THEME 08 범죄인 인도법 _S급

1 조약과의 관계

'범죄인 인도에 관하여 인도조약에 범죄인인도법과 다른 규정이 있는 경우에는 그 규정에 따른다.'고 규정하여 **조약의 우선적 효력**을 인정함(§3조의2) 3745

2 범죄인 인도의 원칙

상호주의 (§4)	인도조약이 체결되어 있지 아니한 경우에도 범죄인의 인도를 청구하는 국가가 같은 종류 또는 유사한 인도범죄에 대한 범죄인 인도청구에 응한다는 **보증을 하는** 경우에 이 법을 적용 3746
쌍방가벌성의 원칙(§6)	청구국과 피청구국 쌍방의 법률에 따라 **범죄를 구성하지 않는 경우**에는 범죄인을 인도하지 않는다는 원칙 3748·3750
특정성의 원칙 (§10)	인도된 범죄인이 **인도가 허용된 범죄 외의 범죄**로 처벌받지 아니하고 제3국에 인도되지 아니한다는 **청구국의 보증이 없는 경우**에는 범죄인을 인도하여서는 안 된다는 원칙
자국민불인도의 원칙 (§9)	① 자국민은 인도하지 않는다는 원칙 (한국은 **임의적 거절사유**) ② 대륙법(속인주의) 채택, 영미법(속지주의) 채택 않음 3753
정치범 불인도의 원칙 (§8)	① 정치적 성격을 지닌 범죄는 인도하지 않는다는 원칙 → 우리나라 **명문규정 O** ② 정치범죄는 국제법상 불확정한 개념이기 때문에 정치범죄의 해당여부는 전적으로 **피청구국의 판단에 의존함** → 우리나라는 정치범에 대하여 개념정의를 하지 않고 있음(열거적 규정 X) ③ 정치범에 해당하는 범죄의 경우라도 1) 국가원수암살범 2) 항공기 불법납치 3) 집단학살 4) 전쟁범죄 5) 야만·약탈행위는 정치범죄의 예외가 되어 일반적으로 **인도의 대상이 됨** 3752
군사범 불인도의 원칙	① 군사범죄(탈영, 항명 등)자는 인도하지 않는다는 원칙 ② 우리나라는 **명문규정 X** 3755
최소한 중요성의 원칙(§6)	대한민국과 청구국의 법률에 따라(쌍방가벌성) 인도범죄가 사형, 무기징역, 무기금고, **장기 1년** 이상의 징역 또는 금고에 해당하는 경우에만 범죄인을 인도할 수 있음 3747·3748·3749 3년 X
유용성의 원칙 (§7)	실제로 처벌하기 위해 필요한 범죄자만(어느 정도 중요성을 띤 범죄만 X) 인도한다는 원칙 3751 → 시효완성, 사면 등의 대상자는 인도대상에서 제외

3 「범죄인 인도법」상 인도거절사유

절대적 인도거절 사유 (§7)	다음의 어느 하나에 해당하는 경우에는 범죄인을 **인도하여서는 아니 된다.** 1. 대한민국 또는 청구국의 법률에 따라 인도범죄에 관한 공소**시효** 또는 형의 시효가 완성된 경우3756 2. 인도범죄에 관하여 대한민국 법원에서 재판이 **계속 중**이거나 재판이 확정된 경우3757 3. 범죄인이 인도범죄를 범하였다고 의심할 만한 **상당한** 이유가 없는 경우(단, 인도범죄에 관하여 청구국에서 유죄의 재판이 있는 경우는 제외) 4. 범죄인이 인종, 종교, 국적, 성별, 정치적 신념 또는 특정 사회단체에 속한 것 등을 이유로 처벌되거나 그 밖의 **불리한 처분**을 받을 염려가 있다고 인정되는 경우3758 **시효 계속중 상당한 불리한 처분**
임의적 인도거절 사유 (§9)	다음의 어느 하나에 해당하는 경우에는 범죄인을 **인도하지 아니할 수 있다.** 1. 범죄인이 대한민국 국민인 경우3754·3761 2. 인도범죄의 전부 또는 일부가 대한민국 영역에서 범한 것인 경우3760 3. 범죄인의 인도범죄 **외**의 범죄에 관하여 대한민국 법원에 재판이 계속 중인 경우 또는 범죄인이 형을 선고받고 그 집행이 끝나지 아니하거나 면제되지 아니한 경우3762 4. 범죄인이 인도범죄에 관하여 제3국(청구국이 아닌 외국을 말함)에서 재판을 받고 처벌되었거나 처벌받지 아니하기로 확정된 경우3759·3763 5. 인도범죄의 성격과 범죄인이 처한 환경 등에 비추어 범죄인을 인도하는 것이 비인도적이라고 인정되는 경우3764

🚌 「범죄인 인도법」상 인도거절사유와 「국제형사사법」상 공조 제한사유 총알정리

인도거절사유		공조 제한 사유
절대적	임의적	임의적
① 공소시효·형의**시효** 완성 ② 인도범죄 재판**계속** ③ 인도범죄를 범하였다고 의심할 만한 **상당**한 이유 X ④ 인종, 종교, 국적, 성별, 정치적 신념 등 **불리한 처분** 받을 염려	① 대한민국 국민 ② 인도범죄가 대한민국 영역 안 ③ 인도범죄 외 재판 중이거나 집행 중 또는 면제 ④ 인도범죄에 대하여 제3국에서 처벌 또는 면제 ⑤ 인도하는 것이 비인도적	① 대한민국 주권, 국가안보, 안녕질서 미풍양속(경제 X) 해할 우려3765 ② 인종·국적·성별·종교 사회적 신분, 정치적 견해 차이로 처벌받을 우려 ③ 공조범죄가 정치적성격을 지닌 수사 또는 재판 ④ 대한민국 법률에 의하여 범죄구성 X ⑤ 요청국 보증 X

4 범죄인 인도의 절차

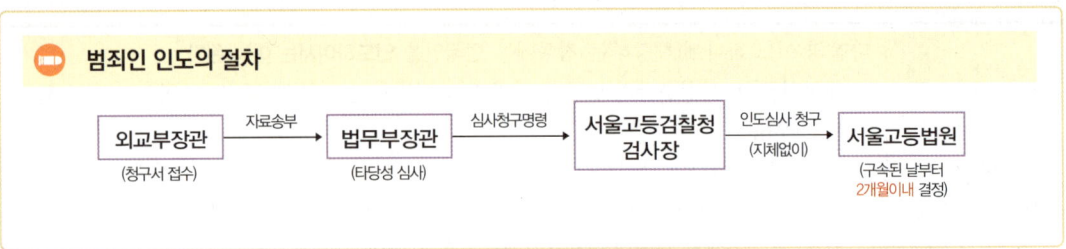

외교부장관의 조치 (§11)	① **외교부장관**은 청구국으로부터 범죄인의 인도청구를 받았을 때에는 인도청구서와 관련 자료를 **법무부장관**에게 송부하여야 한다.3766 ※ 송부 전에 **범죄인 인도조약의 존재 여부**, 상호보증 유무, 인도대상범죄 여부 등을 확인
인도심사청구명령 (§12)	① **법무부장관**은 외교부장관으로부터 인도청구서 등을 받았을 때에는 이를 **서울고등검찰청 검사장**에게 송부하고 그 소속 검사로 하여금 **서울고등법원**에 범죄인의 인도허가 여부에 관한 심사를 청구하도록 명하여야 한다. 다만, 인도조약 또는 이 법에 따라 범죄인을 인도할 수 없거나 인도하지 아니하는 것이 타당하다고 인정되는 경우에는 그러하지 아니하다.3767 ② **법무부장관**은 ①의 단서에 따라 인도심사청구명령을 하지 아니하는 경우에는 그 사실을 **외교부장관**에게 통지하여야 한다.3768
인도심사청구 (§13)	① **검사**는 법무부장관의 인도심사청구명령이 있을 때에는 지체 없이 **법원에 인도심사를 청구**하여야 한다. 다만, 범죄인의 소재를 알 수 없는 경우에는 그러하지 아니하다. ② 범죄인이 인도구속영장에 의하여 구속되었을 때에는 구속된 날부터 **3일 이내**에 인도심사를 청구하여야 한다.3769 ③ 범죄인의 인도심사 및 그 청구와 관련된 사건의 전속관할 : 서울고등법원과 서울고등검찰청3771
법원의 인도심사 (§14)	① 법원은 인도심사의 청구를 받았을 때에는 **지체 없이** 인도심사를 시작하여야 한다. ② 법원은 범죄인이 인도구속영장에 의하여 구속 중인 경우에는 구속된 날부터 **2개월 이내**에 인도심사에 관한 결정을 하여야 한다.3770
인도청구의 경합 (§16)	① **법무부장관**(외교부장관 X)은 둘 이상의 국가로부터 동일 또는 상이한 범죄에 관하여 동일한 범죄인에 대한 인도청구를 받은 경우에는 범죄인을 인도할 국가를 결정하여야 하며, 필요한 경우 **외교부장관**(법무부장관 X)과 협의할 수 있다.3772
긴급인도구속의 청구를 받은 외교부장관의 조치(§24)	**외교부장관**은 청구국으로부터 범죄인의 긴급인도구속을 청구받았을 때에는 긴급인도구속 청구서와 관련 자료를 **법무부장관**에게 송부하여야 한다.3773
검사의 조치사항 (§30)	검사는 긴급인도구속영장에 의하여 구속된 범죄인에 대하여 그가 구속된 날부터 **2개월 이내**에 **법무부장관**의 인도심사청구명령이 없을 때에는 범죄인을 석방하고, **법무부장관**에게 그 내용을 보고하여야 한다.3774
검찰총장 경유 (§47)	이 법에 따라 **법무부장관**이 검사장 등에게 하는 명령과 검사장·지청장 또는 검사가 법무부장관에게 하는 건의·보고 또는 서류 송부는 **검찰총장을 거쳐야 한다**. 다만, 고위공직자범죄수사처장 또는 그 소속 검사의 경우에는 그러하지 아니하다.3775

THEME 09 주한미군지위협정(SOFA) _A급

1 인적 적용 범위

대상자	미군의 구성원	미국의 육·해·공군에 속하는 인원으로서 현역에 복무하고 있는 자
	군속	미국의 국적을 가진 민간인으로서 대한민국에 있는 미군에 고용되거나 동군대에 근무하거나 또는 동반하는 자
	가족	미군의 구성원 또는 군속의 가족 중 - 배우자 및 **21세 미만**의 자녀 - 부모 및 21세 이상의 자녀 또는 기타 친척으로서 그 생계비의 **반액 이상**을 미군의 구성원 또는 군속에 의존하는 자3777
	초청 계약자	미군 등과의 계약이행만을 위하여 대한민국에 체류하고 미국정부가 지정한 자3776·3778
제외자		① 주한미대사관에 근무하는 무관 ② 주한미군사고문단원 ③ 사적으로 국내여행중인 미군 ④ 경제적으로 독립한 주한미군의 21세의 아들 ⑤ 주한미군에 근무하는 한국인 근로자 ⑥ NATO에 근무 중 공무상 한국에 여행 중인 군인 ⑦ 카투사 ⑧ 이중국적 가족

2 형사재판권 분장

재판관할권		영토주권의 원칙과 일반 국제법상의 원칙에 입각하여 대한민국과 미군 당국이 재판권행사의 주체라는 '재판권 분장의 원칙'을 선언하고 있음(협정 제22조 제1항)
전속적재판권		대한민국과 미군당국 중 다른 일방 국가의 법령에 의해서는 처벌할 수 없는 경우에 **처벌이 가능한 국가만이 배타적으로 형사재판권을 행사하는 것**
재판권 경합	원칙	**대한민국** 당국이 **제1차적 재판권**을 보유
	예외3780	미군 당국의 **제1차적 재판권**을 보유하는 경우 - 오로지 미국의 재산·안전에 관한 범죄 - 미국 군대의 타 구성원이나 군속·그들 가족 신체나 재산에 관한 범죄 - **공무집행** 중의 작위 또는 부작위에 의한 범죄의 경우 　공무집행으로 인한 범죄뿐만 아니라 공무집행에 부수하여 발생하는 범죄 포함 3779·3781
재판권의 포기		대한민국 당국은 미군 당국의 요청이 있으면 대한민국 당국이 재판권을 행사함이 특히 중요하다고 결정하는 경우를 **제외**하고는 재판권을 행사할 제1차적 권리를 포기함

3 SOFA 손해배상 등

① 공무 중 사건으로 인한 피해가 전적으로 미군 측의 책임으로 밝혀진 경우 미군 측이 **75%**, 한국 측이 **25%**를 부담하여 배상한다.3782
② 1966년 7월 9일 주한미군지위협정에 체결되기 전에는 1950년 7월12일 대전협정과 1952년 5월 24일 마이어(Meyer)협정에 의하여 주한미군의 지위를 인정하였다.3783
③ 2001년 1월 18일 제2차 개정시에는 주요범죄에 대한 미군 피의자 신병인도 시기가 재판 후에서 기소 후로 앞당겨졌으며 환경조항, 민사소송절차 등이 신설되었다.3784

외국인 등 관련범죄에 관한 특칙(경찰수사규칙, 범죄수사규칙)

1 경찰수사규칙

외국인에 대한 조사(§91)	① 사법경찰관리는 외국인을 조사하는 경우에는 조사를 받는 외국인이 이해할 수 있는 언어로 통역해 주어야 한다.3785 ② 사법경찰관리는 외국인을 체포·구속하는 경우 국내 법령을 위반하지 않는 범위에서 영사관원과 자유롭게 접견·교통할 수 있고, 체포·구속된 사실을 영사기관에 통보해 줄 것을 요청할 수 있다는 사실을 알려야 한다.3786 ③ 사법경찰관리는 체포·구속된 외국인이 제2항에 따른 통보를 요청하는 경우에는 영사기관 체포·구속 통보서를 작성하여 **지체 없이** 해당 영사기관에 체포·구속 사실을 **통보해야 한다.** ④ 사법경찰관리는 외국인 변사사건이 발생한 경우에는 영사기관 사망 통보서를 작성하여 **지체 없이 해당 영사기관**(검사X)에 **통보해야 한다.**3787
한미행정협정 사건의 통보 (§92)	① 사법경찰관은 주한 미합중국 군대의 구성원·외국인군무원 및 그 가족이나 초청계약자의 범죄 관련 사건을 인지하거나 고소·고발 등을 수리한 때에는 **7일 이내**에 별지 제95호서식의 한미행정협정사건 통보서를 **검사**(미군 당국X)에게 통보해야 한다.3788 ② 사법경찰관은 주한 미합중국 군당국으로부터 **공무증명서**를 제출받은 경우 지체 없이 공무증명서의 사본을 검사에게 송부해야 한다. ③ 사법경찰관은 검사로부터 주한 미합중국 군당국의 재판권포기 요청 사실을 통보받은 날부터 **14일 이내**에 검사에게 사건을 송치 또는 송부해야 한다. 다만, 검사의 동의를 받아 그 기간을 연장할 수 있다.

2 범죄수사규칙

국제법의 준수 (§207)	경찰관은 외국인 등 관련범죄의 수사를 함에 있어서는 **국제법과 국제조약**에 위배되는 일이 없도록 유의하여야 한다.
외국인 등 관련범죄 수사의 착수 (§208)	경찰관은 외국인 등 관련 범죄 중 중요한 범죄에 관하여는 **미리 국가수사본부장**에게 보고하여 그 지시를 받아 수사에 착수하여야 한다. 다만, **급속을 요하는 경우**에는 필요한 처분을 한 후 신속히 **국가수사본부장**의 지시를 받아야 한다.[3789]
대·공사 등에 관한 특칙(§209)	① 경찰관은 외국인 등 관련범죄를 수사함에 있어서는 다음 각 호의 어느 하나에 해당하는 사람의 **외교 특권**을 침해하는 일이 없도록 주의하여야 한다.[3790] 1. 외교관 또는 외교관의 가족 2. 그 밖의 외교의 특권을 가진 사람 ③ 경찰관은 피의자가 외교 특권을 가진 사람인지 여부가 의심스러운 경우에는 신속히 **국가수사본부장**에게 보고하여 그 지시를 **받아야 한다.** (받을 수 있다 X)
대·공사관 등에의 출입(§210)	① 경찰관은 대·공사관과 대·공사나 대·공사관원의 사택 별장 혹은 그 숙박하는 장소에 관하여는 해당 대·공사나 대·공사관원의 **청구가 있을 경우 이외에는** 출입해서는 아니 된다.
외국군함에의 출입 (§211)	① **경찰관은** 외국군함에 관하여는 해당 군함의 함장의 **청구가 있는 경우 외에는** 이에 출입해서는 아니 된다.[3791] ② 경찰관은 중대한 범죄를 범한 사람이 도주하여 대한민국의 영해에 있는 외국군함으로 들어갔을 때에는 신속히 **국가수사본부장**에게 보고하여 그 지시를 받아야 한다. 다만, **급속을 요할 때**에는 해당 군함의 함장에게 범죄자의 **임의의 인도를 요구할 수 있다.** ↳ 신분을 밝히고 출입할 수 있다 X 예 소매치기범이 범행 중 경찰관에게 적발되어 도주하던 중 대한민국 영해에 있는 항구에 정박 중인 미군군함으로 들어간 경우 **경찰관은 급속을 요할 때에는 당해 군함의 함장에게 범죄자의 임의의 인도를 요구할 수 있다.**
외국군함의 승무원 에 대한 특칙 (§212)	**경찰관은** 외국군함에 속하는 군인이나 군속이 그 군함을 떠나 대한민국의 영해 또는 영토 내에서 죄를 범한 경우에는 신속히 **국가수사본부장**에게 보고하여 그 지시를 받아야 한다. 다만, 현행범 그 밖의 급속을 요하는 때에는 체포 그 밖의 수사상 필요한 조치를 한 후 신속히 국가수사본부장에게 보고하여 그 지시를 받아야 한다.[3792]
영사 등에 관한 특칙 (§213)	① 경찰관은 임명국의 국적을 가진 대한민국 주재의 총영사, 영사 또는 부영사에 대한 사건에 관하여 구속 또는 조사할 필요가 있다고 인정될 때에는 미리 **국가수사본부장**에게 보고하여 그 지시를 받아야 한다. ② 경찰관은 총영사, 영사 또는 부영사의 사무소는 해당 영사의 청구나 동의가 있는 경우 외에는 이에 출입해서는 아니 된다.[3793] ③ 경찰관은 총영사, 영사 또는 부영사의 사택이나 명예영사의 사무소 혹은 사택에서 수사할 필요가 있다고 인정될 때에는 미리 **국가수사본부장**(경찰청장 X)에게 보고하여 그 지시를 받아야 한다. ④ 경찰관은 총영사, 영사 또는 부영사나 명예영사의 사무소 안에 있는 기록문서에 관하여는 이를 열람하거나 압수하여서는 아니 된다.

외국 선박 내의 범죄(§214)	경찰관은 대한민국의 영해에 있는 외국 선박내에서 발생한 범죄로서 다음 각호의 어느 하나에 해당하는 경우에는 **수사를 하여야 한다.**3794 1. 대한민국 육상이나 항내의 안전을 해할 때 2. **승무원 이외의 사람**(승무원이나 X)이나 대한민국의 국민에 관계가 있을 때 3. 중대한 범죄가 행하여졌을 때
외국인 피의자에 대한 조사사항(§216)	경찰관은 피의자가 외국인인 경우에는 제71조에 열거한 사항 외에 다음 각 호의 사항에 유의하여 피의자신문조서를 작성하여야 한다. 1. 국적, 출생지와 본국에 있어서의 주거 2. 여권 또는 외국인등록 증명서 그 밖의 신분을 증명할 수 있는 증서의 유무 3. 외국에 있어서의 전과의 유무 4. 대한민국에 입국한 시기 체류기간 체류자격과 목적 5. 국내 입·출국 경력 6. 가족의 유무와 그 주거
통역인의 참여 (§217)	① 경찰관은 외국인인 피의자 및 그 밖의 관계자가 한국어에 능통하지 않는 경우에는 통역인으로 하여금 통역하게 하여 **한국어**로 피의자신문조서나 진술조서를 작성하여야 하며 특히 필요한 때에는 **외국어**의 진술서를 작성하게 하거나 **외국어**의 진술서를 제출하게 하여야 한다. ② 경찰관은 외국인이 구술로써 고소·고발이나 자수를 하려 하는 경우에 한국어에 능통하지 않을 때의 고소·고발 또는 자수인 진술조서는 ①의 규정에 준하여 작성하여야 한다.
번역문의 첨부 (§218)	경찰관은 다음 각 호의 경우 번역문을 **첨부하여야 한다.** 1. 외국인에 대하여 구속영장 그 밖의 영장을 집행하는 경우 2. 외국인으로부터 압수한 물건에 관하여 압수목록교부서를 교부하는 경우

[부록] 경찰청과 그 소속기관 직제

미래 치안 정책국	1. 중장기 **미래치안**전략의 수립·종합 및 조정 2. **치안**분야 과학기술 연구개발의 총괄·조정 3. **치안**분야 과학기술의 진흥 및 산업의 육성 4. 경찰청 **정보화**사업의 총괄·조정 5. **정보통신** 운영·교육 및 보안에 관한 사항 6. **경찰장비**의 운영 및 발전에 관한 사항 7. 청 내 공공**데이터**의 제공 및 이용 활성화에 관한 사항 8. 청 내 **데이터**기반행정 활성화에 관한 사항 ※ **국장은 고위공무원단에 속하는 일반직공무원 또는 치안감**
생활 안전 교통국	1. **자치경찰제도** 관련 기획 및 조정 2. **자치경찰제도** 관련 법령 사무 총괄 3. **자치경찰제도** 관련 예산의 편성·조정 및 결산에 관한 사항 4. **자치경찰제도** 관련 특별시·광역시·특별자치시·도·특별자치도(이하 "시·도"라 한다) 및 시·도자치경찰위원회와의 협력에 관한 사항 5. **소년비행** 방지에 관한 업무 6. **소년 대상** 범죄의 예방에 관한 업무 7. 아동학대의 **예방**(수사X) 및 피해자 보호에 관한 업무 8. 가출인 및 「실종아동등의 보호 및 지원에 관한 법률」 제2조 제2호에 따른 **실종아동등**(이하 "실종아동등"이라 한다)과 관련된 업무 9. **실종아동등** 찾기를 위한 신고체계 운영 10. **여성 대상** 범죄와 관련된 주요 정책의 총괄 수립·조정 11. **여성 대상** 범죄 유관기관과의 협력 업무 12. 성폭력 및 가정폭력 **예방** 및 피해자 보호에 관한 업무 13. 스토킹·성매매 **예방** 및 피해자 보호에 관한 업무 14. 경찰 수사 과정에서의 **범죄피해자 보호** 및 지원에 관한 업무 15. **도로교통**에 관련되는 종합기획 및 심사분석 16. **도로교통**에 관련되는 법령의 정비 및 행정제도의 연구 17. **교통경찰**공무원에 대한 교육 및 지도 18. **교통**안전시설의 관리 19. **자동차**운전면허의 관리 20. **도로교통**사고의 예방을 위한 홍보·지도 및 단속 21. **고속도로**순찰대의 운영 및 지도 ※ **국장은 치안감 또는 경무관**

범죄 예방 대응국	1. **범죄예방**에 관한 기획·조정·연구 등 예방적 경찰활동 총괄 2. **범죄예방**진단 및 범죄예방순찰에 관한 기획·운영 3. **경비업**에 관한 연구·지도 4. **풍속** 및 **성매매**(아동·청소년 대상 성매매는 제외한다) 사범에 대한 지도·단속 5. **총포·도검·화약류** 등의 지도·단속 6. **즉결심판청구업무**의 지도 7. **각종 안전사고의 예방**에 관한 사항 8. **지구대·파출소** 운영체계의 기획 및 관리 9. **지구대·파출소**의 외근활동 기획 및 운영 10. **지구대·파출소**의 근무자에 대한 교육 11. 112신고제도의 기획·운영 및 112치안종합상황실의 운영 총괄 12. **치안 상황**의 접수·상황판단, 전파 및 초동조치 등에 관한 사항 13. **치안상황실** 운영에 관한 사항 ※ 국장은 치안감 또는 경무관, 정책관등 1명은 경무관
경비국	1. **경비**에 관한 계획의 수립 및 지도 2. **경찰부대**의 운영·지도 및 감독 3. **청원경찰**의 운영 및 지도 4. **민방위업무**의 협조에 관한 사항 5. **경찰작전·경찰전시훈련** 및 비상계획에 관한 계획의 수립·지도 6. **중요시설**의 방호 및 지도 7. **예비군**의 무기 및 탄약 관리의 지도 8. **대테러** 예방 및 진압대책의 수립·지도 8의2. **안전관리·재난상황 및 위기상황** 관리기관과의 연계체계 구축·운영 9. **의무경찰**의 복무 및 교육훈련 10. **의무경찰**의 인사 및 정원의 관리 11. **경호** 및 주요 인사 보호 계획의 수립·지도 12. **경찰항공기**의 관리·운영 및 항공요원의 교육훈련 13. 경찰업무수행과 관련된 **항공지원업무** ※ 국장은 치안감 또는 경무관
치안 정보국	1. **공공안녕**에 대한 위험의 예방과 대응을 위한 정보업무 기획·지도 및 조정 2. 국민안전과 국가안보를 저해하는 위험 요인에 관한 **정보활동** 3. 국가중요시설 및 주요 인사의 안전·보호에 관한 **정보활동** 4. 집회·시위 등 공공갈등과 다중운집에 따른 질서 및 안전 유지에 관한 **정보활동** 5. 국민의 생명·신체의 안전이나 재산의 보호 등 생활의 평온과 관련된 정책에 관한 **정보활동** 6. 국가기관·지방자치단체·공공기관의 장이 요청한 신원조사 및 사실확인에 관한 **정보활동** 7. 외사정보의 수집·분석 및 관리 등 외사**정보활동** 8. 그 밖에 범죄·재난·공공갈등 등 공공안녕에 대한 위험의 예방과 대응을 위한 정보활동으로서 제2호부터 제7호까지에 준하는 **정보활동** ※ **국장은 치안감 또는 경무관, 정책관등 1명은 경무관**

수사국	1. **부패범죄, 공공범죄, 경제범죄** 및 **금융범죄**에 관한 수사 지휘·감독 2. 제1호의 범죄 수사에 관한 기획, 정책·수사지침 수립·연구·분석 및 **수사기법** 개발 3. 제1호의 범죄에 대한 통계 및 **수사자료 분석** 4. 국가수사본부장이 지정하는 중요 범죄에 대한 정보수집 및 **수사** 5. 중요 **범죄정보**의 수집 및 분석에 관한 사항 6. **사이버**공간에서의 범죄(이하 "사이버범죄"라 한다) 정보의 수집·분석 7. **사이버**범죄 신고·상담 8. **사이버**범죄 예방에 관한 사항 9. **사이버**범죄 수사에 관한 사항 10. **사이버**수사에 관한 기법 연구 11. **사이버**수사 관련 국제공조에 관한 사항 12. **디지털포렌식**에 관한 사항 ※ **국장은 치안감 또는 경무관, 정책관등 1명은 경무관**
형사국	1. **강력범죄, 폭력범죄** 및 **교통사고·교통범죄**에 관한 수사 지휘·감독 2. **마약류** 범죄 및 조직범죄에 관한 수사 지휘·감독 3. 성폭력범죄, **아동·청소년 대상 성매매**, 가정폭력, 아동학대, 학교폭력 및 실종사건에 관한 수사 지휘·감독 및 아동·청소년 대상 성매매 단속 4. 제1호부터 제3호까지의 규정에서 정한 범죄 및 외국인 관련 **범죄 수사**에 관한 기획, 정책·수사지침 수립·연구·분석 및 수사기법 개발 5. 제1호부터 제3호까지의 규정에서 정한 범죄 및 외국인 관련 범죄에 대한 통계 및 **수사자료 분석** 6. **과학수사**의 기획 및 지도 7. **범죄감식** 및 증거분석 8. **범죄기록** 및 주민등록지문의 수집·관리 ※ **국장은 치안감 또는 경무관, 정책관등 1명은 경무관**
안보 수사국	1. **안보수사경찰업무**에 관한 기획 및 교육 2. **보안관찰** 및 경호안전대책 업무에 관한 사항 3. **북한이탈주민** 신변보호 4. **국가안보**와 국익에 반하는 범죄에 대한 수사의 지휘·감독 5. **안보범죄정보** 및 보안정보의 수집·분석 및 관리 6. 국내외 유관기관과의 **안보범죄**정보 협력에 관한 사항 7. 남북교류와 관련되는 **안보수사경찰업무** 8. **국가안보**와 국익에 반하는 중요 범죄에 대한 수사 9. **외사보안업무**의 지도·조정 10. 공항 및 항만의 **안보활동**에 관한 계획 및 지도 ※ **국장은 치안감 또는 경무관, 정책관등 1명은 경무관**

저자 김재규

약력

- 동국대학교 대학원 경찰행정학과 경찰학박사
- 현, 해커스 경찰학 강사
- 현, 한국경찰학회 부회장
- 현, 원광디지털대학교 경찰학과 겸임교수
- 현, 올라에듀 공무원학원(구. 김재규경찰학원)원장
- 중앙경찰학교 외래교수
- 경찰공제회 경찰승진 실무종합 편찬 및 감수총괄
- 경찰수사연수원 외래교수
- 동국대학교 경찰행정학과 겸임교수
- 연세대학교 행정대학원 외래교수
- 네이버 김재규경찰학 카페(https://cafe.naver.com/ollaedu)
- 카카오톡 오픈채팅 김재규 경찰학(https://open.kakao.com/o/gYB88Ehe)

논문

- 뺑소니교통사고의 실태분석과 개선방안에 관한 연구, 2000.
- 불심검문의 요건과 한계에 관한 연구, 2009.
- 불심검문의 실태 및 개선방안에 관한 연구, 2009.

저서

- 행정실무Ⅰ·Ⅱ(경무·방범·교통·경비편), 형사실무Ⅰ·Ⅱ(수사·정보·보안·외사편), 1997.
- 경찰학개론(경찰시험 최초의 수험서), 수사Ⅰ·Ⅱ(경찰시험 최초의 수험서), 2000.
- 객관식 경찰학개론(경찰시험 최초의 수험서), 객관식 수사Ⅰ·Ⅱ(경찰시험 최초의 수험서), 2001.
- 경찰경무론·방범론·교통론·경비론·정보론·보안론·외사론, 2001.
- 경찰TOTAL기출문제, 2002.
- 경찰실무종합, 경찰실무Ⅰ·Ⅱ·Ⅲ, 2005.
- 경찰학개론(전정판)·수사Ⅰ(전정판), 2006.
- 객관식 경찰학개론(전정판)·수사Ⅰ(전정판), 2006.
- 경찰학개론(신정판)·수사(신정판), 2009.
- 객관식 경찰학개론(신정판)·수사(신정판), 2009.
- 경찰학개론 서브노트, 2012.
- 경찰학개론 암기노트, 2014.
- 수사(신정판), 2018.
- 경찰법령집 2019.
- 객관식 경찰학개론(전정판)·수사(전정판), 2019.
- 경찰실무종합 핵심정리, 2021.
- 경찰실무종합 효자손, 2021.
- 김재규 경찰학, 2021
- 김재규 경찰학 핵심 서브노트, 2024
- 김재규 경찰학 21개년 총알 기출 OX, 2024
- 김재규 경찰학 PLUS 1000제, 2024

자기계발서

- 얌마! 너만 공부하냐, 2013.

MEMO

MEMO